D1752085

Die Macht des Gedächtnisses

# Studies in Medieval and Reformation Traditions

*Edited by*

Andrew Colin Gow
Edmonton, Alberta

*In cooperation with*

Sylvia Brown, Edmonton, Alberta
Falk Eisermann, Berlin
Berndt Hamm, Erlangen
Johannes Heil, Heidelberg
Susan C. Karant-Nunn, Tucson, Arizona
Martin Kaufhold, Augsburg
Erik Kwakkel, Leiden
Jürgen Miethke, Heidelberg
Christopher Ocker, San Anselmo and Berkeley, California

*Founding Editor*

Heiko A. Oberman †

VOLUME 180

The titles published in this series are listed at *brill.com/smrt*

# Die Macht des Gedächtnisses

*Entstehung und Wandel kommunaler Schriftkultur im spätmittelalterlichen Augsburg*

By

Mathias Franc Kluge

BRILL

LEIDEN | BOSTON

This publication has been typeset in the multilingual 'Brill' typeface. With over 5,100 characters covering Latin, IPA, Greek, and Cyrillic, this typeface is especially suitable for use in the humanities.
For more information, please see brill.com/brill-typeface.

ISSN 1573-4188
ISBN 978 90 04 26675 9 (hardback)
ISBN 978 90 04 26676 6 (e-book)

Copyright 2014 by Koninklijke Brill NV, Leiden, The Netherlands.
Koninklijke Brill NV incorporates the imprints Brill, Brill Nijhoff, Global Oriental, Hotei Publishing, IDC Publishers.
All rights reserved. No part of this publication may be reproduced, translated, stored in a retrieval system, or transmitted in any form or by any means, electronic, mechanical, photocopying, recording or otherwise, without prior written permission from the publisher.
Authorization to photocopy items for internal or personal use is granted by Koninklijke Brill NV provided that the appropriate fees are paid directly to The Copyright Clearance Center, 222 Rosewood Drive, Suite 910, Danvers, MA 01923, USA. Fees are subject to change.

This book is printed on acid-free paper.

Printed by Printforce, the Netherlands

*Für Dorothea und Jakob*

# Inhalt

**Vorwort**  ix
**Abkürzungen**  xi
**Tabellen und Abbildungen**  xii

I **Einleitung**  1
  1 Forschungsgeschichte  8
  2 Schriftgebrauch, Überlieferungswandel und zeitgenössisches Denken  14
  3 Methodisches Vorgehen: Stadtgeschichte und Überlieferung  21

II **Geburt: Adaption und Assimilation (1234–1304)**  29
  1 Im Zeichen des Siegels  35
  2 Die Entstehung des Stadtrechtsbuchs  57
    2.1 *Kodifikation*  61
    2.2 *Verwendung*  63
    2.3 *Keine Stadt ohne Recht: Bürger, Bischof, König*  77
  3 Von der Liste zum Buch: Die Anfänge kommunaler Buchführung  91
    3.1 *Adaption*  94
    3.2 *Verwendung*  98
    3.3 *Überlieferung*  103
  4 Kompetenzimport: Die Anfänge der Stadtschreiber  109
  5 Zwischenergebnisse  133

III **Reife: Legitimität im Politischen Organismus (1304–1368)**  138
  1 Buchführung und Legitimation  145
    1.1 *Die Technik der kommunalen Rechnungsführung*  147
    1.2 *Fortpflanzungsfähigkeit: Die Arbeit der kommunalen Kanzlei*  155
    1.3 *Buchführung im politischen Alltag*  164
    1.4 *Nördlingen: Metropole und Kleinstadt im Vergleich*  174
  2 Das Rote Buch  181
  3 Der Zunftbrief: Transfer und Visualisierung hierarchischer Distinktion  218
  4 Der Privilegienschatz: Gezeigt, gehütet, geraubt und zerstört  224
  5 Zwischenergebnisse  238

**IV Macht: Verschriftlichung und Kontrolle des Alltagslebens (1368–1450)** 244

   1    Schriftgedächtnis auf Papier: Von der Apotheke zur Mühle   249
   2    *Oculus civitatis*: Überlieferung, Stadtschreiber und Kanzlei   265
   3    Briefregister: Schriftliche Bewahrung der Korrespondenz   280
   4    Ratsprotokolle: Verschriftlichung des Regierungsalltags   293
   5    Das städtische Nebensiegel: Der Alltag in der Urkunde   306
   6    Neuordnung des Archivs: Systematisierung und Erschließung   327
   7    Zwischenergebnisse   349

**V Ergebnisse** 354

**Quellen und Literaturverzeichnis** 366
**Register** 411

# Vorwort

Diese Studie wurde im Wintersemester 2012 von der Philosophisch-Historischen Fakultät der Universität Augsburg als Dissertationsschrift angenommen und für den Druck leicht überarbeitet. Ihre Erscheinung in vorliegender Form ist vielfacher Unterstützung zu verdanken: Mein Dank gilt an erster Stelle meinem Lehrer und Doktorvater Herrn Prof. Dr. Martin Kaufhold. Er hat meine Arbeit zu jeder Zeit gefördert und Freiräume geschaffen, die ihre Entstehung überhaupt erst ermöglichten. Der Wert dessen, was ich ihm verdanke, ist nicht hoch genug einzuschätzen. Danken möchte ich auch dem leitenden Direktor des Staatsarchivs Nürnberg, Herrn PD Dr. Peter Fleischmann, der das Korreferat übernahm und mir mit fundierter Kenntnis der städtischen Überlieferung Süddeutschlands immer wieder wertvollen Rat erteilte.

In Augsburg herrscht eine anregende Arbeitsatmosphäre. Ich danke Herrn Prof. Dr. Wolfgang E. J. Weber, dem Direktor des Instituts für Europäische Kulturgeschichte der Universität Augsburg, der mich erstmals auf die Archivgeschichte aufmerksam machte. Danken möchte ich auch Herrn Archivleiter Dr. Michael Cramer-Fürtig und seinen Mitarbeitern, die trotz der großen Herausforderungen, vor die das Augsburger Stadtarchiv auf Grund eines Schädlingsbefalls und des Umzugs in das Textilviertel gestellt war, immer wieder Möglichkeiten fanden, meine Arbeit zu unterstützen. Am Staatsarchiv Augsburg erwiesen sich der leitende Direktor Herr Dr. Thomas Engelke und Oberarchivrätin Frau Dr. Claudia Kalesse als wertvolle Gesprächspartner. An der Universität bestand stets Gelegenheit, Fragen und Ergebnisse in konstruktiven Gesprächen zu diskutieren. Insbesondere dem Lehrstuhlteam, namentlich Herrn PD Dr. Thomas Krüger, Dr. Sebastian Zanke, Daniela Kah M.A. und den Teilnehmern des Oberseminars gebührt dafür mein besonderer Dank. Herr Florian Dörschel B.A. hat Teile des Registers erstellt und gab Anregungen zu Korrekturen. Für diese Hilfe bin ich sehr dankbar. Danken möchte ich auch Frau Prof. Dr. Claudia Märtl (München), Frau Prof. Dr. Irmgard Fees (München) und Herrn Prof. Dr. Albrecht Cordes (Frankfurt), die es mir ermöglicht haben, mein Thema und damit verbundene Fragen im Rahmen von Kolloquien und Diskussionsrunden vorzustellen. 2008 lernte ich Herrn Professor Dr. Andrew Colin Gow (Edmonton) kennen, der in diesem Jahr eine Mercator-Professur an der Universität Augsburg innehatte. Es war der Beginn einer prägenden Phase meines akademischen Werdegangs, die mich wiederholt in den eisigen Nordwesten Kanadas führte, von wo aus sich der Blick auf Europa und seine Geschichte verändert. Ihm, der die Arbeit in die Reihe der Studies in Medieval and Reformation Traditions aufgenommen hat, und allen Gesprächspartnern und Freunden, die ich an der University of Alberta in Edmonton (Kanada) kennen lernen durfte, fühle ich mich besonders verbunden.

Darüber hinaus haben Freunde die Entstehung der Arbeit durch ihre Hilfe gefördert. Besonders danke ich Dieter Voigt, Renate Vogt und meinem alten Freund Michael Hochholdinger, der das Manuskript mit Umsicht und Ausdauer gegengelesen hat und viele wertvolle Anregungen gab. Schließlich danke ich meiner Familie, die mich während meines gesamten Studiums mit persönlicher Anteilnahme und Rücksicht unterstützt hat.

Mathias Kluge
Augsburg, im Herbst 2013

# Abkürzungen

| | |
|---|---|
| Abb. | Abbildung, Abbildungen |
| Abt. | Abteilung |
| Anm. | Anmerkung |
| bearb. | bearbeitet |
| bes. | besonders |
| dn | denarius, Pfennig |
| Ders. | Derselbe |
| DStChr | Die Chroniken der deutschen Städte vom 14. bis ins 16. Jahrhundert |
| Diss. | Dissertation |
| ebd. | ebenda |
| ed. | ediert |
| fol. | folio, foliis |
| fl. | Gulden |
| hg. | Herausgegeben |
| HRG | Handwörterbuch zur Deutschen Rechtsgeschichte |
| HStA | Hauptstaatsarchiv |
| Jh. | Jahrhundert(s) |
| Kap. | Kapitel |
| LB | Landesbibliothek |
| LEX MA | Lexikon des Mittelalters |
| lib. | Pfund |
| MB | Monumenta Boica |
| MDC | Monumenta Ducatus Carinthiae |
| MGH | Monumenta Germaniae Historica |
| masch. | Maschinenschriftlich |
| Nd. | Neudruck |
| Nr. | Nummer |
| RI | Regesta Imperii |
| Reg. | Regest, Regesten |
| sol | solidus, Schilling |
| S. | Seite |
| sog. | sogenannt (er, e, es) |
| StA | Staatsarchiv |
| StadtA | Stadtarchiv |
| StB | Staatsbibliothek, Staats- und Stadtbibliothek |
| u. | und |
| UB | Urkundenbuch |
| V. | Vers |

# Tabellen und Abbildungen

**TABELLEN**

| | |
|---|---|
| 1 | Konkordanz: Augsburger Stadtrecht, Schwaben- und Deutschenspiegel    125 |
| 2 | Augsburg—Majuskeln im Urtext des Augsburger Stadtrechts und in der Urkundenschrift des Stadtschreibers Konrad    130 |
| 3 | Nördlingen—Überlieferung kommunaler Amtsbücher im Stadtarchiv    177 |
| 4 | Nördlingen—Inhaltliche Struktur des ältesten Amtsbuchs (Stadtrecht A)    179 |

**ABBILDUNGEN**

| | |
|---|---|
| 1 | Wachstum der Urkundenüberlieferung des 13. Jh.    40 |
| 2 | Anstieg der Überlieferung von Stadtsiegeln im Reich des 13. Jh.    47 |
| 3 | Augsburg—Nachträge im Augsburger Stadtrecht nach Händen    75 |
| 4 | Augsburg—Älteste Fragmente kommunaler Buchführung im Bürgerbuch    107 |
| 5a | Baumeisterrechnungen: Konto „Gögginger Torzoll"    153 |
| 5b | Baumeisterrechnungen: Konto „Gögginger Torzoll"—Summe    154 |
| 6 | Übergabe des Augsburger Stadtrechtsbuchs vom Patriziat an die Zünfte    182 |
| 7 | Farbreste eines früheren Einbands im Augsburger Stadtrechtsbuch    184 |
| 8 | Goldbesetzte Miniatur Karls IV. im Roten Buch der Stadt Regensburg    190 |
| 9 | Übergabe des *liber rufus* durch Ludwig den Bayern an den Rat der Stadt München    201 |
| 10 | Roter Einband des Achtbuchs der Stadt Augsburg    202 |
| 11 | Der *liber rufus* auf einem Banner im Münchener Ratssaal    203 |
| 12 | Wappenschild der Saaldecke des Münchener Rathauses    204 |
| 13 | Regensburg—Übergabe des Roten Buchs an den Rat    207 |
| 14 | Lyon—Der Rat beim Schwur auf das Rote Buch    208 |
| 15 | Hamburg—Der Rat in seinem Gestühl mit Rotem Buch und Stadtlade    209 |
| 16 | Hamburg—Rotes Buch mit Buchschlössern (restauriert)    215 |

| | | |
|---|---|---|
| 17 | Konstanz—Randmarkierung (*lege*) im Roten Buch | 216 |
| 18 | Straubing—Rotes Buch mit Buchschlössern | 217 |
| 19 | Augsburg—Topographische Ansicht des Wandels der Ausgaben für Beschreibstoffe, Tinte, Siegelwachs und Amtsbücher nach den Rechnungsbüchern der Baumeister (1320–1430) | 266 |
| 20 | Augsburg—Lohnkosten für Schreibpersonal nach den Rechnungsbüchern der Baumeister (1320-1432) | 271 |
| 21 | Augsburg—Die Baumeisterbücher der Jahre 1454, 1456/1, 1456/2 und 1463 in ihrem zeitgenössischen Einband | 271 |
| 22 | Augsburg—Leibgedingbuch in zeitgenössischem Einband | 272 |
| 23 | Augsburg—Kerbzettel | 330 |
| 24 | Augsburg—In spätmittelalterlicher Konsistenz erhaltenes Büschel von Fleischbankbriefen unterschiedlichen Formats in zeitgenössischer Faltung | 331 |
| 25 | Augsburg—Spätmittelalterlicher Archivvermerk am Stadtrechtsprivileg Rudolfs von Habsburg auf einem Pergamentstreifen | 335 |
| 26 | Augsburg—Spätmittelalterlicher Archivvermerk auf der Plika eines Privilegs Kaiser Sigismunds | 336 |

KAPITEL 1

# Einleitung

> Das Dokument ist nicht das glückliche Instrument einer Geschichte, die in sich selbst und mit vollem Recht Gedächtnis ist; die Geschichte ist eine bestimmte Art für eine Gesellschaft, einer dokumentarischen Masse, von der sie sich nicht trennt, Gesetz und Ausarbeitung zu geben.
> MICHEL FOUCAULT, ARCHÄOLOGIE DES WISSENS[1]

Ein zentrales Merkmal der Epoche des Spätmittelalters ist der gewaltige Anstieg ihrer schriftlichen Überlieferung.[2] Er ist das Zeugnis eines Verschriftlichungsprozesses der europäischen Welt, der auch das politische Leben in zunehmender Weise erfasste.[3] Die Darstellung auf dem Deckel dieses Buches zeigt die 1368 vollzogene Regierungsübergabe vom Augsburger Patriziat an die Zünfte. In diesem Schlüsselmoment der spätmittelalterlichen Stadtgeschichte spielten Schriftstücke und Schreiber eine tragende Rolle. Auf einem Kissen in der Mitte des Ratssaals liegen die Insignien der Stadtherrschaft: Das Stadtsiegel, das in rotes Leder gebundene Stadtrechtsbuch und die

---

1 Michel FOUCAULT, Archäologie des Wissens (= Suhrkamp Taschenbuch Wissenschaft, Bd. 356), Frankfurt a. Main 1981, S. 15.
2 Erich MEUTHEN, Der Quellenwandel vom Mittelalter zur Neuzeit und seine Folgen für die Kunst der Publikation, In: Lothar Gall, Rudolf Schieffer (Hg.), Quelleneditionen und kein Ende? Symposium der Monumenta Germaniae Historica und der Historischen Kommission der Wissenschaften München 22./23. Mai 1998 (= Historische Zeitschrift, Beiheft 28), München 1999, S. 17–36.
3 Vgl. Hagen KELLER, Die Entfaltung der mittelalterlichen Schriftkultur im europäischen Kontext. Schriftgebrauch und Kommunikationsverhalten im gesellschaftlich-kulturellen Wandel vom 5. bis zum 13. Jahrhundert, In: Reinhard Härtel (Hg.), Schriftkultur zwischen Donau und Adria bis zum 13. Jahrhundert: Akten der Akademie Friesach „Stadt und Kultur im Mittelalter", Friesach (Kärnten), 11.–15. September 2002 (= Schriftenreihe der Akademie Friesach, Bd. 8), Klagenfurt 2008, S. 15–45; Christel Meier (Hg.), Träger, Felder, Formen pragmatischer Schriftlichkeit im Mittelalter: Bericht über die Arbeit des Sonderforschungsbereichs 231 an der Westfälischen Wilhelms-Universität Münster 1986–1999, Münster 2003; Irmgard FEES, Eine Stadt lernt schreiben. Venedig vom 10. bis zum 12. Jahrhundert (= Bibliothek des Deutschen Historischen Instituts in Rom, Bd. 103), Tübingen 2002; Hagen Keller, Christel Meier, Thomas Scharff (Hg.), Schriftlichkeit und Lebenspraxis im Mittelalter. Erfassen, Bewahren, Verändern, München 1999; Michael T. CLANCHY, From Memory to Written Record. England 1066–1307, Oxford² 1993; Hagen Keller (Hg.), Pragmatische Schriftlichkeit im Mittelalter, Erscheinungsformen und Entwicklungsstufen, Akten des internationalen Kolloquiums 17.–19. Mai 1989 (= Münstersche Mittelalter-Schriften, Bd. 65), München 1992.

Schlüssel zum städtischen Archiv. Die Ergebnisse der Regierungsbildung und die mit ihr verbundene Neuausrichtung der städtischen Verfassung werden von zwei Stadtschreibern urkundlich festgehalten. Für die Zeitgenossen Jörg Breus des Jüngeren, der mit dieser Abbildung das 1545 fertiggestellte Consulatenehrenbuch des Augsburger Ratsdieners Clemens Jäger illustrierte, war die konstitutive Verbindung von Schriftkultur und Politik bereits eine Selbstverständlichkeit. Für die Menschen, die während des 14. Jahrhunderts in den Städten des deutschen Reiches nördlich der Alpen lebten, war sie hingegen gerade erst in einer dynamischen Entwicklung begriffen, die im 13. Jahrhundert ihren Anfang genommen hatte und schließlich eine Bedeutung erlangte, die weit über das Mittelalter hinaus wirken sollte.[4] Die vorliegende Studie verfolgt die Geschichte ihrer Entstehung am Beispiel der Stadt Augsburg.

Schrift zu gebrauchen, war an sich nichts Neues. In Klöstern etwa wurde seit Jahrhunderten geschrieben, wobei sich die dort herrschende Schriftkultur vor allem in der über viele Wochen andauernden Herstellung von liturgischen Handschriften und anderen Pergamentcodices konzentrierte, die nicht selten aufwendig illuminiert wurden.[5] Die Neuerungen, die das 13. Jahrhundert brachte, waren eine Beschleunigung und Ausweitung des Schriftgebrauchs auf neue Bereiche des städtischen Lebens. Sie gingen mit der Entstehung neuer Typen von Schriftgut einher, die in den kommenden Jahrhunderten zu einer selbstverständlichen Erscheinung des städtischen Alltags werden sollten.[6]

Auch das Regierungshandeln war seither in wachsender Form auf die Herstellung, Nutzung und Bewahrung von Schriftstücken angewiesen, die schließlich zur Überlieferung der deutschen Stadt des Spätmittelalters wurden. Nicht zuletzt deshalb gehört es heute zu den besonders gut dokumen-

---

4 Vgl. Julian HOLZAPFEL, Kanzleikorrespondenz des späten Mittelalters in Bayern: Schriftlichkeit, Sprache und politische Rhetorik (= Schriftenreihe zur bayerischen Landesgeschichte, Bd. 159), München 2008, S. 4; Tobias HERRMANN, Anfänge kommunaler Schriftlichkeit. Aachen im europäischen Kontext (= Bonner historische Forschungen, Bd. 62), Siegburg 2006, S. 1; Mark MERSIOWSKY, Die Anfänge territorialer Rechnungslegung im deutschen Nordwesten. Spätmittelalterliche Rechnungen, Verwaltungspraxis, Hof und Territorium (= Residenzenforschung, Bd. 9), Stuttgart 2000, S. 75; Hans PATZE, Neue Typen des Geschäftsschriftgutes im 14. Jahrhundert, In: Ders. (Hg.), Der deutsche Territorialstaat im 14. Jahrhundert, Bd. 1 (= Vorträge und Forschungen, Bd. 13), Sigmaringen 1970, S. 9–64; Ernst PITZ, Schrift- und Aktenwesen der städtischen Verwaltung im Spätmittelalter. Köln-Nürnberg-Lübeck (= Mitteilungen aus dem Stadtarchiv Köln, Bd. 45), Köln 1959.
5 Vgl. Hagen KELLER, Vom „heiligen Buch" zur „Buchführung". Lebensfunktionen der Schrift im Mittelalter, In: Frühmittelalterliche Studien 26 (1992), S. 1–31.
6 Vgl. PATZE, Neue Typen des Geschäftsschriftgutes.

EINLEITUNG 3

tierten und als zentral wahrgenommenen Prozessen der spätmittelalterlichen Reichsgeschichte, dass die städtischen Bürgerverbände im 13. Jahrhundert verstärkt begannen, sich von ihren ehemaligen adeligen Stadtherren zu emanzipieren, eine eigene politische Verfassung auszubilden und einen wachsenden Einfluss auf die Stadtherrschaft zu nehmen.[7]

Im kommunalen Überlieferungsbestand der Stadt Augsburg zeugt zunächst eine kleinere Menge an Siegelurkunden des 13. Jahrhunderts von den Anfängen dieses Vorgangs, die sich innerhalb eines Jahrhunderts und mit zunehmender Macht des Bürgerverbands zu einer nur mehr schwer überblickbaren Masse verschiedener Schriftstücke weitet. Neben den schnell wachsenden und sich ausdifferenzierenden Urkundenbestand tritt ein breites Spektrum städtischer

---

7 Wolfgang STÜRNER, 13. Jahrhundert, 1198–1273 (= Gebhardt Handbuch der deutschen Geschichte, Bd. 6), 10. völlig neu bearbeitete Auflage, Stuttgart 2007, S. 64. Die Entstehung der Ratsverfassung erachtet Stürner als einen der „herausragendsten und bedeutendsten" Vorgänge des 13. Jahrhunderts; Knut SCHULZ, „Denn sie lieben die Freiheit so sehr..." Kommunale Aufstände und Entstehung des europäischen Bürgertums im Hochmittelalter, Darmstadt 1992; Heinrich MITTEIS, Heinz LIEBERICH (Hg.), Deutsche Rechtsgeschichte. Ein Studienbuch, München[17] 1985, § 36; Hans PLANITZ, Die deutsche Stadt im Mittelalter: Von der Römerzeit bis zu den Zunftkämpfen, Wien[3] 1973; Walter SCHLESINGER, Burg und Stadt, In: Ders. (Hg.), Beiträge zur deutschen Verfassungsgeschichte des Mittelalters, Bd. 2, Göttingen 1963, S. 92–147; Edith ENNEN, Frühgeschichte der europäischen Stadt, Bonn 1953; Für Augsburg: Georg KREUZER, Das Verhältnis von Stadt und Bischof in Augsburg und Konstanz im 12. und 13. Jahrhundert, In: Bernhard Kirchgässner, Wolfram Baer (Hg.), Stadt und Bischof. 24. Arbeitstagung in Augsburg 1985 (= Stadt und Geschichte. Veröffentlichungen des Süddeutschen Arbeitskreises für Stadtgeschichtsforschung, Bd. 14), Sigmaringen 1988, S. 43–64; Horst RABE, Frühe Stadien der Reichsverfassung in den Reichslandstädten Oberdeutschlands, In: Bernhard Diestelkamp (Hg.), Beiträge zum spätmittelalterlichen Städtewesen (= Städteforschung. Reihe A: Darstellungen, Bd. 12), Köln, Wien 1982, S. 1–17; Rolf KIEßLING, Bürgerliche Gesellschaft und Kirche in Augsburg im Spätmittelalter. Ein Beitrag zur Strukturanalyse der oberdeutschen Reichsstadt (= Abhandlungen zur Geschichte der Stadt Augsburg, Bd. 19), Augsburg 1971; Karl BOSL, Historische Probleme einer europäischen Stadt: Augsburg, In: Francia 6 (1978), S. 1–19; Karl BOSL, Die wirtschaftliche und gesellschaftliche Entwicklung des Augsburger Bürgertums vom 10. bis zum 14. Jahrhundert (= Bayerische Akademie der Wissenschaften. Philosophisch-Historische Klasse. Sitzungsberichte Jahrgang 1969, Heft 3), München 1969; Horst RABE, Der Rat der niederschwäbischen Reichsstädte. Rechtsgeschichtliche Untersuchungen über die Ratsverfassung der Reichsstädte Niederschwabens bis zum Ausgang der Zunftbewegungen im Rahmen der oberdeutschen Reichs- und Bischofsstädte (= Forschungen zur deutschen Rechtsgeschichte, Bd. 4), Köln, Graz 1966; Karl KRIEG, Beiträge zur Verfassungsgeschichte Augsburgs bis zur Einsetzung des Rates, Borna bei Leipzig, 1913.

„Amtsbücher".[8] Zu ihren Ausprägungsformen gehören neben einem Stadtrechtsbuch (1276),[9] einem Bürgerbuch (1288–1497),[10] einem Achtbuch (1302–1528)[11] einem Zechpflegbuch (um 1320),[12] und Steuerbüchern (1346ff.)[13] auch eine Serie städtischer Rechnungsbücher (1320ff.).[14] Bis zum Ende des

---

8   Zum Begriff „Amtsbuch" vgl. Kap. II.3. Der Urkundenbestand im Stadtarchiv Augsburg ist bisher nicht vollständig erschlossen. Urkunden des Spätmittelalters mit kommunaler Provenienz enthalten: 1. Der durch ungedruckte Regesten und teilweise durch Christian MEYER, Urkundenbuch der Stadt Augsburg, Bd. 1: Die Urkunden vom Jahre 1104–1346, Augsburg 1874 (UBA I) und Ders., Urkundenbuch der Stadt Augsburg, Bd. 2: Die Urkunden vom Jahre 1347–1399, Augsburg 1878 (UBA II) erschlossene Mischbestand „Urkundensammlung" (1046–1402) „mit ca. 900 Urkunden, der neben Urkunden der Provenienz „Reichsstadt Augsburg" auch Urkunden aus der Überlieferung des Hochstiftes Augsburg, sowie von Kirchen, Klöstern und Spitälern aufweist"; Der Fonds „Reichsstadt, Urkunden", „der für den Zeitraum 1403–1500 ca. 2000 Urkunden umfasst, zu denen Regesten bis zum Jahr 1472 in einer ungedruckten Findmittelfassung vorliegen"; 3. „Der noch unerschlossene Bestand „Reichsstadt, Katholisches Wesensarchiv" mit mindestens 200 Urkunden vor 1500"; 4. „Der durch die gedruckte Beständeübersicht von Helene Burger erschlossene Fonds, Reichsstadt, Evangelisches Wesensarchiv mit 223 Urkunden aus dem Zeitraum 1272–1499"; 5. „Zahlreiche noch unerschlossene Selekte des 19. u. 20. Jahrhunderts". Zitiert nach einer archivinternen Übersicht der stellv. Archivleitung Kerstin Lengger. Das Geheime Archiv der Reichsstadt Augsburg mit den städtischen Privilegien und bedeutenden, die kommunale Verfassung betreffenden Dokumenten, wurde im beginnenden 19. Jahrhundert an das Allgemeine Reichsarchiv übergeben und befindet sich heute zum größten Teil im Staatsarchiv Augsburg. Vgl. Peter FLEISCHMANN, Die Überlieferung der Reichsstadt Augsburg im Staatsarchiv Augsburg, In: Michael Cramer-Fürtig (Hg.), Aus 650 Jahren. Ausgewählte Dokumente des Stadtarchivs Augsburg zur Geschichte der Reichsstadt Augsburg 1156–1806 (= Beiträge zur Geschichte der Stadt Augsburg, Bd. 3), S. 28–36.
9   StA Augsburg, Reichsstadt Augsburg Lit. 32; Die Stadtrechtshandschrift befindet sich derzeit als Leihgabe im Stadtarchiv Augsburg. Druck: Christian MEYER, Das Stadtbuch von Augsburg insbesondere das Stadtrecht vom Jahre 1276, Augsburg 1872.
10  StadtA Augsburg, Reichsstadt, Selekt „Schätze" Nr. 74.
11  StadtA Augsburg, Reichsstadt, Selekt „Schätze" Nr. 81, Druck: Felicitas SCHMIDT-GROTZ, Das Augsburger Achtbuch, Ein Herrschaftsmedium in der spätmittelalterlichen Stadt?, Bd. 2 v. 2, Phil. Diss., Augsburg 2009 (masch.).
12  StadtA Augsburg, Reichsstadt, Selekt „Schätze" Nr. 138ff.
13  StadtA Augsburg, Reichsstadt, Steueramt, Rechnungen, Steuerbücher 1346, 1351, 1355–1359, 1362–1365, 1367, 1368, 1376, 1377, 1380, 1383–1386, 1389–1449 ff.; Erstmals erwähnt 1321 In: Reichstadt, Steuermeisteramt, Rechnungen, Nr. 1a, fol. 1r: *Item pro libro stiure 35 dn.*
14  StadtA Augsburg, Reichsstadt, Baumeisteramt, Rechnungen (Baumeisterbücher) (Signatur im Folgenden: StadtA Augsburg, BMB), Nr. 1 (1320–1331), Nr. 2 (1368–1379), Nr. 3 (1388), Nr. 4 (1390), Nr. 5 (1391a), Nr. 6 (1391b), Nr. 7 (1392), Nr. 8 (1393–1394), Nr. 9 (1395), Nr. 10 (1396a) Nr. 11 (1396b), Nr. 12 (1397a+b), Nr. 13 (1398a+b), Nr. 14 (1400), Nr. 15 (1402), Nr. 16 (1403), Nr. 17 (1405), Nr. 18 (1406), Nr. 19 (1407), Nr. 20 (1409), Nr. 21 (1410), Nr. 22

EINLEITUNG 5

14. Jahrhunderts treten Kopialbuch und Briefausgangregister (1358 ff.),[15] Söldnerbücher (1360ff.),[16] Leibgedingbücher,[17] Ratsdekrete (1390ff.),[18] ein Verzeichnis der städtischen Amtseide (*aidbüchlin*)[19] und Ratsprotokolle[20] hinzu. Das Wachstum der städtischen Briefkorrespondenz spiegelt neben den städtischen Rechnungen und den bereits erwähnten Briefausgangsregistern der Selekt „Literaliensammlung".[21] Von neuen Ordnungsbemühungen des Urkundenbestands seit dem ausgehenden 14. Jahrhundert zeugen neben

---

(1413), Nr. 23 (1414), Nr. 24 (1415), Nr. 25 (1416), Nr. 26 (1418), Nr. 27 (1420), Nr. 28 (1421), Nr. 29 (1422), Nr. 30 (1423), Nr. 31 (1424), Nr. 32 (1429–1430), Nr. 33 (1430), Nr. 34 (1431), Nr. 35 (1431a), Nr. 36 (1432), Nr. 37 (1436), Nr. 38 (1437), Nr. 39 (1438), Nr. 40 (1438a), Nr. 41 (1439), Nr. 42 (1440), Nr. 43 (1441), Nr. 44 (1442), Nr. 45 (1447), Nr. 46 (1447b), Nr. 47 (1449), Nr. 48 (1451)ff. Bei den Nummern 53 (1456), Nr. 58 (1461), Nr. 67 (1466), Nr. 68 (1468), Nr. 83 (1490–91), Nr. 86 (1492) und Nr. 88 (1494) handelt es sich der Selbstbezeichnung dieser Handschriften nach um *gedenkbücher*, in die erinnerungswürdige Finanz- und Gerichtssachen eingeschrieben wurden, bis man sie in die entsprechenden Register (Baumeisterbücher, Söldnerbücher, etc.) übertrug. Die übertragenen Einträge wurden dann in den Gedenkbüchern gestrichen. Weiterhin beinahe lückenlos bis 1789; StadtA Augsburg, Reichstadt, Steuermeisteramt, Rechnungen, Nr. 1a (1320–1332), Druck: Claudia KALESSE, Raphael Matthias KRUG, Die Augsburger Steuermeisterrechnungen 1320 bis 1332 (in Vorbereitung); StadtA Augsburg, Reichsstadt, Ratsbücher Nr. 273 (1415 / „Botenbuch" des Sebastian Illsung).

15 StadtA Augsburg, Selekt „Schätze" Nr. 105/Ia (110 Titulaturen / Missive 1358–1364 / Urkunden 1280–1425), Nr. 105/Ib (1413–1419), Nr. 105/II (1418–1425), Nr. 105/III (1429–1435), Nr. 105/IVa (1437–1443), Nr. 105/IVb (1443–1450), Nr. 105/Va (1443–1445)ff.

16 StadtA Augsburg, Selekt „Schätze" Nr. 137 (1360–1382), Nr. 137c (1427–1430), Nr. 137c (sic) (1431), Nr. 137g (1450), Nr. 137b (Betrifft den Zug gegen die Hussiten 1447–1449, 1465, 1504), 137d (Ausrüstung für Kriegszüge), 137f (Büchsenmeisterbuch 1463); Die Söldnerbücher bildeten ursprünglich einen vollständigen seriellen Bestand. Vgl. dazu etwa BMB Nr. 3 (1388), fol. 29r.: *Item 18 sol dn umb der soldnern buch den bumaistern.*

17 Erstmals erwähnt in BMB Nr. 2 (1374), fol. 203v.: *Item 15 lib dn michi notario et Hainrico meo von dez ratzhaizz von den liptingbuchen [...]*. Überlieferung: StadtA Augsburg, Selekt „Schätze", Nr. 184/1 (1389–1406), Nr. 184/2 (1379–1396), Nr. 184/3 (1379–1392), Reichsstadt Selekt „Schätze" Nr. 25 (1392), Nr. 184/4 (1419–1431), Nr. 184/5 (1442–1444), Nr. 184/6 (1424–1443), ff. Druck: Albert HÄMMERLE, Die Leibdingbücher der Freien Reichsstadt Augsburg, 1330–1500 (Privatdruck), München 1958.

18 StadtA Augsburg, Reichsstadt, Ratsbücher Nr. 270 (1390–1392), Nr. 271 (1403–1406), Nr. 272 (1412–1420), 274 (1417–1422), Nr. 278 (1441–1451), Nr. 1 (Satzungen und Ratskenntnisse, Handexemplar des Andreas Frickinger 1372–1471), Enthält eine Kompilation von Ratsbeschlüssen der Jahre 1392–1441, Nr. 2 (15. Jh.), Nr. 3 (1392–1441), Nr. 4 (1442–1447), Nr. 5 (1453–1458), Nr. 6 (1458–1463), Nr. 7 (1464–1473) Kopie des Jahres 1904 (Österreichische Nationalbibliothek Wien, Cod. Nr. 2836).

19 StadtA Augsburg, Reichsstadt, Ratsbücher, Nr. 277 (1434–1473), fol.1r.–fol. 29r.

20 StadtA Augsburg, Reichstadt, Ratsbücher Nr. 276 (1430–1440).

21 StadtA Augsburg, Selekt „Literaliensammlung".

Dorsalvermerken auf den städtischen Urkunden vereinzelt erhaltene Inventare der kommunalen Urkundenbestände.[22] Trotz großer Verluste[23] handelt es sich deutschlandweit um einen der besterhaltenen und umfangreichsten kommunalen Überlieferungsbestände einer Großstadt des Spätmittelalters.[24]

---

22  StadtA Augsburg, Selekt „Schätze" Nr. 185 (1391); StadtA Augsburg, Reichsstadt, Ratsbücher Nr. 277, fol. 46r.–fol. 52v. (1459–1461).

23  Vgl. FLEISCHMANN, Die Überlieferung der Reichsstadt Augsburg; Erwähnungen verlorener oder noch nicht wieder erschlossener Amtsbücher: Reichsstadt, Steuermeisteramt, Rechnungen, Nr. 1a (1321), fol. 1r.: *Item pro libro stiure 35 dn*; StB Augsburg, 2° Cod. Aug. Nr. 481, fol. 18v.: *Erstlich ain klains alts rathsbuechlin, das van dem 1357 bis in das 1372 jar raicht, darinnen die räth gantz fleissig mit ihrer anzal und namen, wie sie vor in und nach dem anfang der zunfften gewesen sindt, beschriben* [...] (Ratslisten); *Item ain guets denckbuechlin des raths, so gehandlet worden und gehandelt werden soll, sonderlich wider die gaistlichen, von dem 1362 jar bis in das 1385 jar werende*; StadtA Augsburg, BMB Nr. 2 (1369), fol. 31r.: *Item 62 dn Wirtzburger dem Sighart et aliis umb wein* [...], *do er das strauffbüchlin maht*; BMB Nr. 2 (1369), fol. 31r.: *Item 26 sol dn Wirtzburger umb zwai niwu büch den zwaien innemern*; BMB Nr. 2 (1369), fol. 31v.: *Item 7 sol dn Wirtzburger umb ain raitpuchlin den bumaistern*; BMB Nr. 2 (1369), fol. 38r.: *Item 18 sol dn umb daz strauffbuch*; BMB Nr. 2 (1372), fol. 116v.: *Item 3 sol dn den siben umb ein buchlin*; BMB Nr. 2 (1373), fol. 166r.: *Item 9 sol dn umb papir zu dem buch, da man die brief an registr(ieret)*; BMB Nr. 2 (1374), fol. 203v.: *Item 15 lib dn michi notario et Hainrico meo von dez ratzhaizz von den liptingbuchen*; BMB Nr. 2 (1378), fol. 285v.: [...] *rufo libello* [...] (Libellum aus dem Bereich der Rechnungsführung); BMB Nr. 4 (1390), fol. 55v.: *Item 26 sol dn umb aht hiute tzü dem usburger büch*; BMB Nr. 7 (1392), 45v.: *Item 6 sol dn umb ain püchli da man die inschribet, die den raut versument*; BMB Nr. 7 (1392), fol. 46v.: *Item 8 sol dn umb ain zinspüchlin*; BMB Nr. 9 (1395), fol. 41v.: *Item 30 sol dn umb 3 büchlach den einnemern der ungelt*; BMB Nr. 15 (1402), fol. 71v.: *Item 24 sol dn umb pinden und beschlahen daz zinslehenpüch*; BMB Nr. 18 (1406), fol. 59v.: *Item 8 lib und 15 sol dn umb bermit tzü ainem zinsbůch, da man der stat zinse einschriben sol*; BMB Nr. 19 (1407), fol. 58v.: *Item 10 sol dn umb ein püchlin in den grabn*; BMB Nr. 29 (1422), fol. 70r.: *Item 8 grozz umb zway büchlach und umb rotz wachs den barchent ungelltn*; BMB Nr. 37 (1436), fol. 55v.: *Item 14 sol umb puch an die eych*.

24  Die Erschließung der kommunalen Bestände des Spätmittelalters im Augsburger Stadtarchiv ist unzureichend. Nur wenige Archivalien liegen in gedruckter Fassung vor. Vielfach im 19. Jahrhundert erstellte Findmittel geben nicht immer zu erkennen, was sich tatsächlich hinter den Archivalien verbirgt. Die Bearbeitung der gestellten Forschungsfrage setzte damit Vorarbeiten im Bereich der Erschließung voraus. Bisher: MEYER, Stadtrecht, S. XI–XXXI; Auf der Grundlage der Erschließungsarbeiten Meyers gründet Friedrich SCHOLZ, Geschichte der deutschen Schriftsprache in Augsburg bis zum Jahre 1374, Berlin 1898, S. 40–58; Weiterhin: Claudia KALESSE, Bürger in Augsburg, Studien über Bürgerrecht, Neubürger und Bürgen anhand des Augsburger Bürgerbuchs I (1288–1497), Augsburg 2001; Mit einem Schwerpunkt auf der Untersuchung der Augsburger Steuerbücher: Raphael Matthias KRUG, *Es ist doch zem Jungsten ein end daran*: Die Augsburger Steuerbücher im Spätmittelalter (1346–1430) als Medium städtischer

EINLEITUNG                                                                                      7

Mit dem Wandel des Schriftgebrauchs verbanden sich auch Veränderungen im Bewusstsein der spätmittelalterlichen Menschen. Die gedanklichen Hintergründe der Schriftentstehung und Bewertung waren im Augsburg des 15. Jahrhunderts nicht mehr dieselben wie noch einhundert Jahre zuvor.

In diesem Buch geht es um die scheinbar einfache Frage, warum die kommunale Überlieferung Augsburgs entstand, wie und warum sie sich wandelte und wie das heute erhaltene Schriftgut nach seiner Entstehung von den Zeitgenossen genutzt wurde.[25] Ausgehend von einer diachronen Analyse der zunehmenden kommunalen Überlieferung versucht die vorliegende Studie dabei Wandlungsprozesse der Hintergründe des kommunalen Schriftgebrauchs zu verdeutlichen, die für die spätmittelalterliche Stadt im engeren Reich nördlich der Alpen insgesamt noch wenig erforscht sind.[26]

---

Verwaltung, Augsburg 2006 (Onlinepublikation: http://opus.bibliothek.uni-augsburg. de/volltexte/2007/549/), S. 25–42; Dominique ADRIAN, La politique et ses traces: la ville d'Augsbourg et ses archives (XIV–XV siècles), In: Bibliothèque de l'Ecole des Chartes 166 (2008), S. 413–444; Nach dem Abschluss der Erschließungsarbeiten im Stadtarchiv wurden im Laufe des Jahres 2010 zugänglich: Mit Schwerpunkt der Untersuchung des Augsburger Achtbuchs und aktiver Schreiberhände in der kommunalen Kanzlei: Felicitas SCHMIDT-GROTZ, Achtbuch, S. 15–19, S. 178–288; Mit Untersuchungsschwerpunkt in der Politikgeschichte von 1368 bis 1548: Dominique ADRIAN, Augsbourg à la fin du Moyen Age, la politique et l'espace, Phil. Diss, Augsburg 2009 (masch.), S. 76–162.

25  Damit orientiert sich die Arbeit an der Forderung Peter Moraws, die historische Analyse möglichst auf die Gesamtüberlieferung historischer Kanzleien auszudehnen, statt sie auf einzelne Überlieferungsträger zu konzentrieren. Peter MORAW, Die Entfaltung der deutschen Territorien im 14. und 15. Jahrhundert, In: Landesherrliche Kanzleien im Spätmittelalter, Referate zum VI. Internationalen Kongreß für Diplomatik (Vol. 1–2) München 1984, S. 61–108, hier: S. 88.

26  Eine diachrone Analyse der Entstehung kommunaler Schriftlichkeit in Großstädten des Reichs nördlich der Alpen vom ausgehenden 13. bis zum 15. Jahrhundert wurde bisher von Ernst Pitz für die Städte Köln, Lübeck und Nürnberg vorgelegt. Tobias Herrmann behandelte die Anfangsphase des kommunalen Verschriftlichungsprozesses am Beispiel der Stadt Aachen. Im Programm des Sonderforschungsbereichs 231 der Universität Münster fand die Schriftlichkeit der spätmittelalterlichen Stadt nördlich der Alpen keine umfassende Berücksichtigung. Vgl. dazu die folgenden Ausführungen zum Forschungsstand in Kap. I.1.

## 1 Forschungsgeschichte

Die Entdeckung kommunaler Schriftlichkeit als Forschungsgegenstand geht auf das 19. Jahrhundert zurück.[27] Hier wurde ein grundlegender Zusammenhang zwischen der Stadtherrschaft der mittelalterlichen Bürgerverbände und ihrer Schriftlichkeit erkannt. Dabei standen verfassungshistorische Prozesse im Vordergrund des Interesses. Seit den 30er Jahren des 19. Jahrhunderts begann eine Rückbesinnung auf die Geschichte der Stadt im Zeichen „bürgerlicher Selbstvergewisserung" mit dem Ziel der Untermauerung einer historischen Kontinuität erstrebter oder gefürchteter bildungsbürgerlicher Demokratie und politischer Eigenständigkeit: „Wer behauptete oder gar nachweisen konnte, dass schon das Bürgertum des 13. Jahrhunderts seine eigene Mitwirkung, seine politische Eigenständigkeit, seine eigene Hoheit in der Auseinandersetzung gegen die Fürstenmacht erkämpft und durchgesetzt hatte, der legte nahe, dass genau dasselbe auch im 19. Jahrhundert nicht falsch sein konnte, sondern als berechtigt angesehen werden musste".[28] Die Entwicklung kommunaler Überlieferung fungierte dabei als Ausdruck und Indikator dieser Bewegung. Die Geschichte bürgerlicher Herrschaftsausübung ging im öffentlichen Bewusstsein mit der Geschichte der Verwaltung eine feste Verbindung ein. Privileg, Siegel, Schreiber, Stadtrecht, Buchführung und Archiv wurden Indikatoren der Ausbildung einer schriftgestützten

---

27  Vgl. etwa: Karl Gustav HOMEYER, Die Stadtbücher des Mittelalters, Insbesondere das Stadtbuch von Quedlinburg, Berlin 1860; Walther STEIN, Deutsche Stadtschreiber im Mittelalter, In: Festschrift Gustav Mevissen, Köln 1895, S. 27–70; Für Augsburg: Placidus BRAUN, Geschichte der Bischöfe von Augsburg, Bd. 2, Augsburg 1813, S. 268ff.

28  Vgl. Thomas VOGTHERR, Die Stadt und ihr Recht—Stadtrecht in Nordwestdeutschland, In: Michael Gehler, Die Macht der Städte, Von der Antike bis zur Gegenwart (= Historische Europa Studien, Bd. 4), Hildesheim, Zürich, New York 2011, S. 125–145, hier: S. 125f.: „Die ersten Arbeiten, die modernen Kriterien der Wissenschaft einigermaßen genügten, entstanden im zweiten Drittel des 19. Jahrhunderts [...]. Stadtgeschichte war bürgerliche Selbstvergewisserung. Wer die mittelalterliche Stadt erforschte, der befand sich auf dem Weg zu den Wurzeln der Demokratie des 19. Jahrhunderts, des Bildungsbürgertums, auch der deutschen Innerlichkeit und der Romantik in ihrer spätesten Ausprägung. [...] Wer hier eine Kontinuität sah oder gar nachwies, der untermauerte damit den Mitwirkungsanspruch seiner eigenen Schicht in der Gegenwart des 19. Jahrhunderts. [...] Von dieser Schwerpunktsetzung hat sich die deutsche Stadtgeschichtsforschung bis in die Mitte des 20. Jahrhunderts nicht befreien können. Noch der Altmeister der Stadtgeschichte, der Rechtshistoriker Hans Planitz, hat 1954 seine Darstellung der deutschen Stadt im Mittelalter fast monoman als eine Geschichte der Stadt und ihres Rechts schreiben können. Für ihn war noch unbestreitbar klar, dass eine Stadt über ihr Recht definiert und dass das Recht der Stadt als Ausfluss bürgerlichen Autonomiestrebens angesehen werden musste".

EINLEITUNG

Verwaltung des Bürgerverbands, die man als Ergebnis des Strebens nach selbstbestimmter und effizienter Herrschaftsausübung und -organisation erachtete.[29] Auch für die Archivwissenschaften brachte das 19. Jahrhundert in mancher Hinsicht einen Neuanfang. Nachdem mit der Säkularisierung und Mediatisierung die alten Archivordnungen aufgelöst worden waren und das Schriftgut der Städte Entwertung erfahren hatte, erzeugte die zentralisierte Zusammenführung und Lagerung weiträumiger Bestände das Bedürfnis nach neuen Ordnungskategorien.[30] Dies geschah im Zeichen der Zeit, deren staatsrechtliche Strukturen und Begriffe das Instrumentarium zur Klassifikation von Archivbeständen boten. Im Spätmittelalter suchte man dabei die Anfänge der neuzeitlichen Aktenbildung.[31] Die Entstehung kommunaler Buchführung im Mittelalter wird vor dem Hintergrund des „Übergangs von Formen der Herrschaftswahrung zu solchen der Verwaltungsausübung" begründet.[32]

---

29  Vgl. etwa: Klaus KRÜGER, Gelesenes Mittelalter, Das Spektrum mittelalterlicher Schriftlichkeit, In: Matthias Meinhardt, Andreas Ranft, Stephan Selzer (Hg.), Oldenburg Geschichte Lehrbuch Mittelalter, München 2007, S. 297–304, hier: S. 300: „Mit der Intensivierung der Grundherrschaft und dem Aufkommen der Städte nahm die Notwendigkeit einer intensiven schriftlichen Durchdringung des Alltagslebens zu"; SCHMIDT-GROTZ, Achtbuch, Bd. 1, S. 171: „‚Herrschaft ist im Alltag primär: Verwaltung' (Weber). Schrittmacher dabei waren neben der Kirche nicht zuletzt die Städte, die auf vielfachen Ebenen Formen ‚pragmatischer Schriftlichkeit' entwickelten, um ihre Herrschaftsansprüche nach innen und außen durchzusetzen"; Toni DIEDERICH, Zum Quellenwert und Bedeutungsgehalt mittelalterliche Städtesiegel, In: Archiv für Diplomatik, Bd. 23 (1977), S. 269–285, hier: S. 271: „Nachdem in der ersten Hälfte des 12. Jahrhunderts im Rheinland die ersten Siegel der Städte entstanden waren und sich die städtische Siegelführung in der Folge schnell ausgebreitet hatte, war in der Regel jede neue Stadt bestrebt, ihren Status auch durch die Anschaffung eines Stadtsiegels und durch die sinnträchtige Gestaltung desselben zu demonstrieren. Die enge Verquickung von freiheitlicher Stadtverfassung und Stadtsiegelführung als Ausdruck der städtischen Selbstverwaltung wird so verständlich".
30  Vgl. etwa FLEISCHMANN, Die Überlieferung der Reichsstadt Augsburg.
31  MERSIOWSKY, Rechnungslegung, S. 36: „Weder die in der Diplomatik für das Früh- und Hochmittelalter noch die in der Aktenkunde bei der Analyse frühneuzeitlicher Phänomene ausgebildeten Erklärungsmuster und Kategorien werden den spätmittelalterlichen Verhältnissen gerecht. Besonders deutlich zeigt sich dies bei der Suche nach den von den Aktenlehre postulierten Anfängen der Aktenbildung im Spätmittelalter, die nur zu Fehlinterpretationen der behandelten Zeugnisse führt". Mit Bezug auf: PAPRITZ, Geschichte der Schriftgutorganisation u. Heinrich Otto MEISNER, Archivalienkunde vom 16. Jahrhundert bis 1918, Göttingen 1969, S. 44–54 u. S. 123–129.
32  Josef HARTMANN, Jürgen KLOSTERHUIS, Amtsbücher, In: Friedrich Beck, Eckart Henning (Hg.), Die archivalischen Quellen, Mit einer Einführung in die Historischen Hilfswissenschaften, Köln, Weimar, Wien⁴ 2004, S. 40–74, hier: S. 54.

An diese Betrachtungsweise der historischen Dokumente knüpften neuere Studien an, wobei sich das Forschungsinteresse allmählich auf kulturhistorische Aspekte des Verschriftlichungsprozesses verlagerte.[33] Auf die Pionierarbeiten von Ernst Pitz folgte 1970 die Einführung der Klassifizierung ‚pragmatische Schriftlichkeit'.[34] Durch langjährige grundlegende Arbeiten des Münsteraner Sonderforschungsbereiches 231 wurde sie zu einem einflussreichen Leitbegriff der Schriftlichkeitsforschung, der erheblich an begrifflicher Schärfe gewann.[35] Zu den mit ihr verbundenen Kernperspektiven gehört es, den wachsenden Verschriftlichungsprozess des europäischen Spätmittelalters, Max Weber folgend, als Ergebnis eines von Italien ausgehenden Lern- oder Aufholprozesses spätmittelalterlicher Eliten zu betrachten, der sich in engem Zusammenhang mit der absichtsvollen Nutzung von bisher unbekannten Innovationen und Möglichkeiten zur zweckhaften Gestaltung wirtschaftlicher, politischer, gesellschaftlicher und kultureller Lebensbereiche vollzog.[36]

33 Vgl. Barbara STOLLBERG-RILLINGER, Verfassungsgeschichte als Kulturgeschichte, In: Zeitschrift der Savigny-Stiftung für Rechtsgeschichte: Germanistische Abteilung 127 (2010) S. 1–32; Barbara Stollberg-Rillinger (Hg.), Was heißt Kulturgeschichte des Politischen? (= Zeitschrift für historische Forschung. Vierteljahrsschrift zur Erforschung des Spätmittelalters und der frühen Neuzeit, Beiheft 35), Berlin 2005; Wolfgang REINHARD, Verfassungsgeschichte als Kulturgeschichte. Historische Grundlagen europäischer politischer Kulturen, In: Jahrbuch für Europäische Geschichte, Bd. 1 (2000), S. 115–131.

34 PITZ, Schrift- und Aktenwesen, S. 17: „Diesen Vorgang zu verfolgen ist ein wesentlicher Teil in unserem Vorhaben [...] er stellt [...] die Beziehung her, welche die darin bezeichneten Komplexe, nämlich Schriftlichkeit und Verwaltung, miteinander verbindet, und durch diese Beziehung kommt ihm auch seine historische Bedeutung zu: den Weg von der mittelalterlichen zur modernen Verwaltungstechnik geebnet zu haben"; PATZE, Neue Typen, S. 54: „Schreibwerk stellt keinen Wert an sich dar, sondern ordnet sich ganz dem Geschäftszweck, dem Effekt, den man politisch erreichen will, unter". Bereits Patze sprach von spätmittelalterlichen Städten, „die auf vielfachen Ebenen Formen pragmatischer Schriftlichkeit entwickelten, um ihre Herrschaftsansprüche nach innen und außen durchzusetzen".

35 Keller (Hg.), Pragmatische Schriftlichkeit; Keller, Meier, Scharff (Hg.), Schriftlichkeit und Lebenspraxis; Meier (Hg.), Träger, Felder, Formen pragmatischer Schriftlichkeit.

36 KELLER, Vom heiligen Buch zur Buchführung, S. 4: „Im Hinblick auf solche Formen des Schriftgebrauchs, die unmittelbar zweckhaftem Handeln dienen, oder auch auf den Umgang mit Büchern, aus denen man Wissen oder Anleitung für das eigene Tun und Verhalten gewinnen will, spreche ich von pragmatischer Schriftlichkeit"; Für Norddeutschland: Stephan SELZER, Die mittelalterliche Hanse, Darmstadt 2010, S. 31: „Wie bei fast allen handelstechnischen Innovationen des Mittelalters übernahm Nord- und Mittelitalien die Vorreiterrolle. Der hansische Ort, an dem das neue schriftgestützte Geschäftsprinzip sichtbar wird, ist die Schreibkammer, die *scrivekamere* des Fernhändlers"; Für Sachsen: Hennig STEINFÜHRER, Stadtverwaltung und Schriftlichkeit.

Dies scheint auch nicht zuletzt deshalb naheliegend, als sich die Ausbildung kommunaler Schriftlichkeit in den italienischen Städten früher nachweisen lässt, als in der deutschen Stadt. Etwa resümierte Hennig Steinführer über die Entwicklung des „administrativen Schriftwesens" sächsischer Städte: „Die Vertreter der städtischen Oberschichten—und hier in erster Linie die Kaufleute—haben die großen Vorteile des Schriftgebrauchs für ihre eigenen Geschäfte sicher ebenso schnell erkannt, wie für die Verwaltung der ihnen als Ratsmitglieder unterstehenden Kommunen".[37] Thomas Scharff urteilte am Ende seiner Untersuchung der Verwendung von Schriftlichkeit im Rahmen der italienischen und französischen Inquisition: „Schriftlichkeit ermöglichte ein bisher nicht da gewesenes Maß an Kontrolle über die Menschen, das auf neuzeitliche Phänomene verweist und damit Ansätze von Modernität aufweist".[38]

Insgesamt zeigt sich, dass bei der Betrachtung des spätmittelalterlichen Verschriftlichungsprozesses besonders diejenigen Entwicklungen akzentuiert werden, die, in Abgrenzung zum Früh- und Hochmittelalter, in fortschrittsorientierter Retrospektive das Bild eines von einem begrenzten Kreis städtischer Eliten getragenen Modernisierungsvorgangs in geplanter Richtung moderner

---

Zur Entwicklung des administrativen Schriftwesens sächsischer Städte im späten Mittelalter, In: Jörg Oberste (Hg.), Kommunikation in mittelalterlichen Städten (= Forum Mittelalter, Bd. 3), Regensburg 2007, S. 11–20, hier: S. 19: „Die Vertreter der städtischen Oberschichten—und hier in erster Linie die Kaufleute—haben die großen Vorteile des Schriftgebrauchs für ihre eigenen Geschäfte sicher ebenso schnell erkannt, wie für die Verwaltung der ihnen als Ratsmitglieder unterstehenden Kommunen"; Für die Lombardei: Thomas BEHRMANN, Verschriftlichung als Lernprozess, Urkunden und Statuten in den lombardischen Stadtkommunen, In: Historisches Jahrbuch 111 (1991), S. 385–402, hier: S. 386: „Die Möglichkeiten der Schrift wurden von der kommunalen Gesellschaft des 13. Jahrhunderts in einem Umfang erkannt und genutzt, der ohne ältere Parallelen ist"; PATZE, Geschäftsschriftgut, S. 54: „Wie man der verschiedenen Probleme der Stadt als Rechts- und Wirtschaftsgemeinschaft Herr werden könne, darüber herrschte zunächst noch Unsicherheit"; Auch die bisher unverbundenen Einzeluntersuchungen eines Augsburger DFG-Graduiertenkollegs folgten dieser Richtung, als sie nach der gezielten Anwendung einzelner Augsburger Stadtbücher als „Herrschaftsmedien" fragten: KRUG, Steuerbücher, S. 65: „Möglicherweise kann aber für das Augsburg des 14. Jahrhunderts gelten, was Thomas Behrmann im Zusammenhang mit einer Studie zum Italien des 13. Jahrhunderts festgestellt hatte"; SCHMIDT-GROTZ, Achtbuch, wie Anm. 29; vgl. auch: Wolfgang E. J. WEBER, Herrschafts- und Verwaltungswissen in oberdeutschen Reichsstädten der Frühen Neuzeit, In: Jahrbuch für europäische Verwaltungsgeschichte, Baden Baden 2003, S. 1–28.

37 STEINFÜHRER, Stadtverwaltung, S. 19.
38 Thomas SCHARFF, Schrift zur Kontrolle—Kontrolle durch Schrift. Italienische und französische Inquisitoren-Handbücher des 13. und 14. Jahrhunderts, In: DA 52 (1996), S. 547–584, hier: S. 559.

Staatlichkeit stützen.³⁹ Wandel bedeutet dann Professionalisierung und entspringt beständigen Optimierungsbestrebungen, die ‚zivilisatorischen Fortschritt' erkennen lassen. Transfer erfolgt in Form von Lernprozessen und lässt in übergeordneter Perspektive ein ‚Entwicklungsgefälle' in nord-südlicher und west-östlicher Richtung erkennen.⁴⁰ Eine derartige Sicht auf die Geschichte der Schrift evoziert einen Betrachtungswinkel, der im Gegenwärtigen die höchste Stufe einer langen Entwicklung sieht. Die Geschichte des kommunalen Verschriftlichungsprozesses ist so eine Geschichte eines von Eliten getragenen Fortschritts, die das Gegenwärtige zu erklären und zu legitimieren vermag.⁴¹

39  HERRMANN, Schriftlichkeit, S. 141: „Nach allem Gesagten erscheint also 1273 mehr denn 1250 als Schlüsseljahr in der Aachener Verfassungsgeschichte. Zu diesem Zeitpunkt ist Aachen zwar beim besten Willen keine Demokratie in modernem Sinne. Gleichwohl hat die Bürgergemeinde ihr Schicksal soweit wie möglich in die eigenen Hände genommen, bzw. in die Hände bestimmter Vertreter gelegt; der Weg zu einer professionellen Stadtverwaltung war geebnet"; Peter JOHANEK, Zusammenfassung, In: Rainer C. W. K. Schwinges (Hg.), Gesandtschafts- und Botenwesen im spätmittelalterlichen Europa (= Vorträge und Forschungen, Bd. 60), Ostfildern 2003, S. 365–376, hier: S. 365: „Die Herausbildung fester Regeln diplomatischen Verkehrs, der Formalien, des Ablaufs bei Gesandtschaften und der mit ihnen verbundenen politischen Verhandlungen, vor allem auch die Verstetigung solchen Verkehrs, das Entstehen von Kontinuitäten bis hin zur Herausbildung fester, im Gastland angesiedelter Gesandtschaftssitze, wird als Modernisierungsvorgang begriffen, als Weg in die Neuzeit, ja als Indikator moderner Staatlichkeit"; KELLER, Vom „heiligen Buch" zur „Buchführung", S. 6: „Es ist zugleich die Zeit, in der von der verwaltungstechnischen und von der konzeptionellen Seite her entscheidende Grundlagen der europäischen Staatlichkeit geschaffen wurden"; RALL, Kanzlei der Wittelsbacher, S. 126: „Die Staatlichkeit des Herzogtums Bayerns [...] und der Pfalzgrafschaft bei Rhein [...] entspricht bereits der fortschrittlichen schriftlichen Exekutive, die wir in anderen Fürstenkanzleien zu verschiedenen Entwicklungsstufen verfolgen. [...] Der Grad der Staatlichkeit, der durch die schriftliche Exekutive erwiesen wird, ist das Richtmaß für die auf dem Kongreß behandelten Fürstenkanzleien"; Hermann WIESFLECKER, Meinhard der Zweite, Tirol, Kärnten und ihre Nachbarländer am Ende des 13. Jahrhunderts (= Schlern-Schriften, Bd. 24), Innsbruck 1995 (unv. Nachdruck der Ausgaben von 1955), S. 189: „So hatte Meinhard I. von Görz († 1258) bereits eine recht ansehnliche Kanzlei mit vier ständigen Schreibern, Geistlichen und Notaren, beschäftigt. Meinhard II. konnte also von seinem Vater bereits eine einfach organisierte Schreibstube übernehmen".

40  HERRMANN, Schriftlichkeit, S. 4: „Auch ist für das Spätmittelalter von einem Aufholprozess gesprochen worden in dem Sinne, dass die Zeitspanne, die den Rückstand des Ostens bei der Rezeption kultureller Neuerungen bemisst, sich zunehmend verringerte".

41  ISENMANN, Die deutsche Stadt, S. 166: „Schriftgebrauch wie Rechnungswesen gehörten zu den intellektuellen Fertigkeiten der kaufmännischen Oberschicht". Zum

Es geht hier nicht darum, den Wert der Suche nach den eigenen Wurzeln zu hinterfragen.[42] Doch scheint es für eine Untersuchung zeitgenössischer Beweggründe des Überlieferungswandels notwendig, über den Gehalt an Gegenwartsorientierung bestehender Untersuchungsansätze zu reflektieren. Während unser Blickwinkel die Betrachtung des Gesamtprozesses einer Professionalisierung auf ein bereits bekanntes Ziel ermöglicht, war es für die Zeitgenossen ein Neuanfang mit ungewissem Ausgang. Der Erfolgszug der Verschriftlichung war auch ein Stück weit Abkehr von traditionellen Lebensformen einer alten Welt, die Jahrhunderte lang ohne Schriftlichkeit funktioniert hatten. Besonders im Moment der Geburt des Verschriftlichungsprozesses waren solche Traditionen noch lebendig.[43] Ein wahrnehmbarer Entwicklungsprozess mit unbekanntem Ziel war gerade für traditionsbewusste Zeitgenossen des Mittelalters nicht immer mit Freude am Neuen und berechenbarer Dynamik verbunden. In Verbindung mit der Kategorie der Professionalisierung führt die Elitenzentrierung der Untersuchungsperspektive zur Ausblendung zentraler Faktoren des Verschriftlichungsprozesses. Bei der diachronen Betrachtung des quantitativen und qualitativen Spektrums der Trägerschaft des Schriftgebrauchs erscheint eine schichtübergreifende Verbreitung als zentrales Charakteristikum. Während die Siegelurkunde in der Mitte des 13. Jahrhundert noch ein Gegenstand war, den wir vor allem im Milieu der städtischen Eliten vorfinden, mühten sich im beginnenden 15. Jahrhundert auch Vertreter der unteren städtischen Mittelschichten darum, kleinere alltagsbezogene Vereinbarungen in einem schriftlichen Vertrag festzulegen. Einhergehend mit einer deutlichen

---

Legitimationsfaktor positivistischer Geschichtswissenschaft vgl. Andrew Colin GOW, Teaching Method and Theory to History Undergraduates. Intellectual Challenges and Professional Responsibilities, In: History Compass 3 (2010), S. 258–274.

42  Vgl. MERSIOWSKY, Rechnungslegung, S. 347: „Die moderne Forschung sieht die territoriale Rechnungslegung oft unter falschen Voraussetzungen und wird daher deren Charakter nicht gerecht"; MORAW, Königliche Herrschaft und Verwaltung, S. 192: „Aber obwohl heute alle viel und immer mehr schreiben und man daher wenigstens diesen Bereich durchschauen sollte, bleiben auch gegenüber dem spätmittelalterlichen Schriftwesen peinliche Verständnisprobleme bestehen. Eine überzeugende Erklärung des Faktums, warum so unvollständig und unvollkommen registriert wurde, scheint zum Beispiel noch auszustehen".

43  Felicitas SCHMIEDER, Stadtstatuten deutscher Städte? Einige Überlegungen im europäischen Vergleich, In: Gisela Drossbach (Hg.), Von der Ordnung zur Norm: Statuten im Mittelalter und Früher Neuzeit. Tagungsakten München 2006, Paderborn 2010, S. 217–223, hier: S. 220: „Dabei ist die Mündlichkeit fast immer als etwas betrachtet worden, das von der Geschichte dazu bestimmt war untergehen, überwunden zu werden".

Ausweitung auf die kurzfristigen Angelegenheiten des städtischen Alltags, scheint damit auch eine Transferbewegung in die breiten Unterschichten der städtischen Gesellschaft als zentrales Merkmal des Wandels. Die Gesamtheit der Stadtbewohner bildeten etwa 20 Prozent der Gesamtbevölkerung des Reiches.[44] Neben den hauptsächlich vorhandenen Kleinstädten erlangten etwa 300 Städte des Spätmittelalters eine Größe von 2.000 bis 10.000 Einwohnern und einige wenige Metropolen eine Größe von etwa 20.000 Einwohnern, zu denen neben Augsburg auch Metz, Lübeck, Nürnberg, Straßburg und Wien zählten. Die größte Stadt des Reiches war Köln mit etwa 40.000 Einwohnern.[45] Die Ausweitung der Trägerschaften im städtischen Milieu trug wesentlich zu einer Dynamisierung des Verschriftlichungsprozesses bei, die den Bedarf an dessen Limitierung und Systematisierung durch die Obrigkeit deutlich erhöhte. Nicht Professionalisierungsbestrebungen, sondern problemlösende Maßnahmen begannen den Wandel der Schriftkultur zu bestimmen. Im 14. Jahrhundert meinte der Franziskaner Fra Paolino über das Stadtleben: „Mit vielen zusammenzuleben, kann einem zur Hauptbeschäftigung werden".[46]

## 2  Schriftgebrauch, Überlieferungswandel und zeitgenössisches Denken

Seit den Studien von Michael T. Clanchy ist es evident, dass der Wandel des Verschriftlichungsprozesses mit einem Wandel von Denkgewohnheiten verbunden war.[47] Obwohl auch in neueren Studien der deutschsprachigen Forschung immer wieder auf diese mentalitätshistorische Dimension verwiesen wird, hat sie bisher wenig konkrete Berücksichtigung erfahren. Erst kürzlich wies Roman Zehetmayer im Resümee seiner Studie zum Urkundengebrauch des Adels im Südosten des Reiches zwischen dem 11. und dem 14. Jahrhundert auf diesen Umstand hin: „Noch aber wurde nicht nach den Voraussetzungen, Hintergründen oder Auslösern für diese Entwicklung gefragt. Eine Antwort ist

---

44  Frank REXROTH, Deutsche Geschichte im Mittelalter, S. 101f.
45  Die Zahlen und Klassifikation folgen STÜRNER, 13. Jahrhundert, S. 61.
46  Zitiert nach Jacques ROSSIAUD, Der Städter, In: Jacques Le Goff (Hg.), Der Mensch des Mittelalters, Essen² 2004, S. 156–198, hier: S. 158; vgl. Jörg OBERSTE, Einführung: Verdichtete Kommunikation und städtische Kultur, In: Ders. (Hg.), Kommunikation in mittelalterlichen Städten, Regensburg 2007, S. 7–10.
47  CLANCHY, From memory, S. 185ff.

schwierig, weil in der Literatur bislang keine intensive Beschäftigung mit dieser Thematik stattgefunden hat".[48]

Ein Instrumentarium, um sich dem Wandel kollektiver Denkgewohnheiten zu nähern, bietet die kulturwissenschaftliche ‚Gedächtnisforschung'. Der Soziologe Maurice Halbwachs wies in seinem 1925 publizierten Werk *Les cadres sociaux mémoire* erstmals auf eine Verbindung zwischen der Formierung sozialer Gruppen und der Entstehung eines kollektiven, generationsübergreifenden Gedächtnisses für gemeinsame Verhaltens- und Denkmuster hin, das durch gruppenspezifische Kommunikation und Interaktion getragen wurde und räumlichen wie zeitlichen Begrenzungen unterlag.[49] Auf den Theorien von Halbwachs basieren Theorien Aby Warburgs zum sozialen Gedächtnis, die von Jan und Aleida Assmann unter den Begriffen „kommunikatives Gedächtnis" und „kulturelles Gedächtnis" weiterentwickelt wurden.[50] Kollektive Denkgewohnheiten, Erfahrungen, Orientierungsmuster und Erwartungen zu denen auch verpflichtende oder erwartete Formen des Schriftgebrauchs gerechnet werden müssen, lebten demnach in sozialen Gruppen, wo sie in Form von bereits eingewurzelten Strukturen und Handlungsmustern (*usus / consuetudines*) zum Ausdruck kamen, mit denen ein neu geborener Mensch

---

48  Roman ZEHETMAYER, Urkunde und Adel, Ein Beitrag zur Geschichte der Schriftlichkeit im Südosten des Reichs vom 11. bis zum frühen 14. Jahrhundert (= Veröffentlichungen des Instituts für österreichische Geschichtsforschung, Bd. 53), Wien 2009, S. 163.

49  Maurice HALBWACHS, Les cadres sociaux de la mémoire, Paris 1994 (Nachdruck der Ausgabe des Jahres 1925); vgl. Alon CONFINO, Memory and the history of mentalities, In: Astrid Erll, Ansgar Nünnig (Hg.), Cultural Memory Studies, An International and Interdisciplinary Handbook, Berlin, New York 2008, S. 77–85, hier: S. 77: „Halbwach's fundamental contribution was to establish the connection between a social group and collective memory, and he argued that every memory is carried by a specific social group limited in space and time".

50  Vgl. Carlo GINZBURG, Des ténèbres médiévales au black-out de New York, In: Europe: Revue littéraire mensuelle Bd. 61 (1983), S. 5–14 und die Arbeiten Jan und Aleida Assmanns zur Theorie eines kulturellen Gedächtnisses: Jan ASSMANN, Das kulturelle Gedächtnis. Schrift, Erinnerung und politische Identität in frühen Hochkulturen, München[6] 2007; Jan ASSMANN, Martin Muslow (Hg.), Sintflut und Gedächtnis, Erinnern und Vergessen des Ursprungs, München 2006; Aleida ASSMANN, Erinnerungsräume: Formen und Wandlungen des kulturellen Gedächtnisses, München 2003; Aleida ASSMANN, Christof HARDMEIER (Hg.), Schrift und Gedächtnis. Beiträge zur Archäologie der literarischen Kommunikation, München 1983. Zum Stand der Erinnerungsforschung vgl. Steffen DIEFENBACH, Römische Erinnerungsräume, Heiligenmemoria und kollektive Identitäten im Rom des 3. bis 5. Jahrhunderts n. Chr. (= Millenium Studies, Bd. 11), Berlin, New York 2007, S. 1–23.

im Laufe seines Lebens durch mündliche Vermittlung oder im Zuge direkter Handlungen konfrontiert wurde.

Dieses kollektive Gedächtnis war dem Wandel unterworfen. Für jede neue Generation hatten sich die Voraussetzungen des Schriftgebrauchs im Lebensumfeld der Stadt wieder ein Stück weit gewandelt. Für einen Kaufmann des 14. Jahrhunderts war erfolgreicher Handel an andere Umgangsformen mit Schriftlichkeit gebunden, als für seinen Vorfahren, der im 13. Jahrhundert lebte. Die Dynamik des Wandels überstieg das Wissen der Zeitgenossen über vergangene Zustände.[51] Der Legist Azo, der im ausgehenden 12. Jahrhundert lebte, sprach von einer lang dauernden Rechtsgewohnheit, wenn diese 10 bis 20 Jahre lang praktiziert worden war.[52] Die wenigsten waren in der Lage, über den Horizont der eigenen Lebenserfahrung hinauszublicken. Friedrich II. erschien ein Diplom Konrads II., das 200 Jahre vor seiner Herrschaftszeit ausgestellt worden war, so alt, dass er es als ungebräuchlich deklarierte und ablehnte, es neu zu konfirmieren.[53] Jan Assmann geht von einer fließenden, mit der Gegenwart fortschreitenden Erinnerungsbarriere aus, die den Zeitraum von drei bis vier Generationen (80 bis 100 Jahre) umspannt.[54]

Vom Vergessen ausgenommen blieben von den Zeitgenossen bewusst gepflegte Erinnerungsformen, die Assmann als „kulturelles Gedächtnis" bezeichnet.[55] Dabei handelt es sich um rituelle Praktiken, Repräsentationen, Symbole und Denkmäler, die sich aus „ursprünglich rein zweckbezogenen Gegenständen" entwickeln und zeremonielle Kommunikationsformen, deren „Einweisung durch Spezialisten und Experten des kulturellen Gedächtnisses"

---

51   Martin KAUFHOLD, Die Rhythmen politischer Reform, Institutioneller Wandel in Deutschland, England und an der Kurie 1198–1400 im Vergleich (= Mittelalter-Forschungen, Bd. 23), Sigmaringen 2008, bes. S. 313ff.

52   René WEHRLÉ, De la coutume dans le droit canonique: essai historique des origines de l'eglise au pontificat de Pie XI., Paris 1928, S. 139f., hier: S. 140: *Et quidem longa consuetudo dici potest illa quae X vel XX annis inducitur. Multo magis longissimo tempore, id est XXX. Vel longaevo, id est XL annorum et potest hoc aperte probari per legem.* Vgl. KAUFHOLD, Rhythmen, S. 316.

53   Eduard WINKELMANN (Hg.), Acta Imperii inedita saeculi XIII. et XIV. Urkunden und Briefe zur Geschichte des Kaiserreichs und des Königreichs Sizilien I. (1198–1283), Insbruck 1880, Neudruck Aalen 1964, S. 279: *Licet apud nos et in curia inusitatum sit, huiusmodi antiqua privilegia renovare, vobis tamen de solita benignitatis nostre gratia duximus confirmandum.*

54   ASSMANN, Das kulturelle Gedächtnis, S. 48–52 u. S. 56; vgl. KAUFHOLD, Rhythmen, S. 313ff.

55   DIEFENBACH, Erinnerungsräume, S. 7.

erfolgt.⁵⁶ Für eine Studie, die sich dem historischen Wandel von Denkformen widmet, ist die Feststellung zentral, dass sich beide Gedächtnisformen zwar analytisch voneinander trennen lassen, sich für die Zeitgenossen aber gegenseitig durchdrangen.⁵⁷ Auch das kulturelle Gedächtnis, in dem die Kommune dasjenige bewusst speicherte, was für ihre aktuelle Daseinsform identitäts- und legitimitätsstiftende Wirkung hatte, unterlag im Laufe des Untersuchungszeitraums zunehmend dem Verschriftlichungsprozess. Schriftstücke begannen etwa in herrschaftslegitimierenden Ritualen der Stadt eine zentrale Rolle zu spielen, die vormals ohne Schriftstücke funktionierten, denn Rituale unterlagen dann der Veränderung, wenn sich die Grundlagen der Legitimation wandelten.⁵⁸ So wie das kulturelle Gedächtnis zunehmend verschriftlicht wurde, wurden diejenigen Schriftstücke, die es trugen, zu „Repräsentationen, Symbolen und Denkmälern", die als konstitutive Objekte in die identitäts- und legitimationsstiftenden rituellen Praktiken des Bürgerverbands Einbindung fanden.⁵⁹ In der gegenseitigen Durchdringung kollektiver und kultureller Gedächtnisformen wird die prozesshafte Veränderlichkeit von Verhaltens- oder Handlungsmustern menschlicher Kollektive greifbar, deren Berücksichtigung eine zentrale Grundlage der folgenden Untersuchungen bildet.

Derartige Gedächtnisformen konnten sich in lokalen Räumen konzentrieren, aber auch dem raumübergreifenden Austausch unterliegen. In einer Urkunde des Jahres 1395 wurden die Augsburger Bürger aufgefordert, ihren neuen Stadtvogt *der rechten und gewonheiten der vorgenanten vogttey gütlichen zu underweisen [...]*.⁶⁰ Dabei endete der Horizont von Stadtvogt und Bürgern aber weder an den städtischen Mauern noch

---

56 DIEFENBACH, Erinnerungsräume, S. 7; vgl. ASSMANN, Das kulturelle Gedächtnis, S. 21 u. S. 52–56.
57 DIEFENBACH, Erinnerungsräume, S. 8f.
58 Gerd ALTHOFF, Die Veränderbarkeit von Ritualen im Mittelalter, In: Ders., Formen und Funktionen öffentlicher Kommunikation im Mittelalter (= Vorträge und Forschungen, Bd. 51), Stuttgart 2001, S. 156–176.
59 DIEFENBACH, Erinnerungsräume, S. 7; Schriftlichkeit wurde Teil derjenigen Ausdrucksformen, die das „Kapital" der Herrschaft stützen. Vgl. Piere BOURDIEU, Ökonomisches Kapital, kulturelles Kapital, soziales Kapital, In: Reinhard Kreckel, Soziale Ungleichheiten (= Soziale Welt, Sonderband 2), Göttingen 1983, S. 183–198; Sven REICHARDT, Bourdieu für Historiker?, Ein kultursoziologisches Angebot an die Sozialgeschichte, In: Thomas Mergel, Thomas Welskopp (Hg.), Geschichte zwischen Kultur und Gesellschaft. Beiträge zur Theoriedebatte, München 1997, S. 71–93.
60 Christian MEYER, Urkundenbuch der Stadt Augsburg, Bd. 2: Die Urkunden vom Jahre 1347–1399 (UBA II), Augsburg 1878, Nr. 789 (26. Mai 1395), S. 267.

an den Grenzen der politischen Verfassung. Ratsherren waren gleichzeitig als politische Vertreter, Handelspartner, Familienmitglieder, Nachbarn oder Mitglieder von religiösen Gemeinschaften mit vielfältigen Gruppen, Interessenverbänden und politischen Milieus und Institutionen in und außerhalb der Stadtmauern verbunden.[61] Blickt man über die Grenzen der Stadt hinaus, war der Verschriftlichungsprozess ein Phänomen, das den gesamten engeren Reichsverband nördlich der Alpen zu einer ähnlichen Zeit mit ähnlichen Rhythmen erfasste. An dieser Stelle muss die Vergleichbarkeit der Strukturen des Verschriftlichungsprozesses in zeitlichen Rhythmen und Ausprägungsformen betont werden, die bereits Ernst Pitz am Beispiel von Nürnberg, Lübeck und Köln herausstellte und Tobias Herrmann für die deutsche Stadt insgesamt mittels einer deutschlandübergreifenden Datenerfassung bestätigte.[62] Die Entstehung von Stadtsiegel, Stadtrechtsprivileg, Kanzlei, Stadtbuch und Buchführung werden in der Forschung als Indikatoren des Verschriftlichungsprozesses der deutschen Stadt herangezogen, weil sie dort in ähnlichen zeitlichen Rhythmen und unter ähnlichen Voraussetzungen in Erscheinung treten. Was sich in Augsburg ereignete, war kein lokalhistorisches Phänomen. Im übergeordneten Blick handelte es sich aber auch nicht um ein rein stadthistorisches Phänomen. Die breit angelegten Studien von Mark Mersiowsky zu den Anfängen territorialer Rechnungslegung im deutschen Nordwesten, von Julian Holzapfel zur Kanzleikorrespondenz des späten Mittelalters in Bayern und von Roman Zehetmayer zum Urkundengebrauch des Adels im Südosten des Reichs vom 11. bis zum 14. Jahrhundert zeigen, dass sich auch in fürstlichen Kanzleien zur selben Zeit vergleichbare Entwicklungen vollzogen.[63] Gegenüber anderen Regionen in Europa war es den politischen Milieus des engeren Reichsverbands nördlich der Alpen dabei gemeinsam, verhältnismäßig spät vom Verschriftlichungsprozess erfasst zu werden.[64] In den deutschen Städten etablierten sich Formen des Schriftgebrauchs erst längere Zeit nachdem sie in italienischen Städten bereits gebräuchlich waren. Dabei muss aber berücksichtigt werden, dass die politischen und wirtschaftlichen Milieus in beiden Räumen miteinander in Kontakt standen und man mit den

---

61    Vgl. Dietrich W. POECK, Die Herren der Hanse: Delegierte und Netzwerke (= Kieler Werkstücke E. Beiträge zur Sozial und Wirtschaftsgeschichte, Bd. 8), Frankfurt 2010.
62    HERRMANN, Anfänge kommunaler Schriftlichkeit, S. 297ff.
63    MERSIOWSKY, Rechnungslegung; HOLZAPFEL, Kanzleikorrespondenz; ZEHETMAYER, Urkunde und Adel.
64    MEUTHEN, Quellenwandel, S. 18: „Die Schriftlichkeit expandierte in den einzelnen Teilen Europas unterschiedlich rasch; der Süden und Westen waren der Mitte und noch mehr dem Osten und Norden voraus".

Gepflogenheiten der Schriftkultur der italienischen Stadt und dort herrschenden Kanzleitechniken vertraut war, ohne sie in vollem Umfang zu adaptieren.

Daraus ergibt sich die Frage, ob der Wandel des Verschriftlichungsprozesses und die milieuübergreifende Vergleichbarkeit seiner Strukturen weniger durch den Drang von Fortschrittsdenken und Professionalisierungsbestrebungen und mehr durch die Anreicherung und den Transfer von Verbindlichkeiten und Erwartungen im kollektiven Gedächtnis des Reiches bestimmt war. Im Gegensatz zum italienischen Teil des Reichs war das Ordnungsgefüge im engeren Reich nördlich der Alpen mit seinen Einheiten wie dem König an der Spitze des Reichs, seinen Fürstenhöfen und seinen Städten nach der staufischen Zeit kommunikativ enger miteinander vernetzt.[65] Dieses kommunikative Netz wird in Form konkreter Beziehungen greifbar, die zwischen den Einheiten im Ordnungsgefüge herrschten.[66] Andreas Petter hat gezeigt, dass es über solche Netzwerke zum Transfer von Schriftkultur kam.[67] Vergleichbare Ausprägungsformen des Verschriftlichungsprozesses setzen vergleichbare Denkformen voraus. Entwicklungsunterschiede, die die wahrnehmbaren Grenzen der Schriftkulturen im europäischen Raum prägten, wären in diesem Falle weniger als Unterschiede technischer Fertigkeiten und erkannter Nutzungsmöglichkeiten, sondern mehr als Unterschiede kollektiver Denkmuster in Form von Erwartungen und Verbindlichkeiten zu betrachten. So stellt sich die Frage nach einer Konformität der Schriftlichkeit, die Prozesse der Integration und Assimilation hervorrief, die sich aus dem Drang der Anpassung Einzelner oder Gruppen, aber auch aus einem den Einzelnen oder die Gruppe umgebenden Anpassungsdruck speisen konnte, der aus

---

65 Peter MORAW, Das Reich im mittelalterlichen Europa, In: Bernd Schneidmüller, Stefan Weinfurter (Hg.), Heilig-Römisch-Deutsch: Das mittelalterliche Europa, Dresden 2006, S. 440–451; Joachim SCHNEIDER, Die Reichsstädte, In: Hans Ottomeyer, Jutta Götzmann (Hg.), Heiliges Römisches Reich Deutscher Nation 962 bis 1806: altes Reich und neue Staaten 1495 bis 1806. 29. Ausstellung des Europarates in Berlin und Magdeburg, Bd. 1, Dresden 2006, S. 411–423, hier: S. 411; Martin KAUFHOLD, Das Reich im Umbruch (1250–1308), In: Bernd Schneidmüller, Stefan Weinfurter (Hg.), Heilig-Römisch-Deutsch: Das mittelalterliche Europa, Dresden 2006, S. 277–286.

66 Paul-Joachim HEINIG, Reichsstädte, Freie Städte und Königtum 1389–1450. Ein Beitrag zur deutschen Verfassungsgeschichte (= Beiträge zur Sozial- und Verfassungsgeschichte des alten Reiches, Bd. 3), Wiesbaden 1983, S. 2.

67 Andreas PETTER: Kulturtransfer, Schrift-Organisation und Überformung: Drei Thesen zur Entstehung, Funktion und Struktur städtischer Amtsbuchüberlieferung aus dem Mittelalter, in: Jürgen Sarnowsky (Hg.): Verwaltung und Schriftlichkeit in den Hansestädten (Hansische Studien, Bd. 16), Trier 2006, S. 17–63.

dem Handeln und Selbstverständnis der umgebenden gesellschaftlichen Bezugsgruppen resultierte.[68]

In dieser Form wurden sie bereits von den Zeitgenossen wahrgenommen. Friedrich II. hatte die Rechtsprechung nördlich der Alpen nach *consuetudinibus antiquitus traditiis et iure non scripto* kritisiert.[69] Johannes von Bologna, der seine Kenntnisse nach eigener Aussage an der Bologneser und der römischen Kurie erworben hatte, unterschied in einer um 1280 entstandenen Lehrschrift über die Notariatspraxis zwischen den vorsichtigen Italienern, die bei jeder Art von Geschäft nach der Ausstellung einer Urkunde verlangten und den nahezu umgekehrten Sitten in England, wo nur in den nötigen Fällen ein Urkunde verlangt wurde.[70] Konrad von Mure kannte „die *legales tabelliones* (Gerichtsschreiber) nur in der Lombardei" und rechnete „seine Heimat dagegen zu den Ländern und Provinzen, *in quibus non est usus legalium tabellionum*.[71] Ähnlich äußerte sich zu Beginn des 14. Jahrhunderts der Verfasser des Baumgartenberger Fomularbuchs: *sed ista non fiunt apud nos*.[72]

---

68   Vgl. Günter WISWEDE, Soziologie konformen Verhaltens, Stuttgart 1976; Rüdiger PEUCKERT, Konformität. Erscheinungsformen—Ursachen—Wirkungen, Stuttgart 1975. In der Mediaevistik wurde seit Kurzem begonnen, nach dem Einfluss dieser Kraft auf große kulturhistorische Erscheinungsformen zu fragen. Vgl. Marc Carel SCHURR, Peter KURMANN, Kulturtransfer im späten Stauferreich. Überlegungen zur Adaptation französischer Sakralbaukunst der Gotik in Deutschland und Italien, In: Alfried Wieczorek, Bernd Schneidmüller, Stefan Weinfurter (Hg.), Die Staufer und Italien, Bd. 1, Darmstadt 2010, S. 385–394, die zur Analyse von Prozessen des Kulturtransfers im Bereich der Architektur mit dem Begriff der „Mode" operieren. Zur Verwendung des Begriffs in der Mediaevistik: Norbert NUẞBAUM, Konformität und Individualität in der deutschen Architektur nach 1350, In: Jan. A. Aertsen, Martin Pickavé (Hg.), ‚Herbst des Mittelalters'? Fragen zur Bewertung des 14. und 15. Jahrhunderts (= Miscellanea mediaevalia, Bd. 31), Berlin 2004, S. 231–248; Karin BREM, ‚Herger'/Spervogel: die ältere Sangspruchdichtung im Spannungsfeld von Konsenszwang und Profilierung, Konformität und Autorität, In: Horst Brunner, Helmut Tervooren (Hg.), Neue Forschungen zur mittelhochdeutschen Sangspruchdichtung, Berlin 2000, S. 10–37.

69   MGH, Const. II., hg. v. Ludwig Weilland, Hannover 1896 (Nachdruck 1963), Nr. 196.

70   Iohannes v. Bologna, Summa notarie de hiis que in foro ecclesiastico coram quibuscumque iudicibus occurunt notariis conscribenda, bearb. v. Ludwig ROCKINGER, In: Ders. (Hg.), Briefsteller und Formelbücher des elften bis vierzehnten Jahrhunderts, Quellen zur bayerischen und deutschen Geschichte 9, 2 München 1864, S. 593–712, hier: S. 604: *Ytalici tamquam cauti quasi de omni eo quod ad inuicem contrahunt habere volunt publicum instrumentum, quod quasi contrarium est in Anglicis, videlicet quod nisi necessarium esset non nisi rarissime petitur instrumentum [...]*.

71   BRESSLAU, Handbuch der Urkundenlehre, Bd. 1, Berlin⁴ 1969, S. 632.

72   BRESSLAU, Handbuch der Urkundenlehre, Bd. 1, S. 632.

Und in Konstanz wurde 1324 noch irrtümlich behauptet, *tabellionum usus in partibus Alamannie partibus non habetur*, obwohl sich diese bereits an den Gerichten zahlreicher Bischofssitze etabliert hatten.[73] Nicht alle der gelehrten Beobachter verbanden die erkannten Unterschiede mit Fortschrittskritik wie Friedrich II. Noch weniger analytisch-distanzierte Träger der Schriftkultur werden gar bewusst an herrschenden Traditionen festgehalten haben, bis ein Umschwenken unvermeidbar erschien.

## 3 Methodisches Vorgehen: Stadtgeschichte und Überlieferung

Um den Wandel des Verschriftlichungsprozesses und der zeitgenössischen Verschriftlichungsabsichten zu erfassen, wird ein chronologisch geschichteter Zugriff auf breiter phänomenologischer Ebene angestrebt. Phänomenologisch fand der Wandel in „materiellen" und „immateriellen Objektivierungen" Ausdruck im politischen Alltag der spätmittelalterlichen Stadt.[74] Zu den materiellen Objektivierungen gehören neben dem Schriftgut selbst etwa die Entwicklung der städtischen Kanzlei mit ihrem Personal, ihren Arbeitsmaterialien, Arbeitsabläufen und ihren Einrichtungsgegenständen, aber auch die Verbreitung von Siegelstempeln oder bildlichen Darstellungen von Schriftstücken im öffentlichen Raum der Stadt. Zu den immateriellen Objektivierungen gehören zeitgenössische Vorstellungen, die sich in herrschaftslegitimierenden Ritualen, Gerichtsurteilen, Prozessen der Rechtfertigung, der kommunalen Geschichtsschreibung oder Gelehrtentexten spiegeln. Veränderungen scheinen dort auf, wo sich zwischen derartigen Objektivierungen in vergleichbaren Schlüsselsituationen der politischen Geschichte Unterschiede erkennen lassen. Die struktur- und entwicklungsgeschichtliche Orientierung der Analyse des Untersuchungsgegenstandes verstellt die Möglichkeit einer einheitlichen und kontinuierlichen Darstellung. Untersuchungsfelder werden daher nicht für den gesamten Zeitraum parallel verfolgt, sondern nur in dem Zeitraum, in denen sie als historisch einflussreiche Entwicklungen erstmals hervortreten.

---

73   Bresslau, Handbuch der Urkundenlehre, Bd. 1, S. 632.

74   Begrifflichkeit nach Johannes BERNWIESER, Honor Civitatis: Kommunikation, Interaktion und Konfliktbeilegung im hochmittelalterlichen Oberitalien, München 2012, S. 25f.; Bernwieser nimmt Bezug auf Gabriela B. CHRISTMANN, Dresdens Glanz, Stolz der Dresdner. Lokale Kommunikation, Stadtkultur und städtische Identität, Wiesbaden 2004, S. 47–50.

Konflikte um die Macht waren Anlässe, in denen die Rahmenbedingungen herrschender Systeme in konzentrierter Form aufschienen. Damit eignen sie sich als Prismen der Analyse, in denen sich Einzelentwicklungen des Wandels kommunaler Schriftkultur in zeitgenössischer Verbundenheit gebündelt betrachten lassen.[75] Für die politische Stadtgeschichte Augsburgs im Spätmittelalter waren drei Konflikte um die Stadtherrschaft prägend. In allen Fällen wird dabei zu fragen sein, inwieweit die Schriftkultur den Handlungshorizont der Beteiligten prägte und mit Fragen nach der Legitimität von Entscheidungen, Konfliktlösungen und Prozessen der Neuausrichtung des städtischen Herrschaftsgefüges verbunden war. Zum Zeitpunkt des Auftretens dieser Konflikte hatten sich stets raumübergreifende strukturelle Veränderungen der kommunalen Schriftlichkeit vollzogen, die sich auch in anderen Städten des Reichs nördlich der Alpen als charakteristisch erweisen und zu denen die Analyse lokalhistorischer Phänomene in Verbindung gebracht werden kann. Vergleiche folgen dabei zeitgenössischen Linien des Kulturtransfers.

Die Geburt der kommunalen Überlieferung ereignete sich in einer Phase, die auf lokalhistorischer Ebene die Ablösung des Bürgerverbands von ihrem ehemaligen Stadtherrn, dem Augsburger Bischof Hartmann von Dillingen, brachte.[76] Die rechtliche Konstituierung der Bürgerverbände, die wir nicht nur in Augsburg vorfinden, brachte das Eindringen eines neuen Elements in das hierarchische Gefüge des Reiches.[77] Im Kontext dieser Phase, die im Zentrum des ersten Kapitels steht, erfolgte die Entstehung des Stadtsiegels, der ersten kommunalen Privilegien, des Stadtrechtsbuchs und der Anfänge kommunaler Buchführung.[78]

Seit dem ersten Drittel des 14. Jahrhunderts setzt dann eine breite Auffächerung der Überlieferung ein. Während der Überlieferungsbestand bis zu dieser Zeit beinahe nur urkundliches Material enthält, begann nun die Überlieferung von Amtsbüchern, Literalien, Akten und Chroniken. Auch zeugen die Strukturen der Überlieferung von einer deutlichen Ausweitung

---

75 Gerhard DILCHER, Noch einmal: Rechtsgewohnheit, Oralität, Normativität, Konflikt und Zwang, In: Rechtsgeschichte. Zeitschrift des Max-Planck-Instituts für europäische Rechtsgeschichte 17 (2010), S. 67–73.
76 Vgl. exemplarisch: KREUZER, Verhältnis; Baer (Hg.), Stadt und Bischof; KIEẞLING, Bürgerliche Gesellschaft, S. 26; BOSL, Die wirtschaftliche und gesellschaftliche Entwicklung des Augsburger Bürgertums, S. 19–36.
77 MORAW, Von offener Verfassung, S. 158.
78 Vgl. Kap. II.

des kommunalen Privilegienarchivs. Augsburg wurde 1316 zur Reichsstadt.[79] Die kommunale Kanzlei erfuhr eine Festigung in ihrem Hierarchiegefüge, ihrem Aufgabenspektrum und in ihrer Organisation. Es war eine Phase, in der der Bürgerverband eine stärkere innere Konstituierung erfuhr und sich deutlicher nach außen hin abzugrenzen begann.[80] Die ersten expliziten Erwähnungen des Gebrauchs kommunaler Amtsbücher und eines kommunalen Privilegienarchivs ist im Kontext der für die Stadtgeschichte des 14. Jahrhunderts charakteristischen Bürgerkämpfe und Zunftunruhen überliefert.[81] Hier wurde die kommunale Schriftlichkeit in neuer Form zu einem Richtmaß und zu einem Faktor der Legitimation des politischen Handelns im Inneren des Bürgerverbands.

In der zweiten Hälfte des 14. Jahrhunderts fand die wachsende Tendenz Fortsetzung, auch kurzfristige Alltagsgeschäfte in schriftlicher Form zu sichern. Dies führte zusammen mit dem Augsburger Wirtschaftsboom seit dem ausgehenden 14. Jahrhundert zu einem deutlichen Anstieg der Überlieferung.[82] Die Überlieferungsstruktur zeichnet sich nun durch eine Vielzahl ‚kleinerer

---

79  UBA I, Nr. 235 (9. Jan. 1316), S. 196–198.
80  Exemplarisch: Maximilian GLOOR, Politisches Handeln im spätmittelalterlichen Augsburg, Basel und Straßburg (= Heidelberger Veröffentlichungen zur Landesgeschichte und Landeskunde, Bd. 15), Heidelberg 2010, S. 164ff.; Gisela MÖNCKE, Bischofsstadt und Reichsstadt. Ein Beitrag zur mittelalterlichen Stadtverfassung von Augsburg, Konstanz und Basel, Berlin 1971; BOSL, Die wirtschaftliche und gesellschaftliche Entwicklung des Augsburger Bürgertums; Friedrich HEER, Augsburger Bürgertum im Aufstieg Augsburgs zur Weltstadt (1275–1530), In: Clemens Bauer, Josef Bernhart, Hermann Rinn (Hg.), Augusta 955–1955. Forschungen und Studien zur Kultur- und Wirtschaftsgeschichte Augsburgs, München 1955, S. 107–135; Ernst SCHUMANN, Verfassung und Verwaltung des Rates in Augsburg von 1276–1368, Rostock 1905.
81  UBA II, Nr. 612 (16. Dez. 1368), S. 148ff.; vgl. exempl. Rolf KIEßLING, Augsburg im Aufstand, Ein systematischer Vergleich von Unruhen des 14./16. mit denen des 17./18. Jahrhunderts, In: Angelika Westermann, Ekkehard Westermann (Hg.), Streik im Revier: Unruhe, Protest und Aufstand vom 8. bis 20. Jahrhundert, St. Katharinen 2007, S. 153–175; Friedrich BLENDINGER, Die Zunfterhebung von 1368, In: Gottlieb, u.a. (Hg.), Geschichte der Stadt Augsburg, S. 150–153; Friedrich BLENDINGER, Die Zunfterhebung von 1368 in der Reichsstadt Augsburg. Ihre Voraussetzungen, Durchführung und Auswirkung, In: Franz Quarthal, Wilfried Seltzler (Hg.), Stadtverfassung, Verfassungsstaat, Pressepolitik. Festschrift für Eberhard Naujoks zum 65. Geburtstag, Sigmaringen 1980, S. 72–90; Pius DIRR, Studien zur Geschichte der Augsburger Zunftverfassung 1368–1548, In: ZhistVSchwab 39 (1913), S. 144–201.
82  KIEßLING, Techniktransfer und Wirtschaftsboom in Augsburg/Schwaben im 14. Jahrhundert, In: Martin Kaufhold (Hg.), Augsburg im Mittelalter, Augsburg 2009, S. 36–52; KIEßLING, Die Stadt und ihr Land, S. 721.

Urkunden' aus den Reihen der städtischen Mittelschichten und durch einen Zuwachs an Amtsbüchern aus, die vor allem dazu dienten, bereits vorhandene Schriftstücke in der Kanzlei neu zu ordnen und zugänglich zu machen.[83] Das fortschreitende 14. Jahrhundert brachte neue Wahrnehmungsformen der Schrift, die sich etwa in den Reformen des Prozesswesens spiegeln, die unter Sigismund einsetzten.[84] In Konflikten um die Stadtherrschaft wurde die kommunale Überlieferung auf eine neue Weise zur Grundlage. Mit Hilfe einer umfangreichen Klageschrift versuchte der Kardinal und Bischof Peter von Schaumberg seit 1451 die Wiederherstellung der alten Rechte des Bistums an der Kurie einzuklagen.[85]

Die Anbindung der chronologischen Untersuchung einzelner Ausprägungsformen des Verschriftlichungsprozesses an die aufgeworfenen drei Konfliktfelder ermöglicht die gebündelte Betrachtung von Entwicklungen auf der Basis zeitgenössischer Zusammenhänge in Verbindung mit einer entwicklungsgeschichtlichen Perspektive. Dabei dienen einleitende Abschnitte vor jedem der drei Untersuchungsteile dazu, einen Horizont zu eröffnen, vor dessen Hintergrund sich die betrachteten Entwicklungen in Augsburg vollzogen. Am Ende jedes Untersuchungsteils sollen die gewonnenen Ergebnisse nicht nur zusammengefasst, sondern zu einem Gesamtbild zusammengeführt werden.

Die Anwendung der kulturwissenschaftlichen Kategorien wird erst durch die Verfügbarkeit eines Quellenbestands möglich, der es erlaubt, den Wandel der materiellen und immateriellen Objektivierungen des kommunalen Verschriftlichungsprozesses in gegenseitiger Verbundenheit freizulegen. In Augsburg beinhaltet der ausgesprochen gut erhaltene Bestand

---

83 Auf die Anlage neuer Register zur Neuordnung des Archivs verweist SCHMIDT-GROTZ, Achtbuch, Bd. 1, S. 247.

84 Paul Joachim HEINIG, Kaiser Friedrich III. (1440–1493), Hof, Regierung und Politik (= Forschungen zur Kaiser- und Papstgeschichte des Mittelalters, Beihefte zu J. F. Böhmer, Regesta Imperii, Bd. 17), Bd. 2, Köln, Weimar, Wien 1997, S. 95ff.; Karl Friedrich KRIEGER, Rechtliche Grundlagen und Möglichkeiten römisch-deutscher Königsherrschaft im 15. Jahrhundert, In: Reinhard Schneider, Das spätmittelalterliche Königtum im europäischen Vergleich (= Vorträge und Forschungen, Bd. 32), Sigmaringen 1987, S. 465–489; Ingeborg MOST, Schiedsgericht, Rechtliches Rechtsgebot, Ordentliches Gericht, Kammergericht. Zur Technik fürstlicher Politik im 15. Jahrhundert, In: Aus Reichstagen des 15. und 16. Jahrhunderts. Festgabe ... von den Herausgebern der deutschen Reichstagsakten, Göttingen 1958, S. 116–153.

85 Anton UHL, Peter von Schaumberg, Kardinal und Bischof von Augsburg 1424–1469. Ein Beitrag zur Geschichte des Reiches, Schwabens und Augsburgs im 15. Jahrhundert, München 1940, S. 137–181.

städtischer Amtsbücher des 13., 14. und 15. Jahrhunderts eine in ihrer Konsistenz deutschlandweit einmalige Serie von Rechnungsbüchern, die für das Untersuchungsvorhaben ein vielversprechendes Potential bietet. Darin wurden für die Fragestellung dieser Studie relevante Einkäufe von Schreib- und Beschreibstoffen, Entlohnungen des Kanzleipersonals, Aufträge an externe Experten für die Herstellung von kommunalem Schriftgut oder Ausgaben für neue Ausstattungsgegenstände der Kanzlei in den Baumeisterrechnungen verzeichnet. Die Rechnungen spiegeln dabei nicht den Gesamthaushalt der Stadt. Ihr Potential liegt aber darin, Strukturen des sich wandelnden Verschriftlichungsprozesses greifbar zu machen. Dazu wurden aus 6140 Einzelseiten Mikrofilm Ausgaben der städtischen Kanzlei für Ausprägungsformen der kommunalen Schriftkultur identifiziert und transkribiert. Die diachrone strukturorientierte Auswertung dieser Daten ermöglicht die Rekonstruktion eines Profils kommunaler Schriftkultur, das sich mit seiner zeitlichen Verschiebung wandelt. Die Rechnungen zeugen dabei gleichsam von innerstädtischen wie von außerstädtischen, raumübergreifenden Dimensionen des Verschriftlichungsprozesses.

Die kommunale Rechnungsführung erwies sich zudem als hilfreiche Informationsquelle zur Rekonstruktion von Entstehungsprozessen anderer Überlieferungsträger. Diese zeichnen sich in großer Übereinstimmung dadurch aus, über die Vorgänge ihrer eigenen Entstehung zu schweigen. Etwa gingen dem Verfassen von Urkunden zumeist längere Verhandlungen voraus, die im stark komprimierten Inhalt der Dokumente kaum Spuren hinterlassen haben. Neuer Erkenntnisgewinn in diesem Feld ist daher auf hilfswissenschaftliche Analysen angewiesen, aus denen von den Zeitgenossen nicht explizit benannte Informationen über die Hintergründe der Entstehung von Schriftstücken gewonnen werden können.[86] Das Spektrum reicht vom Handschriftenvergleich bis zur Analyse der Faltung von Urkunden.

Neben den gestellten Herausforderungen birgt das Schweigen der Quellen aber auch analytisches Potential. Schweigen bedeutet Auswahl.[87] Es ist eine verbindende Eigenschaft der Überlieferung, dasjenige zu tragen, was den Erinnerungsbedürfnissen der Zeitgenossen entsprach. Trotz ihrer inhaltlichen und formalen Unterschiedlichkeit haben es die Ausprägungsformen

---

86 Dies entspricht dem Selbstverständnis der klassischen Diplomatik; vgl. MERSIOWSKY, Rechnungslegung, S. 36 u. Peter JOHANEK, Die Frühzeit der Siegelurkunde im Bistum Würzburg, Würzburg 1969, S. 5, Anm. 292.
87 Vgl. Thomas Weitin, Burkhardt Wolf (Hg.), Gewalt der Archive, Studien zur Kulturgeschichte der Wissensspeicherung, Konstanz 2012, S. 9–23, die den Aspekt des Aussortierens ebenfalls besonders hervorheben.

eines städtischen Überlieferungsbestands gemeinsam, dass sie bereits von den Zeitgenossen dazu bestimmt waren, mehr oder weniger weite Zeiträume der Zukunft zu überdauern. Die heute erhaltenen Bestände der städtischen Archive sind damit nicht nur Überreste einer neuen Art des Schriftgebrauchs. Sie sind vor allem auch Zeugnis eines im Wandel begriffenen Bedürfnisses der Aufbewahrung schriftlich fixierter Informationen, das durch einen chronologisch geschichteten Zugriff auf die Momente der Entstehung städtischer Überlieferungsformen freigelegt werden kann.[88] In seinen Überlegungen zum Überlieferungszufall und zur Überlieferungschance forderte Arnold Esch: „Wir sollten uns bei überlieferten Beständen deutlicher fragen: Was könnte verlorengegangen sein, was muss dagewesen sein, und dabei noch mehr auf Indizien achten, die die Verzerrung, die Umverteilung von Wirklichkeit durch die Überlieferung anzeigen, und Kriterien entwickeln, die zur Entzerrung beitragen können".[89] Bei der Untersuchung der Entstehung eines städtischen Archivs erscheint eine Kraft als zentrale Quelle der Erkenntnis, die im Rahmen dieser Studie als zeitgenössische Überlieferungsabsicht bezeichnet werden soll. Sie ist eine Schlüsselstelle zwischen materieller und immaterieller Objektivierung des kommunalen Verschriftlichungsprozesses. Als analytische Kategorie bietet sie für diese Untersuchung das Potential, auf einer Quellenlage zu gründen, die bereits in sich ein konkret fassbares Phänomen des Gedächtnisses darstellt.[90]

Die Analyse der zeitgenössischen Überlieferungsabsicht bietet Anschlussstellen zum Feld der in der historischen Mediävistik noch immer

---

88 Arnold ESCH, Überlieferungs-Chance und Überlieferungs-Zufall als methodisches Problem des Historikers, In: HZ 240 (1985), S. 529–570.
89 ESCH, Überlieferungs-Chance, S. 569.
90 In vergleichbarer Weise versteht die mediaevistische Memorialforschung ihren methodischen Zugang zu mittelalterlichen Verbrüderungsbüchern und Nekrologien. Dazu: DIEFENBACH, Erinnerungsräume, S.12f. Weiterhin: Otto Gerhard OEXLE, Memoria und Memorialüberlieferung im früheren Mittelalter, In: FMSt 10 (1976), S.70–95; DERS., Die Gegenwart der Toten, In: Herman Braet, Werner Verbeke (Hg.), Death in the Middle Ages, Löwen 1983, S. 19–77; DERS., Memoria und Memorialbild, In: Karl Schmid, Joachim Wollasch (Hg.), Der geschichtliche Zeugniswert des liturgischen Gedenkens im Mittelalter, München 1984, S. 385–440; DERS., Die Gegenwart der Lebenden und der Toten. Gedanken über Memoria, In: Karl Schmid (Hg.), Gedächtnis das Gemeinschaft stiftet, München, Zürich 1985, S. 74–107; DERS. Memoria als Kultur, In: Ders. (Hg.), Memoria als Kultur, Göttingen 1995, S. 9–78; Michael BORGOLTE, Zur Lage der deutschen Memoria-Forschung, In: Ders. (Hg.), Memoria. Ricordare e dimenticare nella cultura del medioevo—Memoria. Erinnern und Vergessen in der Kultur des Mittelalters, Bologna und Berlin 2005, S. 21–28.

vernachlässigten Archivgeschichte.[91] Dabei geht es in dieser Studie aber weniger darum, die Ursprünge neuzeitlicher Mechanismen der Institution Archiv in der Geschichte zu verorten. Im Zentrum steht die Geschichte des Wandels der zeitgenössischen Auswahl desjenigen, was als bewahrungswürdig empfunden wurde. Archivierung bedeutet Auswahl. Der Wandel dieser zeitgenössischen Auswahl war mit dem Wandel von gegenwärtigen und zukünftigen Nutzungserwartungen verbunden, die sich lediglich im Kontext des täglichen Schriftgebrauchs erklären lassen. Auch der Gebrauch bereits vorhandener Formen des Schriftgedächtnisses konnte sich im Laufe der Jahre wandeln.[92] Veränderungen in der Wahrnehmung werden dort sichtbar, wo ältere Schriftstücke und die mit ihrer Existenz verbundenen Erinnerungen und Verpflichtungen mit den aktuellen Erfahrungen der Zeitgenossen zusammentrafen. An dieser Schnittstelle wird auch die gestalterische Kraft konkret fassbar, die aus dem Zusammenspiel von ‚kommunikativem' und ‚kulturellem Gedächtnis' hervorging. Aus gewandelten Denkgewohnheiten, neuen Erfahrungen, Umgangsformen oder Erwartungen an die eigene schriftliche Überlieferung resultierten im Laufe des Spätmittelalters etwa bewusste Änderungen von Bucheinbänden, die Umordnung der Inhalte

---

91 Vgl. Mark MERSIOWSKY, Die Anfänge territorialer Rechnungslegung im deutschen Nordwesten, Spätmittelalterliche Rechnungen, Verwaltungspraxis, Hof und Territorium (= Residenzenforschung, Bd. 9), Stuttgart 2000, S. 261: „Anders als die Bibliotheksgeschichte, die längst eine anerkannt geisteswissenschaftliche Forschungsrichtung mit eigener Tradition ist, fristet die Archivgeschichte ein Schattendasein"; vgl. Tobias HERRMANN, Kommunale Schriftlichkeit, S. 288–295; Franz Eckhart GOETZ, Einführung in die Archivkunde, Darmstadt 1993, S. 9f.; Axel J. BEHNE, Geschichte aufbewahren. Zur Theorie der Archivgeschichte und zur mittelalterlichen Archivpraxis in Deutschland und Italien, In: Peter Rück (Hg.), Mabillons Spur, Zweiundzwanzig Miszellen aus dem Fachgebiet für Historische Hilfswissenschaften der Philipps-Universität Marburg. Zum 80. Geburtstag von Walter Heinemeyer, Marburg 1992, S. 277–297; Raymund KOTJE, Mittelalterliche Anfänge der Archivierung in niederrheinischen Städten, In: Manfred van Rey (Hg.), Bonn und das Rheinland, Beiträge zur Geschichte und Kultur einer Region (Festschrift zum 65. Geburtstag von Dietrich Höroldt), Bonn 1992, S. 9–18; Dietrich HÖROLDT, Kommunale Archive, In: Der Archivar 37 (1984), Sp. 387; Adolf BRENNEKE, Archivkunde, bearb. u. erg. von Wolfgang Leesch, Leipzig 1953, S. 128f; Wilhelm WATTENBACH, Das Schriftwesen im Mittelalter, Leipzig³ 1986, S. 627–641.
92 Vgl. Mathias F. KLUGE, Die inneren Organe Ottos III. und ihr vergessenes Grab, Herrschergedenken zwischen Bedeutungswandel und Überlieferungschance, In: Archiv für Kulturgeschichte 94 (2012), S. 59–86; Thomas HILDBRAND, Herrschaft, Schrift und Gedächtnis. Das Kloster Allerheiligen und sein Umgang mit Wissen in Wirtschaft, Recht und Archiv (11.–16. Jahrhundert), Zürich 1996, S. 51–62 u. 383f.; CLANCHY, From Memory, S. 145–184.

eines Stadtbuchs durch einen neuen Index oder der Wandel von Regeln des Gebrauchs und der Wahrnehmung bestimmter Codices. Weiterhin spiegelt sie sich in Gelehrtentexten, Briefen, Chroniken, Ratsprotokollen und anderen Texten aus dem volkssprachlichen städtischen Schriftgut, wenn die Darstellung vergleichbarer Themen mit den Voraussetzungen verschiedener Zeiten verbunden wird. Diese Kraft ist bis heute ungebrochen. Auch die Geschichtsschreibung unterliegt ihrem Einfluss.

KAPITEL 2

# Geburt: Adaption und Assimilation (1234–1304)

Die ältesten erhaltenen Ausprägungsformen kommunaler Schriftlichkeit in Augsburg entstanden im Zeitraum zwischen dem ersten Drittel des 13. Jahrhunderts und dem beginnenden 14. Jahrhundert. Aus dem Jahr 1234 stammt die erste Urkunde, die die Existenz und Verwendung eines Siegels der Augsburger Bürgerschaft überliefert.[1] Seine Anbringung wurde nach der Urkunde durch den Stadtvogt und die *burgenses de Augusta* veranlasst.[2] Die Urkunde bezeugt damit auch, dass Augsburger Bürger in jener Zeit am Gericht des Vogtes partizipierten. Aus den Jahren 1251 und 1254 stammen die ältesten erhaltenen Privilegien, aus dem Besitz der Kommune.[3] Im Jahr 1276 gestattete König Rudolf von Habsburg den Bürgern die Anlage eines Stadtrechtsbuchs.[4] Dabei handelt es sich um das erste schriftliche Stadtrecht, das im Kreise der Bürger konzipiert, verwendet und aufbewahrt wurde. Schließlich haben sich aus den Jahren 1288 und 1304 mit einem Bürgerbuch und einem städtischen Achtbuch zwei Codices erhalten, die erstmals von einer kommunalen Buchführung zeugen.[5] Es ist das Ziel des ersten Untersuchungsabschnitts, die Entstehung dieser Wurzeln kommunaler Überlieferung vor einem überregionalen Horizont zu untersuchen.

Dass es sich bei den genannten Privilegien tatsächlich um die ältesten Stücke ihrer Art handelte, die in den Besitz der Augsburger Bürger gelangten, bezeugt ein 19-seitiges Register, das der Ratsdiener Clemens Jäger dem Stadtrat am 30. August 1543 überreichte.[6] Über zwei Jahre zuvor, im Juli 1541, hatte er Auftrag erhalten, *die alten verlegnen unachtsamen und schiergar hingeworffnen geschrifften, welliche zůo oberst im rathhaůse under den dächern mit grosser anzal důrch ain ander verworffen gelegen, dieselben zůo ersůachen*

---

1  Thomas M. Krüger, Die Anfänge des Stadtsiegels und die Emanzipation der Bürgerschaft, In: Martin Kaufhold (Hg.) Augsburg im Mittelalter, Augsburg 2009, S. 19–36, hier: S. 28.
2  BayHStA, KU Steingaden, Nr. 41.
3  UBA I, Nr. 9 (9. Mai 1251); UBA I, Nr. 13 (4. Mai 1254).
4  UBA I, Nr. 51 (9. März 1276); StA Augsburg, Reichsstadt Augsburg Lit. 32.
5  StadtA Augsburg, Reichsstadt, Selekt „Schätze" Nr. 74; StadtA Augsburg, Reichsstadt, Selekt „Schätze" Nr. 81.
6  Vgl. Kerstin Lengger, Register Gefundner Sachen, In: Christoph Emmendörfer, Helmut Zäh (Hg.), Bürgermacht und Bücherpracht, Augsburger Ehren und Familienbücher der Renaissance, Katalogband zur Ausstellung im Maximilianmuseum Augsburg vom 18. März bis 19. Juni 2011, Luzern 2011, S. 130–133.

*und zůo erleuten.*⁷ Schließlich waren es mehrere hundert Dokumente, die Jäger, nach seinen Möglichkeiten zu inhaltlich erschlossenen und chronologisch geordneten Einheiten zusammenführte.⁸ Das gefundene Schriftgut bestand aus Abschriften und Originalen von Urkunden und städtischen Büchern des Spätmittelalters, die auf den Dachboden des gotischen Rathauses ausgelagert worden waren.⁹ Ihr Inhalt und ihre Entstehungsumstände waren aus dem Bewusstsein der Ratsherren des 16. Jahrhunderts gewichen. Der Versuch ihrer Rekonstruktion führte zurück bis in die ausgehende Stauferzeit: *Eben umb dise zait, alß die jarzait dar ersten beschribnen stůckhen mit sich bringet, ist das raich auch achtundzwanitzig jar ohn römisch kayser und könig gewesen. Zuo dem ist Conradůs hertzog zůo Schwaben, so das versprochen schůtz und schirmůng und advocatori der Schwäbischen reichsstatt inen hatte [...], aůs dem lande zůo Schwaben in Ittalia sain vätterlich erb, das khünnigraich Sizilien zůoerobern und einzůonemen getzogen.*¹⁰

Der 29. Oktober des Jahres 1268 war der Tag der Hinrichtung des letzten Staufers Konradin auf dem Marktplatz von Neapel.¹¹ Der Plan, Sizilien zurück-

---

7   StB Ausgburg, 2° Cod. Aug. Nr. 481, fol. 2r.
8   Dazu erstmals Friedrich ROTH, Clemens Jäger, nacheinander Schuster, Ratsherr, Stadtarchivar und Ratsdiener, Zolleinnehmer und Zolltechniker in Augsburg—der Verfasser des Habsburgisch-Österreichischen Ehrenwerks, In: ZHV Schwaben 46 (1926), S. 1–75, hier: S. 28; Mit Korrekturen und Ergänzungen Gregor ROHMANN, Eines Erbaren Raths gehorsamer Amptman. Clemens Jäger und die Geschichtsschreibung des 16. Jahrhunderts (= Veröffentlichungen der Schwäbischen Forschungsgemeinschaft 1, Bd. 28), Augsburg 2001, S. 292f.: „Im Juli 1541 begann Jäger mit der Arbeit. 1543 und 1544 legte er Register der von ihm verzeichneten Papiere vor"; StB Augsburg 2° Cod. Aug. Nr. 481, StB Augsburg 2° Cod. Aug. Nr. 48, 123 u. 198; Auch die Nrn. 196–199 enthalten Archivregister, jedoch aus den Jahren 1548, 1555, 1595–1630, ohne Hinweise auf Jägers Beteiligung; StA Augsburg, Reichsstadt Augsburg, Lit. MüB Nr. 105, fol. 252f. enthält konzeptionelle Aufzeichnungen Jägers vom Jahr 1544 zur Registrierung der städtischen Archivalien auf dem Dachboden des Rathauses.
9   Die bekannten Register erfassen die derzeit existierenden Bestände nur zu Teilen. Jägers Auftrag beschränkte sich wohl auf bestimmte Aufbewahrungsorte. Das Schatzarchiv des Rates im Baumeistergewölbe war ausgenommen.Vgl. Kap. III. 4 u. StB Augsburg, 2° Cod. Aug. Nr. 481, fol. 2r.: *Erstlich volgend die copien allerlay frayhaitten und verträg von römischen kayser und khönig loblichen erlangt und aůsgebracht, in welichen copien sich maine herren irer gelegenhait nach zůo ersuchen haben, ob sie sollicher frayhaitten und verträg rechtes original bayhanden haben oder nit.*
10  StB Augsburg, 2° Cod. Aug. Nr. 481, Inventar des Clemens Jäger, fol. 2v.; Dass Jäger Augsburg als *reichsstatt* bezeichnete, entsprang dem Blick des 16. Jahrhunderts.
11  Peter HERDE, Art. „Konradin, König von Sizilien und Jerusalem (1252–1268)", In: LEX MA 5 (1991), Sp. 1368.

zugewinnen, war gescheitert. Auf der Grundlage der Konstitutionen von Melfi, der ersten umfangreichen schriftlichen Gesetzessammlung des Königreichs Sizilien, die erst 1231 von seinem Vater Friedrich II. erlassen worden war, wurde Konradin von seinen Gegnern als Majestätsverbrecher verurteilt. In einem Testament, das er kurz vor seinem Tod ausstellte, gedachte er des Augsburger Bürgers Heinrich Schongauer, der in einer Urkunde des Jahres 1239 als erster Vertreter aus dem Kreis der *burgenses* als *cancellarius* (Schreiber) bezeichnet wird.[12]

Die Verbindung zwischen den Anfängen kommunaler Schriftlichkeit in Augsburg, die im Kontext der städtischen Gerichtsbarkeit entstanden und der Geschichte des staufischen Niedergangs basiert auf der Verbreitung neuer Ordnungsvorstellungen im Bereich der Rechtsprechung, die im Italien des 12. Jahrhunderts ihren Ausgang nahm. An der Juristenschule in Bologna hatte zu jener Zeit eine Wiederbelebung des römischen Rechts und eine Stärkung seiner anwendungsorientierten Verankerung im politischen Geschehen jener Zeit

---

12   HStA Stuttgart, H 51 U 87 d: *Universis presentes literas inspecturis Iohannes Bricaudi miles dominus de Nanngeio salutem et sincere dilectionis affectum. Noveritis, quod nobis presentibus et multis aliis fidedignis dominus Cunradus natus olim domini Cunradi filii quondam domini F. illustris Romanorum inperatoris, sanus mente et corpore addens testamento dudum ab eo condito iterato concessit dominis Ludewico et H. ducibus Bawarie avunculis suis omnia bona sua iuxta tenorem privilegii, quod alias eisdem ducibus se asserit concessisse. Testamentum vero predictum in omnibus suis capitulis confirmavit, rogans predictos avunculos suos per fideicommissum, ut restituant mutuum sibi factum per S. dominam Schongewariam, civem Augustensem, et ad solvendum C. et F. cives Augustenses obsides, quos habent, et quod ipsi faciant satisfieri ministro de Ravenspurg et Nadelario civi in Ravenspurg. [...] Item voluit, quod predicti avunculi sui requirant nos Ioannem predictum, per quem sciant finem et processum suum et avunculi sui ducis Austrie. Item recommendat suos fratres avunculis suis antedictis. Que omnia valere voluit iure testamenti vel codicillorum aut cuiuslibet alterius ultime voluntatis, per quod maioris obtineant roboris firmitatem. In quorum omnium testimonium notitiam presentium et memoriam futurorum presentis testamenti paginam ad preces et mandatum predicti domini C. sigillo nostro fecimus conmuniri. Actum et datum Neapoli, anno Domini M°. CC. LXVIII., die Lune, XXIX. Octobris, indictione XII*; vgl. Klaus VAN EICKELS, Zweieinhalb Herrscher und sechseinhalb Testamente: Friedrich II., Konrad IV. und Konradin, In: Brigitte Kasten (Hg.), Herrscher- und Fürstentestamente im westeuropäischen Mittelalter, Köln 2008, S. 361–372, hier: S. 370f.; UBA I, Nr. 4 (Feb. 1239): Der Vogt und die Stadtgemeinde bestätigen die Überlassung eines Ackers an das Nonnenkloster zum hl. Geist: [...] *hanc literam sigillo advocati et nostro dedimus communitam. Testes sunt hii: Hainricus dictus Vraz, Liupoldus burggravius* [...] *Hainricus Schŏgŏare cancellarius* [...].

begonnen.¹³ Barbarossa, der die kaiserliche Italienpolitik intensiv pflegte, förderte die Autonomie der Juristenschule nicht zuletzt, weil im ihm das Wissen der Bologneser Rechtsgelehrten für die Legitimation der Herrschaftsausübung nützlich erschien: *proinde pius et catholicus imperator utpote non solum armis ornatus, sed etiam legibus armatus.*¹⁴ Einer von ihnen war der Mönch Gratian, der im Zeitraum um 1140 alle Regeln des Kirchenrechts, die seit den Konzilien des 4. Jahrhunderts erlassen worden waren, sammelte und in einen systematischen Zusammenhang brachte.¹⁵ Dabei handelte es sich um eine Leistung, die auf hoher Abstraktionsfähigkeit gründete, denn die Regeln verschiedener Jahrhunderte standen oftmals in gegenseitigem Widerspruch. Gratian nannte die Sammlung, die später als *Dekretum Gratiani* bezeichnet wurde, *concordantia discordantium canonum*.¹⁶

Die hohe Bedeutung des geschriebenen Rechts wurde in der Stauferzeit zu einem neuen Element herrschaftlicher Legitimation und Entscheidung und zu einem Epochenmerkmal des späten Mittelalters.¹⁷ Mit den Konstitutionen von Melfi errichtete Barbarossas Enkel Friedrich II. eine Gesetzessammlung

---

13  Johannes FRIED, Die Entstehung des Juristenstandes im 12. Jahrhundert. Zur sozialen Stellung und politischen Bedeutung gelehrter Juristen in Bologna und Modena (= Forschungen zur neueren Privatrechtsgeschichte, Bd. 21), Köln, Wien 1974, S. 55: „Die konkreten Aufgaben, zu denen der Kaiser bologneser Rechtslehrer heranzog, trugen dazu bei, dem römischen Recht einen bisher kaum beachteten Anwendungsbereich zu eröffnen: politische Konstellationen wurden seiner Systematik zugänglich".

14  Ewa durch die Verleihung des sogenannten „Scholarenprivilegs" von 1158; MGH, Const. I, hg. v. Ludwig Weiland, Hannover 1893, (Nachdruck 1963), Nr. 178, 1158–11, S. 249. Eine Übersicht der Quellen bei: FRIED, Juristenstand, S. 52, Anm. 27 u. 28.

15  Peter LANDAU, Art. „Gratian", In: HRG 2, Sp. 530–533.

16  Jean GAUDEMET, Art. „Decretum of Gratian", In: Encyclopedia of the Middle Ages, Tl. 1, S. 419–420.

17  Vgl. REXROTH, Deutsche Geschichte, S. 84; Klaus VAN EICKELS, Legitimierung von Entscheidungen durch Experten. Friedrich II. als Gesetzgeber im Königreich Sizilien und als Richter nördlich der Alpen, In: Knut Görich, Theo Broekmann, Jan Ulrich Keupp, Herrschaftsräume, Herrschaftspraxis und Kommunikation zur Zeit Friedrichs II. (= Münchener Beiträge zur Geschichtswissenschaft, Bd. 2), München 2008, S. 391–406; Martin KAUFHOLD, Die Rhythmen politischer Reform im späten Mittelalter, Institutioneller Wandel in Deutschland, England und an der Kurie 1198–1400 im Vergleich (= Mittelalter-Forschungen, Bd. 23), Ostfildern 2008; Andrea ROMANO (Hg.), ... colendo iustitiam et iura condendo... Frederico II legislatore del Regno di Sicilia nell'Europa del Duecento. Per una storia comparata delle codificazioni europee. Atti del Convegno Internazionale, Messina/Reggio, Calabria 20–24 gennaio, Rom 1997; Armin WOLF, Gesetzgebung und Kodifikationen, In: Peter Weimar (Hg.), Renaissance der Wissenschaften im 12. Jahrhundert (= Zürcher Hochschulforum, Bd. 2), Zürich 1981, S. 143–171.

für das Königreich Sizilien zur Festschreibung seiner bis dahin kaum kodifizierten Rechte.[18] Die Rechtsprechung im Reich nördlich der Alpen nach *consuetudinibus antiquitus traditis et iure non scripto* kritisierte Friedrich II.[19] Mit dem Mainzer Reichslandfrieden rief er 1235 eine erstmalige Initiative ihrer Verschriftlichung ins Leben.[20]

Doch nur wenige Jahre nach diesen Erfolgen wendete sich das Blatt. Im Jahr 1239 exkommunizierte der rechtsgelehrte Papst Gregor IX., der das *Dekretum Gratiani* um ein neues Buch erweitert hatte (*liber extra*) den Stauferkaiser Friedrich II. und forderte seine Anhänger auf, ihrem Kaiser die Gefolgschaft zu verweigern.[21] Die Exkommunikation und die am 17. Juli 1245 schließlich ausgesprochene Absetzung des Kaisers rechtfertigte sein Nachfolger Innozenz IV. mit dem Kirchenrecht.[22]

Auch die Verurteilung Konradins als Majestätsverbrecher ohne Prozess konnte Karl von Anjou, der Bruder des französischen Königs, mit Hilfe italienischer Rechtsgelehrter auf der Grundlage der Konstitutionen von Melfi rechtfertigen.[23] Sein Testament begünstigte nicht nur den Augsburger Bürger Heinrich Schongauer, sondern bestätigte auch die als Konradinische Schenkung bekannte Übertragung der staufischen Güter in Süddeutschland

---

18  MGH, Const. 2, Supplementum, hg. v. Wolfgang Stürner, Hannover 1996.

19  MGH, Const. 2, hg. v. Ludwig Weiland, Hannover 1896 (Nachdruck 1963), Nr. 196, S. 241ff.

20  MGH SS rer. Ger. 18, hg. v. Georg Waitz, Hannover 1880 (Nachdruck 2003), S. 267: [...] *pax iuratur, vetera iura stabiliuntur, nova statuuntur et Teutonico sermone in membrana scripta omnibus publicantur*; Arno BUSCHMANN, Der Mainzer Reichslandfriede von 1235, Anfänge einer geschriebenen Verfassung im Heiligen Römischen Reich, In: Juristische Schulung (1991), S. 453–460; Hagen KELLER, Zwischen regionaler Begrenzung und universalem Horizont. Deutschland im Imperium der Salier und Staufer 1024 bis 1250, Berlin 1986, S. 492–494.

21  Martin KAUFHOLD, Interregnum, Darmstadt 2002, S. 12.

22  Apparatus in V libros decretalium II. 27, zitiert nach: Jürgen MIETHKE, Arnold BÜHLER, Kaiser und Papst im Konflikt, Zum Verhältnis von Staat und Kirche im späten Mittelalter (= Historisches Seminar, Bd. 8), Düsseldorf 1988, S. 112: *Notandum quia papa deponit imperatorem* [...] *et hoc est iure*.

23  VAN EICKELS, Zweieinhalb Herrscher und sechseinhalb Testamente, S. 370f.: „Vorausgegangen war ein summarisches Verfahren, in dem Karl von Anjou durch Rechtsgelehrte die offenkundige Schuld Konradins als *proditor regni* festgestellt und damit den Weg für ein summarisches Verfahren freigemacht hatte. Gestützt auf die Definition des Majestätsverbrechens als begrifflich offenes Delikt in den Konstitutionen von Melfi, konnte Karl von Anjou als König die Hinrichtung aufgrund der Notorietät der Schuld ohne Prozessverfahren anordnen".

an seinen Onkel, den Wittelsbacher Herzog Ludwig II. Eine Urkunde wurde so zur Entstehungsgrundlage des wittelsbachischen Königtums und eine Rechtfertigung für die Anjou, die die staufische Herrschaft in Sizilien übernahmen.[24] Die Macht des geschriebenen Rechts hatte sich von der Autorität ihrer einstigen Initiatoren gelöst und im Ordnungsverständnis der Eliten des 13. Jahrhunderts ein Eigenleben entwickelt, das Herrschaft zu begründen aber auch ihre Auflösung zu rechtfertigen vermochte. Die epochale Wende der Reichsgeschichte des Spätmittelalters, zu der der Niedergang des staufischen Königtums ebenso gehörte wie der politische Aufstieg des städtischen Bürgertums, begann im Zeichen der Schrift.

Und sie begann im Zeichen des Geldes. Bald nachdem Konradin im Herbst des Jahres 1267 mit einem Heer von Augsburg aus nach Italien aufgebrochen war, gingen noch während des Feldzugs die Mittel zur Neige, so dass er seinem Onkel Ludwig II. gegen eine Zahlung von 2.000 Mark Silber die Augsburger Vogtei verpfändete. Das Reich war in der Stauferzeit von der „Monetarisierung Europas" erfasst worden.[25] Die Verpfänung der Vogtei schien ein gutes Geschäft für den Wittelsbacher, der am 26. November 1256 Richard von Cornwall für 12.000 Mark Sterling seine Stimme als Königswähler verkauft hatte.[26] Das

---

24  VAN EICKELS, Zweieinhalb Herrscher und sechseinhalb Testamente, S. 370f.: „Für Karl von Anjou entscheidend dürfte gewesen sein, dass der Großkonstabularius, der das Testament beurkundete, von Konradin als Berichterstatter über sein Ende beglaubigt wird: *Item voluit, quod predicti avunculi sui nos predictum Joannem (Jean de Bricaudy) requirant, per quem sciant finem et processum suum et avunculi sui duci Austrie.*

25  Bernd KLUGE, Die Monetarisierung Europas in staufischer Zeit, In: Alfried Wieczorek, Bernd Schneidmüller, Stefan Weinfurter (Hg.), Die Staufer und Italien, Bd. 1, Darmstadt 2010, S. 403–410; Michael NORTH, Das Geld und seine Geschichte, München 1994, S. 15–37; Peter SPUFFORD, Money and its use in medieval Europe, Cambridge 1988, S. 225–240.

26  Vgl. Hugo STEHKÄMPER, Geld bei den deutschen Königswahlen, In: Jürgen Schneider (Hg.), Wirtschaftskräfte und Wirtschaftswege, Festschrift für Hermann Kellenbenz, Bd 1, Mittelmeer und Kontinent (= Beiträge zur Wirtschaftsgeschichte, Bd. 4), Stuttgart 1978, S. 83–135. Die Hamburger Annalen berichten mit einer gewissen Empörung, wie Kurfürsten ihr vornehmes Wahlrecht an Richard von Cornwall verkauften, der ihnen das englische Münzgeld wie Wasser vor die Füße goß, um Wählerstimmen für sich zu gewinnen: MGH, SS 16, hg. v. Georg Heinrich Pertz, Hannover 1859 (Nachdruck 1994), S. 384: *Hic effudit pecuniam ante pedes principum sicut aquam. [...] De pecunia eius multa incredibila sonuerunt. [...] Stulta Anglia, quae tot denariis sponte est privata. Stulti principes Alimanniae, qui nobile ius suum pro pecunia vendiderunt!* Vgl. KAUFHOLD, Interregnum, S. 55. Richard galt auch beim Papst als reicher Fürst. Davon berichtet Matthäus Parisiens in seiner Chronik: MGH SS 28, hg. v. F. Liebermann, Hannover 1888 (Nachdruck 1975), S. 331: *Dominus autem papa, sciens comitem Ricardum, fratrem domini regis, pre omnibus optimatibus occidentis pecunia habundare [...].*

Schicksal Konradins, der sich zur Finanzierung seines Italienzuges in die Schuld des Augsburger Bürgers und Kaufmanns Heinrich Schongauer begeben hatte, zeigt, wie wesentlich die Verfügbarkeit von Bargeld für das Gelingen politischer Handlungen geworden war. Zu den zentralen Schauplätzen der Geldwirtschaft wurde das städtische Milieu. Die Wirtschaftshistoriker sprechen von einer europäischen Handelsrevolution, die ihren Ausgangspunkt in Veränderungen der Geschäftsmethoden und der organisatorischen Strukturen des Handels im 13. Jahrhundert hatte.[27] Die Geschichte der hohen Politik und die Geschichte der Stadt rückten im Reich deutlich zusammen. Eine verbindende Kraft war nicht zuletzt die gewachsene Bedeutung finanzieller Mittel.

1       Im Zeichen des Siegels

Das älteste Dokument, das Jäger in seinem Register verzeichnete, war ein in lateinischer und deutscher Abschrift vorliegender Schiedsvertrag vom 9. Mai 1251, der zwischen dem Augsburger Bischof Hartmann und seinen Bürgern vereinbart und unter Federführung der bischöflichen Kanzlei Hartmanns abgefasst worden war.

Das Protokoll der bis heute erhaltenen Urkunde schloss mit der Arenga: *Expedit ut ea, que a mortalibus geruntur, ob facti memoriam scripture testimonio roborentur.*[28] Der Errichtung des Schiedsvertrags waren Auseinandersetzungen vorangegangen, in deren Zuge Häuser der Augsburger Domherren von den Bürgern vorsätzlich zerstört worden waren. Darüber hinaus hatte man dem

---

27   Peter SPUFFORD, Handel, Macht und Reichtum. Kaufleute im Mittelalter, Stuttgart 2004, S. 12. Grundlegend waren die Studien Raymond de Roovers zur „kommerziellen Revolution" im 13. Jh., der sich besonders mit den Veränderungen des Handels in Italien befasste. Zusammenfassend: RAYMOND DE ROOVER, The commercial revolution of the 13th century, In: Anthony Molho (Hg.), Social and economic foundations of the Italian Renaissance, (= Major issues in history), New York 1969, S. 23–26; Thomas W. BLOMQUIST, De Roover on busniess, banking, and economic thought, In: Ders., Merchant families banking and money in medieval Lucca, Aldershot 2004, S. 821–830; Erik AERTS, Prof. R. de Roover and Medieval Banking History, In: Bank- en financiewezen 8/9 (1980), S. 249–274; Richard A. GOLDTHWAITE, Raymond de Roover on Late Medieval and Early Modern Economic History, In: Raymond de Roover, Julius Kirsher, Business, banking, and economic thought in late medieval and early modern Europe: Selected studies, Chicago, u.a. 1974, S. 3–14.
28   UBA I, Nr. 9 (9. Mai 1251): *Expedit ut ea, que a mortalibus geruntur, ob facti memoriam scripture testimonio roborentur.*

neu gewählten Bischof Hartmann und seinen Klerikern die Tore der Stadt böswillig (*malitiose*) verschlossen, um diese beim Ein- und Ausgang zu hindern.[29] Durch den Vertrag wurde nun den Bürgern nicht nur die Verfügungsgewalt über Tore und Mauern der Stadt übertragen, bei der es sich um ein traditionelles Recht des Bischofs handelte. Er deklarierte auch Handel und Gewerbe als bürgerliche Erwerbsart, für die zukünftig gegenüber Klerikern Steuern erhoben werden sollten, wenn sich diese daran beteiligen.[30] Auch wurde zur Sicherung von bürgerlichem Besitz über eine Einschränkung der Höhe von Abgaben verhandelt, die im Todesfall eines Bürgers traditionell an das Hochstift fielen.

Derartige Übergriffe bürgerlicher Schwurverbände auf traditionelle Vorrechte der Kirche waren ein stadthistorisches Phänomen des 13. Jahrhunderts, das seit dem 11. Jahrhundert in den Bischofsstädten der finanzstarken Rheingegend seinen Ausgang genommen hatte.[31] Faktoren des Konflikts waren neben sozialen Spannungen vor allem Wettbewerbsnachteile, die sich für die Bürgerverbände aus einer traditionellen Steuer- und Abgabenfreiheit der privilegierten Geistlichkeit ergaben.[32] Die Bestimmungen des Schiedsvertrags wurden in den folgenden Jahren erneut Gegenstand der Auseinandersetzung, die 1254 in einer wiederholten urkundlichen Bestätigung mündeten. In der lokalhistorischen Forschung urteilte man resümierend: „Die Stadtherrschaft des Bischofs jedenfalls war durch die Verträge von 1251 und 1254 schwer erschüttert worden".[33] 21 Jahre danach wurde das Dokument auf dem Augsburger Hoftag

---

29   UBA I, Nr. 9 (9. Mai 1251): [...] *ut videlicet ipsi cives portas urbis seu civitatis nostrae universas constructas et construendas in sua potestate teneant in futurum et de nostra concessione sibi a nobis facta eas pro nobis et se ipsis fideliter custodiant et observent taliter provisuri, ne nobis aut nostris seu clericis quibuslibet et claustralibus nec non et familiae ipsorum per eas intrare et exire volentibus ab ipsis civibus malitiose aliquo tempore precludantur.*

30   UBA I, Nr. 9 (9. Mai 1251): *Idem volumus circa officiales nostros et familiam nec non et canonicorum seu claustralium quorumlibet ipsius civitatis inviolabiliter observari, adeo ut nec collectam nec stiuram ullam persolvant, nisi forte tales fuerint, qui negotiationes consueverint exercere. Volumus insuper, ut bona sive possessiones nostrae nulla collecta seu vexatione graventur.* Vgl. MEYER, Stadtrecht, S. 322.

31   Vgl. SCHULZ, Kommunale Aufstände.

32   Thomas M. KRÜGER, Gewalt und Recht: Bürgerlich-klerikale Streitkultur im mittelalterlichen Augsburg, In: Martin Kaufhold (Hg.), Städtische Kultur im Mittelalterlichen Augsburg, Augsburg 2012, S. 62–71, hier: S. 63ff.; Ekkehard ROTTER, Zwischen bischöflicher Stadtherrschaft und coniuratio communiae, In: Friedrich Battenberg, Filippo Ranieri (Hg.), Geschichte der Zentraljustiz in Mitteleuropa, Festschrift für Bernhard Diestelkamp zum 65. Geburtstag, Köln, Weimar, Wien 1994, S. 39–61, hier: S. 40.

33   Wolfram BAER, Der Weg zur königlichen Bürgerstadt, In: GOTTLIEB, Stadtlexikon, S. 135–140, hier: S. 136. Bereits für den Ratsdiener Clemens Jäger war der Vertrag Ausdruck

am 9. März 1276 schließlich nochmals von königlicher Seite bestätigt. Bei dieser Gelegenheit gestattete Rudolf von Habsburg den Augsburger Bürgern auch die Anlage des Stadtrechtsbuchs.[34] Dieser Moment war Abschluss einer rechtlichen und verfassungsgeschichtlichen Formierungsphase des Bürgerverbandes: „Die Unabhängigkeit der Bürgerstadt vom hochstiftischen Rechtsbereich war erreicht".[35]

Neben einem Wandel der städtischen Wirtschafts- und Verfassungsgeschichte zeugen die Dokumente von einer einschneidenden kulturhistorischen Veränderung: An die Stelle mündlicher Verhandlungen traten Verfahren der Konfliktlösung auf schriftlicher Basis.[36] In der Bischofsstadt Köln sollte der Streit zwischen Bürgertum und Kirche des 13. Jahrhunderts von dem Dominikaner Alberts Magnus gelöst werden, der in Padua und Paris studiert hatte.[37] Dazu sollten die Schiedsrichter [...] *der stede reht von Colne, vriheide, gude inde redelighen gewoneden inde hantvestingen* [...] *irvaren inde sulen* [...] *na rehte inde na redeligen dingen* [...] *bescheiden.*[38] In der Forschung wurde der Argumentationshergang der Kölner Auseinandersetzungen genau rekonstruiert.[39] Die Rolle geschriebener Dokumente als Grundlage der Argumentation tritt immer wieder deutlich hervor. So beschuldigte etwa Bischof Konrad die Bürger, sie hätten schriftliche Stadtrechtsbestimmungen missachtet und Stadtrechtsurkunden entwendet.[40]

Auch in Augsburg kommt dieser Wandel in der unmittelbaren Rezeptionsgeschichte des bischöflichen Privilegs von 1251 besonders deutlich zum Ausdruck. In den beiden Jahrzehnten nach seiner Ausstellung wurden nicht etwa neue Missstände in der Bischofsstadt, sondern die Bestimmungen des Privilegs von 1251 zur Grundlage erneuter Auseinandersetzungen: *Exorta inter nos ex una et cives nostros Augustenses ex altera parte super diversis articulis*

---

*dapfferer* bürgerlicher Abwehrmaßnahmen gegenüber *unrechtlich anmassung und forderung* ihres Bischofs. StB Augsburg, 2° Cod. Aug. Nr. 481, fol. 3r.

34  UBA I, Nr. 51 (1276-03-09).
35  KIEßLING, Bürgerliche Gesellschaft und Kirche, S. 53.
36  Vgl. KAUFHOLD, Deutsches Interregnum, S. 466ff.
37  Hugo STEHKÄMPER, Pro bono Pacis. Albertus Magnus als Friedensvermittler und Schiedsrichter, In: Archiv für Diplomatik 23 (1977), S. 297–382.
38  Leonhard Ennen, Gottfried Eckertz (Hg.), Quellen zur Geschichte der Stadt Köln, Bd. 2, Köln 1863, Nr. 381, S. 377.
39  Dieter STRAUCH, Der Große Schied von 1258, Erzbischof und Bürger im Kampf um die Stadtverfassung, Köln, Weimar, Wien 2008.
40  Leonhard ENNEN, Geschichte der Stadt Köln, Bd. 2, S. 102.

*dissensionis materia* [...].⁴¹ Durch ein Schiedsgericht wurden 1254 mündliche Berichte gehört, aber auch das Privileg von 1251 geprüft.⁴² Dabei ging es unter anderem um die Bedingungen der Gültigkeit der Urkunde. Die beiden Urkunden stammten aus der bischöflichen Kanzlei und waren an erster Stelle mit dem Siegel des Bischofs beglaubigt.⁴³ Während die erste Urkunde nur die Siegel von Bischof und Domkapitel trug, war die zweite Urkunde an letzter Stelle auch mit einem Siegel der Bürgergemeinde (*sigillum civium Augustensium*) beglaubigt.⁴⁴ Dieses Siegel war zunächst nur im Beisein von Vogt und Bischof verwendet worden.⁴⁵ Es war ein neuer Weg der Führung von Auseinandersetzungen, der hier unter Federführung der Kirche Einzug in das städtische Leben hielt. Im Schiedsvertrag von 1254 verpflichtete man sich, schriftlich zu protestieren (*litteris protestari*), wenn zukünftig wider Bestimmungen des Vergleichs gehandelt würde.⁴⁶ Der Schiedsvertrag war eine Neuerung, die im Reich erst während der Zeit des Interregnums starke Verbreitung als Mittel der Konfliktlösung fand.⁴⁷ Zwar enthielt der Schiedsvertrag von 1254 das Versprechen zukünftiger Gültigkeit der Urkunde von 1251 ([...] *quod nos ratum habeamus privilegium* [...] *non obstante quod nos praeposuimus quandoque*

---

41   UBA I, Nr. 13 (4. Mai 1254): [...] *tam nos quam cives ipsi conpromisimus bona fide nobis vice sacramenti in manibus ipsius decani et civibus sub iuramenti vinculo promittentibus, quod quicquid praefati octo viri super dissensionibus hinc inde iam dudum exortis arbitrando decreverint, ratum et firmum utrobique imposterum habeamus.*

42   UBA I, Nr. 12 (4. Mai 1254): *Qui auditis hinc inde praepositis et diligentius examinatis habito prudentum virorum consilio arbitrando taliter statuerunt: primo videlicet, quod nos ratum habeamus privilegium, quod nos civibus ipsis in principio introitus nostri contulimus, non obstante quod nos praeposuimus quandoque, quod multis de capitulo nostro absentibus fecerimus id coacti.*

43   StA Augsburg, Reichsstadt Augsburg, Urkunden, Nr. 2.

44   StA Augsburg, Hochstift Augsburg, Urkunden, Nr. 57.

45   Thomas M. KRÜGER, Zeugen eines Spannungsverhältnisses? Die mittelalterlichen Siegel des Augsburger Domkapitels und der Augsburger Bürgerschaft, In: Markus Späth (Hg.), Die Bildlichkeit korporativer Siegel im Mittelalter, Kunstgeschichte und Geschichte im Gespräch (= Sensus. Studien zur mittelalterlichen Kunst, Bd. 1), Köln, Weimar, Wien 2009, S. 238–260; DERS., Die Anfänge des Stadtsiegels, S. 24ff.: „Als Urkundenaussteller kündigte Bischof Siboto die Anbringung seines eigenen sowie des Bürgerschaftssiegels unter Verwendung einer Formel an, die so bereits von älteren Urkunden bekannt war, die vom Domkapitel mitbesiegelt worden waren".

46   UBA I, Nr. 13 (4. Mai 1254): [...] *et nos satisfactionem non curaverimus attendere, capitulum nostrum, ubicunque a civibus fuerit requisitum, quod nos contra concordiam venerimus, debet suis litteris protestari.*

47   Vgl. KAUFHOLD, Deutsches Interregnum, S. 136–168, hier: S. 167.

GEBURT: ADAPTION UND ASSIMILATION 39

[…]), die Auseinandersetzungen über ihre Bestimmungen hielten aber dennoch an und wurden 1276 nach dem Ende des Interregnums vor den neu gewählten König gebracht.[48] Aus der Kanzlei König Rudolfs erhielten die Bürger 1276 unter Anwesenheit der Öffentlichkeit eine schriftliche Bestätigung des erneuten Versprechens von Bischof und Domkapitel, den Inhalt des umstrittenen Privilegs unverbrüchlich zu halten.[49] Auch die Entstehungszeit des Stadtrechtsbuchs, die Rudolf den Augsburger Bürgern im gleichen Zug bestätigte, fällt damit in die Phase der Auseinandersetzung um schriftliche Regeln des innerstädtischen Zusammenlebens zwischen Bischof und Bürgerstadt.

Von der beginnenden Stauferzeit bis in die Herrschaftszeit Rudolfs von Habsburg ist ein deutlicher Anstieg erhaltener Siegelurkunden feststellbar. Während aus der Zeit Konrads III. (1120–1152) im jährlichen Durschnitt 19,5 Herrscherurkunden überliefert sind, die der König auf seinen Reisen durch das Reich ausstellen ließ, kommen wir für die Regierungszeit Friedrich Barbarossas (1152–1190) bereits auf 36,8 Stücke.[50] Aus der Zeit Friedrichs II. (1211–1250) sind durchschnittlich über 100 Urkunden pro Jahr erhalten.[51] Unter Rudolf von Habsburg erfuhr der Ausstoß der königlichen Kanzlei eine weitere Steigerung. Zwischen 1273 und 1291 führen die Regesta Imperii 2.854 (durchschnittlich 150 pro Jahr) zumeist urkundlich bezeugte Handlungen des Herrschers an. Die Zahl der ausgestellten Diplome, wie auch die Ausstattung der königlichen Kanzlei entsprach dabei den Umständen, die die jeweils herrschenden Konventionen des Schriftgebrauchs im unmittelbaren Herrschaftsgefüge stellten.[52]

---

48  UBA I, Nr. 13 (4. Mai 1254) u. UBA I, Nr. 50 (9. März 1276): *Discordantibus inter se venerabili H. Augustensis episcopo et capitulo ex una et universitate civium ex parte altera super quodam privilegio ipsis civibus a prefato epsicopo et capitulo iam dudum tradito et concesso ipsa discordia sive discordandi materia coram nobis taliter est decisa.*

49  UBA I, Nr. 50 (9. März 1276): […] *quod omnia contenta in ipsorum privilegio, super quibus questio vertebatur, rata et grata atque inconvulsa inviolabiliter observabunt.*

50  PATZE, Geschäftsschriftgut, S. 10f.: „Überkommen sind von Heinrich I. 41 (pro Jahr 2,4), Otto I. 434 (11,9), Otto II. 317 (14,4 bzw. 31,7), Otto III. 25 (23,6), Heinrich II. 569 (23,1), Konrad II. 280 (18,7), Heinrich III. 382 (22,5), Heinrich IV. 491 (9,8), Lothar III. 124 (10,3), Konrad III. 273 (19,5), Friedrich I. 1400 (36,8)".

51  NEDDERMEYER, Von der Handschrift zum gedruckten Buch, S. 185, Anm. 88.

52  Vgl. Heinrich APPELT, Die Kanzlei Friedrich Barbarossas, In: Reiner Haussherr (Hg.), Die Zeit der Staufer, Geschichte—Kunst—Kultur, Katalog zur Ausstellung Stuttgart 1977, Bd. 5, Stuttgart 1979, S. 17–33, hier: S. 17: „Natürlich fehlen der Reichskanzlei Barbarossas so gut wie alle jene Merkmale, die wir einer staatlichen Behörde zuzuschreiben gewohnt sind. Schon weil das Königtum keine ständige Residenz besaß, konnte die Kanzlei keinen festen Sitz und keine Amtsräume haben. Sie war genötigt mit einem Mindestmaß an Unterlagen ihr Auskommen zu finden, die die Begleitung des Herrschers auf dem Umritt durch das ausgedehnte Reichsgebiet mit sich führte. Darüber hinaus hatte man keine Archivalien

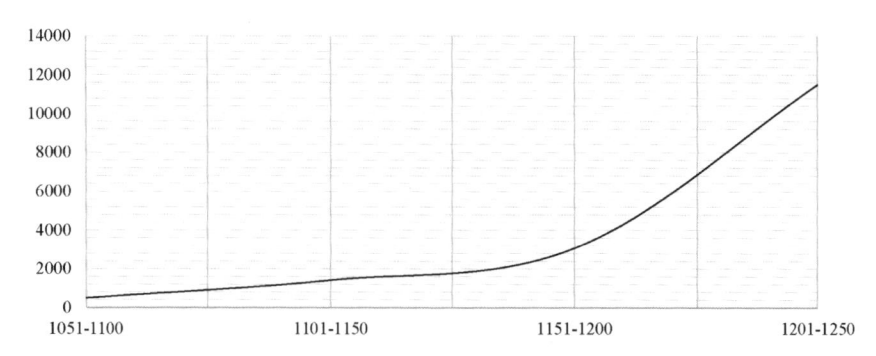

```
14000
12000
10000
 8000
 6000
 4000
 2000
    0
      1051-1100      1101-1150      1151-1200      1201-1250
```

ABB. 1    *Wachstum der Urkundenüberlieferung des 13. Jh.*
(DATENBASIS: ÄLTERE ORIGINALURKUNDEN IM MARBURGER LICHTBILDARCHIV)

Die Datenbank älterer Originalurkunden im Marburger Lichtbildarchiv bestätigt diesen Befund auch für die Kreise des geistlichen und weltlichen Adels. Zwischen 1200 und 1250 vervierfacht sich die Menge überlieferter Dokumente.[53]

Augsburger Urkundenbestände zeigen vergleichbare Wachstumsfaktoren. Der Urkundenbestand ‚Hochstift Augsburg' im Staatsarchiv Augsburg umfasst für das 12. Jahrhundert 27 Stücke, während aus dem 13. Jahrhundert 136 Urkunden überliefert sind.[54] Der Urkundenbestand des Klosters St. Ulrich und Afra umfasst aus dem 12. Jahrhundert 13 und aus dem 13. Jahrhundert 54 Siegelurkunden.[55]

---

zur Hand, von einer Registerführung war keine Rede. Die Beurkundung stand in einer gewissen ehrwürdigen Tradition und beachtete gewisse feststehende, mehr oder minder erstarrte Gewohnheiten, doch bestand keine Kanzleiordnung und kaum eine geregelte Geschäftsführung [...]. Trotzdem wird man nicht fehlgehen in der Annahme, dass sie den Anforderungen entsprach, die der Kaiser, seine Staatsmänner und seine Mitarbeiter an sie stellten".

53    Daten nach NEDDERMEYER, Von der Handschrift zum gedruckten Buch, S. 185. Berücksichtigung fand die Anzahl von Urkunden des „Marburger Lichtbildarchivs älterer Originalurkunden", die von Päpsten, Kaisern, Königen, Bischöfen, Kirchen, Klöstern und weltlichen Fürsten ausgestellt wurden. Dabei ergab sich bei den Gesamtwerten folgende Verschiebung: bis 1000: 939 Stk.; 1001–1050: 575 Stk.; 1051–1100: 487 Stk.; 1101–1150: 1410 Stk.; 1151–1200: 3067 Stk.; 1201–1250 > 11500 Stk.

54    Vgl. Walther Emil VOCK, Die Urkunden des Hochstifts Augsburg 769–1420 (= Veröffentlichungen der Schwäbischen Forschungsgemeinschaft 2a, Bd. 7), Augsburg 1959, S. 1–92: 8. Jh. 1, 9. Jh. 1, 10. Jh. 4, 11. Jh. 9, 12. Jh. 27, 13. Jh. 136.

55    Wilhelm LIEBHART, Die Benediktinerabtei St. Ulrich und Afra zu Augsburg, Studien zu Besitz und Herrschaft (1006–1803), Augsburg 1982, S. 10–13. Aus dem 14. Jahrhundert sind 360 und dem 15. Jahrhundert etwa 1500 Siegelurkunden erhalten.

Innerhalb der Mauern der Stadt Augsburg begann sich die Zahl der Siegelstempel seit den 30er Jahren des 13. Jahrhunderts innerhalb weniger Jahrzehnte zu vervielfachen.[56] Ein eigenes Siegel des Augsburger Domkapitels (*sigillum capituli Augustensis*) ist erstmal im Jahr 1230 bezeugt.[57] Davor siegelte das Domkapitel mit einem Siegel, das auch vom geistlichen Gericht am Dom verwendet wurde (*virgo dei genitrix reparatrix totius orbis*).[58] In einer Urkunde des Jahres 1261 wird erstmals ein eigenes Siegel des geistlichen Gerichts (*iudices Augustensis ecclesie*) angekündigt.[59] Diese Differenzierung des Siegelwesens ging einher mit der „Konstruktion der juristischen Personen" durch die Kanonistik des 13. Jahrhunderts.[60] Der Propst von St. Peter am Perlach und Kustos der Domkirche, der im Jahr 1248 die Vergabe eines Brottisches neben der Peterskirche an eine Augsburgerin mit dem Siegel der Domkustodie beglaubigte, rechtfertigte dies damit, dass für die Propstei kein eigenes Siegel existiere: [...] *et eam, cum sigillum prepositure speciale non haberemus, sigillo custodie firmavimus ac sigillo capituli ipsam obtinuimus roborari.*[61] Als Bischof Hartmann

---

56   Vgl. KRÜGER, Zeugen eines Spannungsverhältnisses; DERS., Anfänge des Augsburger Stadtsiegels; Bereits SCHOLZ, Schriftsprache, S. 19f. äußerte sich zum Prozess der Ausdifferenzierung des Siegelwesens in Augsburg, führte diesen jedoch auf lokalpolitisch-emanzipationsgeschichtliche Veränderungen zurück.
57   KRÜGER, Zeugen eines Spannungsverhältnisses, S. 259.
58   Vgl. KRÜGER, Anfänge des Augsburger Stadtsiegels, S. 21. In zeitgenössischen Urkunden wurde dieses Siegel als *sigillum sancte Marie* oder als *sigillo ecclesie nostro* bezeichnet. Vgl. etwa StA Augsburg, Hst. Aug. Nr. 31 (ca. 1170); VOCK, Urkunden, Nr. 34; MB 33a, Nr. 55 (30. Apr. 1219).
59   Vgl. KRÜGER, Anfänge des Augsburger Stadtsiegels, S. 26; Karl PUCHNER, Die Urkunden des Klosters Oberschönefeld 1248–1797 (= Schwäbische Forschungsgemeinschaft, Reihe 2a, Urkunden und Regesten, Bd. 2), Augsburg 1953, Nr. 13. Christian Schwab, der eine „dauerhafte Einrichtung des Offizialatsgerichts um 1260" an der Erstüberlieferung dieses Siegels festmachte, war sich über dessen Entstehungsgrund unschlüssig. Christian SCHWAB, Das Augsburger Offizialatsregister (1348–1352) (= Forschungen zur Kirchlichen Rechtsgeschichte und zum Kirchenrecht, Bd. 25), Köln, Weimar, Wien 2001, S. 422: „Bereits am 14. Januar 1261 sprachen die Richter unter dieser Amtsbezeichnung und unter Zuhilfenahme eines eigenen Behördensiegels dem Kloster Oberschönefeld den Kleinzehnt in Goessershusen und in der ganzen Pfarrei Dietchirchen zu. Ein besonderer Grund für die Einrichtung des Augsburger Offiziats kann nicht festgestellt werden".
60   Helmut G. WALTHER, Die Konstruktion der juristischen Person durch die Kanonistik im 13. Jahrhundert, In: Günther Mensching (Hg.), Selbstbewusstsein und Person im Mittelalter (= Contradictio, Bd. 6), Würzburg 2005, S. 195–212. Aus dem Jahr 1298 hat sich das erste Siegel der Augsburger Judengemeinde erhalten: StadtA Augsburg, Urkundensammlung, 23. Aug. 1298.
61   UBA I, Nr. 7 (11. Okt. 1248).

im Jahr 1260 einen Streit schlichtete, der zwischen der Stadtgemeinde und dem Konvent St. Peter am Perlach über einen zwischen dem Kloster und dem neu errichteten Rathaus gelegenen Platz entstanden war, beglaubigte der Konvent mit einem eigenen körperschaftlichen Siegel.[62] Die bischöfliche Übertragung des Burggrafenamtes im Jahr 1262 an Heinrich Schongauer besiegelten 13 Domherren mit ihren Siegeln.[63] Spätestens bis zum Ende des 13. Jahrhunderts besaßen sämtliche Konvente[64] in Augsburg ein eigenes Siegel, ebenso wie wohl die meisten Vertreter der städtischen Patrizierfamilien.[65] Dabei ist eine Ausdifferenzierung der Siegelgestaltung entsprechend der sozial-rechtlichen Stellung des Siegelinhabers feststellbar. Während etwa Domherren spitzovale Siegel führten, waren die Siegel der städtischen Patrizier rund.[66]

Ein eigenes Siegel des Stadtvogts ist erstmals an einer Urkunde des Jahres 1239 erhalten.[67] Der Urtext des Stadtrechts von 1276 überliefert, dass der Vogt Angeklagte in bestimmten Fällen durch die Übermittlung eines Siegelabdrucks vor Gericht lud: [...] *so sol man im furtagen hince sime huse mit des vogtes wahszaichen des ersten furgebotes* [...].[68] Eine poetische Bearbeitung des Buches

---

62   UBA I, Nr. 21 (1260): [...] *presentem literam super hoc confectam trium sigillorum munimine videlicet nostri et capituli nostri nec non ecclesie s. Petri communiri.*

63   MB 33a, Nr. 91 (26. Jul. 1262).

64   Heilig Geist Spital: UBA I, Nr. 26 (7. Okt. 1264); St. Katharina: UBA I, Nr. 26 (7. Okt. 1264); Kapitel des St. Moritz Stiftes: UBA I, Nr. 57 (29. Sept. 1277); Prior der Barfüßer: UBA I, Nr. 66 (23. Juni 1281); Dominikanerinnen von St. Margareth: UBA I, Nr. 69 (2. Feb. 1282); Siechenhaus St. Servatius: UBA I, Nr. 86 (Mai 1284); Konvent der Karmeliter: UBA I. Nr. 96 (16. Nov. 1285); Prior der Karmeliter: UBA I. Nr. 96 (16. Nov. 1285); Judengemeinde: UBA I, Nr. 167 (23. Aug. 1298); Zechpfleger (Unser Frauen): UBA I, Nr. 171 (24. März 1299).

65   Siboto Stolzhirsch: UBA I, Nr. 78 (13. Jul. 1283); Heinrich Schongauer: UBA I, Nr. 94 (28. Mai 1285); Ulrich Fundan: UBA I, Nr. 94 (28. Mai 1285); Konrad Eulentaler: Nr. 171 (24. März 1299); Johannes Schongauer, Liupold Schröter, Konrad, Albrecht und Heinrich Stolzhirsch: UBA I, Nr. 192 (9. Sept. 1303).

66   Vgl. etwa: WUB VIII, Nr. 2983 (20. Jul. 1280). Im Jahr 1280 verwendete der Kleinadelige Heinrich von Staufen (Syrgenstein) zur Übertragung eines Zehnten an einen anderen Adeligen, das Siegel seines Bruders, eines Augsburger Chorherrn, weil er nicht über ein eigenes Siegel verfügte: [...] *versigelt unde gevestent mit hern Hainriches insigel von Staufen mins bruder, der korherre ze Auspurch ist, wan ich selbe nicht aigens insigels hete. Unde sint daruber geziuge: her Hainrich min bruder korherre von Auspurch, her Ulrich min bruder von sant Ulriche ze Auspurch, her Hartman der Langemantel, Chunrat sin bruder, Chunrat der stetschriber unde ander genuoge.* Die Urkunde trägt ein Spitzovales Siegel mit der Umschrift: S. HAInRICI. DE. STO{U}FEN. CAN. AVG.

67   UBA I, Nr. 4 (Feb. 1239): [...] *hanc literam sigillo advocati et nostro eis dedimus communitam.*

68   MEYER, Stadtrecht, S. 92; vgl. Johannes Georg SCHERZ, Glossarium Germanicum Medii Aevi, Potissimum Dialecti Suevicae [...], 1789, Sp. 1919: „*wachszeichen = sigillum, insigel;*

GEBURT: ADAPTION UND ASSIMILATION 43

Daniel des 14. Jahrhunderts, die in einem Codex der Stuttgarter Landesbibliothek überliefert ist, spricht davon, dass Siegel als Ausdruck herrschaftlicher Gewalt an Eingangstore genagelt wurden: *Durch des ingangis warte sluc der kunic vor daz tor sin wachszeichen.*[69] Eine vergleichbare Verfahrensweise durch den Augsburger Vogt ist vorstellbar. Die Vorladung durch ein Zeichen richterlicher Gewalt war eine Tradition, die sich im Reich bereits früher nachweisen lässt.[70] Das germanische Recht kennt derartige Zeichen in Form eines Richterstabes oder eines Hammers.[71] An ihre Stelle trat ein Zeichen aus dem phänomenologischen Reservoir der Schriftkultur.[72] Die Gewalt des Vogtes gründete auf der Autorität des Königs und war nicht mit der Führung des Siegels entstanden.[73] Das Siegel wurde aber im 13. Jahrhundert zum Trägerobjekt der Legitimation und Repräsentation seiner Amtsgewalt. In einer Urkunde vom 18.

---

Friedrich Georg VON BUNGE, Geschichte des Gerichtswesens und Gerichtsverfahrens in Liv, -Est- und Curland, 1874, S. 40: „Unter diesen Wachszeichen, *wasteken*, ist höchst wahrscheinlich ein Abdruck des richterlichen Amtssiegels in Wachs zu verstehen".

69 LB Stuttgart, Cod. HBXIII Nr. 11. Zitiert nach Artur HÜBNER (Hg.), Dichtungen des Deutschen Ordens, Bd. 3, Die poetische Bearbeitung des Buches Daniel: aus der Stuttgarter Handschrift, Berlin 1911, V. 7965, S. 124.

70 Vgl. Oswald SCHMIDT, Das Verfahren vor dem Manngerichte in bürgerlichen Rechtsstreitigkeiten zur Zeit der bischöflichen und Ordensherrschaft in Livland, Dorpat 1865, S. 35: „Es war eine alte, bei vielen germanischen Stämmen verbreitete Sitte, die Dingpflichtigen durch des Richters Zeichen zu laden. Als solche kommen vor: des Richters Siegel, sein Stab, der durch Kerben, den eingeschnittenen oder angehängten Namen gekennzeichnet war, ein Hammer und dergleichen mehr".

71 Vgl. Johann VON BUCH, Nikolaus WURM, Hermann VON OESFELD, Carl Gustav HOMEYER, Blume des Magdeburger Rechts, S. 429f.: „In vielen Ortschaften Schlesiens, der Mark, Mecklenburgs, Pommerns ist die Sitte, dass zum Ansagen der Gemeindeversammlung des Schulzen Stock und Knüppel umhergeht, noch jetzt bekannt [...]. Neben dem Stabe gedenkt Grimm ohne näheren Beleg RA. 162 auch eines Hammers, als jetzt noch übliches Zeichen zum Ansagen in Obersachsen".

72 Vgl. Friedrich WILHELM, Richard NEWALD, Helmut DE BOOR, Corpus der altdeutschen Originalurkunden bis zum Jahr 1300, Bd. 1, Nr. 1035, S. 219: „es sei denn, dass er darüber eine schriftliche Erklärung des Bischofs oder dessen Insiegel habe. Gibt ihm der Bischof sein Wachszeichen, so soll das nicht länger als ein Jahr Kraft haben, gibt er ihm einen Brief, so soll dessen Wortlaut gelten". Im Erzstift Riga ist für das 15. Jahrhundert ein vergleichbarer Wandel dokumentiert, in dessen Zuge an Stelle der früheren Wahrzeichen des Richters nunmehr Wachszeichen als Ausdruck einer Vorladung verwendet wurden. Vgl. SCHMIDT, Verfahren, S. 37: *Yn dem stichte van Rige moth me beneven der vorladinge ein wasteken* (Wachszeichen), *van dem richter eruenn, unde synes amptes segel, anders bindt de vorladinge nicht, ock geiht ydt darmit allen dingen anders tho.*

73 Hubert DRÜPPEL, Iudex Civitatis (= Forschungen zur Deutschen Rechtsgeschichte, Bd. 12), Köln 1981, S. 6: „Sein Amt gründet nicht in der Autonomie des genossenschaftlichen

Juli 1264 tritt uns erstmals ein Notar entgegen, der von der Witwe des bischöflichen Burggrafen Otto einen Hof am alten Tor der Stadt Augsburg (*iuxta portam antiquam civitatis*) erwarb, um sich dort mit seiner Familie niederzulassen. Auch wenn sich aus dieser Zeit keine Notariatsurkunden erhalten haben, muss für ihn in Augsburg genug Arbeit vorhanden gewesen sein, um seine Familie ernähren zu können.[74] Neben dem Bischof und der Stadt besiegelte die Witwe Selindis den Verkauf mangels eines eigenen Siegels mit dem Siegel ihres verstorbenen Ehemannes.[75] Die Urkunde ist der erste Beleg des Burggrafensiegels in Augsburg und deutschlandweit einer der frühesten Nachweise für die Ankunft eines Notars nördlich der Alpen. Die ältesten Notariatsurkunden eines „öffentlichen Notariats im engeren deutschen Reichsgebiet" sind in der Kirchenprovinz Köln aus dem Jahr 1274 überliefert.[76] In Augsburg datiert die erste überlieferte Notariatsurkunde im Jahr 1290.[77]

Die Verbreitung des Siegels war ein Prozess, der die Welt der herrschenden und einflussreichen Schichten der Gesellschaft ergriffen hatte. Während der Urkundenbestand ‚Hochstift Augsburg' im Staatsarchiv Augsburg bis zur Mitte des 13. Jahrhunderts lediglich die Siegel von Kaisern und Königen, Päpsten, Erzbischöfen, Bischöfen, Herzögen und des Augsburger Domkapitels überliefert, wird in der zweiten Hälfte des 13. Jahrhunderts eine gewaltige Auffächerung sichtbar. Hinzu treten nun die Siegel verschiedenster Vertreter des niederen Adels, ihrer Frauen und höherer Vertreter ihres Hofpersonals, die Siegel von Domherren, kirchlichen Richtern, die Siegel von Äbten, Äbtissinnen,

---

Verbandes, sondern es setzt einen Herrschaftsträger voraus, dem der iudex verbunden und verpflichtet ist".

74  StA Augsburg, Hst. Aug. Urk. 62.
75  VOCK, Urkunden, Nr. 78 (18. Jul. 1264).
76  Peter-Johannes SCHULER, Geschichte des Südwestdeutschen Notariats, Von seinen Anfängen bis zur Reichsnotariatsordnung von 1512 (= Veröffentlichungen des Alemannischen Instituts Freiburg (Br.), Bd. 39) Bühl, Baden 1976, S. 39; vgl. auch Ebd., S. 45: „Ein bedeutsamer Mittelpunkt des Notariats war der Bischofssitz Breßlau. Auch hier dauerte es geraume Zeit, bis nach den beiden italienischen Notaren aus dem Gefolge des päpstlichen Legaten (1282) mit Adam von Ratibor (1298) der erste deutsche Notar bezeugt ist".
77  MB 33a, Nr. 179 (1290): *Ego Chuonradus de Riccina imperialis auctoritate notarius publicus interfui et rogatus publice scripsi*. Bei dem in der Urkunde des Staatsarchivs Augsburg Kl. UA 23/1 genannten *Chunrad notarius civitatis* handelt es sich entgegen der Annahme Silke Pettinger, Vermögenserhaltung und Sicherung der Unternehmensfortführung durch Verfügungen von Todes wegen: Eine Studie der Frühen Augsburger Neuzeit (= Augsburger Schriften zur Rechtsgeschichte, Bd. 5), Münster, Hamburg, Berlin, Wien, London 2006, S. 109 nicht um einen einen „Schreibernotar im Dienste der Stadt Augsburg", sondern um den damaligen Stadtschreiber Konrad. Vgl. Kap. II. 4.

Klöstern, Konventen und Spitälern wie auch die Siegel von Städten und städtischen Amtsträgern.[78] Noch kaum betroffen waren hingegen niedere soziale Schichten der städtischen Gesellschaft wie Vertreter des niederen Bürgertums, Handwerker, oder niedere Dienstleute des Adels.

Die beiden frühesten Nachweise eines Siegels der Augsburger Bürgergemeinde haben sich an Urkunden der Jahre 1234 und 1237 erhalten, die nicht von den Bürgern selbst, sondern von einem Kloster des städtischen Umlands bewahrt wurden.[79] Das Siegel der Bürgergemeinde ist damit früher überliefert als das Siegel des Burggrafen. Die Siegelankündigungen machen jedoch zunächst die Verwendung auf Initiative und unter Mitwirkung von Stadtvogt und Bischof wahrscheinlich.[80] Es ist nicht unwahrscheinlich, dass der Siegelstempel der Bürger zunächst vom städtischen Vogt verwahrt wurde. Vergleichbare Ergebnisse sind aus Studien zur Entstehung der Siegel rheinischer Bischofsstädte und südwestdeutscher Städte bekannt.[81] In Ulm führte der Bürgerverband sein Siegel erst seit 1284, während es vorher durch den königlichen Amtmann und die städtischen Richter geführt worden war.[82] Erst nachdem zwischen 1257 und 1263 ein Vertreter des Augsburger Bürgerverbandes zum Stadtvogt wurde, gelangte der Siegelstempel wohl endgültig in bürgerliche

---

78   VOCK, Urkunden, Nr. 1–180.
79   BayHStA, KU Steingaden, Nr. 41 und BayHStA, KU Steingaden, Nr. 44.
80   KRÜGER, Die Anfänge des Stadtsiegels, S. 28: [...] *advocatus et burgenses de Augusta hanc paginam sigillo universitatis fecerunt communiri.*
81   Vgl. Hermann JAKOBS, Eugen III. und die Anfänge Europäischer Stadtsiegel, Nebst Anmerkungen zum Bande IV der Germania Pontificia (= Studien und Vorarbeiten zur Germania Pontificia, Bd. 7), Köln, Wien 1980. Die Studien Jakobs veränderten das Bild in der Siegelforschung. Vgl. dazu die Entwicklung bei Toni DIEDERICH, Zum Quellenwert und Bedeutungsgehalt mittelalterlicher Städtesiegel, In: Archiv für Diplomatik 23 (1977), S. 269–285; DERS., Rheinische Städtesiegel, Neuss 1984, DERS., Städtische Siegelführung im Mittelalter, In: Klaus Fink, Wilhelm Janssen (Hg.), Grundherrschaft und Stadtentstehung am Niederrhein (= Klever Archiv, Bd. 9), S. 79–98. Weitere Belege etwa bei: HERRMANN, Anfänge kommunaler Schriftlichkeit, S. 380: „Beschränkt sich die Mitwirkung der Bürger (von Speyer) anfangs, abgesehen vom Vertrag mit Worms, offenbar auf die bloße Zeugenschaft bei Entscheidungen des Bischofs, wird die wachsende Verantwortung der Gemeinde bald auch über die regelmäßige Hinzunahme des Stadtsiegels ausgedrückt, ehe Rat und Bürgerschaft etwa ab dem zweiten Dritte des 13. Jahrhunderts schließlich selbst dazu übergehen, Urkunden auszustellen"; Ebd., S. 396 zum Siegel der Stadt Münster. Vgl. Roger WILMANS, Die Urkunden des Bisthums Münster von 1201–1300 (= Westfälisches Urkundenbuch, Bd. 3), Münster 1871, Nr. 297 (1232), Nr. 450 (1246), Nr. 503 (11. Juli 1249), Nr. 516 (23. August 1250).
82   Friedrich PRESSEL (Hg.), Ulmisches Urkundenbuch, Bd. 1, Die Stadtgemeinde von 854 bis 1313, Ulm 1873, Nr. 147.

Hand, wobei er zunächst abwechselnd im Kreise der ranghöchsten Bürger Aufbewahrung fand.[83] In einer Urkunde des Jahres 1268 wird Konrad von Hall als Zeuge genannt, *qui tunc temporis habuit sigillum civitatis*.[84]

Von Tobias Herrmann wurde die Verbreitung von Stadtsiegeln auf dem Boden des Reiches und angrenzender Territorien untersucht. Die möglichst breite Erfassung der Erstüberlieferung diente dabei dazu, die Wirksamkeit des von Peter Moraw nachgewiesenen West-Ost-Gefälles „zivilisatorischer Wirkungsrichtungen" auch für die Anfänge kommunaler Schriftlichkeit in Europa zu verifizieren.[85] Deutlicher als ein Kulturgefälle tritt nach der Anlage

---

83 Vgl. Rolf KIEßLING, Art. „Vogtei", In: Günther Grünsteudel, Günter Hägele, Rudolf Frankenberger (Hg.), Augsburger Stadtlexikon, Augsburg² 1998, S. 903.

84 UBA I, Nr. 37 (Aug. 1268). Eine optische Veränderung des Augsburger Siegelstempels, die sich seit 1260 erkennen lässt, könnte mit dessen Übergabe an die Bürger der Stadt in Verbindung gestanden haben. Vgl. Wolfgang ZORN, Augsburg: Geschichte einer europäischen Stadt; von den Anfängen bis zur Gegenwart, Augsburg⁴ 2001, S. 136: „Seit 1260 wurde dieses Stadtzeichen dann als stilisierte Weintraube auf geschwungenem Fuß wiedergegeben".

85 Die Datengrundlage wurde von Tobias Herrmann erfasst: HERRMANN, Schriftlichkeit, S. 338: „Das in der Tabelle in Normalschrift aufgeführte Datum gibt das Jahr an, in dem zum ersten Mal ein explizit städtisches Siegel erwähnt wird, d.h. ein *sigillium civium*, ein *sigillum nostrum* der Bürger, aber auch ein *sigillum sacbinorum* o. ä. Häufig entspricht diese erste Erwähnung auch dem ältesten erhaltenen Siegelabdruck." Erfasst wurden folgende Erstbelege für städtische Siegel: „**Nordfrankreich:** Mantes (-la-Jolie) 1208, Pontoise 1190, Beauvais 1228, Compiègne 1183, Soissons 1187, Amiens 1152?, Péronne 1188, Crépy (-en-Laonnois) 1216, Laon 1228, Bruyères(-et-Montbérault) 1228, **Artois:** Hesdin 1212, Calais 1228, St-Omer 1200, Aire(-sur-la-Lys) 1200, Lens 1196, Arras 1175?, **Flandern:** Bourbourg 1194, Ypern 1200, Lille 1200, Douai 1207, Brügge 1200, Gent 1200, **Deutsches Reich:** Cambrai 1185, **Hennegau:** Valenciennes 1114, Mons 1217, **Holland / Seeland:** Middelburg 1232, Zierikzee 1259, Haarlem 1299, Leiden 1293, Delft 1260, Dordrecht 1243?, **Brabant:** 's-Hertogenbosch 1242, Bergen op Zoom 1276, Breda 1259, Herpen 14. Jh., Eindhoven 14. Jh., **Rhein-Maas-Mosel:** Utrecht 1196, Nimwegen 1278, Emmerich 1238 , Duisburg 1224, Köln 1149, Maastricht 1227, Lüttich 1185, Aachen 1215, Koblenz 1198, Trier 1172, Metz 1180, Mainz 1145?, Worms 1198, Speyer 1207, Straßburg 1201, Mühlhausen 1266, Basel 1225, **Südwestdeutschland:** Konstanz 1246, Freiburg i. Br. 1218, Villingen 1244, Stuttgart 1312, Ulm 1244, **Schweiz:** Zürich 1225, Groningen 1287, **Westfalen:** Coesfeld 1246, Münster 1231, Telgte 1255, Recklinghausen 1302, Dortmund 1241, Werl 1280, Soest 1230, Osnabrück 1217, Wiedenbrück 1219, Paderborn 1231, Brakel 1285, Minden 1231, Herford 1231, Lemgo 1248, **Hessen:** Wetzlar 1226, Frankfurt a. M. 1219, **Bayern:** Würzburg 1195, Nürnberg 1236?, Regensburg 1211, Augsburg 1237, München 1239, Freising 1330, Landau a. d. Isar 1263, Passau 1298, **Österreich:** Salzburg 1249, Feldkirch 1331, Innsbruck 1267, Villach 1240, Leoben 1298, Linz 1242, Enns 1242, Freistadt 1282, Wien 1220, Wiener Neustadt 1263, Oldenburg 1307, Lübeck 1226, Göttingen 1251, Hildesheim 1217, Braunschweig 1221, Magdeburg 1244, **Thüringen:** Mühlhausen

GEBURT: ADAPTION UND ASSIMILATION        47

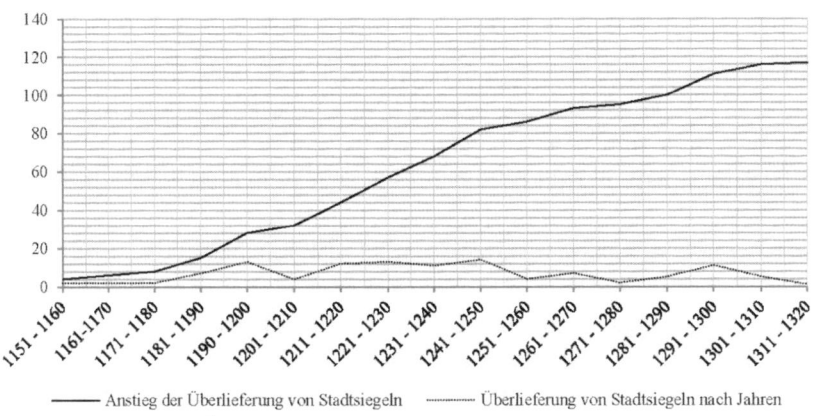

ABB. 2   *Anstieg der Überlieferung von Stadtsiegeln im Reich des 13. Jh.*
(DATENBASIS: HERRMANN, SCHRIFTLICHKEIT, S. 304–337)

eines diachronen Datenfilters ein genereller Aufschwung der Entstehung von Stadtsiegeln in Erscheinung, der zwischen 1220 und 1260 seine stärkste Ausprägung erreichte. Seine Aussagekraft hält auch geringen Schwankungen in der Datierung stand.[86] Der Wachstumsfaktor stimmt mit den oben beobachteten Veränderungen der Urkundenüberlieferung im Marburger Lichtbildarchiv in etwa überein, die sich zwischen 1200 und 1250 ebenfalls vervierfachte.

Über den Beginn der Siegelnutzung des Niederadels im Südosten des Reiches resümierte Roman Zehetmayer: „Um 1230 aber ist ein fast schlagartiger Anstieg zu bemerken, und bis zum Ende des ersten Drittels des 13.

1231, Erfurt 1217, **Sachsen:** Leipzig 1287, Altenburg 1264, Zwickau 1290–1291, Grimma 1292, Chemnitz 1290–91, Freiberg 1227, Meißen 1285, Dresden 1308, Prina 1299, **Böhmen / Mähren:** Laun 14. Jh., Prag 1264, Tabor 1437, Budweis 14. Jh., Brünn 1247, Olmütz 14. Jh., Schlesien: Breslau 1292, **Polen:** Posen (Poznań) 1303, Thorn (Toruń) (1308), Kulm (Chelmno) 13. Jh., Danzig (Gdańsk) 1293, Elbing (Elblag) 1242, **Slowakei:** Preßburg (Bratislava) 1 H. 13 Jh., Tyrnau (Trnava) 2. H. 13. Jh., Schemnitz (Banska Štiavnica) 1270". HERRMANN, Schriftlichkeit, S. 304–306. Belege der Fundstellen bei HERRMANN, Schriftlichkeit, S. 307–337. Zur bisherigen Auswertung vgl. HERRMANN, Schriftlichkeit, S. 13: „Eine komprimierte Analyse dieses Datengerüsts sowie ein vertiefter vergleichender Blick auf diese Entwicklung schriftlicher Verwaltung in fünf ausgewählten, bestimmte Regionen und Stadttypen repräsentierenden Städten ergänzen unsere Zusammenstellung. Im Hintergrund steht dabei die eingangs erhobene These, wonach sich ‚zivilisatorische Wirkungsrichtungen' auch im Prozess der kommunalen Verschriftlichung in Europa niederschlagen".

86   Herrmanns Datierung des Augsburger Erstbelegs in das Jahr 1237 macht darauf aufmerksam, dass eine Überprüfung der Daten anhand der archivalischen Überlieferung zu Präzisierungen führen könnte.

Jahrhunderts lassen sich schließlich 48 siegelführende Familien nachweisen".[87] Auch die Analyse in Augsburg und dem städtischen Umland zeigte als charakteristische Merkmale des beginnenden Verschriftlichungsprozesses enorme Breitenwirkung und hohe Geschwindigkeit.

Vor dem Hintergrund dieser Befunde scheint es naheliegend, die Entstehung von Siegeln nicht nach verfassungshistorischen Kriterien in Einzelprozesse zu isolieren.[88] Stadtsiegel waren Ausdruck der Emanzipation, wurden aber nicht erkämpft. Ihre Dynamik bezog die Verbreitung des Siegels aus dem Wechselspiel mit der Verbreitung neuer Ordnungsvorstellungen. Es war ein Prozess, der verfassungshistorische Grenzen überspannte.

Während der zwischen 1220 und 1230 entstandene Sachsenspiegel, der sich auch im Süden des Reiches rasch verbreitete, Siegel noch kaum erwähnte, war die Frage nach ihrer Kraft bereits ein Thema des um 1275 im Kreise von Augsburger Minoriten entstandenen Schwabenspiegels, dessen Grundlage auf dem Sachsenspiegel basierte.[89] Die Entstehung der Siegelführung städtischer

---

87  ZEHETMAYER, Urkunde und Adel, S. 97.

88  Vgl. HERRMANN, Schriftlichkeit, S. 354: Die in der neueren Forschung immer wieder herausgestellten Befunde, dass „als Gestalter und Träger der frühesten Stadtsiegel nicht die Bürgerschaft oder ihre Organe, sondern die Ortskirche, möglicherweise die bischöflichen Ministerialen anzunehmen sind" bildete bei der Datenerfassung kein Selektionskriterium: „Eine vergleichende, zusammenfassende Betrachtung der Ausbreitung städtischer Siegel ist vor diesem Hintergrund also mit gewisser Vorsicht durchzuführen—solange einzelne Siegel noch gar nicht als städtisch anzusprechen sind, droht eine Verzerrung des Bildes. Andererseits gelten die genannten Einschränkungen nur für eine deutliche Minderheit der untersuchten Städte—in den allermeisten Fällen ist die Bürgerschaft, das städtische Schöffen—oder ein anderes kommunales Gremium und nicht die Ortskirche zum Zeitpunkt des Erstbeleges als Siegelführer zu vermuten".

89  Vgl. BRESSLAU, Urkundenlehre, Bd. 1, S. 723: „Allerdings verhält sich noch der Sachsenspiegel [...] sehr spröde gegen den Urkundenbeweis. Er kennt den besiegelten Fürstenbrief als Beweismittel im Prozess um Lehengut und die Urkunde des Königs als Beweismittel dafür, dass sich jemand vor dem König aus der Acht gezogen habe; anderer Urkunden aber gedenkt er im Beweisverfahren nicht"; Christa BERTELSMEIER-KIERST, Kommunikation und Herrschaft, Zum volkssprachlichen Verschriftlichungsprozess des Rechts im 13. Jahrhundert, Stuttgart 2008, S. 125: „Die Umgestaltung zu einem oberdeutschen Rechtsbuch hat sich dann offensichtlich in mehreren Etappen vollzogen. Neben den verschiedenen Fassungen des sog. Schwabenspiegels sind uns noch eine Augsburger Umformung des Sachsenspiegels (Augsburger Sachsenspiegel) und der Spiegel aller deutschen Leute (Deutschenspiegel) überliefert. Vieles spricht dafür, diese Texte als Neben- oder Übergangsformen im Umwandlungsprozess des Sachsenspiegels zu einem oberdeutschen Rechtsbuch zu sehen". Von der Verbreitung der Handschrift zeugen heute über 300 Abschriften und etwa 100 Fragmente. Vgl BERTELSMEIER-KIERST,

Gemeinden sah der Schwabenspiegel dabei in Abhängigkeit zur Herrschaftsgewalt fürstlicher Stadtherren. Auch beschränkte das Gesetzbuch den Bereich ihrer Wirkung rein auf städtische Angelegenheiten: *Dew stete süllen auch insigel haben doch mit ir herren willen. Vnd habent sis wider ir herren willen, so habent si kaine chraft. Si habent auch nicht chraft wann vmb ir stete geschäfte.*[90] In der Hierarchie der um 1270 bestehenden Siegellandschaft ordnete der Schwabenspiegel die verhältnismäßig neu aufgekommenen Stadtsiegel am unteren Ende ein. Als Beglaubigungsinstanzen, deren Siegel auch *über ander sach gegeben dann vber ir selb sach* Rechtsgültigkeit besitzen, wurden neben dem Papst und dem König nur geistliche und weltliche Fürsten, kirchliche Würdenträger, Domkapitel und Konvente genannt, Städte aber bewusst ausgeklammert.

Ob dem in der Praxis entsprochen wurde, ist nicht mit Sicherheit überprüfbar, denn aus der Frühzeit der städtischen Siegelurkunde haben sich nur wenige Stücke erhalten. Dies spricht nicht zuletzt dafür, dass von Seiten der Aussteller noch keine Absichten einer systematischen und dauerhaften Archivierung bestanden.[91] Die erhaltenen Empfängerausfertigungen, welche

---

Kommunikation und Herrschaft, S. 125ff.: „Fast ebenso rasch wie in den nord- und ostdeutschen Raum gelange der Sachsenspiegel auch nach Süddeutschland, wo er offenbar im Kreis der Franziskaner, vielleicht in unmittelbarer Umgebung Bertholds von Regensburg und Davids von Augsburg, im dritten Viertel des 13. Jahrhunderts rezipiert und zu einem oberdeutschen Rechtsbuch umgeformt wurde". Bereits aus dem 13. Jahrhundert haben sich drei Handschriften und neun Fragmente erhalten.

90  MGH Fontes iuris Germanici antiqui N. S., Bd. 4, 1.2, hg. v. Karl August Eckhardt, Hannover² 1974 (Nachdruck 1981), Landrecht 166, S. 232: *Von allen insigeln die kraft habent. Des pabst insigel haisset bulla. Wer sew mit recht geyt vnd sy mit recht enphacht so sind sy gut vnd recht. Der kunig insigel habent auch grosse chraft. Der pfaffen fursten insigel vnd der layen fursten insigel habent auch kraft vnd sind gerecht vnd gut. Der prelaten vnd der capitel insigel sint recht vnd aller conuent insigel sint recht. Vnd disew insigel sint allew recht vnd guet vnd werdent si über ander sach gegeben dann vber ir selb sach so habent si also grozz chraft als vmb ir selber sach. Ander herren insigel habent nicht chraft wann vmb ir selber geschäft vnd vmb ir lewt geschäft. Dew stete süllen auch insigel haben doch mit ir herren willen. Vnd habent sis wider ir herren willen so habent si kaine chraft. Si habent auch nicht chraft wann vmb ir stete geschäfte. ander lewt mügen wol insigel haben. dew habent nicht chraft wann vmb ir selber geschäft. Man mag wol ain insigel zw dem andern legen an ainen brief. Da von ist der brief dester vester. Alle richter mügen wol insigel haben mit recht. Dew habent chraft vber dew ding dew ze irn gerichten gehörent.*

91  Auch in anderen Städten blieben die frühesten Stadtsiegel nicht durch eigenständige Archivierung der Bürgergemeinden erhalten, sondern wurden in kirchlichen Archiven überliefert. Vgl. HERRMANN, Schriftlichkeit, S. 288f. In Nürnberg wurde die erste Urkunde von 1236, die ein *sigillum civium Nurenbergensium* ankündigt, abschriftlich

auch aus Klöstern des städtischen Umlandes wie dem Stift Steingaden, dem Kloster Oberschönenfeld oder dem Reichsstift Kaishaim stammen, die über Möglichkeiten einer dauerhaften Archivierung verfügten, weisen darauf hin, dass eine systematische Erfassung aller erhaltenen Urkunden mit einem Augsburger Stadtsiegel des 13. Jahrhunderts wohl erst nach einer vollständigen digitalen Erfassung aller deutschen Urkundenbestände möglich sein wird.[92]

Unter den von Meyer edierten Urkunden finden sich zwischen 1239 und 1290 22 Urkunden, die mit dem Augsburger Stadtsiegel beglaubigt wurden.[93] Sieben Stücke stammen aus der Zeit vor 1276. Nur drei tragen alleine das Stadtsiegel.[94] Bei ihnen handelt es sich durchgängig um Empfängerausfertigungen von Beglaubigungen der Eigentumsübertragung an Immobilien zu Gunsten bürgerlich-kirchlicher Einrichtungen. Auch zwei weitere Urkunden, die eine mit den Siegeln des Domkapitels und der Stadt und die anderen mit den Siegeln des Heilig-Geist-Spitals und der Stadt, beglaubigen Eigentumsübertragungen.[95] Bei den drei verbleibenden Urkunden handelt es sich um politische Verträge. Die erste Urkunde (UBA I, Nr. 13) ist der erwähnte Schiedsspruch zwischen Bischof Hartmann und dem Bürgerverband über die Gültigkeit des bischöflichen Privilegs von 1251. Bei den beiden anderen Stücken handelt es sich um Vereinbarungen Bischof Hartmanns mit der Bürgergemeinde (UBA I, Nr. 39) und mit Herzog Ludwig II. von Bayern (UBA I, Nr. 40), die den Erhalt der königlichen Verfügungsgewalt über die Augsburger Vogtei sichern sollten. In allen drei Verträgen zeichnet sich eine Fortführung der politischen Selbständigkeit der Bürgergemeinde seit dem Schiedsvertrag von 1251 ab. Das Stadtsiegel ist jeweils das letzte Beglaubigungsmittel nach den Siegeln von Bischof, Domkapitel,

---

im Deutschordenshaus überliefert. Vgl. Ingo KRÜGER, Das Nürnberger Schrift- und Urkundenwesen von 1240 bis 1350, Bonn 1988, S. 29f. Das erste erhaltene Siegel der Bürgergemeinde ist an einer Urkunde des Jahres 1259 überliefert. Vgl. Peter FLEISCHMANN, Rat und Patriziat in Nürnberg Bd. 1 (= Nürnberger Forschungen, Bd. 31), Nürnberg 2008, S. 19.

92 PUCHNER, Oberschönefeld, Nr. 12 (1260); Hermann HOFFMANN (Hg.), Die Urkunden des Reichsstiftes Kaisheim 1135–1287 (= Veröffentlichungen der Schwäbischen Forschungsgemeinschaft 2a, Bd. 11), Augsburg 1972, Nr. 167 (vor 6. Jan. 1262).

93 UBA I, Nr. 13 (4. Mai 1254), Nr. 24 (23. Okt. 1263), Nr. 30 (März 1265), Nr. 37 (Aug. 1268), Nr. 39 (24. Okt. 1269), Nr. 40 (31. März 1270), Nr. 44 (17. Aug. 1272), Nr. 48 (13. Mai 1273), Nr. 62 (30. Dez. 1280), Nr. 65 (7. März 1281), Nr. 69 (2. Feb. 1282), Nr. 71 (26. Jul. 1282), Nr. 78 (13. Jul. 1283), Nr. 79 (8. Sept. 1283), Nr. 80 (4. Okt. 1283), Nr. 83 (19. Jan. 1284), Nr. 84 (21. März 1284), Nr. 89 (3. Jan. 1285), Nr. 95 (31. März 1285), Nr. 98 (6. Jan. 1286), Nr. 119 (15. Jun. 1290), Nr. 125 (5. Dez. 1290).

94 Nr. 30, Nr. 37, Nr. 48.

95 Nr. 24, Nr. 44.

Herzog und kleineren Adeligen. Der nur sehr spärliche Befund besitzt eine inhaltliche und eine politisch-hierarchische Struktur. Urkunden wurden vor allem im Bereich von Übertragungen an Eigentum oder Nutzrechten ausgestellt. Eigentumsübertragungen wurden dabei nur dann beglaubigt, wenn sie bürgerlich-städtische Belange betrafen. Der Beglaubigung politischer Verträge hatte das Siegel des Bischofs vorauszugehen. Überregional bedeutende Verträge zu Gunsten der Augsburger Bürger wurden in jener Zeit nicht durch das Stadtsiegel, sondern nur durch das Siegel oder die Zeugenschaft des Bischofs beglaubigt.[96] Diese Strukturen entsprechen den Ausführungen des Schwabenspiegels zur Geltungskraft städtischer Siegel. Auch sie verweisen auf die herrschenden Ordnungsvorstellungen jener Zeit.

Die Stadt drang in demjenigen Moment in das politische Gefüge des Reichsverbands ein, in dem Schriftlichkeit sich mit diesen Ordnungsvorstellungen verband. Punkte ihrer Ausstrahlung und Impulse ihrer konkreten Umsetzung waren die zentralen politischen Milieus des Reichsverbands, wie die Kurie und der Königshof. Am königlichen Hofgericht ist seit dem Mainzer Reichslandfrieden erstmals der Gebrauch eines eigenen Hofgerichtssiegels bezeugbar. Auch für das sizilianische Hofgericht legte Friedrich II. eine Kanzleiordnung fest, die den Gebrauch eines eigenen Gerichtssiegels (*sigillo iusticie*) vorsah.[97] Über Klöster, Bischofshöfe oder Vogteien gelangten diese Ordnungsvorstellungen auf die städtische Ebene. Dabei wurde Urkunden in der gelehrten Theorie und im Prozess eine hohe Beweiskraft zugerechnet.[98] Bei der Übertragung eines Erbes etwa stellte der Schwabenspiegel ein schriftliches Testament dem Spruch eines Richters gleich: *Ist daz ein man sinem friunde guot schaffen will nach sinem tode, will er im daz sicher machen, er sol im schrift daruber geben mit endehaften insigeln oder er sol fur sinen rihter varn oder fur sinen herren und sol sine geziuge ziehen und ander die dabi sint gewesen. [...] Diu gabe heizst stete, diu vor dem rihter geschiht. Diu heizst och stete, diu mit der schrift geschiht.*[99]

Gegenüber dem Gottes- und Zeugenbeweis war der Urkundenbeweis ein Mittel der Sicherheit von Rechtsgeschäften, dem langfristige Beständigkeit

---

96 UBA I, Nr. 45 (17. Okt. 1272).
97 Vgl. WINKELMANN, Acta Imperii inedita, S. 736, Z. 41ff.; FRIEDRICH BATTENBERG, Das Hofgerichtssiegel der deutschen Kaiser und Könige 1235–1451, Mit einer Liste der Hofgerichtsurkunden (= Quellen und Forschungen zur höchsten Gerichtsbarkeit im Alten Reich, Bd. 6), Köln, u. a. 1979, S. 26.
98 Julius Wilhelm PLANCK, Das deutsche Gerichtsverfahren im Mittelalter, Bd. 2, Braunschweig 1879, S. 193ff.; Hans PLANITZ, Deutsche Rechtsgeschichte, Graz, Köln² 1961, S. 229.
99 MGH Fontes iuris N. S. 4, 1.2, Landrecht 22, S. 68ff.

und Unveränderbarkeit zugeschrieben wurde. Eine Urkunde versprach die dauerhafte Verfügbarkeit einer schriftlichen Garantie mit hoher Anerkennung ab dem Erhalt des Dokuments. Demgegenüber mussten Zeugen im Konfliktfall verfügbar gemacht werden, was nicht zuletzt auf Grund der hohen Sterblichkeit im Mittelalter nicht immer gewährleistet werden konnte. Die Nutzung von Urkunden versprach damit einen handfesten Vorteil im Konfliktfall, der auch illiteraten und in der Rechtswissenschaft wenig bewanderten Menschen des 13. Jahrhunderts schnell begreiflich werden musste.

Vor dem Hintergrund einer ausgeprägten Freiwilligkeit und Offenheit der Urkundennutzung in der Phase ihres Beginns wurden diese Vorteile zu neuen Möglichkeiten. Im Urtext des Augsburger Stadtrechtsbuchs von 1276, der herrschende Sitte erstmals schriftlich dokumentierte, haben sich Richtlinien zum Gebrauch der Siegelstempel von Burggraf, Vogt und Stadt erhalten: *Swer des vogtes brief gaert vor gerihte daz mit urteil und mit rehte dar chumt, da sol im der vogt sin insigel uber gaeben, unde suln aber der ratgaeben dri oder zwene da bi sin zu andern burgern. Ist ez des burggrafen gerihte, kumt daz mit urteil und mit rehte dar als da vor geschriben stat, so mag er auch sine briefe wol daruber gaeben als davor geschriben stat und sol auh daz staete sin. Swer aber der stet insigel gert, es si umbe aigen, umbe keuffe oder umbe swehlher hande dink es ist, daz ir beider wille ist, dem sol man daz gaeben.*[100]

Das noch keineswegs sonderlich komplexe Regelwerk zeigt, dass die Ausstellung von Gerichtsurkunden in Augsburg vor und um 1276 im Ermessen des Einzelnen stand und nicht zu einem konstitutiven Abschluss einer gerichtlichen Entscheidungsfindung gehörte. Der Erlangung eines Siegels stand aber wenig im Wege. Im Grunde wurde jedem, dessen Ansuchen gebilligt wurde, das Recht auf die Beglaubigung eines Gerichtsurteils oder anderer Rechtsgeschäfte durch eines der drei Siegel eingeräumt. Von Siegelgebühren ist dabei keine Rede.

---

100 MEYER, Stadtrecht, S. 7: *Welh reht unde welh craft die hantfestin habent die ein vogt uber sin geriht git oder der burggrafe oder diu stat*; Weiterhin: S. 188: *Wirt aber ez ze kriege umbe swelhe sache daz ist, kumt daz fur gerihte und wirt mit urteil und mit rehte gerihtet, swaer danne behebt, gaert der der stete brief, dem sol man den gaeben, unde suln der ratgaeben zwene oder dri ze geziugen daran sten zu andern biderben luten, die des geziuge sin, unde sol im daz furbaz staete beliben. [...] Ist daz zwene man mit einander kriegent umbe swiu das ist, ez si umbe aigen, umbe lehen oder umbe ander gut, unde der eine sprichet, er habe briefe oder hantfeste uber die selben sache, hat er der zegagene niht unde wirt im darumbe ein endehaft tak gaeben daz er sine briefe gaegene, versitzet er den tak daz er sine briefe niht fur bringet als er sich vermaz, so hat er sin reht verlorn, ez enware danne daz er die briefe verlûre ane gevaerde in der frist e der tak chome, bereit er daz zen heiligen des sol er geniezzen, unde sol man es danne rihten als danne reht ist.*

Dies deutet auf Zusammenhänge zwischen der wachsenden Siegelnutzung und einer wachsenden Nachfrage nach ihren Vorteilen hin. Seit der zweiten Hälfte des 13. Jahrhunderts benennt sich die Augsburger Urkunde immer wieder selbst als Grundlage der Konfliktlösung.[101] Volker Steck vermutete am Ende seiner Studie zur Entwicklung des Siegelwesens in südwestdeutschen Reichsstädten des Spätmittelalters: „Der Grund für die Herstellung innerhalb der Stadt greifbarer Beglaubigungsmittel dürfte im Anwachsen der Städte, in der steigenden Zahl wirtschaftlich erfolgreicher Bürger und damit verbunden, in der Vermehrung bürgerlicher Rechtsgeschäfte zu suchen sein. Sie machten ein schnell und immer zur Verfügung stehendes Beglaubigungsmittel nötig".[102]

Die vagen Äußerungen Stecks gründen in der schwierigen Quellenlage.[103] Vor diesem Hintergrund wird der Wert der wenigen Hinweise deutlich, die sich in der Augsburger Überlieferung erhalten haben. Sie wurden in der Forschung bisher kaum berücksichtigt und eröffnen zumindest kleine Einblicke in die Hintergründe der wachsenden Urkundennutzung im bürgerlichen Milieu.[104]

---

101 Vgl. etwa: UBA I, Nr. 50, (9. März 1276): [...] *si res in dubium venerit, eligentur due persone de capitulo Augustensi et duo de civibus, qui inspecto tenore privilegiorum civibus concessorum proferant ac iudicent quod ipsis de iure videbitur iudicandum*; MB 33a, Nr. 126 (26. Jun. 1277): [...] *instrumenti seriem inspecturis* [...]; UBA I, Nr. 106 (20. Jan. 1288): *Geschicht auch das, dass in dem lande gebreste oder mangel wurde* [...] *so sollen sie den brief, den sie von uns haben, für die vorgenannte ire pfleger tragen*; MB 33a, Nr. 185 (8. Feb. 1292): [...] *er sei dapei oder tu ez mit seinen briefen*; Mb 33a, Nr. 199 (4. Okt. 1295): *Ist er niht dabei, so sol man diu urtail daruber* [...] *schreiben und im geschriben senden*; MB 33a, Nr. 202 (1. Feb. 1296): [...] *und ouch etliche liute bestellen will die in lougen sint. Anders den diu hantfest sait*; UBA I, Nr. 154 (1296): [...] *daz si danne ze reht gemant habent, und daz di burgen laisten sulen daz diu hantfest sait*; UBA I, Nr. 158 (23. Apr. 1296): [...] *und manten si irre brief und ire hantfest die si in geben heten, daz man si lôsen sollte* [...]; MB 33a, Nr. 203 (15. Juni 1296): [...] *und suelen in allew ire reht diu si von alter herbracht habent da si hantfeste umbehabent staet haben* [...]; MB 33a, Nr. 208 (8. Mai 1297): [...] *daz sol* [...] *unser herre der Bisschof mit sinem brief und mit sinem Insigel, oder die Stat mit ir brief, und mit ir Insigel vordern* [...].

102 Volker STECK, Das Siegelwesen der südwestdeutschen Reichsstädte im Mittelalter (= Esslinger Studien, Bd. 12), Esslingen 1994, S. 138.

103 STECK, Siegelwesen, S. 138: „Für das 13. Jahrhundert und besonders für dessen erste Hälfte sind die Quellen über die wirtschaftliche Entwicklung der Städte, die obige Annahme bestätigen könnten, sehr selten". Stecks wirtschaftsgeschichtliche These zur Siegelentstehung gründet auf einem erkennbaren Zusammenhang zwischen dem Zeitpunkt des Aufkommens bestimmter Stadtsiegel und der Höhe der Steuersumme jener Städte im Reichssteuerverzeichnis von 1241.

104 Dazu bisher lediglich SCHOLZ, Schriftsprache, S. 22: „Wenn wir daher Ausgangs des 13. Jhs. in dem Augsburger Stadtrecht von 1276 auf eingehende Verordnungen über

Im Augsburger Stadtrecht hatte man auch die urkundliche Sicherung von Leibgedingen zunächst dem freien Willen der Betroffenen überlassen, obwohl sich das Stadtrecht grundsätzlich am Schwabenspiegel orientierte, der die Beurkundung von Leibgedingen damals bereits zur Pflicht erhoben hatte.[105] In diesem Fall ging es um die lebenslängliche Übergabe von Hof- oder Grundbesitz an einen Leibgedingsnehmer, der dafür Abgaben zu erbringen hatte.[106]

Noch der 1276 entstandene Urtext des Stadtbuches bezeugt, dass die Vergabe von Leibgedingen in Augsburg zur Zeit seiner Entstehung sowohl mündlich als auch durch eine Urkunde erfolgen konnte.[107] Während eine urkundliche Sicherung für den Leibgedingnehmer höhere Sicherheit versprach, ließ ein solches Schriftstück für einen traditionsbewussten und in einigen Fällen sicher auch illiteraten Hofherren weniger Vorteile erkennen. Aus welchen Gründen

    Vogtbriefe, Stadtbriefe und Handfesten treffen und wenn 1294 der Rat bestimmt, dass die Leibgedingbriefe unter der Stadt Siegel ausgefertigt werden sollen, so ist das dem Einflusse jener Bestimmung des Landrechts zuzuschreiben".

105  MGH Fontes iuris N. S. 4, 1.2, L 36a, S. 83f.: *Leibgedinge sol man mit brieffen enphahen etc. 36a. [...] Vnd hat ein man leibgedinge ainem gotzhawse der sol dar über brief nemmen und insigel dez capitels. Vnd ist ain probst da phleger dez brief sol er auch nemmen. Nympt er brief mag er dann zwen zw im haben die das sahen und horten das ez im die lihen die sein gewaltig waren ze leihen. Vnd sint auch die tod die im gelihen habent vnd hat et ain man da guet in seiner gewer er hebt ez dannoch selb dritte. Vnd hat er daz guet nicht in seiner gewer vnd ist der tod der ez da lech er müs ez selb sybend erzwegen. Wir sprechen das brief pesser sint dann zewgen. Wann gezwegen strebent so beleibt brief ymmer stät. Dise haissent hantueste. Ein toter gezewge als ain lebender. Wer auch von layen leibgedinge gewinnet der nem die selben gewishat. Hat ain laye nicht insigels vnd sitzet er in ainer stat man sol im der stat insigel geben ob si ez hat. Hat si nicht so nem des richters insigel. Hat er des nicht so nem der stat herren insigel. so ist er sicher. Vnd ist es auf dem land so nem des lantrichters insigel.*

106  Werner OGRIS, Art. „Leibgeding", In: LEX MA 5, Sp. 1848.

107  MEYER, Stadtrecht, S. 157ff.: *§ 1 Swer lipgedinge lihet, ez sin herren oder ander lute, swelch hant daz enphahet unde nutz unde gewer daran hat, unde will im des sin hofeherre laugen, daz si gestanden lange oder kurz, der sol dar gan unde sol bereden mit sinen zwain vingern daz er daran habe nutz und gewer, unde hat sin lipgedinge behept nah dirre stet rehte, ez lige vor der stat oder drinne. § 2 Ist auh daz der stirbet der daz lipgedinge in nutze unde in gewer hete, unde giht iemen darnach daz er lipgedinge habe an dem selben gute, laugent den der herre des lipgedinges, hant die briefe oder hantfeste, des suln si geniezzen: hant si des niht, mugent si danne ir lipgedinge beziugen selbe dritte, des suln si geniezzen, ir si einer oder mer § 3 Ist aber daz ein man ein hantfeste nimt von sime hofeherren, swaz diu hantfeste danne seit daz sol beidenthalben staete sin, unde mag in niemen daran geirren. [...] § 9 Ist aber daz ein burger oder ein burgaerin lipgedinge gewinnet von dem bisschofe oder von den chorherren oder von eim andern gotshuse unde hantfeste daruber naement, will in die hantfeste iemen braechen, die sol der vogt und die burger schaermen ze rehte.*

hätte jener eine schriftliche Beglaubigung anstreben sollen, die er nicht lesen konnte und deren Macht im Konfliktfall noch nicht einschätzbar war. Als der Bischof von Augsburg die Ausstellung von Leibgedingurkunden 1294 zur Pflicht erhob, rechnete man damit, dass dies nicht von allen Hofherren begrüßt werden würde: *Swelch hofherre des wider waere, des undertan sol sinen hofherren rehtvertigen umb sinen brief in einem manode, und sůlen im die phleger und di ratgeben helfen mit dem vogte daz im sin brief gevertiget werde.*[108] In einem solchen Fall sollte die Ausstellung einer Urkunde mit Hilfe des Vogtes erzwungen werden. Hofherren, die über kein eigenes Siegel verfügten, sollte, dem Schwabenspiegel entsprechend, das Siegel der Stadt zur Verfügung gestellt werden: *Swelch hofherren ouch niht insigels habent, diu sol man alliu under der stet insigel verschriben.* Wir können davon ausgehen, dass auch Anlässe wie dieser zur oben dargestellten Verbreitung des Siegelbesitzes beitrugen.

Die Auseinandersetzungen (*manigen chrieg der ee gewesen ist um lipgedinge*), mit deren Aufkommen man im Stadtrecht die Errichtung des neuen Gesetzes begründete, werden dabei aber nicht zuletzt aus dem wachsenden Wunsch von Leibgedingnehmern nach einer Beurkundung entsprungen sein, dem nicht alle Hofherren entsprechen wollten. Die Vergabe von Leibgedingen war ein rechtserheblicher Vorgang mit einer alten und über viele Jahrhunderte etablierten Tradition. Neu war lediglich die Möglichkeit einer schriftlichen Absicherung. Gerade die gleichberechtigte Existenz von mündlicher und schriftlicher Absicherung erzeugte eine erhöhte Sensibilität gegenüber dem Erinnerungsverlust, die vorher noch nicht existierte. Das Aufkommen der Möglichkeit einer schriftlichen Absicherung ließ die gefühlte Verlässlichkeit eines Zeugenbeweises oder einer mündlichen Zusicherung leiden und verband

---

108 MEYER, Stadtrecht, S. 161–162: *Die ratgeben habent gesetzzet von unsers erbern herren gebot bischof Wolfhartes der do bischof was, unserre herren des teganes und unserre herren vom chore bet und mit richer und mit armer rate und willen: für manigen chrieg der ee gewesen ist umb lipgedinge von der pfaffhait und ouch von den laien, daz von hinnan untz ouf sande Michels tak der nu schirst chumt alle liůte di lipgedinge habent von phaffen oder von laien, von iren hofherren briefe nehmen sůlen in dem rehte als si iriu lipgedinge gewunnen habent, und sůlen in ouch ire hofherren briefe darůber geben ane widerrede. Swelch hofherre des wider waere, des undertan sol sinen hofherren rehtvertigen umb sinen brief in einem manode, und sůlen im die phleger und di ratgeben helfen mit dem vogte daz im sin brief gevertiget werde. Swelch hofherren ouch niht insigels habent, diu sol man alliu under der stet insigel verschriben. Swer ouch sines briefes niht genomen hat inre dem vorgenantem zile, der hat sin reht an dem lipgedinge verlorn, ez waere dann ieman ouzzer landes der des gesetztes niht weste, swan der wider chumt, dem sol man aver tun das reht ist.—Ditzze gesetzte wart gechůndet mit der sturmgloken, do von Christes geburt waren zwelf hundert iar in dem vierdem und niůntzigesten iare an sande Jacobes abende.*

diese Formen mit einem Gefühl der Unsicherheit. Gerade im 13. Jahrhundert erfuhr die explizite Äußerung des Misstrauens gegenüber dem menschlichen Gedächtnis in der Urkundenarenga nördlich der Alpen ihre stärkste Ausprägung.[109] Dieser Topos ist auch in der Überlieferung der Augsburger Urkunde jener Zeit präsent.[110] In der Forschung wird diskutiert, inwieweit die Topoi solcher „Schriftlichkeitsarengen", deren Herkunft dem klerikalen Bereich zugeschrieben wird, die allgemeinen Einstellungen ihrer Zeit spiegeln.[111] Sie verweisen jedoch auf ein Klima, in dem sich die gefühlte Unsicherheit von Zeugenbeweisen weiter verbreitete. Auch der Schwabenspiegel nimmt auf die Funktion der Urkunde als die Dauer des menschlichen Lebens überdauerndes Zeugnis Bezug: *Wir sprechen das brief pesser sint dann zewgen. Wann gezewgen*

---

109 KELLER, Schriftkultur, S. 43; vgl. auch Heinrich FICHTENAU, Arenga, Spätantike und Mittelalter im Spiegel von Urkundenformeln, Graz 1957, S. 131–137: Die Urkundenarenga „im Dienste der Memoria", die auf „die Flüchtigkeit der irdischen Erscheinungen" in enger Verbindung zum menschlichen Vergessen Bezug nahm, hatte im Urkundenwesen des Mittelalters bereits eine lange Tradition.

110 UBA I, Nr. 9 (9. Mai 1251): Bischof Hartmann sichert zur Bestätigung eines zwischen ihm und der Augsburger Bürgerschaft entstandenen Zerwürfnisses der letzteren mehrere Freiheiten und Rechte zu: *Expedit ut ea, que a mortalibus geruntur, ob facti memoriam scripture testimonio roborentur*; UBA I Nr. 12 (4. Mai 1254): Bischof Hartmann beurkundet einen zur Beilegung zwischen ihm und der Augsburger Bürgergemeinde ausgebrochener Streitigkeiten erteilten Schiedsspruch: *Ne longinquitate temporis conditio originis obfuscetur, ea que geruntur ab hominibus expedit scripturarum subsidio adiuvare*; UBA I, Nr. 15 (1257): Der Vogt Conrad Spannagel und der Rat der Stadt Augsburg schließen mit Heinrich Kämmerer von Wellenburg einen Vergleich: [...] *malicia hominum tantum invaluerit, nisi scripturis publicis, ydoneis testibus et aliis certis adiuvetur indieiis, opere minime compleatur*; UBA I Nr. 21 (1260): Bischof Hartmann schlichtet einen zwischen der Stadtgemeinde und dem St. Peterskloster entstandenen Streit über den zwischen dem Kloster und dem Rathaus gelegenen Platz: *Quoniam ea que ab hominibus geruntur in tempore simul cum tempore memorie nomen perdunt, expedit ut redivivo literarum testimonio et subscriptione testium roborentur*; UBA I, Nr. 26 (7. Okt. 1264): Das Domkapitel, das St., Katharinenkloster und das Hospital zum heil. Geist vergleichen sich über Bau und Unterhaltung einer unterirdischen Cloakenleitung: *Ne gesta hominum devio oblivionis perimantur, ea expedit scripturarum subsidio roborari*; UBA I, Nr. 27 (25. Okt. 1264): Heinrich von Sevelt belehnt den Weber Heinrich Bauer und dessen Lehenserben mit zwei Jauchert Acker: *Ne gesta hominum devio oblivionis perimantur, ea expedit scripturarum subsidio testium ydoneorum auxilio roborari*; UBA I, Nr. 37 (1268–08): Der Vogt Friedrich, genannt Burggraf, und Rat und Stadtgemeinde zu Augsburg genehmigen den Verkauf von Besitzungen vor dem Gögginger Tor Siboto Stolzhirsch und bestätigen das erlangte Eigentumsrecht: *Ne temporalis successus perimat ea que a Crysti fidelibus in tempore disponuntur, expedit ut que geruntur ab hominibus scripturarum subsidio fulceantur*.

111 ZEHETMEYER, Urkunde, S. 163; FICHTENAU, Arenga, S. 131ff.

*sterbent so beleibt brief ymmer stät. Dise haissent hantueste.*[112] Dies war nicht nur ein Lobpreis des Neuen, sondern auch ein Pladoyer gegen Herkömmliches. Wenn der eine sein Leibgeding bereits urkundlich gesichert hatte, während der andere lediglich einen herkömmlichen mündlichen Vertrag besaß, resultierten daraus gedankliche Spannungen, aus denen sich Adaptionsbewegungen des Neuen ergaben. Die Anfänge städtischer Bürokratie waren kein reines Ergebnis einer Bürokratisierung der städtischen Gesellschaft von oben.[113] Die wachsende Präsenz städtischer Siegelurkunden war auch Ergebnis wachsender Nachfrage, die von vorsichtigen Urkundennutzern genährt wurde.[114] Manches mal wird dabei weniger die Absicht der Nutzung neuer Möglichkeiten im Vordergrund gestanden haben als ein neues Misstrauen gegenüber herkömmlichen Verfahren und eine neue Furcht vor potentiellen Nachteilen. Während man die Siegelführung aus Italien und Frankreich längst kannte, ereignete sich der Anstieg von Beglaubigungsmitteln in Augsburg erst, als die Verbreitung der Siegelführung auch im städtischen Umfeld stände- und raumübergreifende Breite und hohe Geschwindigkeit erlangt hatte. Dieser Vorgang war kein fortschrittsorientierter Lernprozess, und in übergeordneter Perspektive auch kein Ergebnis emanzipatorischer Bestrebungen der Bürger gegenüber ihrem Bischof. Ihre eigentümliche Dynamik bezog die urkundliche Verschriftlichung des Rechtslebens im städtischen Raum im Spannungsfeld von Pragmatismus und Konformität.

## 2  Die Entstehung des Stadtrechtsbuchs

Als früheste Ausprägungsform eines schriftlichen Stadtrechts der Augsburger Bürgergemeinde gilt ein Privileg Friedrich Barbarossas des Jahres 1156. Dieses sogenannte ‚Erste Augsburger Stadtrecht' eröffnete die Kanzlei Friedrichs mit einem Zitat aus Justinian, das die Funktion geschriebener Gesetze für

---

112  MGH Fontes iuris N. S. 4, 1.2, L 36a, S. 84.
113  CLANCHY, From Memory, S. 46 [...] it is evidet that the initiative for obtaining the writs came from the beneficiaris and not from the bureaucracy itself. [...] Once the bureaucratic machine had taken shape, over-anxious users encouraged it to grow progressively more complex and extensive. Aus traditioneller Perspektive der Verwaltungsgeschichte: WIESFLECKER, Meinhard der Zweite, S. 188: „Der Ausbau der Kanzlei und die Umstellung der gesamten Verwaltung auf die Schriftlichkeit gehört zu den umstürzenden Neuerungen der spätmittelalterlichen Verwaltungsgeschichte. Wir stehen an den Anfängen der Bürokratie".
114  CLANCHY, From Memory, S. 46; BEHRMANN, *Ad maiorem cautelam*.

die kaiserliche Herrschaftsausübung hervorhebt.[115] Das Privileg überliefert einen Katalog von Normen, der die Entstehung erster Rechte des Augsburger Bürgerverbands bezeugt. Den Städtern wurde in jenem Privileg etwa das Petitionsrecht bei der Einsetzung des Burggrafen, des Münzmeisters und des Dompfarrers zugesprochen. Der Bürgerverband trat dabei aber nicht als eigenes Rechtssubjekt in Erscheinung. Der Privilegienempfänger und -bewahrer war als Stadtherr der Bischof, wobei die Gestaltung der Rechtssetzung den etablierten Formen königlicher Diplome folgte. Das staufische Stadtrecht stand ganz unter dem Primat gezielter herrschaftlicher Machtausübung. Die Legitimität der Urkunde schöpfte ihre Kraft aus der königlichen Macht des Staufers und dem traditionellen Herrschaftsanspruch des Augsburger Bischofs.

Auch in anderen Städten nördlich der Alpen werden die frühesten Spuren von Rechten für Kaufleute, Märkte und schließlich für städtische Bürgerschaften in einer Überlieferungsgruppe königlicher und stadtherrlicher Privilegien der Stauferzeit sichtbar.[116] Diese staufischen Rechtsverleihungen waren eine gezielte Förderung der Stadt als Einnahmequelle. Andererseits

---

115   MGH, Diplomata, Bd 10.1, hg. v. Heinrich Appelt, Hannover 1945, Nr. 147, S. 246f.: *Proinde pius et catholicus imperator utpote non solum armis ornatus, sed etiam legibus armatus [...]. Accidit namque, quod predictus imperator, dum antenominatam civitatem quadam vice intraret et quasi caliginosa oblivione sui iuris fluctuantem et cecutientem inveniret, Cůnradus episcopus cum universo eiusdem civitatis clero et populo se ei representaret et lacrimabilem querimoniam super hoc moveret, quod civitas nullo certo iuris ordine vel termino fungeretur. Proinde pius et catholicus imperator utpote non solum armis ornatus sed etiam legibus armatus eos ex communi consilio, quo iure ex antiqua et legali institutione gubernari deberent, pronunciare precepit. At illi nichil novitatis excogitantes, nichil antiquę institutioni attentes ius advocatorum, urbis prefecti, civitatensium omnium ordinum tocius civitatis Adelgozo advocato et Cůnrado prefecto presentibus et nichil contradicentibus in curia Ratisponę confirmatum, ut hęc subscripta pagina testatur, promulgabant et rex id ipsum auctoritate sui privilegii confirmabat*; vgl. Martin KAUFHOLD, Friedrich Barbarossa, Rede auf dem Hoftag von Roncaglia, In: Ders., Die großen Reden der Weltgeschichte, Wiesbaden 2007, S. 69–74.

116   Gerhard DILCHER, „Hell, verständig, für die Gegenwart sorgend, die Zukunft bedenkend". Zur Stellung und Rolle der mittelalterlichen deutschen Stadtrechte in einer europäischen Rechtsgeschichte, In: Ders. (Hg.), Bürgerrecht und Stadtverfassung im europäischen Mittelalter, Köln 1996, S. 243–279, hier: S. 252; BRESSLAU, Urkundenlehre, S. 71: „Als eine neue und wichtigte Kategorie von Urkunden staufischer und späterer Zeit können wir ferner die Städteprivilegien bezeichnen [...] erst in der staufischen Zeit mehren sie sich und nehmen bestimmte, ihnen eigentümliche Formen an". Erfasst In: Friedrich KEUTGEN (Hg.), Urkunden zur städtischen Verfassungsgeschichte, (= Ausgewählte Urkunden zur deutschen Verfassungs- und Wirtschaftsgeschichte, Bd. 1), Berlin 1901, Neudruck 1965; Bernhard DIESTELKAMP (Hg.), Quellensammlung zur Frühgeschichte der deutschen

mühten sich die Staufer, nicht zuletzt auf Grund ihrer Erfahrungen mit den lombardischen Städten, die Entstehung von kommunalen Bürgerbewegungen, Ratsverfassungen und Städtebünden zu unterbinden. Davon zeugen Urkunden Heinrichs VI., Friedrichs II. und Heinrichs (VII.), die sich gegen jegliche Form kommunaler Einungen im Reich richteten.[117] Das kommunale Recht in den Städten des Reiches nördlich der Alpen entwickelte sich im Spannungsfeld zwischen dem Bedürfnis gezielter wirtschaftlicher Förderung und der Sorge um die Aufrechterhaltung tradtioneller Hierarchien. Der erste Codex, der dauerhafte Verwahrung in bürgerlicher Hand fand, war ein Stadtrechtsbuch, dessen Anlage auf einem Hoftag am 9. März 1276 durch König Rudolf von Habsburg gewährt worden war. Angestrebt wurde eine geordnete schriftliche Zusammenführung der ungeschriebenen Rechte der Stadt und aller Privilegien, die der Bürgergemeinde bisher übertragen worden waren.[118] Der Entstehungsgeschichte dieses Stadtrechts müssen wir uns im folgenden Kapitel zuwenden.

Das Augsburger Stadtrecht von 1276 gehört zu den ältesten Stadtrechtsaufzeichnungen im Reich nördlich der Alpen.[119] In der Forschung wurde der Codex bisher vor allem unter verfassungshistorischer Perspektive untersucht. Dabei standen die Spuren des rechtlichen Abgrenzungsprozesses zwischen Bischof und Bürgertum im Zentrum der Aufmerksamkeit, der nicht

---

Stadt bis 1250, In: G. van Herwijnen, Henri de Leupen, Wilhelm Rausch (Hg.), Elenchus Fontium Historiae Urbanae, Bd. 1, Leiden 1967, S. 1–277.

117   MGH, Leges, Bd. 2, hg. v. Georg H. Pertz, Hannover 1837 (Nachdruck 1993), S. 286: [...] *et cassamus in omni civitate vel oppido Alemanie, comunia, consilia, et magistros civium seu rectores, vel alios quoslibet officiales, qui ab universitate civium sine archiepiscoporum vel episcoporum beneplacito statuuntur* [...]; DIESTELKAMP, Elenchus, Bd. 1, Nr. 75: *Conradus dei gratia Palatinus comes de Reno, dilectis burgensibus de Treveri salutem et omne bonum. Universitati vestre significamus, quod dominus meus archiepiscopus urbis vestre coram domino imperatore et generali curia gravem querimoniam deposuit pro eo, quod contra honorem suum et antiqua iura civitatis vestre novas quasdam consuetudines et quedam iura insolita cuiusdam communionis vobis creaveritis et ad hanc voluntatem vestram consensum nostrum quibusdam occasionibus induxeritis usque adeo, itaque hec querimonia processit et ab omnibus principibus acclamatum est, quod ordine iudiciario ex sentencia et auctoritate imperatoria a tali consensu vestro penitus prohibiti summus.*

118   UBA I, Nr. 51 (9. März 1276): *Hinc est quod supplicantibus nobis dilectis fidelibus nostris civibus Augustensibus, ut cum ipsi quasdam sentencias sive iura pro communi utilitate omnium in unum collegerint ac scripturarum memorie commendaverint et adhuc ampliora et utilia cum prioribus velint reponere et exinde codicem conficere* [...].

119   Karl Gustav Homeyer, Die Stadtbücher des Mittelalters, Insbesondere das Stadtbuch von Quedlinburg, Berlin 1860, S. 13f.

selten als spannungsreicher Vorgang geschildet wird.[120] So urteilte Claudia Kalesse: „In der Folgezeit konnten die Bürger dem Bischof immer mehr Rechte abtrotzen. [...] Die Finanznot des Augsburger Bischofs trug sein Übriges dazu bei, ihn in seinen Rechten zu beschneiden".[121] Friedrich Blendinger sprach von einer „Zurückdrängung" des Bischofs.[122] Auch kulturhistorische Überlegungsansätze, welche die für unsere Untersuchung bedeutsamen Hintergründe der inhaltlichen und sprachlichen Gestaltung betreffen, erfolgten im Licht dieser Perspektive. Wolfram Baer urteilte über Inhalt und Sprache der Rechtssatzungen: „Das Bestreben, sich vom bischöflichen Stadtherrn zu emanzipieren, mag als Erklärung dafür dienen, dass das Stadtrecht kaum Spuren römischen bzw. kanonischen Rechts enthält und bei der Abfassung nicht die Sprache der Kirche, das Lateinische, sondern die deutsche Sprache gewählt wurde".[123]

Vorsichtiger äußerten sich Wolfgang Zorn und Rolf Schmidt, die bereits nach der Entstehungs- und Nutzungsgeschichte des Codex fragten.[124] Ihre Überlegungen verweisen auf einen bisher weitestgehend unberücksichtigten Zugang zu den zeitgenössischen Gründen der Entstehung des Codex, der in einer möglichst detaillierten Betrachtung der unmittelbaren Umstände seiner Aufzeichnung und Verwendung im politischen Alltag des 13. Jahrhunderts liegt. Wenden wir uns zunächst der Geschichte der Aufzeichnung des Codex zu. Ihre Spuren beginnen auf dem Augsburger Hoftag des Jahres 1276.

---

120  Exemplarisch: Wolfgang ZORN, Augsburg, S. 149ff.; Rolf SCHMIDT, Das Stadtbuch von 1276, In: Gottlieb, Geschichte der Stadt Augsburg, S. 140–144, hier: S. 140; KIEßLING, Bürgerliche Gesellschaft, S. 26; Friedrich BLENDINGER, 700 Jahre Augsburger Stadtrecht, 1276–1976, Ausstellung des Stadtarchivs Augsburg, Augsburg 1976, S. 22.
121  KALESSE, Bürger, S. 39.
122  BLENDINGER, 700 Jahre, S. 22: „Praktisch war der Bischof [...] zurückgedrängt". Vgl. auch: BOSL, Die wirtschaftliche und gesellschaftliche Entwicklung des Augsburger Bürgertums, S. 21: „Die politische, gesellschaftliche und wirtschaftliche Entwicklung von Stadt und Bürgertum erreichte 1276 einen ersten sichtbaren und großen Höhepunkt, als König Rudolf von Habsburg die Anlegung eines Statuten-, also eines Stadtrechtsbuches den Augsburgern gestattete [...]. Die bischöfliche Stadtherrschaft war fast abgeschüttelt".
123  Wolfram BAER, Art. „Stadtrecht", In: Augsburger Stadtlexikon, S. 839. Dem folgt Simone HERDE, Das Augsburger Stadtrechtsbuch, In: CRAMER-FÜRTIG, Aus 650 Jahren, S. 40: „Seine Abfassung in deutscher Sprache ist nicht zuletzt Ausdruck der Lösung von der bischöflichen Oberhoheit".
124  ZORN, Augsburg, S. 149: „Bezeichnend ist dabei, dass der König, aber gleichzeitig auch noch der Bischof als der Herr der Stadt angesprochen wird"; SCHMIDT, Stadtbuch, S. 140: „[...] wie der Bischof und sein Kapitel mitwirkten, wissen wir nicht".

## 2.1 Kodifikation

Dieser Hoftag, der als Meilenstein des bürgerlichen Kampfes um kommunale Rechte gilt, hatte in der bischöflichen Pfalz stattgefunden. Er war eine von mehreren Zusammenkünften des regionalen und überregionalen Adels, die in den 70er und 80er Jahren des 13. Jahrhunderts in Augsburg stattfanden. Neben der Bestätigung des bischöflichen Privilegs und des Stadtrechtsbuches hatte König Rudolf dabei für ihn und seine Familie deutlich wichtigere Angelegenheiten zu regeln.[125] Zu dieser Familie gehörte auch Bischof Hartmann, der mit König Rudolf ein vertrauliches Verhältnis pflegte.[126] Die Auswertung der auf den Augsburger Hoftagen entstandenen Urkunden zeigt, dass der Augsburger Bischof regelmäßig als Berater des Königs und Zeuge in königlichen Urkunden fungierte.[127] Auf dem Augsburger Hoftag des Jahres 1275 war die Frage der Berechtigung des Königswahlrechts des Königs von Böhmen diskutiert worden, der sich gegen die Wahl Rudolfs von Habsburg ausgesprochen hatte. In der ausgestellten Urkunde, ein Dokument von hoher politischer Tragweite für die Reichsgeschichte, wird Bischof Hartmann vor zahlreichen hochrangigen Fürsten des Reichs an erster Stelle als Zeuge aufgeführt, was die hohe Bedeutung seines Hausrechtes in der eigenen Pfalz dokumentiert.[128] Auch nach der Bewilligung des Stadtrechtsbuches fand 1282 wieder ein Hoftag in der bischöflichen Pfalz statt. Hier wurden vom 14. bis zum 31. Dezember mindestens 27 Urkunden ausgestellt.[129] Darunter befand sich auch die durch Rudolfs Protonotar, den Bischof von Passau, ausgestellte Urkunde mit Goldbulle, die die Belehnung der Königssöhne mit dem Herzogtum Österreich beglaubigte.[130] Auch in ihr wird Hartmann als Zeuge genannt. Anwesend war unter einer Vielzahl süddeutscher und österreichischer Fürsten auch Meinhard von Tirol, der zu jener Zeit die fortschrittlichste Kanzlei auf dem Boden des Reiches führte.[131] Hatte der König den Bischof in seinem eigenen Palast im Kreise hochrangiger Fürsten zur Anerkennung der Ansprüche bürgerlicher

---

125   RI VI, Nr. 532 (9. März 1276), Auguste: Ludwig Rheinpfalzgraf und Herzog von Baiern nimmt *consensu et auctoritate* des römischen Königs Rudolf und des Bischofs von Eichstätt die Nonnen von Weissenburg in dem von ihm gegründeten Kloster Pettendorf (nordwestl. Regensburg) auf.
126   ZÖPFL, Bischöfe, S. 189f.
127   RI VI, Nr. 378 (21. Mai 1275): Rudolf befreit das Kloster Weissenburg auf den Rat des Bischofs Hartmann von gewissen Abgaben.
128   RI VI, Nr. 374 (15. Mai 1275).
129   Vgl. RI VI, Nr. 1737a (Dez. 1282) bis Nr. 1753 (31. Aug. 1282).
130   RI VI, Nr. 1740b u. 1743 (Dez. 1282). Vgl. dazu auch: Martin KAUFHOLD, Ehrenspiegel des Hauses Österreich, In: Bürgermacht und Bücherpracht, S. 122–125.
131   RI VI, Nr. 1751 u. 1752 (30. Aug. 1282).

Emporkömmlinge gezwungen? Vor dem Hintergrund der bisherigen Befunde scheint es unwahrscheinlich, dass König Rudolf in Augsburg Dokumente bewilligte, die zum Nachteil Bischof Hartmanns gereichten. Erneut zeigen sich für die Erschließung zeitgenössischer Motive der Entstehung kommunaler Schriftlichkeit Grenzen des verfassungshistorischen Ansatzes.

Wenden wir uns nun dem Vorgang der Verschriftlichung zu. Die Bürger hatten am 9. März 1276 keine Pauschalerlaubnis zur schriftlichen Sicherung ihrer Rechte erhalten. Das Bewilligungsprivileg Rudolfs von Habsburg berichtet, dass man die städtischen Rechte an jenem Tag bereits in schriftlicher Form gesammelt hatte, in der man sie dem König vorlegte.[132] In einer Urkunde des Jahres 1260 wird nachweisbar, dass sich der Bürgerverband bereits vor der Niederschrift des Stadtrechtsbuchs auf die damals noch ungeschriebenen städtischen Rechtsgewohnheiten (*secundum consuetudinem civitatis*) berief.[133] Die abstrahierte Verschriftlichung einer umfassenden rechtlichen Ordnung des städtischen Organismus war ein längerer gedanklicher Prozess, der Strukturen des städtischen Organismus konkretisierte und an einem Ort zusammenführte, die bis dahin im Bewusstsein verschiedener Menschen in unterschiedlicher Form existierten. Dabei konnte es sich um Traditionen, aber auch um neu entstandene Möglichkeiten, Kompetenzen und Notwendigkeiten handeln. Die vielfältige und heterogene städtische Gemeinschaft wurde trennschärfer als zuvor in benennbaren, mit einer Zukunftsperspektive versehenen Kategorien gefasst. Die Bewilligung der Entwürfe, die diese Ordnung enthiel-

---

132 UBA I, Nr. 51 (9. März 1276): *Hinc est quod supplicantibus nobis dilectis fidelibus nostris civibus Augustensibus, ut cum ipsi quasdam sentencias sive iura pro communi utilitate omnium in unum collegerint ac scripturarum memorie commendaverint et adhuc ampliora et utilia cum prioribus velint reponere et exinde codicem conficere, nos tam scripta quam scribenda velimus auctoritatis nostre munimine confirmare*; MEYER, Stadtrecht, S. 233: *Umbe daz als denne unser lieb getruwen die burger ze Augspurg uns gebetten habent, als si ettlich urtail und recht von gemains nutz wegen ir aller in ains gesampnet und die in schrifft gesetzt hetten und nochmals grossere und nutzber ding zů den vordern setzen und ain buch davon machen wolten, und daz wir in die geschriben sach und die hinfur geschriben werden durch fursehung unsers gewaltz wolten bestatten, also haben wir iren gebetten unsern gůten willen bewyset [...].*

133 PUCHNER, Oberschönefeld, Nr. 12 (1260): „Die Stadt A. (*consules et universi cives Augustenses*) beurkundet, dass Måingoz der Gerber mit Zustimmung seiner Hausfrau Maethildis nach Stadtrecht (*secundum consuetudinem civitatis*) den Kl. *in superior* Schonenvelt und St. Katharina ein gutes Haus unter den Gerbern (*inter cerdones*), einen Garten und einen großen Kessel (*caldare*) zu Erbrecht übergab".

ten, hatten die Bürger nicht nur von König Rudolf, sondern auch vom Bischof und dem Augsburger Domkapitel erhalten.[134]

Nach dieser Bewilligung erfolgte auf Grundlage der geleisteten Vorarbeiten die Verschriftlichung. Das Ergebnis war ein über 300 Blätter starker Codex.[135] Sein Erscheinungsbild zeugt von einem aufwendigen Herstellungsprozess, der durch die Verfasser der Handschrift gleich zu Beginn des Vorworts begründet wurde:[136] *Wande elliu dinch unde diu geschaefde, diu die lûte waerbent dicke vergaezen waerdent unde ouch verderbent, davon so ist not, swaz man wirbet daz man daz gûter gehugnusse enpfhaelhe mit der schrift, daz ez staete belibe.*[137] Durch die Überführung in die schriftliche Form sollte das Recht der Stadt demnach nicht nur dauerhaft für die gesamte Bürgerschaft (*armen unde dein richen*) bewahrt werden, sondern auch zur effektiven Beilegung zukünftiger Auseinandersetzungen dienen: [...] *swes man irre wirt daz man daz an disem buche vinden sol, daz daz danne reht ist unde niemen widerreden sol.*[138] Für die Bestätigung der verfassungsrechtlichen Souveränität des Bürgerverbands hätte ein weniger umfangreiches Schriftstück genügt. Indes war das Stadtrechtsbuch ein detailreich entworfenes Werk, das inhaltlich mit einem sehr engen Bezug zum sozialen, strafrechtlichen und wirtschaftlichen Alltag der Stadt verfasst worden war. Die funktionale Fruchtbarkeit des hohen Herstellungsaufwands war auf einen langfristigen und tragfähigen Konsens aller Mitglieder der städtischen Gemeinschaft angewiesen. Wenn wir davon ausgehen, dass der Codex nicht nur als Monument bürgerlicher Unabhängigkeit, sondern zum tatsächlichen Einsatz im städtischen Alltag dienen sollte, setzt dies voraus, dass der Bischof und das Domkapitel an der Herstellung der Rechtsbestimmungen beteiligt waren oder ihnen zumindest mit einer gewissen Offenheit gegenüberstanden. Dieses Ergebnis macht im nächsten Schritt die Prüfung der tatsächlichen Verwendungsgeschichte der Handschrift nach ihrer Abfassung nötig.

## 2.2 *Verwendung*

Die Frage nach der Effektivität erlassener Gesetze war ein Thema, das bereits die Zeitgenossen des 13. Jahrhunderts beschäftigte. Auf dem 2. Konzil von Lyon

---

134 MEYER, Stadtrecht, S. 1: *Da begnate uns unser herre kunch Rûdolf mit unde bechante uns unserr raehte unde gab uns daruber sinen brief versigelten mit sinem insigel und mit unsers herren bisschof Hartmannes willen, der do bisschof was unde mit siner choerherren.*
135 StA Augsburg, Reichsstadt Augsburg Lit. Nr. 32.
136 Vgl. dazu die Ausführungen in Kap. III.1.
137 MEYER, Stadtrecht, S. 1. Dieses Motiv greift auch die königliche Bewilligung auf: UBA I, Nr. 51 (9. März 1276): [...] *ac scripturarum memorie commendaverint* [...].
138 MEYER, Stadtrecht, S. 1f.

von 1274 wurde sie zum Gegenstand der Debatte, die sich damit in etwa zeitgleich zum Konzeptionsvorgang des Stadtrechts in Augsburg ereignete. Unter den Anwesenden auf dem Konzil finden wir Vertreter derjenigen Fürsten, die als Protagonisten auf den Augsburger Hoftagen anwesend waren. Im Auftrag Ottokars von Böhmen weilte der Bamberger Bischof Wernhard von Seckau in Lyon, der 1275 die Rechte des Böhmenkönigs in Augsburg verteidigen würde.[139] Vor seinem Amtsantritt als Bischof war er als Lehrer der Rechte an der Universität Padua tätig gewesen.[140] Von seiner Person ging im Bistum Bamberg eine „verstärkte Aufnahme kanonischer Rechtsnormen in das Prozessverfahren der bischöflichen delegierten Richter" aus.[141] Rudolf von Habsburg wurde in Lyon von seinem Kanzler, dem Propst Otto von St. Wido in Speyer vertreten.[142] Das Konzil traf unter anderem die Feststellung, *quia parum est iura condere, nisi sit qui eadem tueatur.*[143] Diese Feststellung verweist auf einen Zugang zur Geschichte der Effektivität geschriebener Rechtssetzungen, der im Verhältnis von Gesetzgeber und ‚Gesetznehmer' liegt.[144] Dieses Verhältnis kann in der Geschichte der Kommunikation und Bekanntmachung eines Gesetzes wie auch in der Geschichte der konkreten Verwendung des Rechtstextes als Richtmaß der zeitgenössischen Rechtsprechung konkretisiert werden.[145] Diese beiden Kriterien der Effektivität sollen nun am Beispiel

---

139   RI VI Nr. 42d (1273). Zu Wernhard vgl. auch: KAUFHOLD, Deutsches Interregnum, S. 376–379 u. S. 394–402.

140   Zur Tätigkeit Wernhards in Padua: Otto HAGENEDER, Die geistliche Gerichtsbarkeit in Ober- und Niederösterreich von den Anfängen bis zum Beginn des 15. Jahrhunderts (= Forschungen zur Geschichte Oberösterreichs, Bd. 10), Graz 1967, S. 122. Zur Vermutung der Anwesenheit Wernhards auf dem Konzil von Lyon: RI VI Nr. 42d. (1273).

141   Peter-Johannes SCHULER, Geschichte des Südwestdeutschen Notariats, Von seinen Anfängen bis zur Reichsnotariatsordnung von 1512 (= Veröffentlichungen des Alemannischen Instituts Freiburg i. Br., Bd. 39) Bühl /Baden 1976, S. 31.

142   RI VI, Nr. 1 (1. Okt 1273).

143   Giuseppe Alberigo (Hg.) Conciliorum Oecumenicorum Decreta, Bd. 2, Konzilien des Mittelalters: Vom ersten Laterankonzil (1123) bis zum fünften Laterankonzil (1512–1517), bearb. v. Hubert Jedin, Paderborn 2000, S. 316, 21.

144   Peter JOHANEK, Methodisches zur Verbreitung und Bekanntmachung von Gesetzen im Spätmittelalter, In: Werner Paravicini, Karl Ferdinand Werner (Hg.), Histoire comparée de l'administration (IVe–XVIIIe siècles), Zürich, München 1980, S. 88–101.

145   JOHANEK, Verbreitung und Bekanntmachung, S. 88: Zum einen „durch den Nachweis seiner Anwendung in der gerichtlichen Praxis, d.h. durch die Tatsache, daß jurisdiktionelle Entscheidungen auf eben dieses Gesetz gegründet werden, daß im Urteil der in Rede stehende Rechtssatz allegriert wird. Hier fasst man Effektivität im Sinne des Durchsetzens des Willens des Gesetzgebers". „Zum anderen ist der Bekanntheitsgrad eines Gesetzes grundlegendes Kriterium für seine Effektivität. Hier greifen wir über die bloße Durchsetzung

des Augsburger Stadtrechts von 1276 nacheinander geprüft werden. Die Frage nach der Bekanntheit des Augsburger Stadtrechts verweist direkt auf das Kriterium der allgemeinen Verständlichkeit. Während die Stadtrechtsurkunde Friedrich Barbarossas in lateinischer Sprache abgefasst worden war, schrieb man das Stadtrechtsbuch von 1276 in deutscher Sprache nieder. Die Gründe des Übergangs zur Volkssprache sind bisher kontrovers diskutiert worden.[146] Zunächst dominierten monokausale Erklärungsmodelle, die die Etablierung des Deutschen als emanzipationsgeschichtlich-politischen Akt städtischer Kanzleien und des Adels betrachteten. Wie wir bereits gesehen haben, entspricht dem die aktuelle Einschätzung der Augsburger Lokalgeschichte. Mittlerweile ist es in der sprachhistorischen Forschung Konsens, dass ein multikausales Geflecht verschiedener Kräfte verantwortlich gemacht werden muss, wobei schlüssige Erklärungsmodelle immer noch fehlen:[147] „Auf welche Weise sich aber die Ausbreitung der Neuerung vollzieht, warum es zumindest innerhalb einzelner Regionen an verschiedenen Stellen gleichzeitig zur Umstellung kommt, ist nach wie vor ungeklärt".[148] Auf der Grundlage

---

des Gesetzgeberwillens hinaus. Der Bekanntheitsgrad, die Publizität des Gesetzes erlauben es, auch das Normenbewusstsein ganzer Personengruppen zu fassen und zu beschreiben, ebenso wie die Veränderungen oder auch Stabilisiierungen, die Gesetzgebung in diesem Normenbewusstsein bewirkt". Schließlich muss der Gesetzwahrer „will er seiner Rechtssetzung in der von ihm gewollten Form Geltung verschaffen—die Verfügbarkeit von Texten sicherstellen, vor allem auch für einen authentischen Text sorgen, bzw. Voraussetzungen schaffen, dass diese Authentizität überprüft werden kann. Er muß weiter um die Verbreitung der Texte bemüht sein, damit sie die Organe, Institutionen und Personen erreichen, denen die Durchführung und Überwachung obliegt".

146 Zusammenfassung des Forschungsstands bei HERRMANN, Anfänge kommunaler Schriftlichkeit, S. 265.

147 HERRMANN, Anfänge kommunaler Schriftlichkeit, S. 265; vgl. REXROTH, Die Entstehung der städtischen Kanzlei, S. 293–302; Gerhard CORDES, Zur Erforschung der Urkundensprache, In: Jahrbuch des Vereins für niederdeutsche Sprachforschung 82 (1959), S. 63–79; Richard NEWALD, Das erste Auftreten der deutschen Urkunde in der Schweiz, In: Zeitschrift für Schweizerische Geschichte 22 (1942), S. 489–507; Hans HIRSCH, Zur Frage des Auftretens der deutschen Sprache in den Urkunden und der Ausgabe deutscher Urkundentexte, In: MIÖG 52 (1938), S. 227–242; Gottfried Felix MERKEL, Das Aufkommen der deutschen Sprache in den städtischen Kanzleien des ausgehenden Mittelalters (= Beiträge zur Kulturgeschichte des Mittelalters und der Renaissance, Bd. 45), Leipzig, Berlin 1930, Nachdruck Hildesheim 1973; Max VANSCA, Das erste Auftreten der deutschen Sprache in den Urkunden (= Preisschriften, gekrönt und herausgegeben von der Fürstlich Jabolnowski'schen Gesellschaft zu Leipzig, Bd. 30), Leipzig 1895, Nachdruck Leipzig 1965.

148 HERRMANN, Anfänge kommunaler Schriftlichkeit, S. 266.

der Analyse des Aachener Urkundenwesens hob Herrmann „einen sozialen, einen geographisch-kulturellen und einen institutionengeschichtlich-rechtlichen Aspekt hervor, die sämtlich beim Übergang zur deutschen Sprache im Schriftverkehr eine Rolle gespielt haben dürften".[149]

Gerade für den städtischen Raum legen es die bisherigen Überlegungen nahe, diese Erklärungsmodelle um einen kommunikationsgeschichtlichen Ansatz zu erweitern. Bereits die Vorrede des Stadtrechts betonte, dass das im Schriftgedächtnis gebundene Recht zukünftig allen Bürgern als Richtmaß dienen sollte. Weil der Rat dabei als Hüter des Rechts die exklusive Verfügungsgewalt über den Codex behielt, musste das neue Recht mündlich publiziert werden, um theoretische und praktische Wirksamkeit zu entfalten.[150] Gerade im Hinblick auf die Publikation spielten die Sprachwahl und die Komplexität eines Textes unter bestimmten Voraussetzungen von Kommunikationsmöglichkeiten und des Absender-Adressaten-Verhältnisses eine wesentliche Rolle.[151]

Es stellt sich die Frage, ob die Wahl der deutschen Sprache für die Verschriftlichung des Augsburger Stadtrechts vor allem Ausdruck eines emanzipationshistorischen Lösungsvorgangs des Bürgertums aus der Oberhoheit des Bistums war, oder ob die Sprachwahl mehr auf einem gemeinsamen Konsens der Konzeptoren beruhte, der die Sicherung der Effektivität des Stadtrechts ermöglichen sollte. Ihre Überprüfbarkeit ist auf Quellen angewiesen, die Einblicke in sozial-rechtliche Konnotationen der Verwendung

---

149 HERRMANN, Anfänge kommunaler Schriftlichkeit, S. 267.

150 Die früheste erhaltene Abschrift stammt aus dem Jahr 1324. Vgl. dazu Kap. IV.6. Noch die Augsburger Kanzleiordnung von 1362 verbot die Abschrift des Stadtrechtsbuchs und bestimmte, dass eine Einsichtnahme nur unter Anwesenheit des Stadtschreibers und mindestens eines Bürgermeisters möglich sei. Vgl. MEYER, Stadtrecht, S. 252: *[...] und sol anderswa nieman lesen noch zaigen dann da ein burgermaister bei ist oder si baid, und sol ez nieman lazzen abschriben noch er selb sol ez auch niht abschriben.*

151 Felicitas SCHMIEDER, Pragmatisches Übersetzen. Texttransfer und Nutzen von Handel und Mission, In: Klaus Herbers, Nikolas Jaspert (Hg.), Grenzräume und Grenzüberschreitung im Vergleich. Der Osten und der Westen des mittelalterlichen Lateineuropa (= Europa im Mittelalter, Bd. 7), Berlin 2007, S. 261–76; Arne ZIEGLER, Hildegard BOKOVÁ, Sprachliche Ablösungsprozesse im historischen Sprachkontakt. Lateinische und deutsche Schriftlichkeit in städtischer Kommunikation im Spätmittelalter, Zur Erforschung des Frühneuhochdeutschen in Böhmen, Mähren und der Slowakei. Vorträge der internationalen Tagung, veranstaltet vom Institut für Germanistik der Pädagogischen Fakultät der Südböhmischen Universität, Ceské Budejovice 20.–22. September 2001 (= Schriften zur diachronen Sprachwissenschaft, Bd. 12), Wien 2004, S. 33f.; Michael RICHTER, Kommunikationsprobleme im lateinischen Mittelalter, In: Historische Zeitschrift 222 (1976), S. 43–80.

der Volkssprache im Verhältnis zum Lateinischen und in tatsächliche Kommunikationssituationen des Augsburger Stadtrechts während des 13. Jahrhunderts ermöglichen. Während wir im Text des Stadtrechts selbst zum zweiten Aspekt fündig werden, macht es die Untersuchung des ersten Aspekts nötig, das Spektrum der lokalen Überlieferung um chronikalische Quellen aus dem personellen Milieu zu erweitern, das zum Zeitpunkt der Abfassung des Stadtrechtsbuchs auf den Augsburger Hoftagen weilte.

Den Ablauf dieser Augsburger Hoftage thematisiert, wenn auch nicht in chronologisch präziser und zusammengefasster Form der Reimchronist Ottokar von der Gaal, dessen Kontakt zum personellen Umfeld Rudolfs von Habsburg während des betrachteten Zeitraums nachgewiesen werden kann.[152] Ottokars Chronik ist die früheste Chronik zur Reichsgeschichte in deutscher Sprache. Sie wurde im Zeitraum zwischen 1290 / 1301 und 1318 abgefasst[153] und behandelt im ersten Teil neben österreichischer Landesgeschichte die Reichsgeschichte vom Tod Friedrichs II. bis zum Tod Rudolfs von Habsburg (1250–1291). In der Chronik ist „die Darstellung von politischen Ritualen und Akten der symbolischen Kommunikation integraler Bestandteil der Ereignisgeschichte".[154] Urkunden finden dabei als Sachobjekte mit Regelmäßigkeit Erwähnung. Der mittelhochdeutsche Begriff *hantveste* konnte auf den 60.000 Versen umfassenden 720 Seiten des ersten Teils der digital aufbereiteten Edition Seemüllers 62 Mal belegt werden.[155] In beinahe allen Fällen werden sie in der Chronik als in die politischen Routineprozeduren eingebundene Objekte geschildert. Als Quelle für allgemein gebräuchliche zeitgenössische Umgangs- und Denkformen der adeligen Schriftkultur ist die Chronik bisher noch nicht ausgewertet worden. Ottokar, der Verfasser der Chronik, dessen Geburtsjahr in der Forschung zwischen 1260/65 angesetzt wird, ist für

---

152 Vgl. RI VI, Nr. 1737a: „Ottokar und Kuchimeister vermengen diesen Reichstag und den von 1286".

153 Bettina HATHEYER, Das Buch von Akkon. Das Thema Kreuzzug in der Steirischen Reimchronik des Ottokar aus der Gaal Untersuchungen, Übersetzungen und Kommentar (= Göppinger Arbeiten zur Germanistik, Bd. 709), Göppingen 2005. Helmut WEIHNACHT, Art. „Ottokar von Steiermark (O. aus der Geul)", In: VL 7, Berlin, New York 1989, Sp. 238–245, hier: Sp. 238ff.

154 WITTHÖFT, Ritual und Text, S. 107.

155 MGH Dt. Chron. 5,1, S. 23, 29, 32, 33, 65, 78, 138, 142, 155, 175, 182, 184, 198, 245, 263, 286, 291, 292, 293, 300, 307, 314, 316, 319, 352, 353, 354, 375, 376, 377, 466, 468, 469, 470, 471, 483, 486, 487, 489, 490, 492, 493, 535, 552, 553, 554, 568, 570, 571, 572, 581, 582, 586, 588, 590, 595, 598, 604, 611, 720.

mehrere unserer Fragestellungen ein geeigneter Zeitzeuge.[156] Im Umgang mit Schriftlichkeit war er in verschiedener Weise vertraut. Gleich zu Beginn seiner Chronik bezeichnet er sich selbst als Lateinkundigen, der mit der Rezeption und Übersetzung historiographischer Texte befasst war.[157] In der Forschung wurde die Wahrscheinlichkeit eines Studiums der Rechtswissenschaften an der Universität Bologna hervorgehoben.[158] Wie bereits sein Vater gehörte Ottokar dem Ritterstand an und führte ein eigenes Siegel.[159] Hatheyer nennt 46 Urkunden, an deren Entstehung Ottokar selbst jeweils in verschiedener Weise als Zeuge, Bürge oder Schiedsrichter beteiligt war.[160] Mehrere dieser Urkunden lassen auf einen engen und kontinuierlichen Kontakt des Verfassers zum österreichischen Hochadel schließen, der auch als sein Rezipientenkreis gilt und für dessen Lebensweise sich der Verfasser in der Chronik besonders interessierte.[161] Ottokar war damit in der Lage, lateinische und volksprachliche Texte zu verfassen, wobei er sich bei der Niederschrift seiner Chronik entschied, von der Tradition lateinischer Chronistik abzuweichen und im Hinblick auf seinen Rezipientenkreis die Volkssprache zu wählen. Der historische Wahrheitsgehalt der geschilderten Personen und Daten wird in der Forschung für die verhältnismäßig nüchterne Chronik mittlerweile hoch eingeschätzt.[162] Unter diesen

---

156 MGH Dt. Chron. 5,1/2, hg. v. Joseph SEEMÜLLER, Zürich, Dublin 1974 (Nachdr. der Ausg. Hannover 1890/93).

157 MGH Dt. Chron. 5,1, Vorrede, S. 2, V. 14–19: *Von mîner kleinen kunst nam ich mich an ze suochen ûz den alten buochen keiser zal unde phaht und hân daz ze liehte brâht ze tiutsche von latîn.*

158 Othmar HAGENEDER, Über das fürstliche Gesetzgebungsrecht beim steirischen Reimchronisten, In: Festschrift Nikolaus Grass (1974), S. 459–481, hier: S. 462f.; Gustav C. KNOD, Deutsche Studenten in Bologna. (1289–1562): biograph. Index zu d. Acta nationis Germanicae Universitatis Bononiensis, Aalen 1970, S. 548: *Odakar de Stiria XX solidos.*

159 HATHEYER, Akkon, S. 15ff.

160 Ebd., S. 15: „Er ist darin 21-mal als Zeuge, siebenmal als Schiedsrichter, fünfmal als Bürge erwähnt, tritt elfmal bei der Regelung von Besitz-Angelegenheiten seiner Familie und anderer auf und ist zweimal als verstorben genannt". Auf den Seiten 15–26 gibt Hatheyer eine Übersicht über diese Urkunden.

161 Christiane WITTHÖFT, Ritual und Text. Formen symbolischer Kommunikation in der Historiographie und Literatur des Spätmittelalters, Darmstadt 2004, S. 106.

162 Witthöft, die sich intensiv mit dieser Frage befasst hat, stellt in Anm. 338 zwei Positionen gegenüber: Anna KRÜGER, Art. „Ottokar von Steiermark (aus der Geul)", in VL 5, Berlin 1955, Sp. 834–842: „ein verfilztes Ineinander von geschichtlicher Wahrheit und eigener Erfindung". Dagegen der aktuelle Artikel von WEIHNACHT, Art. „Ottokar von Steiermark", Sp. 239: „offenkundige Irrtümer bei Personen und Daten gibt es kaum". Zur Frage des Erkenntniswertes der Chronik für realienkundliche Fragestellungen: Ernst ENGLISCH, Die Funktion der schriftlichen Quelle in der Sachkulturforschung (= Sitzungsberichte der

Voraussetzungen ist der Text für eine kulturgeschichtliche Analyse zeitgenössischer Schriftkultur eine Quelle ersten Ranges.

Im direkten Kontext der Schilderung des Konflikts um das Wahlrecht des Königs von Böhmen, der auf dem Augsburger Hoftag von 1275 erfolgte, nimmt Ottokar auf unseren ersten Untersuchungsaspekt Bezug. Der König von Böhmen hatte Rudolf die Stimme verweigert. Statt seiner hatte der Bruder des Herzogs von Bayern seine Stimme für Rudolf erteilt. Zwar hatte bereits der Sachsenspiegel das Wahlrecht des Böhmenkönigs in Abrede gestellt, doch hatte Ottokar von Böhmen noch bei der Doppelwahl des Jahres 1256 / 1257 beiden Kandidaten seine Stimme gegeben. Die näheren Gründe des Konflikts, die auch mit der Revindikationspolitik Rudolfs von Habsburg in Zusammenhang standen, können an dieser Stelle nicht weiter verfolgt werden.[163] Die Fürsprecher des Bayernherzogs legten dar, dass ihnen das Recht auf die Königswahl wegen des Herzogtums Bayern von Alters her zustehe. Herzog Ludwig von Bayern bezeugte vor dem versammelten Hoftag, dass sein Bruder Herzog Heinrich einst an der Wahl des Königs Richard zusammen mit den übrigen Kurfürsten, die das Recht dazu haben, teilgenommen hatte. Ottokar von Böhmen hingegen hatte dem mittlerweile aus Lyon zurückgekehrten Wernhard von Seckau die mündliche Verteidigung seiner Position übertragen. Sein Auftritt auf dem Augsburger Hoftag wird in der Reimchronik in anschaulicher Weise geschildert:

> *CXII. bischolf Wernhart hin für trat, [...] dô im erloubet wart ze sprechen, dô begund er sich rechen an dem von Meinze mit worten. Alle die sîn rede hôrten, die jâhen, er het von gotes gunst ze grôzen witzen unde kunst ein zunge, diu wær snel. Reid und sinewel muoste sîn rede wesen. Er hete datz Padou gelesen daz decretal und daz decret. Manic rede er dâ tet, mohten sîn die leien hân vernomen, ez wær im harte übel komen; dô verstuonden si sîn niht. Mit rede macht er enwiht die wal und die welære [...] latîne manic red ergie, het er si tiutsche getân, im wære zuo slagen der ban, swie hôch im was geschorn. Der kunic Ruodolf, sprach ze dem bischolf: ,habt ir iht ze schaffen mit deheinem phaffen, da latine zuo gehôre, daz sparet ûf die kôre ze Meinze oder ze Trier; habt aber ir gegen mir oder gegen dem rîche iht ze suochen, des mac ich iu ûz den buochen mit worten niht gevolgen; [...] wer möht iu hie gejehen iwer meisterschefte danc? diu zal der phaffen ist kranc gegen den leien, die hie sitzen; [...] dô riefen gemeine fursten, grâven unde*

---
Österreichischen Akademie der Wissenschaften, Philosophisch-Historische Klasse, Bd. 304) Wien 1976, S. 7–55.
163 Vgl. Karl-Friedrich KRIEGER, Rudolf von Habsburg, Darmstadt 2003, S. 166ff.

> *frîen: ,herre kunic, ir sult uns frîen unse alte gewonheit!'* nû wart den leien
> ouch geseit, daz er die wal het gescholten. der phalzgrâf sprach: daz muoz
> vergolten werden mit sîn selbes bluot, ob mich der helle gluot immer solde
> brennen! sol mich ein solher nennen, swie sô im gelust?' ûf sînes lîbs verlust
> wart geraten manigen ende.[164]

Wir sehen, dass die Chronik sowohl einen sozial-rechtlichen als auch einen kommunikationshistorischen Aspekt der Verwendung des Lateinischen und der Volkssprache als Ebenen eines Spannungsverhältnisses zwischen Bischof Wernhard und den weltlichen Fürsten hervorhebt. Auf sozial-rechtlicher Ebene lässt der Reimchronist König Rudolf die lateinische Sprache dem Klerus zuordnen, deren Verwendung vor den weltlichen Fürsten des Hofes er als unangemessen verurteilt.[165] Zum Ausdruck kommt auch eine grundsätzliche Diskrepanz, die zwischen der juristischen Argumentation in lateinischer Sprache durch gelehrte Kleriker und traditionellen Rechtsansprüchen des bayerischen Herzogs entstanden war. Der bayerische Herzog und andere Adelige waren durchaus gewillt, dieser Tradition mit der Kraft ihres Schwertes Ausdruck zu verleihen. Ein Spannungsverhältnis besteht schließlich auf kommunikativer Ebene. Das Hindernis am Verständnis der gelehrten Ausführungen war für die weltlichen Adeligen die lateinische Sprache.[166] Diese Ergebnisse sprechen für eine gegenseitige Verflochtenheit beider Aspekte. Sie bilden den Ausgangspunkt für die Untersuchung der konkreten Kommunikation des Stadtrechts im städtischen Raum.

Die öffentliche Kommunikation zwischen den Bürgern und dem Rat war im Alltag des städtischen Raums eine tägliche Notwendigkeit. Die spätmittelalterliche Stadt entwickelte verschiedene mediale Wege der Kommunikation in die Öffentlichkeit, zu denen neben schriftlichen Aushängen auch akkustische Signale durch Glockenschlag oder das Ausrufen von Informationen gehörten.[167] Wir können davon ausgehen, dass im ausgehenden 13. Jahrhundert noch

---

164 MGH Dt. Chron. 5,1, Kap. CXII, S. 173f., V. 13067–13149.
165 MGH Dt. Chron. 5,1, Kap. CXII, S. 173, V. 13101–13104 u. S. 174, V. 13144–13147: *habt ir iht ze schaffen mit dheinem paffen da lâtine zuo gehore daz sparet ûf die kôre [...] nu wart den leien ouch geseit, daz er die wal het gescholten. Der phalzgrâf sprach: daz muoz vergolten werden mit sîn selbes bluot.*
166 Vgl. KAUFHOLD, Deutsches Interregnum, S. 399.
167 Mark MERSIOWSKY, Wege zur Öffentlichkeit. Kommunikation und Medieneinsatz in der spätmittelalterlichen Stadt, In: Stephan Albrecht (Hg.), Stadtgestalt und Öffentlichkeit. Die Entstehung politischer Räume in der Stadt der Vormoderne, Köln 2010, S. 13–58; Alfred HAVERKAMP, „... an die große Glocke hängen". Über Öffentlichkeit im Mittelalter, In: Jahrbuch des Historischen Kollegs (1995), S. 71–112.

## GEBURT: ADAPTION UND ASSIMILATION 71

weniger Bürger des Lesens mächtig waren als im 15. Jahrhundert. Ein öffentlicher Anschlag neuer Gesetze, wie er im 15. Jahrhundert gängig wurde, wäre von geringem Nutzen gewesen. Die Verbreitung erfolgte durch Ausrufen und die mündliche Weitergabe unter den einzelnen Stadtbewohnern. Des Lateinischen werden wohl die wenigsten Bürger kundig gewesen sein. Lateinische Predigten und Kirchenerlässe, die gehört werden sollten, mussten synchron in die Volkssprache übersetzt werden.[168] Die Kleriker sprachen in diesem Fall von der Vulgarisierung des Lateinischen.[169] Dazu wurden Orte gewählt, an denen eine möglichst große Menschenmenge erreicht werden konnte. In Nürnberg wurde das Stadtrecht in der Kirche verlesen. Aus der Mitte des 15. Jahrhunderts berichtet die Chronik des Burkhard Zink, dass sich der Augsburger Rat der Kanzeln aller städtischen Pfarrkirchen bediente, um kaiserliche Landfriedensbriefe zu verkünden.[170] Spuren im Stadtrechtsbuch machen darauf aufmerksam, dass die dort geschriebenen Gesetze im 13. Jahrhundert unter Anwesenheit des Stadtvogtes verkündet wurden, nachdem alle Bürger mit der Sturmglocke zusammengerufen worden waren:

*Ist ouch daz ein gemainez gesetzde von dem vogt und von den ratgeben gesetzzet wirt, umb swiu daz ist, und mit der sturemgloggen gekúndet wirt und galtnússe drouf gesetzzet wirt, swer daz brichet und swen daz triffet der mag der galtnusse niht ledick werden, er bered danne zen heiligen daz (er) inre landes niht emwaere do daz gesetzzede gesetzet wurde und im*

---

168 Chronik des Hektor Mülich, DStChr. 22, S. 112: *Nach Cristi gepurt 1454 an sant Moritzen tag hat hie gepredigt der sälig brúder Hanns Capistran, parfüsser ordens und sant Bernhardins junger ainer. Und tätt fünf predig in latein auf dem fronhof, und das sagt dann ain doctor in teutsch nach im.*
169 JOHANEK, Verbreitung, S. 99: „Besonders lehrreich etwa ist ihre Publizierung in der Diözese Augsburg um die Mitte des 15. Jh. 1450 erlangte der Bischof von Augsburg, Kardinal Peter von Schaumberg, eine Bestätigung durch Papst Nikolaus V., die er im darauffolgenden Jahr in notariell beglaubigten Abschriften allen Pfarrgeistlichen seiner Diözese zugehen ließ und sie aufoderte, die Carolina von der Kanzel herab zu verkünden *et taliter vulgarizare*. Die Synodalstatuten des Jahres 1452 legen die Verpflichtung zur Verkündung und ihren Zeitpunkt fest und im Überlieferungskontext dieser Statuten erscheint immer wieder der Text der Carolina zusammen mit seiner Übersetzung ins Deutsche".
170 Chronik des Burkhard Zink, DstChr. 5, S. 324: *Item am freitag nach unser frawen tag kam ain pot von unserm herrn dem kaiser, der pracht fridbrief, die wurden verkünt offenlich an den cantzlen hie zu Augspurg in allen pfarkirchen, und schlueg man die copi desselben fridbriefs an alle pfarkirchen.*

*ouch niht gesagt wurde do er ze lande choeme unz an den tack daz er daz gesetzde braeche.*[171]

Die Sturmglocke befand sich zu jener Zeit im Perlachturm. Als zentraler Ort, auf dem die Bürgerschaft zusammengerufen wurde, um Gesetzesverlesungen aus dem Stadtrecht zu hören, fungierte demnach der Platz vor dem Rathaus. Von einer Marktglocke, der sich die Bürger bedienten, um sich im Falle einer Krise auf jenem Platz zu versammeln, berichtet bereits ein Brief des Bischofs Hermann von Augsburg des Jahres 1132.[172] Auch das bischöfliche Gesetz, das die Sicherung von Leibgedingsübertragungen mit einer Urkunde zur Vorschrift erhob, war in das Stadtrechtsbuch eingeschrieben und mit der Sturmglocke verkündet worden.[173]

Diese Ergebnisse zeigen, dass die Abkehr des Stadtrechts vom Lateinischen keinesfalls nur als emanzipationshistorischer Vorgang zu begreifen ist. Die Bürger waren zumindest dem Ideal der Norm nach von Beginn an in der Pflicht, sich an die verbreiteten Gesetze zu halten. Mündliche Kommunikation, die Verständlichkeit und Publizität zum Ziel hat, erforderte nachvollziehbare, prägnante Sätze, die inhaltlich möglichst konkret an die zu regelnden Alltagssituationen anknüpften und dadurch leicht memorierbar waren. Im Urtext des Stadtrechtsbuches finden sich Hinweise auf diese Kommunikationspraxis: *Welt ir nu wizzen, waer vormunt mac gesin: daz sol sin der frowen wirt, ob si in hat.*[174] Gesetze wurden im Mittelalter nicht immer von jedem gehört, vor allem dann nicht, wenn man mit dem kommunizierten Inhalt nicht in Berührung kommen wollte.[175] Die effektive Publizierung eines Gesetzes hatte vor diesem Hintergrund Folgen für die Rechtswirksamkeit. Erst ein Gesetz gehört zu haben, erzeugte Haftbarkeit für dessen Übertretung. Auch in dieser Hinsicht war man auf Einfachheit, Verständlichkeit und Prägnanz angewiesen, die die Wahrscheinlichkeit der erfolgreichen Kommunikation erhöhten und somit auch die Akzeptanz gegenüber der städtischen Gesetzgebung

---

171 MEYER, Stadtrecht, S. 64f.; Ebd., S. 65, Anm 1: „Wer 20 Meilen von der Stadt entfernt war, galt als ausser Landes befindlich. Vgl. a. LXXI. § 1".

172 Philipp JAFFÉ, Monumenta Bambergensia (= Bibliotheca rerum Germanicarum, Bd. 5), Berlin 1869, Nr. 260 (1132-09), S. 444-447.

173 MEYER, Stadtrecht, S. 161: *Ditzze gesetzte wart gechůndet mit der sturmgloken* [...].

174 MEYER, Stadtecht, S. 129; Weiterhin etwa: S. 15: *Man sol auch wizzen mer* [...] (Zahlreiche weitere Beispiele), S. 174: *Man sol ouch wizzen* [...].

175 Vgl. Chronik des Burkhard Zink, DstChr. 5, S. 152: *Item in dem gelaitbrief, den man hett von dem pfaltzgraven, stuend ain artikel: wer nit in der acht wer, der solt gelait han, doch wolt den artikul niemant merken und ward auch gantz verachtet, also daß niemant kein sorg darauf hett, dann niemant wollt in der acht sein.*

GEBURT: ADAPTION UND ASSIMILATION 73

sicherten. Gerade die Betrachtung der Schriftsprache macht darauf aufmerksam, dass zur Untersuchung der städtischen Schriftkultur auch die Frage nach ihrer Präsenz in der städtischen Mündlichkeit gehört. Schriftlichkeit und Mündlichkeit können nicht als zwei differente und ausschließliche Kulturzustände betrachtet werden.[176] Insgesamt wurden in der Betrachtung seiner Mündlichkeit zentrale Verankerungspunkte des Augsburger Stadtrechts in der Alltagswelt offenbar, die aus einem zeitgenössischen Spannungsfeld zwischen exklusiver Verfügungsgewalt und Publizität resultierten. Besonders vor dem Hintergrund der verfassungshistorischen Forschungstradition ist es dabei von Interesse, dass auch Gesetzesneuerungen, die vom Augsburger Bischof Ausgang genommen hatten, in das Stadtrecht eingeschrieben und öffentlich verkündet wurden.

Der konkreten Anwendung des Stadtrechts im Gerichtsverfahren versuchte man bisher mit Hilfe von Gerichtsurkunden nachzugehen, in denen das Stadtrechtsbuch explizit Erwähnung fand. In der Augsburger Überlieferung haben sich jedoch nur drei Urkunden der Jahre 1281, 1298 und 1300 erhalten, die explizit bezeugen, dass das Stadtrechtsbuch bereits im 13. Jahrhundert als Grundlage gerichtlicher Entscheidungsfindung Verwendung fand.[177] Darüber hinaus haben sich aber im Augsburger Stadtrechtsbuch selbst Spuren erhalten, die direkt nach seiner Niederschrift von einer intensiven Auseinandersetzung mit dem Text zeugen. Die Intensität der zeitgenössischen Befassung mit dem Codex spiegelt sich in der zeitlichen Abfolge von Nachträgen. Die Novellen des Augsburger Stadtrechtsbuchs wurden erstmals von Meyer nach Schreiberhänden unterschieden und mit Hilfe einer Abschrift des Stadtrechtsbuchs von 1324 in chronologische Ordnung gebracht.[178] Auf dieser

---

176   Simon TEUSCHER, Erzähltes Recht; Ursula SCHAEFER, Zum Problem der Mündlichkeit, In: Joachim Heinzle (Hg.), Modernes Mittelalter, Neue Bilder einer populären Epoche, Frankfurt a. Main 1994, S. 357–376.
177   MB 33a, Nr. 138 (Okt. 1281): *Daz wart gezogen an daz buch daz säit also* [...], UBA I, Nr. 169 (5. Dez. 1298): [...] *und hiez an der stet bůch sehen* [...], Nr. 180 (23. Aug. 1300): [...] *und wart daz von den phlegern und von den ratgeben an daz buch gezogen. So stat an dem buch, daz* [...]. Noch aus der Amtszeit des Schreibers Rudolf Nr. 190 (23. Jun. 1303) [...] *und wider dem bůch, da arem und rich über geswôren habent* [...] *daz si gern halten wôlten swaz an dem buch geschriben stůnde* [...].
178   MEYER, Stadtrecht, S. XXIV: „Um wenigstens einigermaßen die Abfassungszeit dieser undatirten Novellen bestimmen zu können, bot sich mir nur das eine Mittel, die Handzüge derselben genau zu vergleichen und dadurch auf einander folgende Gruppen zu gewinnen, die innerhalb eines bestimmten Zeitraumes von ein und derselben Hand geschrieben sein konnten. [...] Bei der Gruppirung der undatirten Novellen bot sich mir ein erwünschter Anhaltspunkt in der ältesten Abschrift des Stadtrechts, einer [...]

Grundlage war es möglich, eine quantitative Auswertung der Nachträge mit diachroner Dimension vorzunehmen. Sie ergibt, dass die meisten Nachträge von den Händen II und III stammen. Hand III wurde von Friedrich Scholz „zweifellos" einem Stadtschreiber Namens Rudolf zugewiesen, der zwischen 1283 und 1303 in Augsburg wirkte.[179] Die intensivsten Erweiterungen erfuhr der Codex damit unmittelbar nach seiner Ausstellung.

Der Rechtstext hatte sich besonders zu Beginn in der unvorhersehbaren Dynamik des städtischen Alltags praktisch zu bewähren. Widersprüche und Leerstellen machten die beständige Präzisierung und Erweiterung nötig. Das schriftliche Recht wurde hier einem Spannungsfeld ausgesetzt, das sich zwischen der Wertschätzung von langfristiger Verlässlichkeit und notwendiger Flexibilität ergab.[180] Rolf Kießling hat betont, dass die Impulse zur Erneuerung des im Stadtbuch abgefassten Wirtschaftsrechts auf Konfliktfällen beruhten,

---

Handschrift von 1324. In dieser sind nämlich, wie auch in allen späteren Abschriften, der ursprüngliche Text von 1276 und die Nachträge unterschiedslos [...] geschrieben, so dass man nur mit Zuhilfenahme des Originals den ersteren heraus zu erkennen vermag. Fand ich nun eine Novelle des Originals in der Handschrift von 1324, so konnte ich dieselbe vor dieses Jahr setzen. [...] Ferner wurden von mir zur Vergleichung die gleichzeitigen Urkunden herangezogen [...] von denen anzunehmen ist, dass sie in der städtischen Kanzlei angefertigt wurden".

179 Die Analyse der frühen Schreiberhände durch Meyer wurde zuletzt von Friedrich Scholz ergänzt. Vgl. SCHOLZ, Schriftsprache, S. 49: „1280. 13. Dec. Rudolf der stet Schriber = S3 (= III. Meyer). [...] S3 ist zweifellos identisch mit einem Notarius Rudolfus des Herzogs Philipp von Kärnten 1275. 1 Juli Lucernae Nachträge von **Hand I.** auf den Seiten: 36, 72, 99, 136, 148, 153, 185, 234; Nachträge von **Hand II.** auf den Seiten: 11, 15, 34, 36, 41, 60, 63, 68, 70, 70, 70, 96, 96, 100, 110, 114, 116, 123, 124, 126, 133, 136, 144, 145, 146, 149, 152, 152, 154, 157, 167, 168, 169, 173, 174, 176, 181, 182, 190, 190, 200, 204, 204, 206, 207, 207, 212, 214, 218, 219, 220, 222, 225, 226, 229; Nachträge von **Hand III.** auf den Seiten: 13, 22, 34, 37, 47, 52, 58, 61, 63, 63, 69, 76, 82, 82, 83, 84, 86, 93, 101, 104, 110, 111, 114, 115, 117, 121, 123, 124, 136, 139, 141, 147, 150, 153, 154, 161, 165, 169, 173, 174, 179, 182, 182, 184, 186, 186, 188, 189, 191, 191, 195, 206, 209, 213, 214, 219, 223, 224, 227, 229, 234, 234, 239; Nachträge von **Hand IV.** auf den Seiten: 56, 65, 71, 84, 109, 209, 217, 220; Nachträge von **Hand V.** auf den Seiten: 87; Nachträge von **Hand VI.** auf den Seiten: 11, 55, 55, 87, 92, 106, 118, 126, 209, 227; Nachträge von **Hand VII.** auf den Seiten: 41, 61, 77, 135, 137, 171, 179; Nachträge von **Hand VIII.** auf den Seiten: 38, 46, 69, 180, 239; Nachträge von **Hand IX** auf den Seiten: 44, 67, 137, 150, 155; Nachträge von **Hand X.** auf den Seiten: 118, 155, 204, 228, 140; Nachträge von **Hand XI.** auf der Seite: 137. Noch aus der Amtszeit des Schreibers Rudolf stammt UBA I, Nr. 190 (23. Jun. 1303) [...] *und wider dem bůch, da arem und rich über geswóren habent* [...] *daz si gern halten wólten swaz an dem buch geschriben stůnde* [...].

180 Vgl. Gerd DILCHER, Der Gedanke der Rechtserneuerung im Mittelalter, In: Friedrich Battenberg, Filippo Ranieri, Geschichte der Zentraljustiz in Mitteleuropa, Festschrift für Bernhard Diestelkamp zum 65. Geburtstag, Köln, Weimar, Wien 1994, S. 1–16.

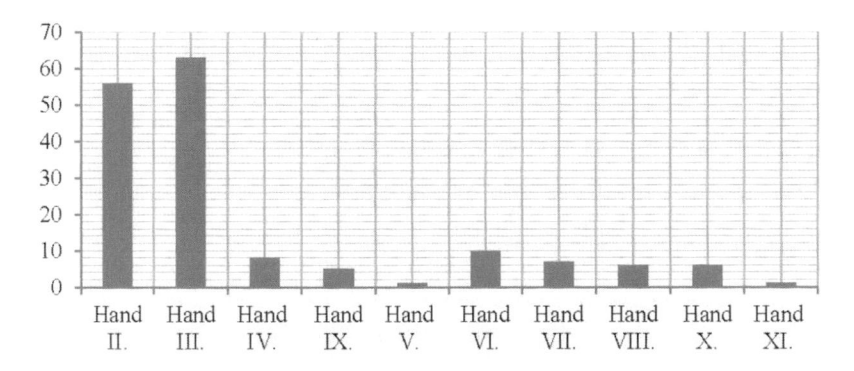

ABB. 3    *Nachträge im Augsburger Stadtrecht nach Händen*

die sich aus sich rasch wandelnden Alltagsbedingungen ergaben und einer Beantwortung „mit neuen Lösungsstrategien" bedurften.[181]

Zu den Spuren eines derartigen Konfliktfalls gehört eine Vergleichsurkunde über den bischöflichen Zoll an der Wertachbrücke vom 23. Juli 1282. Die Brückenzölle an der Wertachbrücke in Augsburg befanden sich seit frühester Zeit in der Hoheit des Augsburger Bischofs.[182] Dort waren sie auch verblieben, als den Bürgern 1251 erstmals die Erhebung von Torzöllen gestattet worden war. Im Stadtrecht von 1276 hatte man sich dann auf eine schriftliche Ordnung der Zolltarife an der Wertachbrücke geeinigt.[183]

Trotz dieser Einigung waren im Jahr 1282 von Seiten des Rates und anderer Städte Beschwerden laut geworden. Einer Vergleichsurkunde zufolge warfen sie dem Brückner des Bischofs (*Bruggehaien*) 1282 vor, *daz er unrehten zol naeme*.[184] Das Recht, gegen das der Bischof hier verstieß, war das Stadtrecht von 1276. Die Zölle an der Wertachbrücke waren dort bereits festgelegt worden. Der Streit war keine unbedeutende Angelegenheit. Die Rechnungsbücher der Baumeister zeigen, dass der größte Teil der Waren von Fernhandelskaufleuten, Händlern und Bauern der Umgebung den städtischen Markt 1320/1321 durch

---

181    KIEßLING, Augsburger Wirtschaft, S. 81. Dies wird in der Urkunde der Stadtrechtsbewilligung betont, in der den Bürgern das Recht zugewiesen wurde, ihr Stadtrecht bei Bedarf zu modifizieren.
182    Peter GEFFCKEN, Art. „Zoll", In: Augsburger Stadtlexikon, S. 948; KIEßLING, Bürgerliche Gesellschaft, S. 63–65.
183    Bereits im Schiedsvertrag von 1254 hatte Hartmann garantiert, keine willkürlichen Veränderungen am Zoll vorzunehmen.
184    MB 33a, Nr. 143 (28. Jul. 1282): *sogtan clage unde unser lieben burger von Auspurch und die stet gemainlichen unde auh daz lant hete hince Hermanne unserm Bruggehaien zu Waertahprugge daz er unrehten zol naeme*.

das Tor an der Wertachbrücke erreichten.[185] Zur Regelung der Angelegenheit waren drei Herren des Domkapitels unter denen sich der Schulmeister *her Marqwart von Berien* wie auch der spätere Bischof Wolfhard von Roth befanden und vier erfahrene Vertreter der Stadt zusammengetreten.[186] Ihr Ziel war es nicht, die direkt im Codex des Stadtrechts niedergeschriebenen Zollbestimmungen zu revidieren. Zumindest enthält das Stadtrechtsbuch an entsprechender Stelle keine Spuren von Streichungen oder Erweiterungen. Im Zollvertrag existieren jedoch so deutliche wörtliche Übereinstimmungen, dass es als sicher gelten kann, dass die Ordnung des Stadtrechts bei der Konzeption berücksichtigt wurde. Den Konzeptionsvorgang schildert die Urkunde wie folgt: *Unde chomen die uber aine daz si der brugge schrieben den zol der von alter her reht waere. Unde darnach mit gemaime rate des capitels unde der burger namen si darzu Bruder Eberharten den bruggehaien unde mit des rate wan ez im von alter her chunt was, wart dirre brief gemachet unde geschrieben als her nach geschriben stat.*[187]

Die Diskussion um die Höhe dieser Zölle war weniger brisant, weil die Bürger einen großen Vermögensverlust zu befürchten hatten. Sie konnten sich gegen einen relativ überschaubaren jährlichen Pauschalbetrag vom Zoll freikaufen. Vielmehr ging es darum, Fernhändler, Bauern und Händler aus der Umgebung nicht abzuschrecken. Die *gaeste* spielen bei den Zollbestimmungen im Stadtrecht die entscheidende Rolle. Die neue Zollordnung von 1282 wurde mit über 120 Einzelbestimmungen dreimal so umfangreich wie ihre erste Form im Stadtrechtsbuch von 1276. Dies erklärt auch, warum die Bestimmungen in diesem Fall nicht in das Stadtrechtsbuch übertragen wurden. Eine Erweiterung von derartigem Umfang hätte den vorhandenen Platz für Nachträge in der Handschrift bei weitem überstiegen. Auch hätten Tarifänderungen eine Streichung bisher vorhandener Einträge nötig gemacht.[188] Hier wollte man jede Eventualität mit hoher Klarheit berücksichtigen. Um die ausführlichen

---

185 Dieter VOIGT, *Do belaib die stat schuldig*: Erfassung und Analyse der Augsburger Baumeisteramt Rechnungsbücher der Jahre 1320/21, 1330/31, 1368, 1369 und 1400 (Magisterarbeit), Augsburg 2011 (masch.), S. 11–13.

186 Genannt werden auf der Seite der Bürger Volkwin der Alte, Heinrich Schongauer, Konrad Reinbot und Konrad Notnagel. Schongauer war 1281 Stadtvogt geworden und der Inhaber des bischöflichen Zolls bei Sterzing. Er war zu Lebzeiten an der Ausstellung beinahe aller für die Stadtentwicklung bedeutender Urkunden beteiligt.

187 MB 33a, Nr. 143 (28. Jul. 1282).

188 In einer des Abschrift des Stadtrechtsbuchs aus der Mitte des 15. Jahrhunderts, die für den Stadtvogt Ulrich Langenmantel angefertigt wurde, findet sich eine Abschrift der Urkunde unter Abschriften königlicher und kaiserlicher Privilegien. Vgl. StB Augsburg 2° Cod Nr. 154 = Cim 20, fol. 119r. ff.: *Hie nach geschriben vindet man die bestetbrief, die der gagenwurtigen stat Augspurg von bischofen, den romischen khaisern und kunigen zu bestetigung gegeben sint.*

und detailreichen Traditionen der Zolltarife an der Brücke der Bischofs in schriftliche Form zu fassen, bedurfte es nicht nur der Geisteskraft gelehrter Männer, sondern auch der Mitarbeit des wohl illiteraten Brückners Eberhart. Die Brückner hatten ihr Amt und das dazu notwenige Wissen über die traditionelle Höhe der Brückenzolltarife innerhalb der Familie weitergegeben. Das Wissen eines Brückners umfasste nicht nur Kenntnisse über die hergebrachte Art und Höhe von Brückenzöllen, sondern auch handwerkliche Kompetenzen zur Pflege von Brücken.[189] Nun wurde die Höhe der Zolltarife, die bis vor einigen Jahren auf der Grundlage mündlicher Tradition bestimmt wurden, erneut dem schriftlichen Richtmaß unterworfen. Ihre Einhaltung war bei Strafe verpflichtend: *Unde auch weder Herman der Bruggehaie noch chain sin nachchome hinnanfur chainen zol naeme wan als da vor geschriben stat [...]. Unde setzen auch daz swelh bruggehaie daz brichet, daz er niht ennimmt den zol als da vorgeschriben stat daz uns der schuldik ist ze busse ein phundes Auspurger phenninge, als dicke so er ez brichet.*[190]

Die Auswertung von Spuren der zeitgenössischen Anwendung des Rechtstextes erbringt damit mehrere Ergebnisse. Die diachrone Quanitifizierung von Nachträgen im Codex zeugte von einer intensiven Konfrontation des Rechtstextes mit dem städtischen Alltagsleben. Im Verbunde mit den Untersuchungsergebnissen zur zeitgenössischen Praxis der Kommunikation des Stadtrechts zeigt sich deutlich, dass die Initiatoren des Rechtstextes von Beginn an auf die Schaffung eines effektiven und tragfähigen Konsenses abzielten. Die Spuren des Konzeptionsvorgangs der ergänzenden Bestimmungen des Zolls an der Wertachbrücke warfen ein helles Licht auf die Beteiligung gebildeter Vertreter des Domkapitels. Die Überarbeitung der Bestimmungen erfolgte auf der Grundlage des Stadtrechtsbuchs. Dies macht es äußerst wahrscheinlich, dass Bischof und Domkapitel auch an der Konzeption und Ausformulierung des Codex mit beteiligt waren. Damit zeigt sich, dass die verfassungshistorische Perspektive zur Erklärung der Entstehung des Stadtrechts nicht hinreichend ist. Dies stellt zugleich die Frage nach alternativen Erklärungsmodellen, der lediglich im überregionalen Kontext der Politik-, Rechts- und Wirtschaftsgeschichte des 13. Jahrhunderts nachgegangen werden kann.

## 2.3  Keine Stadt ohne Recht: Bürger, Bischof, König

Die zahlreichen marktrechtlichen Regelungen in geschriebenen Stadtrechten, wie wir sie in Augsburg vorfinden, entsprachen einer neuen Komplexität des Wirtschaftslebens der Metropolen des Reiches, innerhalb derer die bürgerlichen Eliten ein unverzichtbarer organischer Bestandteil geworden waren. Als

---

189  MB 33a, Nr. 143 (28. Jul. 1282): *Ez sol auch der bruggehaie machen brugge und stoege uber die Waertach unde uber hottenbach uber und uber.*

190  Ebd., S. 161f.

Kaufleute nahmen sie im wirtschaftlichen Mechanismus der Stadt differenzierte Aufgaben wahr, die eine spontane Entscheidungs- und Handlungsfähigkeit erforderten. Aus ihr resultierte die Übertragung der Souveränität über diese Bereiche des städtischen Lebens. Die Betreuung des komplexen wirtschaftlichen Lebens, von der bereits der Urtext des Stadtrechtsbuches von 1276 in reicher Fülle Zeugnis ablegt, hätte die Dynamik der Kommunikation und Entscheidungsfindung zwischen Stadtbürgern und bischöflichem Hof überfordert, dessen Alltag als leitendes Zentrum einer großen Diözese auch mit zahlreichen kulturellen und politischen Verpflichtungen erfüllt war.[191] Sie wurde im 13. Jahrhundert gerade in den Metropolen zu einer zeitintensiven Aufgabe.

Zur Zeit der Entstehung des Stadtrechtsbuchs war Augsburg in wachsender Weise dabei, sich von einer Versorgerstadt, die sich am lokalen Abnahmezentrum des Bischofshofes entwickelt hatte, zu einem europäischen Wirtschaftsknotenpunkt zu entwickeln, dessen wirtschaftlicher Mechanismus mehr und mehr auf die Anlieferung und Abnahme von Waren durch Kaufleute angewiesen war.[192] Im Rechnungsbuch Ludwigs des Strengen finden sich zwischen 1291 und 1294 mehrere Belege, dass der herzogliche Hof Neckarwein und exotische Waren wie Gewürze oder Medikamente von Augsburger Händlern erwarb.[193] Manches Gesetz im Stadtrechtsbuch macht auf die Anwesenheit von Händlern aus dem Mittelmeerraum und Nordwesteuropa und auf wach-

---

191 ZÖPFL, Bischöfe, S. 204ff.: „Diese Gebietsteile, die in dem weiten Raum vom Ries bis Bozen zerstreut waren, sachgemäß zu verwalten, war bei den damaligen Verkehrsmöglichkeiten mit Schwierigkeiten verbunden. Oberster Verwalter des hochstiftischen Gutes, aus dem der domkapitulische Besitz längst ausgeschieden war, war der Bischof selbst. Viele Urkunden zeigen uns Hartmann als Verwalter. [...] Der Notar des Bischofs hatte nicht nur hochstiftische Geschäfte zu beurkunden, sondern auch Angelegenheiten, die in den bischöflichen Amtskreis im eigentlichen Sinn gehören. [...] In der Leitung seines Bistums hatte Hartmann nicht völlig freie Hand. Bei wichtigeren Maßnahmen [...] war er an die Zustimmung des Kapitels gebunden".

192 Vgl. die Städtetypologie Max Webers, der das spätmittelalterliche Augsburg als Händlerstadt klassifiziert. Als wesentliches Charakteristikum gilt, dass die Kaufkraft und Warenabnahme durch Kaufleute in Ergänzung zum örtlichen Markt zur existentiellen Voraussetzung wird. Max WEBER, Wirtschaft und Gesellschaft, Grundriß der verstehenden Soziologie, Tübingen 1985, S. 727–814; Zur Kritik der Typologie Max Webers und ihrer Anwendbarkeit in der mediaevistischen Stadtgeschichtsforschung: Gerhard DILCHER, Max Webers Stadt und die historische Stadtforschung der Mediaevistik, In: Historische Zeitschrift 267 (1998), S. 91–125.

193 Edmund VON OEFELE, Rechnungsbuch des oberen Vicedomamtes Herzog Ludwigs des Strengen 1291–1294, In: Oberbayerisches Archiv 26 (1865/66), S. 272–344; Übersicht bei Franz BASTIAN, Oberdeutsche Kaufleute in den älteren Tiroler Raitbüchern

sende Importprozesse europäischer Waren in die Stadt aufmerksam.[194] Diese Händler, brachten „Tuche, Wein, Salz" und andere *welsche* Ware, wie „Metalle, (Oliven-) Öl, Südfrüchte, Wachs und Kleidung" aber auch „Polster, Kissen, Geschirr, Leinwand" oder „Heringe aus Schonen und Aalen" auf den städtischen Markt.[195] Auf dem Augsburger Markt des ausgehenden 13. Jahrhunderts waren Händler aus dem Mittelmeerraum und Nordwesteuropa anwesend. Für andere diente Augsburg als Verkehrsknotenpunkt, den sie mit ihren warenbeladenen Saumtieren durchquerten.[196] Der Verkauf unterlag einer strengen Reglementierung, deren Einhaltung täglich von Ausschüssen der Bürgerschaft überwacht wurde.[197] Die zwölf *underkeuffeln* waren Makler, über die auswärtige

---

(1288–1370), Rechnungen und Rechnungsauszüge samt Einleitungen und Kaufmannsregister, München 1931.

194 MEYER, Stadtrecht, S. 16f.: *Swelich burgaer silber kaufen will, des er bedarf hinze Kaerlingen, ze Franken, ze Bozen oder ze Venedic, der sol kaufen hinze Kaerlingen vierzik mark unde niht mer unde zwainzik mark hinze Franken, zwainzik mark unde niht mer hinze Bozen, unde vierzik hinze Venedic*; S. 43: *Swelh burger von Venedic kumt unde ganzen kaufschatz her fueret, swenne er den bringet, so sol er sin niht minner verkaufen wan bi funf unde zwainzik phunden.* Regelungen zum *kaufschatz* beziehen sich auf „speziell fremde, von weit her eingeführte Waaren, insbesondere Spezereien, Seide, feine Tücher, usw." MEYER, Stadtrecht, S. 25, Anm. 4; vgl. dazu etwa S. 25: *Kumt auch ain gast in die stat unde git sinen kaufschatz umb beraite phenninge unde kaufet mit den phenningen ainen andern kaufschatz swelher hande der ist, so hat der zolner des gewalt daz er im nimt den zol von dem kaufschatze den er dahin gaeben hat oder von dem den er da kaufet hat*; weiterhin: § 5, § 6, §7, § 13, § 21 desselben Artikels. Auf Fernkaufleute nimmt etwa Art. 14 § 15, § 16 Bezug.

195 Rolf KIEßLING, Im Spannungsfeld von Markt und Recht, Die Augsburger Wirtschaft im 15. und 16. Jahrhundert, In: Christoph Becker, Hans Georg Hermann (Hg.), Ökonomie und Recht—Historische Entwicklungen in Bayern, 6. Tagung der Gesellschaft für Bayerische Rechtsgeschichte am 4. und 5. Juli 2008 in Augsburg (= Augsburger Schriften zur Rechtsgeschichte, Bd. 19), Berlin 2009, S. 73–99, hier: S. 79; Peter LENGLE, Handel und Gewerbe bis zum Ende des 13. Jahrhunderts, In: Geschichte der Stadt Augsburg, S. 166–170, hier: S. 168; MEYER, Stadtrecht, S. 69: *Der selben zwelfer suln viere underkeufel sin ze gewande, ez si sidin oder wullin, unde ze allem waelschen kaufschatze, zu silber, ze golde, ze kupher, ze zin, ze blie, ze ysen, ze aigen, ze lehen, ze unslide, ze smerbe, ze bachen, ze haeringe, ze husen, ze huten, ze vaellen, die man samt verkaufet, ze oel, ze wahse, unde ze allem waehsel, ane diu reht diu in die munze hoerent.*

196 MEYER, Stadtrecht, S. 27: *Fueret auch ein gast durh die stat sinen kaufschatz in saumes wise, der sol geben ie von dem saume zwen phenninge.*

197 LENGLE, Handel und Gewerbe bis zum Ende des 13. Jahrhunderts, S. 168: „Das Verkaufsrecht für Tuche, insbesondere für die feineren Qualitäten aus Nordwesteuropa, hatten die *gwandschneider*, die Tuchhändler, inne. [...] Fremde Weinhändler sollten ihren Wein nur auf der Straße ausschenken. [...] Ansonsten mussten fremde Händler ihre Waren en gros im sogenannten *samptkauf* den Augsburgern überlassen. [...] Besonders streng waren die

Kaufleute den Ein- und Verkauf von Handelswaren abzuwickeln hatten. Zwölf Kornmesser überwachten den Getreidehandel mit der Stadtwaage und genormten Getreidescheffeln.[198] Die Reglementierung des Handels war aufwendig, aber ertragreich, denn sie sicherte den vor Ort ansässigen Handwerkern und Händlern die Beteiligung an den aus dem Handel hervorgehenden Gewinnen.

In der rechtshistorischen Forschung wurde in den Stadtrechten der deutschen Metropolen ein Wandel der Normstruktur beobachtet, der einer Anpassung der Rechtsprechung an konkrete Bedürfnisse einer neuen wirtschaftlichen Dynamik des städtischen Alltagslebens diente. Stadtrechte sollten „dem Kaufmann und handeltreibenden Bürger die in einem Austauschvertrag enthaltene wirtschaftliche, rationale Zukunftsplanung auch für den Konfliktfall realisierbar erscheinen lassen. [...] Die frühe stadtbürgerliche Gesellschaft garantiert ihren Mitgliedern also Friede und Rechtsschutz, und zwar in Bezug auf die Zukunftserwartung des rational-geldwirtschaftlich planenden Menschen der mittelalterlichen Handels- und Gewerbestadt".[199]

Unter derartigen Vorzeichen erfolgte der Konflikt um die Zolltarife an der Wertachbrücke. Hier führten die fehlende Existenz von Details in den Zollbestimmungen und traditionell eigenbestimmtes Handeln des Zöllners den Konflikt herbei. Es hatte an einer schriftlichen Argumentationsgrundlage gefehlt, die eine Rechtfertigung der Zollbeträge des Brückners erlaubt hätte. Bischof und Stadt waren gemeinsam zu einer Reaktion gezwungen. Diese lag im Ausbau der zollrechtlichen Bestimmungen, die jeder Eventualität vorbeugen sollte und in der zwingenden Verpflichtung des Brückners auf die geschriebenen Zollbestimmungen. Um im Rechtsfall argumentieren zu können, war es nötig, die Autorität von personellen Entscheidungen an die Autorität der Schrift zu binden. Dies leitete einen allmählichen Autoritätstransfer ein, der dem geschriebenen Dokument eine neue Macht verlieh.[200] Verschriftlichung eines gemeinsamen Konseses bedeutete Kompetenzentzug für den Einzelnen. Nicht nur für den Bischof und seinen Brückner, auch für den Bürgerverband begann eine Phase der Geschichte, in der Inhalte von geschriebenen und

---

Vorschriften im Salzhandel, die vorsahen, dass weder ein Bürger—außer er war im Besitz eines eigenen Fuhrwerkes—noch ein Fremder Salz durch die Stadt führen sollte.

198 MEYER, Stadtrecht, S. 51; vgl. KIEßLING, Augsburger Wirtschaft, S. 80.
199 DILCHER, Oralität, Verschriftlichung und Wandelung der Normstruktur in den Stadtrechten des 12. und 13. Jahrhunderts, In: Ders., Bürgerecht und Stadtverfassung, S. 281–300, hier: S. 298.
200 Vgl. Martin KAUFHOLD, Die gelehrten Erzbischöfe von Canterbury und die Magna Carta, In: Ders. (Hg.), Politische Reflexionen in der Welt des späten Mittelalters, Political Thought in the Age of Scholasticism, Essays in Honour of Jürgen Miethke (= Studies in Medieval and Reformation Traditions, Bd. 103), Leiden 2004, S. 43–65, hier: S. 60ff.

langfristig gespeicherten Texten zunehmend zu einer Referenzgröße ihres zukünftigen Handelns wurden.

Auch zwischen großen Handelsstädten wurde geschriebenes Recht im Zuge der europäischen Vernetzung eine anerkannte und immer unumgänglichere Basis, auf der Auseinandersetzungen geführt wurden. Eine ob ihres hohen Alters seltene Erläuterung in einem Brief des Jahres 1259 über die Handhabung schriftlicher Bestimmungen des Schiffs- und Seerechts, von Seiten des Hamburger Bürgerverbandes gegenüber dem der Stadt Lübeck, geben ein Beispiel davon. Ausgangspunkt war eine Beschwerde der Lübecker über die Handhabung des Schiffsrechts durch Hamburger Kaufleute.[201] Die Hamburger Bürger beriefen sich daraufhin auf ihre geschriebenen Schiffsrechte.[202] Dabei wurde betont, dass man über den Transport von Gold und Silber auf See noch keine Bestimmungen erlassen hätte, da die Kaufleute noch keine derartigen Güter auf dem Seeweg zu transportieren pflegten, als man die Schiffsrechte niedergeschrieben hatte. Den Lübeckern wurde daher freigestellt, in diesem Punkt so zu verfahren, wie es ihnen angemessen und vernünftig erscheine.[203]

Der früheste bekannte Brief eines venezianischen Dogen, der sich in einem handelsrechtlichen Konfliktfall direkt an den Augsburger Bürgerverband wandte, stammt aus dem Jahr 1308. Er zeugt von der Anwesenheit venezianischer Kaufleute in Augsburg und einer Verhandlung über die Freigabe in Füssen aufgehaltener venezianischer Handelswaren.[204] Diese Verhandlung erfolgte

---

201 Johann Martin LAPPENBERG, Hamburgisches Urkundenbuch, Bd. 1, Hamburg 1842 (Nachdruck 1907), Nr. 538, (vor 21. Dez. 1259), S. 189f.: [...] *vestri consules coram nobis proposuerunt dicentes, quod illa velificacio [...] quam civitas Hamburgensis haberet, pergravis videretur eisdem.*

202 Ebd.: *Ad id respondimus, nostre iuridictionis esse [...].*

203 Ebd.: *Super argentum vero et aurum non est ius aliquod ordinatum, quia tunc temporis, cum hec statuta fuere, mercatores non solebant usquam talia bona navigio destinare; propterea super argentum et aurum quicquid vobis fore congrui videtur et rationabile, poteritis ordinare.*

204 Henry SIMONSFELD, Der Fondaco die Tedeschi in Venedig und die deutsch-venetianischen Handelsbeziehungen, Stuttgart 1887, Nr. 26 (17. Okt. 1308), S. 9f.: *Consulibus et universitati civium de Augusta. Receptis et intellectis litteris vestris quas nobis (misistis) super facto ballarum, mercimoniorum nostrorum mercatorum, que apud Fauces (Füssen) sequestrate fuerant per vestros, relaxandarum sub certa condicione, quam requirebatis a nobis, respondimus vobis per litteras nostras, quas vestro fecimus nuncio exhiberi, quod acceptabamus ipsarum ballarum relaxacionem cum condicione apposita in eisdem, scilicet mittendi vobis certas promissiones et securitates, quas vobis mitti per nos per instrumentum publicum petobatis, et quod securitates et promissiones illas vobis per proprium nuncium mitteremus. Nunc autem predictum nostrum nuncium, latorem presencium, Jacobellum Balisterium missetam fontici nostri Teuthonicorum, ad vos duximus transmittendum ad recipiendum dictas*

mit Boten und Briefen. Die Argumentation der Venezianer basierte dabei auf Urkunden, die man den Augsburgern mit einem Boten zukommen ließ. Nur durch die Ausbildung einer *universitas civium* und durch die Akzeptanz der Autorität schriftlicher Dokumente im Konflikt war die Stadt auf diese Weise nach außen hin handlungsfähig geworden.[205] Das schriftliche Stadtrecht definierte Wege der Herrschaftsausübung nach innen und außen. Erst durch diese Leistung trat der Bürgerverband nach außen hin vor einem Horizont gewandelter Ordnungsvorstellungen als trennscharf wahrnehmbare, ansprechbare rechtliche Einheit in Erscheinung. Diese politische Ansprechbarkeit war ebenfalls eine Grundlage des raumübergreifenden Handels. Geschriebenes Recht wurde vor dem Hintergrund eines gewandelten Ordnungsverständnisses Möglichkeit und Argument. Die Effektivität des möglichen Arguments stand zu dessen Anschlussfähigkeit an die konkrete Situation des städtischen Alltags in Abhängigkeit.

Um übergeordnete Motive des Stadtherrn sichtbar zu machen, sollen die Augsburger Ereignisse nun im Vergleich mit anderen Stadtrechtsverleihungen Rudolfs betrachtet werden. Vier Jahre nach der Bestätigung des Augsburger Stadtrechtes waren die Esslinger Bürger im Mai 1280 im Hause ihres Schulmeisters zusammengekommen, um der präurbanen Siedlung Brackenheim in einer Urkunde Esslinger Stadtrecht zu übertragen.[206] Auch die Bewilligung dieser Stadtrechtsübertragung war im Vorfeld durch König Rudolf erteilt worden.[207] Die Initiative wurde durch den Landesherrn Erking von Magenheim getragen.[208] Erking hatte Brackenheim planmäßig mit einer Mauer umgeben lassen. Neben Brackenheim erhielten im gleichen Jahr die auf westlicher Linie gelegenen Dörfer Eppingen und 1286 Zeutern städtische Rechte, deren Verleihung mit der Errichtung von Mauern verbunden war. So entstand unter königlichem Einfluss eine Linie befestigter Siedlungen entlang einer Handelsstraße zwischen Speyer und Heilbronn.[209] Auf der Grundlage geschriebenen Rechts

---

*ballas cum promissionibus et securitatibus supradictis, rogantes vos, quatenus illas ballas et res predictas eidem nostro nuncio liberetis et absolute illas permittatis secure per vestrum districtum conduci et inde extrahi, sicut per easdem nostras litteras obtulistis.*

205 Vgl. Eberhard ISENMANN, Art. „Universitas", In: LEX MA 9 (1997), Sp. 1247f.
206 WUB XI, Nr. 5688 (29. Mai 1280).
207 RI VI, Nr. 1245 (1280).
208 WUB, XI, Nr. 5688 (29. Mai 1280). Vgl. Wolf EIERMANN, Habsburg im Zabergäu: die Stadterhebungen von Brackenheim (1280) und Bönnigheim (um 1284) im Licht eines königlichen Familienbündnisses: mit einer neuen Genealogie der Herren von Magenheim im 13./14. Jahrhundert, In: Zeitschrift des Zabergäu-Vereins (2009), S. 1–14.
209 Oswald Redlich sprach jenen Stadtrechtsverleihungen jegliche verkehrspolitische Bedeutung ab. Vgl. Oswald REDLICH, Rudolf von Habsburg, Das Deutsche Reich nach dem

vermochte ihre Anlage und Existenz gegenüber den Ansprüchen benachbarter Adeliger vor Gericht vertreten zu werden.

Die Installation des Stadtrechts machte den Zuzug von Landbevölkerung und deren Einbürgerung im rechtlich zur Stadt gewandelten Dorf Brackenheim unter dem Schutz des Fürsten und der neu errichteten Mauer überhaupt erst möglich.[210] In Brackenheim wurde die Aufnahme in das Bürgerrecht gegen Entrichtung einer geringen Gebühr von einigen Pfennigen an die Repräsentanten einer neu geschaffenen zeitgemäßen rechtlichen Infrastruktur (Schultheiß, Richter, Schreiber und Büttel) und die Verpflichtung zu regelmäßigen Wachdiensten leicht gemacht.[211] Das Stadtrecht sicherte den unumstrittenen Herrschaftsanspruch Erkings, regelte Aufnahmebedingungen, Abgabe

---

Untergange des alten Kaisertums, Innsbruck 1903, S. 472. Dem stehen regionalgeschichtliche Forschungsergebnisse entgegen: Franz Joseph MONE, Urgeschichte des badischen Landes bis zu Ende des siebenten Jahrhunderts, Bd. 1, Karlsruhe 1845, S. 195: „Diese Straße von Brackenheim bis Wisloch war im Mittelalter ein Haupthandelsweg aus dem unteren Schwaben, der nach Wisloch sich theilte, mit einem Zweige über Wersau nach Speier und den Rhein hinab". Auch die Burg Streichenberg, die unmittelbar nördlich von Eppingen liegt, wurde in den 80er Jahren des 13. Jahrhunderts durch Schwicker von Gemmingen, einen Gefolgsmann Rudolfs von Habsburg, zum Schutz jener Straße errichtet; vgl. Hinrich ZÜRN, Die Burg Streichenberg, Zur Bau- und Besitzgeschichte, In: Kraichgau 14 (1995), S. 165–189; Ludwig H. HILDEBRANDT, Neues zur Geschichte der Burg Streichenberg bei Stebbach, Kraichgau 20 (2007), S. 53–72.

210 Mathias SCHMOECKEL, Auf der Suche nach der verlorenen Ordnung, 2000 Jahre Recht in Europa—Ein Rückblick, Köln 2005, S. 130ff.: „Auf dieser Grundlage entwickelten sich auch die Rechte, die in den Städten galten. Jene Städte die sich einer fürstlichen Initiative verdankten, erhielten zumeist durch den Gründer ein eigenes Recht. Dieses bildete die Grundlage, um Landbevölkerung in die Stadt zu ziehen". Vgl. Heinrich Maurer, Kritische Untersuchungen zur ältesten Verfassungsurkunde der Stadt Freiburg, In: ZGONF 1 (1886), S. 170–190, hier: S. 177–182 (6. Jul. 1282): Hesso und Rudolf von Üsenberg bestätigen die 1249 erfolgte Verleihung von Freiburger Rechten an den Ort Kenzingen durch ihren Vater Rudolf von Üsenberg. Auch diese Stadtrechtsverleihung, die durch Rudolf von Habsburg bestätigt wurde, benennt die mit ihrer Anlage verbundenen Intentionen: *Notum facimus [...] quod Rudolfus nobilis [...] intendens in suo fundo proprio Kenzingen munitionem construere, ipsam munitionem firmis muris et fossatis muniens, ut idem locum majus reciperet incrementum, habito consilio ipsam munitionem Kenzingen privilegiis et liberatibus, quibus locus Friburgensis usus et gavisus et munitus existit, honoravit.*

211 WUB XI, Nr. 5688 (29. Mai 1280): *Man soll auch wiszen, wer burger werden wil, der soll den schulthaiszen ehren mit phenningen nach beschaidenhait und soll iedem richter und dem schryber und auch dem gebuttel 4 haller geben. [...] Gesäsze aber ein man ald ein fraw jar und tag in der stat mit aigenem rauch und gebe steur und wacht, die behebt man doch für burger [...]. Wan nu dise recht von kaisern und von künigen bestätigt sind, so hand die burger von Eszlingen ze einem wahren urkunde ihr insigel haiszen gehenkt an disen brief,*

und Wachpflichten der Bürger, definierte bürgerliches Erbrecht und jüdisches Recht in Brackenheim und schuf darüber hinaus vor allem strafrechtliche Strukturen.[212] Entsprechend der Größe und Komplexität der Infrastruktur Brackenheims genügte zur Verschriftlichung des Stadtrechtes eine Urkunde. Vor Ort selbst existierten 1280 weder Traditionen noch gelehrte Kompetenzen, die die Schaffung eigenen Stadtrechts ermöglicht hätten.

Einen vergleichbaren Befund ergibt die Untersuchung der Stadtrechtsverleihung Rudolfs an die Kleinstadt Montabaur. Zusammen mit den kurtrierischen Orten Bernkastel, Mayen, Saarburg, Welschbillig und Wittlich erhielt der Trierer Erzbischof am 29.05.1291 von Rudolf Frankfurter Stadtrecht für den kleinen Marktort. Die Siedlung, die sich am Fuße der Burg Humbach der Erzbischöfe befand, war seit 1018 in ihrem Besitz. Im 13. Jahrhundert hatte Montabaur lediglich die Größe eines Dorfes. Noch im späten 15. Jahrhundert, als der Ort den Höhepunkt seiner mittelalterlichen Bedeutung erlangte, geht die lokalhistorische Forschung bei nachweisbaren 300 Feuerstätten von 1500 Einwohnern aus.[213] Eine selbstständig handlungsfähige Bürgerschaft war im 13. Jahrhundert nicht ausgebildet. Mit der Etablierung des Bürgerrechts und des Marktrechts, der Befreiung von Wehrpflicht und Leibeigenschaft, der Bestätigung der Gewohnheitsrechte, der Festschreibung der Gerichtshoheit, dem Münzrecht und dem Recht zur Aufnahme von Neubürgern waren die rechtlichen Voraussetzungen für die Partizipation der Städter am wirtschaftlichen System des späten 13. Jahrhunderts geschaffen. Das Recht der Einziehung von Steuern und Abgaben verblieb dabei beim Trierer Bischof, ebenso wie die hohe Gerichtsbarkeit.[214] Die Etablierung des Rechts erfolgte zur „Stärkung" des bischöflichen Einflusses gegenüber dem örtlichen Adel.[215]

---

    *der wart geschriben, da von gottes geburte warn zwelfhundert jare und achzig jare und der maien dennoch weret dry tage, und geschach das ze Eszlingen in des schulmaister huse.*

212 Dass Brackenheim nicht als Handelsumschlagsplatz vorgesehen war, bezeugen die kaum vorhandenen handelsrechtlichen Bestimmungen: WUB XI, Nr. 5688 (29. Mai 1280): *Was kaufschatzes in die statt bracht wirt, der feil ist, den mag nieman beclagen noch verbieten, wann umbe des mannes aigene schulde, des der kauf ist.*

213 Hans FRISCHBIER, Bürger—Bürgerrechte—Städtische Selbstverwaltung, In: Markus Wild (Hg.), 700 Jahre Stadt Montabaur, Momentaufnahmen einer wechselvollen Geschichte, Katalog zur Jubiläumsausstellung der Stadt Montabaur im Rittersaal des Schlosses vom 19.9. bis 18.10. 1991, Montabaur 1991, S. 7–12, hier: S. 10: „Es ist nicht bekannt, wieviele Einwohner Montabaur im 13. Jh. hatte. Im Jahre 1478 gab es etwa 300 Feuerstätten. Wir können annehmen, dass die Stadt damals 1500 Einwohner zählte".

214 FRISCHBIER, Bürger, S. 8; POSSEL-DÖLKEN, Stadtrecht und Bürgerrecht, S. 6.

215 POSSEL-DÖLKEN, Stadtrecht und Bürgerrecht, S. 6.

Der Fürst Bernhard II. von Lippstadt begründete die erstmalige Errichtung eines Stadtrechts [...] *de consilio amicorum meorum* [...] mit der schwachen Besiedlung und Befestigung seiner neu gegründeten Stadt.[216] In Neumarkt resultierte die Sammlung und Niederschrift (*compilavimus et inscripsimus*) der bisher ungeschriebenen Rechtsordnungen des Marktes 1235 auf Wunsch des Herzogs von Polen [...] *ad utilitatem burgensium suorum* [...].[217] Rudolf von Habsburg hat zahlreichen präurbanen, landesherrlichen Siedlungen Stadtrechte verliehen. Thomas Martin nennt 44 Fälle in denen solche Verleihungen auf Bitten eines Territorialherrn erfolgten.[218] Die Einführung eines Stadtrechts schien solchen Fürsten dabei stets sinnvoll. Zumeist wurden die Rechte der nächstgelegenen Reichsstadt zur Grundlage.[219] Die etwa 700 Neugründungen von Städten, die in der zweiten Hälfte des 13. Jahrhunderts zu verzeichnen sind, bilden „den eindrucksvollen Gipfelpunkt der hochmittelalterlichen Gründungswelle überhaupt".[220] Um 1250 war das Städtenetz des Reichs im Wesentlichen ausgebildet.[221] Sie alle bedurften im 13. Jahrhundert zunehmend der Ausstattung mit geschriebenem Stadtrecht.[222] Die Existenz

---

216 Elenchus 1, Nr. 125 (1220), S. 198ff.: *Cum igitur hec novella plantacio et yncolis et municionibus adhuc esset infirma, ego de consilio amicorum meorum incolis liberum contuli arbitrium, ut jura miciora et meliora de quacunque vellent eligerent; tandem habito inter se consilio jura Suosaciensium sub ea forma eligere decreverunt, ut si qua ex eis displicerent, illa abicerent et aliis sibi ydoneis gauderent, que etiam in ordine communi consensu conscribi decrevimus.*

217 Gustav SCHMIDT, Urkundenbuch der Stadt Halle, ihrer Stifter und Klöster, Bd. 1 (= Geschichtsquellen d. Provinz Sachsen und des Freistaates Anhalt, N.R., Bd. 10), Halle 1930, Nr. 224 (1235).

218 MARTIN, Städtepolitik, S. 122 ff.

219 MARTIN, Städtepolitik, S. 125.

220 STÜRNER, 13. Jahrhundert, S. 59: „Deutschland erlebte zwischen 1250 und 1300 mit wahrscheinlich weit über 700 Städtegründungen den eindrucksvollen Gipfelpunkt der hochmittelalterlichen Gründungswelle überhaupt". Vgl. Heinz STOOB, Deutscher Städteatlas II. Lieferung, Dortmund 1979; Ders., Die hochmittelalterliche Städtebildung im Okzident, In: Ders. (Hg.), Die Stadt. Gestalt und Wandel bis zum industriellen Zeitalter, Köln, u. a., 1979, S. 131–156; DERS., Formen und Wandel staufischen Verhaltens zum Städtewesen, In: Otto Brunner, Heinrich Kellenbenz, Erich Maschke, Wilhelm Zorn (Hg.), Festschrift Hermann Aubin zum 80. Geburtstag, Wiesbaden 1965, S. 423–451; DERS., Forschungen I, Forschungen zum Städtewesen in Europa, Bd. 1, Räume, Formen und Schichten der mitteleuropäischen Städte, Eine Aufsatzfolge, Köln, Wien 1970.

221 Heinz STOOB, Städteatlas II. Lieferung, Dortmund 1979.

222 Auch Thomas Martin, der in Übereinstimmung mit der Forschungstradition vor allem die verfassungsrechtlichen Entwicklungsaspekte betont, kommt immer wieder auf die wirtschaftliche Bedeutung der Stadtrechtsverleihungen zu sprechen. Vgl. etwa Thomas

einer rechtlichen Infrastruktur auf schriftlicher Basis wurde zu den Voraussetzungen einer neuen Zeit. Auch die Verleihung von Rechten an kleine Städte, in deren Geschichte der Hintergrund des Wandels weniger durch einen bürgerlichen Emanzipationsprozess überstrahlt wird, verweist auf die Macht des gewandelten Ordnungsverständnisses, vor dessen Hintergrund geschriebenes Recht zu einem Sicherheits-, Argumentations- und Erfolgspotential wurde.

Auf die wirtschaftliche Funktionalität der Stadt Augsburg war auch Bischof Hartmann angewiesen. Gerade solche Rechte waren beim Bischof verblieben, die dann Einnahmen versprachen, wenn der Handel in der Stadt florierte. Zu ihnen gehörten die traditionellen bischöflichen Zölle an Brücken und Toren in- und außerhalb der Stadt, das bischöfliche Münzrecht und das Recht des jährlichen Einzugs städtischer Steuern.[223] Bereits 1231 entrichtete der Augsburger Bürgerverband erstmals nachweisbar Reichssteuern, von denen der Bischof den halben Betrag erhielt.[224] Dass Abgaben aus Zöllen und städtischen Steuern in Abhängigkeit zur städtischen Wirtschaftskraft standen und für den Haushalt eines weltlichen Fürsten eine nicht zu unterschätzende Grundlage bildeten, bezeugt eindrücklich ein Rechnungsbuch des bayerischen Herzogs Ludwigs des Strengen, das für die Jahre zwischen 1291 und 1294 erhalten ist. Insgesamt schöpfte Ludwig jährlich mehrere tausend Pfund Pfennige aus solchen Geldquellen.[225]

---

Michael MARTIN, Die Städtepolitik Rudolfs von Habsburg, Göttingen 1976, S. 61: „Gerade an der Hebung ihrer Wirtschaftskraft war der König auf's stärkste interessiert. Da in Dortmund der Fernhandel die maßgebliche Rolle spielte, bestätigte er der Stadt ihre Zoll-, Wegegeld- und Geleitsfreiheit und forderte Bischöfe, Fürsten, Herren und Städte auf, dieses Privileg der Dortmunder zu respektieren".

223  Zölle: MB 33a, Nr. 80 (August 1253): *Quod nos non debemus accipere telonium in civitate vel extra, nisi quod episcopi augustani consueverint recipere ab antique*; Münze: MB 33a, Nr. 114 (27. Feb. 1272); UBA I, Nr. 55 (26. Apr. 1277). Noch das Urbar des Hochstiftes von 1316 führt die Münze als bischöfliche Einkunft auf: MB 34b, S. 384; MEYER, Stadtrecht, Art. VIII. § 2 *Ez en hat auch der vogt noh der burggrafe noh niemen anders ze rihten cheiniu dinch in die münze noch daz darzu hoeret, wan der bischof unde sin munzmaister*. Steuern: MB 33a, Nr. 80 (Aug. 1253): *Tam nos quam dominus rex in perceptione collectae utetur iure suo* (Die Urkunde von 1254 definierte die jährliche Steuer von 100 Pfund Augsburger Pfennigen pro Jahr, die der Bischof bis zur Rückkehr vollständig einzieht. Im Jahr 1266 bestätigte Konradin dem Bischof die Hälfte aller in der Stadt erhobenen Steuern MB 30a, Nr. 810 (3. Okt. 1266).

224  MB 30a, Nr. 702 (22. Nov. 1231).

225  Vgl. die Gesamtsummen bei OEFELE, Rechnungsbuch.

Für Bischof Hartmann ist ein chronischer Geldmangel dokumentiert. Auch in den Verträgen Bischof Hartmanns mit den bürgerlichen Eliten treten finanzielle Mittel immer wieder als zentraler Faktor der Vertragsbildung hervor. Eben jener Heinrich Schongauer, der uns zu Beginn dieses Kapitels als Gläubiger Konradins und erster Träger des Titels eines städtischen *cancellarius* entgegentrat, war auch der „wichtigste Kreditor Bischof Hartmanns".[226] Mehrere Rechtsverpfändungen und dokumentierte Schulden Hartmanns bei Adeligen des Augsburger Umlandes zeugen von einem hohen bischöflichen Bedarf an Münzgeld, das während des 13. Jahrhunderts im Zuge der Monetarisierung zu einer existentiellen Grundlage geworden war.[227] Als sich der Bischof und die Stadt um 1270 in einem Krieg mit dem Herzog von Bayern befanden, war der Hartmann gezwungen, sich von den Bürgern Geld zu leihen. Zur Schuldentilgung, überließ er diesen die Torzölle für Wein und Waren auf fünf Jahre.[228] Vor diesem Hintergrund erscheint die Übertragung der Verantwortung für Tore und Mauern auf die Bürger nicht nur als Autoritätsverlust, sondern auch als Faktor der Kostensenkung.[229] Augsburg war 1276 keine kleine Stadt mehr. Ihre Mauern und Tore schufen die nötige Sicherheit zum Handel und der Lagerung von Waren. Ihre Instandhaltung gehörte jedoch zu den größten Kostenfaktoren der Stadtherrschaft.[230] Während Steuereinnahmen die politische Handlungsfähigkeit des Bischofs erhöhten, führte die Übertragung von Verantwortung für den Mauerbau und die städtischen Verteidigung zu einer nicht unerheblichen Kostensenkung für den bischöflichen Haushalt.

---

226 Peter GEFFCKEN, Art. „Schongauer", In: Augsburger Stadtlexikon, S. 798f.: „Schon als Gläubiger Bf. Sibotos erwähnt, wurde er ab 1251 zum wichtigsten Kreditor Bf. Hartmanns, wofür ihm dieser bedeutende Teile des Hochstiftsbesitzes in der Stadt verpfänden mußte, darunter 1262 das nach dem Tod des Schwagers vakante Burggrafenamt". Übertragung der bischöflichen Mühlen an Heinrich Schongauer: MB 33a, Nr. 80 (Aug. 1253).

227 Vom 12. bis zum 13. Jahrhundert vollzog sich in Augsburg ein Wandel der Abgabeverpflichtungen der Bürger gegenüber dem Bischof von Naturalien zu Münzzahlungen. Vgl. MGH Diplomata 10, 1, Nr. 147 (1156), S. 246f.: *Quocienscumque episcopus ad curiam vel cum in expeditionem vel ad consecrationem ibit, prefectus ei duas cirotecas et pilleum et insuper suum subsidium dabit.* Im Gegensatz dazu: UBA I, Nr. 49 (5. Apr. 1274): „Das Domkapitel und die Augsburger Bürgerschaft versichern dem Bischof Hartmann die Wiederzahlung der von ihm gelegentlich seiner Reise an das königliche Hoflager vorgeschossenen Unkosten".

228 MB 33a, Nr. 109 (30. Mai 1270).

229 KALESSE, Bürger, S. 44: „Außerdem ergaben sich für ihn eine Wehr- und Bewaffnungspflicht, sowie Arbeitsdienste an der Stadtbefestigung"

230 Vgl. VOIGT, Rechnungsbücher, S. 73f., 76, 90.

Der Augsburger Bischof war kein Kaufmann. Er konnte nicht durch direkte Beteiligung am Handel verdienen, aber durch dessen Förderung, die sich auch im politischen Handeln des Bischofs zeigt. Im Jahr 1260 schlichteten Bischof Hartmann und das Domkapitel einen Streit zwischen Bürgerschaft und den Kanonikern von St. Peter am Perlach um den Platz zwischen dem Kanonikerstift und einem neu erbauten Rathaus der Bürger. Es kam zu einem Ausgleich, der den Bürgern den Bau einer Treppe zu ihrem Rathaus und die Nutzung einer Überdachung ihrer Verkaufsstände auf dem Grund des Kanonikerstifts zugestand.[231] Den Kanonikern wurde auferlegt, nichts auf dem Platz zu errichten, was eine Feuergefahr heraufbeschwören könnte. Dies diente zum Schutz der Waren, die im Rathaus der Bürger gelagert wurden. Solche in der ersten Bauphase oft noch hölzernen Rathäuser, deren Entstehung nicht nur in Augsburg nachweisbar ist, dienten von Beginn an politischen, gesellschaftlichen und wirtschaftlichen Zwecken, wobei zunächst weniger deren Funktion als Verwaltungszentrum, sondern mehr die Funktionen als gesellschaftliches Zentrum und als Kaufhäuser und Lagerstätte für Handelswaren im Vordergrund standen.[232] Verträge mit Fürsten des Umlandes, die dem Schutz der Augsburger Kaufleute dienten, wurden in der Regierungszeit Hartmanns unter Zeugenschaft und Unterschrift des Bischofs beglaubigt.[233]

---

231 UBA I, Nr. 21 (1260).
232 Stephan ALBRECHT, Mittelalterliche Rathäuser in Deutschland, Darmstadt 2004, S. 22f. Für Augsburg: Wolfram BAER, Das Augsburger Rathaus. Zur historischen Funktion des Augsburger Rathauses während der reichsstädtischen Zeit, In: Ders., Hanno-Walter Kruft, Bernd Roeck (Hg.), Elias Holl und das Augsburger Rathaus, Regensburg 1985, S. 73–77. Eine Zusammenstellung der bisher bekannten Quellen und ein Vergleich der Funktionen des mittelalterlichen Rathauses der Stadt Augsburg mit den Rathäusern der Städte Regensburg, Passau, Nürnberg und zahlreichen kleineren Rathäusern süddeutscher Städte bei: Eberhard P. HILBICH, Das Augsburger spätgotische Rathaus und seine Stellung unter den süddeutschen Rathausbauten, München 1968. Vgl. weiterhin: Julius BAUM, Das alte Augsburger Rathaus, In: Zeitschrift des Historischen Vereins für Schwaben 33 (1907), S. 63–73. Für die Nachbarstadt Ulm vgl. Hans GREINER, Das Archivwesen Ulms in seiner geschichtlichen Entwicklung, In: Württembergische Vierteljahrshefte für Landesgeschichte (1916), S. 295–324, hier: S. 295: „Das Amtshaus der Marktstadt und zugleich das Archiv derselben war wohl das Rathaus, in welchem auch später die Urkunden und Akten der Stadt niedergelegt waren. Das Ulmer Rathaus kommt zum ersten Mal 1360 unter dem Namen Rathaus vor. Es diente ursprünglich zugleich als Kaufhaus. In der Tat haben die Sattler und die Metzger in den Hallen dieses Hauses lange Zeit ihre Waren feilgeboten, und auch der bedeutende Salzhandel der Stadt hatte dort seinen Mittelpunkt".
233 UBA I, Nr. 45 (17. Okt. 1272): Herzog Ludwig von Bayern nimmt die Bürger von Augsburg, insbesonders die nach Bayern handelnden Kaufleute in seinen besonderen Schutz: *Ut*

Das traditionelle Bild der Stadtgeschichte des ausgehenden 13. Jahrhunderts, das von den Gegensätzlichkeiten zwischen Bischof und Bürgerschaft geprägt ist, überstrahlt die historische Dimension der Notwendigkeit einer wirtschaftlichen Koexistenz innerhalb der städtischen Mauern.

Welche Motive waren es schließlich, die König Rudolf an jenem Hoftag des Jahres 1276 zur Bestätigung des Augsburger Stadtrechts veranlassten. Noch nie hatte ein König vorher so viele Stadtrechte bestätigt, wie Rudolf von Habsburg. Die Augsburger Stadtrechtsverleihung war eine von über 100 Bestätigungen von Freiheiten, Rechten und Gewohnheiten städtischer Gemeinden nördlich der Alpen zwischen 1273 und 1291.[234] Die schriftliche

---

*autem predicta in universo et in toto pro superdictis annis firmiter conserventur, presens privilegium inde fieri iussimus et sigilli nostri munimine cum subscriptione testium communiri, qui sunt hii: dominus Hartmannuns, venerabilis episcopus Augustensis [...];* Die Bürger werden weder als Zeugen noch als Unterzeichner aufgeführt.

234 Vgl. RI VI Nr. 21 (30. Okt. 1273): Kaiserwerth; Nr. 23 (1273): Basel; Nr. 26 (2. Nov. 1273): Zürich; Nr. 29 (3. Nov. 1273): Dortmund; Nr. 43a (3. Dez. 1273): Worms; Nr. 44 (5. Dez. 1273): Frankfurt; Nr. 45 (5. Dez. 1273): Gelnhausen; Nr. 46 (5. Dez. 1273): Friedberg; Nr. 48 (7. Dez. 1273): Oppenheim; Nr. 131 (1274): k. A.; Nr. 294 (1274) Weindorf; Nr. 86 (8. Jan. 1274): Tal Uri; Nr. 86 (15. Jan. 1274): Bern; Nr. 135 (4. Apr. 1274): Diessenhofen; Nr. 148 (16. Apr. 1274): Ulm; Nr. 159 (14. Mai 1274): Annweiler; Nr. 168 (30. Mai 1274): Landau; Nr. 271 (27. Nov. 1274): Goslar; Nr. 333 (27. Feb. 1275): Neustadt an der Hardt; Nr. 404 (7. Nov. 1275): Laupen; Nr. 422 (25. Aug. 1275): Breisach; Nr. 454 (25. Nov. 1275): Biel; Nr. 466 (17. Dez. 1275) Wolfstein; Nr. 611 (1276): Wien; Nr. 530 (9. März 1276): Augsburg; Nr. 1303 (Mai 1276): Laufen; Nr. 582 (2. Aug. 1276): Solothurn; Nr. 586 (18. Aug. 1276): Kaiserslautern; Nr. 608 (15. Okt. 1276): Enns; Nr. 614 (30. Apr. 1276): Tuln; Nr. 624 (24. Nov. 1276): Klosterneuburg; Nr. 630 (1. Dez. 1276): Braubach am Rhein; Nr. 803 (1277): Wien; Nr. 811 (8. Jul. 1277): Laa; Nr. 832 (26. Jul. 1277): Freistadt; Nr. 845 (13. Aug. 1277): Eggenburg; Nr. 848 (25. Aug. 1277): Bruck; Nr. 877 (24. Okt. 1277) Alzey; Nr. 891 (22. Nov. 1277): Wiener-Neustadt; Nr. 1007 (1278) Znaim; Nr. 1014 (1278) Brünn; Nr. 927 (20. Feb. 1278): Wetterau, Frankfurt, Gelnhausen, Wetzlar und Friedberg; Nr. 1008 (20. Sept. 1278): Olmütz; Nr. 1010 (28. Sept. 1278) Prerau; Nr. 1012 (29. Sept. 1278): Leobschütz; Nr. 1038 (29. Dez. 1278): Colmar; Nr. 1079 (2. Apr. 1279): Mautern; Nr. 1099 (7. Jun. 1279): Eger; Nr. 1115 (18. Jul. 1279): Königswiesen; Nr. 1150 (10. Nov. 1279): Erfurt; Nr. 1245 (1280): Brackenheim; Nr. 1264 (27. Feb.) 1281 Graz; Nr. 1286 (11. Mai 1281): Kindberg; Nr. 1380 (27. Aug. 1281): Camberg; Nr. 1391 (9. Sept. 1281): Heilbronn; Nr. 1550 (1282) k.A.; Nr. 1555 (vor 1282) k.A.; Nr. 1654 (15. Mai 1282): Pfullendorf; Nr. 1657 (18. Mai 1282): Biberach; Nr. 1704 (10. Sept. 1282) Nimwegen; Nr. 1724 (10. Nov. 1282): Freiburg i. B.; Nr. 1762 (13. Feb. 1283): Kenzingen; Nr. 1767 (4. März 1283): Aarau; Nr. 1782 (7. Jun. 1283): Aach; Nr. 1801 (1. Nov. 1283): Kirchberg; Nr. 1841 (21. Jun. 1284): Brugg a. d. Aare; Nr. 1858 (27. Aug. 1284): Heiningen; Nr. 1867 (26. Okt. 1284): Sulz; Nr. 1905 (7. Jun. 1285): Esch; Nr. 1961 (10. Jan. 1286): Ravensburg; Nr. 1962 (10. Jan. 1286): Wangen; Nr. 1966 (25. Jan. 1286): Memmingen; Nr. 1989 (3. Feb. 1286): Kaufbeuern; Nr. 2012 (16. Apr. 1286): Odernheim; Nr. 2016 (21. Apr. 1286): Berg-Zabern; Nr. 2018 (22. Apr. 1286): Veldenz; Nr. 2027 (13. Jun. 1286): Zeutern; Nr.

Rechtssetzung entsprach dabei nicht unbedingt den persönlichen Vorlieben des Königs. Im Gegensatz zu Friedrich II. waren es bei Rudolf nicht die idealen Vorstellungen eines gebildeten Visionärs, denen königliche Taten folgten. Rudolf, der selbst des Schreibens nicht mächtig war, war als Sohn eines kleineren schwäbischen Adelsgeschlechtes ein Mann der Tat und kein Mann der Bücher.[235] Er hatte nicht die Ausbildung eines Königssohnes genossen und war nicht von der kultivierten Gedankenwelt der Zentren des europäischen Rittertums geprägt, wie wir sie in jener Zeit an den französischen Höfen vorfinden. Dennoch hatte Rudolfs Kanzlei im Durchschnitt einen höheren Ausstoß an Dokumenten als die seiner staufischen Vorgänger. Schiller erblickte darin die ersehnte Revitalisierung einer gerechten Ordnung nach der rechtlosen Zeit des Interregnums. Doch niemand nutzte die neue Bedeutung des geschriebenen Rechts pragmatischer als Rudolf.

Stadtrechte bedurften königlicher Bestätigung. Die Bedürfnisse der Zeit brachten ihm eine hohe Summe städtischer Abgaben. Das erste überlieferte Reichssteuerverzeichnis verzeichnet für das Jahr 1241 eine städtische Gesamtsteuerzahlung in Höhe von 7100 Mark.[236] Mit dieser Summe hätten in jener Zeit über Tausend Kreuzfahrer zwei Jahre lang unterhalten werden können.[237] „Das Verhältnis der Zentralgewalt zu den Reichsstädten [...] war ökonomisch gesehen der bei weitem wichtigste Strang im Beziehungsfeld von Zentralgewalt und Reichsgebiet außerhalb der Hausmacht".[238] Am selben Tag, an dem Rudolf das bischöfliche Privileg von 1251 und das Augsburger

---

    2028 (13. Jun. 1286): Reichshofen; Nr. 2061 (10. März 1287): Godramstein; Nr. 2110 (29. Mai 1287): Odernheim; Nr. 2118 (15. Aug. 1287): Nürnberg; Nr. 2172 (6. Mai 1288): Harburg; Nr. 2183 (5. Aug. 1288): Windecken; Nr. 2186 (30. Aug. 1288): Pappenheim; Nr. 2232 (20. Jun. 1289): Scheer; Nr. 2248 (25. Sept. 1289): Braubach; Nr. 2266 (8. Jan. 1290): Kreuznach; Nr. 2497 (1291): Eppingen; Nr. 2509 (1291) Sursee; Nr. 2440 (13. Apr. 1291): Landau.

235  Vgl. Martin KAUFHOLD, Art. „Rudolf I.", in: Neue Deutsche Biographie 22 (2005), S. 167–169, hier: S. 169; Alfred WENDEHORST, Wer konnte im Mittelalter lesen und schreiben, In: Johannes Fried (Hg.), Schulen und Studium im sozialen Wandel des späten Mittelalters, Sigmaringen 1986, S. 17ff.; Karl Friedrich KRIEGER, Rudolf von Habsburg (1273–1291), Darmstadt 2003, S. 103.

236  MGH Const. Bd. 3, hg. v. Jakob Schwalm, Hannover 1904–1906 (Nachdruck 1980), S. 3ff.; Gesamtsumme nach REDLICH, Rudolf von Habsburg, S. 488.

237  Vgl. KLUGE, Monetarisierung, S. 410.

238  Peter MORAW, Reichsstadt, Reich und Königtum im späten Mittelalter, In: Zeitschrift für Historische Forschung 6 (1979), S. 385–424, hier: S. 419 u. S. 422: „Die Einnahme aus den Reichsstädten (Jahressteuer, Judensteuer, außerordentliche Abgaben) war fast alles, was dem König aus dem Reich außerhalb der Hausmacht vor dem Zeitalter der neuen Reichsverdichtung während des 15. Jahrhunderts zukam".

Stadtrecht bestätigte, hatte er von den Bürgern Abgaben in der Höhe von 400 Pfund Pfennigen und einen Schuldenerlass von 350 Mark Silber samt den dafür anfallenden Zinsen erhalten.[239]

Insgesamt brachte dieses Kapitel zeitgenössische Motive der Entstehung des Augsburger Stadtrechts hervor, die in der Forschung bisher unberücksichtigt geblieben sind. Den Zeitgenossen, die der Codifikation beiwohnten, werden diese Entstehungsumstände vielleicht bewusster gewesen sein als uns. In ihrem Bewusstsein reichte die Tradition bischöflicher Herrschaftsansprüche weiter zurück als jegliche menschliche Erinnerung. Für nachfolgende Generationen aber war mit dem Codex, der die Menschen überdauerte, die ihn schufen, neben einem Gedächtnisort des Rechts auch ein Gedächtnisort des Bruchs der bischöflichen Herrschaftsgeschichte geschaffen worden, deren genaue Umstände mit wachsendem zeitlichen Abstand zum Gegenstand der Verklärung wurden.

## 3 Von der Liste zum Buch: Die Anfänge kommunaler Buchführung

Die Bewilligung des Stadtrechts von 1276 markierte für die Geschichte der Augsburger Überlieferung in mehrfacher Hinsicht einen Umbruch. Die Bürger hatten damit erstmals selbst ein königliches Privileg erhalten. Zwar geschah dies in der bischöflichen Pfalz, doch wird der Beginn einer Phase sichtbar, in der die Bürgergemeinde mit dem politischen Gefüge des Reiches zunehmend in Direktkontakt gelangte. Während ein Privileg zum Schutz städtischer Kaufleute mit dem Herzog von Bayern 1272 noch mit Siegel und Unterschrift des Bischofs beglaubigt worden war, empfing der Bürgerverband die urkundliche Bestätigung eines militärischen Bündnisses mit dem Herzog 1292 ohne die Vermittlung des Bischofs.[240] Unter Adolf von Nassau erhielt der Bürgerverband 1294 das Privileg, sich vor keinem anderen Gericht verantworten zu müssen als vor dem städtischen Vogt.[241] Im Jahr 1301 residierte mit König Albrecht erstmals ein römischer Königshof im neu erbauten Rathaus.

Analog zu diesem Prozess wachsender politischer Unabhängigkeit entwikkelten sich die frühesten Spuren kommunaler Buchführung in Augsburg. Im Urtext des Stadtrechtsbuchs von 1276 wird eine Achtliste erwähnt, die vor der Niederschrift des Stadtrechts durch den städtischen Vogt geführt wurde und als Vorläufer des heute erhaltenen kommunalen Achtbuchs gelten kann. In

---

239 RI VI, Nr. 531 (9. März 1276).
240 UBA I, Nr. 129 (8. Feb. 1292).
241 UBA I, Nr. 140 (5. Sept. 1294).

den ersten drei Jahrzehnten nach der Bewilligung des Stadtrechtsbuchs finden sich im städtischen Überlieferungsbestand dann die ersten erhaltenen Ausprägungsformen kommunaler Buchführung. Im Augsburger Bürgerbuch, dessen ältester Eintrag 1288 als Jahr seiner Entstehung nennt,[242] haben sich auf den Blättern 25r. bis 26r. und 29v. Fragmente einer städtischen „Steuer-", einer „Gefangenen-" und einer „Auszugsliste" erhalten.[243] Als terminus ante quem der Entstehung der Steuerliste gilt eine königliche Steuerverordnung des Jahres 1287.[244] Im Augsburger Achtbuch wird im ältesten Eintrag 1302 als Entstehungsjahr angeführt.[245]

Die Überlieferung früher kommunaler Buchführung aus anderen Städten, die hier als Vorbild gedient haben könnten, ist dünn. In Rothenburg ob der Tauber hat sich als ältestes Amtsbuch ein Achtbuch des königlichen Landgerichts erhalten, dessen frühester Eintrag im Jahr 1274 datiert.[246] In Nürnberg handelt es sich bei dem ältesten erhaltenen kommunalen Amtsbuch ebenfalls um ein Achtbuch, dessen ältester Eintrag aus dem Jahr 1285 stammt.[247] Zusammen mit diesen beiden Codices bildet das genannte Augsburger Material den ältesten Überlieferungsbestand kommunaler Buchführung im süddeutschen Raum.[248] Trotz dieser kulturgeschichtlichen Sonderstellung wurde seine Entstehung bisher noch nie im Zusammenhang untersucht. Dies soll hier erstmals erfolgen.

In der Forschung wurde die Entstehung der genannten Handschriften bisher isoliert betrachtet und dabei auf verschiedene lokalhistorische Ereignisse zurückgeführt. Als Auslöser der Entstehung der im Bürgerbuch überlieferten Steuerliste gilt eine Steuerreform Rudolfs von Habsburg von 1287. Ihre eingehendere Untersuchung wurde angekündigt, steht aber noch aus.[249] Für die Entstehung der Auszugs- und der Gefangenenliste existieren bisher keine

---

242 StadtA Augsburg Reichsstadt, Selekt „Schätze" Nr. 74, fol. 4v.
243 KALESSE, Bürger, S. 20.
244 Eine angekündigte Untersuchung dieser Fragmente durch Claudia Kalesse steht bisher noch aus. KALESSE, Bürger, S. 20, Anm. 33: „fol. 29v. bildet in Fortführung auf fol. 25r./v. Überreste eines frühen Steuerbuchs, das in einem gesonderten Beitrag außerhalb dieser Arbeit behandelt werden soll". Zur Datierung in das Jahr 1288, vgl. Ebd, Anm. 35: „Dies lässt sich durch Schriftvergleich mit den Händen des Bürgerbuchs feststellen".
245 SCHMIDT-GROTZ, Achtbuch, Bd. 2, S. 2.
246 StA Nürnberg, Rep. 200/I, Nr. 487a; vgl. SCHMIDT-GROTZ, Achtbuch, Bd. 1, S. 173f.
247 PITZ, Aktenwesen, S. 455.
248 KALESSE, Bürger, S. 18: „Das Bürgerverzeichnis von Augsburg ist somit das älteste bayerische Bürgerbuch". Ebd., Anm. 24: „Die Nürnberger Bürgerbücher setzen mit den permanenten Neubürgerlisten um 1302 ein". In Köln setzt das älteste erhaltene Bürgerbuch mit dem Jahr 1355 ein. Vgl. PITZ, Aktenwesen, S. 91.
249 Kalesse, Bürger, S. 20, Anm. 33.

Erklärungen. Die Anlage des Bürgerbuchs 1287/1288 wird einerseits mit einer Verfassungsreform in Zusammenhang gebracht: „Noch 1276 war die stadtfreiheitliche Entwicklung nicht so weit gediehen, mit dem Stadtbuch gleichzeitig auch ein Bürgerbuch anzulegen. Nun sollte dessen Anlegung Ausdruck eines mit der endgültigen bürgerlichen Emanzipation gewonnenen Selbstbewusstseins sein".[250] Andererseits wird eine Veränderung des Bürgerrechts als Entstehungsgrund angeführt, die Neubürgern nicht mehr nur einen Eid, sondern zusätzlich „die Stellung von Bürgen" abverlangte, „die im Schadensfall [...] für diesen zu haften hatten".[251] Daher war es vonnöten, die Bürgen bei der Aufnahme eines Neubürgers schriftlich festzuhalten, um auch nach Jahren noch auf sie zurückgreifen zu können".[252] Der Entstehung des Achtbuchs wurde das „innenpolitische" Ereignis eines Aufstandes unter den bürgerlichen Eliten zu Grunde gelegt.[253] Die Anlage des Codex wurde in der älteren Forschung dem Stadtschreiber Konrad von Giengen zugeschrieben.[254] Dies wird auf Grund einer eingehenden Analyse der Schreiberhände des Achtbuches mittlerweile angezweifelt, wobei eine abschließende Erklärung auf Grund der Überlieferungssituation aussteht.[255]

---

250 KALESSE, Bürger, S. 57f.
251 Ebd.
252 Ebd.
253 SCHMIDT-GROTZ, Achtbuch, S. 264: „Versucht man den Beginn der Eintragungen zu begründen, so könnte man auf Friedrich Battenberg verweisen, der für das Auftreten von Achtbüchern auf lokaler/regionaler Ebene einen Zusammenhang zum Kaiserhof verantwortlich machen will, doch lassen sich für Augsburg eine Verbindung wie im Falle Rothenburgs oder gar kaiserliche Privilegierungen wie für Ulm nicht nachweisen. Speziell in Augsburg scheinen „innenpolitische" Gründe den Ausschlag gegeben zu haben: 1302, dem Jahr, in dem die Aufzeichnungen beginnen, wurden mehrere Mitglieder der Stolzhirsch-Familie wegen des Versuchs, die Macht innerhalb der Bürgergemeinde durch die Etablierung des Bürgermeisteramtes an sich zu reißen, aus der Stadt vertrieben. Im Juni 1303 beschloss der Rat mit ausdrücklichem Verweis auf diese Geschehnisse, dass derjenige, der in Zukunft ähnliches vorhaben sollte, mit ewigem Stadtverbot bestraft werde und zudem in der *stat aechde* sein sollte. Überprüft man nun die erste uns überlieferte Liste von Ächtern, so stellt man fest, dass eben der als Haupttäter zu identifizierende Siboto Stolzhirsch in latinisierter Schreibweise dort tatsächlich auftaucht. Für den Neubeginn 1338 können keine deartig handfesten Gründe benannt werden".
254 HERDE, Achtbuch, In: CRAMER-FÜRTIG (Hg.), Aus 650 Jahren, S. 48: „Das 1302 von Stadtschreiber Chonrad von Giengen angelegte Achtbuch".
255 SCHMIDT-GROTZ, Achtbuch, S. 208: „Viel wahrscheinlicher ist es in meinen Augen [...], dass Hand A mit dem Stadtschreiber Ulrich gleichgesetzt werden kann: [...] so ist eine Identifikation mit dem bereits für das Jahr 1303 belegten *Cunradus*, in der Literatur teilweise als Chonrad von Giengen bezeichnet [...] wird, wenig sinnvoll".

Während die isolierte Betrachtung der frühesten Spuren der Augsburger Buchführung damit vor allem Unterschiede im Bereich lokalhistorischer Entstehungsimpulse hevorbrachte, zeigen sich bei einer chronologischen, bestandsübergreifenden Betrachtung Gemeinsamkeiten, die eine strukturelle Gesamtentwicklung der Verschriftlichung des kommunalen Rechtslebens erkennen lassen. In der Entwicklung von einer nicht mehr erhaltenen Achtliste aus der Zeit vor 1276, über erhaltene Fragmente kommunaler Listenführung aus der Zeit um 1287 bis hin zu vollständig erhaltenen, gebundenen kommunalen Amtsbüchern der Jahre 1288 und 1303 wird ein Wandel der zeitgenösischen Überlieferungsabsicht sichtbar, der Veränderungen des Erhaltungszustands, der textimmanenten und der materiellen Form kommunaler Buchführung erzeugte. Die Ergebnisse dieses Kapitels werden zeigen, dass es sich dabei nicht um Überlieferungszufälle handelt. Die Analyse dieses Wandels ermöglicht einen Zugang zu übergeordneten Motiven, die zur Entstehung der kommunalen Buchführung in Augsburg führten. Dazu soll zunächst der Wandel der Herstellung, dann der Wandel der zeitgenössischen Handhabung und schließlich der Wandel der zeitgenössischen Aufbewahrung der frühesten Spuren kommunaler Buchführung betrachtet werden.

### 3.1  *Adaption*

Erst der übergeordnete Blick zeigt, dass die Entstehung der Wurzeln kommunaler Buchführung in Augsburg unter dem Einfluss der königlichen Vogtei erfolgte. Dies ergaben die bisherigen Untersuchungen auch für die ersten Spuren des Stadtschreiberamtes und die Enstehung des Bürgersiegels.

Am deutlichsten zeigt sich dieser Befund im Beginn der schriftlichen Registrierung Geächteter in Augsburg. Die Anweisung zu ihrer generellen Einführung im Reich wird erstmals in einer Verordnung Friedrichs II. im Mainzer Reichslandfrieden von 1235 auf der Ebene des königlichen Hofgerichts greifbar.[256] Auch das vierte Laterankonzil hatte die Führung von Gerichtsakten (*acta iudicialia*) im Zuge der Rezeption des römischen Rechts bei geistlichen

---

256  MGH, Const. II, S. 262f.: *Der selbe richter sal haben einen schriber, der an schribe alle di in di achte kumen, unde von wes clage si in di achte kumen, unde di sache dar umme si drin sin kumen, unde der namen di us der achte kumen, unde welches tagis si us der achte kumen; unde sal di burgen schriben di dem clegere gesezcit werdin, unde wennen si sin unde wi si heisin; unde sal an scriben di gewisheit di man dem clegere tut noch des landis gewonheit; unde sal schriben alle di namen die zu schedelichen luten dem lande besait werdin, unde wi unde von weme si us den schulden kumen; unde sal scriben, so si zu rechte kumen unde us der achte kumen, so schribe he ire namen abe.*

Gerichten zu einer verbindlichen Vorschrift werden lassen.²⁵⁷ Das ausgehende 13. Jahrhundert brachte eine „verstärkte Aufnahme kanonischer Rechtsnormen in das Prozessverfahren der bischöflichen delegierten Richter".²⁵⁸ Diesen Entwicklungen wird in der Forschung auch Einfluss auf den Beginn der Führung von Gerichtsakten an weltlichen Gerichtshöfen zugeschrieben.²⁵⁹

Die Bestimmungen des Reichslandfriedens sahen die Erfassung von Namen, Bestrafungsgrund und dem Tag der Ächtung wie auch die Tilgung derjenigen vor, die wieder *us der achte kumen*. Ob dies praktische Umsetzung fand, wird auf Grundlage der bisher bekannten Rezeptionsgeschichte des Reichslandfriedens und der Überlieferung des Hofgerichts bezweifelt.²⁶⁰ Im Urtext des Augsburger

---

257 Willibald M. PÖCHL, Geschichte des Kirchenrechts, Bd. 2, Wien, München², S. 354f.; Leopold WENGER, Die Quellen des römischen Rechts (= Österreichische Akademie der Wissenschaften, Denkschriften der Gesamtakademie, Bd. 2), Wien 1953, S. 149. Die Verbreitung von Schreibern führte Schuler auf die „Rezeption des kanonischen Rechts und der damit verbundenen Einrichtungen der geistlichen Gerichte in Deutschland" während des 13. Jahrhunderts zurück. SCHULER, Notariat, S. 29ff.: „Fast ein halbes Jahrhundert, bevor man in Deutschland ein von deutschen *notarii publici* ausgestelltes Notariatsinstrument antrifft, werden in den Quellen, vor allem im Zusammenhang mit den geistlichen Gerichten, bereits Tabellionen erwähnt".

258 SCHULER, Notariat, S. 31.

259 Alois SCHÜTZ, Zu den Anfängen der Akten- und Registerführung am bayerischen Herzogshof, In: Landesherrliche Kanzleien im Spätmittelalter, Referate zum VI. internationalen Kongreß für Diplomatik, München 1983, Bd. 1 (= Münchener Beiträge zur Mediävistik und Renaissance-Forschung, Bd. 35), München 1984, S. 127–139, hier: S. 132ff.: „Wir kennen den Zeitpunkt, zu dem man am bayerischen Herzogshof -möglicherweise nach dem Vorbild geistlicher Behörden- mit der Führung von *acta* und *registra* begann. […] kann dennoch nicht ausgeschlossen werden, dass noch im 13. Jahrhundert damit begonnen wurde, Aufzeichnungen […] über die am herzoglichen Hof anhängigen Verfahren zu machen; vgl. auch: Winfried TRUSEN, Die gelehrte Gerichtsbarkeit der Kirche, In: Helmut Coing, Handbuch der Quellen und Literatur der neueren europäischen Privatrechtsgeschichte, Bd. 1, München 1973; DERS., Anfänge des gelehrten Rechts in Deutschland. Ein Beitrag zur Geschichte der Frührezeption, Wiesbaden 1962.

260 KAUFHOLD, Deutsches Interregnum, S. 108: „Aus den Jahren nach der Verkündung des Landfriedens ist keine einzige Urkunden mit seinem Text überliefert […] Das umfangreiche Werk, das ja gerade durch eine schriftliche Vereinheitlichung für Rechtssicherheit sorgen sollte, stand Fürsten und Städten lange Zeit gar nicht zur Verfügung"; vgl. auch Hagen KELLER, Zwischen regionaler Begrenzung und universalem Horizont. Deutschland im Imperium der Salier und Staufer 1024 bis 1250, Berlin 1986 (= Propyläen Geschichte Deutschlands, Bd. 2), S. 492–494. Keller charakterisierte das Dokument auch auf Grund der gering ausgeprägten Überlieferungslage als „Ordnungsvision" Friedrichs II. Auch innerhalb der Überlieferung des Hofgerichts ist keine frühe Umsetzung der Verordnungen Friedrichs II. zur Führung eines Achtregisters nachweisbar. Vgl. Hans WOHLGEMUTH, Das

Stadtrechts von 1276 wird aber eine Registrierung von Geächteten durch den städtischen Vogt als Vertreter des Königs erwähnt: [...] *unde sol man in an den aehtebrief schriben.* [...] *Unde wirt er gevangen* [...], *so sol man in beziugen mit dem aehtebriefe, unde gehoeret kein ander geziuk darzu. Waere aber daz man sin an dem aehtebriefe niht funde, daz waere von vergaezzenheit oder von swelhen dingen daz waere, so sol man die aehte hinz im bringen* [...].[261] Welche Gestalt der im Stadtrecht erwähnte *aehtebrief* hatte, ist nicht eindeutig rekonstruierbar. In der Forschung wurde bisher davon ausgegangen, dass es sich um Urkunden handelte. Die sprachgeschichtliche Prüfung ergab, dass es sich für das 13. Jahrhundert um einen singulären Beleg handelt.[262] In der sprachhistorischen Forschung versteht man unter dem Augsburger *aehtebrief* eine Urkunde über eine verhängte Acht.[263] Dies entspricht auch den Spuren des zeitgenössischen Gebrauchs dieser Bezeichnung in späteren Jahrhunderten.

Aus den Erwähnungen des Stadtrechts geht aber hervor, dass das heute verlorene Dokument mehrere Namen geächteter Personen enthielt. In einem Nachtrag des Stadtrechtsbuchs, den Meyer in das Jahr 1291 datierte, ist darüber hinaus von einem *stiwerbrief* die Rede, in den alle Zuwanderer eingetragen werden sollten, die die damals geltenden Voraussetzungen zur Einbürgerung erfüllt hatten.[264] Die Vermutung ist naheliegend, dass es sich bei beiden Dokumenten um Rotuli oder eine Art Libell gehandelt haben könnte. In vielen Städten gingen der Entstehung gebundener Stadtbücher seit der Mitte des 13. Jahrhunderts zunächst auf Einzelblättern und Rotuli geführte Aufzeichnungen

---

      Urkundenwesen des Deutschen Reichshofgerichts 1273–1378 (= Quellen und Forschungen zur höchsten Gerichtsbarkeit im Alten Reich, Bd. 1), Köln 1973, S. 19f. u. S. 106–110.

261   MEYER, Stadtrecht, S. 89 u. S. 122.

262   Elvira GLASER, Graphische Studien zum Schreibsprachwandel vom 13. bis 16. Jahrhundert, Winter 1985, S. 349.

263   MWB-Online (www.mhdwb-online.de / Letzte Einsichtnahme: 12.10.2012): *âhte-brief*, stm. 'Achturkunde' *unde sol in der vogt ze aehte tun umbe die notnumpht, unde mag auch niemmer uz der aehte komen ane der clager wort, unde sol man in an den aehtebrief schriben* StRAugsb 89,9; *so sol man in beziugen mit dem aehtebriefe, unde gehoeret kein ander geziuk darzu. Waere aber daz daz man sin an dem aehtebriefe niht funde* [...], *so sol man die aehte hinz im bringen selbe sibende mit den die ez gehoeret habent unde gesaehen* ebd. 122,17.

264   MEYER, Stadtrecht, S. 61: *und swan er daz getan hat, so sol man in an den stiwerbrief schreiben*; vgl. KALESSE, Bürger, S. 53f.: „Darauf bezog sich die Bestimmung, wonach der zugewanderte Neubürger, der sich mit fünf Pfund Augsburger Pfennigen verbürgt und seinen Eid geschworen bzw. Bürgen gestellt hat, in den *stiwerbrief* eingetragen werden soll"; Zur Datierung vgl. MEYER, Stadtrecht, S. 314.

voraus.²⁶⁵ Ein Beispiel sind die Bannrollen der Stadt Metz, in denen unter herrschaftlicher Banngewalt seit 1220 Eigentumsübertragungen festgehalten wurden.²⁶⁶ Die Führung einer Namenliste Geächteter wäre damit zwischen dem Erlass Friedrichs II. 1235 und der Niederschrift des Stadtrechts um 1276 über die königliche Vogtei im staufernahen Augsburg etabliert worden. Zusammen mit dem Rothenburger Achtbuch von 1274 zeugt dies von einer Rezeption der Achtbestimmungen des Reichslandfriedens in den staufernahen Städten weit vor den ersten Belegen eines Reichsachtregisters.²⁶⁷

Auch die Aufnahme von Neubürgern wurde im Urtext des Stadtbuchs dem Vogt zugeschrieben.²⁶⁸ Die Novelle, die die Einführung des obengenannten *stiwerbriefes* bezeugt und die Aufnahmemodalitäten veränderte, wurde zwischen 1287 und 1291 in das Stadtrecht eingetragen. Obwohl in ihr die Anwesenheit von mindestens zwei Ratsherren zur Bedingung wurde und damit eine Aufweichung der alleinigen Macht des Vogtes bezeugt ist, beließ auch sie die grundsätzliche Kompetenz der Neubürgeraufnahme noch in Händen des Vogtes.²⁶⁹ Es fiel auch in den Zuständigkeitsbereich des Vogtes, für seinen Herrn Gelder einzuziehen. Die Eintragungen von zugewanderten Neubürgern in den *stiwerbrief* und die Führung des Bürgerregisters wurden damit zu einem Zeitpunkt begonnen, als die Legitimität dieses Vorgangs noch zur Autorität des Vogtes in Abhängigkeit stand. Auch wird die Verwaltung von Gefängnisinsassen (Gefangenenliste) und die Aufgabe des Bürgerrechts

---

265 MERSIOWSKY, Anfänge territorialer Rechnungslegung, S. 105–107, hier: S. 107; BREßLAU, Handbuch der Urkundenlehre, Bd. 1, S. 552, Anm. 1; Konrad BEYERLE, Die deutschen Stadtbücher, In: Deutsche Geschichtsblätter. Monatsschrift zur Förderung der landesgeschichtlichen Forschung 11, 1910, Heft 6/7, S. 145–200, hier: S. 157ff.

266 Vgl. Karl WICHMANN, Die Metzer Bannrollen des dreizehnten Jahrhunderts, (= Quellen zur lothringischen Geschichte, Bd. 5–8), Metz 1908–1916.

267 WOHLGEMUTH, Urkundenwesen, S. 106: „Selten jedoch sehen wir bis zur Zeit Karls IV. herauf irgendeine Erwähnung dieser für die Führung der Gerichtsgeschäfte so wichtigen Registratur. Deshalb wird man zur Annahme verleitet, es sei diese für die Kanzleigeschäfte so förderliche Einrichtung des Staufers in Vergessenheit geraten und über ein Jahrhundert nicht mehr aufgenommen worden, ja es mögen sogar Zweifel berechtigt sein, ob diese Anordnung Friedrichs II. einer Strafregistratur unter ihm selbst je erfüllt wurde, weil sich deren Führung bis heute noch nicht—nicht einmal in mittelbaren Andeutungen—nachweisen ließ"; PATZE, Geschäftsschriftgut, S. 54: „In der von Rudolf v. Habsburg erneuerten Landung bei Rothenburg ob der Tauber wurde seit 1274 vor dem Landgericht ein Achtbuch geführt".

268 MEYER, Stadtrecht, S. 59; vgl. KALESSE, Bürger, S. 41f.

269 MEYER, Stadtrecht, S. 60: *Swan der vogt einen man burchrecht lihen will, der sol dabi haben die viere die des rates phlegent; und mag er sie alle viere niht gehaben, so sol er ir drie haben oder ze minnist zwene.*

(Auszugsliste) zu dieser Zeit seinem Zuständigkeitsbereich zuzurechnen gewesen sein. Dies spricht dafür, dass die gesamte frühe Schriftführung irgendwann während der Schaffenszeit des Stadtschreibers Rudolfs vom Vogt als Vertreter der fürstlichen Obrigkeit in die Hände der kommunalen Kanzlei überging. Von intensiven Entmachtungsbestrebungen des Bürgerverbands muss dabei nicht unbedingt ausgegangen werden. Manches spricht für einen fließenden Übergang. Noch im Jahr 1269 urkundete der Vogt als Ratsmitglied.[270] In den Jahren 1263 mit Siboto Stolzhirsch und 1281 mit Heinrich Schongauer stellte der Bürgerverband den Vogt aus eigenen Reihen.[271] Auch als eine verfassungsgeschichtliche Trennung vollzogen war, werden enge soziale und wirtschaftliche oder gar familiäre Bindungen zwischen den Ratsmitgliedern und dem Vertreter der Vogtei bestanden haben. Damit ergibt sich für die Wurzeln der kommunalen Buchführung in Augsburg ein Befund, der mit den Zuständen in Nürnberg durchaus vergleichbar ist. Auch dort nahm die kommunale Schriftlichkeit mit einem Achtbuch (1285–1337) ihren Ursprung unter dem Einfluss der königlichen Gerichtsbarkeit.[272]

### 3.2 Verwendung

Die Geschichte der zeitgenössischen Nutzung kommunaler Buchführung steht in enger Verbindung zur wissenschaftlichen Terminologie, die sich zur Klassifikation ihrer Ausprägungsformen etabliert hat.

In der mittelalterlichen Geschichtsforschung werden die in diesem Kapitel betrachteten Formen städtischen Schriftgutes gemeinhin als Stadtbücher bezeichnet. Der erstmals von Karl Gustav Homeyer[273] und dann durch Konrad Beyerle[274] und Paul Rehme geprägte Begriff ‚Stadtbuch' hat sich seither als

---

270 MB 33a, Nr. 105 (7. März 1269): [...] *Fridericus nunc advocatus ceterique consules civitatis Augustensis* [...].

271 KIEßLING, Art. „Vogtei", In: Augsburger Stadtlexikon, S. 903.

272 Vgl. SCHULTHEIß, Achtbücher.

273 KARL GUSTAV HOMEYER, Die Stadtbücher des Mittelalters, Insbesondere das Stadtbuch von Quedlinburg, Berlin 1860, S. 13–17.

274 KONRAD BEYERLE, Die deutschen Stadtbücher, In: Deutsche Geschichtsblätter, Monatsschrift zur Förderung der landesgeschichtlichen Forschung, Bd. 11, 1910, Heft 6/7, S. 145–200, hier: S. 150: „Die Erscheinung der Stadtbücher als Ganzes empfing im Jahre 1860 durch Homeyer in den Sitzungsberichten der Berliner Akademie ihre erste geschlossene Darstellung. Der Sachsenspiegelforscher Homeyer, der die Archive und Bibliotheken nach Rechtsbücherhandschriften durchsucht hatte, war überall den Stadtbüchern begegnet. Mit sichtlicher Liebe zum reichen Stoffe ist denn auch seine Abhandlung geschrieben. Sie bedeutete eine starke Förderung der Stadtbücherkenntnis und ist bis heute die grundlegende Darstellung über das deutsche Stadtbücherwesen geblieben".

allgemeiner Begriff etabliert.²⁷⁵ Homeyer übernahm ihn 1860 aus den spätmittelalterlichen Quellen als gruppenübergreifende Kategorie zur Klassifikation spätmittelalterlicher Kanzleibücher, wobei der Begriff im Spätmittelalter selbst in deutlich eingeschränkterer Form zumeist für städtische Rechtsbücher gebräuchlich war.²⁷⁶ Als frühestes Beispiel innerhalb dieser Gruppe nannte er das Augsburger Stadtbuch.²⁷⁷ Konrad Beyerle übernahm den Begriff 1910 im

---

275 Martin KINTZINGER, Art. „Stadtbuch", In: LEX MA 8, Sp. 12–13; Antjekathrin GRASSMANN, Zu den Lübecker Stadtbüchern. In: Jürgen Sarnowsky (Hg.), Verwaltung und Schriftlichkeit in den Hansestädten, Trier 2006, S. 71–80, hier: S. 73f.: „Es scheint daher sinnvoll und an der Zeit, eine Bestandsaufnahme der vorhandenen Lübecker Stadtbücher vorzunehmen [...]. Dabei sollen aus Informationsgründen die Typen der Stadtbücher weit gefasst werden. Vielleicht liegt dies einerseits im Interesse und der Methodik des Archivars, der mit dem Begriff des Amtsbuchs arbeitet, der noch über den des (mittelalterlichen) Stadtbuchs hinausreicht. [...] Anfangs trug man für die Verwaltung und Ordnung des Gemeinwesens und die wirtschaftliche Sicherheit des Handel treibenden Bürgers wichtige Daten in ein und dasselbe Buch ein, eben in das Stadtbuch, den *liber civitatis*—vom Historiker und Archivar in dieser Phase als Mischbuch bezeichnet. Ein solches Stadtbuch, das für Lübeck nicht von ungefähr in der Zeit politischer Wandlung 1227 einsetzt, ist wahrscheinlich im 18. Jahrhundert verloren gegangen".

276 Jürgen REETZ, Hamburgs mittelalterliche Stadtbücher, In: Zeitschrift des Vereins für Hamburgische Geschichte 44 (1958), S. 95–139, hier: S. 96. „Was aber ist überhaupt ein Stadtbuch? Als Buch der Stadt, nämlich als *liber civitatis, der stad bok, bok der stad u. ä.*, auch mit Hinzusetzung des Stadtnamens, bezeichnete man im Spätmittelalter ein Buch, das von der Stadt, d.h. von ihrer Obrigkeit, zumeist dem Rat geführt wurde; insbesondere ein solches, das den einzelnen Bürger betreffende Rechtsnormen und Beurkundungen enthielt und für das daher vor allem unter rechtlichen Gesichtspunkten seine Qualität als eines von der Stadt geführten Buches entscheidend war. [...] Der Begriff ist von der Wissenschaft zur systematischen Abrundung ausgedehnt worden auf alles aus der Geschäftätigkeit der Stadtobrigkeit erwachsene buchförmige Schriftgut, und zwar mit stillschweigender Beschränkung auf das Mittelalter oder doch auf die mittelalterliche Art der Geschäfts- und Buchführung. ‚Stadtbuch' soll also nichts anderes heißen als ‚städtisches Geschäftsbuch' ".

277 Karl Gustav HOMEYER, Die Stadtbücher des Mittelalters, Insbesondere das Stadtbuch von Quedlinburg, Berlin 1860, S. 13f.: „Die Benennung ‚Stadtbuch' ist allgemein genug, um eine vielfältige Anwendung zu leiden. Wir sehen denn auch, dass Schriftwerke verschiedenen Inhalts gleichmäßig diesen Namen tragen und wiederum dass ein Stadtbuch sehr mannigfache Gegenstände aufnimmt. Den Stoff der sich dergestalt, sei es in demselben Buche vereinigt, sei es auf verschiedene Bücher jener gemeinsamen Bezeichnung verteilt findet, führe ich auf einen dreifachen zurück. 1. Die schriftliche Zusammenstellung des der Stadt eigenen Rechtes heißt häufig das Stadtbuch oder Buch schlechtweg. K. Rudolf bestätigt im J. 1276 den Bürgern zu Augsburg *codicem civitatis, quo privilegia, ritus, consuetudines, leges definitivae vel iudicialiter latac sententiae continentur*. [...] Nach Herzog Heinrichs Rechtsbrief für Landshut v. J. 1423 § 15 „sollen neue Satzungen in *der statt buoch*

Sinne Homeyers: „Sehr verschieden sind die Bezeichnungen der ‚Stadtbücher'. Zunächst begegnen allerdings nur wenige typische Ausdrücke wie Stadtbuch, Erbebuch, Schöffenbuch, Bürgerbuch, Schuldbuch. Mit der Differenzierung der Stadtbücherarten nimmt aber begreiflich auch die Zahl und Bedeutung ihrer Namen rasch zu".[278]

Im Bereich von Archivlehre, Aktenkunde und Diplomatik ist für derartige Formen der kommunalen Buchüberlieferung die nicht unumstrittene und keineswegs einheitlich definierte Klassifikation ‚Amtsbuch' gebräuchlich.[279] Ahasver von Brandt sprach nicht von Amtsbüchern, sondern subsumierte Stadtbücher in der Folge von Otto Meisner unter dem Begriff der „Akten", der alles umfasst, was keine Urkunde ist. Brenneke hingegen nutzte den Amtsbuchbegriff zur Unterscheidung des zeitgenössischen Verwendungsbereichs der Archivalien.[280] Demnach dienten Amtsbücher in einer Verwaltungseinheit dem inneren Gebrauch, während Akten der Verwaltung des äußeren Schriftverkehrs entsprangen.[281] Dabei unterschied er die Gruppen „Statuten- und Privilegienbücher", „Verwaltungsbücher", „Finanzbücher" und „Justizbücher".[282]

---

eingeschrieben werden. Andere Beispiele dieser Benennung für Zürich, Nürnberg, [...] 2. Ein Stadtbuch dient zu sonstigen Aufzeichnungen mannigfacher Art, welche nur durch die gemeinsame Beziehung auf das städtische Wesen und Walten zusammengehalten werden. Dahin gehören die Verzeichnisse der Einkünfte und Ausgaben, der Grundstücke [...] derer die das Bürgerrecht gewonnen haben [...]. Es sind 3. Aber auch die Privatsachen der einzelnen Bürger in den Bereich der Stadtbücher gezogen worden".

278 BEYERLE, Stadtbücher, S. 188.

279 Georg VOGELER, Spätmittelalterliche Steuerbücher deutscher Territorien. Form und Verwendung, Teil 1: Überlieferung und formale Analyse, In: Archiv für Diplomatik, Schriftgeschichte, Siegel- und Wappenkunde 49 (2003), S. 172–295, hier: S. 172–178. Vogelers Ausführungen folgt die folgende Zusammenstellung der Verwendung des Amtsbuchbegriffs durch von Brandt, Meisner, Brenneke, Papritz und Pätzold.

280 Ahasver VON BRANDT, Vorbemerkungen zu einer mittelalterlichen Aktenlehre, In: Archivar und Historiker. Studien zur Archiv- und Geisteswissenschaft, Festschrift f. Heinrich Otto Meisner (= Schriftenreihe der staatlichen Archivverwaltung, Bd. 7), S. 429–440.

281 Adolf Brenneke, Wolfgang Leesch, Archivkunde. Ein Beitrag zur Theorie und Geschichte des europäischen Archivwesens; mit einem Lebensbild Adolf Brennekes, Leipzig 1953, S. 8f.

282 BRENNEKE, LEESCH, Archivkunde, S. 131: „1. Die Statuten- und Privilegienbücher enthalten in Abschrift die autonomen Satzungen und die Rechtsgrundlagen der Stadt. 2. Die Verwaltungsbücher umfassen u.a. die Ratslisten und -protokollbücher, Bürgerbücher über die Bürgeraufnahmen, ‚Gedenkbücher' über verschiedene öffentliche oder privatrechtliche Geschäfte des Rates, Missiv- oder Briefbücher, in die die ausgehende

Demgegenüber definierte Papritz das Amtsbuch nach seiner Eigenschaft zur Aufnahme ganz unterschiedlicher Inhalte wie Rechnungen, Protokolle oder Briefe.[283] Stefan Pätzold stellte hingegen die Kriterien der „Institutionalisierung und der Ausstattung der Provenienzstelle mit Herrschaftsrechten, die in Amtsbüchern verwaltende oder rechtserhebliche Tätigkeiten dokumentiert" als gattungsbildende Kategorie in den Vordergrund.[284] Dabei werden die Bereiche der „Rechtsfixierung, der Geschäfts- bzw. Verwaltungsführung", der „Wirtschafts- und Finanzverwaltung" und der „freiwilligen Gerichtsbarkeit" unterschieden.[285]

Eine für diese Untersuchung relevante Gemeinsamkeit dieser Klassifikationsansätze liegt darin, dass das Verständnis des Stadt- und Amtsbuchbegriffs besonders von der rechtshistorischen Forschung und den Archivwissenschaften geprägt ist, deren eher statische Klassifikationsmuster aus der Suche nach den Wurzeln heutiger Rechts- und Verwaltungssysteme und nach zusammenführenden Ordnungsmöglichkeiten von Archivgut erwachsen. Neuere zum Teil noch in der Entwicklung begriffene Forschungen, zu denen federführend das von Andreas Ranft geleitete Projekt Index Librorum Civitatum gehört, tragen derzeit maßgeblich zur Erschließung von Stadtbüchern und einer kulturhistorischen Öffnung des Stadtbuchbegriffs bei.[286] Hier wird das Stadtbuch als „zentrales Medium" verstanden, „welches soziale Beziehungen festschrieb und bewahrte, Verfahren sicherte, Glaubwürdigkeit herstellte, Wissen ordnete, Verwaltung sowie Herrschaft organisierte und Traditionen half zu (re)konstruieren".[287]

---

Korrespondenz eingetragen wurde. Dazu kommen 3. Die zahlreichen Finanzbücher, die mannigfach differenziert waren in Kämmereiregister, Steuerregister über Einnahmen aus Schoß- und sonstigen städtischen Steuern, Register über Einnahmen aus Zöllen und indirekten Steuern [...] 4. Die Justizbücher erwachsen aus der streitigen Gerichtsbarkeit des Rates und des Stadtgerichts; zu ihnen gehören u.a. die Stadtgerichtsprotokollbücher, Brüchtenregister oder Bußbücher, Urfehdebücher, Urgichtbücher (Aufzeichnungen von Geständnissen, insbesondere bei peinlicher Befragung), Acht- und Verfestungsbücher".

283 Johannes PAPRITZ, Archivwissenschaft, Bd. 2, Marburg[2] 1983, S. 74.
284 Stefan PÄTZOLD, Amtsbücher des Mittelalters. Überlegungen zum Stand ihrer Erforschung, In: AZ 81 (1998), S. 87–111, hier: S. 98.
285 VOGELER, Steuerbücher, S. 177.
286 Vgl. Andreas PETTER: Mittelalterliche Stadtbücher und ihre Erschließung. Grundlagen und Gestaltung quellenkundlicher Arbeiten zur mitteldeutschen Überlieferung, in: Sachsen und Anhalt. Jahrbuch der Historischen Kommission für Sachsen-Anhalt 24 (2002/03), S. 189–245.
287 http://www.stadtbuecher.de (Letzte Einsichtnahme: 4.10.2013).

In seinem Lebensbezug besitzt der Augsburger Befund eine gattungsübergreifende Gemeinsamkeit. Den frühen Ausprägungsformen der kommunalen Amtsbücher ist mit dem Stadtrechtsbuch ein straf- und wirtschaftsrechtlicher Kern gemeinsam, der mit der Konstituierung der Bürgergemeinde in Verbindung steht. Während die Zahlung von Steuern Bedingung zur Aufrechterhaltung des Bürgerrechts war, führte die Acht zu dessen Verlust.[288] Im *statutum in favorem principum* sicherte Friedrich II. zu, „daß in den königlichen Städten kein *proscriptus* Aufnahme finden dürfe, und der Mainzer Reichslandfriede stellte jene Bürger, die vorsätzlich einen Ächter schirmten, die denkbar schärfste Strafe—Abbruch der Mauer oder Einäscherung—in Aussicht".[289] Auch wer die Stadt verließ (Auszugsliste) oder wer in die Haft der Stadt gelangte (Gefangenenliste), hatte mit dem Verlust des Bürgerrechts zu rechnen. Die Anlage der frühen kommunalen Buchführung erfolgte nicht nach Kriterien der Rechts-, Verfassungs- und Verwaltungsgeschichte, da diese zu jener Zeit noch nicht ausgebildet waren.

Der Passus zur schriftlichen Registrierung geächteter Personen durch den städtischen Vogt im Urtext des Augsburger Stadtrechts verband die früheste Listenführung dabei mit der Unzuverlässigkeit des menschlichen Gedächtnisses.[290] *Vergaezzenheit* stand in diesem Fall jedoch nicht für die mangelnde Fähigkeit zur dauerhaften Erinnerung, sondern für den Verlust aus dem gegenwärtigen Bewusstsein. Die frühesten überlieferten Augsburger Achtlisten entsprechen nicht den Vorgaben des Mainzer Reichslandfriedens. In ihnen fehlen genaue Datierungen und der Bestrafungsgrund. Streichungen von Personen, die wieder *us der achte kumen*, sind nicht bezeugt. Der Passus im Urtext des Stadtrechtsbuchs erachtete eine unvollständige Listenführung durch *vergaezzenheit* keineswegs als rechtliches Problem. Obwohl die Buchführung ohne regelmäßigen Rhythmus und Struktur erfolgte, wurde dem Achtbrief im Moment der Vollstreckung des Urteils eine hohe Beweiskraft zugerechnet. Seine Vollständigkeit und Anwendung war jedoch nicht zwingend erforderlich. Die Führung schien eher freiwillig zu erfolgen. Dies entspricht der allgemeinen Atmosphäre, die auch die Anfänge der Geschichte der Urkundennutzung und des Stadtrechts in Augsburg prägt. Einen sehr vergleichbaren Charakter in Erscheinungsform und Zwecksetzung weist die bekannte Buchführung eines Lübecker Gewandschneiders aus dem letzten Viertel des 13. Jahrhunderts auf,

---

288 Hubert Drüppel, Iudex Civitatis, Zur Stellung des Richters in der hoch- und spätmittelalterlichen Stadt deutschen Rechts (= Forschungen zur deutschen Rechtsgeschichte, Bd. 12), Köln 1981, S. 108–112.

289 Drüppel, Iudex Civitatis, S. 109; vgl. MGH Const. II, Nr. 171.

290 Vgl. S. 96.

die Ahasver von Brandt entdeckte.[291] Intention der Anlage war auch nicht die Steigerung der Effektivität der Herrschaftspraxis.[292] Die wenigen verzeichneten Ausgestoßen der ersten Jahre des 14. Jahrhunderts hätte man an ihren Leibeskennzeichnungen besser und effektiver erkannt, als durch die Zuordnung eines schmutzigen Gesichts zu einer spärlichen Namensliste. Die selektive Schriftführung zeugt nicht von mangelnder Professionalität. Wie das Stadtrecht war kommunale Buchführung zunächst ein potentielles Argument zur Absicherung rechtsrelevanter Entscheidungen, die der Autorität eines begrenzten Kreises städtischer Eliten unterworfen waren. Dazu passt, dass die zeitgenössischen Bezeichnungen der frühen Listenführung aus dem terminologischen Reservoir des Urkundenwesens stammten (*stiurbrief, aehtebrief*).

Es genügte, die wenigen rechtsrelevanten Informationen in knapper Form und lateinischer Sprache, die neben den erhaltenen Fragmenten auch den ältesten Einträgen im Bürger- und Achtbuch gemeinsam ist, von einem Schreiber absichern zu lassen. Vollständigkeit und eine die betroffenen Personen überdauernde Lebenszeit der Aufzeichnungen waren vor diesem Nutzungshintergrund nicht nötig. Auch die frühesten Einträge des Bürger- und Achtbuchs weisen chronologische Lücken und Störungen auf. Im Bürgerbuch laufen die Eintragungen erst ab dem Jahr 1321 ohne „chronologische Störung" weiter.[293] Das stockende Einsetzen der kommunalen Buchführung zeigt, dass die neuen Ordnungsvorstellungen im 13. Jahrhundert erst allmählich in das Bewusstsein der Stadt Einzug hielten.

### 3.3   Überlieferung

Im dritten Teil der Analyse wird abschließend die Überlieferungsgeschichte der frühen kommunalen Buchführung in Augsburg betrachtet. Die gattungsübergreifende Analyse der textimmanenten Strukturen, die im folgenden Kapitel dargestellt werden soll, deutete zusammen mit einem Vergleich der Schreiberhände erstmals darauf hin, dass es sich bei den frühesten Einträgen

---

291 Ahasver VON BRANDT, Ein Stück kaufmännischer Buchführung aus dem letzten Viertel des 13. Jahrhunderts. Aufzeichnungen aus dem Detailgeschäft eines Lübecker Gewandschneiders, In: Klaus Friedland, Rolf Sprandel (Hg.), Lübeck, Hanse, Nordeuropa, Gedächtnisschrift für Ahasver von Brandt, Köln, Wien, 1979, S. 308–335.

292 Vgl. ISENMANN, Die deutsche Stadt, S. 167: „Das Achtbuch [...] war ein übersichtliches Beweismittel, um gegen aufgegriffene Ächter und Verbannte vorgehen und die Dauer von Acht und Verbannung unabhängig vom menschlichen Gedächtnis kontrollieren zu können".

293 KALESSE, Bürger, S. 21.

in Bürger- und Achtbuch wie auch bei den fragmentarisch erhaltenen Listen um nachträgliche Abschriften handelt.

Bürger- und Achtbuch sind heute in spätmittelalterlichen Holzdeckeleinbänden mit Lederüberzug erhalten. Bei beiden Einbänden ist davon auszugehen, dass sie nicht aus der Entstehungszeit der frühesten Einträge stammen.[294] Für die Frühzeit des Bürgerverzeichnisses vermutete Claudia Kalesse, dass es „auf voneinander unabhängigen Lagen beziehungsweise Einzelblättern geführt wurde".[295] Felicitas Schmidt-Grotz hat nach codicologischen Untersuchungen darauf verwiesen, dass es im Falle des Achtbuchs „nicht mit Sicherheit feststellbar" ist, ob es sich um einen „vorgebundenen" oder einen „nachgebundenen" Codex handelt.[296] Eine Datierung der erstmaligen Bindung von Bürger- und Achtbuch ist damit bisher nicht vorhanden.[297]

Die frühesten Einträge im städtischen Achtbuch (1302–1322) stammen aus der Hand eines Schreibers, von dem angenommen wird, dass es sich um einen Stadtschreiber namens Ulrich gehandelt haben könnte.[298] Sie heben sich durch ihre beinahe nur auf die Aufzählung von Namen reduzierte Listenform von den Einträgen der folgenden Jahre deutlich ab. In der Handschrift umfassen sie lediglich den Raum von vier Blättern (fol. 2r. bis fol. 3v.). Weitere Belege derselben Hand finden sich vereinzelt nur noch im Bürgerbuch ab dem Jahr 1305. Als hauptamtlicher Stadtschreiber wird ein Stadtschreiber Namens Ulrich in den städtischen Urkundenlisten erst ab 1319 greifbar. Um diese Zeit ist in der Führung der Einträge im Achtbuch allmählich ein

---

294 HERDE, Achtbuch, S. 48: „Das Augsburger Achtbuch [...] Einband (15. Jh.?)"; StadtA Augsburg, Reichsstadt, Selekt „Schätze" Nr. 74, fol. 2v.: *Anno Domini 1480 jar hand die bawmaister daz buechlin lassen von newen einbinden den es vast erfelt worden wasz ad 20 may*; Dazu: KALESSE, Bürger, S. 19; SCHMIDT-GROTZ, Achtbuch, Bd. 2, S. VIII: „Dem Bürgerbuch wurde 1458, als der ursprünglich vorgesehene Korpus nicht mehr ausreichte, eine weitere Lage hinzugefügt [...]. Wahrscheinlich machte dies auch eine Überarbeitung der Bindung, offensichtlich unter Verwendung des bisherigen Einbandes, nötig".

295 KALESSE, Bürger, S. 20.

296 SCHMIDT-GROTZ, Achtbuch, Bd. 2, S. VIII; vgl. PAPRITZ, Archivwissenschaft, Bd. 2, Marburg 1976, S. 88.

297 Vgl. ZORN, Augsburg, S. 156f.: „Der Rat suchte sich einen zuverlässigen Überblick zunächst über die neuen Bürger zu verschaffen, indem er seit 1288 die Neuaufnahmen ins *ius civile*, das Bürgerrecht [...] in ein sorgsam auf Pergament geschriebenes Bürgerbuch eintragen ließ. Seit 1302 ergänzte man die Liste der Aufnahmen durch eine solche der Ausstoßungen und Feindschaften und hielt alle wegen schwerer Verbrechen aus der städtischen Friedensgemeinschaft Ausgeschlossenen in einem pergamentenen Achtbuche fest".

298 SCHMIDT-GROTZ, Achtbuch, Bd. 1, S. 208.

Stilwechsel zu beobachten. Ab 1320 weichen bloße Namenlisten ausführlicheren Eintragungen. Diesem Einschnitt in der Struktur der Buchführung können zwei Entstehungsmöglichkeiten zu Grunde liegen:

1. Dem Schreiber A (Ulrich) könnte die Führung des Achtbuchs bereits als Schüler der Kanzlei zugeteilt worden sein, wobei er die Führung des Achtbuchs dann auch als hauptamtlicher Schreiber weiterhin fortsetzte.
2. Im anderen Fall könnte es sich bei den frühen Einträgen zumindest teilweise um nachträgliche Abschriften älterer Listen handeln, die am Beginn eines neu geschaffenen Achtregisters nur partiell eingetragen wurden, wobei man bald zu einem anderen Stil der Buchführung überging. Dieser Verdacht erhärtet sich bei einem Blick in das Überlieferungsgefüge des Achtbuchs.

In den Rechnungsbüchern der städtischen Baumeister ist von 1320 bis 1331 dokumentiert, dass die Inskriptionen Geächteter gesonderte Vergütung aus öffentlicher Hand fanden. Das Achtbuch selbst enthält aus diesem Zeitraum nur für die Jahre 1320 bis 1323 Eintragungen. In den städtischen Rechnungen wurden aber zwischen 1320 und 1330 auch in anderen Jahren Zahlungen für Inskriptionen verzeichnet. Diese inhaltliche Diskrepanz wird bisher nicht mit Überlieferungsverlusten, sondern mit einem unausgeprägten „Absolutheitsanspruch" des bereits existenten Achtbuches begründet.[299] Für das Jahr 1322 enthält das Achtbuch eine Liste mit acht Namen, die offensichtlich in einem Zug eingeschrieben und nicht zu Ende geführt wurde.[300] Die

---

299 SCHMIDT-GROTZ, Achtbuch, Bd. 1, S. 266: „Die 15-jährige Unterbrechung in den Aufzeichnungen (1323–1338) kann durch keinerlei Ereignisse begründet werden, ist jedoch aus einem anderen Grund auf der medialen Ebene von Interesse: Der städtische Schreiber, also wohl A, wurde nach Aussage der Baumeisterbücher dieser Zeit ausdrücklich dafür entlohnt, dass er Aufzeichnungen bzgl. Acht und Stadtverweis tätigte, auch wenn dies nicht im Kontext des Achtbuches erfolgte. 1323 etwa findet sich die Notiz *Jtem notario de illis qui expulsi sunt de civitate XXXV ß*, 1325 verdeutlicht durch ein *pro inscriptione trium qui expulsi sunt de civitate XVIII d*, während ein Jahr später der Stadtschreiber *pro literis et pro quorundam proscriptione X s.* die aufgeführte Summe erhielt. Das Achtbuch war zwar offensichtlich als Medium bekannt, konnte jedoch noch keinen Absolutheitsanspruch für sich deklarieren: Nicht alles, was in diesem Bereich in der Stadt geurteilt wurde, musste auch an dieser Stelle eingetragen werden, um Gültigkeit zu haben".
300 SCHMIDT-GROTZ, Achtbuch, Bd. 2, S. 8, Nr. 19: 3a (2) *1322 Anno Domini Mo CCCo xxijo ||Jtem Cuonrat filius fridrich zwaienkircher||Jtem Cuonrat de Muenchen Rasor apud Blinden Jtem volrich swaiger nepos wirilini Jtem volrich zæltær Jtem Heinrich Laurin ||Jtem Heinrich Sunnentag||Jtem Dyetel zawær Jtem Sitz sweher Muensterlini sartoris Jtem.*

mit den Steuermeisterrechnungen für dieses Jahr nahezu vollständig erhaltene städtische Rechnungsführung führt demgegenüber Ächtungen von mehr als zehn Personen an verschiedenen Tagen im Zeitraum von Januar bis Juli des Jahres 1322 auf.[301] Während die Ächtungen an verschiedenen Terminen des Jahres erfolgten, waren die Eintragungen in das Achtbuch alle zum selben Zeitpunkt vorgenommen worden. Acht- und Rechnungsbuch wurden zu jener Zeit von demselben Schreiber (A), geführt. Dieser erhielt also 1322 die Zahlungen für Inskriptionen, die er selbst in den Rechnungsbüchern vermerkte. Insgesamt legt dies die Schlussfolgerung nahe, dass es zumindest nicht die Registrierungen im heute vorhandenen Achtbuch waren, für die Ulrich bezahlt wurde. Das heute vorliegende Achtregister war nicht direkt an diesem Vorgang beteiligt. Auch dass für manche Jahre Aufzeichnungen fehlen, könnte für eine selektive Abschrift im Zuge einer Revision der kommunalen Buchführung sprechen.

Im Bürgerbuch reicht die erste (sechsblättrige) Lage von fol. 4 bis fol. 15 und umfasst Einträge von 1288 bis 1308. Sie ist mit einer durchgängigen sauberen Blindlinierung versehen, welche darauf hindeutet, dass die gesamte Lage gezielt zur Aufzeichnung von Neubürgereinträgen vorbereitet wurde. Die Betrachtung der Hände in dieser Lage zeigt, dass alle Neubürgeraufnahmen der Jahre 1288 bis 1300 (fol. 1r. bis 8r.) in sorgfältiger Reinschrift in einem Zug ein-, beziehungsweise abgeschrieben wurden. Als terminus ante quem dieser Reinschrift ergibt sich damit das Jahr 1300.

Die Fragmente der übrigen Listen sind in der zweiten Lage überliefert. Diese umfasst die Blätter 16 bis 37 mit Eintragungen bis ins Jahr 1326. Bogen 9 enthält auf fol. 24 Neubürgereinträge von 1320 bis 1321. Auf fol. 29r. enthält Bogen 9 Neubürgereinträge von 1315 bis 1317, auf fol. 29v. die Steuerliste. Bogen 10 enthält auf fol. 25 die Steuerliste. Das Blatt 28 enthält Neubürgereinträge von 1313 und 1314. Bogen 11 enthält Fragmente der Gefangenen- und Auszugsliste, einen beschädigten Bereich und Neubürgereinträge.

---

301  BMB Nr. 1 (17. Jan. 1322), S. 44: *Item notario de proscriptione unius 1 sol*; BMB Nr. 1 (30. Mai 1322), S. 52: *Item sibi pro trium proscriptione 2 sol*; BMB Nr. 1 (20. Jun. 1322), S. 53: *Item notario pro proscriptione trium 18 dn*; BMB Nr. 1 (20. Jun. 1322), S. 53: *Item notario pro proscriptione trium 18 dn*; BMB Nr. 1 (11. Jul. 1322), S. 54: *Item sibi de cuiusdam proscriptione plasphemi 6 dn*.

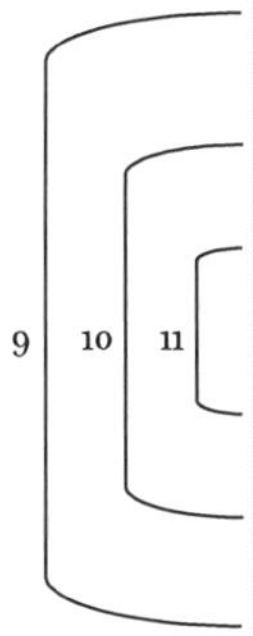

| | fol. | recto | verso |
|---|---|---|---|
| 24 | Neubürgereintr. (1320) | Neubürgereintr. (1313–1321) |
| 25 | Steuerliste | Steuerliste |
| 26 | Gefangenen-Auszugsliste | ganzs. beschriftet beschäd. / unlesbar |
| 27 | Neubürgereintr. (1312) | Neubürgereintr. (1313) |
| 28 | Neubürgereintr. (1313–1314) | Neubürgereintr. (1313) |
| 29 | Neubürgereintr. (1313–1317) | Steuerliste |

ABB. 4   *Position der ältesten Fragmente kommunaler Buchführung im Bürgerbuch*[302]

Dieser Befund spricht zunächst dafür, dass alle Blätter der Lage II, eingeschlossen derjenigen, auf denen sich die Fragmente anderer Listen erhalten haben, bereits vor ihrer Beschriftung mit Neubürgereinträgen als Lage des Bürgerbuchs vorgesehen waren. Claudia Kalesse geht davon aus, dass die noch unbeschriebenen Seiten eines nicht mehr benötigten Steuerbuchs „möglicherweise aus Pergamentmangel" im Bürgerbuch wiederverwertet wurden. Dabei waren die Lagen zunächst ungebunden, wodurch sich „durch mangelnde Umsicht" beim nachträglichen Binden chronologische Sprünge ergaben.[303]

Auf der Grundlage eines Schriftvergleichs mit der ersten Hand des Bürgerbuchs, die mit dem Duktus der Steuerliste übereinstimmt und ereignisgeschichtliche Verbindungen zu der erwähnten Steuerverordnung Rudolfs von Habsburg des Jahres 1287 aufweist, gilt als Terminus ante quem ihrer Entstehung das Jahr 1288.[304] Bereits die bisherigen Befunde sprechen gegen

---

302   StadtA Augsburg, Selekt „Schätze" 27, Bürger, Lage II, fol. 9–11.

303   KALESSE, Bürger, S. 21.

304   Die erhaltene Steuerliste nimmt Eingangs auf die Bestimmung Rudolfs Bezug und erfasste in die Tote Hand transferierte Güter. Vgl. StadtA Augsburg, Selekt „Schätze" Nr. 74, fol. 29v.: *Post mandatum quod dominus noster gerenissimus Ruodolfus romanus rex ordinavit, quod de inceps ville possessiones in civitatem Augustensium vel extra ad civitatem purientes deberent a solucione favre alienari. Domus Sittenbecken lapidea data est fratribus de domo Theutonica. Ulricus filius Othonis panificis vendidit X sol. dn in reditibus ad zecham sancti Maurici [...]. Item XXX solidos in reditibus quos dedit Regenspurgarius ad hospitale.* Die Steuerverordnung Rudolfs bestimmte eine Bemessung der jährlichen Reichssteuer anteilig nach dem Vermögen eines jeden Steuerzahlers. Grundlage dieser Bemessung sollten auch solche Besitztümer (Mobilien und Immobilien) sein, die von Bürgern auf Geistliche Stiftungen übertragen worden waren und damit der Besteuerung entzogen wurden (Tote Hand). Vgl. KALESSE, Bürger, S. 53; UBA I, Nr. 105 (3. Dez. 1287); Werner ORGIS, Art. „Tote

diese Annahme. Sie zeigten, dass die ersten Einträge des Bürgerbuchs frühestens im Jahr 1300 entstanden sein können. Stammte die im Bürgerbuch überlieferte Steuerliste aus der Amtszeit des Schreibers Rudolfs, wäre es nicht unwahrscheinlich, ihn als Schreiber anzunehmen. Seine Hand wurde von Meyer und Scholz identifiziert.[305] Sie entspricht nicht der Hand, die die ersten Einträge des Bürgerregisters niederschrieb. Auch der in Gesamtbreite, Höhe und Spaltenbreite nahezu identische Schriftspiegel der Steuerliste und des Bürgerverzeichnisses spricht dafür, dass beide zur selben Zeit vom selben Schreiber angelegt worden sein könnten. Auffällig ist auch ein gestrichener Eintrag einer Neubürgeraufnahme zwischen zwei Einträgen der Steuerliste auf fol. 25v. Zeitsprünge finden sich nicht nur zwischen einzelnen Bögen der zweiten Lage, sondern auch innerhalb eines Blattes, wie etwa ein Sprung vom Jahr 1312 zurück auf das Jahr 1309 mitten auf fol. 19r. Schließlich ist es auffällig, dass die Handschrift erst ab dem Zeitraum zwischen 1300 und 1302 an Nutzungsspuren gewinnt, die auf einen regelmäßigen Alltagsgebrauch hindeuten. Zu ihnen gehören Streichungen, ein Wechsel der Schriftgrößen und der bereits erwähnte Wechsel der Schreiberhände.[306] In ihrem reduzierten einspaltigen Layout ähneln das Bürgerbuch und die Fragmente den frühesten Einträgen des Achtbuches.

Diese Ergebnisse sprechen ebenso für einen engen Zusammenhang der Entstehung der Fragmente und des Bürgerverzeichnisses wie für ihre gemein-

---

Hand", „Tote Hand", In: HRG V, Sp. 281f.: „Denn in jedem Falle waren die der T. H. zugewendeten Güter dem freien (Liegenschafts-) Verkehr entzogen. Zu Problemen mit dem Gütererwerb durch die geistliche T. H. kam es schon in den ma. Städten, als kirchliche Einrichtungen durch zahlreiche fromme Zuwendungen reichen Grundbesitz in ihrer „T. H." ansammelten, was zwangsläufig eine Schwächung weltlicher Machtbefugnisse nach sich zog, vor allem in wirtschaftlicher (Steuerbefreiung der Kirche) und jurisdiktioneller Hinsicht (Immunitäten). Im Gegenzug erließen viele Städte sog. Amortisationsgesetze, die das „Gütersterben" in der T.H. verhindern sollten—etwa durch Statuierung einer Genehmigungspflicht oder durch ein allgemeines Verbot von Zuwendungen an die T.H., meist unter Nichtigkeitsfolge, oder durch Vorschriften, wonach die bedachte Anstalt die ihr zugewendeten Güter binnen einer bestimmten Frist (z. B. Jahr und Tag, dreier Monate) an einen Laien veräußern mußte, widrigenfalls sie an die Stadt fielen oder wenigstens einem städtischen Einstand unterlagen". Zur Datierung: KALESSE, Bürger, S. 20: „Diese beginnt frühestens 1288 auf fol. 29v.; die gleiche Hand weisen auch noch die ersten Einträge von fol. 25r., die Fortsetzung der Steuerliste auf"; Ebd. Anm. 35 (ohne Beweisführung): „Dies lässt sich durch Schriftvergleich mit den Händen des Bürgerbuchs feststellen"; KRUG, Steuerbücher, S. 64: „Datiert hat sie diese anhand eines Handschriftenvergleichs auf das Ende des 13. Jahrhunderts, 1287/1288".

305  Vgl. SCHOLZ, Schriftsprache, S. 49.
306  Erste Streichungen: StadtA Augsburg, Selekt „Schätze", Nr. 74, fol. 11r. u. fol. 13r.

same Wurzel in der Schriftführung der städtischen Vogtei. Es scheint durchaus möglich, dass man in der kommunalen Kanzlei des beginnenden 14. Jahrhunderts von einer unregelmäßigen unverbundenen Listenführung, die vom Vogt in die Verantwortung des Bürgerverbands übergegangen war, zu einer regelmäßigen Buchführung überging. Dabei kam es zu einer abschriftlichen Integration älterer Dokumente, die man nachträglich für erhaltenswert erachtete. Die Steuerliste wäre demnach nicht wiederverwertet, sondern bewusst gegen Überlieferungsverlust abgesichert worden. Dies wäre für ein Dokument, mit dem die Erfüllung königlicher Ansprüche bewiesen worden war, nicht unwahrscheinlich. Die Befunde verweisen damit auf einen Wandel des Überlieferungsbedürfnisses im beginnenden 14. Jahrhundert, dem sich der zweite Teil dieser Untersuchung zuwenden wird.

## 4 Kompetenzimport: Die Anfänge der Stadtschreiber

Die Entstehung aller bisher betrachteten Ausprägungsformen schriftlicher Dokumentation des kommunalen Rechtslebens setzte Konzeptions- und Schreibprozesse voraus, die auf hoher Abstraktionsfähigkeit, sicherer Schreib- und Lesekenntnis im Lateinischen und der Volkssprache wie auch auf Rechtsgelehrsamkeit und Erfahrung mit der sozialen Kultur der Kommunikations- und Umgangsformen im elitären politischen Umfeld gründeten. Die laufende Notwendigkeit der Erweiterung des Stadtrechtsbuchs, die Übernahme und der Ausbau der Buchführung wie auch die wachsende Tätigkeit der Gemeinde als Urkundenaussteller waren Faktoren, die die Existenz derartiger Spezialkenntnisse zu einem kontinuierlichen Bedürfnis werden ließen. Politische Direktkontakte mit der Welt des Adels erforderten die Adaption der dort herrschenden politischen Kommunikationsformen.

Um 1250 sandte die Bürgergemeinde der Stadt Lübeck einen gewissen Magister Konrad bis in die Lombardei, um einen Mann anzuwerben, der im römischen und kanonischen Recht gelehrt sei.[307] Der Lübecker Bote fand zwei Männer, die gerne in den Dienst der Stadt getreten wären. Sie mussten jedoch

---

307  Karl KROESCHELL, Deutsche Rechtsgeschichte Bd. 1: Bis 1250, Köln, Weimar, Wien[13] 2008, Nr. 71, S. 285: *Nobilitate vestre cupimus fieri magnifestum, quod magister Conradus Pictor, vester nuncius et procurator in Lonbardiam ad inveniendum ominem peritum in iure civili et chanonico, firmiter sciatis eum ibi fuisse, et diligenter per civitates Marchie inquisivit, et invenit duos peritos viros, qui libenter venissent ad vestrum servicium et mandatum, sed non potuerunt inpetrare licentiam a domino Icelino de Romano, qui est loco regis Conradi in marchia Trevisina et Lombardie constitutus.*

ob eines Verbots des Herrn der Mark Treviso in Padua verbleiben. Fallbeispiele wie dieses sind selten überliefert worden. Sie deuten darauf hin, dass Experten nicht selbstverständlich verfügbar waren, die Anforderungen zu erfüllen und Möglichkeiten zu nutzen verstanden, die sich vor dem Horizont der neuen Ordnungsvorstellungen ergaben.[308] Mit dem mobilen, gelehrten Schreiber erscheint ein Element im Mechanismus des Verschriftlichungsprozesses, das dessen raumübergreifenden Transfer ermöglichte. Seit der Mitte des 13. Jahrhunderts fand der gelehrte Schreiber wachsende Präsenz im politischen Alltag der Stadt nördlich der Alpen. Seine wachsende Präsenz ist nicht nur in den Kreisen der aufstrebenden Bürgerverbände, sondern etwa auch an den geistlichen Gerichten der Städte bezeugt. Die zweite Hälfte des 13. Jahrhunderts birgt eine wachsende Zahl an Belegen für Tabellionen, die dort Gerichtsurkunden schrieben. Sie sind im selben Zeitraum in südwestdeutschen Städten wie auch im norddeutschen Lübeck oder im heute polnischen Breslau nachweisbar.[309] Dabei zeichnet sich die Tendenz ab, dass es sich bei vielen von ihnen zunächst um Vertreter aus den Reihen des Klerus oder um Experten aus dem italienischen Raum handelte, bis sich das Wissen um Recht und Schriftlichkeit allmählich in den politischen Milieus des Reiches nördlich der Alpen anreicherte. Während sich unter den Notaren und Schreibern der Kanzlei Friedrichs II. lediglich ein Notar mit Herkunft nördlich der Alpen feststellen lässt, finden wir in der Kanzlei Rudolfs von Habsburg beinahe ausschließlich Kleriker deutscher Herkunft, die allerdings in den meisten Fällen in Italien studiert hatten.[310]

---

308 KAUFHOLD, Deutsches Interregnum, S. 236: „Das Interesse an den juristischen Modellen und der Einsatz juristischer Argumente war in diesem Falle nicht die Folge einer zunehmenden Juristendichte. Die juristische Argumentation wurde nicht von gelehrten italienischen Juristen nach Lübeck gebracht. Es verhielt sich eher umgekehrt. Mit wachem Interesse hatten die Lübecker Kaufleute die neuen Möglichkeiten aufgegriffen, die ihnen die kanonistische Argumentation bot".

309 Vgl. die Zusammenstellung bei SCHULER, Notariat, S. 30–33.

310 Sebastian GLEIXNER, Sprachrohr des kaiserlichen Willens, Die Kanzlei Kaiser Friedrichs II. (1226–1236) (=Archiv für Diplomatik Beihefte, Bd. 11), Köln, Weimar, Wien 2006, S. 502; Dieter HÄGERMANN, Studien zum Urkundenwesen Wilhelms von Holland, (= Archiv für Diplomatik Beihefte, Bd. 2), Köln, Weimar, Wien 1977; Zum Personal der Kanzlei Rudolfs I. von Habsburg: Franz Rainer ERKENS, Rudolf von Habsburg (1272–1291), In: Höfe und Residenzen im spätmittelalterlichen Reich. Ein dynastisch-topographisches Handbuch (= Residenzenforschung, Bd. 15.I), S. 276–282, hier: S. 280f.

Die Frühgeschichte der Augsburger Stadtschreiber ist noch nicht zusammenhängend erforscht worden.[311] Es ist das Ziel dieses Kapitels zu untersuchen, welche Männer in der Anfangsphase mit der Entstehung und Führung der kommunalen Schriftlichkeit Augsburgs betraut waren. Woher kamen diese Schreiber? Woher hatten sie ihr Wissen? Welche Bedeutung hatten sie insgesamt für die Entstehung der frühesten kommunalen Überlieferung und der Anfänge der Augsburger Kanzlei?

In Augsburg zeugt zunächst der Blick in die Zeugenreihen der Urkundenüberlieferung des ausgehenden 13. Jahrhunderts von der wachsenden Präsenz von Schreibern im städtischen Millieu. Zu ihnen gehörten kirchliche Schreiber am Bischofshof, am geistlichen Gericht (*iudices curie*), in Klöstern und Konventen wie auch Schreiber im Dienste des Adels.[312] Im Kreis der Bürgerverbände deutscher Städte lassen sich seit den 20er Jahren des 13. Jahrhunderts Nennungen städtischer Schreiber in Urkunden bezeugen.[313] In

---

311 Vgl. GLOOR, Politisches Handeln, S. 68; SCHMIDT-GROTZ, Achtbuch, Bd. 1, S. 188–191; SCHOLZ, Schriftsprache, S. 40–58.

312 Bischöfliches Umfeld: Vgl. etwa: MB 33a, Nr. 86 (29. Dez. 1258), S. 89: [...] *Albertum notarium nostrum, ecclesie sancti Mauritii nostre civitatis canonicum* [...]; MB 33a, Nr. 154 (28. Nov. 1285), S. 174: [...] *Chunradus notarius noster* [...]; UBA I, Nr. 108 (24. Apr. 1288): [...] *maister Chunrat unsers herrn schreiber des bischofes* [...]; UBA I, Nr. 109 (19. Dez. 1288): [...] *Chunradus notarius noster* [...]; MB 33 a, Nr. 210 (31. Jul. 1297): [...] *Ulricus notarius noster* [...]; MB 33 a, Nr. 252 (1303): [...] *Cunradus notarius* [...]. Notare des weltlichen Niederadels: Vgl. etwa: WUB VII, Nr. 2483 (5. Feb. 1275): Graf Gottfried von Löwenstein und seine Gattin Sophia vermachen zu ihrem Seelgerät dem Kloster Lichtenstern ihr Gut zu Weiler: *Dirre dinge sint geziuge: her Engelhart von Winsberc der elter*, [...] *W. unser schriber* [...]; WUB X, Nr. 4847 (Mai 1296): Graf Friedrich der Alte von Zollern (Zolr) schenkt und verkauft dem Kloster Stetten seinen Besitz in Willmandingen [...] *geziuge*: [...] *Wernher der schriber von Zolr, der disen brief geschriben hat* [...]. Weiterhin etwa: ZEHETMEYER, Urkunde und Adel, S. 173–272.

313 Vgl. etwa: Peter HOHEISEL, Die Göttinger Stadtschreiber bis zur Reformation. Einfluss, Sozialprofil, Amtsaufgaben (= Studien zur Geschichte der Stadt Göttingen, Bd. 21), Göttingen 1998; BÖCK, Stadtarchiv, S. 114: „In Kempten ist eine „Kanzlei unter Leitung eines beamteten Stadtschreibers, der mit seinen Gehilfen zunächst wohl im Rechenstüble des Rathauses untergebracht war, bald aber ein eigenes Gebäude bezog ab 1269 nachweisbar"; Alois SCHMID, Notarius civium Ratisponensium. Beobachtungen zu den Stadtschreibern der Reichsstadt Regensburg, In: Winfried Becker, Werner Chroback (Hg.), Staat, Kultur, Politik, Beiträge zur Geschichte Bayerns und des Katholizismus, Festschrift zum 65. Geburtstag von Dieter Albrecht, Kallmünz 1992, S. 49–61: „Den ersten Beleg liefert eine Urkunde des Jahres 1233 [...] *Fridericus notarius civium*. Auch in dieser Reichsstadt gehört der Stadtschreiber somit zu den ersten Funktionsträgern der Kommune. Er wird bereits vor der Errichtung einer städtischen Kanzlei und dem Bau des Rathauses faßbar"; Ingo KRÜGER, Das Nürnberger Schrift- und Urkundenwesen von 1240 bis 1350, Bonn 1988;

Augsburg haben sich aus dem Zeitraum zwischen 1234 und dem Ende des 13. Jahrhunderts die Spuren von vier bis fünf Schreibern im Dienste der Bürger erhalten.[314] Nach Heinrich Schongauer trug seit 1246 ein gewisser Werner den Titel eines *cancellarius*.[315] Nach Werner nennen die Zeugenlisten städtischer Urkunden von 1268 bis 1283 einen Schreiber namens Konrad (I.), der erstmals den Titel eines *notarius civitatis* führte. Ihm wurde in der deutschen Urkunde mit dem Titel *stetschriber* entsprochen. Um 1280 urkundete einmalig ein Schreiber Namens Rudolf (I.?), auf den wieder Spuren eines Stadtschreibers Namens Konrad folgen. Ihm folgte von 1283 bis 1304 abermals ein Schreiber

---

Gerhard BURGER, Die südwestdeutschen Stadtschreiber im Mittelalter, Böblingen 1960, S. 11: „Der früheste Beleg stammt aus Schwäbisch Hall, in der ein gewisser *Conradus notarius noster* 1228 urkundlich greifbar wird. In Köln ist 1227, in Braunschweig 1231, in Straßburg 1233 und in Lübeck 1243 der erste Stadtschreiber belegbar"; Manfred J. SCHMIED, Die Ratsschreiber der Reichsstadt Nürnberg (= Nürnberger Werkstücke zur Stadt und Landesgeschichte, Bd. 28), Nürnberg 1979, S. 19; Karl Heinrich REXROTH, Die Entstehung der städtischen Kanzlei in Konstanz. Untersuchungen zum deutschsprachigen Urkundenwesen des dreizehnten Jahrhunderts, In: Archiv für Diplomatik 5/6 (1959/1960), S. 202–307; Walther STEIN, Deutsche Stadtschreiber im Mittelalter, In: Festschrift Gustav von Mevissen, Köln 1895, S. 33; BRESSLAU, Urkundenlehre, Bd. 1, S. 459.

314 Werner (1246–1265): UBA I, Nr. 6 (29. Aug. 1246): […] *Wernherus cancellarius* […] (Werner wird in der Zeugenliste dieser Urkunde direkt vor Heinrich Schongauer aufgeführt, was den Schluss nahelegt, dass dieser den Titel des *cancellarius* bewusst ablegte, um ihn auf Wernher zu übertragen); MB 33a, Nr. 80 (Aug. 1253): […] *Wernherus cancellarius* […]; UBA I, Nr. 19 (1. Dez. 1259): […] *Wernherus cancellarius* […]; MB 33a, Nr. 86 (29. Dez. 1258): […] *Wernhero cancellario* […]; UBA I, Nr. 21, (1260): […] *dominus canzellarius* […]; UBA I, Nr. 24 (23. Okt. 1263): […] *Wernherus cancellarius* […]; UBA I, Nr. 27 (25. Okt. 1264): […] *Wernherus cancellarius* […]; UBA I, Nr. 30 (März 1265): […] *Wernherus cancellarius* […]; Konrad (1268–1280): UBA I, Nr. 37 (Aug. 1268): […] *Conradus notarius noster* […]; UBA I, Nr. 44 (17. Aug. 1272): […] *Conradus notarius civitatis* […]; UBA I, Nr. 55 (5. Okt. 1277): […] *Chunrat der stetschriber* […]; MB 33a, Nr. 134 (20. Jul. 1280): […] *Chunrat der stetschriber* […]; WUB VIII., Nr. 2983 (20. Jul. 1280): *Chunrat der stetschriber*; Rudolf (1280): UBA I, Nr. 62 (13. Dez. 1280): […] *Rudolf der stetschriber* […]; Konrad (1281–1282): UBA I, Nr. 66 (23. Jun. 1281), S. 49: […] *Chunradus notarius civitatis Augustensis* […]; MB 33a, Nr. 138 (Okt. 1281): […] *Conrat der stet schribär* […] (sic); UBA I, Nr. 69 (2. Feb. 1282): […] *Chunrat der stetschriber* […]; UBA I, Nr. 71 (26. Jul. 1282): […] *Chunrat der stetschriber* […]. Vgl. die Aufstellung bei SCHMIDT-GROTZ, Achtbuch, Bd. 1, S. 188ff., die um die hier genannten Belegstellen in den Monumenta Boica und dem Württembergischen Urkundenbuch ergänzt werden konnte.

315 CENDES, Art. „Kanzlei", In: LEX MA 5, Sp. 910–912. Der Begriff *cancellarius* ist seit dem 4. Jahrhundert belegbar und wurde im Laufe des Mittelalters allmählich zum Titel für Leiter größerer fürstlicher Kanzleien.

## GEBURT: ADAPTION UND ASSIMILATION                                                               113

Namens Rudolf (II.?), der seit 1303 wieder durch einen Nachfolger mit dem Namen Konrad v. Giengen (II.) abgelöst wurde.³¹⁶

Der einzige der genannten Stadtschreiber, dessen Herkunft sich sicher nachweisen lässt, ist Rudolf (II.?), der zwischen 1280/1283 und 1304 in Augsburg wirkte. Dass in Augsburg biographische Hintergrundinformationen über einen frühen Stadtschreibers greifbar sind, ist deutschlandweit eine Ausnahme. Es ist gesichert, dass Rudolf zwischen 1251 und 1273 im Dienst des Herzogs Philipp von Kärnten stand, bevor er begann, die Augsburger Kanzlei zu leiten.³¹⁷ Im Jahr 1275 erhielt er gegen eine Zahlung von 100 Mark Silber Höfe in Pinzwang, um welche er im Zeitraum von 1289 bis 1293 mit dem Markgrafen von Burgau stritt.³¹⁸ Eine der beiden Urkunden, die aus diesem Streit hervorgingen, tituliert ihn als *Rudolf der Schriber von Auspurch*. Es wird angenommen, dass sich Rudolf dort nach dem Tod Herzog Philipps im Jahr 1279, in einem Alter von „mindestens 50 Jahren", zur Ruhe setzen wollte.³¹⁹ Weiterführende Kontextualisierungen der Verbindungen zwischen der Augsburger Kanzleigeschichte und der Schriftkultur und dem Umfeld der österreichischen Herzogskanzlei sind in der Forschung bisher nicht unternommen worden.

Die Übernahme der Buchführung durch die städtische Kanzlei wurde in der Zeit Rudolfs sichtbar. Aus seiner Hand stammt auch ein Großteil der Nachträge im Stadtrechtsbuch. Die Spuren des Schreibers Rudolf führen direkt in das Milieu derjenigen Fürsten, die auf den Augsburger Hoftagen unter König Rudolf von Habsburg anwesend waren, in deren Rahmen 1276 auch die Prüfung und Bewilligung der Konzeption des Augsburger Stadtrechtsbuchs erfolgte. Die Stadt Augsburg war in dieser Zeit ein Zentrum der südlichen Reichspolitik. Auf dem Augsburger Reichstag von 1275 hatte Rudolf von Habsburg Ottokar von Böhmen alle Reichslehen entzogen.³²⁰ Dabei handelte es sich um Böhmen, Mähren, Österreich, Steiermark, Kärnten und Krain.

---

316  SCHMIDT-GROTZ, Achtbuch, S. 190; Rudolf: UBA I, Nr. 76 (29. März 1283), UBA I, Nr. 197 (24. Jul. 1304); Konrad: MB 33a, Nr. 252 (30. Mai 1203); Am 28. Feb. 1311 ist der Stadtschreiber Konrad von Giengen als Bürge im Augsburger Bürgerbuch fassbar.

317  Nachweise für Nennungen Rudolfs in Urkunden der Kärntner Kanzlei bei HAACKE, Schreiberprobleme, S. 109, Anm. 6 u. 7; Monumenta historica ducatus Carinthiae (MDC) 4, Nr. 2471 (3. Dez. 1251), S. 399; Theoderich HAGN, Urkundenbuch des Benedictiner Stiftes Kremsmünster, seiner Pfarreien und Besitzungen vom Jahre 777 bis 1400, Linz 1852, Nr. 109 (20. Feb. 1266): *Testes autem sunt isti: Ulricus notarius, Heinricus de Lavershaym notarius, Rudolfus notarius*; MDC 4, Nr. 2927 (18. Apr. 1267), S. 662; MDC 5, Nr. 68 (1271), S. 40f.; Nr. 121 (5./26. Jan. 1273), S. 81f.

318  SCHOLZ, Schriftsprache, S. 49; MB 33a, Nr. 122 (1. Jul. 1275), S. 135f.

319  HAACKE, Schreiberprobleme, S. 109.

320  RI VI, Nr. 379a.

Bereits im selben Jahr hatte er Philipp von Spannheim, unter dem der spätere Stadtschreiber Rudolf damals diente, zum Herzog von Kärnten, Krain und Mark erhoben.[321] Während Philipp die Herschaft in Kärnten nur dem Titel nach ausübte und sich nie in das von Ottokar besetzte Herzogtum wagte, werden bald Bestrebungen Meinhards, des Grafen von Tirol, sichtbar, die Herrschaft in Kärnten tatsächlich zu übernehmen.[322] Nach einem Sieg über Ottokar wurde Meinhard zum Hauptmann von Tirol. Als Philipp von Spannheim 1279 verstarb, wurde Meinhard II. zum Herzog erhoben. Auf dem Augsburger Hoftag von 1286 erfolgte seine Belehnung mit dem Herzogtum Kärnten durch Rudolf von Habsburg.[323] Der Kreis der Fürsten, in dem zur Zeit Rudolfs von Habsburg Reichspolitik gemacht wurde, war in Augsburg regelmäßig präsent. Ein Blick in die Kanzleien dieser Fürsten zeigt, dass sich die Entwicklung der Buchführung auch hier in einer Intensivierungsphase befand.

Aus der Kanzlei am Hofe Ludwigs des Strengen, der 1268 zum Erben Konradins geworden war und sich 1276 ebenfalls in Augsburg aufhielt, hat sich ein Rechnungsbuch auf Pergament erhalten, das den Abrechnungszeitraum 1291 bis 1294 umfasst.[324] In ihm hielten die Schreiber des Herzogs Ausgaben der Hofhaltung und Einnahmen aus Zöllen, dem Münzschlag, Strafgeldern, Gerichtsgebühren und anderen Posten wie auch jährliche Steuereinnahmen aus Städten des landesherrlichen Territoriums fest. Augsburger Kaufleute und Ratsherren werden darin als Lieferanten und Handelspartner des bayerischen Herzogs aufgeführt.[325] Der seit 1288 als Ratsherr fassbare Kaufmann Konrad Lang wird als „Wirt, Bankier und Hoflieferant" des bayerischen Herzogs bezeichnet, dem zwischen 1291 und 1294 „mehr als 2.200 Pfund Pfenninge" ausgezahlt wurden.[326]

Die Kanzlei des Herzogtums Tirol erhielt unter Meinhard II. einen festen Standort auf der Burg Tirol. Neben einer Festigung und dem Ausbau des Schreibpersonals von vier wechselnden Schreibern auf zehn dauerhaft beschäftigte und hierarchisch organisierte Schreiber, ist eine Ausweitung und

---

321 WIESFLECKER, Meinhard II., S. 112–120.
322 Ebd.
323 RI VI., Nr. 1962a.
324 OEFELE, Rechnungsbuch.
325 OEFELE, Rechnungsbuch, S. 283: [...] *que date sunt Ch. Longo civi Augustensi in expensis quas vicedominus et consules fecerant apud eum cum missi essent pro obtinendis induciis apud Longa pallia in Augusta.*
326 GEFFCKEN, Art. „Lang I", In: Augsburger Stadtexikon, S. 595f.; vgl. OEFELE, Rechnungsbuch, S. 281: *Ex hiis date sunt 60 lib Ch. Longo civi Augustensi in debitis domini ducis.* [...] *Hii denarii dati sunt Longo civi Augustensi* [...]; oder: S. 285: [...] *que date sunt Longo hospiti in Augusta.*

GEBURT: ADAPTION UND ASSIMILATION

Festigung im Bereich der herzöglichen Buchführung in Ausprägungsformen und Arbeitsabläufen zu beobachten. Um 1280 entstanden ein neues Gesamturbar, Steuerregister, Rechnungsbücher und eine Reihe weiterer Kanzlei- und Kammerbücher.[327] Nach Wiesflecker sind „diese ersten Achtzigerjahre [...] die entscheidende Zeit für die Ausbildung der Tiroler Verwaltung im Allgemeinen, insbesondere auch für die Entwicklung der Kanzlei".[328] Nicht zuletzt ein intensiver Kontakt zu italienischen Kaufleuten wird in Tirol die Schaffung italienischer Kanzleistrukturen nötig gemacht haben.[329] Die Tiroler Kanzleibücher bezeugen erstmals den Kontakt von Augsburger Händlern zur Tiroler Kanzlei.

Auf der Via Claudia nach Venedig war dieser Herzogshof Station. Auch die Höfe des Schreibers Rudolf in Pinswang lagen direkt an dieser Hauptverkehrsverbindung.[330] Spuren von Augsburger Händlern am Hofe der Herzöge von Kärnten und Tirol lassen sich während der Amtszeit Rudolfs als Augsburger Stadtschreiber in den Tiroler Kanzleibüchern erstmals schriftlich

---

327 WIESFLECKER, Meinhard II., S. 190: Steuerregister (ab 1274), Abrechnungen (ab 1280), Großes Urbar (um 1280), „diverse Kanzlei und Kammerbücher" (um 1280), Erneuerung älterer Rechtstitel durch Transsumpte, Dorsalregesten, Papierurkunde (1287), Papierregister (ab 1288). Die Zusammenstellungen Wiesfleckers basieren auf der noch immer grundlegenden Studie von Richard HEUBERGER, Das Urkunden- und Kanzleiwesen der Grafen von Tirol, Herzöge von Kärnten, aus dem Hause Görz (= Mitteilungen des Instituts für österreichische Geschichtsforschung, Bd. 9), Innsbruck 1913, hier: S. 65–142.

328 WIESFLECKER, Meinhard II., S. 190. Zwischen 1260 und 1295 erfuhr sie einen Ausbau, der andere Kanzleien im Reich nördlich der Alpen weit übertraf. In der Forschung wurde sie als „die am besten organisierte Kanzlei im Reich" charakterisiert; Hermann Wiesflecker erfasste im Zeitraum zwischen 1271 und 1295 21 landesfürstliche Schreiber und etwa 15 öffentliche Notare, die im Dienst des Herzogshofes arbeiteten. Vgl. WIESFLECKER, Meinhard II., S. 189; Ernst SCHUBERT, Die Umformung spätmittelalterlicher Fürstenherrschaft im 16. Jahrhundert, In: Rheinische Vierteljahrsblätter 63 (1999), S. 204–263, hier: S. 233.

329 Die Existenz von Handelskontakten zwischen der Herzogskanzlei und italienischen Kaufleuten bezeugt etwa: SIMONSFELD, Fondaco, Nr. 1, (Sept. 1225) S. 1: *In concordia fuit dominus dux maiori parte sui consilii, ut Martinus Naizo de Murano presente aliquo ministeriale curie domini ducis debeat et possit facere pignorationem in bonis hominum domini ducis Austriaci et Styriensis.*

330 Direkt durch das zum Herzogtum Tirol gehörige Gemeindegebiet Pinswang, das in der Nähe der Burg Schwanstein lag, führte die Via Claudia Augusta. Auch das etwa 50 Kilometer nördliche Schongau, wo Verwandte Heinrich Schongauers als staufische Ministerialen im Amt des Vogtes nachweisbar sind, lag an jener Hauptstraße nach Süden. Vgl. GEFFCKEN, Art. „Schongauer I.", In: Augsburger Stadtlexikon, S. 798f. Schongauer war im Besitz des bischöflichen Zoll bei Sterzing in Tirol, der von Bischof Hartmann zuvor an die Brüder Langenmantel und den Markquart von Laugingen verkauft worden war: MB 33a, (8. März 1282), S. 153.

belegen. Insgesamt finden sich in den herzöglichen Rechnungsbüchern unter den 36 Konten für oberdeutsche Kaufleute zwischen 1290 und 1369 14 Konten, in denen Augsburger Kaufleute genannt sind.[331] Sie treten als Händler von Gold, flandrischen Tuchen aus Ypern, Pelzen, Wein und Heringen, aber auch als Geldgeber des Herzogs auf. Im Jahr 1294 ist eine Vorauszahlung von insgesamt 1126 Mark Silber von vier Augsburger Kaufleuten der Familien Polan, Bitschlin, Langenmantel und Sachs an den Herzog von Tirol bezeugt.[332] Im Jahr 1295 übergab der Rat drei flandrische Tuche als Ehrgeschenk der Stadt an den Herzog.[333] Am 14. Juni 1300 wurde in einem eigenen Konto der Raitbücher die Anwesenheit des Augsburger Burggrafen Konrad und des Memminger Ammans Marquard in Begleitung eines Schreibers dokumentiert. Die Rechnungsbücher verzeichnen eine größere Schuld des Herzogs gegenüber dem Burggrafen von über 233 Pfund Pfennig, von denen im Jahr 1300 10 Mark in Veroneser Währung ausgezahlt wurden.[334] Insgesamt sprechen diese Befunde für einen lebhaften und vielfältigen Kontakt der Eliten des Augsburger Bürgerverbands zum Umfeld der hochentwickelten Herzogskanzleien aus dem auch der Stadtschreiber Rudolf stammte. Diese Verbindungen legen es nahe, kulturelle Adaptionsprozesse als tragende Kräfte der Formierungsphase des städtischen Schriftgedächtnisses zu vermuten.

Die Untersuchung der Anfänge kommunaler Buchführung in Augsburg zeigte, dass diese während der Amtszeit des Schreibers Rudolfs vom Vogt in die städtische Kanzlei überging. Das Spektrum der erhaltenen Spuren erscheint im Verhältnis zur Überlieferung der Tiroler Kanzlei des ausgehenden 13. Jahrhunderts kärglich, doch finden beide Bestände ihre Übereinstimmung in einer engen Anbindung an den Lebensvollzug ihres Trägermilieus. In beiden Fällen handelte es sich um Schriftstücke, die zur Absicherung von

---

331 BASTIAN, Raitbücher, Nr. B 2 (2. Okt. 1290), B 6 (18. Okt. 1294), B 8 (6. Okt. 1296), B 9 (2. März 1297), B 10 (1298), B 13 (11. Nov. 1299), B 14 (12. Feb. 1300), B 15/16 (14. Jun. 1300), B 17/18 (1. Jul. 1300), B 21 (1305), B 27 (1312–1317), B 30 (28. März 1314), B 33 (28. Mai 1320), B 36 (24. Apr. 1369).

332 BASTIAN, Raitbücher, Nr. B 6, 18. Okt. 1294.

333 BASTIAN, Raitbücher, S. 2ff.

334 BASTIAN, Raitbücher, S. 131, Nr. 15/16, 14. Jun. 1300: *Racio Chunr. Purchgravii de Augusta. Anno Domini M°CCC° XIII° intrante iubio in monte sancti Zenonis Cunr. Purchgravius de Augusta computavit, se credidisse domino duci H. pro expensis, vino, vestibus et expensis domini Georii Schwangeu et Lud. notarii Augustensium libras 233, solidos 18 minus denario 1, que valent Veronensium marcas 187 lib 1, ad racionem 8 parvulorum Veronensium pro uno denario Augustensi. De hiis recepit a Chunrado camerario Veronensium marcas 10; de reliquis marcis 100 debet in Hallensibus expediri in festo Galli, et Chaerlingerius dabit ei marcas 77, lib. 1 in festo sancti Martini.*

politischen und wirtschaftlichen Regierungshandlungen und daraus hervorgehenden Konflikten dienen konnten. In Augsburg waren sie eng mit dem Konstituierungsprozess der Gemeinde verbunden. Rudolf wird angeworben worden sein, um in Augsburg ein Spektrum der Schriftlichkeit zu übernehmen, zu etablieren und zu pflegen, das in der aktuellen Lage benötigt wurde. Rudolf ist der letzte Schreiber, der nicht in Augsburg ausgebildet wurde. Noch während seiner Amtszeit erfolgte die Fertigstellung des neuen Rathauses, in dem erstmals ein königlicher Hof empfangen wurde. Die betrachtete Festigung der kommunalen Überlieferung wie auch ein wesentlicher Teil der Erweiterungen des Stadtrechtsbuchs erfolgten ebenfalls in dieser Zeit. Während der Amtszeit Rudolfs kam es damit zur Entstehung von Ausprägungsformen kommunaler Schriftkultur, die in der historischen Mediaevistik als Indikatoren der Etablierung einer kommunalen Kanzlei betrachtet werden.[335] Zu ihnen gehören die kontinuierliche Anwesenheit eines festen Schreibers an der Spitze eines hierarchisch organisierten Personalstands, eine definierte räumliche Umgebung wie auch ein differenziertes Aufgabenfeld und festgelegte Arbeitsabläufe.

Bisher ungeklärt blieb dabei die Frage, welche Funktionen einem Schreiber wie Rudolf bei solchen Prozessen konkret zukamen. Ihrer Untersuchung steht das Schweigen der entstandenen Schriftstücke im Wege. Die Rechnungsbücher des bayerischen Herzogshofes etwa bezeugen die Anwesenheit eines Schreibers Meinhards II. in München zur Ausarbeitung eines Schiedsspruchs zwischen Albrecht und Meinhard von Österreich, ohne dessen genaue Funktion bei diesem Vorgang weiter zu erläutern.[336] In der Siegelurkunde wurden gerade die Aufschluss versprechenden „verbalen und nonverbalen Einzelschritte der dokumentierten Verhandlungen" „zu endgültigen Formulierungen" soweit „verdichtet", dass aus den Formulierungen der heute überlieferten Dokumente kaum noch Prozessverläufe der Meinungsbildung, Details der Konsensfindung oder anderer Routinehandlungen im Prozess der Urkundenentstehung entnommen werden können, bei denen die Schreiber eine Rolle spielten.[337] Dieser

---

335 Hans-Walter KLEWITZ, Cancellaria. Ein Beitrag zur Geschichte des geistlichen Hofdienstes, In: Deutsches Archiv für Erforschung des Mittelalters 1 (1937), S. 44–79; Jaap Gerardus KRIUSHERR, Kanzleianfertigung, Empfängeranfertigung und Anfertigung durch Dritte. Methodologische Bemerkungen anläßlich einiger neuerer Untersuchungen, In: Archiv für Diplomatik 25 (1979), S. 256–300; Peter CENDES, Art. „Kanzlei", In: LEX MA 5, Sp. 910–912.

336 OEFELE, Rechnungsbuch, S. 277.

337 Gerald SCHWEDLER, Formen und Inhalte: Entscheidungsfindung und Konsensprinzip auf Hoftagen im späten Mittelalter, In: Jörg Peltzer (Hg.), Politische Versammlungen und ihre Rituale. Repräsentationsformen und Entscheidungsprozesse des Reichs und der Kirche

Befund macht es nötig, Quellen in die Untersuchung zu integrieren, die nicht als Objekte am Geschehen beteiligt waren, sondern eine Außensicht auf die Ereignisse dokumentieren.

Auch hier erwiesen sich die Schilderungen des steirischen Reimchronisten Ottokar von der Gaal als weiterführend. Ottokar ist der einzige Chronist im unmittelbaren Untersuchungszeitraum, der die Rolle gelehrter Schreiber im betrachteten Milieu ausführlich schildert.[338] Dabei wird deutlich, dass Adelige selbst in den seltensten Fällen intellektuell oder handwerklich an der Ausstellung von Urkunden und anderen Dokumenten beteiligt waren. Es waren in der Hauptsache die fürstlichen Schreiber, die die Verhandlungen und Herstellung der Dokumente besorgten.[339] Eine besonders ausführ-

---

im späten Mittelalter (= Mittelalter-Forschungen, Bd. 27), Ostfildern 2009, S. 151–181, hier: S. 160.

338   Vgl. die Überlegungen zur Quellenkritik in Kap. II.2.
339   MGH Dt. Chron. 5,1, S. 184, Kap. CXXIII, V. 13909ff. Ausstellung einer Urkunde Rudolfs von Habsburg für Herzog Heinrich von Bayern, als Gegenleistung, Passau passieren zu dürfen: *herzog Heinrichen man überkam: Swaz der bêheim im gelobet het, der kunic im daz an der stet vergewisset mit hantvesten. Daz wart verteidingt von den besten die da ze beiden siten wârn*; S. 188f., Kap. CXXVI, V. 14245ff.: Erneuerung und Erweiterung der städtischen Rechte Wiens. Als Gegenleistung schworen die Wiener Rudolf die Treue: *[…] dô wurden ûz gelesen die besten, die man hâte an der Wiennær râte, daz die kæmen über ein, umbe grôz und umbe klein, swaz man in solde machen sleht, an ir gewonheit und ir reht bezzern unde iteniwen, der kunic in daz bî sînen triwen von dem êrsten hinz dem lesten müeste verhantvesten, vergewissen und bestæten, ê si immer iht getæten, daz sîn wille wære*; S. 197f., Kap. CXXXIII, V.14925ff.: Aufsage der Loyalität gegenüber dem italienischen König: *ein schrîbære wart geladen, den selben der kunic hiez, daz er des niht enliez under wegen belîben, er solt dem kunic von Rôme schrîben, er wold im nimmer niht gedienen [...]*; S. 263, Kap. CLXXII, V. 19861ff.: Erneuter Hoftag in Augsburg—Rudolfs Designation seiner Söhne—Zustimmung der Fürsten gegen Bestätigung ihrer Rechte: *ein hantvest wart des gelesen, diu in diu reht bewært*; S. 286, Kap. CCXXVI, V. 21605ff.: Übereinkunft mit Herzog Loket: *ouch muost im herzog Loket geben Sicherheit mit hantvesten nâch rate der allerbesten [...]*; S. 292f., Kap. CCXXXI 22142ff.: Herzog Heinrich überträgt Krakau und Zudmer an den König von Böhmen: *[...] daz hiezen si verschrîben und bestætigen mit hantvesten nâch râte der allerbesten, die darzuo nutze wârn*; S. 293, Kap. CCXXXII, V. 23164ff.: Der Bote des verstorbenen Herzog Heinrich erreicht den Böhmenkönig. Zunächst verliest er ihm den Inhalt einer Urkunde: *dem kunic dô man las, dô er an sînem râte saz, von ort her allez daz, daz von Brezlâ herzog Heinrich mit willen und verdæhticlich vor leien und vor phaffen dem kunic het geschaffen. Der brobest dô ze leste nam die hantveste und antwurte die sâ dem kunic Wenzlâ, als er gelobt het an sînem tôtpet von Brezlâ sînem herren*; S. 300 Kap. CCXLI, V. 22730ff.: Der Schreiber des Böhmenkönigs bleibt, während dieser bereits abreist: *der kunic niht lenger beit, gegen Kolen er reit, [...] Sîn schrîbær liez er dâ sîne gult ze rihten ab. Manic hantvest er gap den, die im heten geborgt*; S. 375, Kap. CCCV, V. 28395ff.: Ereignisse

liche Schilderung, die die Integration von Schreibern in den Ablauf der Verhandlungen detailreich beleuchtet, erfuhr die Salzburger Provinzialsynode im November des Jahres 1288. Ein achtköpfiges Schiedsgericht, bestehend aus den bayerischen Herzögen Ludwig und dessen Bruder Heinrich, den Bischöfen von Bamberg, Freising, Regensburg und Chiemsee und den beiden Kärntner Grafen Ulrich von Heunburg und Friedrich von Ortenburg, war zusammengekommen, um vor prominenter Öffentlichkeit in einer Fehde zwischen dem Salzburger Erzbischof Rudolf von Hoheneck, der vor seiner Wahl Kanzler König Rudolfs von Habsburg gewesen war, und dem ältesten Sohn König Rudolfs, Herzog Albrecht I. von Österreich und Steiermark, zu vermitteln. Der Erzbischof hatte noch im vorangegangenen Jahr anlässlich eines Streits innerhalb der Salzburger Bürgerschaft selbst als Schlichter gewirkt und mit dem Salzburger-Sühnebrief das erste, in zehn Artikel gegliederte Salzburger Stadtrecht erlassen.[340]

Der Reimchronist schildert, wie sich der schrift- und rechtskundige Bischof nun selbst einem Schiedsspruch unterwerfen sollte. Als Voraussetzung für den Beginn des Schiedsgerichtes vereidigte man beide Parteien auf eine ihnen verlesene Übereinkunft: [...] *daz si âne widerstreben irn schrîbærn gebuten daz, daz si âne underlâz, des zwischen in zwein die ehte kæmen über ein und daz vor was beliben, under iren insigeln verschriben. Gegen in man ûz nam, daz den schidliuten gehôrsam wærn ir hôhist schrîbære und daz den ouch verboten wære, swaz von in wurd verriht, daz si des durch niht ir herren melden solten. Daz gebot unsanfte dolten, zwischen den der kriec was; doch swaz man in für las und in ze loben gebôt, des irret si dhein nôt, si lobten ez zehant.*[341] Darauf folgten mehrtägige Verhandlungen der Richter, deren Ergebnisse schließlich in Form einer Urkunde verschriftlicht wurden.[342] Die Urkunde wurde in zwei gleichlautenden Exemplaren ausgestellt, und beide Fürsten hatten ihren obersten Schreibern ohne Prüfung des Inhalts die unverzügliche Besiegelung der beiden Urkunden anzuordnen. Es wird deutlich, dass den Schiedsleuten

---

nach dem Begräbnis des Bischof Eberhard II. von Salzburg: *nû erfunden si daz, ez wære allerbeste, daz er ein hantveste die meister hieze machen aller der sachen, die er dâ setzen wolde; ein ieglich bischolf daran solde sîn insigel henken, daz nieman gekrenken disen saz möhte, daz ouch si selben dhein geæhte dagegen möhten gewinnen.*

340   Robert HOFFMANN, Heinz DOPSCH, Salzburg, die Geschichte einer Stadt, Salzburg 1996, S. 162.

341   MGH Dt. Chron. 5,1, Kap. CCCLVH, S. 468, V. 35849–35868.

342   Ebd., S. 468, V. 35877–35889: *an iegelichen dingen hiezen die schidman ir beider kriec schrîben an und beten die vor handen, und swie sô si wânden, als ez billichen læge und durnehtikeit phlæge, alsô begunden siz legen, daz si des heten gephlegen wol drî tag und naht, daz ez zend wart brâht, dô hiezen siz ze lesten verschrîben und verhantvesten.*

und den Schreibern eine intellektuelle und kommunikative Schlüsselposition zwischen den beiden am Vertragsabschluss beteiligten Parteien zukam. Sie waren für die Kommunikation und Abfassung der Inhalte verantwortlich. Die Verschriftlichung der Ergebnisse bildete dabei den letzten Schritt in einem mehrstufigen Prozess. Ohne die Fertigstellung der Urkunde konnte kein Abschluss der Verhandlungen erfolgen. Als bevollmächtigte Vertreter beider Fürsten waren die Schreiber befähigt, den Schiedsvertrag zu besiegeln, ohne dass dieser von den Fürsten selbst geprüft wurde. Auch die Aufbewahrung des königlichen Siegels durch den obersten Schreiber als bevollmächtigten Vertreter des Königs wird in der Reimchronik indirekt bezeugt.[343] Schließlich wurden die Urkunden, die durch die streitenden Parteien vor den Augen der Öffentlichkeit besiegelt werden sollten, dem Regensburger Bischof Heinrich in zweifacher, gleichlautender Ausfertigung übergeben. Dies geschah, ohne dass die streitenden Fürsten den Text der Urkunde gelesen hatten.[344] Nach der öffentlichen Verkündung des erfolgreichen Schiedsspruches schildert der Chronist im nächsten Schritt die Übergabe der Urkunden durch den Regensburger Bischof:[345] Die gegenseitige Besiegelung der Schiedsurkunde war ein Schlüsselmoment, der in Anwesenheit aller Herren erfolgte, ebenso wie die Übergabe der Urkunde. Darauf folgte eine rituelle Ansprache des Richters an beide Parteien, die die mit der Übergabe der Urkunde intendierte Wirkung und die den Vertragspartnern zukünftig daraus entstehenden Verpflichtungen erläuterte. Beide Parteien wurden aufgefordert, sich bei den

---

343 Ebd., S. 300, Kap. CCXLI, V. 22730ff.: Der Schreiber des Böhmenkönigs bleibt, während dieser bereits abreist: *der kunic niht lenger beit, gegen Kolen er reit, [...]. Sîn schrîbær liez er dâ sîne gult ze rihten ab. Manic hantvest er gap den, die im heten geborgt.*

344 Ebd. S. 468, V. 35890–35905: *Der brieve machten si zwên, die muosten ouch gelîche stên. Die schidliut fuogten daz, daz ân underlâz ieglich fürst hiez gâhen und sîn insigel hâhen an der hantvest eine: der bediutung und der meine in dennoch unkunt was, wand man ins noch niht las—ungewarheit man sus undervie. Ietweder schidman ouch hie sîn insigel ân widerrede an die hantveste bêde und gaben si dô volliclichen von Regenspurc bischolf Heinrichen.*

345 Ebd. Kap. CCCLIX, S. 469, V. 35970–35995: *Dô daz was ergangen, den brief, dâ er an het gehangen sîn insigel her Ruodolf, der Salzpurgære bischolf, den gap er dem von Ôsterrîch unde sprach offenlich: ,disen brief sêt, swaz dran geschriben stêt, des ist iu hinfür zallen stunden der bischolf gebunden unde sîne nâchkomen.' Darnâch der brief wart genomen, daran hienc man unbetrogen daz insigel des herzogen, den begund er dem bischolfe geben: ,Nû merket vil eben, herre von Salzpurge', sprach der von Regenspurge, ,swaz iu diser brief sag, des sult ir sîn gevag gegen dem von Ôsterrîche. Wir wellen ouch alle gelîche, daz in fürbaz aller kriec und haz und aller hezziger sin zwischen iu sî dahin. Daz gebiete wir iu beiden bi den triun und eiden, die ir uns habt getân. Hiemit sol ein ende hân zwischen iu bêden allez schiden und reden.*

getanen Treuversprechen und Eidesleistungen an diese Verpflichtungen zu halten. Doch stellte sich die Frage nach der Verbindlichkeit des rechtssetzenden Aktes nach Abschluss der Versammlung. Der Reimchronist schildert, wie die Urkunde nach der Versammlung von den beiden Parteien gelesen wurde.[346] Nach der Verlesung der Urkunde riss Albrecht wütend die Siegel vom Dokument. Diese wurden den Vertragspartnern mit einem Boten zurückgesandt, der die Wirkung des Vertrages aufsagen sollte. Dem Siegel kam damit eine die Person repräsentierende Funktion zu. Die Teilnahme der Einzelperson am Vertrag wurde durch die Ablösung des Siegels von der Urkunde symbolisch revidiert. Die Urkunde und die daran angehängten Siegel wurden als dingliche Konzentration dieses Konsenses sowohl in ihrer Materialität, als auch in ihrer inhaltlichen Dimension wahrgenommen. In der Urkunde als Objekt konzentrierte sich die Idee, im Rahmen einer öffentlichen Auseinandersetzung Ordnung zu stiften. Sie stand für „Status- oder Kompetenzänderungen".[347] Das Schriftstück war damit materiell als auch inhaltlich Funktionsträger, wobei beide Dimensionen während des Schlichtungsverfahrens zum Ausdruck kamen. Es wird sichtbar, wie Schreiber in der Welt des Hochadels als Transformatoren wirkten, die in einer Zeit des Wandels traditionelle Herrschaftsansprüche in das neue Gewand des gelehrten Rechts kleideten, um diese weiterhin aufrecht halten zu können. Die Bedeutung der gelehrten Schreiber wird hier gerade auch im Mechanismus der ungeschriebenen Abläufe einer schriftlichen Einigung sichtbar, in denen die Urkunde materieller Bestandteil war. Die Arbeiten des Sonderforschungsbereichs 496 der Universität Münster haben deutlich darauf verwiesen, dass der Gebrauch der Urkunde als Schriftobjekt während des öffentlichen Aktes einer Rechtsprechung oder einer politischen Einigung als integrales Moment der Erzeugung ihrer zeitgenössischen Bedeutungskraft

---

346 Ebd. Kap. CCCLX, S. 471, V. 36135–36166: *Albreht der furste junge hiez balde springen die hantveste bringen; er hiez im allerêrste lesen, wie der ebnung solde wesen. Und dô man im las, daz Wehsenecke was dem bischolfe bescheiden, do begunde ez im leiden allez, daz dâ stuont geschriben. Und dô si in sô vaste triben, die dem abte wâren holt, daz er niht gestaten solt deheinen des abtes schaden, dô wart mit zorne überladen der herzoge fruot. Vor grôzem unmuot sô tobsuhtic er wart, daz er diu insigel zart ab der hantveste. Swaz man der schidliut weste, dem wart ieslichem zehant sîn wehsîn insigel gesant, diu an den brieven wârn gehangen. Ein bote kom gegangen und brâht dem bischolf ouch daz sîn: von Ôsterrîch der herre mîn iur wahs iu heizet widergeben and giht, er welle noch geleben gemeiner schidliute, denn er hab gehabt hiute. Diu ebnung sî iu widerseit.*

347 Jörg Henning PELTZER, Gerald SCHWEDLER, Paul TÖBELMANN, Einleitung, In: Dies. (Hg.), Politische Versammlungen und ihre Rituale: Repräsentationsformen und Entscheidungsprozesse des Reichs und der Kirche im späten Mittelalter (= Mittelalter-Forschungen, Bd. 27) Ostfildern 2009, S. 11.

betrachtet werden muss: „Öffentlichkeit ist ein Einbezogen sein, wenngleich mit unterschiedlichen Rollen, in ein performatives Geschehen, in dem alle Medien zusammenwirken—gesprochenes Wort, Schriftdokumentation, rituelle Handlungen, verwendete Zeichen oder Insignien, akustische Signale oder auch der örtliche Rahmen, die anwesenden oder auftretenden Personen einschließlich der dabei getragenen Kleidung, mitgeführten Gegenstände usf".[348] Dabei wird ein „räumlicher, zeitlicher und personeller Rahmen" sichtbar, der die Abgrenzung zwischen dem Alltag und dem rituellen Geschehen markiert und innerhalb dessen sich Handlungen an durch ihn definierten hierarchischen Strukturen ausrichteten.[349] Wenngleich die bisherigen Befunde zeigen, dass derartige Verfahren in manchem Fall mehr der Erzeugung fiktiver Performativität dienten, wird doch deutlich, dass Schriftstücke und Schreiber im Rahmen gängiger Verhandlungspraxis zu festen Elementen wurden.

Die Zusammenführung der Ergebnisse des letzten Untersuchungsschritts mit den Ergebnissen der Betrachtung der Entstehungsvorgänge der Augsburger Überlieferung führt zur Frage, inwieweit städtische Schreiber an der Entstehung des Stadtrechtsbuchs beteiligt waren. Die Reimvorrede des Codex und das Bewilligungsprivileg Rudolfs von Habsburg sind die beiden einzigen Dokumente, die wörtlich vom Prozess der Herstellung des Codex berichten. Die Schreiber des Codex blieben in ihnen unerwähnt.[350] Nicht zuletzt deshalb

---

348 Hagen KELLER, Mündlichkeit-Schriftlichkeit-symbolische Interaktion, Mediale Aspekte der Öffentlichkeit im Mittelalter, In: Frühmittelalterliche Studien 38 (2004), S. 277–286, hier: S. 285.
349 Ebd.
350 MEYER, Stadtrecht, S. 1: [...] *daz die biderben burger die eltesten unde auch die witzigsten ratgaeben von Auspurch durh ir triwe unde durh ganze raehticheit ze unserm herren kunch Rudolfe chomen und im furleiten umbe sogetanen gebraesten unde umbe elliu diu raeht, diu disiu stat ze Auspurch von alten ziten bi kaisern, bi kunigen unde bi bisschoefen herbraht hete, ez si an des vogtes raehte oder ans burggrafen oder an der münze oder an zollen unde eins ieglichen biderben mannes reht, er si arm oder riche. Da begnate uns unser herre kunch Rûdolf mit unde bechante uns unserr raehte unde gab uns daruber sinen brief versigelten mit sinem insigel unde mit unsers herren bisschof Hartmannes willen der do bischof was unde mit siner choerherren;* UBA I, Nr. 51 (9. März 1276): *Hinc est quod supplicantibus nobis dilectis fidelibus nostris civibus Augustensibus, ut cum ipsi quasdam sentencias sive iura pro communi utilitate omnium in unum collegerint ac scripturarum memorie commendaverint et adhuc ampliora et utilia cum prioribus velint reponere et exinde codicem conficere, nos tam scripta quam scribenda velimus auctoritatis nostre munimine confirmare;* MEYER, Stadtrecht, S. 233: *Umbe daz als denne unser lieb getruwen die burger ze Augspurg uns gebetten habent, als si ettlich urtail und recht von gemains nutz wegen ir aller in ains gesampnet und die in schrifft gesetzt hetten und nochmals grossere und nutzbere ding zů den vordren setzen und ain buch davon machen wolten, und daz wir die geschriben sach und*

bestehen in der Forschung mit Bezug auf den Ort der Verschriftlichung des Stadtrechts verschiedene Aussagen. In der lokalhistorischen Forschung geht man davon aus, dass die Aufzeichnung des Codex durch Augsburger Minoriten erfolgte: „Das Stadtrechtsbuch von 1276 wurde vermutlich—wie auch der Schwabenspiegel—von Augsburger Minoriten abgefasst, die althergebrachte Rechte aufzeichneten".[351] Diese These basiert auf Ergebnissen der älteren rechtshistorischen Forschung, die sich mit der Rezeptionsgeschichte des Deutschen- und Schwabenspiegels im Augsburger Stadtrecht befasste und dabei zahlreiche inhaltliche Übereinstimmungen feststellte.[352] Zu dieser Forschungsmeinung im Widerspruch steht eine Erwähnung des Altgermanisten Diether Haacke, der in einer Untersuchung zur Verbreitung der deutschen Urkundensprache die Niederschrift des Urtextes des Augsburger Stadtrechtsbuchs dem Augsburger Stadtschreiber Konrad (I.) zuschrieb.[353] Haackes Ergebnisse basieren auf grafischen und orthografischen Analysen von frühen Augsburger Schreiberhänden. Haacke kündigte umfassendere Untersuchungen zum Beleg seiner Thesen an, die aber ob seines Todes nie fertig gestellt wurden.[354] Es mag auf diese Umstände zurückzuführen sein, dass seine These in der Forschung bis heute beinahe keinen Nachhall erfahren hat.[355]

---

*die hinfur geschriben werden durch fursehung unsers gewaltz wollten bestatten, also haben wir iren gebetten unsern gūten willen bewyset [...].*

351 HERDE, Stadtrechtbuch, S. 40; BAER, Stadtrecht, S. 839.
352 Johannes MERKEL, De republica Alamannorum comentarii [...] XVI, Berlin 1849; Otto STOBBE, Geschichte der deutschen Rechtsquellen, Braunschweig 1860–1864, § 33, Nr. 17 und § 34, Nr. 21; Paul LABAND, Beiträge zur Kunde des Schwabenspiegels, Berlin 1861, S. 12f.; Zusammenfassend: Karl August ECKHARDT, Rechtsbücherstudien, Erstes Heft: Vorarbeiten zu einer Parallelausgabe des Deutschenspiegels und Urschwabenspiegels (= Abhandlungen der Gesellschaft der Wissenschaften zu Göttingen, Phil-Hist. Kl., N. F., Bd. 20), Berlin 1927, S. 111f.; vgl. auch: BERTELSMEIER, Schwabenspiegel, S. 159: „Fast ebenso rasch wie in den nord- und ostdeutschen Raum gelange der Sachsenspiegel auch nach Süddeutschland, wo er offenbar im Kreis der Franziskaner, vielleicht in unmittelbarer Umgebung Bertholds von Regensburg und Davids von Augsburg, im dritten Viertel des 13. Jahrhunderts rezipiert und zu einem oberdeutschen Rechtsbuch umgeformt wurde"; Kurt RUH, David von Augsburg und die Entstehung eines franziskanischen Schrifttums in deutscher Sprache, In: Volker Mertens (Hg.), Kurt Ruh, Kleine Schriften, Scholastik und Mystk im Spätmittelalter, Bd.2, Berlin 1984, S. 46–67.
353 Diether HAACKE, Schreiberprobleme. Zugleich ein Beitrag zur Erforschung der Nürnberger deutschen Urkunden des 13. Jahrhunderts, In: Helmut de Boor, Ingeborg Schröbler (Hg.), Beiträge zur deutschen Sprache und Literatur Bd. 86 (1964), S. 107–141, hier: S. 111.
354 Ebd. Ein Nachlass konnte nicht aufgetan werden.
355 Seinen Ausführungen folgte bisher einzig Schmidt-Grotz, ebenfalls ohne weiterführende Untersuchungen: SCHMIDT-GROTZ, Achtbuch, Bd. 1, S. 189.

Bereits die bisherigen Untersuchungsergebnisse können hier zur Präzisierung beitragen. Zunächst ist es von Bedeutung, mit dem Wortlaut des Privilegs König Rudolfs den Konzeptionsvorgang des Stadtrechtsbuchs vom Prozess der finalen Niederschrift zu unterscheiden. Bereits die bisherigen Untersuchungsergebnisse sprechen dafür, dass sowohl Bürgertum als auch Bischof und Domkapitel an der Konzeption des Stadtrechts beteiligt waren. Die Betrachtung der inhaltlichen Struktur erhärtet diese These. Aus bereits bestehenden Schriftstücken fanden Strukturen der Stadtrechtsurkunde von 1156 und Bestimmungen des Schiedsvertrags von 1251 Eingang.[356] Dass die Stadtrechtsurkunde Barbarossas bei der Kodifikation berücksichtigt wurde, spricht für eine Beteiligung von Klerikern aus dem bischöflichen Kreis an der Entstehung des Codex, denn die Bürger verfügten über keine eigene Abschrift dieses Privilegs. Hinzu tritt das Faktum, dass die einzige erhaltene Abschrift des Stadtrechtsbuches, die auffällig früh vor dem ausgehenden 14. Jahrhundert (1324) angefertigt wurde, aus dem Besitz des Bischofs stammt.[357]

Die inhaltlichen Verbindungen zwischen Stadtrecht und Schwabenspiegel sprechen darüber hinaus für eine Beteiligung der Franziskaner. Bereits der einleitende Satz des ersten Abschnitts kleidet den Rechtstext in das Gewand der Ordnungsvorstellungen des Spiegelrechts: *Hie hebet sich an das lantrecht.* In der rechtsgeschichtlichen Forschung wurden darüber hinaus zahlreiche inhaltliche Übereinstimmungen zwischen Stadtrecht und Schwabenspiegel identifiziert. Die letzte Konkordanz der Textstellen, an denen eine Berührung

---

356 MEYER, Stadtrecht, S. XXVI: „Direkt benützt ist nur das alte Stadtrecht vom Jahre 1104, von dessen Bestimmungen mehrere in unser Statut herübergenommen sind, so dann die Vergleichsurkunde zwischen Bischof und Stadt vom Jahre 1251, ferner eine den Salzhandel betreffende Rathsverordnung vom Jahre 1275". UBA I, Nr. 9 (9. Mai 1251): *Quod si servus fuerit in foedum datus ipsi feodatorio non amplius quam quator potus medonis praesabit pro obsequio annuatim*; MEYER, Stadtrecht, S. 183: *Swelch herre einen man hat der in ze lehenrechte anhoeret, der ist sinem herren niht mer schuldic hinuz ze dienen wan elliu iar einen naph vollen maets der sehser waert ist, oder sehs phenninge, unde ist im damit nihtes mer schuldic, wan als vil ob er sturbe, swaz man danne hinz in braehte als davor geschriben stat, daz im versaezzen waere, daz sol man im gaeben.* Vgl. im Gegensatz dazu das Stadtrechtsprivileg Friedrich Barbarossas von 1156, MGH, Diplomata, Bd 10.1, Nr. 147, S. 248: [...] *in servicium suum plus non exigant nisi duos modios tritici et duos porcos, tres urnas vini et medonis, decem urnas cervisię et quinque modios avenę.*

357 StA Augsburg, Hochstift Augsburg, Lit. Nr. 514a. Vgl. die Zusammenstellung der Abschriften in Kap. III.6, Anm. 1222.

TAB. 1　　Konkordanz zwischen Stadtrecht, Schwaben- und Deutschenspiegel nach Eckhardt, Rechtsbücherstudien, S. 111.

| Deutschenspiegel | Schwabenspiegel | Augsburger Stadtrecht | Betreff |
| --- | --- | --- | --- |
| 2 | Vorwort g | 70 § 1 | Vogtgericht |
| 4 | 1a | 70 § 1 | Fronbote |
| 4 | 1a | 7 | Burggraf |
| 6 | 3 | 76 § 2 | Erbrecht bis zum 7. Gliede |
| 7 | 4 | 75 § 2 | Eintrittsrecht der Enkel |
| 8 | 5a | 76 §§ 6, 7 | Anrechnung der Ausstattung, Elternteil |
| 9 | 5b | 46, 126 § 7 | Erbenhaftung |
| 11 | 6 | 131 §§ 1, 6 | Bürgschaft |
| 17 | 13 | 59, 97 | Zeugnisunfähigkeit |
| 20 | 16 | 35 § 3 | Herbergen des Geächteten |
| 22, 23, 24 | 18, 20, 24 | 84 | Morgengabe |
| 36 | 36 | 78 | Leibgedinge |
| 37 | 37 | 78 § 5 | Leibgedinge am Lehengut |
| 42 | 42 | 32 §§ 1–3 | Straßenraub |
| 51 | 56 | 74 § 1 | Gewährleistung |
| 55 | 59 | 98 § 1 | Pflegschaft |
| 56 | 61 | 137, 140 § 2 | Spielschuld Minderjähriger |
| 66 | 75 | 60 | Gerichtsvormund der Frau |
| 71a | 79 | 28 § 5, 48 § 1 | Notwehr |
| 73 | 81 | 127 § 1 | Pfandverkauf |
| 75b | 84 | 128 § 2 | Beweis erfolgter Zahlungen |
| 76 | 85 | 128 § 1 | Pfänden von eigenem Gut |
| 80a | 89 | 59, 97 | Zeugnisunfähigkeit |
| 80c | 91 | 34 § 1 | Handhafter Diebstahl |
| 88a | 79 II | 47 § 1 | Zweikampf |
| 91 | 101 | 25 § 2 | Dreimalige Ladung |
| 92 | 102 | 127 § 1 | Pfandverkauf |
| 317d | 137 c | 35 § 3 | Herbergen des Geächteten |

zwischen Deutschen-, Schwabenspiegel und Augsburger Stadtrecht festzustellen ist, stammt aus dem Jahr 1927.[358]

Sie führte zu dem Ergebnis, dass der Schreiber des Urtextes des Stadtrechtes die Texte der „beiden süddeutschen Rechtsbücher (Deutschenspiegel, Schwabenspiegel) vor Augen gehabt und daraus wesentliche Teile seiner Ausführungen geschöpft" haben muss.[359] Hier kann präzisiert werden, dass dieser Transfer während der Konzeption des Rechtsbuchs erfolgt sein muss. Eine Gegenüberstellung der genannten Textstellen zeigt, wie der Wortlaut des Sachsen-, Deutschen- und Schwabenspiegels den Formulierungen des Augsburger Stadtrechts zu Grunde gelegt wurde, die in der Gestaltung ihres Wortlauts, von einem für den Rezepienten nachvollziehbaren Alltagsproblem Ausgang nehmen.

- Sachsenspiegel, I 3 § 3: *De sik naer to der sibbe gestuppen mach, de nimt dat erve to voren. De lent in dem seveden erve to nemene.*
- Deutschenspiegel, 6: *So der man ie **naechner sippe** ist, so er ie schierr erbet. Ez erbet irgleich man seinen magen uentz an **die sibenden sippe**.*
- Schwabenspiegel, 3 b: *Und so der man ie **nahe sippe** ist, so er ie baz erbet. Ez erbet ein ieglich man sinen mag unz an **die sibenden sippe**.*
- Augsburger Stadtrecht, 76 § 2: *Waere aber daz vater und muter sturben beidiu ane chint, so suln daz gut **erben immer die naehsten erben unz an die sibenden sippe**.*

Die Funktion der Augsburger Franziskaner im Rahmen der Konzeption des Stadtrechts liegt damit in der Vermittlung der zeitgenössischen Grundlagen des gelehrten Rechts. Bereits in der Mitte des 13. Jahrhunderts waren die Bettelorden zu einer „intellektuellen Macht innerhalb der römischen Kirche und der westlichen Christenheit geworden, die ein flächendeckendes Netzwerk von Schulen etablierten".[360]

---

358 Karl August ECKHARDT, Rechtsbücherstudien, Erstes Heft: Vorarbeiten zu einer Parallelausgabe des Deutschenspiegels und Urschwabenspiegels (= Abhandlungen der Gesellschaft der Wissenschaften zu Göttingen, Phil.-Hist. Kl., N. F., Bd. 20), Berlin 1927.
359 ECKHARDT, Rechtsbücherstudien, S. 11f.
360 ERTL, Netzwerke, S. 317f.: „Die Ungebundenheit an eine *stabilitas loci* erzeugte eine hohe Mobilität, in deren Rahmen der Austausch von mündlichem Wissen und schriftlich fixiertem Wissen hohe Ausmaße annahm. Der Verleih und Austausch von Büchern gehörte bei den Bettelorden zum Alltag".

Dieses wissenschaftliche Studium hatte im Selbstverständnis der Franziskaner nicht zuletzt aus praktischen Gründen einen hohen Stellenwert.[361] In der Forschung wird die Funktion der Bettelorden in den Städten des Reiches als Friedensstifter betont.[362] Die Ausübung dieser Funktion war im 13. Jahrhundert auf die Kenntnis des geschriebenen Rechts, wie auch auf die Partizipation an dessen Entstehung und Ordnung angewiesen. Es wurde bereits sichtbar, dass die Franziskaner in Augsburg als Vermittler zwischen Bischof, Domkapitel und Bürgerverband an der Konzeption der Schiedsverträge von 1251 und 1254 beteiligt waren, die 1276 auch Eingang in das Augsburger Stadtrecht fanden.[363] Damit ergibt sich im Gesamtbild, dass die Vertreter des Ordens auch 1276 an der Schaffung eines tragfähigen Konses städtischer Rechtssetzungen beteiligt waren, der in Augsburg benötigt wurde.

---

361 Unter Bonaventura erlangten der Besitz und die Auseinandersetzung mit wissenschaftlichen Werken eine das Profil des Ordens konstituierende Bedeutung. Vgl. Jacques LE GOFF, Franz von Assisi, Stuttgart 2007, S. 198.

362 Imke SCHARLEMANN, Bettelorden und Stadt—Ansiedlung, Aufgaben, Ansehen, In: Michael Gehler (Hg.), Die Macht der Städte, Von der Antike bis zur Gegenwart (= Historische Europa-Studien, Bd. 4), Hildesheim, Zürich, New York 2011, S. 299–315, hier: S. 309f. Das Thema ist noch nicht monographisch erfasst. Grundlegend bisher: Peter MÜLLER, Bettelorden und Stadtgemeinde in Hildesheim im Mittelalter (= Quellen und Studien zur Geschichte des Bistums Hildesheim, Bd. 2), Hannover 1995; Ingo ULPTS, Zur Rolle der Mendikanten in städtischen Konflikten des Mittelalters, Ausgewählte Beispiele aus Bremen, Hamburg und Lübeck, In: Dieter Berg (Hg.), Bettelorden und Stadt, Bettelorden und städtisches Leben im Mittelalter und der Neuzeit (= Saxonia Franciscana, Bd. 1), Werl 1992, S. 131–151; Jørgen Nybo RASMUSSEN, Die Bedeutung der nordischen Franziskaner für die Städte im Mittelalter, In: Berg (Hg.), Bettelorden und Stadt, S. 3–18.

363 In Urkunden des 13. Jahrhunderts lassen sich die Vertreter der Bettelorden sowohl im bürgerlichen als auch im bischöflichen Umfeld identifizieren: z. B. MB 33a, Nr. 171 (21. Apr. 1289): *Sifridus de Hohsteten prior fratrum ordinis predicatorum in Augusta* [...] als Zeuge einer bischöflichen Urkunde im Kreise von Domklerikern. Einhergehend mit dem von uns verfolgten Wandel ist eine schnelle und erfolgreiche Verbreitung nachgewiesen, so dass bald alle größeren Städte im Reich mindestens über eine Niederlassung verfügten. Vgl. John B. FREED, The friars and German society in the thirteenth century (= Mediaeval Academy of America, Bd. 86), Cambridge, 1977; ULPTS, Stadt und Bettelorden im Mittelalter, S. 250; Thomas ERTL, Netzwerke des Wissens. Die Bettelorden, ihre Mobilität und ihre Schulen, In: Matthias Puhle (Hg.), Aufbruch in die Gotik. Der Magdeburger Dom und die später Stauferzeit; Landesausstellung Sachsen-Anhalt aus Anlass des 800. Domjubiläums (1), 1. Aufl, Mainz 2009, S. 313–323, hier: S. 313: In den Städten des Reiches hatten die Bettelorden, die sich durch „mentale und körperliche Mobilität" auszeichneten, oftmals aktiven Anteil an den „sozioökonomischen und intellektuell-kulturellen Diversifizierungsprozessen" des 13. Jh.

Nun sollen die Spuren des Prozesses der Niederschrift des Codex betrachtet werden. Nach den Zeugenlisten der Augsburger Urkundenüberlieferung fällt er zeitlich mit der Amtszeit (1268–1280) des Stadtschreibers Konrad zusammen.[364] Auch die erste Gerichtsurkunde, in der die Verwendung des Stadtbuchs als Referenz eines Gerichtsentscheids wörtlich dokumentiert wurde, fällt in den Zeitraum seines nachweisbaren Wirkens. In ihr wird Konrad als Zeuge genannt.[365] Die städtische Kanzlei in Augsburg wurde zu jener Zeit stets von nur einem Stadtschreiber geführt. Wenn das Stadtbuch also von einem Schreiber der Augsburger Kanzlei abgefasst wurde, wäre es naheliegend, Konrad als Schreiber zu vermuten.

Abschließende Sicherheit ist in dieser Angelegenheit nicht zu erlangen, da die Überprüfung der Thesen Diether Haackes nicht zu ihrer eindeutigen Verifizierung führte. Haacke nennt acht Urkunden, die er auf Grund eines nicht näher erläuterten Schriftvergleichs einer Hand zuschrieb.[366] Zwar wird Konrad in diesen Urkunden nicht als Schreiber genannt, jedoch „erscheint in der Zeugenliste immer wieder der Stadtschreiber Konrad (...) und da sich nachweisen läßt, dass der Schreiber dieser Urkunden auch den Grundtext des Augsburger Stadtrechbuches geschrieben hat, können wir mit gutem Recht annehmen, daß wir als Hersteller dieser Urkunden den mehrfach genannten Konrad anzusehen haben".[367]

Betrachten wir die von Haacke genannten Urkunden zunächst inhaltlich. Unter ihnen befinden sich die wichtigsten Verträge der Bürgergemeinde jener Zeit. Zu ihnen gehören die bereits betrachtete Erneuerung und Erweiterung der Zolltarife an der Wertachbrücke zwischen den Augsburger Bürgern und Bischof Hartmann, wie auch eine Schiedsurkunde des Bischofs, in der den Bürgern die Errichtung einer Kornschranne auf dem Gebiet des Klosters St. Moritz gestattet wurde.[368] Die Festschreibung des Zolls ist in dreifacher Ausfertigung überliefert. Zwei dieser Ausfertigungen wurden von Haacke dem Stadtschreiber Konrad zugeschrieben.

---

364 Vgl. Anm. 314.
365 MB 33a, Nr. 138 (Okt. 1281), S. 152f. (Das Original ist heute verloren. Der Text der Urkunde stammt aus der Sammlung von Urkundenabschriften des Placidus Braun): *Daz wart gezogen an daz buch daz säit also* [...]. *Unde sint dar umbe geziuge herre Hainrich Schongower, der do vogt was,* [...] *Conrat der stetschribär* (sic) [...].
366 Friedrich Wilhelm (Hg.), Corpus der altdeutschen Originalurkunden, Bd. 1, Lahr 1932, Nr. 316, 428, 429, 508, 548 A/C, 549, 560.
367 HAACKE, Schreiberprobleme, S. 111.
368 StA Augsburg, Hst. Augsburg, Urkunden 26. Jul. 1282.

GEBURT: ADAPTION UND ASSIMILATION                                                        129

StA Augsburg, Reichsstadt          StA Augsburg Hst. Aug.          StA Augsburg Hst. Aug. Urk.
Urk. 24                            Urk. 1282-07-26, 2              1280 VII 20

Innerhalb dieses Urkundencorpus ergab der Schriftvergleich deutliche Übereinstimmungen. Die Befunde sollen an dieser Stelle anhand dreier Urkunden exemplarisch veranschaulicht werden.

Signifikante Übereinstimmungen finden sich in der Neigungsrichtung und dem Abschluss der Ober- und Unterlängen von Klein- und Großbuchstaben am Wortanfang, wie auch im Wortinneren. Die Charakteristika der Majuskel *H* bestehen etwa in einer ausgeprägten Wölbung des Bauches und seines nach links gezogenen Abstrichs, wie in der Rechtsneigung der auslaufenden Oberlänge und der etwa im 90 Gradwinkel nach Rechts auslaufenden Unterlänge des Grundstrichs. Beim Buchstaben *s* erfolgt der Abschluss der Unterlängen gerade, der Kleinbuchstabe *h* zeichnet sich im Wortinneren durch eine nach rechts auslaufenden Abstrich aus, der sich auch bei den Kleinbuchstaben *n* und *m* wiederfinden kann, wenn diese als Abschluss eines Wortes dienen. Weitere Übereinstimmungen zeigen sich in der grafischen Gestaltung der Majuskeln, der Minuskeln wie auch in den Strukturen der Verbindung von Majuskeln und Minuskeln innerhalb einzelner Worte. Bei den Majuskeln sind etwa das

TAB. 2    Majuskeln im Urtext des Augsburger Stadtrechts (Zeile 1) und in der
          Urkundenschrift des Stadtschreibers Konrad[369]

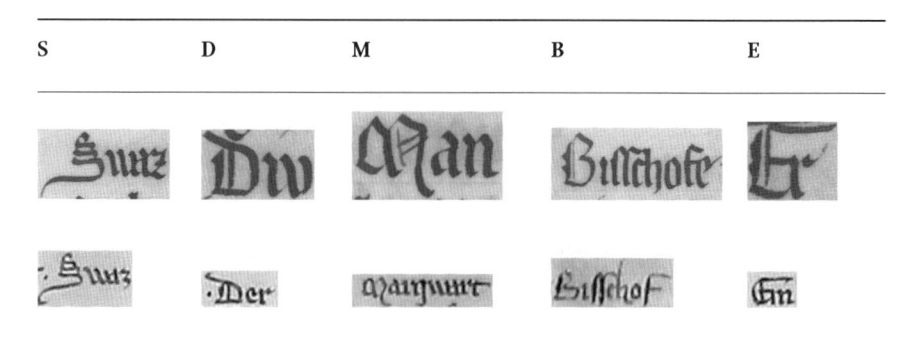

| S | D | M | B | E |
|---|---|---|---|---|
| Swaz | Div | Man | Bisschofe | Er |
| Swaz | Der | Mainwirt | Bischof | En |

prägnante doppelstöckige S oder das I hervorzuheben, dessen Hauptschaft zumeist mit zwei kleinen, nach links ausgerichteten, übereinanderliegenden Punkten gestaltet wurde. Im Bereich der Minuskeln erweist sich etwa die nach links auslaufende Schlaufe des *g* als charakteristisch.

Ein Vergleich dieser Hand mit der Hand, die den Urtext des Stadtrechtsbuchs schrieb, wird dadurch erschwert, dass jener in Textualis, die zu vergleichenden Urkunden hingegen in Urkundenschrift abgefasst wurden, was zu einer Reduktion distinktiver Vergleichsmerkmale führt. Stellt man den Vergleich dennoch an, spricht manches, aber keineswegs alles dafür, dass der Urtext des Stadtbuches von derselben Hand stammt, wie die aufgeführten Urkunden. Von beiden Händen wurden Einzelbuchstaben in Worteinheiten nicht an allen Stellen miteinander verbunden. Ähnlichkeiten finden sich weiterhin im Gebrauch der Punktierung, die in den Urkunden, wie auch im Text des Stadtrechtsbuches zur Trennung von Sätzen eingesetzt wurde. In der Proportionierung der Buchstaben ist die Mittelzone im Stadtrecht wie auch in den Urkunden immer deutlich erkennbar. Die Gestaltung der Schrift zeigt Ähnlichkeiten in Bezug auf die Abstände der Worte zueinander. Die Oberlängen der Buchstaben *h, b, l* wurden in allen Fällen gerade nach oben gezogen, zeigen aber einen unterschiedlichen Abschluss im Bogen. Dass es sich dabei nicht zwingend um ein Ausschlusskriterium handeln muss, zeigt die zweite Abschrift des Zollvertrags, die nach Haacke ebenfalls aus der Hand Konrads stammt. In beiden Abschriften finden Oberlängen derselben Buchstaben in denselben Worten unterschiedliche Abschlüsse. Im Vergleich der Orthographie finden sich Übereinstimmungen und Abweichungen. Das Substantiv *bisschof* wird stets mit *ss* wiedergegeben. Abweichungen zeigen sich hingegen etwa in der Orthographie des Substantivs für Flachsfasern, das im Stadtrechtsbuch als *vlahs*, im Zollvertrag als *flahs* wiedergegeben wird. Übereinstimmungen ergeben sich in der Gestaltung der Kürzungszeichen. Die Suspension der Silbe er etwa wird sowohl in den Urkunden als auch im Text des Stadtrechts durch ein vertikales schlangenlinienförmiges Kürzungszeichen verbildlicht. Auffällige Übereinstimmungen zeigen sich auch in der Ausführung der Majuskeln. Sowohl in den Urkunden, als auch im Stadtrechtsbuch, wurden diese zur Hervorhebung von Eigennamen und Satzanfängen innerhalb des Fließtextes verwendet. Die Majuskel S wird auch im Stadtrechtsbuch mit doppeltem Grundstrich gestaltet. Abweichungen zeigen sich hingegen in den Bögen der Majuskeln D und E.

Im Gesamtbild überwiegen die Übereinstimmungen, doch kann dies vor dem Hintergrund der grundsätzlichen Unterschiede zwischen Urkunden- und Buchschrift, wie auch mancher orthographischer Abweichungen nicht mit abschließender Sicherheit als Beleg für die Übereinstimmung des Schreibers gelten. In Verbindung mit den Ergebnissen zur Funktion des Schreibers im Verschriftlichungsprozess von Rechtsdokumenten des 13. Jahrhunderts ist es jedoch wahrscheinlich, dass der Augsburger Stadtschreiber Konrad die Niederschrift der zentralen Verträge und des Stadtrechts besorgt hat.

Sicher ist, dass die Niederschrift und die unmittelbar einsetzende Erweiterung des Stadtrechtsbuchs Erfahrung und Expertenwissen voraussetzten. Dies macht es unwahrscheinlich, dass Konrad aus den Reihen der Augsburger Patrizier stammte.[370] Es ist in diesem Zusammenhang von Interesse, dass mit dem Beginn der Amtszeit Konrads in Augsburg die Bezeichnungen des Stadtschreibers als *cancellarius* in den Zeugenlisten der Bezeichnung *notarius civitatis* weicht, die in den in jener Zeit allmählich aufkommenden deutschen Urkunden mit der Amtsbezeichnung *stet schreiber* eine deutsche Entsprechung erhielt.[371] Wir wissen, dass Konrad seine Tätigkeit in Augsburg nach einigen Jahren aufgab. Im Jahr 1282 ist sein Name letztmals in Augsburg nachweisbar. In der Forschung wurde bewiesen, dass Konrad nach seinem Weggang aus Augsburg eine Anstellung als Schreiber in Nürnberg

---

369  StA, Augsburg, Hst. Aug. Urk. 1282-07-26 u. StA Augsburg, Reichsstadt Augsburg Lit. 32, fol. 16v. u. 19v.
370  Vgl. SCHOLZ, Schriftsprache, S. 44: „doch ist man sicherlich zu keiner Zeit gern von der Gewohnheit abgewichen, sich diese Beamten innerhalb der Stadt auszusuchen. Anders wenigstens kann ich es nicht deuten, dass zwar alle Stadtschreiber, wenn sie namentlich in den Urkunden vorkommen nur als *cives augustenses* oder *burger von auspurch* erscheinen, das Bürgerbuch mit Ausnahme eines oder zweier Fälle nie ihrer Aufnahme unter die Bürger Erwähnung thut". Dieser Widerspruch konnte durch die Analyse der Funktion des Bürgerbuchs in der Frühzeit seiner Geschichte aufgelöst werden. Vgl. dazu Kap. II.3.
371  Vgl. Anm. 396.

aufnahm, wo er von 1285 bis 1298/99 als Land- und Stadtgerichtsschreiber seinen Dienst verrichtete.[372]

In Nürnberg wurde die Hand im städtischen Achtbuch, in acht Urkunden des Stadtgerichts und in 37 Privaturkunden in der Zeit von 1285 bis 1298 identifiziert.[373] 18 der von Werner Schultheiß genannten Urkunden wurden im Auftrag höherer Adeliger ausgestellt, zu denen der Bischof von Eichstätt, der Burggraf von Nürnberg, der Herzog von Württemberg und der Landgraf von Leuchtenberg zählten.[374] Die Ämterhäufung in einer Person scheint Schultheiß aus verschiedenen Gründen glaubhaft, zu denen auch die nachgewiesene Zahl der von Konrad ausgefertigten Schriftstücke gehört. Die Arbeit Konrads in Nürnberg ließ ihn Schultheiß als Person mit „einer besseren Schulbildung", „überdurchschnittlichen Lateinkenntnissen", „juristischer Begabung" und „rechtsdogmatischem Sinn" charakterisieren.[375]

Im Ergebnis zeigt sich, dass sowohl in Augsburg als auch in Nürnberg in der Stunde der Geburt kommunaler Schriftkultur, in der die Bürgerverbände beider Städte vor vergleichbare Bedingungen gestellt waren, gelehrte Experten von außerhalb angeworben wurden. Auch in Regensburg mussten die Schreiber, die an der Ausstellung derjenigen Urkunden beteiligt waren, „die für die Ausbildung der Stadtverfassung von Bedeutung sind", zunächst aus klerikalen Kreisen angeworben werden, bevor die dazu nötigen Kenntnisse bei Laien aus der Umgebung der Bürger ausgebildet worden waren, die das Amt fortan bekleideten.[376] Die Augsburger Kanzlei war in ihrer Frühphase

---

372 KRÜGER, Nürnberger Schrift- und Urkundenwesen, S. 50–53; Werner SCHULTHEIß, Die Acht-, Verbots-, und Fehdebücher Nürnbergs von 1285–1400, Nürnberg 1960, S. 115–120; HAACKE, Schreiberprobleme, S. 112; vgl. auch die Urkunden mit der Handschrift Konrads in der Nürnberger Überlieferung durch Gerhard Pfeiffer im NUB I, Nr. 914, S. 545, Anm. 1.

373 Vgl. die Zusammenstellung der Nürnberger Urkunden mit der Handschrift Konrads durch Gerhard Pfeiffer im NUB I, Nr. 914, S. 545, Anm. 1; Weiterhin: SCHULTHEIß, Achtbücher, S. 117.

374 SCHULTHEIß, Achtbücher, S. 118.

375 Ebd., S. 120.

376 SCHMID, Notarius civium Ratisponensium, S. 49; BURGER, Stadtschreiber, S. 22: „Schreibkunst und Kenntnis der lateinischen Sprache waren nun auch zwei Merkmale, welche den Stand des Klerus von dem Stand der Laien wesentlich unterschieden. Daraus ergab sich ganz von selbst der Zustand, dass die Schreiber und unter ihnen auch die Stadtschreiber überaus häufig dem Weltklerus angehörten. Dem Ordensklerus beamtete Stadtschreiber zu entnehmen, war rechtlich unmöglich, soweit es sich um Klöster des benediktinischen Stammes handelte. [...] Anders war die Lage bei den Priesterorden, für welche die strengen Klausurvorschriften nicht gelten konnten". Weiterhin: Fritz RÖRIG, Die europäische Stadt und die Kultur des Bürgertums im Mittelalter (= kleine Vandenhoeck-Reihe, Bd. 12–13) Göttingen 1955, S. 362.

noch kein ausgebildeter Betrieb. Strukturen eines eigenen Profils kommunaler Schriftkultur waren in der Stunde der Geburt nicht vorhanden. Konrad hatte keinen Schüler ausgebildet, als er die Stadt verließ. Es bestand noch keine intensive Bindung zwischen der in der Entstehung begriffenen Bürgergemeinde und ihrem Schreiber. Dieser geringe Bindungszwang ist durchaus ein signifikantes Merkmal der Frühphase kommunaler Schriftkultur mit einem kaum ausgeprägten strukturellen Profil. Hier gab es noch kein geheimes Wissen, dessen Verbreitung an anderer Stelle man vermeiden wollte. Das prägende Merkmal kommunaler Schriftkultur zu Beginn ihrer Entstehungsphase war ihre Offenheit gegenüber äußeren Einflüssen. Systematische Arbeitsgänge und regelmäßige Prozesse der Buchführung waren zu Beginn noch nicht ausgebildet. Der erfahrene Schreiber Rudolf aus der herzoglichen Kanzlei Kärntens wird bewusst angeworben worden sein, um in Augsburg Aufbauarbeit zu leisten. Der Kontakt nach Süden in den Einzugsbereich des italienischen Raums lag dabei für Augsburg nahe. Während Konrad und Rudolf von außerhalb angeworben wurden, um ihre Arbeit als Stadtschreiber aufzunehmen, ist dies bei Konrad v. Giengen (II.) nicht mehr belegbar. Konrad ist im Bürgerbuch, an dessen Führung er selbst ab 1305 beteiligt war, nicht verzeichnet, wird aber als Bürger bezeichnet. Zudem wird in seiner Zeit die Arbeit mehrerer Hände im Bürgerbuch belegbar. So könnte es durchaus sein, dass Konrad aus Augsburg stammte und von Rudolf ausgebildet wurde. Mit der Ausbildung von Kanzleischülern begann eine Speicherung von externem Wissen vor Ort. Auf dieser Basis sollten lokale Traditionen der Kanzleitätigkeit entstehen. Die kommunale Schriftkultur der Stadt besaß im Gegensatz zu den bereits etablierten Herrschaftsmilieus von Königtum, Herzogtum oder Bischofskirche aber zunächst keine eigene Tradition. Ihrer Entstehung ging Verbundenheit und Adaption voraus.

## 5  Zwischenergebnisse

Im ersten Teil dieser Analyse wurde die Entstehungsphase kommunaler Schriftlichkeit in Augsburg betrachtet. Bevor damit fortgefahren wird, die Entwicklungen weiter zu verfolgen, soll zunächst versucht werden, die gewonnenen Ergebnisse zu einem Gesamtbild zu verbinden.

Die Stunde der Geburt kommunaler Schriftlichkeit ereignete sich in einer Phase der Geschichte des Spätmittelalters, die insgesamt von einer intensiven Zunahme der Verschriftlichung des politischen Alltags im Reich geprägt war. Diese Intensität der Verschriftlichung in den oberen Schichten der Gesellschaft des spätmittelalterlichen Reichs war mit einem Umschwung rechtlicher Ordnungsvorstellungen verbunden. Er hatte seinen Ausgang an den im 12. Jahrhundert entstehenden europäischen Universitäten, wo eine Erneuerung des römischen Rechts und kanonischen Rechts erfolgte. Unter der Förderung Friedrichs I. Barbarossa hatte das römische Recht begonnen, eine lebensfähige Verankerung mit dem realpolitischen Alltag im Rechtsleben des deutschen Königtums einzugehen. Das vierte Laterankonzil hatte die Führung von Gerichtsakten bei geistlichen Gerichten zu einer verbindlichen Vorschrift werden lassen. Der Mainzer Reichslandfriede Friedrichs II. strebte eine Verschriftlichung der weltlichen Rechtsprechung an. Die Verschriftlichung des Rechtslebens wurde über derartige Impulse zu einer Autorität im Rahmen gerichtlicher Entscheidungsfindung.

Das Eindringen der neuen Ordnungsvorstellungen in das politische Milieu der Stadt Augsburg erfolgte über die Schaltstellen des Reiches und der Kirche wie auch über die Entstehung neuer wirtschaftspolitischer Kontakte mit europäischen Städten, in denen intensiver Schriftgebrauch bereits üblich war. Sie bildeten das neue Umfeld, in dem bereits verpflichtende und erwartete Formen des Schriftgebrauchs herrschten und in das die Stadt im Laufe des 13. Jahrhunderts rechtspolitisch als neues Element eindrang.

In der Stadt trafen die Ordnungsvorstellungen, aus denen neue Notwendigkeiten der schriftlichen Beweisführung hervorgingen, dann auf den dort vorherrschenden Alltag, soziale Prozesse, städtische Traditionen, im Wandel begriffene Rechts- und Wirtschaftsverhältnisse und Einzelpersonen mit unterschiedlichem Bildungsgrad und Horizont. Dies führte zu genuin städtischen Objektivierungen des Verschriftlichungsprozesses.

Die Zusammenführung der Ergebnisse von Studien zum Urkundengebrauch im Milieu des Adels mit Ergebnissen der Untersuchung des städtischen Verschriftlichungsprozesses zeigte, dass sich die Entstehung des Stadtsiegels, der ersten städtischen Privilegien, des Stadtrechtsbuchs und der Anfänge kommunaler Buchführung in Augsburg ereigneten, als auch die weltlichen und geistlichen Eliten in verstärktem Maße begannen das Rechtsleben in schriftlicher Form zu sichern. Nicht mehr nur die Kanzleien der hochrangigsten weltlichen und kirchlichen Fürsten stellten nun Urkunden aus, sondern auch Schreiber kleinerer Fürsten, die über keine eigenen Kanzleitraditionen verfügten. Auch sie gingen nun dazu über, Herrschaftsansprüche auf der Basis neuer Argumentationsformen des römischen und kanonischen Rechts zum Ausdruck zu bringen oder bisher nur mündlich gesicherte Rechtsgeschäfte zu beurkunden, deren Beurkundung noch keinen traditionellen formalen Vorschriften unterlag. Statistische Erfassungen des Überlieferungswachstums legten dabei hohe Geschwindigkeit und Breitenwirkung als zentrale Elemente der Dynamik der Verschriftlichung frei. Mit ihnen war eine Pragmatisierung des Erscheinungsbildes der Schriftlichkeit verbunden.

Die rasche Verbreitung der Siegelführung wurde keineswegs nur von der Aufnahme intellektueller Impulse getrieben, sondern war ein eigendynamischer Prozess, der sich auch ein Stück weit aus den Anpassungszwängen des Alltags speiste. Die wachsende Zahl der Siegelbitten oder Konflikte, aus denen Anpassungszwänge resultierten, zeigen, dass die Ausstellung von Urkunden auch für diejenigen zur Notwendigkeit wurde, die zunächst noch über kein eigenes Siegel verfügten. Schriftlichkeit war ein potentielles Argument. Die Analyse des Schwabenspiegels, städtischer Urkundenarengen und eines Konflikts über den Beginn der verpflichtenden Nutzung von Leibgedingurkunden in Augsburg zeigten, dass mündliche Vereinbarungen im Zuge der Verschriftlichung eine Abwertung im öffentlichen Bewusstsein erfuhren. Auch dies begünstigte die zunehmende Nutzung der Urkunde. Für Vertreter des Adels wird zudem die Möglichkeit der unabhängigen Partizipation an den Geschäften des Alltags zur Aufrechterhaltung ihrer Ehre ein zentraler Beweggrund zur Anschaffung eines eigenen Siegels gewesen sein. Das so genährte Wachstum des Urkundenverkehrs erzeugte bald Bedarf nach Regulierung. Geschriebenes zählte mehr als Ungeschriebenes. Dies führte in der Augsburger Bevölkerung gar dazu, dass die Angewohnheit aufkam, auf einer vollzogenen Urkunde Nachträge vornehmen zu lassen, bis dies gesetzlich unter Verbot gestellt wurde.[377] Der wachsende Schriftgebrauch erzeugte Notwendigkeiten zur Schaffung von Referenzsystemen, die eine funktionierende Nutzung der Urkunde ermöglichten. Die Entstehung von Bürokratie und die Intensivierung einer verbindlichen Verschriftlichung war kein rein intellektueller Professionalisierungsprozess, sondern ergab sich auch aus Differenzen im Alltag, die man mit den Mitteln der Zeit zu lösen suchte.

Die Untersuchung des Kodifikationsprozesses und der frühen Nutzungsgeschichte des Augsburger Stadtrechtsbuchs von 1276 ergab, dass der Codex von Beginn an dazu vorgesehen war, als Richtmaß des städtischen Rechtslebens zu dienen. Dies setzte voraus, dass der Inhalt der Handschrift auf einem tragfähigen Konsens zwischen Klerus und Bürgertum beruhte. Es zeigte sich, dass Bischof und Vertreter des Domkapitels an frühen Gesetzesänderungen und -erweiterungen beteiligt waren. Zusammen mit der Tatsache, dass auf dem Hoftag des Jahres 1276 neben König Rudolf auch Bischof und Domkapitel der Niederschrift des Stadtrechtsbuchs zustimmten, machen es diese Befunde äußerst wahrscheinlich, dass auch die Konzeption des Stadtrechts nicht ohne deren Mitsprache erfolgte. Die Analyse der Geschichte der frühen Augsburger

---

377 Meyer, Stadtrecht, S. 189: *Swa man hantfest vindet, si sin von der stet geben, oder swer si geben hat, da hindan nach der iarzal, duz die schriber die datam haizzent, angeschriben ist, swaz hindan dernach geschriben ist, das hat chain chraft und mag auch mit dem vordrem niht behaben, ez werd danne diu hantfest gewandlot und reht geschriben, so het si chrafft.*

Stadtschreiber machte es wahrscheinlich, dass die Niederschrift des Codex schließlich in der städtischen Kanzlei erfolgte. Die Festschreibung neuer Rechte der Bürgerschaft diente den Zeitgenossen weniger als Beschneidung bischöflicher Rechte, sondern mehr als Voraussetzung der Aufrechterhaltung der städtischen Lebensfähigkeit, die im ausgehenden 13. Jahrhundert in zunehmender Weise auf dem Erfolg des europäischen Fernhandels gründete.

Die Wurzeln kommunaler Buchführung in Augsburg wurden erstmals unter struktur- und entwicklungsgeschichtlichem Gesamtblick untersucht. Dabei ergab sich im Gegensatz zu den bisherigen Forschungsergebnissen, die auf einer isolierten Betrachtung einzelner Bücher im lokalhistorischen Kontext beruhten, Gemeinsamkeiten, die eine strukturelle Gesamtentwicklung der Verschriftlichung des kommunalen Rechtslebens erkennen lassen. Alle Frühformen kommunaler Buchführung wurzelten in der königlichen Vogtei, von wo aus sie in bürgerliche Hand übergingen. Dabei vollzog sich allmählich ein Wandel der zeitgenössischen Überlieferungsabsicht, welcher Veränderungen der Textimmanenz, der äußeren Form und der langfristigen Überlieferung mit sich brachte. Alle bezeugbaren Frühformen städtischer Buchführung waren in ihrem Lebensbezug eng mit der Konstituierung der Bürgergemeinde verbunden. Ihre Anlage erfolgte nicht nach neuzeitlichen Kategorien der Rechts-, Verfassungs- und Verwaltungsgeschichte.

Die Untersuchung aller drei Sektoren der Verschriftlichung zeigte einen Adaptionsprozess der politischen Schriftkultur in das Milieu des sich konstituierenden Bürgerverbands, der auf Grund der Entwicklung wirtschaftlicher und politischer Unabhängigkeit nötig wurde. Politische und wirtschaftliche Eigenständigkeit machte es im 13. Jahrhundert nötig, ein Siegel zu führen, Urkunden des Königs oder den Brief einer italienischen Stadt zu lesen, die versuchte, ihre Ansprüche auf Durchgangsrecht im territorialen Einzugsbereich Augsburgs mit Urkunden abzusichern. Die Analyse von mit der Entstehung verbundener Absichten und Anwendungsformen der frühen kommunalen Schriftlichkeit zeigte, dass die Schrift vor dem Hintergrund neuer Ordnungsvorstellungen zu einem Potential wurde, in Konflikten als Entscheidungsmaßstab zu dienen. In dieser Welt herrschten noch wenige Regeln des Schriftgebrauchs. Die frühe kommunale Schriftlichkeit zeichnet sich durch eine hohe Freiwilligkeit aus. Im Stadtrechtsbuch von 1276 erschien die Unvollständigkeit des *aehtebriefes* der Vogtei als rechtlich anerkanntes Phänomen seiner Zeit. Dennoch hatte der *aehtebrief* im Falle seiner Verwendung als schriftliches Zeugnis vor Gericht eine hohe Autorität. Das Stadtrecht wurde gemeinschaftlich und in enger Beziehung zum städtischen Alltag gestaltet und sollte möglichst vielen Eventualitäten gerecht werden, um im Streitfall als Richtmaß dienen zu können. Gerade in der Frühphase seiner

Bewährung im Alltag machte dies zahlreiche Anpassungen nötig. Die Antwort auf Konflikte, die aus der Unvollständigkeit oder Missachtung der Regeln erwuchsen, war die erneute Diskussion und Erweiterung der schriftlichen Rahmenbedingungen.

All dies machte die Beschäftigung gelehrter Schreiber nötig. Die Auswertung der österreichischen Reimchronik zeigte dabei, dass dem Schreiber über das Verfassen von Schriftstücken hinaus auch eine zentrale Bedeutung bei der Organisation und Sicherung von Abläufen und Rahmenbedingungen politischen Handelns zukam, dessen Funktionalität wachsend auf dem geschriebenen Dokument basierte. Die ersten Schreiber im Dienst der Stadt wurden nicht vor Ort ausgebildet, sondern von außen angeworben. Der Stadtschreiber Rudolf, dem eine wesentliche Mitwirkung am Aufbau der neuen Kanzlei zugerechnet werden kann, stammte aus dem Umfeld der Herzogskanzlei in Kärnten und brachte sein Wissen und seine Erfahrungen mit nach Augsburg. Die Analyse der dadurch vollzogenen Transferleistungen zeigte, dass sich in Augsburg dennoch keineswegs eine mit den herzoglichen Kanzleien in Tirol vergleichbare Verschriftlichungspraxis etablierte. Adaptiert wurde lediglich, was man im Kontext der zeithistorischen Konventionen benötigte.

Im Gesamtergebnis zeigen sich Grenzen einer emanzipationsgeschichtlich-verfassungshistorischen Perspektive als Zugang zur Entstehungsgeschichte der kommunalen Schriftlichkeit in Augsburg. Bistum und Vogtei waren an der Entstehung der Wurzeln kommunaler Schriftlichkeit aktiv beteiligt, bevor und nachdem die rechtliche Abgrenzung des Bürgerverbands vollzogen war. Politik und Recht mussten in einem Zeitalter der Schriftlichkeit in schriftlicher Form sichtbar gemacht werden. Die Einführung der Schriftlichkeit brachte weder mehr Übersichtlichkeit, noch ermöglichte sie den Herrschenden ein „bisher noch nicht dagewesenes Maß an Kontrolle über die Menschen".[378] Die Dokumente, die heute das Fundament der kommunalen Überlieferung bilden, waren kein Instrument mit dem die bürgerliche Unabhängigkeit erfochten wurde. Ihre Entstehung resultierte aus einer neuen Art der spätmittelalterlichen Gesellschaft, dem Rechtsleben Ausdruck zu verleihen. Wie sich der kommunale Verschriftlichungsprozess während der ersten Hälfte des 14. Jahrhunderts weiter entwickelte und wie sich dabei der Umgang mit den bisher betrachteten Ausprägungsformen kommunaler Schriftlichkeit wandelte, ist der Betrachtungsgegenstand des folgenden Untersuchungsabschnitts.

---

378 SCHARFF, Schrift zur Kontrolle—Kontrolle durch Schrift, S. 559.

KAPITEL 3

# Reife: Legitimität im Politischen Organismus (1304–1368)

Für die erste Hälfte des 14. Jahrhunderts weitet sich der kommunale Überlieferungsbestand um eine Vielzahl an Amtsbüchern und Urkunden. Diese Schriftstücke wurden zu Zeugnissen eines Wandels der wirtschaftlichen und politischen Position wie auch der inneren und äußeren Stadtgestalt Augsburgs.

Das Wachstum des städtischen Privilegienbestands bedeutet die Fortführung der konstitutiven Bedeutung, die die Stadt seit Rudolf von Habsburg für das Königtum des Spätmittelalters erhalten hatte. Dabei erfuhr der Kontakt zwischen Bürgerstadt und Königtum unter den Wittelsbachern und Luxemburgern nochmals eine Intensivierung.[1] Ludwig der Bayer hatte von der Kommune im Rahmen politischer Auseinandersetzungen mit Friedrich von Habsburg um das römische Königtum militärische und finanzielle Unterstützung erhalten.[2] Dabei stieg die Bürgerstadt in der Gunst des Königs, was in einem 1316, nach seinem Sieg über Friedrich ausgestellten Privileg sichtbar wurde, in dem er Augsburg zur Reichsstadt erklärte.[3]

Ab 1320 bezeugen erstmals überlieferte kommunale Rechnungsbücher umfangreiche Baumaßnahmen, die alleine aus der Kasse der Bürger getragen werden konnten. Bis zum Ende des 14. Jahrhundert erfolgte eine großflächige Erweiterung des mauer- und turmumgebenen Stadtgebietes unter

---

1 Vgl. MORAW, Reichsstadt.
2 Vgl. Johann SCHMUCK, Ludwig der Bayer und die Reichsstadt Regensburg: Der Kampf um die Stadtherrschaft im späten Mittelalter (= Regensburger Studien und Quellen zur Kulturgeschichte, Bd. 4), Regensburg 1997, S. 234ff.; Martin KAUFHOLD, Gladius spiritualis, Das päpstliche Interdikt über Deutschland in der Regierungszeit Ludwigs des Bayern (1324–1347) (= Heidelberger Abhandlungen zur Mittleren und Neueren Geschichte, NF / Bd. 6), Heidelberg 1994, S. 127ff.; Heinz THOMAS, Ludwig der Bayer. Kaiser und Ketzer, Graz 1993, S. 74; Pankraz FRIED, Augsburg in nachstaufischer Zeit (1276–1368), In: Gottlieb, Geschichte der Stadt Augsburg, S. 145f.; Wolfram BAER, Die Entwicklung der Stadtverfassung 1276–1368, In: Gottlieb, Geschichte der Stadt Augsburg, S. 146–150; Joseph KNÖPFLER, Kaiser Ludwig der Bayer und die Reichsstädte in Schwaben, Elsass und am Oberrhein, In: Karl Reinhardstöttner (Hg.), Forschungen zur Geschichte Bayerns, Berlin 1903, S. 1–53; Theodor HERBERGER, Kaiser Ludwig der Bayer und die treue Stadt Augsburg, Augsburg 1853.
3 UBA I, Nr. 235 (9. Jan. 1316), S. 196–198.

bürgerlicher Regie.[4] Seit 1321 wurde die nördliche Vorstadt um St. Georg in den Mauerring einbezogen. Ab 1339 wurden die Mauern nach Osten erweitert, bis eine Eingliederung der Jakobervorstadt vollzogen war.[5] Das befestigte Stadtgebiet wuchs auf die zehnfache Grundfläche des Hochmittelalters von 168 Hektar an.[6] In vergleichbarer Weise wuchsen in jenen Jahren die mit steinernen Mauern befestigten Grundflächen anderer Metropolen des Reiches wie Nürnberg, Frankfurt, Köln oder Straßburg.[7]

Dabei wurden neue Stadttore errichtet wie das Jakobertor im Osten oder das Tor an der Wertachbrücke im Nordwesten der Stadt. Auch an Rathaus und Perlachturm wurde intensiv gebaut.[8] Wie die städtischen Schrannen wurden sie zu bürgerlichen Repräsentativgebäuden, was in ihrer Fassadenbemalungen zum Ausdruck kam.[9] Im Jahr 1321 begann der Domkustos Konrad von Randegg mit der Umgestaltung und Erweiterung der Domkirche nach Osten im gotischen Stil. Die wachsende Ausübung der Stadtherrschaft durch kommunale Eliten wird in der sukzessiven Übernahme der städtischen Elementarversorgung sichtbar, die im Bau und Betrieb von Korn- und Salzlagern, Mühlen und Abwasserkanälen zum Ausdruck kam. Große Summen investierte die Bürgergemeinde auch in die Anwerbung und Bezahlung von Söldnern, die etwa in den Kriegszügen Ludwigs des Bayern gegen Friedrich von Habsburg zum Einsatz kamen. Diese Investitionen erzeugten einen hohen Bedarf an finanziellen Ressourcen.

Diese wurden aus Zöllen, Vermögensteuern, Leibgedingen und Zinslehen einer wachsenden Menge an Stadtbewohnern und Händlern gewonnen. Das erste überlieferte Steuerbuch von 1346 enthält 2750 Personensteuerkonten, was bei einem Multiplikationsfaktor zwischen 2 und 3,5 eine grobe Schätzung der Einwohnerzahl zwischen etwa 6.000 und 10.000 Menschen zulässt.[10] In der Zeit um die Jahrtausendwende beherbergte die Stadt im Gegensatz dazu

---

4   Zur Entwicklung der Stadtbefestigung vgl. ZORN, Augsburg, S. 167; Daniela KAH, Stadtbild und Identität, Aspekte der Reichsrepräsentation in der spätmittelalterlichen Reichsstadt Augsburg (Masterarbeit), Augsburg 2012 (masch.), S. 51ff.
5   ZORN, Augsburg, S. 167.
6   ZORN, Augsburg, S. 167.
7   ZORN, Augsburg, S. 167. Während die befestigten Grundflächen der Städte Nürnberg und Frankfurt etwas kleiner blieben, als in Augsburg, schufen die Bürger in Köln und Straßburg befestigte Stadtbereiche, die Augsburg an Größe überragten.
8   Vgl. Anm. 318.
9   KAH, Stadtbild, S. 60ff.
10  Zahlen und Mulitplikatoren nach KALESSE, Bürger, S. 201; mit theoretischen Überlegungen zur Definition derartiger Multiplikationsfaktoren: Joachim JAHN, Augsburgs Einwohnerzahl im 16. Jahrhundert. Ein statistischer Versuch, In: Zeitschrift für Bayerische

maximal einige hundert Einwohner.[11] Im Jahr 1351 wurden 4.158 und im Jahr 1367 4.877 Personensteuerkonten verzeichnet.[12] Dem entspricht das Bild der innerstädtischen Bebauung mit Wohnhäusern. Hier wichen große Plätze einer kleinteiligeren Raumaufteilung mit Gassen und eng aneinander liegenden Häuserzeilen. Augsburg wurde allmählich zu einem stolzen, wehrhaften und politisch handlungsfähigen Handelszentrum.

Der Wandel städtischer Erscheinung und Macht war von inneren Differenzierungsprozessen der bürgerlichen Kultur und der städtischen Verfassung begleitet, die schließlich zu Konflikten um die Beteiligung an der Ratsherrschaft führten.[13] In Augsburg traten die für das 14. Jahrhundert charakteristischen Bürgerkämpfe und Zunftunruhen in einem Moment der Stadtgeschichte erstmals in Erscheinung, als der Rat beschloss, finanzielle Engpässe durch eine Erhöhung der allgemeinen Steuerlast auszugleichen.[14] In diesem Zuge forderten die Bürger 1340 zur Beilegung eines Aufstands die urkundliche Sicherung einer jährlichen Kontrollpflicht des städtischen Finanzhaushalts durch eine zwölfköpfige Kommission. Im Jahr 1368 eskalierten die Spannungen in einem bewaffneten Konflikt um die Teilhabe am Stadtregiment zwischen den alten, alleine ratsfähigen Geschlechtern auf der einen Seite und Handwerken und jüngeren Kaufleuten auf der anderen Seite, den die Aufständischen für sich entschieden.[15] Zu ihren zentralen Forderungen gehörte, als Voraussetzung ihrer Regierungsbeteiligung, die Übergabe des Stadtrechtsbuchs, des städtischen Siegels und der Schlüssel zu einem mittlerweile geschaffenen Gewölbe mit den Privilegien der Stadt, das

---

Landesgeschichte, Bd. 39 (1976), S. 379–396; Rolf KIEßLING, Augsburger Bürger, Klöster und Stifte als Grundherren, In: HVLA 20 (1985/86), S. 99–120, hier: S. 110.

11 Martin KAUFHOLD, Der Dom im mittelalterlichen Augsburg: Stationen einer spannungsreichen Geschichte, In: Ders. (Hg.), Der Dom im mittelalterlichen Augsburg, Augsburg 2006, S. 9–26, hier: S. 11.

12 KALESSE, Bürger, S. 206. Inwieweit derartige Zahlen Rückschlüsse auf den Bevölkerungsumfang zulassen, wird in der Forschung kontrovers diskutiert. Einen Trend vermögen sie in jedem Fall zu veranschaulichen.

13 GLOOR, Politisches Handeln, S. 164ff.; MÖNCKE, Bischofsstadt und Reichsstadt; BOSL, Die wirtschaftliche und gesellschaftliche Entwicklung des Augsburger Bürgertums; HEER, Augsburger Bürgertum im Aufstieg; SCHUMANN, Verfassung und Verwaltung des Rates.

14 Vgl. KIEßLING, Augsburg im Aufstand, S. 153–175.

15 Vgl. Jörg ROGGE, *Ire freye wale zu haben*. Möglichkeiten, Probleme und Grenzen der politischen Partizipation in Augsburg zur Zeit der Zunftverfassung (1368–1548), In: Klaus Schreiner, Ulrich Meier (Hg.), Stadtregiment und Bürgerfreiheit (= Beiträge zur europäischen Gesellschaftsgeschichte Bd. 7), S. 244–278; Jörg ROGGE, Für den Gemeinen Nutzen, Politisches Handeln und Politikverständnis von Rat und Bürgerschaft in Augsburg im Spätmittelalter (= Studia Augustana, Bd. 6), Augsburg 1996, S. 12–28.

in diesem Kontext erstmals schriftlich erwähnt wird.[16] Die Einrichtung der neuen Stadtregierung wurde von einer fest etablierten städtischen Kanzlei getragen.[17] Der Stadtschreiber und sein Schüler organisierten eine öffentliche Vereidigung des neuen Rats, während der das Stadtrechtsbuch verlesen wurde.[18] Schließlich errichtete man eine schriftliche Verfassungsurkunde, der man ewige und unverbrüchliche Gültigkeit zuschrieb.[19] In ihr wurde die exklusive Verfügungsgewalt des neuen Stadtrats über das Schriftgedächtnis der Stadt nochmals an exponierter Stelle festgeschrieben: *Sunderlichen so meinen und wollen wir, das nieman, wie der genannt ist, mit dem gewelbe, darinn unserr stat insigel, buch, brief und friheit beschlozzen sint, nichtes ze tun noch ze schaffen sullen haben in dheinweis, dann die rate von den zunfften darzu geben und gesetztet hat.*[20]

Wie im letzten Untersuchungsabschnitt bezeugt ein Blick über die Stadt hinaus, dass der strukturelle Wandel schriftlicher Überlieferung und ihre Rolle im politischen Geschehen jener Zeit in vergleichbarer Form auch in anderen politischen Milieus identifiziert werden kann. An der päpstlichen Kurie entwickelten sich im ersten Drittel des 14. Jahrhunderts unter den Päpsten Bonifaz VIII. (1294–1303), Clemens V. (1305–1314) und Johannes XXII. (1316–1334) mit den Registern und den Kammerakten zwei Serien kurialer Buchführung, die fortan

---

16   Chronik des Hektor Mülich, DStChr. 22, S. 6: [...] *sie wölten haben die slüssel zů dem Berlachthurn, darzu die slüssel zů dem gewelb, und der stat insigel und das bůch. Das ward in alles schön geantwurt von den baumeistern und siglern.*

17   Vgl. Peter MORAW, Zum königlichen Hofgericht im deutschen Spätmittelalter, In: Zeitschrift für die Geschichte des Oberrheins, Bd. 121 (1973), S. 307–317, hier: S. 309: „Die Beweggründe Legitimierung und Sachkunde waren im Spätmittelalter hier anscheinend stärker als der häufige [...] politische und militärische Gegensatz von Vorgänger und Nachfolger im Königsamt".

18   StadtA Augsburg, BMB Nr. 1 (1368), fol. 11v.: *Item 5 sol dn Wirtzburger H(einrico) scolari meo da er rait und las in der stat, daz man den frid und die bun sweren solt; Item 44 dn Augspurger umb wein, die da sazzen und die ayd in namen von de frid und sun die reich und arm swuren; Item 27 dn Augsburger umb wein do si die ayd in namen uf dem hůs;* StadtA Augsburg, BMB Nr. 1 (1368), fol. 12r.: *18 sol dn Wirtzburger den herren umb wein do si daz buch verhorten; Item 16 dn Wirtzburger die die sturmgloggen luten do man burgermeistern swur.*

19   UBA II, Nr. 611 (24. Nov. 1368): *Und wider dis vorgeschriben sach und artickel alle sol uns nicht schirmen noch helffen dhein brief, reht, freiheit noch genade, die wir von romischen keisern und kunigen und von bischoven ietzo haben oder noch in zukunftigen ziten gewinnen mochten, in welh weis daz were [...] wann wir dirr vorgeschribenen sache und artickel aller gemeinclichen rich und arme frilichen und unbetzwungenlichen zu den heiligen gelert eyde mit ufgeboten vingern gesworn haben also stet vest und unverruckt ze halten und ze laisten aun all geverde.*

20   UBA II, Nr. 612 (16. Dez. 1368).

bis über das große Schisma hinaus geführt wurden.²¹ Ausgehend von einer selektiven Registerführung des 12. Jahrhunderts, die lediglich Briefe aufnahm, die besonders bedeutende Angelegenheiten betrafen (*de magno negotio / super magis arduis causis*), entstand seit Clemens V. und Johannes XXII. ein „allgemeiner Registerzwang" für kuriale Gnadenbriefe und Briefe, die politische und finanzielle Angelegenheiten betrafen.²² Das Überlieferungsprofil der ältesten Hauptbücher in denen die Einnahmen und Ausgaben der apostolischen Kammer erfasst wurden, entwickelt sich von einer „bruchstückhaften" Überlieferung aus der Pontifikatszeit Bonifaz VIII. und Clemens V. zu einer „fast ununterbrochenen Serie" seit dem Pontifikat Johannes XXII.²³

Die Legitimität politischen Handelns bedurfte in wachsender Weise des schriftlichen Nachweises. Martin Kaufhold hat im Rahmen einer diachronen Analyse des institutionellen Wandels in Deutschland, England und an der Kurie gezeigt, dass es sich dabei um eine Entwicklung der europäischen Geschichte des 14. Jahrhunderts handelte.²⁴ Sie lässt sich sowohl im inneren Organismus politischer Milieus, als auch in ihrem Konflikt untereinander feststellen. In der Zeit Karls IV. wurde den Kurfürsten ihr Wahlrecht unter Ausschluss konkurrierender Linien erstmals in königlichen Privilegien bestätigt und schließlich in der Goldenen Bulle festgeschrieben, die bis zum Ende des Alten Reiches den Kern der schriftlichen Reichsverfassung bildete.²⁵ Seit dem Beginn des Pontifikats Benedikts XII. (1334–1342) etablierte sich an der

---

21 Vgl. Stefan WEIß, Die Versorgung des päpstlichen Hofes in Avignon mit Lebensmitteln (1316–1378), Studien zur Sozial- und Wirtschaftsgeschichte eines mittelalterlichen Hofes, Berlin 2002, S. 27–51, hier: S. 29.

22 Zitate nach BRESSLAU, Urkundenlehre, Bd. 1, S. 121. Eine detaillierte Sicht auf die Entwicklung der päpstlichen Registerführung unter Johannes XXII. bietet Sebastian ZANKE, Johannes XXII. und die europäische Politik im Spiegel der kurialen Registerüberlieferung, Phil. Diss., Augsburg 2012, (masch.), Kap.: Alte und neue Einblicke in die Entwicklung der päpstlichen Registerserien.

23 WEIß, Versorgung, S. 29.

24 KAUFHOLD, Rhythmen, S. 181ff.

25 RI VIII, Nr. 1857 (22. Mai 1354): [...] „anerkennt und erläutert auf Grund eines [...] ausgestellten Briefes, dass der Rheinpfalzgraf Ruprecht der Ältere, sein Schwager, als Erbe der Pfalz ein rechter Kurfürst ist"; RI VIII, Nr. 2307 (3. Dez. 1355): [...] „bestätigt Ludwig dem Römer, Markgrafen von Brandenburg, und seinem Bruder Otto alle Urkunden, die sie um ihre Fürstenthume, Lande und die Kurstimme an der Wahl eines römischen Königs von seinen Reichsvorfahren erhalten haben, jedoch unbeschadet den Rechten der Könige von Böhmen und Markgrafen von Mähren"; RI VIII, Nr. 6846 (24. Aug. 1355): [...] „bestätigt dem Herzoge Rudolf v. Sachsen das Kurrecht und die Weitervererbung auf den Erstgeborenen [...]". MGH Constitutiones 11, Bd. 1–2, hg. v. Wolfgang Fritz, Weimar 1972.

Kurie die Neuerung, dass der päpstliche Kämmerer nach Abschluss eines Rechnungsjahres eine kontrollierte schriftliche Rechnungslegung über die Barbestände in der kurialen Kammer durchzuführen hatte, die ihn entlastete. Die Entlastung wurde dann durch eine päpstliche Urkunde bestätigt.[26]

Im Konflikt Ludwigs des Bayern mit der Avignonesischen Kurie um die Legitimität der Königsherrschaft wurde mit Hilfe großer Gelehrter jener Zeit, wie Marsilius von Padua und Wilhelm von Ockham, nicht mit dem Schwert, sondern mit der Feder gestritten. Die bekannte Äußerung Ockhams gegenüber Ludwig dem Bayern *Defende me gladio, ego te defendam verbo* meinte das geschriebene Wort.[27] Dabei wurden gegenseitig Absetzungserklärungen auf Pergament an die Domtüren in Pisa und Avignon geschlagen, eine Form der rechtlich wirksamen Publikation, die sich erst unter dem Pontifikat Bonifaz' VIII. etabliert hatte.[28]

Schriftlichkeit drang seit dem beginnenden 14. Jahrhundert als festes Element in den Kanon an Mustern und symbolischen Formen ein, die dazu dienten, politisches Handeln zu legitimieren oder Herrschaftsberechtigung zum Ausdruck zu bringen. Von dem Gesandten des Papstes Innozenz VI. (1352–1362), Guillaume de Grimoard (ab 1362 Papst Urban V.), den die Mailänder im Rahmen eines Konfliktes um die Stadtherrschaft in Bologna zwangen, vor den Augen der städtischen Öffentlichkeit einen Brief des Papstes zu essen, berichtet auch der Straßburger Chronist Cloßener.[29] Wo Herrschaft für eine breitere Öffentlichkeit nachvollziehbar gemacht werden musste, wurden Schriftstücke

---

26   WEIß, Versorgung, S. 35.
27   Zitat nach Jürgen MIETHKE, Ockhams Weg zur Sozialphilosophie, Berlin 1969, S. 422f.; Zur praktischen Wirkung der gelehrten Politikberatung im Konflikt Ludwigs mit dem Papst vgl. insbes. Jürgen MIETHKE, Wirkungen politischer Theorie und Praxis der Politik im Römischen Reich des 14. Jahrhunderts, Gelehrte Politikberatung am Hofe Ludwigs des Bayern, In: Canning, Oexle, Political Thought, S. 173–211; weiterhin: Karl BOSL, Der geistige Widerstand am Hofe Ludwigs des Bayern gegen die Kurie. Die politische Ideenwelt um die Wende von 13. zum 14. Jahrhundert und ihr historisches Milieu in Europa, In: Herman Heimpel (Hg.), Die Welt zur Zeit des Konstanzer Konzils (= Vorträge und Forschungen, Bd. 9), Stuttgart 1965, S. 99–119; Alois SCHÜTZ, Der Kampf Ludwigs des Bayern gegen Papst Johannes XXII. und die Rolle der Gelehrten am Münchner Hof, In: Hubert Glaser (Hg.), Die Zeit der frühen Herzöge. Von Otto I. zu Ludwig dem Bayern. Beiträge zur Bayerischen Geschichte und Kunst (= Wittelsbach und Bayern I, Bd. 1), München, Zürich 1980, S. 388–397.
28   MIETHKE, Wirkungen politischer Theorie, S. 189f.
29   Fritsche Cloßeners (Straßburger) Chronik, DstChr. 8, S. 485. Italienische Chroniken berichten, dass man Guilaume vor die Wahl stellte, den Brief zu essen oder zu trinken. Ebd., S. 485, Anm. 3.

zu „symbolischen Formen und Mitteln, mit deren Hilfe Herrschaftsansprüche zeichenhaft zur Anschauung" gebracht wurden, „um Untertanen zu gehorsamsbereiter Fügsamkeit zu bewegen".[30] Klaus Schreiner zeigte einen Fall, in dem der Propst des etwa 80 Kilometer südlich von Augsburg gelegenen Augustiner-Chorherrenstift Rottenbuch 1468 bei einem Rechtskonflikt mit den im ‚Eigen' des Stifts ansässigen Bauern über die Nutzungsrechte an Grund und Boden, die Verfügungsgewalt des Klosters durch Vorlage „notariell beglaubigter Abschriften seines ältesten Urbarbuchs" begründete, „die zu diesen Fragen natürlich nichts" enthielten.[31] Das Gegenstück bilden Phänomene wie die öffentliche Vernichtung von herrschaftslegitimierenden Schriftstücken. Im Rahmen der Peasant's Revolt von 1381 übergaben englische Bauern Dokumente (*rotuli curiae, court rolls* und *manorial records*) dem Feuer, die sie „als Quellen ihrer Unfreiheit" verstanden.[32] Eine anonyme Augsburger Chronik berichtet, wie aufständische Zünfte 1397 dazu übergingen, im Rahmen einer Auseinandersetzung mit der Stadtregierung über Ungeldabgaben *ungelt brieff* öffentlich zu *verprennen*.[33]

Der in diesem Kapitel als analytischer Rahmen gewählte Konflikt um die Stadtherrschaft stellt einen symbolischen, öffentlich-repräsentativen Aspekt der Schriftlichkeit in den Vordergrund, den der Verschriftlichungsprozess im 14. Jahrhundert im Spannungsfeld von Vertrauen, Kontrolle und Legitimation hervorbrachte. Dass dabei auch Vertreter der unteren Gesellschaftsschichten begannen, dem geschriebenen Wort eine zentrale Rolle als Symbol der Legitimation politischer Handlungen zuzurechnen, eröffnet die Möglichkeit, sich dem Wandel zeitgenössischer Ordnungsvorstellungen auf breiter Ebene zu nähern. Die bisher aufgeworfenen Vergleiche deuten dabei darauf hin, dass die zu betrachtenden Objektivierungen des Verschriftlichungsprozesses nicht

---

30   Klaus SCHREINER, Legitimation, Repräsentation, Schriftlichkeit, Gedankliche Begründungen und symbolische Formen mittelalterlicher Abtsherrschaft, In: Joseph Canning, Otto Gerhard Oexle (Hg.), Political Thought and the Realities of Power in the Middle Ages (= Veröffentlichungen des Max-Planck-Instituts für Geschichte, Bd. 147), Göttingen 1998, S. 67–113, hier: S. 67.

31   SCHREINER, Legitimation, S. 105; Renate BLICKLE, „Spenn und Irrung" im „Eigen" Rottenbuch. Die Auseinandersetzungen zwischen Bauernschaft und Herrschaft des Augustiner-Chorherrenstifts, In: Peter Blickle, Renate Blickle, Claudia Ulbrich (Hg.), Aufruhr und Empörung? Studien zum bäuerlichen Widerstand im Alten Reich, München 1980, hier: S. 90.

32   SCHREINER, Legitimation, S. 105; Herbert EIDEN, „In der Knechtschaft werdet ihr verharren…". Ursachen und Verlauf des englischen Bauernaufstandes von 1381 (= Trierer historische Forschungen, Bd. 32), Trier 1995, S. 278.

33   Anonyme Chronik von 1368 bis 1406, DstChr 4, S. 316.

alleine vor dem Hintergrund der städtischen Verfassungsgeschichte erklärt werden können.

## 1  Buchführung und Legitimation

Im ersten Drittel des 14. Jahrhunderts zeugt die Struktur des kommunalen Überlieferungsbestands von einer deutlichen Ausweitung des Spektrums regelmäßig geführter Kanzleibücher, von denen die meisten über das Ende des Mittelalters hinaus Fortführung fanden. Im ersten Teil der Untersuchung wurde festgestellt, dass auch die Entstehung der heute erhaltenen Codices des Bürger- und Achtbuchs in jener Phase erfolgte. Daneben setzt mit dem Jahr 1320 eine serielle Amtsbuchüberlieferung mit finanzwirtschaftlichem Schwerpunkt ein. Dabei handelt es sich um Rechnungsbücher der städtischen Bau- und Steuermeister. Hinzu tritt die Überlieferung einer schriftlichen Erfassung von Auszahlungen und Einzahlungen aus Vermögensteuern, Pfarrzechen, Leibgedingen, Zinslehen und Besoldungen des städtischen Militärs. In den Rechnungsbüchern des Jahres 1321 ist erstmals die Führung von Ratslisten bezeugt. Das erste Drittel des 14. Jahrhunderts war eine Schlüsselphase der Überlieferungsgeschichte kommunaler Buchführung in Augsburg.

In der Forschung wurden mit Hinblick auf ihre zeitgenössische Nutzung und Bedeutung neben dem Bürger- und Achtbuch bisher lediglich die Steuerbücher in einer Einzelanalyse untersucht.[34] Die Ergebnisse dieser Studien stehen dabei teilweise im Widerspruch zu ihrer Untersuchungsperspektive. Die Untersuchungen der Steuerbücher und des Augsburger Achtbuchs als „Herrschaftsmedien" erfolgte auf der theoretischen Fundierung der Münsteraner Schule. Während Krug die Entstehung der Steuerbücher als fortschrittsorientierten Lernprozess der städtischen Eliten charakterisierte,[35] formulierte Felicitas Schmidt-Grotz am Ende ihrer Untersuchung Zweifel an deren Ausgangsthese: „Hinfällig ist damit auch der Versuch, die vorliegende Quelle

---

34   KRUG, Steuerbücher.
35   KRUG, Steuerbücher, S. 5: „Es ist für diese Zeit zu berücksichtigen, daß die öffentliche Verwaltung sich erst entwickelte und die Anlage von Schriftlichkeit noch einen Lernprozeß der Beteiligten, sowohl des Rats als auch des Schreibers, darstellte und implizit dokumentierte. Es bietet sich einem Bearbeiter damit zusätzlich die Gelegenheit, die Entstehung von Verwaltung beobachten zu können"; S. 65: „Möglicherweise kann aber für das Augsburg des 14. Jahrhunderts gelten, was Thomas Behrmann im Zusammenhang mit einer Studie zum Italien des 13. Jahrhunderts festgestellt hatte. Die Möglichkeiten der Schrift wurden von der kommunalen Gesellschaft des 13. Jahrhunderts in einem Umfang erkannt und genutzt, der ohne ältere Parallelen ist".

reichsstädtischer Schriftlichkeit als ‚Herrschaftsmedium', also als Medium zu charakterisieren, das speziell dazu verwendet wurde, um die Chance, Gehorsam zu finden, zu sichern oder zu erhöhen".[36] Die Studie schließt mit der Vermutung: die „Führung des Achtbuches (kann) in meinen Augen auch als Herrschaftsritual in zweifacher Zielrichtung interpretiert werden [...] Man nahm für sich das Recht in Anspruch, das Leben der Bewohner durch Gesetze zu regeln [...] und dieses Recht manifestierte sich handfest auf den Blättern des Achtbuches. [...] Zum anderen machten die immer wiederkehrenden ritualisierten Amtshandlungen, von denen diese Quelle Zeugnis gab [...] den Beherrschten die Normen deutlich, die nach dem Willen der Stadtväter das Leben in der Gemeinschaft Augsburgs prägen sollten".[37] Damit ergibt sich im Hinblick auf das städtische Achtbuch und seine Nutzungsgeschichte ein nicht näher untersuchter Widerspruch zur etablierten Sichtweise der Forschung, wie sie etwa Eberhard Isenmann in seinem Handbuch zur Stadtgeschichte formulierte: „Das Achtbuch [...] war ein übersichtliches Beweismittel, um gegen aufgegriffene Ächter und Verbannte vorgehen und die Dauer von Acht und Verbannung unabhängig vom menschlichen Gedächtnis kontrollieren zu können".[38]

Die spätmittelalterlichen Rechnungsbücher der Baumeister, die zusammen mit den Steuermeisterrechnungen den Ursprung der finanzwirtschaftlich orientierten Buchführung der ersten Hälfte des 14. Jahrhunderts bilden, wurden bisher von Richard Hoffmann und Dominique Adrian beschrieben.[39] Dabei wurden die für die vorliegende Untersuchung zentralen Fragen nach den Techniken der Buchführung und den Hintergründen ihrer zeitgenössischen Nutzung und Aufbewahrung im beginnenden 14. Jahrhundert knapp erwähnt, aber nicht konkretisiert.[40] Eine umfassende Untersuchung mit Berücksichtigung der städtischen Söldnerbücher wird momentan durch Dieter Voigt vorbereitet. Eine Edition der Steuermeisterrechnungen durch Claudia Kalesse und Raphael Krug, mit einer quellenkundlichen Beschreibung der Fragmente, steht kurz vor dem Abschluss.[41] Sie folgt der klassischen

---

36   SCHMIDT-GROTZ, Achtbuch, Bd. 1, S. 291 u. S. 304.
37   SCHMIDT-GROTZ, Achtbuch, Bd. 1, S. 304f.
38   ISENMANN, Die deutsche Stadt, S. 167.
39   ADRIAN, Augsbourg, S. 99–103; Richard HOFFMANN, Die Augsburger Baurechnungen von 1320–1331, In: ZHVS 5 (1878), S. 1–220, hier: S. 1f.
40   ADRIAN, Augsbourg, S. 99: „Les questions de technique comptable ne sont pas négliables, mais elles sont sans doute ici secondes par rapport aux conceptions sociales et à la nécessité de légitimation à laquelle sont continuellement soumises les institutions politiques".
41   Für die unkomplizierte Erlaubnis zur Einsichtnahme gebührt Claudia Kalesse mein herzlicher Dank.

Fragestellung nach einer Verwaltungsentwicklung in Augsburg. Dabei blieben Charakteristika unberücksichtigt, die Leo Schönberg bereits 1910 in einer seiner grundlegenden Untersuchung zur Technik des Finanzhaushalts der deutschen Städte im Mittelalter betonte: Das Rechnungswesen der spätmittelalterlichen Stadt diente vor allem der gegenseitigen Kontrolle.[42]

Im Gesamtbild ergibt sich ein Spannungsfeld zwischen Schriftlichkeit und politischer Legitimität, das auf einen Zugang zu einer strukturorientierten Untersuchung der kommunalen Buchführung im beginnenden 14. Jahrhundert verweist, der einen synthetischen Blick über die etablierten Gattungsgrenzen hinweg ermöglicht. Dieses wird im folgenden Kapitel durch die Zusammenführung, Erweiterung und überregionale Kontextualisierung bisheriger Forschungsergebnisse angestrebt. Während sich heute ganze Forschungsbereiche auf die Erschließung nur einer Form spätmittelalterlicher Amtsbuchführung konzentrieren, enstanden für die Zeitgenossen im ersten Drittel des 14. Jahrhunderts mehrere dieser Bücher gleichzeitig. Da sich die Entstehung, Nutzung und Bewahrung aller betrachteten Ausprägungsformen kommunaler Buchführung im Arbeitsumfeld der Augsbuger Kanzlei konzentrierte, erfolgt im ersten Schritt eine Untersuchung von Buchführungstechnik und Entwicklung der kommunalen Kanzlei im betrachteten Zeitraum. Damit soll eine Verständnisgrundlage für die Analyse von Formen und Hintergründen der zeitgenössischen Nutzung im politischen Alltag geschaffen werden. Schließlich werden die gewonnenen Ergebnisse im überregionalen Vergleich betrachtet.

## 1.1 Die Technik der kommunalen Rechnungsführung

Die Überlieferung von Rechnungsbüchern der Bau- und Steuermeister setzt mit den Jahren 1320/21 ein.[43] Die nominellen Bezeichnungen ‚Baumeisterbuch'

---

42 SCHÖNBERG, Die Technik des Finanzhaushaltes, S. 191ff.

43 Richard HOFFMANN, Die Augsburger Baurechnungen von 1320–1331, In: ZHVS 5 (1878), S. 1–220. Eine digitale Erfassung durch Jörg Rogge (Unv. Mainz) ist in Vorbereitung. Am Lehrstuhl für Mittelalterliche Geschichte der Universität Augsburg erfolgt eine statistische Erschließung der Rechnungsbücher des 14. Jahrhunderts durch Dieter Voigt. Die reiche Forschungsliteratur zum Rechnungswesen im Spätmittelalter erfasst: Otto VOLK (Hg.), Computatio, Bibliographie zum Rechnungswesen des späten Mittelalters und der Frühen Neuzeit (http://online-media.uni-marburg.de/ma_geschichte/computatio/ / Letzte Einsicht: 12.10.2012); Zum kommunalen Rechnungswesen als Gattung (in Auswahl): Andrea PÜHRINGER, Die Rechnungen der Finanzverwaltung in den österreichischen Städten, In: Josef Pauser, Martin Scheutz und Thomas Winkelbauer (Hg.), Quellenkunde der Habsburgermonarchie (16.–18. Jahrhundert). Ein exemplarisches Handbuch (= Mitteilungen des Instituts für österreichische Geschichtsforschung, Ergänzungsband 44),

und ‚Steuermeisterrechnungen' folgen den zeitgenössischen Bezeichnungen der Amtsinhaber, die für die Abrechnung der städtischen Finanzen zuständig waren.[44] Eine enge Verbindung zwischen dem Bauamt und der städtischen Finanzverwaltung war ein verbreitetes Phänomen. Es findet sich nicht nur in Augsburg sondern etwa auch in Köln und Lübeck.[45] Die Entstehung dieser Zuständigkeiten entsprang dem Lauf der Geschichte und war keine um 1320 als verwaltungstechnische Neuerung initiierte Maßnahme. Der Hauptteil der städtischen Baulast lag zu Beginn des 14. Jahrhunderts in der Errichtung und Pflege der städtischen Wehranlagen, zu denen die Tore, Zinnen, Mauern, Gräben und Türme der Stadt gehörten.[46] Diese Zuständigkeit hatte der Bürgerverband 1250 vom Bischof übernommen. Die Baulast war damit ein früher und kein geringer Kostenfaktor im städtischen Haushalt. Mit der Sorge um die städtischen Wehranlagen war die Organisation des Wach- und Kriegswesens eng

---

2004, S. 611–624; Paul THOMES, Kommunale Wirtschaft und Verwaltung zwischen Mittelalter und Moderne. Bestandsaufnahme, Strukturen, Konjunkturen. Die Städte Saarbrücken und St. Johann im Rahmen der allgemeinen Entwicklung (1321–1768) (= Vierteljahrschrift für Sozial- und Wirtschaftsgeschichte, Beihefte, Bd. 118), Stuttgart 1995; Antje SANDERBERKE, Zettelwirtschaft. Vorrechnungen, Quittungen und Lieferscheine in der spätmittelalterlichen Rechnungslegung norddeutscher Städte, In: Ellen Widder, Mark Mersiowsky, Peter Johanek (Hg.), Vestigia Monasteriensia. Westfalen-Rheinlande-Niederlande, Bielefeld 1995, S. 351–364; Eckhart Schremmer (Hg.), Steuern, Abgaben und Dienste vom Mittelalter bis zur Gegenwart. Referate der 15. Arbeitstagung der Gesellschaft für Sozial- und Wirtschaftsgeschichte vom 14. bis 17. April 1993 in Bamberg (= Vierteljahrschrift für Sozial- und Wirtschaftsgeschichte, Beihefte, Bd. 114), Stuttgart 1994; Ingo SCHWAB, Städtische Kassenführung und revolutionäre Rechnungsprüfung. Überlegungen zu Kammerrechnungen und Steuerbüchern im Mittelalter, In: Archiv für Diplomatik 36 (1990), S. 169–196; Ulf DIRLMEIER, Rainer ELKAR, Gerhard FOUQUET, Mittelalterliches und frühneuzeitliches Steuer- und Abrechnungswesen, In: Jürgen Reulecke (Hg.), Stadtgeschichte als Zivilisationsgeschichte. Beiträge zum Wandel städtischer Wirtschafts-, Lebens- und Wahrnehmungsweisen, Essen 1990, S. 11–22; Hermann Kellenbenz (Hg.), Öffentliche Finanzen und privates Kapital im späten Mittelalter und in der ersten Hälfte des 19. Jahrhunderts, Stuttgart 1971; Bernhard KIRCHGÄSSNER, Eberhard NAUJOKS (Hg.), Stadt und wirtschaftliche Selbstverwaltung, Sigmaringen 1987, S. 113–120; Erich MASCHKE, Jürgen SYDOW, Städtisches Haushalts- und Rechnungswesen. 12. Arbeitstagung in Überlingen 9.–11. November 1973 (= Stadt in der Geschichte. Veröffentlichungen des südwestdeutschen Arbeitskreises für Stadtgeschichtsforschung, Bd. 2), Sigmaringen 1977; Leo SCHÖNBERG, Die Technik des Finanzhaushalts der deutschen Städte im Mittelalter, Stuttgart 1910.

44 Vgl. PÜHRINGER, Rechnungen, S. 612–624, hier: S. 612.
45 Vgl. ISENMANN, Die deutsche Stadt, S. 167.
46 Vgl. Martin KAUFHOLD, Baukultur und Bürgerstolz im Mittelalterlichen Augsburg, In: Ders. (Hg.), Städtische Kultur im Mittelalterlichen Augsburg, Augsburg 2012, S. 7–20.

verbunden. Daraus resultierten Kosten für Besoldung und Ausstattung, aber auch Einnahmen aus den Zöllen an den städtischen Toren, die zu einer der finanziellen Hauptquellen wurden. Ein Hauptteil der städtischen Ausgaben und Einnahmen war damit in ihrer Entstehung eng mit den Zuständigkeiten der Baumeister verbunden. Es scheint geradezu zwangsläufig, dass die schriftliche Abrechnung in deren Zuständigkeitsbereich gelangte. Dort erfuhr sie eine Ausweitung auf weitere Bereiche der Finanzverwaltung.

In vergleichbarer Weise entsprang die Zuständigkeit der Steuermeister im Bereich der Abrechnung ihrer Tätigkeit als Einnehmer der städtischen (Vermögen-)Steuern. Kosten entstanden in diesem Bereich aus Leib- und Kapitalrenten, Ewiggeldern, Zinslehen oder Reichssteuern, die in manchen Fällen direkt mit den fälligen Steuerleistungen verrechnet wurden.[47] Die wenigen erhaltenen Fragmente einer schriftlichen Rechnungsführung der Steuermeister belegen, dass die Steuermeister bis zum Ende des 14. Jahrhunderts eigene Rechnungen geführt haben müssen und aus den von ihnen eingenommenen Mitteln neben den anfallenden Kosten für die schriftliche Erfassung der Steuer auch Gehaltszahlungen an den Stadtschreiber und dessen Gehilfen in Form von Sach- und Barleistungen, Anschaffungen von Schreib- und Beschreibstoffen getätigt wurden.[48] Erst „am Ende der Amtsperiode wurden Barmittel, Forderungen und Schulden an die Baumeisterkasse abgegeben".[49]

Die frühen Baumeisterrechnungen (41 × 16 cm) wie auch die Steuermeisterrechnungen (40 × 15,5 cm) haben sich auf Halbfoliobögen aus Papier erhalten, wobei sich die Steuermeisterrechnungen gegenwärtig in einem fragmentarischen und von Pilzbefall in seiner Substanz bedrohten Zustand befinden.[50] Beide Rechnungsbücher wurden in lateinischer Sprache geführt. Zwischen 1331 und 1368 erfolgte ein Wechsel zur deutschen Sprache.[51] Während sich für die frühen Steuermeisterrechnungen keine Spuren eines Einbands erhalten haben, waren die ersten erhaltenen Baumeisterrechnungen (BMB Nr. 1) noch im 19. Jahrhundert in einen braunen Ledereinband gebunden, der bei Restaurationen des 20. Jahrhunderts verloren ging.[52]

---

47  GEFFCKEN, Art. „Finanzverwaltung", In: Augsburger Stadtlexikon, S. 397f.
48  Ediert und kommentiert bei: KALESSE, KRUG, Steuermeisterrechnungen.
49  GEFFCKEN, Art. „Finanzverwaltung", In: Augsburger Stadtlexikon, S. 397f.
50  Vgl. die Bestandsbeschreibungen bei HOFFMANN, Baurechnungen, S. 1ff.; VOIGT, Rechnungsbücher, S. 2 und KALESSE, KRUG, Steuermeisterechnungen, S. 3ff.
51  StadtA Augsburg BMB Nr. 1 (1320–1331) in lateinischer Sprache, ab BMB Nr. 2 (1368–1379) in deutscher Sprache.
52  StB Augsburg, 4° cod S 84, fol. 1r.: *Excerpta aus ainem alten rechnungsbůch der baumaister [...] im jahre 1778 am 31. januar in dem gewölbe des steueramts gefunden worden. Dieses bůch ist in halb folio von (ohn zwaifel) wollenpapier, und in braum leder gebůnden und enthält*

Die Führung der Rechnungen oblag dem Stadtschreiber und wurde nicht etwa von den Baumeistern selbst besorgt.[53] Die Augsburger Baumeister und Steuermeister übten ihre Tätigkeit nicht unentgeltlich aus. Seit 1321 sind jährliche Zahlungen in Höhe von zwei Pfund Pfennigen aus der Stadtkasse an Bau- und Steuermeister belegbar.[54] Das Rechnungsjahr umfasste zwischen 1321 und 1331 den Zeitraum „von Anfang Juni […] bis ca. Mitte Mai" und erfuhr seit 1368 eine allmähliche Anpassung an das Kalenderjahr.[55] Die Rechnungen der Steuermeister setzen jeweils um den Gallustag Mitte Oktober ein.[56] Das umfangreichste Fragment der Jahre 1322/23 reicht bis zum 15. Mai 1323.[57]

Die Rechnungen entstanden in einem zeitlichen Abstand zu den dokumentierten Zahlungen.[58] In Augsburg ist die Existenz von ‚Vorakten' nachweisbar. Die Rechnungsbücher bezeugen seit 1369 neben Auszahlungen für die Herstellung der Hauptrechnungsbücher auch die Anschaffung kleinerer Rechenbücher, bei denen es sich um heute verlorene Zwischenstufen im Abrechnungssystem gehandelt haben wird.[59] Daneben bezeugen

---

*einnahmen und ausgaben der baumaister von den jahren 1320 bis 1330* […]. Während der früheste heute bekannte Band der städtischen Baumeisterrechnungen (BMB Nr. 1) demnach 1778 noch im Steueramt des Rathauses lagerte, berichtet Hoffmann, dass Benedikt Greif, der 1841 zum Unterbibliothekar der Stadt ernannt worden war, den zweitältesten Band der heute bekannten Rechnungsbücher (BMB Nr. 2) „auf der Stadtbibliothek aufgefunden" und an das Archiv abgegeben hat. In der alten Stadtbibliothek, die sich bis in das Jahr 1893 auf dem Annahof befand, war das Baugewölbe untergebracht. Vgl. HOFFMANN, Baurechnungen, S. 2 wie auch: Richard SCHMIDBAUER, Die Augsburger Stadtbibliothekare durch vier Jahrhunderte (= Abhandlungen zur Geschichte der Stadt Augsburg, Bd. 10), Augsburg 1963, S. 237 u. S. 241. Für freundliche Hinweise zur Geschichte der Alten Stadtbibliothek danke ich Wolfgang Mayer.

53 StadtA Augsburg BMB Nr. 1 (1320), S. 17: *Item michi 6 lib*; BMB Nr. 1 (1320), S. 24: *Item michi pro instrumento 1 sol*; BMB Nr. 1 (1320), S. 81: *Item C. scolari meo 5 sol de eisdem denariis*; BMB Nr. 2 (1369), fol. 38r.: *Item 5 lib dn mihi notario de 4 temperibus*.

54 Vgl. etwa: StadtA Augsburg, BMB Nr. 1 (1321), S. 31: *Item bumaistri receperunt in pensione sua 4 lib dn*; BMB Nr. 1 (1324), S. 75: *Item Cunrado Longo de bumaister ampt 2 lib, Item domino C. Langen de bumaister ampt 2 lib*; BMB Nr. 2 (1371), fol. 104r.: *Item 8 lib dn den vier bumaistern ieglichem 2 lib dn von dem bumaisterampt*; KALESSE, KRUG, Steuermeisterrechnungen, fol. 1v.: *Item dedimus domino C. Longo de burgermaisterampt 10 lib; Item dedimus sibi de stiurmaisterampt 2 lib*.

55 VOIGT, Rechnungsbücher, S. 4.

56 KALESSE, KRUG, Steuermeisterrechnungen, S. 4.

57 Ebd.

58 MERSIOWSKY, Rechnungslegung, S. 88.

59 StadtA Augsburg, BMB Nr. 2 (1369), fol. 31v.: *Item 7 sol dn Wirtzburger umb ein raitpuchlin den bumaistern*. Es ist nicht unwahrscheinlich, dass diese Funktion in der

Abrechnungszettel aus Papier, die sich seit der zweiten Hälfte des 14. Jahrhunderts immer wieder in den Rechnungsbüchern finden, dass diese lediglich das Endergebnis eines mehrstufigen Abrechnungsprozesses bildeten.[60]

Ein Abrechnungszettel einer städtischen Gesandtschaft des Jahres 1372 an den kaiserlichen Hof vermerkt den Empfang von mehreren hundert Gulden aus der Baumeisterkasse: *Item wir haben enphangen dez ersten von den bumaistern 400 guldin mit den hunderten die man dez ersten gab dem hertzogen.*[61] In der Folge führt er den Empfang von Ausgaben der Gesandtschaft auf, zu denen neben Zahlungen an die kaiserlichen Räte, Türhüter und Spielleute auch Einzelzahlungen für die Ausstellung von Urkunden in der Gesamthöhe von 48 Gulden zählten:[62] *Item 49 guldin umb die brief, die ersten pappirin brief kostent 5 guldin. Item die zwei birmitin brief, die vom hertzogen, kostend auch 5 guldin. Item die zwen brief von dem von Freiberg und dem Püttrich kostend 7 guldin. Item der mit dem großen insigel kostet 32 guldin.* In die Rechnungsbücher wurden diese Ausgaben dann zu größeren, inhaltlich reduzierten Einheiten zusammengefasst eingeschrieben. Die Einzelausgaben der Gesandtschaft für Urkunden wurden hier nur noch als Gesamtbetrag verzeichnet: *Item 49 guldin umb die brief.*[63] Ein Abrechnungszettel des Jahres 1415 enthält den Vermerk: *ist allez eingeschribn in daz gros půch.*[64] Auch ein unter der Signatur ‚Reichsstadt, Ratsbücher Nr. 273' erhaltenes Botenbuch (Ausgabenverzeichnis) des Sebastian Illsung aus dem Jahr 1415 schließt mit demselben Vermerk.[65]

Das Einschreiben erfolgte nicht Buchung für Buchung, sondern in größeren Einheiten. Davon zeugen unterschiedlich breite Abstände untereinander

---

Frühzeit der Rechnungsführung von Wachstafeln erfüllt wurde, wie sie etwa am Hof des Passauer Bischofs Wolfgang von Erla verwendet wurden. Vgl. dazu: MERSIOWSKY, Rechnungslegung, S. 88.

60 In StadtA Augsburg, BMB Nr. 2 (1368–1379) haben sich mehrere solcher Abrechnungszettel erhalten: fol. 126, 133, 143, 149, 151, 302. Der Schreiber dokumentierte hier in der „Ich-Perspektive" Ausgaben einer Gesandtschaft. BMB Nr. 23 (1414) enthält ein beigelegtes Ausgabenbüchlein: *Diese sämtlichen Blätter lagen in dem Baumeisterbuch von 1451 zwischen fol. 63 und 64.* Die Ordnung dieser Ausgaben erfolgte im Tagesrhythmus. Es mischen sich Ausgaben, die in den Endabrechnungen verschiedenen Posten (Generalia, Gesandtschaften, Städtebau) zugeordnet wurden.

61 StadtA Augsburg, BMB Nr. 2 (1372), Abrechnungszettel, eingelegt zwischen Folio 124 u. 125.

62 StadtA Augsburg, BMB Nr. 2 (1372), Abrechnungszettel: *Item 53 guldin umb ain phert [...] Item 7 guldin den türhütern und den spilüten, Item 2 guldin Hansen dem laufel.*

63 StadtA Augsburg, BMB Nr. 2 (1372), fol. 125r.

64 StadtA Augsburg, BMB Nr. 24 (1415), fol. 32v.

65 StadtA Augsburg, Reichstadt, Ratsbücher Nr. 273, fol. 11r.: *Ist eingeschriehen in das groß půch der baumaistr.*

angeordneter Textblöcke zum Blattrand, die aus mehreren Einzelposten bestehen. Die Eintragung so zusammengefasster Einzahlungen und Auszahlungen erfolgte während eines Wirtschaftsjahres wöchentlich und wurde mit einer jährlichen Saldobildung abgeschlossen.[66]

Die Betrachtung des inneren Aufbaus der Rechnungen zeigt, dass die Aufteilung der Beschriftungsräume bereits vor dem Beginn des Wirtschaftsjahres über Lagengrenzen hinweg vorgeplant wurde. Schon im ältesten erhaltenen Rechnungsbuch wurden vor dem Beginn eines Wirtschaftsjahres Räume für Teilkonten festgelegt. Die Verbuchung von Ein- und Auszahlungen erfolgte getrennt in zwei aufeinander folgenden Abschnitten. Für die Verzeichnung der Einzahlungen aus den verschiedenen Torzöllen zwischen 1320 und 1330 wurde ein Kontingent von jeweils zwei Blättern mit dem Namen des jeweiligen Tores als Überschrift gekennzeichnet.[67] Dann wurden die so geschaffenen Bereiche sukzessive beschrieben. Dies wird auch daraus ersichtlich, dass der vorgesehene Platz zu knapp werden konnte, wie es auf Folio 95v. des BMB Nr. 1 (1328) zu sehen ist, wo es nicht gelang, alle aus dem Gögginger Torzoll fließenden Einzahlungen auf den vorgesehenen Seiten unterzubringen (Abb. 5a). Da auf der folgenden Seite unmittelbar das Konto für Einzahlungen aus dem Stephinger Tor folgte, blieb keine Möglichkeit, als die Summe der Einzahlungen aus dem Gögginger Torzoll auf Folio 95r., also noch vor der Auflistung der Einzelposten direkt unter die Verzeichnung der Einzahlungen aus dem Haunstetter Tor einzuschreiben (Abb. 5b). Hier war noch Platz verblieben. In den meisten Fällen war der vorgesehene Raum für die Menge der Einträge eines Wirtschaftsjahres aber ausreichend. Die Strukturen des Rechnungsformulars der frühesten erhaltenen Baumeisterrechnungen deuten damit auf die Existenz von Erfahrungswerten hin, was nicht unwahrscheinlich erscheinen lässt, dass in Augsburg bereits vor 1320 schriftlich abgerechnet wurde.

Im Ergebnis zeigt sich deutlich die Funktion der Hauptbücher, ein abschließendes Gesamtbild der Ein- und Auszahlungen eines Wirtschaftsjahrs abzubilden. Wie das Achtbuch und das Bürgerbuch bildeten auch die Baumeisterbücher das Endergebnis einer mehrstufigen Buchführung. Im Gegensatz zu den Zwischenstufen wurden die Baumeisterbücher mit einem

---

66   Vgl. HOFFMANN, Rechnungsbücher, S. 4: „Die Baumeister notierten sich ihre gemachten Einnahmen und Ausgaben wochenweise oder an Zinstagen, häufig ließen sie auch mehrere Wochen zusammenkommen, diese Notizen teilten sie dann von Zeit zu Zeit dem Notar mit, welcher sie, jede Woche mit dem Introitus des sonntäglichen Evangeliums bezeichnend in lateinischer Sprache in das Buch eintrug".
67   StadtA Augsburg, BMB Nr. 1 (1320), fol. 4r.–6r.

ABB. 5A  *Baumeisterrechnungen: Konto „Gögginger Torzoll"*
STADTA AUGSBURG, BMB NR. 1 (1328), FOL. 95V.

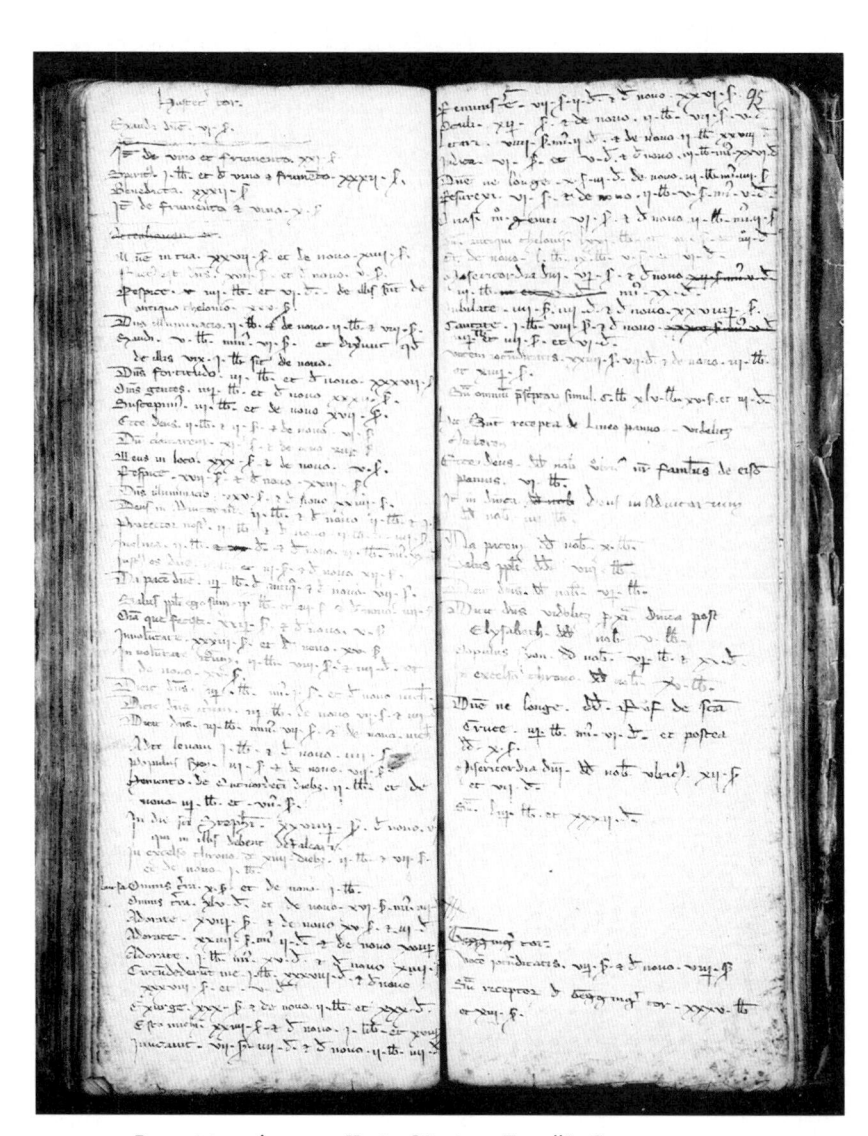

ABB. 5B  Baumeisterrechnungen: Konto „Gögginger Torzoll"—Summe
STADTA AUGSBURG, *BMB* NR. 1 (1328), FOL. 95R.

festen Einband versehen. Dies spricht für einen Wandel der zeitgenössischen Überlieferungsabsicht im ersten Drittel des 14. Jahrhunderts.

Wie Mark Mersiowsky in seiner Untersuchung der Anfänge territorialer Rechnungslegung im deutschen Nordwesten zeigte, handelt es sich dabei um eine weiträumig nachweisbare Tendenz. Im 13. Jahrhundert ist die Zahl erhaltener Rechnungsüberlieferung in diesem Raum „verschwindend gering", während in der ersten Hälfte des 14. Jahrhunderts ein deutlicher Anstieg der Rechnungsüberlieferung zu verzeichnen ist. Dabei wird der Beginn einer Tendenz zur Serienbildung sichtbar.[68] Hinweise auf ehemals vorhandene Rechnungen in der urkundlichen Überlieferung machen dabei deutlich, dass es „unzulässig" ist, aus diesem Befund zu schließen, es habe vorher keine schriftliche Rechnungslegung stattgefunden.[69] Ähnliches gilt sicher für die Rechnungsführung der päpstlichen Kurie. Auch für Augsburg zeigten sich indirekte Hinweise, die den Beginn schriftlicher Rechnungsführung vor dem Einsetzen der heute erhaltenen Überlieferung wahrscheinlich machen. Vor diesem Hintergrund stellt sich die Frage nach den Gründen des Überlieferungswandels. Mit Bezug auf die Rechnungslegung resümierte Mark Mersiowsky: „Zum einen war das Schriftgut so weit entwickelt, dass es archivwürdig erschien. Die Verwaltung hatte parallel einen Stand erreicht, auf dem sie archivbildend wirkte. Erst ein auf Kontinuität ausgerichtetes Verwaltungsdenken führte trotz administrativer Wandlungen dazu, dass Akten aufbewahrt wurden, die nicht mehr unmittelbar rechtserheblich waren (...). Unter dem Einfluss moderneren Verwaltungsdenkens wurden Akten auch deshalb gelagert, um aus der aktenförmig festgehaltenen Vergangenheit Schlüsse für die nicht mehr als mit Gegenwart und Vergangenheit gleichförmig empfundene Zukunft zu ziehen. Man suchte Rat in den alten Akten, nicht mehr bei den Alten. In Zweifelsfragen wurden die Erzeugnisse früherer Verwaltungshandelns und nicht mehr orale Traditionen konsultiert".[70] Neben der gattungstypologischen Entwicklung gelten damit die Verwaltungsentwicklung mit einer einhergehenden Modernisierung des Verwaltungsdenkens als Faktoren der Überlieferung. Dies ist im Folgenden für die Entwicklung der kommunalen Überlieferung Augsburgs zu prüfen.

### 1.2 Fortpflanzungsfähigkeit: Die Arbeit der kommunalen Kanzlei
Die Augsburger Rechnungsbücher sind nicht nur Zeugnis für die Genese eines Überlieferungsbestands. In ihnen fanden auch Entlohnungen des

---

68  MERSIOWSKY, Rechnungslegung, S. 48–78, hier: S. 75f.
69  MERSIOWSKY, Rechnungslegung, S. 81.
70  MERSIOWSKY, Rechnungslegung, S. 269.

Kanzleipersonals für die Führung der Amtsbücher und andere Kosten Niederschrift, deren Auswertung es erlaubt, die Entwicklung der kommunalen Kanzlei zum Zeitpunkt des feststellbaren Überlieferungswandels mit verhältnissmäßig hoher Plastizität zu rekonstruieren. Das Bild dieses Prozesses bricht dabei im Jahr 1332 mit dem Aussetzen der Rechnungsüberlieferung ab. Doch mündeten die zwischen 1320 und 1332 nachvollziehbaren Entwicklungen 1362 in die Festschreibung einer ersten kommunalen Kanzleiordnung im Stadtrechtsbuch.[71] Eine Annäherung an den Wandel der inneren Strukturen der städtischen Kanzlei während der ersten Hälfte des 14. Jahrhunderts, deren Erfassung durch den Überlieferungsverlust der Rechnungen erschwert wird, kann durch den Vergleich dieser Quellen erfolgen.

Die Kanzleiordnung von 1362 basierte inhaltlich auf den Erfahrungen der vergangenen Jahre. Definiert wurden 1362 die Entlohnungen, die der Stadtschreiber zu festgelegten Zeiten im Jahr erhalten sollte. Sein jährliches Gehalt in einer festgelegten Höhe von 26 Pfund Pfennigen setzte sich aus vierteljährlichen Zahlungen zum Quatembertermin von jeweils fünf Pfund und Teilzahlungen zur Zeit der Steuerumgänge (zwei Pfund), an Weihnachten (zwei Pfund), Pfingsten (ein Pfund) und am Ostermarkt (ein Pfund) zusammen.[72] Dafür war er verpflichtet, sämtliche im Dienste der Stadt fälligen Kanzleiarbeiten zu verrichten, wobei die bei der jährlichen Erfassung der Steuer, bei der Ächtung, der Ausstellung von Urkunden, der Führung der Steuerbücher und der Niederschrift der Ratslisten anfallenden Arbeiten in der Ordnung explizit mit eingeschlossen wurden.[73] Die Ordnung hebt abschließend nochmals hervor, dass für diese Dienste von Seiten der Stadt

---

71  MEYER, Stadtrecht, S. 251ff. Burger bezeichnet die Schreiberordnung als eine in Südwestdeutschland einzigartige Quelle. Vgl. BURGER, Stadtschreiber, S. 35.

72  MEYER, Stadtrecht, S. 251f.: *Man sol wizzen, daz die vier und zwaintzig ratgeben mit dem grozzen rat und mit der gemaind überein komen sint, daz man ainem stetschriber geben sol aelliu jar von der stat sehs und zwaintzig pfund phennig für alle sache und niht me. Der selben phennig sol man im geben alle kotemper fünf phund phenning, zwai phund phenning so man de stiur yngenimt, zwai phund phenning ze wihennehten, ain phund an dem ostermargt und ain phund ze phingsten.*

73  MEYER, Stadtrecht, S. 252: *Er sol auch der stat schreiben stiur und alle die den die burger und die gemaind von dem rat die stat verbietent und alle die sache die die stat ze schaffen hat, ez si mit briefen oder mit andern sachen. [...] Und swan man ze der lichtmezz den clainen rat welen wil da sol er niht bei sin und sol die selben weil hie zu vor der tür sin, hintz si ainen rat gewelt; und die selben die gewelt werdent sol er an schriben. [...] Und sol aelliu jar mit den stiurmaistern swern der stat die stiur triwlich an ze schriben und nieman verswigen und helfen ein ze bringen und dez niht enlauzzen weder durch lieb noch durch laid und den stiurmaistern gehorsam sin.*

keine weiteren Zahlungen fällig werden, außer dem schriftlich festgelegten Gehalt.[74] Eine zusätzliche Zahlung durch die Steuer- und Baumeister wurde als *offenlich mainaid* deklariert.

Dieser Befund soll nun mit den städtischen Rechnungen der Jahre 1320 bis 1332 verglichen werden. Auch dort finden sich bereits in regelmäßigen Abständen wiederkehrende Gehaltszahlungen an den städtischen Schreiber (*in suo precio, in suo salario*) aus der Baumeisterkasse.[75] Diese erfolgten regelmäßig

---

74   Meyer, Stadtrecht, S. 252: *Und darumb ist diu stat nihts gebunden ze geben dann als davor geschriben stat weder im noch sinem schůler. Wer daz im gevaerlich bůmaister oder die stiurmaister mer gebent dann die sehs und zwaintzig phund phennig von der stat gůt, die selben bůmaister oder stiurmaister sind offenlich mainaid.*

75   1320: StadtA Augsburg, BMB Nr. 1 (24. Jun. 1320), S. 17: *Item michi 6 lib*; (30. Nov. 1320), S. 25: *Item notario 8 dn*; (14. Dez. 1320), S. 26: *Item notario 7 dn*; (25. Dez. 1320), S. 26: *Item notario civitatis 5 lib*; 1321: BMB Nr 1 (12. Apr. 1321), S. 31: *Item notario civitatis 2 lib qui sibi devalcari debent in suo precio quod factum est*; (21. Jun. 1321), S. 37: *Item notario civitatis 4 lib et 2 sol de die*; (20. Dez. 1321), S. 44: *Item notario civitatis 6 lib*; KALESSE, KRUG, Steuermeisterrechnungen, fol. 1r.: *Primo pro expensis factis in inscripcione stiure, Item notario 8 sol; Item notario de inscripcione bonorum que clerici et judei expediunt 2 sol*; fol. 3r.: *Item 11 lib qui dari debent Cuonrado de Giengen quos recepit*; fol. 4r.: *Item notario de instrumento 1 sol, Item notario 2 lib de stiura*; fol. 4v.: *Item notario 2 sol de quibusdam litteris, Item notario in minucione 3 sol*; 1322: BMB Nr. 1 (18. Apr. 1322), S. 46: *Item notario civitatis concessimus 1 lib qui sibi Johannis baptist in suo pensione debent devalcari*; (30. Mai 1322), S. 51: *Item notario in festo pentecostes 2 sol*; (8. Aug. 1322), S. 55: *Item notario in suo precio 3 lib 30 sol*; (19. Dez. 1322), S. 59: *Item notario civitatis 2 lib et 2 sol de die*; KALESSE, KRUG, Steuermeisterrechnungen, fol. 6r.: *Item notario de suo labore 5 sol, Item notario de inscripcione bonorum que clerici et judei expediunt et de quibus debent facere stiuram 2 sol*; fol. 6v.: *Item notario pro instrumento 1 sol*; fol. 7r.: *Item notario 3 sol, Item notario pro instrumento 1 sol*; fol. 7v.: *Item notario 14 sol pro pallio, Item notario in suo precio 4 lib, Item in festo nativitatis domini notario civitatis 5 sol*; fol. 10r.: *Item notario in minucione 3 sol*; fol. 10v.: *Item notario 3 sol in minucione, Item pueris notarii occisi 2½ lib 4 sol, pro honorancia et de capitali 2 lib et notario 1 sol, Item notario 2 lib de stiura*; fol. 11v.: *Item B. notario dedimus pro eo 7 lib, Item B. notario dedimus pro eo 3 lib*; fol. 12r.: *Item B. notario dedimus pro eo 10 lib*; fol. 12v.: *Item notario pro instrumento 1 sol, Item notario in minucione 3 sol, Item notario in festo pentechostes 2 sol, Item pro lezza notario, preconibus et Michaheli et scolari 26 sol*; fol. 13r.: *Item notario de inscripcione bonorum que judei et clerici expediunt 2 sol*; fol. 13v.: *Item notario in minucione 3 sol*; BMB Nr. 1 (19. Jun. 1323), S. 67: *Item notario in precio suo 6 lib et II sol de die*; (18. Dez. 1323), S. 70: *Item notario civitatis 5 lib et de die 2 sol*; (24. Jun. 1324), S. 76: *Item notario 6 lib*; (24. Jun. 1324), S. 76: *Item notario 2 sol*; (23. Dez. 1324), S. 81: *Item notario civitatis 7 lib*; BMB Nr. 1 (30. Jun. 1325), S. 90: *Item notario civitatis 6 lib de quibus 1 lib sibi debet Thome devalcari quam sibi iam concessimus*; (15. Dez. 1325), S. 95: *Item dedimus notario 5 lib et 2 sol de die*; BMB Nr. 1 (22. Jun. 1326), S. 102: *Item notario 6 lib*; BMB Nr. 1 (22. Jun. 1328), S. 132: *Item dedimus notario in sua pensione 6 lib*; BMB (18. Dez. 1328), S. 141: *Item dedimus*

in leicht schwankender Höhe von durchschnittlich etwa sechs Pfund halbjährlich im Juni und zu Weihnachten. Zusätzlich sind in unregelmäßigem Abstand und deutlicher schwankender Höhe und Anzahl Zahlungen dokumentiert, die zum Pfingstfest, am Ostermarkt und zu anderen variierenden Zeitpunkten des Jahres ausgegeben wurden. Diese Zahlungen hatten sich mit einem situationsabhängig gestiegenen Arbeitsaufkommen etabliert. Zu ihnen gehörten der Ostermarkt und die Zeit der Steuerumgänge. Der Ostermarkt war ein jährlicher Jahrmarkt an dem die Intensivierung von Warenzustrom, Handel und Gewerbe durch eine „Lockerung der sonst strengen Marktzulassung" befördert wurde.[76] Die Anpassung an die Strukturen internationaler Wirtschaftszentren machte die Existenz aktueller Standards einer Infrastruktur der Schriftführung des Handels nötig. Der Ostermarkt erhöhte die Arbeit der Stadtschreiber, die in wachsender Weise für Bürger und auswärtige Kaufleute Urkunden und Briefe schrieben.[77] Dass die Steuerumgänge in hohem Maße zu einer Steigerung der Schriftführung der kommunalen Kanzlei führten, bezeugen die Steuermeisterrechnungen.[78] Zu diesen Terminen gingen hohe Zahlungen an den Stadtschreiber, seinen Schüler und die Ausrufer, die den Schreiber begleiteten. Auch wurden Ausgaben für Schriftträger fällig, die im Zuge der Dokumentation des Steuerumgangs benötigt wurden. Mit der Kanzleiordnung von 1362 wurden die Gehaltszahlungen zu diesen beiden Terminen endgültig

> *notario civitatis etiam in suo pretio 1 lib et stiurmaistri dederunt sibi 5 lib*; BMB Nr. 1 (14. Mai 1329), S. 147: *Item concessimus notario 2 lib*; BMB Nr. 1 (14. Mai 1329), S. 147: *Item notario de paschali foro 5 sol*; (21. Dez. 1329), S. 165: *Item notario 6 lib*; BMB Nr. 1, (9. Apr. 1330), S. 169: *Item de paschali foro dedimus notario 5 sol*; BMB Nr. 1 (24. Jun. 1330), S. 176: *Item dedimus notario civitatis in sua pensione 6 lib*; BMB Nr. 1 (23. Jun. 1330), S. 156: *Item notario 4 lib et prius dedimus sibi 2 lib in suo salario*. KALESSE, KRUG, Steuermeisterrechnungen (1332), fol. 14v.: *notario 2 lib dn stiura, Item notario in carnisbrivio 3 sol*.

76 Peter LENGLE, Handel und Gewerbe, S. 167. KIEßLING, Augsburger Wirtschaft, S. 80.
77 Vgl. MEYER, Stadtrecht, S. 252.
78 KALESSE, KRUG, Steuermeisterrechnungen (1321), fol. 1r.: *Primo pro expensis factis in inscripcione stiure, Item preconibus de inscripcione stiure 4 sol, Item Michaheli 21 dn, Item pro libro stiure 25 dn, Item pro lignis 28 dn, Item notario 8 sol, Item scolari 2 sol, Item bumaistris 5 lib minus 5 sol, Item proxima die sabbati ante Symonis et Jude preconibus Michaheli et scolari 40 dn, Item preconibus Michaheli et scolari 42, Item preconibus et Michaheli et scolari 42, Item preconibus Michaheli et scolari 42 dn, Item preconibus Michaheli et scolari 42 dn, Item preconibus Michaheli et scolari 42 dn, Item in vigilia Nicolai preconibus Michaheli et scolari 42 dn, Item preconi de proclamacione stiure et pro equoet pro aliis parvis rebus 31 dn, Item notario de inscripcione bonorum que clerici et judei expediunt 2 sol, Item preconibus Michaheli et scolari sabbato ante Luci 42 dn [..] Item eiis 42 dn.*

zur Regel. Wir sehen, dass der Alltag Motor der Entstehung und Festigung von Traditionen war.

Auch die anderen in der Kanzleiordnung von 1362 durch das Festgehalt abgedeckten Schreibleistungen wurden in den Rechnungen der Jahre 1320 bis 1331 noch als Sonderzahlungen verbucht. Schwankungen in Anzahl und Höhe unterlagen zwischen 1320 und 1332 gesonderte Zahlungen für die Verzeichnung von Geächteten (*pro inscriptione proscriptorum*), die in ihrer Höhe zwischen sechs Pfennigen und 35 Schilling variierten, ebenso wie Zahlungen für das Abfassen von Briefen, Urkunden und die schriftliche Erfassung von Zoll- und Steuerzahlungen.[79] Diese Schreibleistungen fanden mit geringeren Beträgen Vergütung in einer Höhe zwischen einem halben und drei Schilling.[80] Im Jahr

---

79  Briefe: StadtA Augsburg, BMB Nr. 1 (29. Jun. 1320), S. 20: *Item notario civitatis pro literis 6 sol minus 4 dn*; (15. Jun. 1326), S. 102: *Item notario pro duabus literis 1 sol*; (29. Jun. 1326), S. 103: *Item notario pro literis missilibus 5 sol*; (31. Aug. 1326), S. 104: *notario de literis 2 sol*; (16. Aug. 1327), S. 116: *Item notario pro literis missilibus 27 dn*; (20. Dez. 1327), S. 119: *Item notario pro literis 8 dn*; (20. März 1328), S. 122: *Item notario pro literis 32 dn*; Urkunden: BMB Nr. 1 (26. Okt. 1320), S. 24: *Item pro instrumento notario 28 dn*; (26. Nov. 1320), S. 25: *Item notario de quodam instrumento 6 dn*; (14. Dez. 1320), S. 26: *Item michi pro instrumento 1 sol*; (17. Mai 1321), S. 36: *Item notario pro quatuor instrumentis et pro trium proscriptione 5 sol*; (11. Jul. 1322), S. 53: *Item notario pro instrumento 1 sol*; (17. Okt. 1322), S. 57: *Item notario pro instrumenta 1 sol*; (5. Jun. 1323), S. 66: *Item notario pro instrumenta 18 dn*; (6. Jan. 1325), S. 82: *Item notario pro instrumento 2 sol*; (3. Feb. 1325), S. 82: *Item sibi 2 sol pro instrumento*; (3. Mai 1325), S. 84: *Item notario pro instrumento 1 sol*; (2. März 1326), S. 96: *Item notario 3 sol pro instrumento*; (17. Jan. 1328), S. 121: *Item pro instrumento Raempotonis 3 sol*; Zölle: fol. 1r. *Primo pro expensis factis in inscripcione stiure; Item notario 8 sol, Item notario de inscripcione bonorum que clerici et judei expediunt 2 sol*; fol. 3r.: *Item 11 lib. qui dari debent Cuonrado de Giengen quos recepit*; fol. 4r.: *Item notario de instrumento 1 sol; Item notario 2 lib. de stiura*; fol. 4v.: *Item notario 2 sol de quibusdam litteris, Item notario in minucione 3 sol*; (21. Apr. 1325), S. 84: *Item notario in minutione 2 sol*; (6. Okt. 1325), S. 94: *Item sibi in minucione 2 sol*; (26. Okt. 1326), S. 106: *Item notario in minutione 2 sol*; (15. Feb. 1327), S. 108: *Item notario in minucione 2 sol*; (23. Aug. 1327), S. 116: *Item notario in minutione 1 sol*; Steuern, Baumeisterrechnungen: (22. Jun. 1326), S. 103: *Item notario 2 sol pro scribendo censu*; (22. Jun. 1328), S. 132: *Item notario pro inscribendo censu 2 sol*; (23. Jun. 1330), S. 156: *Item sibi 2 sol de die pro inscribendo censu*; (21. Dez. 1329), S. 165: *Item notario 2 sol de inscriptione censu*; (24. Jun. 1330), S. 176: *Item notario 2 sol pro inscriptione censu*; Kalesse, Krug, Steuermeisterrechnungen, (1322), fol. 6r.: *Item notario de suo labore 5 sol, Item notario de inscripcione bonorum que clerici et judei expediunt et de quibus debent facere stiuram 2 sol, Item notario 2 lib. de stiura*; fol. 13r. *Item notario de inscripcione bonorum que judei et clerici expediunt 2 sol*; (1332), fol. 14r. *Item notario pro inscripcione stiure 5 sol*.

80  StadtA Augsburg, BMB Nr. 1 (14. Sept. 1320), S. 23: *Item notario de proscriptione 2 sol*; (25. Jan. 1321), S. 27: *Item notario pro inscriptione proscriptorum IIII sol*; (1. Feb. 1321), S. 28:

1321 erhielt der Schreiber zwei Schilling für die Inskription des neuen Rates.[81] Die Schwankungen führten dazu, dass die innerhalb eines Jahres geleisteten Zahlungen an den Notar, wie etwa im Jahr 1322, Werte von 69 Pfund Pfennigen und zehn Schilling erreichen konnten, was das 1362 festgelegte Jahresgehalt von 26 Pfund Pfennigen deutlich überstieg. Bereits zu den Quatember-Zahlungen hatte der Stadtschreiber im Vergleich zu anderen städtischen Amtsträgern den höchsten Lohn.[82] Zusammen mit den Zusatzzahlungen erreichten die Jahresgehälter vor Abfassung der Kanzleiordnung unverhältnismäßige Spitzenwerte.

Wir haben gesehen, dass die Augsburger Bürgergemeinde bereits im 13. Jahrhundert dazu übergegangen war, externe Spezialisten als Stadtschreiber zu beschäftigen. Bereits der Augsburger Stadtschreiber Rudolf, dessen Amtszeit in die hier betrachtete Phase des Überlieferungswandels mündete, verfügte über Erfahrungen und Kenntnisse im Bereich der Buchführung, die die Entstehung der seit dem ersten Drittel des 14. Jahrhunderts überlieferten Buchführung zu einem früheren Zeitpunkt ermöglicht haben könnte.

Die deutlich schwankenden Sonderzahlungen für die Führung der seit dem ersten Drittel des 14. Jahrhunderts überlieferten Amtsbücher sprechen für Unwägbarkeiten im Bereich der Vorplanung. Die diachrone Analyse der sachlichen Gliederung der Rechnungsbücher zeigt, dass Vorplanung und

---

*Item sibi pro inscriptione quorundam proscriptorum 6 dn*; (3. Mai 1321), S. 31: *Item notario de proscriptione cuiusdam mulieris 6 dn*; (17. Mai 1321), S. 36: [...] *et pro trium proscriptione 5 sol*; (26. Jul. 1321), S. 39: *Item notario de proscriptione vigellatoris 1 sol*; (29. Nov. 1321), S. 43: *Item notario de proscriptione cujusdam 1 sol*; (17. Jan. 1322), S. 44: *Item notario de proscriptione unius 1 sol*; (30. Mai 1322), S. 52: *Item sibi pro trium proscriptione 2 sol*; (20. Jun. 1322), S. 53: *Item notario pro proscriptione trium 18 dn*; (11. Jul. 1322), S. 54: *Item sibi de cuiusdam proscriptione plasphemi 6 dn*; (2. Jan. 1323), S. 59: *Item notario pro inscriptione quorundam proscriptorum 19 sol*, (10. Jul. 1323), S. 67: *Item notario de illis qui expulsi sunt de civitati 35 sol*; (1. Dez. 1325), S. 94: *Item notario de illis qui expulsi sunt de civitate 1 lib*; (12. Jan. 1326), S. 95: *Item notario pro inscriptione trium qui expulsi sunt de civitate 18 dn*; (12. Jan. 1326), S. 95: *Item notario pro inscriptione trium qui expulsi sunt de civitate 18 dn*; (21. Sept. 1326), S. 105: *Item notario pro literis et pro quorundam proscriptione 10 sol.* Steuermeisterrechnungen (1322), fol. 11r.: *Item notario pro expulsione malorum hominum 25 sol.*

81 StadtA Augsburg, BMB Nr. 1 (1321), S. 28: *Item notario civitatis pro inscriptione novi consilii 2 sol.*

82 StadtA Augsburg, BMB Nr. 2 (1372), fol. 114v.: *Item 25 sol dn Grymolt de IIII$^{or}$ temperibus, Item 5 lib dn michi notario de IIII$^{or}$ temperibus, Item 10 sol dn Platten de IIII$^{or}$ temperibus, Item 1 lib dn dem Platten von vergangen quatemp von dez ratz haizz, Item 10 sol dn den waibeln de IIII$^{or}$ temperibus, Item 10 sol dn den wachten, Item 10 sol dn dem nachrichten, Item 2 sol dn den schutzen, Item 1 lib dn maister Hainrice dem murer de IIII$^{or}$ temperibus, Item 3 lib dn Jacoben ungeltschriber de IIII$^{or}$ temperibus.*

Kontinuität im Bereich der Buchführung auf Erwartbarkeit basieren. Während etwa in den Rechnungen der Jahre 1320 bis 1331 die Kosten für städtische Boten noch unter der Kategorie *Generalia* aufgeführt werden, findet sich ab 1369, angesichts des deutlich gewachsenen Botenverkehrs eine eigene Kategorie für derartige Ausgaben. Es ist anzunehmen, dass die Sonderzahlungen im Bereich der Buchführung Ausgaben waren, deren Vielzahl und Intensität sich vor und zwischen 1320 und 1331 nicht einschätzen ließ. Regelmäßig bezahlt wurde nur dann, wenn dadurch Kosten gespart werden konnten. Die Kosten für die kommunale Buchführung waren noch neu und in ihrer Dynamik unberechenbar. Als man 1362 über diese Verhältnisse reflektierte, hatten sich die genannten Formen der Buchführung bereits intensiviert und verstetigt, was dazu führte, dass man das Grundgehalt des städtischen Schreibers leicht erhöhte und die Buchführung in den Kanon der festen Aufgaben integrierte, für die keine Sonderentlohnungen mehr zu entrichten waren. Die Festsetzung der Gehälter der Stadtschreiber hatte auch die Funktion einer Regulierung ihres Einkommens und ihres Einflusses. Dies machen die Zustände im ausgehenden 13. Jahrhundert wahrscheinlich, als die Kanzleiführung dem vollen Ermessen des auswärtigen Spezialisten Rudolf unterlag, der sicher eine hohe Autorität im Kreise des Rates ausübte. Im Rat war der Stadtschreiber an der Organisation politischer Abstimmungen fest beteiligt: *und swann man an dem rat umb fragen will einer urtail, ez sei clainer oder grozzer rat, so sol er uf stan und sol fragen.*[83] Auch hier werden 1362 Bestrebungen erkennbar, den Einfluss zu begrenzen, der dem Stadtschreiber als Wächter der maßgebenden Ordnung gegeben war: *Er sol auch an dem gerüht und an dem rat kein urteil sprechen und sin urteil sol kain kraft han. [...] Und swan man ze der lichtmezz den clainen rat welen will da sol er niht bei sin und sol die selben weil hie uz vor der tûr sin, hintz si ainen rat gewelnt; und die selben die gewelt werdent sol er an schriben.*[84] Der Eintrag in das Gesetzbuch sah eine dauerhafte Gültigkeit dieser Bestimmungen vor. Ihr Bruch hatte einen Amtsverlust und den Ausschluss aus der Gemeinde zur Folge.[85] Die Verbindlichkeit des Gesetzes wurde durch einen Schwur gewährleistet.[86]

---

83 MEYER, Stadtrecht, S. 252.
84 MEYER, Stadtrecht, S. 252.
85 MEYER, Stadtrecht, S. 252: *Man sol auch wizzen: werde daz der stetschriber oder die stetschriber die nach im künftig werdent der vorgeschriben sache ain oder mer übertür oder sust der stat niht enfügte, erkante daz der merer tail dez cleinen rates, so sol er urlaup haben, und sol kain anspräch me haben weder hintz den burgern noch hintz der stat gemainclichen und mügen si danne nemen swen si wellent.*
86 MEYER, Stadtrecht, S. 252f.: *Und die vorgeschriben sache alle soll er swern ze den hailgen ainen gelerten aid ze halten und staete ze haben und dawider niht ze tün weder heimlich noch offenlich und den rat verswigen.*

Sowohl die Arbeitsabläufe in der Kanzlei als auch die Kompetenzen des Stadtschreibers wurden der Regulierung unterzogen.[87] Gerhard Burger hat die Bedeutung einer ausreichenden Bezahlung der Stadtschreiber als „Gewähr für seine persönliche Unabhängigkeit und damit neutrale Amtsführung" betont.[88] Auch die Augsburger Schreiberordnung rechtfertigte eine Erhöhung der Zahlungen mit einer aus ihr hervorgehenden Festigung des Gehorsams der Schreiber gegenüber dem städtischen Rat.[89]

Für eine Erhöhung der Arbeitsbelastung und eine Verfestigung von kontinuierlichen Schreibleistungen, die zum Gegenstand der Weitergabe gemacht werden konnten, spricht auch die seit 1320 erstmalige Nachweisbarkeit von Kanzleischülern.

Erkennbar wird eine organisatorische Verstetigung der Ausbildung von Schülern in der städtischen Kanzlei. Daneben hatten die Stadtschreiber Knechte, wie es etwa ein Eintrag im Achtbuch aus dem Jahr 1340 bezeugt.[90] Die Arbeit der seit 1320 nachweisbaren Schreibergehilfen (*scolarius*) umfasste ein weites Spektrum. Die Schüler der Stadtschreiber sind als Boten und Gesandte des Rates auf den Dörfern des Umlandes, in anderen Städten oder als Ausrufer von Ratsbeschlüssen bezeugt.[91] Wie der Stadtschreiber erhielt sein Schüler vor 1362 spontane Zahlungen für diese Arbeiten, allerdings in geringerem Umfang.[92] Die Ordnung von 1362 legte die Grundversorgung

---

87    MEYER, Stadtrecht, S. 252: *Er sol auch alle die brief die er schribt von der stat wegen und auch von der burger wegen schriben uf rehtes primit und niht uf papir.*
88    BURGER, Stadtschreiber, S. 67.
89    MEYER, Stadtrecht, S. 253: *[...] daz er den burgern und der stat dest korsamer sy.*
90    SCHMIDT-GROTZ, Achtbuch, Bd. 2, Nr. 48d (2), (13. Okt. 1340), S. 156: *Darnach so hand si den die hernach geschriben stand auch vmb ir boshait in dem vorgeschriben rehten diser stat fünf gantzive jar verboten an gnade || Ze dem ersten Walther dem jungen Ulrices des schribers kneht.*
91    StadtA Augsburg, BMB Nr. 1 (1. Feb. 1321), S. 28: *Item scolari misso Magunciam 28 sol*; BMB Nr. 1 (8. März 1321), S. 29: *Item scolari videlicet Cuonrad Michingero misso Chastelen 30 sol Haller*; BMB Nr. 1 (11. Jan. 1327), S. 107: *Item dedimus Wernlino scolari notarii pro rebus suis que perdiderat in servicio civium quum missus fuit ad villas et pro suo labore 9 sol*; BMB Nr. 1 (18. Jan. 1327), S. 107: *Item Rafenspurgero pro equo quem concesserat etiam scolari meo misso ad villas 8 sol*; BMB Nr. 2 (1368), fol. 11v.: *Item 5 sol dn Wirtzburger Hainrico scolari meo da er rait und las in der stat, daz man den frid und die bun sweren solt.*
92    MEYER, Stadtrecht, S. 252: *Waz er aber den burgern schribt daz die stat gemainclich niht angat davon sol er niht me vordern danne von ainem santbrief vier phenning, von ainer hantvest zwelf phenning und dem schüler zwen phenning und von ainem lipdingbrief vier schilling phenning und dem schüler vier phenning.*

seines Schülers dann in die Hände des Stadtschreibers selbst.[93] Schriftlich befestigt wurde auch die bereits vorher, wohl nicht zuletzt aus Gründen der Repräsentativität bestehende Gewohnheit, den Schüler aus städtischen Geldern jährlich mit neuer Kleidung auszustatten, die Obergewänder und seit 1362 auch eine Kopfbedeckung umfassten.[94] Es ist ein Zeugnis der wachsenden Eigenständigkeit der städtischen Schriftkultur, dass sie mittlerweile selbst für ihr Fortbestehen, Verbreitung und Weiterentwicklung Sorge trug. Eine genuin städtische Schriftkultur war geboren, als sie eine eigene Fortpflanzungsfähigkeit entwickelte. Die Schreiber der zweiten Hälfte des 14. Jahrunderts stammten nicht mehr aus den Kanzleien Adeliger, sondern aus dem städtischen Bürgertum, wurden in Städten ausgebildet und wechselten zwischen Städten. Die Ausbildung in der Stadt wurde nötig, um Stadtschreiber zu werden. So richtete sich etwa die Grundlage der detaillierten fachlichen Anforderungen an einen Amtsinhaber wie den Stadtschreiber oder auch den Vogt nach vor Ort bereits etablierten Bedürfnissen. Dazu standen einem Neuzugänger, der im Laufe des Spätmittelalters in ein in wachsender Komplexität begriffenes Amt eingearbeitet werden sollte, vor Ort vorhandene Schriftstücke oder bereits eingearbeitete Mitbürger als Wissensquellen zur Verfügung.

Die Ausweitung des Kanzleischriftgutes stand in Abhängigkeit zur Beherrschung von Arbeitstechniken des Schreibers. Die Ausgaben zeugen von verschiedenen Prozessen, die zur Entstehung eines Schriftstücks führen konnten. Das Spektrum reicht vom Einkauf von Schriftträgern über die Erhebung von Informationen, etwa bei einem Steuerumgang, bis zur Anlage von Konzepten und Reinschriften von Urkunden, Briefen und städtischen Bucheinträgen. All diese Vorgänge konnten auch als Teil des Alltags eines Kanzleischülers in Augsburg nachgewiesen werden. Das Schreiberamt wandelte sich damit seit der Mitte des 14. Jahrhunderts von einem durch auswärtige Experten besetzten Amt exotischer Spezialisten zu einem durch den Rat kontrollierten, wichtigen Repräsentativamt, das sich in das Gefüge der

---

93 MEYER, Stadtrecht, S. 252: *Er sol auch [...] haben [...] sin selbs schůler*; MEYER, Stadtrecht, S. 251f.: *[...] daz man ainem stetschriber geben sol aelliu jar von der stat sehs und zwaintzig pfund phenning für alle sache und niht me. [...] Und darumb ist diu stat nihts gebunden ze geben [...] weder im noch sinem schůler.*

94 StadtA Augsburg, BMB Nr. 1 (13. Sept. 1321), S. 40: *Item scolari notarii pro tunica 12 sol*; (6. Mai 1324), S. 72: *Item scolari notarii pro tunica 10 sol*; (28. Apr. 1325), S. 84: *Item scolari notarii 13 sol pro tunica*; (9. Apr. 1330), S. 169: *Item scolari notarii 5 sol pro tunica*; (28. Apr. 1331), S. 187: *Item Cunrado scolari notarii 5 sol pro tunica*; MEYER, Stadtrecht, S. 253: *Es ist auch ertailet: wann elliu dinck tiurr worden sint daz man ainem statschriber elliu iar zem ostermargt umb ain gewant geben sol 5 pfd. dn zů dem vorgen. lon und sinem schůler rock und kappen von siben ellen daz er den burgern und der stat dest korsamer sy.*

städtischen Hierarchie integrierte und dessen Arbeit in wachsender Form festgelegten Abläufen folgte. Das Wissen, welches zur Führung einer Kanzlei nötig war, erfuhr nun eine lokale Bindung und Konzentration. Dies war auch die Voraussetzung einer neuen entwicklungsgeschichtlich-stadtspezifischen Eigenständigkeit im Netzwerk der herrschenden Schriftkultur des Reiches.

Im Ergebnis zeigt sich, dass das betrachtete Schriftgut in der städtischen Kanzlei noch nicht lange geführt wurde. Zum Zeitpunkt der Übernahme der kommunalen Buchführung vom städtischen Vogt in die eigene Obhut verfügte man mit dem ehemals herzoglichen Schreiber Rudolf über eine hohe fachliche Kompetenz, die eine systematische Anlage von Kanzleibüchern, wie sie etwa für die Tiroler Kanzlei des 13. Jahrhunderts bezeugt sind, ermöglicht hätte. Die Auswertung der Rechnungen zeigte aber, dass Bedürfnisse, die sich aus Alltag und Lebensvollzug ergaben, diejenigen Kräfte waren, an denen sich die Regelmäßigkeiten der Buchführung und anderer Arbeitsabläufe und Bedürfnisse der Kanzlei allmählich ausrichteten. Die gattungstypologischen Entwicklungsstrukturen der Rechnung an sich scheinen hier weniger der Grund für den Überlieferungswandel gewesen zu sein. So verbleibt die Betrachtung der gedanklichen Hintergründe, die zur Intensivierung der Buchführung und dem Wandel der Überlieferungsabsicht im beginnenden 14. Jahrhundert führten. Dazu muss der Blick über die Überlieferungsstruktur des Gesamtbestands und die Inhalte der Augsburger Stadtrechnungen hinaus auf andere Quellen gerichtet werden.

### 1.3    *Buchführung im politischen Alltag*

Wie bereits bei der Untersuchung des frühen Gebrauchs der Acht- und Bürgerverzeichnisse festgestellt, war auch die Rechnungsführung kein Kontrollinstrument, um die Effektivität der städtischen Finanzverwaltung zu steigern.[95] „Selbst erfahrene, lang gediente Experten konnten kaum den Überblick behalten, die Grenzen zwischen rechtmäßigem und missbräuchlichem

---

95   MERSIOWSKY, Rechnungslegung, S. 347: „Die moderne Forschung sieht die territoriale Rechnungslegung oft unter falschen Voraussetzungen und wird daher deren Charakter nicht gerecht. Modernes Rechnungswesen umfasst betriebswirtschaftlich neben der Buchführung die Bilanz, Betriebsbuchführung, Kalkulation und Plankostenrechnung. Natürlich wurde der spätmittelalterliche Territorialstaat nicht im Sinne eines modernen Haushalts geführt". Selbst in der Rückschau wird ein Überblick über die städtischen Finanzen lediglich durch geduldige elektronische Erfassung, Umrechnungen, Neuordnung und Zusammenführung originaler Buchungen möglich. Das die städtische Rechnungslegung der Kontrolle diente, resümierte bereits Leo SCHÖNBERG, Die Technik des Finanzhaushaltes der deutschen Städte im Mittelalter, Stuttgart 1910, S. 191–197.

Tun waren fließend und wohl auch Sache der Auslegung".[96] „Rechnungslegung diente in erster Hinsicht der Kontrolle der Funktionsträger".[97]

Wie auch die anderen Formen der Buchführung, die sich im ersten Drittel des 14. Jahrhunderts in Augsburg entwickelten, wurde die schriftliche Abrechnung in Augsburg zu einer Zeit etabliert, in der die Legitimation und Glaubwürdigkeit politischer Amtstätigkeit zunehmend in die Abhängigkeit des schriftlichen Nachweises geriet.[98] Als städtische Kämmerer waren die Baumeister für den Haushalt verantwortlich. In den frühen Jahren mag eine Übergabe des Haushalts mit hoher persönlicher Autonomie und einer mündlichen Rechenschaftspflicht gegenüber dem engen Kreis des Stadtrats erfolgt sein.[99] Die Einführung einer schriftlichen Erfassung des städtischen Haushalts entsprach nun dem Wunsch nach einer neuen Qualität von Rechenschaft, in deren Zuge die Glaubwürdigkeit menschlicher Handlungen in eine neue Abhängigkeit von schriftlicher Rechenschaft geriet. Wie der bischöfliche Zöllner an der Wertachbrücke im 13. Jahrhundert wurden im 14. Jahrhundert nun auch die Bau- und Steuermeister vor die Notwendigkeit gestellt, ihre Amtstätigkeit alljährlich mit der Schrift zu rechtfertigen. Diese wahrgenommene Notwendigkeit begann in den inneren Kreis des kommunalen Regierungszirkels vorzudringen. Die äußerst knapp gehaltenen Formulierungen in lateinischer Sprache, die sich in BMB Nr. 1 finden, deuten dabei darauf hin, dass diese Rechenschaft wohl zunächst nur im kleinen Kreise des städtischen Rats untereinander geführt wurde und man sich für Einzelheiten wenig interessierte. Die Autorität des Stadtschreibers, der im Gegensatz zu manchem

---

96 Vgl. PÜHRINGER, Rechnungen, S. 613: „Selbst erfahrene, lang gediente Experten konnten kaum den Überblick behalten, die Grenzen zwischen rechtmäßigem und mißbräuchlichem Tun waren fließend und wohl auch Sache der Auslegung". Vgl. VOIGT, Rechnungsbücher, S. 5: „Seitensummen finden sich häufig, aber nicht regelmäßig. Endsummen für eine bestimmte Rubrik kommen immer wieder vor. Gesamtsummen für Einnahmen und Ausgaben findet man öfters am Ende der Aufzeichnungen für ein Jahr. Eine durchgehende, konsequente Einhaltung der selbst vorgegebenen Gliederung gab es zu dieser Zeit noch nicht. Manchmal bemerkten die Schreiber, dass sie Einträge an der falschen Seite gemacht hatten. Dann wurden diese sofort wieder durchgestrichen".
97 MERSIOWSKY, Rechnungslegung, S. 347.
98 Vgl. MERSIOWSKY, Rechnungslegung, S. 113; SANDER-BERKE, Zettelwirtschaft, S. 351–364.
99 Vgl. MERSIOWSKY, Rechnungslegung, S. 79: „Gerade in den Anfängen spielte das orale Moment sicher eine große Rolle. Noch eine Mainzische Rechnung des Rheingauer Viztums 1317/1318 erwähnt eine Reihe vorausgegangenr Abrechnungen, die eindeutig schriftlos durchgeführt wurden: *Item Hohensteinere, qui in prima computacione de su principali pecunia expeditus fuit, 32 marcas pro expensis et dampnis per iuramentum declaratis*".

Ratsmitglied in der Lage war, die lateinischen, stark gekürzten Aufzeichnungen zu lesen und zu erläutern, ist dabei hoch einzuschätzen.

Einen Wandel erfuhr diese Situation, als sich 1340 in einer finanziellen Krise allmählich eine Veränderung der inneren Verfassungsverhältnisse ankündigte, die 1368 in die Zunftaufstände mündete.[100] Auslöser war eine Überschuldung der Stadt, die im Zuge der kostspieligen Heeresfolge für Ludwig den Bayern und der Aufstockung der städtischen Verteidigungsanlagen entstanden war.[101] Dieser Zustand führte zu einem Aufstand der nicht ratsfähigen Schichten des Bürgertums, die Einblick und Einfluss auf das Handeln des Rats verlangten. Den Räten oblag zu dieser Zeit noch die volle Verfügungsgewalt über die Finanzen. Ratsämter wurden innerhalb der Verwandtschaft weitergegeben, wobei die Zusammensetzung des Rates nur in unregelmäßigen Abständen erfolgte. Der Aufstand endete mit der Abfassung einer Urkunde, die Richtlinien einer jährlichen Ratswahl formulierte und die Verfügungsgewalt des kleinen Rats über die städtischen Finanzen auf einen Betrag von fünf Pfund Pfennigen beschränkte. Die Verausgabung höherer Beträge war der Urkunde zu Folge in Zukunft vom Einverständnis von *arm* und *rich* abhängig. Weiterhin wurde die jährliche Rechenschaft der städtischen Kämmerer der Begutachtung einer zwölfköpfigen Kommission unterstellt, die die Rechnungen nun auch *verhoren* sollten:

> *Darczu sol man wizzen: wer die sint die mit rat darzu genomen werdent das si diser stat stiur einemen sullent, diu sullen alliu jar diu selben stiur widerraiten zwelf erbern mannen die von dem clainen rat und von dem grozzen raut zu der raitung gegeben werdent, und der sullen sehs von dem clainen rat sin und sehs von der gemaind, das arm und rich innan werden und wizzen, wa ir stiur hin komen sy. Mer sol man wizzen: welhi darczu genomen werdent das si diser stat bumaister sullent sin, diu sullen auch alliu jar widerraitten der stat zins, ungelt und ander gult di sy denn ein genomen haund, und sullen diu raitung auch einnemen und verhoren sehs von dem clainen rat und sehs von der gemaind, das arm und rich auch wizzen, wa dasselb gut hin chumen sy.*[102]

---

100  Pius DIRR, Studien zur Geschichte der Augsburger Zunftverfassung, 1368–1548, In: Zeitschrift des Historischen Vereins für Schwaben 39 (1913), S. 144–243, hier: S. 156ff.
101  KALESSE, Bürger, S. 74; ZORN, Augsburg, S. 126; Blendinger, 700 Jahre Augsburger Stadtrecht, S. 87; Pius DIRR, Studien zur Geschichte der Augsburger Zunftverfassung, 1368–1548, In: Zeitschrift des Historischen Vereins für Schwaben 39 (1913), S. 144–243, hier: S. 156ff.
102  UBA I, Nr. 374 (23. Aug. 1340).

Es scheint vor diesem Hintergrund kein Zufall, dass uns die Rechnungen mit dem Wiedereinsetzen ihrer Überlieferung in deutscher Sprache entgegentreten. Statt ihrer vormaligen inhaltlichen Kürze wurden nun gerade die Aufzeichnungen der Ausgaben mit verhältnismäßig ausführlichen Erklärungen versehen, wobei man sich in der Kanzlei in der Regel um ein übersichtliches Layout bemühte. Es ist anzunehmen, dass in Augsburg nach den Ereignissen von 1340 eine jährliche Hauptabrechnung in einem Saal des Rathauses durchgeführt wurde, die das Ablesen der Rechnungsbücher vor der Prüfungskommission mit einer tatsächlichen Abrechnung auf einem Rechentisch verband.[103] Ein derartiges Vorgehen schildert die Koehlhoffsche Chronik im Zuge der Darstellung der Kölner Unruhen von 1481.[104] Auch hier forderten die Aufständischen die Teilnahme ihrer Vertreter an den jährlichen Gesamtabrechnungen.[105] Dazu wurde in der Ratskammer ein Tisch aufgestellt, auf den die Bücher gelegt und in chronologischer Reihenfolge *von partzele zu partzele* laut verlesen wurden. Die Ratsherren saßen dabei um den Tisch herum, auf dem die verlesene Rechnung vor ihren Augen *mit pfennigen gelegt* wurde.[106] Erst daraufhin wurden die städtischen Finanzbeamten entlastet. Es war nicht der Stadtschreiber, der dabei der Haftungspflicht unterstellt war. Bis ins 15. Jahrhundert betonten Schreiber immer wieder, dass sie lediglich für das Schreiben, nicht aber für das Rechnen verantwortlich wären.[107] Der Wandel des Erscheinungsbildes

---

103 Wolfgang Heß, Rechnung Legen auf Linien. Rechenbrett und Zahltisch in der Verwaltungspraxis in Spätmittelalter und Neuzeit, In: Maschke, Sydow (Hg.), Städtisches Haushalts- und Rechnungswesen, S. 69–82; StadtA Augsburg, BMB Nr. 14 (1400), fol. 66v.: *Item 18 lib dn umb stubladn, umb richprett [...]*.

104 Koehlhoffsche Chronik, DstChr. 14, S. 932f.: *Dernach auff guedestags des dritten tags octobris wart die rechenschafft in der rathskamer ahngehaben ihn beiwesen unser herren vom rath, der freund und der kleiner schickung von allen ampten und gaffelen, und daer wart mitten ihn die rathskammer ein tisch gestelt und darumb benk, und auf den tisch worden die buecher von dem jahr funfftzig ein, das wahr von dreißig jahren, hingelagt, und worden bei die rechenschafft gekoren Wernher von Litzkirchen, Johan von der Reven, Gerhardt von Reidt, Herman Joenge, Henrich Dringenberg, Johan von der Ehren, Adam van Conreschem und Johan von Kuerten, die giengen von stundahn darbei sitzen in die rathskamer umb den tisch her und heischen zu sich Henricum von Duitz, secretarium der stat Cöln, der ihnen die buecher las von partzele (zu partzele), von einem tag zu dem anderen, und Gerhardt von Reidt, der lachte die rechenschafft mit pfennigen.*

105 Ebd., S. 933: *und furderten auf den vurßtag von des raths wegen die darzu gekoren und gedeputiert wahren, mit bei der rechenschaft zu sitzen und guede underrichtung zu thuin.*

106 Die Etymologie des Fachterminus „Rechnungslegung" verweist auf dieses Verfahren.

107 Vgl. etwa die strenge Unterscheidung der Kassen- und Buchführung durch den Pegauer Stadtschreibers im Jahr 1455 bei Hubert Ermisch, Die sächsischen Stadtbücher des

der Rechnungsführung stand hier im Verhältnis zum Eindringen der Schrift in den Kanon zeitgenössischer Kontroll- und Rechtfertigungsinstrumente. Das schriftliche Gedächtnis und die Einführung schriftlich fixierter Richtlinien stellten dabei in Aussicht, die Details der Abrechnung nachzuvollziehen und auf der Grundlage schriftlicher Rechenschaft auch in einer spannungsreichen Situation zu einer ruhigen Klärung der Lage zu gelangen. Andererseits wird es aber auch der Kommission von 1340 nicht darum gegangen sein, die Finanzströme exakt zu erfassen. Eher wird man beabsichtigt haben, unverhältnismäßige Ausgaben zu vermeiden, nicht zuletzt indem ein Gefühl der Kontrolle erzeugt wurde. Dieses Gefühl der Kontrolle war mit dem Medium der Schrift verbunden. Die Schrift hatte sich hier im allgemeinen Bewusstsein von der Autorität der Herrschenden nicht nur gelöst. Vielmehr verkehrten sich die Verhältnisse. Legitimität und Legalität der Herrschenden wie auch das grundsätzliche Vertrauen untereinander gerieten in eine neue Abhängigkeit zum schriftlichen Gedächtnis der Stadt. Dem entspricht das eingangs zitierte Ergebnis Mersiowskys, dass der Überlieferungswandel der Rechnungslegung auch auf einer Abkehr des Vertrauens gegenüber oralen Traditionen gründete.[108]

Diese Tendenz scheint auch für die Entstehung und Überlieferung der anderen Formen kommunaler Buchführung im ersten Drittel des 14. Jahrhunderts entscheidend gewesen zu sein. Die Kommission von 1340 forderte auch Einsicht und Kontrolle in die Verwaltung der bürgerlichen Steuern. Die Steuermeisterrechnungen zeugen aber davon, dass bereits 1321 ein Steuerbuch angeschafft wurde.[109] Seit 1346 sind Steuerbücher in Augsburg seriell überliefert. In seiner Beschreibung der Stadt Ulm schrieb der Dominikaner Felix Fabri im 15. Jahrhundert den städtischen Steuerbüchern primär den Zweck der Rechenschaftsablegung zu: *Sunt etiam alii electi a consulatu civitatis thesaurarii, quos nominant ratiocinatores, quia recipiunt omnem pecuniam republicae et datiis sive stüris, teloneis, censibus, angariis et punitionibus provenientem, et de ea rationem reddunt magistro stürarum sive datiarum, ad cuius manum multa civitatis pecunia offertur, qui supra dictis rationem reddit; sicque grandis*

---

Mittelalters, In: Neues Archiv für Sächsische Geschichte H. 10 (1889), S. 83–143, hier: S. 94: „[...] zwar habe der Stadtschreiber *czu schribene alles daz die kammerere dacz jare obir haben yngenommen unde ufsgegeben*, sei aber nicht der Kassenführer, *sunder eyn statschriber der ist eyn anschriber unde eyn leser und nicht eyn innemer noch eyn usgeber*".

108 Vgl. S. 165.
109 Vgl. Anm. 13.

*cura et labor illis dominis incumbit tam in recipiendo quam in exponendo et singula conscribendo.*[110]

Entsprechend formulieren auch die Augsburger Steuermeistereide bewusst den Anspruch einer ordentlichen Schriftführung beim Steuerumgang: *Ir wert sweren, das ir der stat stiur [...] anzeschriben [...] und [...] trewlich einnempt nach der stat nutz und notdurft und auch wider uß gebt da es denn hingehöret.*[111]

Dass Schriftführung auch zu einer Erhöhung von Übersichtlichkeit und Effektivität führen konnte, ist unbestritten. Doch hebt Fabri nicht die Unübersichtlichkeit der Menge an Steuerzahlern in der keineswegs kleinen Stadt Ulm des 15. Jahrhunderts hervor, sondern betont das Bestreben, durch eine Erfassung der steuerpflichtigen Güter und Personen Schaden durch Betrug *(ne possit fraude respublica pati damnum)* vorzubeugen.[112] Auch in Augsburg haben sich entsprechende Spuren erhalten. Die Baumeisterbücher zeugen von der Teilnahme der Stadtschreibergehilfen an Rundgängen durch die Stadt. Dabei verlasen sie dem Waibel Namenlisten, etwa wenn es darum ging, Zinsen einzutreiben: *Item 30 sol dn den zwaien waibeln die da seten von der zins wegen uz den husern. Item 7 sol dn Hainrich schuler, der gieng mit in und laz in die namen und Hans Lauffel den schikt man ouch umb und umb.*[113] Dabei ging es darum, die Höhe des zu besteuernden Einkommens mit dem Mittel der Schrift zu beglaubigen. Diesem Verfahren wich das bislang vorherrschende mündliche Beschwören der Höhe des eigenen Besitzes, das im 14. Jahrhundert immer noch neben der schriftlichen Erfassung praktiziert wurde, bis es im 15. Jahrhundert immer weiter zurückwich. Die schriftlich erfolgte Vermögensfestsetzung bildete fortan die Grundlage des Steuersatzes für mehrere Jahre.[114] Dazu wurden Bürger vor die Steuermeister gerufen, um die Höhe ihres Besitzes anzugeben.[115] Wenn Bürger ihren Wohnsitz wechselten, wurde dies in den Steuerbüchern vermerkt.[116] Als der Rat im Jahr 1430 fürchtete, dass

---

110 Fabri, Tractatus, S. 131f.

111 StadtA Augsburg, Reichsstadt, Ratsbücher Nr. 277, fol. 4r.: *[...] darinne verswigen ze sein und nach pillichen sachen den räten underrayt alles triulich und on alles gefärd.*

112 Fabri, Tractatus, S. 132: *Hi thesaurarii suo tempore pedes vadunt per totam civitatem, conscribentes vicos cum domibus omnibus et cum familiis per domos et familiarum personas singulas, ut sciant, quam contributionem recepturi sint, et ne possit fraude respublica pati damnum.*

113 StadtA Augsburg, BMB Nr. 2 (1378), fol. 286v.

114 Vgl. Peter GEFFCKEN, Art. „Steuern", In: Augsburger Stadtlexikon, S. 854–857.

115 StadtA Augsburg, Reichsstadt, Ratsbücher Nr. 276, fol. 101v.: *Item Claus Walther sol all sein güt verstiuren und sol auch für die sturmaister komen und bereden was er güts habe.*

116 Chronik des Burkhard Zink, DStChr. 5, S. 141.

einige Bürger ihre Mithilfe an der Aushebung eines neuen Stadtgrabens mit der Begründung versagen würden, sie könnten aus Armut nicht auf ihre tägliche Arbeit verzichten, wurde beschlossen, dass sich diese vor die Steuermeister zu begeben hätten, wo sie nach einer Prüfung ihrer Vermögensverhältnisse im Steuerbuch erneut auf ihren Bürgereid verpflichtet werden sollten: *Uff morgen für den raut von des grabens wegen [...] ist der dreytzehen maynunge, das man wider anfach umbzesagen [...], das ain yeglichs, der ain aygen hus hab, graben sülle und umb die [...] die da sprächen, sy möchten des van armut wegen nit getün, das dieselben alle zü dem statschriber gangen, der sy in dem stuirpüch suchen und besehen sülle waz ir stuir seye und sy darnach uff ir geplopt treui ußrichten sülle.*[117]

Andererseits konnte ein Bedürfnis nach Kontrolle aber auch von Seiten der Bürger bestehen. Eine Urkunde der Stadt Alzey von 1471, in der der Stadtherr eine Gemeindeumlage zum Abbau von Schulden der Stadt bewilligte, hebt hervor, dass Steuerbeträge, die die Steuermeister beim Umgang sammelten, in der Gegenwart des Steuerpflichtigen in eine Büchse geworfen werden mussten, die mit zwei Schlössern verschlossen war. Einen Schlüssel besaß der Rat, den anderen die Gemeinde.[118] In ähnlicher Form überliefert dies eine Bestimmung, die das Einnehmen des Straßburger Kaufhausbeamten betrifft.[119] Die Einträge der Vermögenswerte im Steuerbuch müssen vor diesem Hintergrund auch als schriftlicher Beleg für die Bürger betrachtet werden. Die Erstellung der Steuerbücher, Steuermeisterrechnungen und

---

117  StadtA Augsburg, Reichsstadt, Ratsbücher Nr. 276, fol. 7r.

118  Franz Joseph MOHNE, Finanzwesen vom 13. bis 16. Jahrhundert in der Schweiz, Baden, Bayern, Hessen und Rheinpreußen, In: Zeitschrift f. Geschichte des Oberrheins 8 (1857), S. 406–423, hier: S. 406ff.: *Item darzu sollent vom rate und von der gemeynde zween geordent werden, solch gelt zu enpfahen, die selben sollent globen und sweren, getrulich damit umb zu geen und alle male in angesicht der ihener, das gelt geben, in ein buchß werfen und nirgent anders. Item zu derselben buchsen sollent sin zween slussel, der soll der rate einen und die gemeynde den andern haben. [...] Item es sollent auch vier usser der gemeynde, itzunt und hinfur furter alle iare darzu gegeben werden, die by allen innemmen und ußgeben der stat Altzey sin rechenung helfen verhoren, uff das sie mogen wissen, wie es damit gehalten und umbgegangen werde.*

119  Zitiert nach: SCHÖNBERG, Die Technik des Finanzhaushaltes, S. 197: *Er sol ouch alles das gelt und gut, das von dem koufhouse gevellet, getruwelich besorgen, behüten und behalten und sol ouch das selbe gelt nirgent anderswo entpfohen, danne uff der kisten, die in dem koufhouse stet, do es in gehort, und wenn er ouch pfennige von jemanne entpfohet, so soll er sü zu stunt in die vorgenannte Kiste strichen in angesicht der Person, die gelt gont, und sol ouch von demselben gute nit lehen yme selber noch niemanne anders, by sime eyde ohne alle geverde.*

Baumeisterrechnungen resultierte aus einer Rechtfertigungspflicht von Amtsinhabern, die ihr Amt nach einer Amtsperiode abgaben.

Am Ende ihrer Studie zur Geschichte des Bürgerbuchs resümierte Claudia Kalesse, dass das Bürgerbuch „hauptsächlich zur Absicherung der Stadt in Schadens- und Zweifelsfällen geführt wurde".[120] Hier ging es darum, die Namen von Bürgen, die für neu aufgenommene Bürger haften konnten, festzuhalten und die Gruppe der Pfahlbürger schriftlich zu erfassen, die bei einem Steuerumgang nur schwer greifbar waren.[121] Auch andere kommunale Bücher wurden dann gesichtet, wenn man im Rahmen von Konflikten Aufschluss über vergangenes Rechtshandeln erlangen wollte.[122]

Unter der Signatur Reichsstadt, Selekt »Schätze« Nr. 138 hat sich ein 1322 angelegtes Zechpflegbuch der Dompfarrei erhalten. Pfarrzechen dienten dazu, Vermögen, das an die Pfarrei gestiftet wurde und daraus entstehende Erträge treuhänderisch vor dem direkten Zugriff des Klerus einer Pfarrei zu schützen. Wie auch andere Pfarrzechen war die Dompfarrzeche im ausgehenden 13. Jahrhundert entstanden.[123] Im Zechpflegbuch wurden Einnahmen und Ausgaben verzeichnet, die dieses Vermögen erbrachte.[124] Die regelmäßige Errechnung der Einnahmen und Ausgaben der Zechen wurde dabei nicht nur zur Kontrolle des Pfründeninhabers eingeführt. Im Kontext der Entstehung anderer Kanzleibücher zu jener Zeit zeugt auch das Zechpflegbuch von einer neuen Tendenz, das Handeln von Amtsträgern durch Schrift zu belegen. Das erhaltene Zechpflegbuch entstand im Zuge einer Errechnung des Gesamtbesitzes der Zeche im Jahr 1322: *Do man zalt von Christes geburte dritzenhundert iar und in dem zwai unde zwanzigosten iar, do wurden gewerchet*

---

120 KALESSE, Bürger, S. 249.
121 KALESSE, Bürger, S. 249: „Auch die Neubürger, die das Pfalbürgerrecht genossen, sind im Augsburger Bürgerbuch relativ genau dokumentiert. Diese Bürgerrechtsgruppe musste nicht nur wegen des höheren rechtlichen Risikos, das die Stadt bei der Aufnahme dieser eigentlich verbotenen Ausbürger einging, genau festgehalten werden, sondern auch wegen der Schwierigkeiten der Erfassung dieser beim Steuerumgang".
122 Vgl. StadtA Augsburg, Reichsstadt, Ratsbücher Nr. 276, fol. 86v.: *Item von des händels wegen zwischen dem Frikinger und dem Greymolt wilman verhören die alltten purgermaister als von des verkauffens wegen des huses und och daz gerichtspůch von dez rechtens wegen wie der Frikinger darein komen sey und zü welher zyt.*
123 KIEßLING, Bürgerliche Gesellschaft, S. 102–107; SCHNEIDER, Art. „Dompfarrei", In: Augsburger Stadtlexikon, S. 361.
124 Vgl. etwa StadtA Augsburg, Reichsstadt, Selekt »Schätze« Nr. 138, fol. 1r.: *Item Walther der Lutschrunz tohterman git ålliu iar uf sant Michels tag aht tag vor oder aht tag nach syben schilling pfennig von ainem hus und garten diu gelegen sint vor pfaefflinz tor.*

*und geraitet der zech geltentz gute.*[125] Die Zechpfleger wurden aus dem Kreis des städtischen Rats gestellt. Aus dem Jahr 1402 hat sich eine urkundliche Bestätigung der Übergabe des Archivs der Zeche durch den Zechpfleger von St. Ulrich erhalten.[126] Der zunächst in repräsentativer Textualis begonnene, rubrizierte und mit roten Intialen versehene Text des Verzeichnisses bricht nach einigen Blättern ab, denen leere, aber bereits linierte Blätter folgen. Sie weichen Eintragungen einer kursiven Kanzleischrift, die dazu überging, in das Buch Aufgaben der Zechpfleger, deren Löhne oder die Zeche betreffende Beschlüsse der Bürger zu verzeichnen. Dies spricht dafür, dass bei der Anlage mehr ein grundsätzliches Bedürfnis nach einer schriftlichen Referenz von herrschenden Ausprägungsformen des Regierungshandelns wirksam war als der pragmatische Bedarf.

Auch im Achtbuch haben sich Spuren der nachträglichen Sichtung des Codex, wie Randglossen oder Streichungen von Einzelnamen, erhalten.[127] Diese erfolgten jedoch „nur, wenn an der urspünglichen Sanktion nachträglich Veränderungen vorgenommen wurden, die stets auf Betreiben des Betroffenen erfolgten: Er erreichte die Aufhebung des Stadtverweises und damit eine Art ‚Anspruch' auf Tilgung des Eintrags im Achtbuch. Dieses diente also nicht dazu, um im Rahmen verwaltungstechnischen Handelns regelmäßig die Laufzeit von Verbannungsurteilen zu überprüfen".[128] Wie bereits eingangs dargestellt, war auch das Achtbuch den inhaltlichen Verwendungsspuren zu Folge ein Erzeugnis gewandelter Ordnungsvorstellungen, das in Gestalt der Schriftlichkeit seinen Ausdruck fand und zur Legitimation von Regierungshandlungen diente.[129] Nicht nur innerhalb des politisch hierarchischen Gefüges der Stadt wurde das geschriebene Wort zum verbindenden, strukturierenden und legitimierenden Element. Auch zwischen der Stadt und dem politischen Gefüge des Reiches sind ähnliche Tendenzen des Wandels zu einer neuen Bedeutung der Schrift für die Kennzeichnung von Zusammenhalt und die Abstufungen im Hierarchiegefüge sichtbar. Dem entsprach, dass auch die Könige bewusst Eintragungen in diese Bücher vornehmen ließen. Nachweislich haben gerade Ludwig der Bayer und Karl IV. im Achtbuch der

---

125 StadtA Augsburg, Reichsstadt, Selekt »Schätze« Nr. 138, fol. 1r.
126 StadtA Augsburg, EWA-Urkunden, Nr. 130.
127 Vgl. SCHMIDT-GROTZ, Achtbuch, Bd. 1, S. 288ff.
128 Ebd., S. 291 u. S. 304.
129 Eine weiterführende Analyse dieser Funktion des Augsburger Achtbuchs erfolgt in Kap. II.2.

Stadt Augsburg in der Reichsacht befindliche Personen eintragen lassen.[130] Auch sind Austragungen bezeugt, die auf Wunsch des Kaisers vorgenommen wurden.[131] Im Jahr 1344 übertrug Ludwig der Bayer den Augsburger Bürgern das Recht, „diejenigen, die sie an Gut oder Leben mit Brand, Raub oder sonstwie schädigen, [...] als schändliche Leute zu verurteilen [...] und beauftragt die Bürger, diese Rechtsetzung in ihr Stadtbuch zu schreiben, einzuhaken und in allen Einzelheiten zu nutzen".[132]

Das persönliche Vertrauen wich in fortschreitendem Maße der schriftlichen Nachweispflicht. Nachdem der Verschriftlichungsprozess die Stadt aus dem Milieu der Herrschenden erreicht hatte, hielt seine Macht nun weiter Einzug in die interne Lebensgestaltung der Bürgerverbände. Feststellbar wurde eine generelle Verlagerung des Bewusstseins für die Gültigkeit von zwischenmenschlichen Aussagen weiter weg von der persönlichen Kompetenz des Menschen hin zur Wahrnehmung einer eigenständigen Kompetenz des geschriebenen Wortes, die in der Augsburger Kanzlei des zweiten Drittels des 14. Jahrhunderts die Entstehung der buchförmigen Überlieferung maßgeblich beförderte. Die Autorität städtischer Eliten geriet immer stärker in ein Abhängigkeitsverhältnis zur Schrift.[133] Dass man sich gegenseitig Rechenschaft abverlangte, war in dem kleinen Kreis städtischer Eliten um Heinrich

---

130   SCHMIDT-GROTZ, Achtbuch, Bd. 2, Nr. 708, 82a (2)–82d, (24. Feb. 1361), S. 252: *In dem vorgenanten iare Mathie apostuli haben wir die nachgeschriben schedlichen luete von unsers herren kaiser Karls heizzen wegen in ditz vnser åht půch heizzen geschriben wann si in dez keisers in dez reichs åht und in dez reichs stet aeht getan und gekündet sint.* Es folgt eine Liste mit über 200 Namen.

131   StadtA Augsburg, Reichsstadt, Ratsbücher Nr. 276, fol. 62v. Auf Bitten des Kaisers werden verschiedene Leute aus dem Gefängnis entlassen, andere von der Acht befreit.

132   RI VIII, H. 5, Nr. 301. Vgl. UBA I, Nr. 402 (20. April 1344). Die Abschrift der Urkunde Ludwigs des Bayern findet sich auf fol. 47r. im Stadtrechtsbuch.

133   VON LÖHER, Archiv, S. 303: „Bereits am Ende der Salierzeit besitzt jede Gemeinde einen Schrein voll pergamentener Blätter, Langstreifen, Rollen und Hefte, die Schreinskarten hießen, auf denen eingetragen wurde, was sich im Besitze von Häusern und Gärten in der Gemeinde änderte. Noch einige Zeit später versammelte man all diese Bücher auf dem Rathause und übertrug dem Rath oder bestimmten städtischen Beamten ihre Fortführung. Im dreizehnten oder vierzehnten Jahrhundert verbreitete sich diese Einrichtung über die meisten deutschen Städte [...] Jedoch dauerte es noch einige Zeit, bis dem Grundbuch förmliche Beweiskraft eingeräumt wurde. Denn so leicht ließ sich das alte Herkommen nicht beseitigen, dass der Werth des Urkundlichen hauptsächlich in Beschreibung des Rechtsgeschäftes und in Namhaftmachung der Zeugen bestehe. Die Grundbuchbeamten hatten, gleichsam als Notare, die dafür bestellt waren, persönlich zu bezeugen, dass ihr Eintrag in das Buch sich auf eine rechtmäßige Verhandlung stütze".

Schongauer, unter denen das Stadtsiegel regelmäßig zirkulierte, noch nicht ohne weiteres vorstellbar. Zwei Generationen später hatte sich dieser Zustand deutlich gewandelt. Ausgehend von den höchsten Kreisen nahm ein Bedürfnis nach Sicherheit durch schriftliche Sicherung von Rechtsgeschäften Einzug in die städtische Gesellschaft. Im beginnenden 14. Jahrhundert waren die Regierungsgeschäfte des Rates bereits davon erfasst worden. Schließlich wandelte sich der Zugang zur kommunalen Buchführung von Seiten der Bürger. Während die ersten Formen der städtischen Bücher eine hierarchisch abwärts gerichtete Nutzungsrichtung hatten, wird mit den Leibgedingbüchern und den Zinslehenbüchern auch eine Funktion der städtischen Bücher als öffentlich-rechtlicher Garant für bürgerliche Geschäfte sichtbar. Schriftlichkeit stand mit der städtischen Herrschaftsausübung durchaus in einem konstitutiven Verhältnis. Doch ging es dabei weniger um Effektivität als um Legitimität. Die Zuordnung von Amtsbüchern zu verschiedenen Verwaltungsbereichen wird obsolet, wenn es um das zeitgenössische Verständnis der Buchführung geht. Die Differenzierung der Überlieferung kommunaler Amtsbücher im beginnenden 14. Jahrhundert ist nicht auf das Bestreben der Eliten nach einem Ausbau effektiver Kontrollmöglichkeiten über neue Teilbereiche des städtischen Rechtslebens zurückzuführen. Vielmehr drang die Verschriftlichung zunehmend in diejenigen Bereiche vor, in denen politische Autorität ausgeübt wurde. Dabei kann den Schriftstücken ihre Wirksamkeit nicht abgesprochen werden. Doch entfaltete sie sich nicht vor dem Hintergrund modernen Verwaltungsdenkens, sondern entsprang einer zunehmenden Abhängigkeit politischer Legitimation von ihrer Verschriftlichung.

1.4 *Nördlingen: Metropole und Kleinstadt im Vergleich*
Neben Augsburg erreichten die Kräfte des Verschriftlichungsprozesses auch andere Metropolen, was zu durchaus vergleichbaren Objektivierungen im Bereich der kommunalen Buchführung führte.[134] Der Vergleich zu den Ergebnissen, die Ernst Pitz am Beispiel der Städte Nürnberg, Köln und Lübeck gewann, erzeugt dabei das Bild einer konstanten Entwicklung der deutschen Stadt. Ein Vergleich der Entwicklungen kommunaler Buchführung in einer deutschen Metropole mit einer verfassungshistorisch ähnlich entwickelten, aber deutlich kleineren Stadt ist hingegen noch nie angestellt worden. Im Schnittpunkt des Einflussbereichs der Metropolen Augsburg und Nürnberg lag die Stadt Nördlingen. Die Nördlinger Überlieferung gilt als einer der vollständigsten

---

134 Vgl. PITZ, Aktenwesen.

Archivbestände Oberdeutschlands, so dass hier Vergleichsparameter von hoher Zuverlässigkeit gegeben sind.

Während des Spätmittelalters befand sich Nördlingen gegenüber den größeren Nachbarstädten Augsburg und Nürnberg in einer „untergeordneten Position", auch wenn es sich im 14. und 15. Jahrhundert zu einem „gewissen Vorort" entwickelte.[135] Gegenüber anderen benachbarten Kleinstädten wie Bopfingen, Dinkelsbühl oder Weißenburg hatte Nördlingen hingegen eine traditionelle Vorrangstellung inne, die sich bereits in der Stauferzeit in der Höhe der Steuerabgaben spiegelt.[136] Nördlingen, das sich aus einem karolingischen Königshof entwickelt hatte, stand seit jeher in einem engen Kontakt zum römischen Königtum.[137] Nachdem die Stadt kurzfristig in die Hand des Bischofs von Regensburg gelangt war, brachte sie Friedrich II. 1215 wieder in die Hände des römischen Königtums. In der Übertragungsurkunde wird Nördlingen noch als Dorf (villa) bezeichnet.[138] Als sein Sohn Konrad IV. Nördlingen dann 1250 an seinen Onkel Ludwig den Strengen verpfändete, waren die Nördlinger Eliten, wie auch in Augsburg, bereits am Wirtschaftsaufschwung erstarkt, was an der Durchführung der ersten Messe 1219, dem Bau eines Spitals um 1233 und den ersten Zeugnissen eines bürgerlichen Rates in den Jahren 1247/1250 sichtbar wird.[139] Im Jahr 1250 urkundeten die Bürger erstmals mit einem eigenen Siegel. Dieses Siegel zeigt einen Adler.[140] Das Motiv spiegelt die städtische Identifikation mit dem Königtum. Während des Interregnums erhoben sowohl Ludwig der Strenge als auch der benachbarte Graf von Oettingen Anspruch auf die Stadt. Doch brachte schließlich auch den Nördlingern eine Hinwendung

---

135 KIEßLING, Die Stadt und ihr Land, S. 24.
136 KIEßLING, Die Stadt und ihr Land, S. 32: „Schon die Verpfändung von 1250, in der Nördlinger Einkünfte von 500 Mark Silber jährlich dem Grafen Ludwig III. von Oettingen zugesprochen wurden, legt diesen Schluss ebenso nahe wie die vergleichsweise beträchtliche Reichssteuersumme für Nördlingen von 100 Mark im Jahre 1241". Vgl. MGH Const. 2, S. 3f.: *Item Dinckelspuel XL mr. Item Wizenburc XL mr. Item cives de Nordelingen C mr. pro enormitate commissa. Item Bophingen L mr. Cives de Memmingen LXX mr.* Augsburg war in jenem Jahr von der Reichssteuer befreit: *Item Augusta nichil, quia conbusta est. Et iudei ibidem nichil, quia conbusti sunt.*
137 Dietmar Henning VOGES, Die Reichsstadt Nördlingen. Zwölf Kapitel aus ihrer Geschichte, München 1988, S. 12: „898 ist die *curtis, que dicitur Nordlingia*, der Königshof Nördlingen, aus der Hand der Karolinger an den Bischof von Regensburg gekommen".
138 Druck bei VOGES, Reichsstadt Nördlingen, S. 12f.
139 Gustav WULZ, Gustav Adolf OETTINGEN, Nördlingen. Porträt einer Stadt, Oettingen 1965, S. 14.
140 WULZ, OETTINGEN, Nördlingen, S. 14.

zum römischen Königtum Privilegien, die die Verteidigung der Unabhängigkeit gegenüber diesen Territorialherren stützten und Nördlingen wieder eng an das römische Königtum banden. Im Jahr 1323 gelang es der Kommune erstmals, das Amt des Ammans, das von den römischen Königen immer wieder an den Grafen von Oettingen verpfändet worden war, gegen eine Zahlung von 100 Pfund Heller für sich zu gewinnen.[141] Auch für Nördlingen lässt sich während der Regierungszeit Ludwigs des Bayern Italienkontakt und ein Aufschwung der Wirtschaftskraft nachweisen, der langfristig zu einer Etablierung der Messe führte.[142] Nördlingen wurde damit im 14. Jahrhundert „von der Messestadt zum regionalen Wirtschaftszentrum".[143] Damit liegen Entwicklungsstrukturen vor, die denen in Augsburg in vielerlei Hinsicht ähneln. Größenunterschiede zu Augsburg lassen sich in dieser Zeit in etwa anhand eines Vergleichs der schriftlich erfassten Steuerzahler in beiden Städten abschätzen. Während die Augsburger Steuerbücher 1346 2750 und 1408 2.957 Personensteuerkonten aufweisen, nennen die Nördlinger Steuerbücher 1404 1.294 Steuerzahler.[144] Bei einem Faktor von 3 lebten in Nördlingen am Ende des 14. Jahrhunderts 3.882 Einwohner, während in Augsburg 1346 8.250 Einwohner lebten.[145] Der Bestand der städtischen Amtsbuchserien erreichte in Nördlingen ein deutlich geringeres Ausmaß, als in der Augsburger Kanzlei.

---

141  VOGES, Reichsstadt Nördlingen, S. 17.
142  Aloys SCHULTE, Geschichte des mittelalterlichen Handels und Verkehrs zwischen Westdeutschland und Italien mit Ausschluß Venedigs, Bd. I, Leipzig 1900, S. 299: „Die früheste Nachricht ist die Aufenthaltsgenehmigung Ludwigs des Bayern von 1322 für zwei Florentiner Kaufleute in Nördlingen. [...] Seit der Mitte des 14. Jahrhunderts wurden sehr stabile Beziehungen zur Frankfurter Messe aufgebaut, dazu über Köln nach Brabant und Antwerpen. Demgegenüber blieb der Osthandel zurück, wenn auch Nördlinger Kaufleute in Linz, Leipzig und Polen auftauchten. [...] Neben dem selbständigen Fernhandel der Nördlinger Kaufleute muss jedoch auch berücksichtigt werden, dass die Einbindung in das europäische Fernhandelsnetz auch in indirekter Weise erfolgte. So spielte die Verflechtung mit Nürnberg eine wichtige Rolle, die Rudolf Endres vor allem im Metall-, Textil-, und Wollhandel herausgearbeitet hat". Vgl. auch: Rudolf ENDRES, Die Nürnberg-Nördlinger-Wirtschaftsbeziehungen im Mittelalter bis zur Schlacht von Nördlingen. Ihre rechtlich-politischen Voraussetzungen und ihre tatsächlichen Auswirkungen, Neustadt an der Aisch 1964, S. 122–204.
143  KIESSLING, Die Stadt und ihr Land, S. 162.
144  KIESSLING, Die Stadt und ihr Land, S. 715.
145  Ingrid BATORI, Ratsräson und Bürgersinn: Zur Führungsschicht der Reichsstadt Nördlingen im 15. und 16. Jahrhundert, In: Essays in Honor of Thomas A. Brady Jr., Leiden 2007. Einwohnerzahlen lassen sich auf dieser Grundlage nur ungefähr schätzen. Bei Annahme einer Haushaltsgröße von etwa 4 Personen ging Ingrid Batori für das Jahr 1404 von etwa 6.000–8.000 Einwohnern aus.

TAB. 3    *Überlieferung kommunaler Amtsbücher im Stadtarchiv Nördlingen*

| 13. Jahrhundert | 14. Jahrhundert (jeweils frühester Band) | 15. Jahrhundert (jeweils frühester Band) |
| --- | --- | --- |
| ab 1290 Stadtrecht A[146] (Handschrift mit gemischtem Inhalt) | Ab 1348 Stadtrecht B und Stadtrecht C[147] | ab 1404 Steuerverzeichnis[148] |
| | ab 1385 Bürgerverzeichnis[149] | ab 1412 Leibgedingbuch[150] |
| | ab 1390 Pfandbuch[151] | ab 1423 Ordnungsbuch I[152] |
| | ab 1399 Rechnungsbuch[153] | ab 1423 Zollbuch des Stadtschreibers Konrad Horn[154] |
| | | ab 1439 Tumultordnung[155] |
| | | ab 1470 Amtleutebücher[156] |
| | | ab 1480 Ordnungs- und Eidbücher[157] |
| | | ab 1491 Ratsprotokolle[158] |

Bis in die Mitte des 14. Jahrhunderts blieb das erste Stadtrechtsbuch als einziges buchförmiges Schriftgut in Nördlingen ausreichend. Die Handschrift vereinigte Stadtrechts- und Amtsbuchfunktion. Bereits der Vergleich von

---

146   StadtA Nördlingen, R 2 F 2, Nr. 13; Teiledition des Codex bei Karl Otto MÜLLER, Die Nördlinger Stadtrechte des Mittelalters, München 1933.
147   StadtA Nördlingen, R 2 F 2, Nr. 14 u. R 2 F 2, Nr. 15; Teiledition bei MÜLLER, Die Nördlinger Stadtrechte.
148   StadtA Nördlingen, Steuerverzeichnis (1404).
149   StadtA Nördlingen, Bürgerverzeichnis (1385–1388).
150   Stadt A Nördlingen, Leibgedingbuch (1412).
151   Stadt A Nördlingen, R 1 F 1, Nr. 1.
152   StadtA Nördlingen, R 2 F 2, Nr. 16.
153   Stadt A Nördlingen, Rechnungsbuch (1399).
154   StadtA Nördlingen, R 2 F 2, Nr. 2; Edition bei MÜLLER, Die Nördlinger Stadtrechte, S. 101ff.
155   StadtA Nördlingen, R 37 F 4.
156   Stadt A Nördlingen, R 2 F 7, Nr. 1.
157   Stadt A Nördlingen, R 2 F 2, Nr. 19.
158   Stadt A Nördlingen, Ratsprotokolle (ab 1491).

Format und Gestaltung dieser Handschrift mit dem etwa 14 Jahre vorher entstandenen Augsburger Stadtrechtsbuch zeigt erhebliche Unterschiede.[159] Das Nördlinger Stadtrecht ist in einem mit rotem Leder überzogenen Holzdeckeleinband erhalten, dessen Buchschließen verloren sind. Die schmucklose Nördlinger Handschrift umfasst insgesamt 43 Pergamentblätter von mäßiger Qualität im Quartformat (18*14 cm).[160] Das Augsburger Stadtrecht umfasst 167 Pergamentblätter im Folioformat (34*24 cm).[161] Der durchweg von einer Hand in gotischer Textualis geschriebene Text des Stadtrechts A endet in Nördlingen auf Folio 14v. und umfasst 15, jeweils mit einer schlicht ausgeführten roten Initiale ausgestattete Artikel. Der Text des Augsburger Stadtrechts füllt die Blätter 7 bis 122r. und umfasst in der Urfassung 183 Artikel, die mit roten und blauen, sorgfältig ausgeführten Initialen beginnen.[162] Der Text wurde an mehreren Stellen mit kunstvollen Zierinitialen versehen. Inhaltlich zeugt das Augsburger Stadtrechtsbuch vom kulturellen Reichtum einer traditionsreichen Stadt, während sich die wenigen, einfach gestalteten Artikel des Nördlinger Stadtrechts in knappen Formulierungen vor allem auf die Regelung des Markt- und Gerichtsrechtes konzentrieren. Die bereits auf dieser Ebene des Vergleichs deutlich sichtbaren Unterschiede sind nicht nur auf die höhere Einwohnerzahl oder den größeren Umfang des ummauerten Bereichs der Stadt Augsburg zurückzuführen, sondern vor allem auf Unterschiede in der kulturellen Zentralität und Tradition beider Städte. Ein Stadtrechtsbuch von Nördlinger Qualität hätte Bischof Hartmann sicher nicht akzeptiert, während ein Stadtrechtsbuch von Augsburger Qualität im Nördlingen des 13. Jahrhunderts nicht hätte entstehen können.

Auf den nach dem Stadtrecht folgenden Blättern enthält der Nördlinger Codex nun in oft flüchtiger gotischer Kursive ausgeführte Aufzeichnungen des 14. Jahrhunderts über städtische Leibgedinge, Gülten, Stadtverweisungen, Strafhandlungen, Urfehden, Abgaben, Verleihungen und auch einen Ratsbeschluss. Diese wurden von Karl Otto Müller nicht vollständig ediert, was die Einsicht des Originals erforderlich machte.

---

159   Vgl. Kap. II.2.
160   Vgl. MÜLLER, Nördlinger Stadtrechte, S. 1f.: „Ursprünglich handelte es sich um 6 Lagen, wovon die ersten 3 je 6, die weiteren 2 Lagen je 3, die letzte, schon früher herausgeschnittene Lage 2 Doppelblätter enthielten". Die alte Bezifferung der Blätter mit römischen Zahlen geht von Fol. I–LXIII (nicht wie bei Müller irrtümlich bis XXXIII).
161   StA Augsburg, Reichsstadt Augsburg Lit. 32.
162   MEYER, Stadtrecht, S. XXIII.

TAB. 4   *Inhaltliche Struktur des ersten Nördlinger Amtsbuchs (Stadtrecht A)*

| | |
|---|---|
| Fol. 2v–17r. | Stadtrecht A[163] |
| Fol. 17r–18v. | 4 Statuten des Stadtrates |
| Fol. 19r. | leer |
| Fol. 19v.–20r. | Ratsbeschluss |
| Fol. 20v. | Achtbeschluss |
| Fol. 21r. | leer |
| Fol. 21v.–28v. | 77 Einträge über Leibgedingsverpflichtungen der Stadt (ca.1350 bis 1386)[164] |
| Fol. 29r.–30v. | 8 Einträge über abzulösende Zinszahlungen (ab 1380) |
| Fol. 31r.–35r. | 21 Eintragungen über Leibgedingsvergaben der Stadt (2. Hälfte 14. Jh) |
| Fol. 35v. | 11 Namen von Leibgedingsempfängern (2. Hälfte 14. Jh) |
| Fol. 36r.–41r. | 78 Einträge (Zahlungen, Verleihungen, Zinslehen) (2. Hälfte 14. Jh) |
| Fol. 41v. | 3 Stadtverweise (2. Hälfte 14. Jh) |
| Fol. 42r. | 3 Ratsbeschlüsse (2. Hälfte 14. Jh) |
| Fol. 42v.–43v. | 30 Stadtverweise, Urfehde (1317 bis 1337) |

Die meisten Einträge stammen aus dem Zeitraum der zweiten Hälfte des 14. Jahrhunderts. Neben 195 Eintragungen, die im Kontext von güterrechtlichen Angelegenheiten (Leibgedingvergaben, Zinszahlungen und Verleihungen) entstanden, stehen 34 Einträge mit strafrechtlichem Bezug (Stadtverweise, Achtbeschluss) und die schriftliche Dokumentation von vier Ratsbeschlüssen. Die Gesamtzahl von 233 zum großen Teil kurzen einzeiligen Amtsbucheintragungen

---

163   Folio 17r. enthält lediglich noch die Überschrift und die Linierung für einen nicht eingetragenen Stadtrechtsartikel. Inmitten auf der ansonsten leeren Seite findet sich der Eintrag: *Item wir selln gebn den priestern alle iar uff Michaelis 11 sol dn an weingelt von der schůle.*

164   Die Eintragungen reichen zeitlich bis 1386. Der Zeitpunkt des Beginns der Eintragungen ist meiner Ansicht nach zweifelhaft. Müller datiert ihn auf die Mitte des 14. Jh. Ein Vergleich der Schreiberhände mit den Achteintragungen von 1319 legt einen früheren Beginn der Eintragungen nahe.

im Zeitraum von 69 Jahren deutet auf einen geringen Umfang der kommunalen Amtsbuchführung hin. Im quantitativen Durchschnitt handelt es sich um 3,3 Eintragungen pro Jahr für den Zeitraum von 1317 bis 1386. Das erste Bürgerregister, dass die Jahre 1385 bis 1388 umfasst, verzeichnet insgesamt 86 Neubürgeraufnahmen, davon 22 im Jahr 1385, zehn im Jahr 1386, 53 im Jahr 1387 und eine für das Jahr 1388. Selbst im Jahr 1387, in dem die meisten Eintragungen vorgenommen wurden, handelt es sich im Durchschnitt um einen Eintrag pro Woche. Wie in Augsburg ging die Aufzeichnung des Stadtrechts zusammen mit einer strafrechtlichen Buchführung der wirtschaftlich orientierten Buchführung zeitlich voran. In kleineren Städten wie Nördlingen wurden keine eigenen Kämmererämter geschaffen. Die Abrechnung wird durch Bürgermeister oder Stadtschreiber weiterhin mündlich erfolgt sein.[165]

Ingesamt zeigt sich, dass die gefühlte Notwendigkeit der Verschriftlichung von Stadtverweisen, Ratsbeschlüssen und langfristigen finanziellen güter-, besitz- und finanzrechtlichen Angelegenheiten auch eine Kleinstadt von der Größe eines heutigen Dorfes erreichte. Diese war aber auf Grund eines sehr engen persönlichen Verhältnisses der zahlenmäßig kleineren Gemeinschaft, dem stärkeren Drang zur Traditionspflege und einer deutlich geringeren Heterogenität nahezu überflüssig. In Nördlingen zeigt sich ein äußerst pragmatischer Umgang des Stadtschreibers mit den neuen Gepflogenheiten des Verschriftlichungsprozesses. Die wenigen und mit geringer Sorgfalt ausgeführten Aufzeichnungen im Nördlinger Stadtbuch des 14. Jahrhunderts hatten dabei keinerlei Steigerung der Effektivität oder Kontrolle zur Folge. Die Zustände wandelten sich im endenden 14. Jahrhundert, als die Nördlinger Messe expandierte und ihre Buchführung an den Ordnungsbedürfnissen eines deutlich erweiterten internationalen Handelsraumes messen lassen musste. Die ab diesem Zeitpunkt in ihrer Anzahl erhöhten und deutlich sorgfältiger geführten Kanzleibücher enthalten nun etwa auch Leibgedingsvereinbarungen mit Kaufleuten aus entfernteren Städten wie Speyer. Diese Befunde bestätigen erneut, dass die entscheidenden Antriebskräfte des kommunalen Verschriftlichungsprozesses weniger in der Auflösung von Unterschieden technischer Fertigkeiten und erkannter Nutzungsmöglichkeiten als vielmehr in der Übertragung kollektiver Denkmuster in Form von Erwartungen und Verbindlichkeiten wirkten.

---

165  Vgl. dazu unten: Kap. III.3.

## 2 Das Rote Buch

*Nobiles etiam sigilla sua cum optimatibus civitatum litteris appendunt, ut videtur in antiquis et modernis litteris, quod facere recusarent cum zunftali communi et mechanico. Sunt autem plures zunftales nobiliores multis optimatibus.*

(FELIX FABRI, *Tractatus de civitate ulmensi*)[166]

Im folgenden Kapitel soll die Bedeutungsgeschichte des kommunalen Schriftgedächtnisses der Stadt Augsburg im Verlauf der eingangs dargestellten Ereignisse weiter verfolgt werden. Nach den Unruhen des Jahres 1340 kam es 1368 zu einem bewaffneten Konflikt, in dessen Zuge die Aufständischen die Übergabe des Stadtbuchs, des Stadtsiegels und der Schlüssel zum städtischen Privilegienarchiv forderten. Dabei ging es zunächst nicht darum, das Stadtbuch und die Privilegien zu lesen. Vielmehr handelte es sich um einen symbolischen Akt der Übergabe von Herrschaftsinsignien und Macht in einem Moment der Unsicherheit und Neuausrichtung des innerstädtischen Ordnungsgefüges.[167] Zu diesen Insignien gehörte 1368 das Rechtsbuch der Stadt, das man seit seiner Entstehung im Kreise des Rates bereits über drei Generationen hinweg bewahrt hatte.

Die einzige bildliche Darstellung dieses Schlüsselmoments der spätmittelalterlichen Stadtgeschichte stammt aus dem 16. Jahrhundert. Eine Buchmalerei Jörg Breus zeigt das Augsburger Stadtrechtsbuch auf einem Kissen neben Schlüsseln und Siegeln bei der Übergabe an die aufständischen Zünfte als rot gebundene Handschrift (Abb. 6). Ob diese Darstellung der Realität entsprach, ist nicht mehr eindeutig nachvollziehbar. Der mittelalterliche Einband wurde 1742 ob seines schlechten Zustands durch einen neuen Einband aus weißem

---

166 Fabri, Tractatus, S. 72.
167 Vgl. Heiner LÜCK, Art. „Insignien", In: HRG 2, Tl 2, Sp. 1255–1256: „Das Wort geht auf lat. *insigne*, eine Variante zu lat. *signum* (Zeichen, Abzeichen, Kennzeichen), zurück und bedeutet Abzeichen, Symbol, Zeichen der Macht, Amtsgewalt"; Mit einer Zusammenstellung der grundlegenden Literatur: Gerd ALTHOFF, Barbara STOLLBERG-RILINGER, Spektakel der Macht? Einleitung, In: Barbara Stollberg-Rilinger, Matthias Puhle, Jutta Götzmann, Gerd Althoff, Spektakel der Macht. Rituale im Alten Europa 800–1800, Darmstadt 2008; Gerd ALTHOFF, Barbara STOLLBERG-RILLINGER, Rituale der Macht in Mittelalter und Früher Neuzeit, In: Axel Michaels (Hg.), Die neue Kraft der Rituale: (Sammelband der Vorträge des Studium generale der Ruprecht-Karls-Universität Heidelberg im Wintersemester 2005/2006), Heidelberg 2008, S. 141–171.

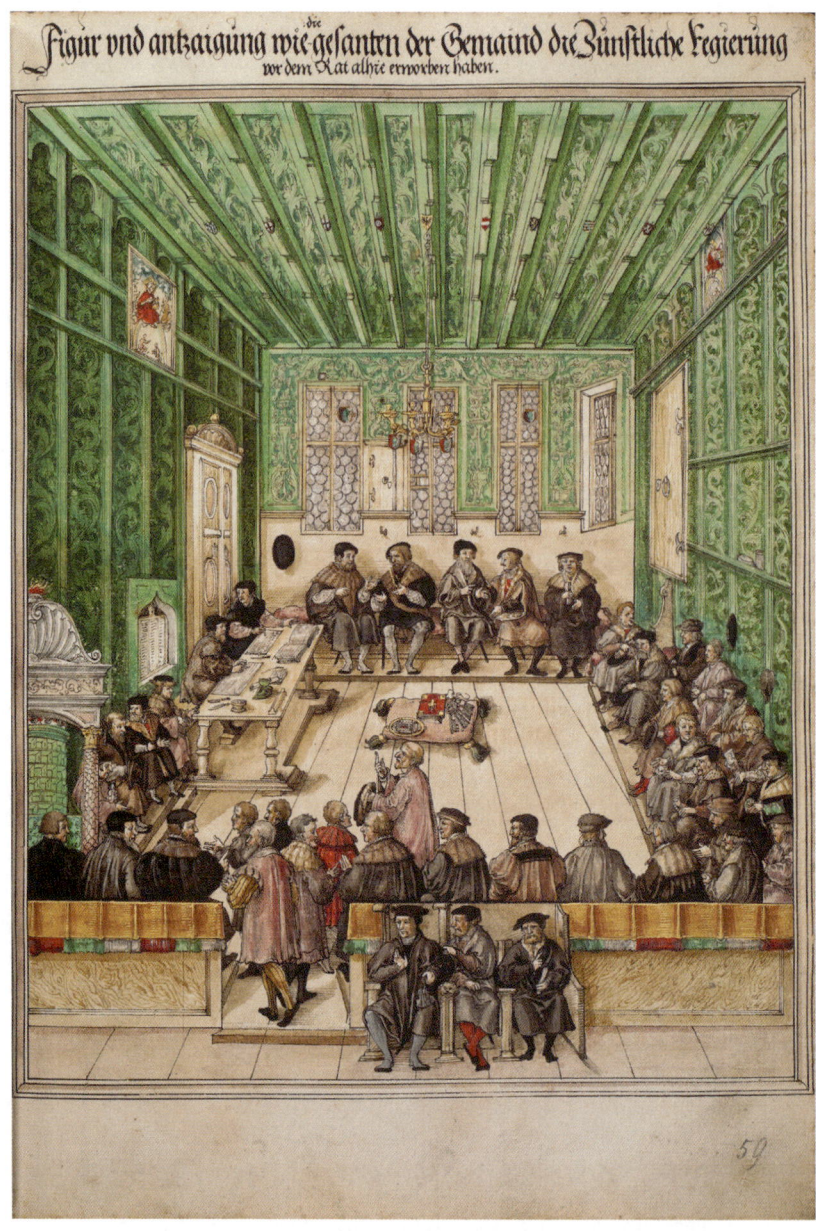

ABB. 6　*Übergabe des Augsburger Stadtrechtsbuchs vom Patriziat an die Zünfte.*
MINIATUR VON JÖRG BREU IM CONSULATENEHRENBUCH DER STADT AUGSBURG (1545), BAYERISCHES NATIONALMUSEUM MÜNCHEN, INV.-NR. BIBL. 3651, S.59.

Leder ersetzt.[168] Die Gestalt des alten Einbandes wurde bei dieser Gelegenheit nicht beschrieben. Auf der Innenseite des vorderen Buchdeckels finden sich aber im Bereich des oberen rechten Buchnagels, dort wo die Klebung des alten Einbands gelöst wurde, Reste roter Farbe (Abb. 7).

In der Forschung fand die materiell-dingliche Dimension mittelalterlicher Schriftkultur bisher vor allem im Bereich der Diplomatik Aufmerksamkeit. Die von Peter Rück eingeführten Klassifizierungen von Herrscherprivilegien als „Plakate des Mittelalters" und „Herolde der Autorität" verweisen auf die Bedeutung der optischen Gestaltung und Wahrnehmung der Urkunde als Objekt vor dem Hintergrund einer vorrangig illiteraten Gesellschaft.[169] Auf eine derartige Wahrnehmungsdimension kommunaler Verfassungsdokumente im Kontext sozialpolitischer Kommunikation der Reichsstadt des Spätmittelalters hat am Beispiel der Berner Handfeste Janette Rauschert aufmerksam gemacht. Rauschert betonte, dass gerade im städtischen Milieu öffentlich-politisch bedeutsame Texte „als Erzeugnisse einer vergangenen Kommunikationspraxis wahrgenommen wurden und unsere Quellen daraufhin neu überdacht und problematisiert werden müssen".[170] Es ist die zentrale These dieses Kapitels, dass eine derartige Gestaltungs- und Wahrnehmungsdimension auch im Bereich der kommunalen Amtsbücher des Spätmittelalters existierte, die bisher vor allem nach ihrer textuellen Funktionalität klassifiziert wurden. In der Forschung wurde sie bisher übersehen.

Die Herstellung und künstlerische Darstellung von roten Bucheinbänden war im Spätmittelalter keine Seltenheit. Aus dem klerikalen Bereich sind zahlreiche rot gebundene Codices überliefert. Im Bereich kommunaler Amtsbuchüberlieferung war eine rote Bindung etwa zur optischen Differenzierung der Inventare des Archivs in den Nürnberger Losungsstuben

---

168 Vgl. StA Augsburg, Reichsstadt Augsburg, Literalien Nr. 32, Vermerk auf dem hinteren inneren Einbanddeckel: *A°1742 ist dieser neue band gemacht worden, wailen der alte ganz zerißen und das bůch zerfallen gewesen.*

169 Vgl. Peter RÜCK, Urkunden als Plakate des Mittelalters; DERS., Die Urkunde als Kunstwerk, In: E. Eisenlohr, P. Worm (Hg.), Fachgebiet Historischer Hilfswissenschaften. Ausgewählte Aufsätze zum 65. Geburtstag von Peter Rück (= elementa diplomatica, Bd. 9), Marburg 2000, S. 117–139.

170 JANETTE RAUSCHERT, Herrschaft und Schrift. Strategien der Inszenierung und Funktionalisierung von Texten in Luzern und Bern am Ende des Mittelalters (= Scrinium Friburgense, Bd. 19), Berlin New York 2005, S. 9; Janette RAUSCHERT, Gelöchert und befleckt: Inszenierung und Gebrauch städtischer Rechtstexte und spätmittelalterliche Öffentlichkeit, In: Karl Brunner, Gerhard Jaritz (Hg.), Text als Realie. Internationaler Kongress, Krems an der Donau, 3. bis 6. Oktober 2000 (= Veröffentlichungen des Instituts für Realienkunde des Mittelalters und der Frühen Neuzeit, Bd. 18), Wien 2003, S. 163–181.

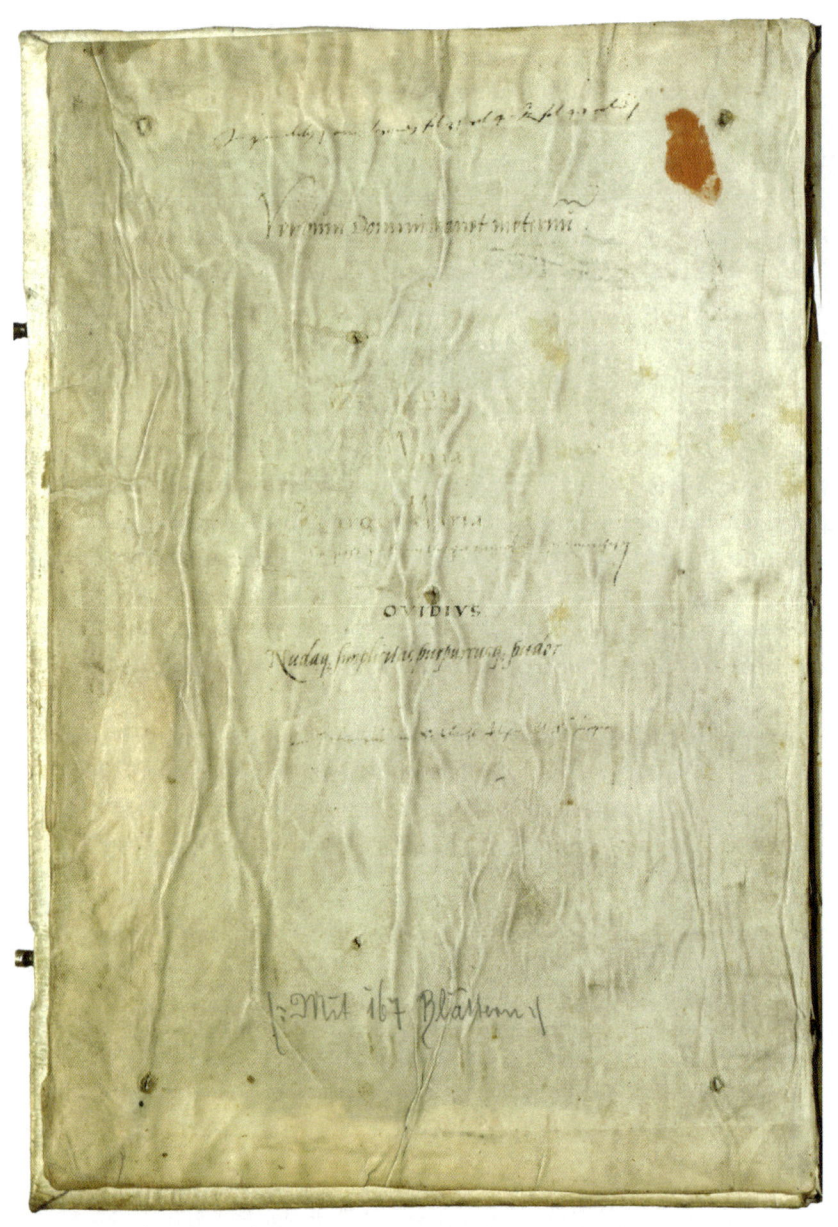

ABB. 7  *Farbreste eines früheren Einbands im Augsburger Stadtrechtsbuch*
STA AUGSBURG, REICHSSTADT AUGSBURG LIT. 32, VORDERER BUCHDECKEL.

gebräuchlich.[171] Dieses Inventar wurde von den Zeitgenossen sicher nicht als Zeichen von Macht- und Amtsgewalt wahrgenommen. Unscharfe Randbereiche schließen die Existenz von Kernfakten aber nicht aus. Die äußere Form eines Schriftstückes stand nicht nur in Abhängigkeit zur Beschaffenheit des Schriftträgers und der Menge des Textes, der untergebracht werden sollte, sondern vor allem auch zur Textsorte und ihrer Zweckbestimmung.[172] Die Gestaltung eines Codex folgte dessen Stellung im Besitz des Buchbesitzers, was die Berücksichtigung des Verhältnisses eines Untersuchungsobjekts zum unmittelbar umgebenden Überlieferungsgefüge erforderlich macht.[173] Neben Amtsbüchern wie Rechnungsbüchern oder Briefregistern, deren Gestaltung weniger auf den Ausdruck hierarchischer Verhältnisse, sondern mehr auf eine übersichtliche und nachvollziehbare Darstellung zielte, existierten im kommunalen Milieu auch Codices, deren Existenz mit dem Besitz durch den König verliehener Herrschaftsrechte in direktem Zusammenhang stand. In Augsburg handelt es sich dabei um das Stadtrechtsbuch und das städtische Achtbuch.

Noch Juristen und Historiker des 19. Jahrhunderts, wie der Heidelberger Universitätsprofessor Heinrich Matthias Zöpfl, deuteten rote Bucheinbände bei Amtsbüchern aus dem Kontext der kommunalen Gerichtspraxis als Symbol königlichen Gerichtsrechts.[174] Dem entspricht eine Erwähnung Wattenbachs: „Gerichtsbücher pflegten roth eingebunden zu werden, und deshalb auch Rothe Bücher zu heißen".[175] Trotz erster Ansätze der Erforschung der „Roten Bücher", deren Wurzeln ins 18. Jahrhundert reichen, gerieten diese im 20. Jahrhundert ins Abseits des Forschungsinteresses.[176] Obgleich einer aktuellen

---

171 Vgl. FLEISCHMANN, Rat und Patriziat, S. 83–90 u. S. 162; Fleischmann (Hg.), Norenberc-Nürnberg, S. 166.

172 Theo KÖLZER, Farbiges Mittelalter?, In: Steffen Arndt, Andreas Hedwig (Hg.), Visualisierte Kommunikation im Mittelalter, Legitimation und Repräsentation, Marburg 2010, S. 13–31; Ulrich ERNST, Farbe und Schrift im Mittelalter unter Berücksichtigung antiker Grundlagen und neuzeitlicher Rezeptionsformen, In: Testo e immagine nell'alto medioevo (= Settimane di studio del Centro italiano di studi sull'alto medioevo, Bd. 41), Spoleto 1994, S. 343–415.

173 Otto MARZAL, Art. „Bucheinband", In: LEX MA, Tl. 2, Sp. 823–826.

174 Heinrich Matthias ZÖPFL, Altertümer des deutschen Reichs und Rechts, Bd. 3, Leipzig 1861, S. 107f. Rezeption der Auffassung Zöpfls in: Hofrath Dr. MESSE in Rudolstadt, Rothe Bücher in städtischen und anderen Archiven nach Inhalt und Bedeutung, In: Serapeum, Zeitschrift für Bibliothekswissenschaft, Handschriftenkunde und ältere Literatur 21 (1862), S. 321–334.

175 WATTENBACH, Schriftwesen, S. 230.

176 Christian Gottlob HALTHAUS, De turri rubae germanorum medii aevi et quae cognati sunt argumenti disserit, Leipzig 1759.

Renaissance der historischen Farbforschung fanden die ‚Roten Bücher' bisher keine Berücksichtigung.[177]

Eine reichsweite Recherche nach rot gebundenen Amtsbüchern in Überlieferungsbeständen kommunaler Provenienz brachte eine Vielzahl vergleichbarer Codices zu Tage.[178] Ausgangspunkt waren die Verzeichnisse

---

177 Ingrid BENEWITZ, Andrea SCHINDLER (Hg.), Farbe im Mittelalter, Materialität—Medialität—Semantik, 2 Bde., Berlin 2011. Vgl. das Programm der gleichnamigen Tagung: Farbiges Mittelalter?! Farbe als Materie, Zeichen und Projektion in der Welt des Mittelalters. 13. Symposion des Mediävistenverbandes in Bamberg, 1.–5. März 2009, http://www.farbiges-mittelalter.de (Letzte Einsichtnahme / 23.04.2012).

178 *Hamburg* (1301): StA Hamburg, Senatsakten Cl. VII Lit. L a Nr. 2 Vol. 1 c; REETZ, Hamburgs mittelalterliche Stadtbücher, S. 108–109: „Enthält das Stadtrecht in einer Anfang 14. Jh. erarbeiteten Fassung mit Zusätzen bis Ende 15. Jh."; *München* (1340): CUM Nr. IV (Frühestes Original. Befand sich in der Aufbewahrung des Rates) und CUM Nr. II (Gleichzeitige Abschrift zum Gebrauch bei Gericht), *daz ist das versigelt buch* (CUM II, fol. 1a); Pius DIRR, Denkmäler des Münchner Stadtrechts (= Bayerische Rechtsquellen, Bd. 1), München 1934, S. 90f.; *Hannover* (1359): StadtA Hannover, B 8232; Karljosef KRETER, Städtische Geschichtskultur und Historiographie, Das Bild der Stadt Hannover im Spiegel ihrer Geschichtsdarstellung von den Anfängen bis zum Verlust der städtischen Autonomie (Diss.), Hannover 1996, S. 65–69: „Seine älteste Erwähnung stammt aus dem Jahr 1359, als es *liber civitatis positus iuxta sigillum* genannt wurde. Die nachstehenden Bezeichnungen sind Fundstellen, die H. L. Ahrens im Roten Stadtbuch selbst ausfindig gemacht hat: unser *stad hemelke book* (1393), *unser stad bok* (1403, 1410, 1417, 1425, 1428), *unser stad denkebok* (1490), *unser stad rode bock, dat in unsem zeghelkasten to ligghende plecht* (1409) und auch das *rode bock* (1474)"; *Ulm* (1376): StA Ludwigsburg, Reichsstadt Ulm, B 207, Bü 49, Sammlung von Gesetzen und städtischen Ordnungen; Carl MOLLWO (Hg.), Das rote Buch der Stadt Ulm (= Württembergische Geschichtsquellen, Bd. 8), Stuttgart 1905; *Berlin* (1381): Oskar SCHWEBEL, Geschichte der Stadt Berlin, Bd. 1, Berlin 1888, S. 229 „[…] übersichtlich geordnete, geschriebene Quelle des Berliner Rechtes und der Berliner Freiheiten. […] Das Stadtbuch, 20,5 Centimeter hoch und 16 Centimeter breit, ist in starke, einst mit rotem Leder überzogen gewesene Holzdeckel, welche mit Messingbuckeln versehen sind, eingebunden […] Auch des künstlerischen Schmuckes entbehrt das Stadtbuch nicht ganz. Auf f. 3b und 4 befinden sich zwei Gemälde. Dieselben, sehr flüchtig zwar nur, aber gleichwohl mit wirklichem Kunstverständnisse ausgeführt, zeigen uns den Erlöser, wie er als „Weltenrichter", umgeben von den Sinnbildern der vier Evangelisten, auf einem Regenbogen thront, Schwert und Lilie, d. h. Fluch oder Gnade, von seinen Lippen aussendend; *Köln* (1385): BEYERLE, Die deutschen Stadtbücher, S. 175: „Es ist bekannt, daß die Großstadt des Mittelalters, Köln, durch Alter und Reichtum seiner Schreinskarten und Schreinsbücher hinsichtlich der privatrechtlichen Stadtbücher an der Spitze marschiert, ebenso aber auch, daß sie bis gegen Ende des Mittelalters zu einer größeren Kodifikation ihres Stadtrechts, die zur Anlage umfassender Statutenbücher Veranlassung geboten hätte, nicht gelangte. Als Statutenbücher im engeren Sinne kommen nur in Betracht: Ein Rotes Buch und ein Schwarzes Buch, die sich über die Jahre

1385–1515 erstrecken"; *Dortmund* (1340): BEYERLE, Die deutschen Stadtbücher, S. 175: *Liber magnus civitatus*, ein umfangreicher Statutenband, ergänzt durch das etwas jüngere, hauptsächlich mit Ratswillküren und Burspraken gefüllte *Rote Buch*". Das Rote Buch der Stadt Dortmund wurde 1340 angelegt. Es enthält 34 Pergamentblätter. In Auszügen ediert bei Ferdinand FRENSDORF, Dortmunder Statuten und Urtheile (= Hansische Geschichtsquellen, Bd. 3), Halle/Saale 1882 S. 183ff. und bei Karl RÜBEL, Dortmunder Urkundenbuch Bd. 1, 2, Dortmund 1910, S. VI–XXV; *Konstanz* (1460): Stadtarchiv Konstanz, A III, Nr. I; KONRAD BEYERLE, Die deutschen Stadtbücher, In: Deutsche Geschichtsblätter. Monatsschrift zur Förderung der landesgeschichtlichen Forschung 11 (1910), Heft 6/7, S. 145–200, hier: S. 150: „Die Erscheinung der Stadtbücher als Ganzes empfing im Jahre 1860 durch Homeyer in den Sitzungsberichten der Berliner Akademie ihre erste geschlossene Darstellung. Der Sachsenspiegelforscher Homeyer, der die Archive und Bibliotheken nach Rechtsbücherhandschriften durchsucht hatte, war überall den Stadtbüchern begegnet. Mit sichtlicher Liebe zum reichen Stoffe ist denn auch seine Abhandlung geschrieben. Sie bedeutete eine starke Förderung der Stadtbücherkenntnis und ist bis heute die grundlegende Darstellung über das deutsche Stadtbücherwesen geblieben"; *Esslingen* (15. Jh.): DIEHL, Urkundenbuch der Stadt Esslingen, Bd. 1, S. XVII: „Kaiserurkunden, Verträge von Württemberg, Verordnungen usw. meist aus der Zeit Karls IV. und Wenzels, vielfach mit einer neuen Seiten beginnend; in die Lücken sind dann spätere Stücke und Ratsbeschlüsse, zum Teil flüchtig, eingetragen. [...] Dem Stadtschreiber Jos Datt wird 1698 aufgelegt *einen catalogum deren in der cantzley befindlichen geheimen bücher insonderheit die vier bücher, so das weiss und rothe genemmet* [...] *zu verfertigen*"; *Bresslau* (1422): MESSE, Rothe Bücher, S. 325: „Der jüngere Codex des noch ungedruckten Schlesischen Landrechts in der Rehdingerischen Bibliothek zu Breslau hat folgenden roth geschriebenen Titel: *Landrecht vonn alters das rote buch geheissenn*; *Kempten: Liber oppidi Kempen de diversis materiis, juribus, consuetudinibus eiusdem*; vgl. J. W. BREWER, Vaterländische Chronik der Königlich Preussischen Rheinprovinzen und der Stadt Köln insbesondere, Köln 1825, 6. Heft S. 337–50 u. 8. Heft, S. 433–443; *Wiehe*: MESSE, Rote Bücher, S. 329: „Das uralte Stadtbuch zu Wiehe war in rothes Leder gebunden, wie der Notar Thomas Scheller 1556 in der daraus entlehnten Abschrift der Wiehischen Statuten ausdrücklich bezeugt. [...] Der Umstand dass die Farbe des Leders, in welches dieses Buch gebunden war, so sorgfältig angegeben wird, ist auch nach der Meinung Walch's in den Beiträgen zu dem deutschen Rechte. 3. Thl. S. 46f. nicht ausser Acht zu lassen, da schon andere Gelehrte bemerkt haben, dass man ehedem die Bücher worin man auf den Rathhäusern dasjenige aufzeichnete, was der Vergessenheit entrissen werden sollte, nach ihrer Farbe zu benennen pflegte"; *Bern*: Friedrich Emil WELTI, Die Rechtsquellen des Kantons Bern (= Sammlung Schweizerischer Rechtsquellen, II. Abt.): Erster Teil: Stadtrechte: Das Stadtrecht von Bern I und II: Handfeste, Satzungenbücher, Stadtbuch, Stadtsatzung 1539, in zweiter Auflage bearb. von Hermann Rennefahrt unter Mitarbeit von Hermann Specker, Aarau 1971, S. 206. In Bern ist bereits ein Band der Stadtsatzungen (Satzungenbuch R) aus der Mitte des 15. Jahrhunderts rot eingebunden (beschriftet mit: „*Der statt satzung*"); *Erfurt* (15. Jh.): MESSE, Rothe Bücher, S. 326: Hans Thalmann, ein Feind der Stadt Erfurt seit 1422 wurde 1429 enthauptet *Und steht er in der stadt Erfurt altem feindesregister, genannt das rothe büchlein, darin ihr feinde und räuber, die ihr vom J. 1409 und ff. von Jahren zu Jahren abgesagt haben, angeschrieben, ferner mit seinen sträfer*

zeitgenössischer Bezeichnungen städtischer Bücher, die Konrad Beyerle 1910 im siebten Kapitel seiner grundlegenden Studie zu den deutschen Stadtbüchern publizierte: „Sehr verschieden sind die Bezeichnungen der Stadtbücher. Zunächst begegnen allerdings nur wenige typische Ausdrücke wie Stadtbuch, Erbebuch, Schöffenbuch, Bürgerbuch, Schuldbuch. Mit der Differenzierung der Stadtbücherarten nimmt aber begreiflich auch die Zahl und Bedeutung ihrer Namen rasch zu".[179] Die zeitgenössische Bezeichnung, für die Beyerle die meisten Einzelbelege fand, war „Rotes Buch".[180] Die Einbände der Handschriften, die Beyerle als Beispiele anführte, entsprechen diesem Namen in ihrer Farbgebung. In Bern ist ein Band mit städtischen Satzungen aus der Mitte des 15. Jahrhunderts in rotes Leder gebunden.[181] In Chemnitz finden unter dem Namen „Rotes Buch" ein Kopialbuch des 15. Jahrhunderts mit städtischen Privilegien in rotem Ledereinband.[182] In Colmar im Elsass ist der *livre rouge*, das Stadtrecht des 13. Jahrhunderts, bis heute in einem roten

    *abgemahlt; Gelnhausen*: Messe, Rothe Bücher, S. 325: „Das rothe (Gerichts-) Buch der Stadt Gelnhausen, welches seinem ordentlichen Aufbewahrungsorte in der dortigen Kirche entzogen, bei der Beschiessung Hanau's im J. 1813 verbrannte"; *Rottweil*: Hans GREINER, Das ältere Recht der Reichsstadt Rottweil, Stuttgart 1900; *Straubing*: WIMMER, Das rote Buch der Stadt Straubing, In: Archivalische Zeitschrift IX 1884, S. 122: „rothen Buches, in welchem das geltende Recht, wie es durch Privilegien der Herzoge und das Herkommen ausgebildet worden [...] niedergeschrieben ward"; *Regensburg*: StA München, RS Regensburg, Lit Nr. 363; *Basel*: SEIBT, Europa 1500, S. 241: „Das Huldigungsbegehren Friedrichs III. hatte offenbar zur Folge, dass der Basler Rat in das Große Rote Stadtbuch eine ausführliche Notiz über den Ursprung der Stadt und ihrer Freiheit eintragen ließ"; *Freiberg*: Stadtarchiv Freiberg I Ba, Nr. 1c, Erinnerungswürdige Ratsbeschlüsse; *Halle* (1458): Anlage des ersten Kopialbuches, genannt das „Alte Rote Buch" (Aus der Geschichte des Stadtarchivs: http://www.halle.de/index.asp?MenuID=4447 / Letzte Einsichtnahme: 12.10.2012); Weitere Befunde in Montabaur, Duderstadt, Groningen, Merseburg, Dannenberg, Riga, Rostock, Löwenberg, Beuthen, Stralsund, Apolda, Neresheim, Colmar, Nördlingen.

179  BEYERLE, Die deutschen Stadtbücher, S. 188.
180  BEYERLE, Die deutschen Stadtbücher, S. 189: „*rotes buch* (sehr häufig, z. B. Bern, Chemnitz, Kolmar, Dortmund, Duderstadt, Eßlingen, Freiberg, Köln, Konstanz, Rostock, Rottweil, Ulm, Zürich)".
181  Friedrich Emil WELTI, Die Rechtsquellen des Kantons Bern (= Sammlung Schweizerischer Rechtsquellen, II. Abt.): Erster Teil: Stadtrechte: Das Stadtrecht von Bern I und II: Handfeste, Satzungenbücher, Stadtbuch, Stadtsatzung 1539, in zweiter Auflage bearb. von Hermann Rennefahrt unter Mitarbeit von Hermann Specker, Aarau 1971, S. 206
182  Paul WENTZCKE, Gerhard LÜDTKE (Hg.), Minerva Handbücher, 2. Abt., Die Archive, Berlin 1932 (Nachdruck 1974), S. 474.

Ledereinband erhalten.[183] Nur 70 Kilometer entfernt ist das Rote Buch der Stadt Basel erhalten. Es handelt sich um das älteste erhaltene Basler Stadtbuch, das neben Verordnungen und Statuten des Rates auch ein Bürgerverzeichnis enthält.[184] 140 Kilometer nordöstlich von Basel findet sich die älteste erhaltene Abschrift des Rottweiler Stadtrechts in rotes Leder gebunden. Der Codex enthält auch Statuten des Rates. Dieser Befund ist weiter verfolgbar über Esslingen und Ulm bis nach Augsburg.[185] In der französischen Justiz des Spätmittelalters war der *livre rouge* ein Buch, aus dem der Öffentlichkeit die Namen am städtischen Pranger stehender Verbrecher verlesen wurden.[186] Für eine Liste von Geächteten überliefern die Quellen den Ausdruck *papier rouge*.[187] In Erfurt berichtet der Chronist Hogel über das Rote Buch anlässlich der Enthauptung des Hans Thalmann im Jahr 1429: *Und steht er in der stadt Erfurt altem feindesregister, genannt das rothe büchlein, darin ihr feinde und räuber, die ihr vom J. 1409 und ff. von jahren zu jahren abgesagt haben, angeschrieben, ferner mit seinen sträfer abgemahlt.*[188] In Regensburg wurde das Rote Buch, eine Sammlung der Regensburger Privilegien, mit aufwendigen, teilweise goldbelegten Illustrationen der Privilegienverleiher ausgestattet (Abb. 8). Die Regensburger Handschrift verweist in ihrer Einleitung explizit auf ihre Funktion der Repräsentation städtischer Rechte.[189] Insgesamt konnte die Zahl der durch Beyerle genannten Archivalien um eine Vielzahl erweitert werden.

---

183    Otto FEGER, Das Rote Buch, (= Konstanzer Geschichts- und Rechtsquellen, Bd. 1), Konstanz 1949.

184    Vgl. etwa: Friedrich WEISS-FREY, Heinrich Iselin von Rosenfeld, Bürger von Basel und sein Geschlecht, Basel 1909, § 2, Anm. 1.

185    In Esslingen beinhaltet das Rote Buch „Kaiserurkunden, Verträge von Württemberg, Verordnungen usw. meist aus der Zeit Karls IV. und Wenzels, vielfach mit einer neuen Seiten beginnend; in die Lücken sind dann spätere Stücke und Ratsbeschlüsse, zum Teil flüchtig, eingetragen. Die Einträge umfassen die Zeit von 1274 Okt. 18 bis ins 16. Jh.". DIEHL, Urkundenbuch der Stadt Esslingen, Bd. 1 (= Württembergische Geschichtsquellen, Bd. 4), Stuttgart 1899, S. XVII. In Ulm handelt es sich um das älteste Stadtrechts- und Statutenbuch des Spätmittelalters; MOLLWO, Das rote Buch der Stadt Ulm.

186    EMIL LITTRÉ, Dictionnaire de la langue française, Bd. 4, Paris 1889–1897, 1766c.

187    FRÉDÉRIC GODEFROY, Dictionnaire de l'ancienne langue française. Du IX$^e$ au XV$^e$ siècle, 10 Bde., Paris 1880–1902, 595b.

188    Gedruckt bei MESSE, Rothe Bücher, S. 326

189    StA München, RS Regensburg, Lit. Nr. 363, fol. 2r.: *Das buech darynn diser stat Regenspurg privilegia irer freyhait, verleihung und confirmationes copirt sindt, ist in daz volumen pracht bey hernachgeschriben kayser Fridrichs von Osterreich zeitten. Wann datzemal ward dieser stat und auch anndern in ir freyhait wider altherkommen durch fremd grichtt manigerlay ingetragen.* Herrn Dr. Thomas Engelke danke ich für den freundlichen Hinweis auf diese Archivale.

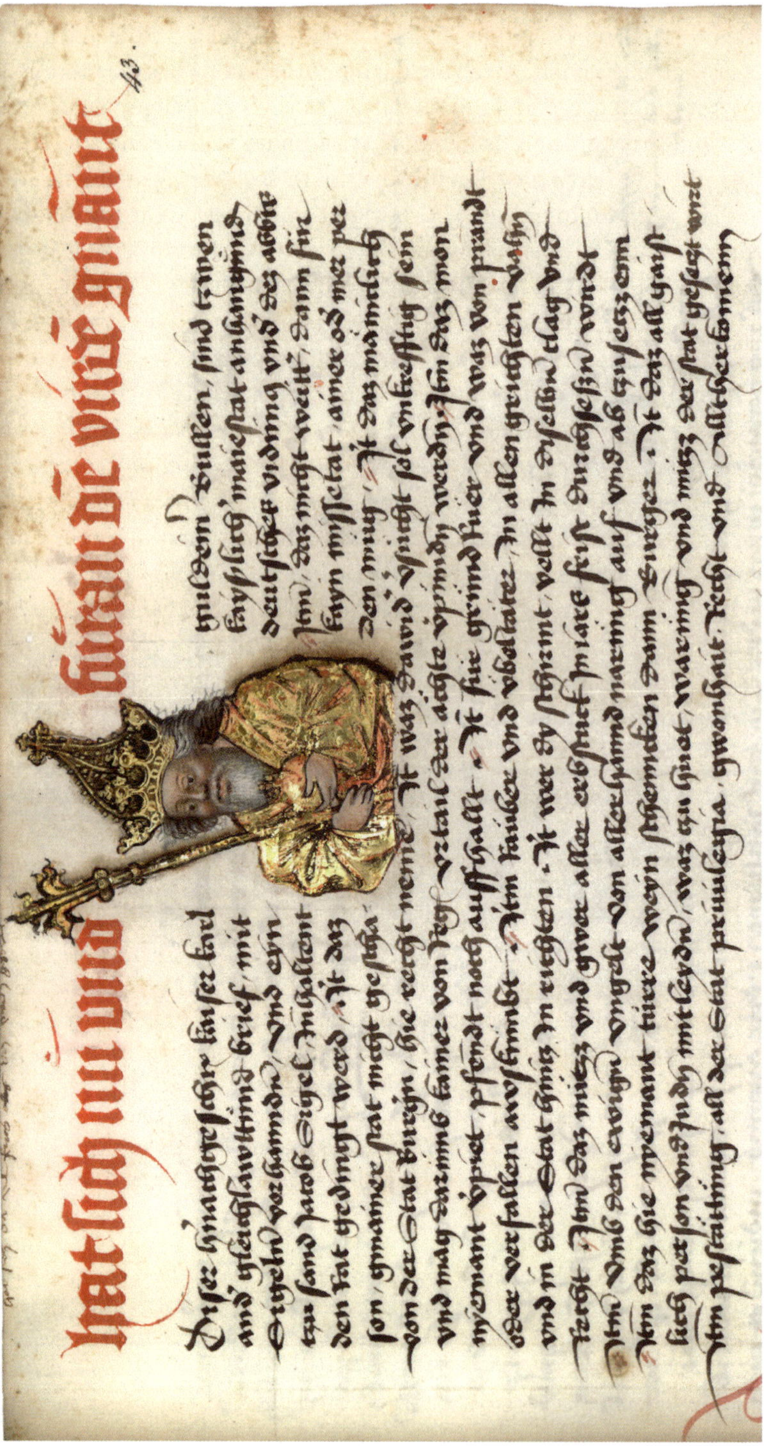

ABB. 8   *Goldbesetzte Miniatur Karls IV. im Roten Buch der Stadt Regensburg.*
STA MÜNCHEN, REICHSSTADT REGENSBURG, LITERALIEN NR. 363, FOL. 43V.

Die Klassifizierung ergab, dass es sich dabei vor allem um Stadtrechts-, Acht-, Eidbücher, Statuten- und städtische Privilegiensammlungen handelte.

In zahlreichen Städten des Reiches wurde die Farbbezeichnung ‚rot' im Spätmittelalter sowohl in offiziellen Schriftstücken, als auch im Volksmund im Kontext der städtischen Gerichtsbarkeit gebraucht.[190] Eine Urkunde des Bistums Naumburg nennt 1286 den *rote grobe* als Gerichtssitz.[191] In Frankfurt hieß der Gerichtsstein, an dem Urteile gefällt wurden *roter stein*.[192] Eine St. Galler Urkunde des Jahres 1450 nennt den Roten Baum als Gerichtsort: [...] *gericht sol man haben under dem rotten baum*.[193] In zahlreichen Städten des Reiches sind *turri rubae* als Stätten des Gerichts überliefert.[194] Auf den Plätzen

---

190 Vgl. Christiane WANZECK, Zur Etymologie lexikalisierter Farbwortverbindungen, Untersuchungen anhand der Farben Rot, Gelb, Grün und Blau (= Amsterdamer Publikationen zur Sprache und Literatur, Bd. 149) New York 2003, S. 57–69.

191 Heinrich Cornelius HECKER, Nachrichten vom Rittersitze und Marktflecken Meuselwitz, Leipzig 1741, S. 7: *Vendidimus siquidem praefato domino nostro Brunoni Numburgensi episcopo et suae ecclesiae iudicium reale et personale pertinens ad sedem iudicalem sitam apud civitatem Zeitz quae rote grobe vulgariter appellatur.*

192 Otto LAUFFER, Farbsymbolik im deutschen Volksgebrauch, Hamburg 1948, S. 16.

193 Max GMÜR, Sammlung schweizerischer Rechtsquellen, Abt. 14, Teil 1, Bd. 2, Aarau 1906, S. 222.

194 Vgl. Christian Gottlob HALTHAUS, De turri rubae germanorum medii aevi et quae cognati sunt argumenti disserit, Leipzig 1759. Zum roten Turm in Mainz, vgl. Georg FABRICIUS, Annalium Urbis Misnae, Bd. 1, Jena 1569, S. 74: *Ante templum olim stetit turris, —dicta rubea, prope quam iudicia exercebantur: eius nunc etiam vestigia sublata sunt.* Zum roten Turm in Meißen, vgl. HALTHAUS, De turri rubae, S. 6–7: [...] *ist sonst ein rother thurn zu Meisen unweit von der domkirchen auf dem schlosshofe gewesen, allwo ietzo der grose röhrkasten stehet, unter welchem das burggrafending gehalten worden.* Zum Roten Turm in Halle: Johann Christoph VON DREYHAUPT, Pagus Neletizi et Nudzici, oder ausführliche diplomatisch-historische Beschreibung des zum ehemaligen Primat und Ertz-Stifft, nunmehr aber durch den westphälischen Friedens-Schluß secularisirten Herzogthum Magdeburg gehörigen Saal-Kreyses [...], Halle 1750, Bd. 2, S. 506: *Das rolandsbild, das sonst von holtz geschnitzt, gemahlet und verguldet gewesen, hat vor ao. 1341 auf einem kleinen berge neben dem rathause auf dem ietzigen platze der rathswage gestanden, auch daher die schultheissen gerichte den nahmen der gerichte auf dem berge vor dem rolande erhalten. In diesem 1341 jahr aber, weil man an der ecke der wage einen thurm erbauet, ist der roland auf den marck neben den rothen thurm gesetzt worden, woselbst ihn nach Adam Werners vorgeben Ertzbischoff Ernestus, da er sons unter freyem himmel gestanden, zum zeichen, daß er die stadt Halle bezwungen, ao. 1481 unter ein dach versperren und ein haueslein darueber bauen lassen, auch folgendes 1482 Jahr den oeffentlichen tantz so alle jahr vor dem Rolande gehalten worden, abgeschafft habe*; DREYHAUPT, Beschreibung des Saal-Kreyses, Bd. 1, S. 130: *Ao. 1450 [...] und den 13 april beliehe er Heinrich Rademacher mit dem schultheißenamte zu Halle, worauff churfürst Friedrich zu Sachsen [...] am 27 april*

vor diesen Türmen wurden die Gerichtsstühle errichtet.[195] In Würzburg wurde das Gericht vor dem *rothen thor* abgehalten *quae vulgariter dicitur blutrot*.[196] Rote Tore als Gerichtsstätten sind auch in Magdeburg und Frankfurt

>   *den neuen schultheißen samt den schoeppen in die gerichtsbanck vor dem rolande in eigener person einwieß und ihm den blutbann verliehe*; Ebd., Bd. 1, S. 123: [...] *und des thalgerichts so in einem darueber ausgefertigten document das gerichte hinter dem rothen thurme genennet wird.* Zum roten Turm in Hannover: Christian Ulrich GRUPEN, Origines Et Antiquitates Hanoverenses oder Umständliche Abhandlung von dem Ursprunge und den Alterthümern Der Stadt Hannover, Worinnen mit Urkunden, Siegeln und Kupfern Der Zustand der Stadt und der herumliegenden Graf- und Herrschafften, wie auch Klöster, imgleichen vieler Adlichen Geschlechter an das Licht gestellet und die Deutschen Rechte erläutert werden, Göttingen 1740, S. 262f. *Der rothe thurn stund zu Hanover im brül und an dem brül thor an dem steinweg. In dipl. an. 1441 umme den torne den se gelecht hebben uppe de vryen strate vor der nigenstadt.* Zum roten Turm in Wien: Itinerarium Wolfgangi de Styra, In: Hieronymus PEZ, Scriptores rerum austriacorum veteres ac genuini quotquot ex Austriae vicarumque provinciarum biliothecis et tabulariis, decumano labore pelustratis, aut primum in lucem vindicau, aut ex mss codicibus auctiores et emendatiores edi potuerunt, 2 Bd. Leipzig 1725, S. 455: *Wolfgangus Holczer (Magister Consulum Vienn.) omnibus nunc capite plexis, in quatuor partes secatur, partesque concisae foris ante civitatem stipitibus appenduntur; caput videlicet cum una manu ante portam stubarum; pes unus cum femore altero ante rubeam turrim in amne inter pontes suspenditur.* Zum roten Turm in Utrecht: Anthonius MATTHAEUS, Juris in Illustri Academia Lugduno-Batava Antecessoris de Nobilitatae de principibus, de ducibus, de comitibus, de baronibus [...] de comitatu de hollandiae et diocesi ultraiectina, Bd. 4, Amsterdam 1686, S. 1140: *Rubrae turris etiam mentio in actis ann. 1413. Want Iacop Henrick soen [...] versoec gedaen heeft om volc te vergaderen, groet parlement ende vechtelic in onser stat ze malen, ende veel risinge in onser stat gemaect heeft, daerom salb y een jaer lanck beneden in den roden toorn leggen, ende eten water ende broot, ende anders niet.*
> 195 Über den Gerichtsstuhl des Burggrafen vor dem roten Turm in Meißen berichtet HALTHAUS, De turri rubae, S. 10: *Sub hac turri rubea, non intus, sed foris proxime in area spatiosa, sib dio sedes olim erat judicii burggravialis misnensis, quod, more burggravialium judiciorum, ter in anno solenniter agebatur, quod burggravium habebat judicem* [...]. Den Hofrichter unter dem Roten Turm in Meißen nennt eine Urkunde vom 13.10.1486: *Ich Caspar von Schönberg, ritter vor Weser und ofe richter des hofgerichts untern rothin thorm czu Meissen entbiete dir Melchior Reche zcu swete mein dinst, und fuge dir wissen.* Druck bei Halthaus, De turri rubae, S. 11; vgl. auch Johann Christoph SCHÖTTGEN, inventarium Diplomaticum historiae Saxoniae Superioris, Urkundensammlung von Ober-Sachsen von 500 bis 1747, Halle 1747, Sp. 464, Nr. 14.
> 196 Das rote Tor in Würzburg als Gerichtssitz des weltlichen Richters nennt eine Urkunde des Würzburger Bischofs Johannes, gedruckt bei Johann Christian LÜNIG, Das Teutsche Reichsarchiv 16 (= Spicilegium ecclesiasticum, Bd. 2), Leipzig 1720: *Semel memoratur in Iohannis episcopi Wurtzburgensis capitulatione: nec non eiusdem maioris ecclesiae in haugis praepositorum secularia iudicia in locis rennevveg et rothe thor celebranda, specialiter*

überliefert.[197] Als Bezeichnung eines Zeitpunktes, an dem Gericht gehalten wurde, wird im Gildenbuch der Göttinger Kaufleute 1476 der *rode mandach* genannt.[198] In Graz gehörte ein roter Hut zur Kleidung des Henkers.[199] Auffällig ist auch die häufige explizite Überlieferung der Farbbezeichnung ‚rot' in Verbrechernamen, wie sie etwa im Augsburger Achtbuch hervortritt.[200] Es ist dabei wahrscheinlich, dass sich die rote Farbe im Beinamen auf körperliche Merkmale wie rote Haare zurückführen lässt. Die häufige explizite Nennung von Namen wie *Rot Hainz, Rot Gese, Rot Maetz* oder *Rotmund* durch den Stadtschreiber mag aber darauf hindeuten, dass das Vorhandensein derartiger körperlicher Attribute gerade bei gesellschaftlichen Randgruppen Rückschlüsse auf die verbrecherische Gesinnung einer Person erleichterte und vielleicht auch im Rahmen der Urteilsfindung als Indiz relevant sein konnte: *Im was der bart und daz har beidiu rot viurvar. Von den selben hoere ich daz si valschiu herze tragen.*[201] Vor diesem Hintergrund kann eine Verbindung

    *in cognitione et iudicio offensae, quae vulgariter dicitur blutrot manutenere, defendere.* Vgl. auch Friedrich BÖHMER, Die rothe Thüre zu Frankfurt a. M., In: Archiv für Frankfurts Geschichte und Kunst 3 (1844), S. 114–124.

197 Die rote Türe in Magdeburg erwähnt eine Urkunde des Magdeburger Bischofs Friedrich des Jahres 1461, gedruckt bei DREYHAUPT, Bd. 1, S. 152–154, hier: S. 153: *Und were das des in der vestunge eyn iar uber frevelichin legin wurde, so mag der vestunge vor unserm gerichte für der rothen thör uff dem nuwenmarckte mit rechte gefolget, und doselbst ouch vorfestet werdin.* Vgl. auch: Heinrich MEYER ZU ERMGASSEN, Der Codex Eberhardi aus Fulda, In: Arndt, Hedwig (Hg.), Visualisierte Kommunikation, S. 45–69, hier: S. 50f.

198 JOHANN P. SCHMIDT, Zum niederdeutschen Kalender, In: KVNS 2 (1878), S. 66: [...] *dat denne de kopman so von ome nehmen und he dőn will uppe en roden mandach.*

199 KOCHER, Farben, S. 1028, Anm. 15.

200 Zu Grunde liegt eine Untersuchung der gesamten Edition des Augsburger Achtbuchs von Felicitas Schmidt-Grotz nach Farben in Verbrechernamen. SCHMIDT-GROTZ, Achtbuch, Bd. 2, Nr. 584 (23. Okt. 1348): *Item der Rotlin uf dem berlaich ein gotswerer*; Nr. 968 (30. Okt. 1375): *Clausen dez Roten Swiger ein rehtiu gotswererin und zawbrerin*; Nr. 600 (23. Okt. 1350): *item Rot Mætz*; Nr. 1061 (18. Okt. 1385): *Item Rot Haintz ein gotswerer und machot niu swur [...] Item Rot Haintz ein effer funfler ein rechter bozwicht [...] Item die dri Rothaintz [...]*; Nr. 1107 (13. Apr. 1365): *Item Vellin Rotermel*; Nr. 596: *Item dem Rochlinger mit dem roten bart dem diw zŭng vs gesniten ward*; Nr. 493: *Item Rot Mŭller [...]*; Nr. 630: *Item div Rot Maetz ir gespil ain morderin*; Nr. 80: *Item der Rot Mŭller*; Nr. 640: *Chŭnraden dem Roten*, Nr. 842 (30. Okt. 1369): *Item die Rot Agnes ir gespil ein ruffianerin*; Nr. 564 (9. Okt. 1346): *Ain frawen die haizzet diu Rot Gese*; Nr. 806 (22. Okt. 1366): *Item der Rot Wernlin von Bŭren ain rehter pŏswiht*; Nr. 842 (30. Okt. 1369): *Item Rot Ell Turnerin ein bozz wip.*

201 Jacob und Wilhelm GRIMM, Deutsches Wörterbuch VIII (Leipzig 1893), S. 1296. Fundstelle und Interpretation nach: Andrew Colin GOW, The Red Jews: Antisemitism in an apocalyptic age 1200–1600 (= Studies in medieval and reformation thought, Bd. 55), Leiden 1995,

zwischen der städtischen Gerichtsbarkeit und der Farbe der ‚Roten Bücher' im öffentlichen Bewusstsein angenommen werden. Dass das Augsburger Stadtrecht während der ersten Hälfte des 14. Jahrhunderts öffentlich am städtischen Gericht verlesen wurde, bezeugt das Achtbuch: *Chuontzen dem Rotmund und sinem kneht Chuontzen des Eseltribers suon und Josen ainem Schniderkneht der Burckhartz dez Sniders kneht waz die stadt auf ewig verboten nach dez půchs sage daz an offem geriht gelesen wart.*[202]

Die Vergabe der Blutgerichtsbarkeit war im Spätmittelalter ein Privileg des Königs: *Wer des panns nicht enhat von dem chünige der mag nicht gerichten waz ze hawt oder ze har gat.*[203] „Prinzipiell wurzelte die Legitimierung

---

S. 66, Anm. 3: „Red-heads are a minority in all societies and ethnic groups, and minority features, like minorities, are suspect, she argues". Vgl. DERS., Juda's Red Hair and the Jews", In: Journal of Jewish Art 9 (1982), 31–46; vgl. GOW, Red Jews, S. 67: „The history of german usage leads us to the conclusion that the „Red Jews" were in physical terms Jews who bore the mark of red hair and red beards, because they were morally degenerate".

202  Vgl. SCHWAB, Offizialatsregister, S. 447; SCHMIDT-GROTZ, Achtbuch, Bd. 2, 92c2: *Chůntzen dem Rotmund und sinem kneht Chůntzen des Eseltribers sůn und Josen ainem Schniderkneht der Burckhartz dez Sniders kneht waz wurde die stadt auf ewig nach dez půchs sage, daz an offem geriht gelesen wart, (verboten) darumb daz si rat und tat hetten getan, also daz si ainem knaben genant Chůntzlin Ůlrichs dez webers seligen sůn, der pfleger het und sins gůtz ungewaltig waz, ain wip zů der e gaben in siner můter der Knůzzin hůs haimlich by naht aun ihr und dez knaben pfleger und anderr siner friunt rat, willen und haizzen, und daz wart auch also an offem geriht hintz in braht und beziugt alz waz und wart auch der stat půch darumb gelesen.* Vgl. SCHWAB, Offizialatsregister, S. 446; MEYER, Stadtrecht, Novelle zu Art. 76 § 8, S. 155; SCHMIDT-GROTZ, Achtbuch, Bd. 2, 93c3; SCHWAB, Offizialatsregister, S. 446: [...] *nach des puochs sage baidiu augen ůs ... gestochen und (ihn) in den pranger gestellet darumb daz er wol zwů lebende ewiber het oder mer.*

203  MGH, Fontes iuris germanici antiqui, N. S. 4, S. 436–437: *Waz des gerichtes ist das ÿber plütrünsen gat vnd vmb den totslag wem der pischof das leicht den sol er senden mit seinem brieff an den künig das das er in den pan leihe. Wer ÿber plütrünsen richtet der des pannes von dem künige nicht enphangen hat dem sol der künig die züngen haissen aus sneiden oder er sol si lösen nach des küniges genaden.* [...] *Wer des panns nicht enhat von dem chünige der mag nicht gerichten waz ze hawt oder ze har gat.* Christoph Friedrich GAYLER, Historische Denkwürdigkeiten der ehemaligen freien Reichsstadt, izt Königlich Würtembergischen Kreisstadt Reutlingen, vom Ursprung an bis zu Ende der Reformation 1577, Reutlingen 1840, S. 130: Gestattung, Kaiser Maximilians gegenüber der Reichsstadt Worms, vom 14.05.1495 „bei verschlossener Thür über Blut zu urteilen": „Maximilian versprach seinen und des Reichs Lieben und Getreuen „*daß sie nun hinfüro alle und jeglich mordbrenner und räuber, dieb oder andere die heimlich oder offenbar schädlich oder übelthätig leut seyn, und (die) sie alle oder der mehrer theil aus ihnen mit beschloßner thür in sitzendem Rathe, auf ihr eid nach des heiligen reichs recht, land und leuten für schädlich erkennen, in den tod* [...] *urtheilen, und also richten und tödten lassen sollen und mögen;*

reichsstädtischer Obrigkeit beim König und nicht anderswo".²⁰⁴ Der König war „die einzige Instanz die jegliche Gewalt und Obrigkeit im Reich am Ende und auf die Dauer legitimierte".²⁰⁵ Nicht nur die Ausübung der Acht, sondern auch der Besitz anderer Rechte wie etwa die Erlaubnis zur Einnahme von Steuern war im Verständnis des Spätmittelalters königliches Recht. Die Kompetenzen der Verwaltung, Gesetzgebung und Gerichtsbarkeit waren in der spätmittelalterlichen Stadt im Kern mit der Ausübung der Stadtherrschaft verbunden.²⁰⁶

Im Bereich des königlichen Lehenswesens haben sich mit der Bedeutung der Farbe Rot bisher vornehmlich Herbert Meyer und Carl Erdmann befasst.²⁰⁷ Seit dem 13. Jahrhundert ist die Verwendung einer „speziell für den Belehnungsakt geschaffenen Fahne" durch den römischen König im Reich nachweisbar.²⁰⁸ Diese wird in der Überlieferung des Hochmittelalters noch selten, in der spätmittelalterlichen Überlieferung in zunehmender Zahl als bildloses rotes Banner beschrieben.²⁰⁹ Die Wurzeln dieser Farbsymbolik

---

*und ferner nit schuldig seyn, das an ihrem platz oder markt, als bisher geschehen ist, öffentlich zu thun und zu halten; und damit wider uns, das heil. reich, noch jemand andern nit gefrevelt noch gethan haben sollen".*

204 MORAW, Reichsstadt, S. 405.

205 MORAW, Reichsstadt, S. 394.

206 MORAW, Von offener Verfassung, S. 108ff.

207 Herbert MEYER, Die rote Fahne, Zeitschrift der Savigny-Stiftung für Rechtsgeschichte 50 G. A. (1930), S. 310–353; Herbert MEYER, Blutfahne und Oriflamme, Forschungen und Fortschritte. Jg. 6 (1930); Herbert MEYER, Sturmfahne und Standarte, Zeitschrift der Savigny-Stiftung für Rechtsgeschichte 51 G. A. (1931), S. 204–257; CARL ERDMANN, Kaiserfahne und Blutfahne, Sonderausgabe aus den Sitzungsberichten der Preußischen Akademie der Wissenschaften. Philologisch-Historische Klasse 28 (1932), S. 868–899.
HERBERT MEYER, Kaiserfahne und Blutfahne, Zeitschrift der Savigny-Stiftung für Rechtsgeschichte 53 G. A. (1933), S. 291–299.

208 ERDMANN, Kaiserfahne und Blutfahne, S. 888.

209 Sämtliche Belege bei Julius BRUCKAUF, Vom Fahnlehen und von der Fahnenbelehnung im Alten Deutschen Reiche, Leipzig 1906. Die Abbildung zweier dem Kaiser untergeordneter Fürsten neben dem Thron Ottos III. mit roten Lehensfahnen überliefert das Liutharevangeliar: Reichenau vor 1000, Domkapitel D25, fol. 16r.; 1195 belehnte Heinrich VI. Cremona mit einem roten Kreuzbanner: Karl Friedrich STUMPF-BRENTANO, Die Reichskanzler vornehmlich des X., XI. und XII. Jahrhunderts, (= Acta Imperii inde ab Heinrico I. ad Heinricum VI usque adhux inedita, Bd. 2), Insbruck 1880, Nr. 423: *Confanonus, cum quo eos investivit, erat rubeus, habens crucem albam intus.* In roter Färbung wir die königliche Investiturfahne in der Dresdner Bilderhandschrift des Sachsenspiegels abgebildet: Sächsische Landesbibliothek Dresden, Die Dresdner Bilder Bilderhandschrift des Sachsenspiegels, Mscr. Dresd. M. 32, fol. 47v. In seinen Annalen beschreibt Vincentius von Prag die kaiserliche Fahne als rotes Banner: vgl. MG II, SS 17, hg. v. Georg Heinrich Pertz, Hannover 1861 (Nachdruck 1990), S. 677: *In ipsa secunda feria prima die rogationum imperialia*

führten Erdmann und Meyer bis auf die ottonische Zeit zurück. Edmund Stengel hat auf die Funktion dieser Fahne als „Wahrzeichen der königlichen Hoheitsrechte" verwiesen. Im Laufe des 12. Jahrhunderts entwickelte sie sich von einer „Heer- zu einer Gerichtsfahne".[210] Im Spätmittelalter lässt sich ihre Präsenz bei Auftritten des Königs im städtischen Raum nachweisen. Die älteste Augsburger Stadtchronik bezeichnet sie im Kontext der Schilderung des Begräbnisses Karls IV. als *suirpanier* (Schwörbanner).[211] Über die Verwendung von roten Lehensfahnen im Aachener Rathaus durch Kaiser Sigismund berichtet Egil von Sassen: *darnoch quam he uf daz radhüss zü Ache und enphieng fahnlehen: züerste min herre von Treir die fenchin rot; darnoch der herzoge von Gulch und Geller di fenchin rot.*[212] Die rote Farbe im politisch-rechtlichen Bereich

---

*rosea vexillia et exercitus suo ordine.* Während des Interregnums verlieh der Bischof von Trient den Grafen Meinhard und Albert von Görz die Trienter Lehen der Grafen von Tirol, Ulten und Eppan und die Vogtei über das Hochstift: Ernst SCHWIND, Alfons DOPSCH, Ausgewählte Urkunden zur Verfassungs-Geschichte der Deutsch-Österreichischen Erblande, Insbruck 1895, S. 95: [...] *in Tridento super scalam palacii episcopatus, presentibus dominis* [...] *et aliis testibus rogatis* [...] *ad sonum campae ad hoc specialiter convocato et congregato, dominus Egeno* [...] *pro se et nomine ac vice ecclesie et episcopatus Tridentini et eius successoribus cum septem vexillis cendali rubei pendentibus in astis, que in manibus suis tenebat, nomine recti et honorabilis feodi et ad rectum feodum investivit nobilem dominum comitem Menhardum*; vgl. BRUCKAUF, Fahnlehn, S. 51: „Zu beachten ist bei den verschiedenartigen Formen der Traditionsbanner die fast bei allen gleichartig auftretende rote Farbe des Fahnentuchs. Man ist auf den ersten Blick geneigt, diese ohne weiteres auf die mit den königlichen Fahnlehen unstreitig verbundene peinliche Gerichtsbarkeit zu deuten, was ja für das spätere Mittelalter zutrifft, allein wenn man bedenkt, dass diese Symbole ursprünglich rein königliche sind, und die purpurrote Farbe von jeher als spezifisch königliche betrachtet wird, so kann man die rote Lehnsfahne nur ganz allgemein auf die Übertragung königlicher Rechte beziehen, wie dies ja auch in den Angaben der Quellen zum Ausdruck kommt".

210 Edmund E. STENGEL, Land- und lehnrechtliche Grundlagen des Reichsfürstenstande, In: Ders. (Hg.), Abhandlungen und Untersuchungen zur mittelalterlichen Geschichte, Köln, Graz 1960, S. 133–173, hier: S. 156; Weiterhin: Sönke LORENZ, Pfalzgraf Rudolf I. von Tübingen († 1219)—ein Reichsfürst?, In: Ders., Stephan Molitor (Hg.), Herrschaft und Legitimation: Hochmittelalterlicher Adel in Südwestdeutschland, Erstes Symposium „Adel, Ritter, Ritterschaft vom Hochmittelalter bis zum modernen Verfassungsstaat (= Schriften zur südwestdeutschen Landeskunde Bd. 36), S. 75–169, hier: S. 87ff.

211 Anonyme Chronik von 1368–1406 mit Fortsetzung bis 1447, DstChr. 4, S. 60f.: *Item da fürt man im vor ain panier, daz haist das suirpanier, daz was rott sidin.*

212 Egil von Sassen, Beilage vom Prothocollum antiquitatem 1400–1442, Deutsche Reichstags-Akten VII, S. 244ff. Reg. Imp. XI. S. 76–79. Viele Adelige Fürsten schmückten ihre Siegel mit Abbildungen der vom König erhaltenen Fahnen als Investitursymbol. Vgl. LORENZ, Pfalzgraf Rudolf I. von Tübingen, S. 89.

könnte vor diesem Hintergrund auch mit der Vergabe städtischer Rechte durch den König verbunden gewesen sein.[213]

Im Bereich des Siegelwesens politischer Autoritäten entstand im 14. Jahrhundert die sogenannte Rotwachsfreiheit. Das Recht, mit rotem Wachs zu siegeln, wurde erst im 14. Jahrhundert zu einem Privileg, das der königlichen Verleihung bedurfte und auch an Städte verliehen wurde.[214] Der Gebrauch von rotem Siegelwachs, der im Hochmittelalter noch nicht gesetzlich limitiert war, wurde damit zu einem visuellen Zeichen, das lediglich den höchsten Autoritäten innerhalb eines Rechtssystems mit Verfügung über die Blutgerichtsbarkeit vorbehalten war. Diese Entwicklung entspricht einer grundsätzlichen Differenzierung und Normierung des äußeren Erscheinungsbildes im Bereich der politischen Schriftkultur des 14. Jahrhunderts. Als Ludwig der Bayer und Friedrich der Schöne am 5. September des Jahres 1325 in München den Einigungsvertrag über das Doppelkönigtum bestätigten, wurde dabei festgelegt, dass für beide Könige zwei neue Siegel angefertigt werden sollten, die sich nicht nur in Größe und Form, sondern auch in der Form der für die Umschrift verwendeten Buchstaben gleichen sollten.[215] Im Bereich der farblichen Gestaltung von Siegelschnüren wird eine Ausdifferenzierung in der Zeit Karls IV. sichtbar.[216] Von Julian Holzapfel wurde auf den Entstehungsprozess

---

213 Vgl. BRUCKAUF, Fahnlehen, S. 28: [...] *ac simul vexillum ducis videlicet ad vindictam malefactorum a rege missi signum preferentur.*

214 RI XI, Nr. 2639: Sigismund „verleiht den Bürgern v. Konstanz wegen ihrer Haltung während des Konzils u. wegen ihrer durch den Appenzeller Krieg verursachten Kosten verschiedene Freiheiten (Jahrmarkt, rotes-Wachs-Siegel, Vogteigericht in Petershausen)", Nr. 9721: Sigismund „erteilt der St. Breslau die besondere Gnade, in ihrem Insigel rotes Wachs zu gebrauchen u. mit rotem Wachse zu siegeln". Weiterhin: Elke Freifrau VON BOESELAGER, Die Farbe Rot, In: Herold-Studien 6 (2003), S. 38–65, Art. „Siegelfarbe", In: Renate Neumüllers-Klauser (Hg.), Res Medii Aevi, Kleines Lexikon der Mittelalterkunde, Wiesbaden 1999, S. 235. Egbert SILVA-TAROUCA, Rotwachs-Freiheit, In: Genealogisches Handbuch des Adels Band 16, XXXVIIIf.; Wilhelm EWALD, Siegelkunde (= Handbuch der mittelalterlichen und neueren Geschichte, Bd. 4), München-Berlin 1914 (Nachdruck München 1978), S. 157ff.; Theodor ILGEN, Sphragistik (= Meisters Grundriss der Geschichtswissenschaft, Bd. I,4), Leipzig² 1912, S. 11f. BRESSLAU, Urkundenlehre, Bd. 2, S. 562ff.

215 RI VII, H 8, Nr. 107 (5. Sept. 1325): [...] *unde sullen die insigel glicher grôzze, forme und bůchstab sein.* Jedes Siegel trug beide Herrschernamen, „wobei jeweils der des anderen voranstehen sollte".

216 Heide DIENST, Identifikatorische Farben in der Diplomatik, Heraldische Farben in Siegelschnüren des 13. Jahrhunderts, In: Bennewitz, Farbe, S. 881–890, hier: S. 881. Vgl. weiterhin: Erich KITTEL, Siegel (= Bibliothek für Kunst- und Antiquitätenfreunde, Bd. 11), Braunschweig 1970, S. 182; Wilhelm EWALD, Siegelkunde, Berlin 1970, S. 170.

eines symbolischen Systems im Bereich des Briefwesens hingewiesen, dem das Äußere des Briefes zur Repräsentation von politischem Status während des 14. Jahrhunderts sukzessive unterzogen wurde.[217] Die Entstehung von Gestaltungsregeln des Briefäußeren folgte in der bewussten Wahl von Pergament statt kostengünstigerem Papier oder bestimmten Farben von Siegelwachs einem Bedürfnis der repräsentativen Visualisierung von hierarchischer Unterscheidung und gegenseitiger Abgrenzung.[218] Die Verwendung bestimmter Siegelfarben für bestimmte Arten der Besiegelung im Bereich der Adelsurkunde fand erst im Spätmittelalter Durchsetzung.[219] Größe, Form, Gestaltung, Farbe und Reihenfolge der Siegel waren Ausdruck politischer Hierarchien. Bürgerliche Siegel, die seit dem 14. Jahrhundert in immer größerer Zahl überliefert sind, wurden in ihrem Erscheinungsbild eindeutig der Normierung unterzogen.

Dabei war das 14. Jahrhundert eine Zeit, in der auch das Ordnungsgefüge des Reichs durch seine fortschreitende Differenzierung zunehmend deutlichere Konturen annahm.[220] Geschriebene Dokumente wurden die wesentlichen

---

217 HOLZAPFEL, Kanzleikorrespondenz, S. 79ff.
218 Ebd., S. 104ff. In Augsburg bezeugt das Briefbuch Nr 105/Ib einen Fall, in dem diese Merkmale von der städtischen Kanzlei als Argument zur Identifikation eines Briefes angeführt wurden. Zwei Würzburger Domherren hatten als Herkunftsort eines Briefes die Stadt Augsburg vermutet. In der Augsburger Kanzlei wurde diese Vermutung auf Grund der von den Domherren beschriebenen Beschaffenheit des Beschreibstoffes und des Verschlusssiegels ausgeschlossen. Der Brief war auf Papier geschrieben und mit grünem Wachs versiegelt worden, während man derartige Briefe in Augsburg auf Pergament schrieb und mit rotem Wachs siegelte: StadtA Augsburg, Selekt »Schätze« Nr. 105/Ib, Nr. 1082 (1. Okt. 1418), fol. 263r.: [...] *so schriben wir von unser stat uff permit und nit uff pappeyr und versigeln och mit rottem wachs und nit mit gronem als ir an disem [...] priefe wol sehen werdent.*
219 Art. „Siegelfarbe", In: Renate Neumüllers-Klauser (Hg.), Res Medii Aevi, Kleines Lexikon der Mittelalterkunde, Wiesbaden 1999, S. 235. Theodor ILGEN, Sphragistik (= Meisters Grundriss der Geschichtswissenschaft, Bd. 1/4), Leipzig² 1912, S. 11f.; BRESSLAU, Urkundenlehre, Bd. 2, S. 568ff. Heinrich Matthias ZÖPFL, Altertümer des deutschen Reichs und Rechts, Bd. 3, Leipzig 1861, S. 8f. Rezeption der Auffassung Zöpfls In: Hofrath Dr. MESSE in Rudolstadt, Rothe Bücher in städtischen und anderen Archiven nach Inhalt und Bedeutung, In: Serapeum, Zeitschrift für Bibliothekswissenschaft, Handschriftenkunde und ältere Literatur 21 (1862), S. 321–334.
220 KAUFHOLD, Rhythmen; PETER MORAW, Reichsstadt, Reich und Königtum im späten Mittelalter, In: Zeitschrift für Historische Forschung 6 (1979), S. 385–424.

Träger dieser Ordnung.[221] Kulturhistorische Untersuchungen ‚des Politischen' zeigen, dass dieses Ordnungsgefüge in immer deutlicher differenzierten, sinnlich wahrnehmbaren Gestaltungsformen zum Ausdruck gebracht wurde.[222] Die Ordnung des Reichs lebte in politischen Ritualen, Kleidung, Sitzordnungen, Zeichen, Insignien oder der Gestaltung von öffentlichen Räumen. In der rechtsgeschichtlichen Forschung wurde mit Bezug auf diese Entwicklung gegenüber einer „pragmatisch-instrumentellen" auf eine „transzendent-symbolische" Dimension politisch-rechtlicher Handlungmuster verwiesen.[223] Dabei wurde auch die sinnlich wahrnehmbare Dimension von Schriftstücken zum sinnlich wahrnehmbaren Ausdruck des Ordnungsgefüges im Reich.[224]

Im Jahr 1340 bestätigte Ludwig der Bayer der Stadt München den *liber rufus*, ein Stadtrecht in rotem Ledereinband. „Der Schmalfolioband der Erstschrift trug ursprünglich an seidener Schnur das kaiserliche Siegel, das später verloren gegangen ist".[225] In einer Gießener Abschrift des 15. Jahrhunderts hat sich

---

221 Vgl. KAUFHOLD, Rhythmen, insb. S. 181–221; Weiterhin etwa auch: Hans SCHLOSSER, Das Rechtsbuch Kaiser Ludwigs des Bayern von 1346—Strukturen des materiellen und Prozessrechts, In: Hermann Nehlsen, Hans-Georg Hermann (Hg.), Kaiser Ludwig der Bayer. Konflikte, Weichenstellungen und Wahrnehmung seiner Herrschaft (= Quellen und Darstellungen aus dem Gebiet der Geschichte, N.F., Bd. 22), Paderborn 2002, S. 261–285, hier: S. 272: „Rückschauend brachte das Rechtsbuch auf dem Gebiet des sog. Prozessrechts tatsächlich keine Fortschritte. Es hatte lediglich altem Gerichtsgebrauch die Dignität der Schriftlichkeit verliehen".

222 Vgl. Barbara STOLLBERG-RILLINGER, Verfassungsgeschichte als Kulturgeschichte, In: Zeitschrift der Savigny-Stiftung für Rechtsgeschichte: Germanistische Abteilung 127 (2010) S. 1–32; Barbara STOLLBERG-RILLINGER (Hg.), Was heißt Kulturgeschichte des Politischen? (= Zeitschrift für historische Forschung. Vierteljahrsschrift zur Erforschung des Spätmittelalters und der frühen Neuzeit, Beiheft 35), Berlin 2005; Wolfgang REINHARD, Verfassungsgeschichte als Kulturgeschichte. Historische Grundlagen euorpäischer politischer Kulturen, In: Jahrbuch für Europäische Geschichte Bd. 1 (2000), S. 115–131.

223 Heinz Durchhardt, Gert Melville (Hg.), Im Spannungsfeld von Recht und Ritual: Soziale Kommunikation in Mittelalter und früher Neuzeit (= Norm und Struktur, Bd. 7), Köln, Weimar, Wien u.a. 1997, Vorwort S. VI.

224 Vgl. Steffen Arndt, Andreas Hedwig (Hg.), Visualisierte Kommunikation im Mittelalter— Legitimation und Repräsentation (= Schriften des Hessischen Staatsarchivs Marburg, Bd. 23), Marburg 2010; Karl-Friedrich KRIEGER, Die Lehnshoheit der deutschen Könige im Spätmittelalter (ca. 1200–1437) (= Untersuchungen zur deutschen Staats- und Rechtsgeschichte, Bd. 23), Aalen 1979.

225 Pius DIRR, Denkmäler des Münchner Stadtrechtes (= Bayerische Rechtsquellen, Bd. 1), München 1934, S. 90f.

ein Buchbild erhalten, das die Verleihung der rot gebundenen Handschrift an den Rat der Stadt München zeigt (Abb. 9). In der Forschung wurde erwiesen, dass der Rat und die Gemeinde der Stadt München während der Herrschaftszeit Ludwigs des Bayern, als der Landesherr auch gleichzeitig König war, bestrebt waren, Münchens Beziehung zum Herrscher der einer Reichsstadt anzugleichen.[226] Zu diesem Zeitpunkt besaß die Stadt bereits eine Reihe von Privilegien, die seit 1315 in ihren Besitz gekommen waren und die ihr bereits einen reichsstadtähnlichen Status gewährten. In Augsburg war die Existenz des Stadtrechtsbuchs und des Achtbuchs mit dem Besitz kommunaler Herrschaftsrechte verbunden, die die Stadt von den römischen Königen erhalten hatte.[227] Das städtische Achtbuch trägt bis heute einen roten Ledereinband, der in der Forschung vorsichtig in das 15. Jahrhundert datiert wird (Abb. 10).[228]

Die Analyse der ältesten Einträge des Achtbuchs im ersten Teil der Untersuchung machte es nicht unwahrscheinlich, die Bindung des Codex im ersten Drittel des 14. Jahrhunderts zu vermuten.[229] Aus dem Jahr 1346 stammt der erste Beleg einer Außenwahrnehmung als gebundener Codex. Damals gestattete Ludwig der Bayer der Stadt Ulm ein *achtbůch* anzulegen, nach dem

---

226  DIRR, Denkmäler, S. 53: „Das von Ludwig dem Bayern 1340 bestätigte Münchner Stadtrechtsbuch trug ursprünglich an seidener Schnur das kaiserliche Siegel, das später verloren gegangen ist. Während dieses Buch das sogenannte Kaiseroriginal, als feierliches Zeugnis offenbar sorgsam in Verwahr gehalten wurde und daher in gutem Zustand geblieben ist, diente die vom gleichen Schreiber in gleichem Format ausgefertigte Zweitschrift zum Gebrauch bei Gericht"; Hiram KÜMPER, Reichsstädtische Allüren im spätmittelalterlichen München. Beobachtungen zu einigen ratsnahen Handschriften, In: Concilium medii aevi 11 (2008), S. 71–78, hier: S. 71.

227  Vgl. dazu: Gernot KOCHER, Die Farben als Elemente einer rechtlichen Aussage, In: Ingrid Bennewitz, Andrea Schindler (Hg.), Farbe im Mittelalter, Materialität—Medialität—Semantik, Bd. 2, Berlin 2011, S. 1025–1035, hier: S. 1026: „Ausgangspunkt aller Überlegungen ist die Tatsache, dass das Recht auch im historischen Bereich über eine gewisse hierarchische Grundstruktur verfügt. Beginnt man an der Spitze, so ist der Leitbegriff wohl die Herrschaft und zwar im Sinne von Gewalt „über Land und Leute". Die Farbkomponenten, die man damit in Zusammenhang bringen kann, sind Rot oder Modifikationen davon [...] Die Frage nach der Dominaz der Herrschaftsfarben ist damit wohl eindeutig über die Jahrhunderte hinweg in Richtung Rot zu beantworten".

228  StadtA Augsburg, Reichsstadt, Selekt »Schätze« Nr. 81; vgl. HERDE, Achtbuch, S. 48: „Einband (15. Jh.)?".

229  Vgl. Kap. II.4.

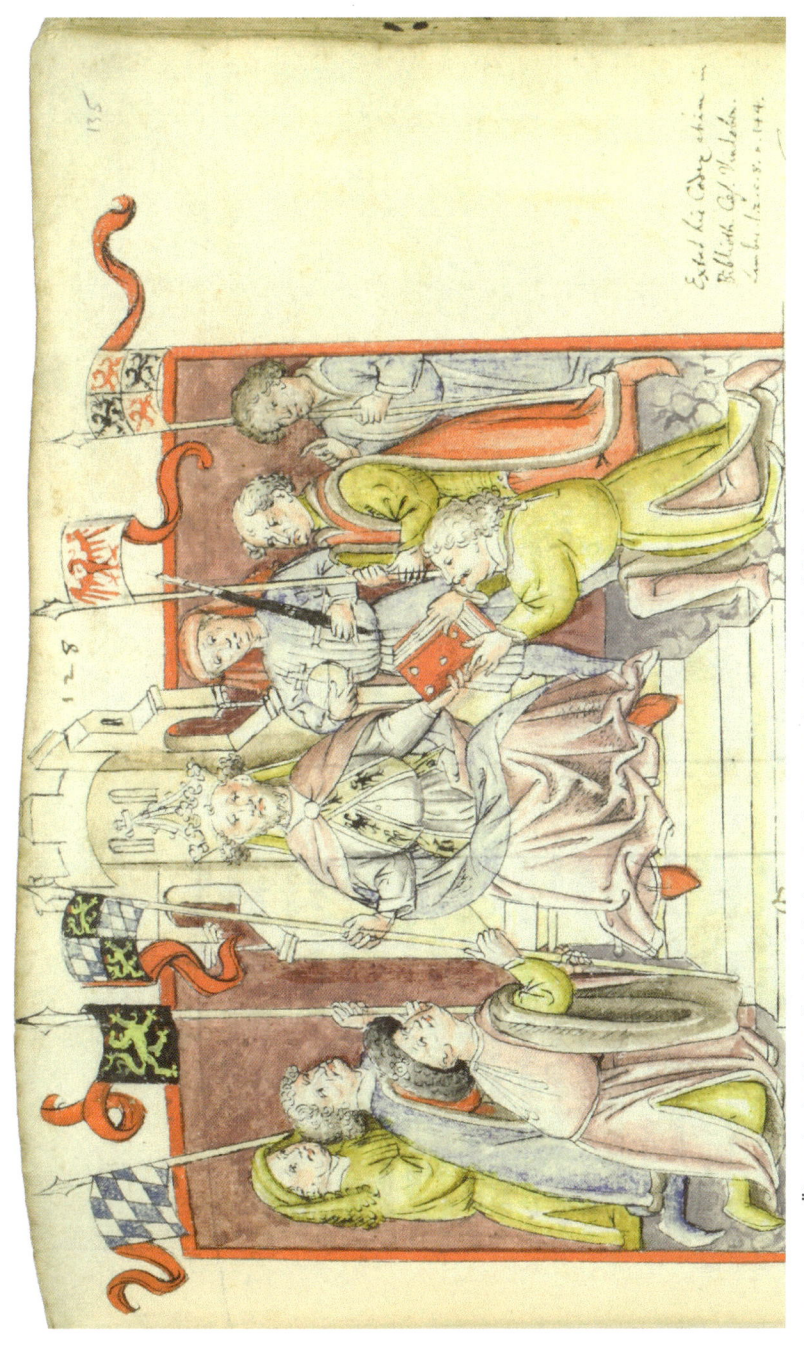

ABB. 9   *Übergabe des liber rufus durch Ludwig den Bayern an den Rat der Stadt München*
UNIVERSITÄTSBIBLIOTHEK GIESSEN, HS 996, FOL. 135R.

ABB. 10    *Roter Einband des Achtbuchs der Stadt Augsburg*
STADTA AUGSBURG, REICHSSTADT, SELEKT »SCHÄTZE« NR. 81

REIFE: LEGITIMITÄT IM POLITISCHEN ORGANISMUS 203

ABB. 11  *Der liber ryfus auf einem Banner im Münchener Ratssaal*
UNIVERSITÄTSBIBLIOTHEK GIESSEN, HS 996, FOL. 170R.

ABB. 12  *Wappenschild der Saaldecke des Münchener Rathauses*
HOLZPLASTIK VON ERASMUS GRASSER (1477), STADTMUSEUM MÜNCHEN, SAMMLUNG ANGEWANDTE KUNST

Vorbild der Stadt Augsburg.[230] Eine Abbildung des Münchener Stadtrats in der bereits erwähnten Gießener Abschrift zeigt Münchens Bürgermeister unter einer Fahne mit dem Münchener Stadtwappen. Der abgebildete Mönch trägt das Rote Buch der Stadt (Abb. 11). In München hat sich ein Wappenschild mit Mönch und rotem Buch erhalten, der sich im 15. Jahrhundert an der Saaldecke des Alten Münchener Rathauses zentral über den Köpfen der versammelten Ratsherren befand (Abb. 12). Vor dem Hintergrund der bisherigen Ergebnisse

230 HSA Stuttgart, Urk. H51 U465, (25. Aug. 1346): *Und dar umbe han wir in und allen iren nachkomen gegůnnet und erlauben in ouch mit disem brieff daz si wol durch frids willen und durch zůht, ein achtbůch und ir aht halten und han sulnt und můgent mit den rehten und mit der gwonheit, als Augspurg ir stet eht haltent und hant und als wir ins und ůnser vordern bestetet haben.*

ist es wahrscheinlich, dass eine vormals existierende Verknüpfung des roten Buchs im Wappen der Stadt München mit einem Evangelienbuch seit dem 14. Jahrhundert von einer Verknüpfung mit dem *liber rufus* überlagert wurde.[231]

Die ‚Roten Bücher' wurden bewusst mit einem roten Einband versehen, weil ihre Existenz mit städtischen Herrschaftsrechten verbunden war. Im Gegensatz zur Rotwachsfreiheit handelte es sich aber nicht um ein Recht, das durch den König verliehen wurde. Vielmehr wurde es zu einer herrschenden Sitte städtischer Kanzleien, den Besitz königlicher Rechte auf diese Weise zum Ausdruck zu bringen. Die ‚Roten Bücher' gehörten damit zu denjenigen Objekten, die die Gegenwart königlicher Rechte in der spätmittelalterlichen Stadt anhand von Farben und Inszenierungen optisch erfahrbar machten.[232]

Die ‚Roten Bücher' besaßen einen Platz im politischen Ritual der spätmittelalterlichen Stadt. „Soziale Realität wird von den Akteuren immer wieder aufs Neue geschaffen, durch sogenannte performative Kommunikationsakte, d.h. Kommunikationsakte, die immer wieder selbst bewirken, was sie sprachlich bezeichnen und szenisch darstellen".[233] In diesen Kommunikationsakten waren die ‚Roten Bücher' als Objekte mit eingebunden. Eine Abbildung aus Regensburg des 15. Jahrhunderts zeigt die Übergabe des Roten Buchs an den Rat der Stadt (Abb. 13). Eine Miniatur des Jahres 1519 zeigt den Rat der Stadt Lyon bei einer Privilegienvergabe mit erhobener Schwurhand um das Rote Buch (Abb. 14). Eine Hamburger Handschrift zeigt eine Abbildung des Roten Buchs im Zentrum des Stadtrats während des öffentlichen Gerichts (Abb. 15).

---

231  Vgl. Richard BAUER, Siegel und Wappen der Stadt München. Zur Geschichte von Stadtmönch und Münchner Kindl, In: Florian Dering (Hg.), Das Münchner Kindl. Eine Wappenfigur geht eigene Wege, München 1999, S. 11–27; Ludwig MORENZ, Wappen und Siegel der Stadt München, In: Wappen in Bayern. Katalog zur Ausstellung des Bayerischen Hauptstaatsarchivs, München 1974, S. 141–151; Ludwig MORENZ, Das Münchner Stadtsiegel und Stadtwappen. Geschichte und Gestaltung, In: Oberbayerisches Archiv 90 (1968), S. 1–13; Klemens STADLER, Der Mönch im Wappen. Bedeutung und Wandlungen eines Symbols, In: Der Mönch im Wappen. Aus Geschichte und Gegenwart des katholischen München, München 1960, S. 85–96.

232  Lieselotte E. SAURMA-JELTSCH, Das Mittelalterliche Reich in der Reichsstadt, In: Bernd Schneidmüller, Stefan Weinfurter (Hg.), Heilig Römisch Deutsch, Das Reich im Mittelalterlichen Europa (Internationale Tagung zur 29. Ausstellung des Europarates und Landesausstellung Sachsen-Anhalt), Dresden 2004, S. 399–440, hier S. 399: „Optisch erfuhr man die königliche Gegenwart in der spätmittelalterlichen Stadt vor allem anhand von Zeichen, Farben, kostbaren Objekten sowie ferner anlässlich von Inszenierungen, wie Reichsfahrten, Visitationen und Hoftagen, oder wenn Gesandte oder Reichsboten in den Mauern weilten".

233  Rainer JOOß, Schwören und Schwörtage in süddeutschen Reichsstädten, S. 153.

In Straubing enthält das Rote Buch die konstitutiven Handlungsabläufe der Neuwahl eines Bürgermeisters mit den dabei vorgeschriebenen Kommunikationsformeln: *Unnd redt darauf: Also geb ich das chamerambt auf, unnd legt das sigil unnd die schlüssl vor der gemain nieder auf einen tisch.*[234] In Hamburg mussten neugewählte Ratsherren, „wenn sie kniend vor dem Bürgermeistertische die ihnen vorgesprochenen Worte feierlich wiederholten, die ausgestreckten Schwurfinger auf das Buch und auf die Eidesformel legen".[235]

In Augsburg diente das Verlesen des rot gebundenen Stadtrechtsbuchs dazu, Gruppen städtischer Bürger unberücksichtigte Gesetze neu ins Bewusstsein zu rufen. So war etwa der Ausschank alkoholischer Getränke in städtischen Schenken im Stadtrechtsbuch geregelt. Neben anderen Auflagen hatten Schenken dem Burggrafen nach jedem *vogts ding* ein Banngeld zu entrichten.[236] Im Jahr 1424 war dieser Bann auf Grund von Protesten der Schenken um die Hälfte gesenkt worden. Ein Jahr später waren einige gar nicht mehr gewillt, die Abgabe weiter zu bezahlen. Der Rat ließ daraufhin nach jedem *vogts ding* alle Wein- und Bierschenken vor den Rat treten, wo ihnen die Bestimmung des Banns aus dem Stadtbuch vorgelesen wurden.[237] Wer daraufhin schwor, den Bann entrichtet zu haben, wurde bis zum nächsten *vogts ding* des Banngeldes ledig. Alle anderen wurden zu einer Strafzahlung gezwungen. Auch wenn es in Augsburg um die Einführung neuer Ordnungen ging, wurden diese in das Stadtbuch eingeschrieben und zum Schwur verlesen: *Und sol ouch darzu nemlich ditz alles in der statt buch hie ze Augspurg aigenlichen geschribn und gesetzt*

---

234 StadtA Straubing, Rotes Buch, fol. 1r.
235 BOLLAND, Bilderhandschrift, S. 145: „Zweifellos im Zusammenhang mit der Ordnung des Rechtszuges steht die fernere Tatsache, daß der sorgfältig geheimgehaltene Ratseid einzig und allein im Stadtbuch aufgezeichnet war, und daß die Neuerwählten, wenn sie kniend vor dem Bürgermeistertische die ihnen vorgesprochenen Worte feierlich wiederholten, die ausgestreckten Schwurfingern auf das Buch und auf die Eidesformel legen mussten".
236 Vgl. MEYER, Stadtrecht, Art. 114–116.
237 StadtA Augsburg, Reichsstadt, Ratsbücher Nr. 1, fol. 83r.: *1425 pann dem burggrafen von winschenken und bierschenken. Item an sant Bartholomeus aubend sind die rautgeben mit Hainrichen burggraven in ain kommen, also das ain yeglich weinschencke und bierschencke nach yedem vogts ding oder darinne der den pan nit geben will, kommen süllen für den raut. Da sol man in vorlesen das capittel das inn der stattbůch von der leyt geben geschriben stet. Und wenn sy das hörent welher denn als daruff schwert, für sich sein husfrowen seine kind und eehalten, das er und sy das recht geben haben von yenem vogtsding bis auf das nähst nachs bůchs sag, der sol desselben pannes von dem burggraven ledig sein. Welher aber des nit schweren will noch darumb fürkommen, der sol dem burggrafen ze pen geben dryssig pfenning für die fünnff schilling.*

REIFE: LEGITIMITÄT IM POLITISCHEN ORGANISMUS 207

ABB. 13   *Regensburg—Übergabe des Roten Buches an den Rat*
MINIATUR VON HANS MIELICH (1536), STADTA REGENSBURG, REICHSSTADT
REGENSBURG I AB 2.

ABB. 14    *Lyon—Der Rat beim Schwur auf das Rote Buch*
           MINIATUR VON 1519

werden, das man ouch allerjärlich schwert ze halten. [...] Disen briefe süllen alle metzger schweren ze halten die vor nit geschworn hand und ist geschribn in der stattbůch.[238] Ein Eintrag in den Ratsprotokollen, der 1412 im Zuge der jährlichen Ratswahl verzeichnet wurde, weist auf die Funktion von Buch und Zunftbrief als Grundlage des Schwures aller Bürger hin: *Was der aynung brief*

---

238   MEYER, Stadtbuch, S. 263.

ABB. 15  *Hamburg—Der Rat in seinem Gestühl mit Rotem Buch und Stadtlade*
MINIATUR VON 1497

*sagt, das wil rich und arm truwlichen und vestiklichen halten by der pene als denn der aynnung brief und bůch anwyset.*[239]

Zur Sicherung der Kontinuität des kommunalen Herrschaftsgefüges dienten in den meisten deutschen Städten der in festgelegten Zeitabständen wiederkehrende Schwörtag, die Bursparke oder das Echterding. Seit dem ausgehenden 13. Jahrhundert wurden schriftliche Aufzeichnungen in diese Rituale eingebunden.[240] Alle Bürger leisteten in Augsburg bei dieser Gelegenheit einen Gehorsamseid gegenüber der Stadtregierung.[241] Die „wiederholte eidliche Selbstbindung der Bürger" fiel in der Regel mit der Neubesetzung des

---

239  StadtA Augsburg, Reichsstadt, Ratbücher Nr. 1, fol. 27r. Der Passus ist der Überschrift *aynung ze halten nit schemen zetragen noch verbunden ze gan* untergeordnet. Der Verweis auf das Verkleidungsverbot könnte darauf hinweisen, dass mit dem Ereignis der Wahl auch ein Festakt verbunden war. Dem Eintrag geht eine Liste des Neugewählten Rates voraus: *Die 10 man der statt sachen ußzerichten. An sant Torotheen tage haben ditz hernächgeschriben zehen man vor dem groußen rate gesworn, das si zůsamen gän sollen, sich der statt ding und sachen under winnden und die ußrichten [...] nach iren trüwen so sie best mügent getriuwlichen und on alle geverde.* Vgl. weiterhin: StadtA Augsburg, Reichsstadt, Ratsbücher Nr. 2, 1450, fol. 109r.: *Die ordnung von des feüres und ander sachen wegen. Ouch die aide die man järlich den burgermistern schweren sol und die hernächgeschriben stuck vor den von den herren und vor allen zünfften hie ze Augspurg vor lesen und in allen empfehlen zehalten und dem näch zegän und genüg zetůn getrülich und ungevarlich.*

240  Sonja HEIM, Der Schwörtag in Augsburg im Mittelalter, In: Rolf Kießling (Hg.), Neue Forschungen zur Geschichte der Stadt Augsburg (= Augsburger Beiträge zur Landesgeschichte Bayerisch-Schwabens, Bd. 12), Augsburg 2011, S. 7–62; Ulrich WAGNER, Würzburger Bürgereid im späten Mittelalter, In: Würzburger Diözesangeschichtsblätter 62/63 (2001), S. 505–527; Rainer JOOß, Schwören und Schwörtage in süddeutschen Reichsstädten. Realien, Bilder, Rituale, In: Anzeiger des Germanischen Nationalmuseums und Berichte aus dem Forschungsinstitut für Realienkunde (1993), S. 153–168; Gudrun GLEBA, Der mittelalterliche Bürgereid und sein Zermoniell. Beispiele aus norddeutschen Städten, In: Ebd., S. 169–175; Der Schwörtag ist in seiner Wurzel auf die städtischen Eidgenossenschaften (Conjurationes) zurück zu führen, die im 11. und 12. Jh. am Anfang der Kommunenbildung standen. Vgl. dazu: Gerhard DILCHER, Art. „Conjuratio", In: Handwörterbuch zur deutschen Rechtsgeschichte, Bd. 1, Sp. 631–633. Dabei handelte es sich um Schwureinungen, die die Sicherung eines friedlichen Gleichgewichts innerhalb der Kommune zum Ziel hatten. Die dabei erzeugte Bindungskraft bedurfte der ständigen Erneuerung (*coniuratio reitarata*). Vgl. EBEL, Bürgereid, S. 4.

241  StadtA Ausgburg, Reichsstadt, Ratsbücher Nr. 277, fol. 19v.: *Ditz ist der aide der gemainde. Ir werdent schweren daz ir den zwain burgermaistern [...] oder ir yeglichs verweser ob ir ainer oder si baid nit inhaim wären [...] gestenndig gehorsam, beräten und behoffen seyent [...] nach der ordnung so deshalb gemacht und verschriben ist [...].*

Stadtrates zusammen.[242] Der Charakter dieses Schwures, der seine Wurzeln in der Bekundung einer Rechtsbeziehung zwischen gleichgestellten Bürgern hatte, wurde mit dem Wandel des Rates zur städtischen Obrigkeit und der fortschreitenden Institutionalisierung der Stadt zu einer verpflichtenden Treuebezeugung gegenüber der städtischen Regierung, die ihre Legitimation aus dem städtischen Recht bezog.[243] Die Strukturen der mittelalterlichen Stadt erfuhren während des Spätmittelalters eine Festigung. Die Stadt wurde zu jenem „anstaltsmäßig vergesellschafteten, mit besonderen und charakteristischen Organen ausgestatteten Verband von Bürgern, welche in dieser Qualität einem nur ihnen zugänglichen gemeinsamen Recht unterstehen,—eine Definition, mit der Max Weber vor 1914 das idealtypische Konstrukt der okzidentalen Stadt im Mittelalter auf den Punkt brachte. Verband im Weberschen Sinne heißt zugleich: Die demonstrative Geschlossenheit nach außen geht mit einer sozialen Differenzierung nach innen einher".[244]

Die Voraussetzung zur verpflichtenden Teilnahme am städtischen Schwörtag als Eid der gesamten Stadtgemeinschaft war der Bürgereid des Einzelnen.[245] Auch zeugen die Quellen des 15. Jahrhunderts davon, dass das Augsburger Stadtbuch bei der Annahme und Aufgabe des Einzelbürgereides verlesen wurde.[246]

In Konstanz wurde das Rote Buch des 15. Jahrhunderts als *der stat gesworen satzungen, die man järlichs ainr gantzen mengi hier zu Constenz verkunt und vorliset* bezeichnet.[247] Gelesen wurden die Codices von den Stadtschreibern.[248] Die Verlesung fand am 24. Dezember nach der Ratswahl im Rahmen der Eidesleistung von Rat und Gemeinde statt. Das Buch trägt Randvermerke (*sile / lege*) des Stadtschreibers, die auf den praktischen Gebrauch der Handschrift beim Schwörtag verweisen (Abb. 16). Auch das Rote Buch der Stadt

---

242 Wilhelm EBEL, Der Bürgereid als Geltungsgrund und Gestaltungsprinzip des deutschen mittelalterlichen Stadtrechts, Weimar 1958, S. 15.
243 EBEL, Bürgereid.
244 OBERSTE, Einführung: Städtische Repräsentation und die Fiktion der Kommune, In: Ders. (Hg.), Repräsentationen, S. 7–13, hier: S. 8.
245 EBEL, Bürgereid.
246 Vgl. dazu: KALESSE, Bürger, S. 58: Bereits das Bürgerbuch von 1280 vermerkte neben Neueinträgen: *et iuravit*.
247 Vgl. FEGER, Das Rote Buch, S. 47.
248 StadtA Augsburg, Reichsstadt, Ratsbücher Nr. 277, fol. 2v.: *Dornach so swerent die andern alle dem grossen raut. Den ayd ließt aber der statschriber und sprichet also.*

München trägt solche Vermerke des Stadtschreibers.[249] In Rottweil wurde das rot gebundene Stadtrechtsbuch *alle iar nach wyhennächten, so der statt ämpter besetzt werden*, vom Rat und allen, die dabei waren, *gemüsamlich verhört(en) vom anfang bis zum ende us*.[250] In Osnabrück ist es für das Jahr 1430 bezeugt, dass „die stillschweigende und einseitige Streichung von Artikeln durch den Rat oder den Stadtschreiber zu Beschwerden der Bürgerschaft" führte.[251] Wie in Rottweil war es auch hier üblich, den gesamten Text des Stadtbuches jährlich zu verlesen. Auch im Urtext des Stadtbuchs fanden sich Spuren, die darauf verweisen, dass der Gemeinde aus dem Codex vorgelesen wurde.[252] Ganz ähnliche Formulierungen weist auch der Urtext des ältesten Stadtbuches in Nördlingen auf. In roter Tinte abgefasste Einschübe (*Nu horent furbaz ein ander reht*) zeugen davon, dass der Codex bei mündlichen Verlesungen zum Einsatz kam.[253] Die städtischen Rechnungsbücher Augsburgs des Jahres 1368 vermerken Ausgaben, die anlässlich der Neuausrichtung der Stadtregierung nach dem Zunftaufstand verzeichnet wurden. Genannt werden Ausgaben für Wein, den der neugebildete Rat trank, während er von *reich und arm* den Eid entgegennahm.[254]

---

249 EBEL, Bürgereid, S. 34: „So tragen auch die Münchener Satzungsbücher solche Vermerke wie *sile* bzw. *lege* bei den einzelnen Artikeln. Leider verzichtet der Abdruck bei Dirr (S. 181ff.) auf die Wiedergabe der Randvermerke".

250 Hans GREINER, Das ältere Recht der Stadt Rottweil, Mit geschichtlicher und sprachlicher Einleitung, Stuttgart 1900, S. 180, Nr. 231: *Anno Domini 1424 feria quinta ante Simonis et Jude apostolorum ist der gros raut ze rat worden, das nun fürohin der gros raut alle iar nach wyhennächten, so der statt ämpter besetzt werden, uff ainen benempten tag, so der raut allerbas daby gesin mag, das rechtbůch gemütsamlich sol verhören vom anfang bis zum ende us, und sol auch dis bůch hinder der statt rechnern beschlossen ligen, und sol man sin abgeschrifft am gericht bruchen, und das sol auch allwegen zů der statt rechner hannden belyben.*

251 EBEL, Bürgereid, S. 35: [...] *„das stades bock lezen alle jar alze men dat plecht to lezene; dat zal men lezen al uth von anbeghynne to dem ende.* [...] In Nürnberg wieder hatte man die Verlesung des Stadtbuchs in die Kirchen verlegt, wo aber, wenn die Kanzlisten (abwechselnd) dort lasen, *nur mägde mit kindern* zuhörten, weshalb man die Verlesung im Jahre 1621 abschaffte und einen gedruckten Auszug herstellen ließ".

252 Vgl. Kap. I.2.

253 Stadtarchiv Nördlingen, Stadtrechtsbuch I, Stadtarchiv Nördlingen R2 F2 13, fol. 2v.: *Man sol wiszen* [...] *daz die burger mit gemain rat habent uf gesetzet zehalten gen dem armen und gen dem richen diu reht her nah geschriben stant* (weiter in roter Tinte) *diu sol man horen und wiszen* [...] *ditz ist auh ze horen und ze wiszen*; fol 3v.: *Nu sult ir wiszen waz her nahsi*; fol 4 r.: *Nu horent furbaz ein ander reht*; fol. 5r.: *Nu sult ir ein ander reht horen.*

254 StadtA Augsburg, BMB Nr. 2 (1368), fol. 11v.: *Item 44 dn Augspurger umb wein die da sazzen und die ayd in namen von frid und sun die reich und arm swuren; Item 27 dn Augsburger*

Dabei wurden die Sturmglocken geläutet.²⁵⁵ Unter den neuen Räten wurde das Stadtbuch *verhort*.²⁵⁶

In der Nürnberger Satzung des Schwäbischen Bundes von 1384 wurden die 40 Bundesstädte angewiesen, die Satzung *in ir gesworen gesetzbuch scriben, daz das jarlichen mit anderen iren gesetzen ernuwert und gelesen werd*.²⁵⁷ In dieser Zeit war Augsburg Mitglied des Bundes. Die Materialität eines verbindlichen Schriftstückes wurde in einer auch im Spätmittelalter teilweise noch immer illiteraten Welt intensiver wahrgenommen als heute. Für die Ausübung städtischer Ämter wie das der Kellermeister, die über die Gewölbe wachten und Briefe hinauf- und hinuntertrugen, wird es Einstellungsbedingung gewesen sein, dass diese nicht lesen konnten. Das *aidbüchlin* des Jahres berichtet, dass diese bei ihrer Vereidigung im Gegensatz zu anderen Stadtbeamten, explizit auf einen *zeddel* schworen, der ihnen beim Verlesen des Schwurs *führgehalten* wurde.²⁵⁸ Wenn die Verlesung von Gesetzen bei solchen Gelegenheiten regelmäßig wiederholt wurde, wurde deren Wortlaut sicher von den Hörern memoriert. Die äußere Gestaltung des Mediums, die mit dem Verlesen gedanklich verknüpft wurde, besaß dabei einen beglaubigenden Wiedererkennungswert.²⁵⁹

Auf eine exponierte Position der ‚Roten Bücher' als städtische Insignien verweist schließlich die Praxis ihrer sorgfältigen Verwahrung. Die früheste Erwähnung des Roten Buches der Stadt Hannover im Jahr 1359 bezeugt dessen Verwahrung neben dem Stadtsiegel: *liber civitatis positus iuxta sigillum*.²⁶⁰ Das Rote Buch der Stadt Hamburg wurde 1301 angelegt und enthält die zweitälteste Überlieferung des hamburgischen Stadtrechts.²⁶¹ Im 14. Jahrhundert

---

    *umb wein do si die ayd in namen uf dem hus; fol. 13r.: Item 16 dn Wirtzburger die die sturmgloggen luten do man burgermeistern swur.*

255  StadtA Augsburg, BMB Nr. 2 (1368), fol. 13r.: *Item 16 dn Wirtzburger die die sturmgloggen luten do man burgermeistern swur.*

256  StadtA Augsburg, BMB Nr. 2 (1368), fol. 12r.: *Item 18 sol dn Wirtzburger den herren umb wein do si datz buch verhorten.*

257  Zitiert nach: EBEL, Bürgereid, S. 31.

258  StadtA Augsburg, Ratsbücher Nr. 277, fol. 10r.: *Kelermaister aid folio quarta ante. Ir wert sweren […] den zedel der euch durch den hantwerk führgehallten und verlesen wurt auch halltendt und dem genüg tüent alles getriwlichen und on alls gefärde.*

259  Vgl. Horst WENZEL, Hören und Sehen, Schrift und Bild. Kultur und Gedächtnis im Mittelalter, München 1995.

260  Josef KRETER, Städtische Geschichtskultur, S. 65–69: „[…] *unser stad rode bock, dat in unsem zedhelkasten to ligghende plecht*".

261  Heinrich REINCKE, Jürgen BOLLAND (Hg.), Die Bilderhandschrift des Hamburgischen Stadtrechts von 1497 (= Veröffentlichungen aus dem Staatsarchiv der Freien und Hansestadt Hamburg, Bd. 10), Hamburg 1968, S. 146: „Der Einband von Folioformat besteht aus rotgefärbtem, über starke Holzbretter gebreitetem Wildleder und ist wegen übermäßiger Spannung im Rücken geplatzt".

erfolgte die Sicherung der Handschrift mit zwei Schlössern, deren wiederholte Reparaturen in den Hamburger Kämmereirechnungen bezeugt sind[262] (Abb. 17). Die Schlüssel wurden durch den ältesten Hamburger Bürgermeister und einen der Schreiber der Stadt verwahrt.[263] Auch das Rote Buch der Stadt Straubing wurde mit Buchschlössern versehen (Abb. 18).

Insgesamt zeigen die untersuchten Fallbeispiele kommunale Buchführung erneut als Faktor der Legitimität städtischer Herrschaft, der sich vor dem Hintergrund im Wandel begriffener Ordnungsvorstellungen entwikkelte. Im Gegensatz zu den im ersten Teil dieses Kapitels betrachteten Ausprägungsformen städtischer Amtsbücher, kam dieser Faktor im Falle der Roten Bücher nicht nur im Verfassen der Schrift, im Umgang und in der Aufbewahrung des Geschriebenen zum Ausdruck, sondern auch in dessen äußerer Gestaltung. Dies ist nicht nur auf die Eigenschaft des Roten Buchs als Ausdruck königlicher Herrschaftsrechte, sondern auch auf ihre Funktion innerhalb der regelmäßigen öffentlichen Gerichtssitzungen und Rituale zurückzuführen, die der Stabilisierung der städtischen Gemeinschaft dienten. Das Rote Buch wurde in der städtischen Gemeinschaft zu einem Medium der Selbstvergewisserung. Dem Stadtrechtsbuch kam in der heterogenen städtischen Gemeinschaft im rituellen Rahmen die Funktion zu, „Identität und Zusammenhalt nach innen zu generieren", „soziale oder ökonomische Differenzen" zwischen einzelnen sozialen Gruppen in der Stadt „zu überbrücken" und die städtische Gemeinde nach außen hin abzugrenzen.[264] Konsens basierte damit auf einem gemeinsamen Wissen um Regeln und Spielräume, die im Stadtrechtsbuch niedergeschrieben waren und mit dessen Existenz verbunden wurden. Durch den Schwur auf ein wiedererkennbares Objekt wurde der Charakter des unveränderlichen, althergebrachten Rechts besonders betont, der in der Gedankenwelt des Mittelalters eine bedeutende Rolle spielte.[265] Das Stadtbuch wurde Erinnerungsobjekt des „Bildes einer idealen Gesellschaft", das stabilisierend „auf die gesellschaftliche Wirklichkeit zurückwirkte".[266] In Augsburg hatte die Stadtrechtshandschrift bis zum Ende des Mittelalters eine

---

262  Ebd, S. 146: „1382 erhielt der Goldschmied Hinrich 10 Schillinge *ad reparandum argenteum cifum et clausuram libri civitatis*. Im Jahr 1450 ist eine Ausgabe von 30 Schillingen verzeichnet *ad meliorandum de slote to der stad boke*".
263  Ebd, S. 146.
264  Jörg OBERSTE, Einführung: Städtische Repräsentation und die Fiktion der Kommune, In: Ders. (Hg.), Repräsentationen der mittelalterlichen Stadt (= Forum Mittelalterstudien, Bd. 4), Regensburg 2008, S. 7–13, hier: S. 8.
265  Vgl. DILCHER, Der Gedanke der Rechtserneuerung.
266  OBERSTE, Einführung, S. 8; vgl. Emile DURKHEIM, Die elementaren Formen des religiösen Lebens, übers. v. Ludwig Schmidts, Frankfurt 1981, S. 566.

ABB. 16   *Hamburg—Rotes Buch mit Buchschlössern (restauriert)*
STA HAMBURG, SENAT CI VII LIT. LANR. 2 VOL. 1B

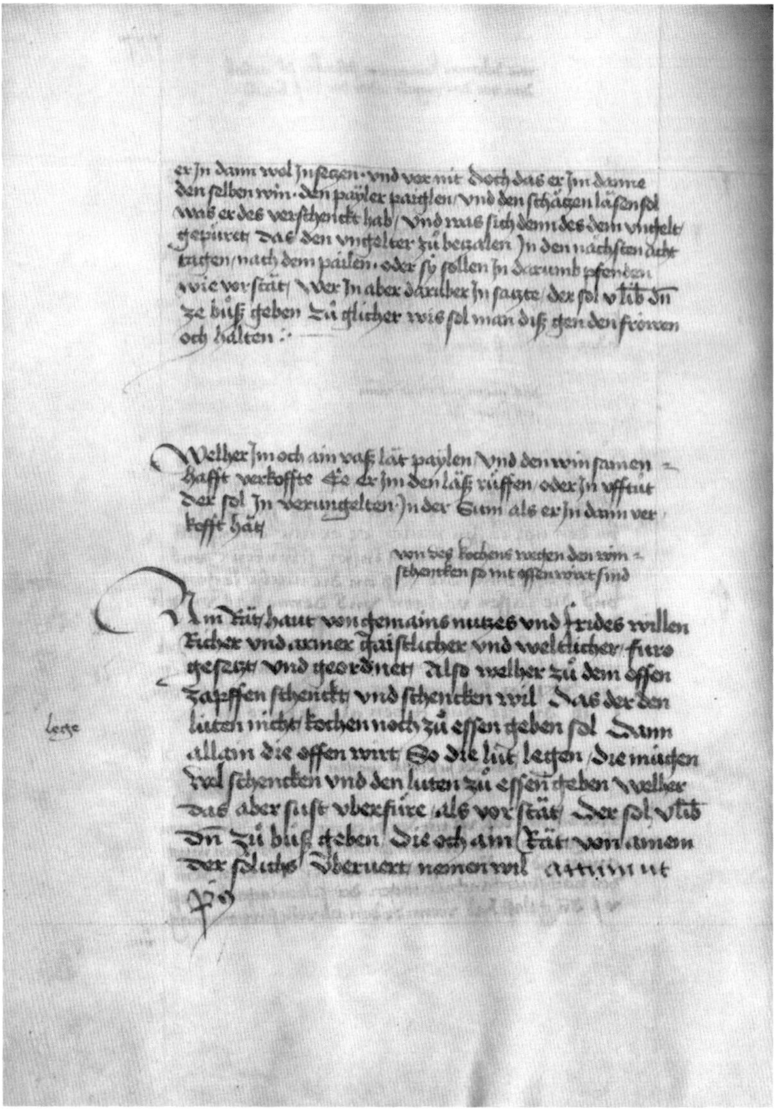

ABB. 17   *Konstanz—Randmarkierung (lege) im Roten Buch*
         STADTA KONSTANZ, ROTES BUCH

ABB. 18  *Straubing—Rotes Buch mit Buchschlössern*
STADTA STRAUBING, ROTES BUCH

wichtige Gedächtnisfunktion für den städtischen Rat, etwa dann, wenn es darum ging, dass Gesetzesergänzungen oder veränderungen durch das jährliche Verlesen nicht wieder vergessen wurden.[267]

Dabei war die Selbstwahrnehmung dem Wandel unterworfen. In Augsburg behielt das Stadtbuch seinen Charakter als Erinnerungsort des städtischen Rechts. Die Erinnerung daran, dass dieses Rechtsgedächtnis ursprünglich im Einvernehmen mit dem Bischof von Augsburg in einer Zeit geschaffen worden war, in der die Tradition der Bischofsherrschaft weiter zurückreichte als jegliche Erinnerung, wurde im Wechsel mehrerer Generationen zu einer verklärten Erinnerung an einen Bruch der bischöflichen Herrschaft als Ausgangspunkt bürgerlicher Autonomie. Das Buch wurde Ausdruck einer inneren Differenzierung der städtischen Gesellschaft und der Stellung der Stadt im Ordnungsgefüge des Reichs, die sich in einem konkreten Verhältnis zum Königtum manifestierte und deren Definition im Laufe des 14. Jahrhunderts in wachsender Form auf schriftlicher Basis erfolgte. Ältere an das ‚Objekt Stadtbuch‘ geknüpfte Erinnerungsformen überlagerten sich so mit neuen Formen der Selbstwahrnehmung und deren Repräsentation. Als der Bischof Peter von Schaumberg 1439 versuchte, die alten Rechte des Hochstifts mit Hilfe alter Privilegien zu rehabilitieren, kam dieses neue Bewusstsein deutlich zum Ausdruck. Die Stadt weigerte sich, diese Ansprüche anzuerkennen, da sie über Rechte verfüge, die sie von Königen und Kaisern erhalten und *lenger in nutz und gewör hätten, dann das bistumb gewert hett*.[268]

## 3  Der Zunftbrief: Transfer und Visualisierung hierarchischer Distinktion

Nach dem Zunftaufstand war es ein Bedürfnis der neuen Stadtregierung, die erwirkte Veränderung der Verfassungsverhältnisse in einer schriftlichen Ordnung zu sichern.[269] Ein neu geschriebener Zunftbrief wurde zur Erweiterung

---

267  MEYER, Stadtrecht, S. 293f.: *Und also in der stat büch zu schreiben bevolhen und dortzu erkent ist, das diese erkantnüs alle iare uff weyhennachten in dem grossen rate offenlich verlesen und verhoert werden soll, das ain ieder rautgebe solchs wisse zu halten und zu hanthaben.*

268  Chronik des Burkhard Zink, DStChr. 5, S. 209: *Sie wollten mit im auch nit rechten umb das ir, umb ir freihait, die sie hetten von künigen und kaisern herpracht in nutz und in gewör und lenger.* Vgl. Peter JOHANEK, Geschichtsschreibung und Geschichtsüberlieferung in Augsburg am Ausgang des Mittelalters, In: Janota, Williams-Krapp (Hg.), Literarisches Leben in Augsburg, S. 160–182.

269  Vgl. GLOOR, Politisches Handeln, S. 258ff.;

des städtischen Verfassungsgedächtnisses, dem man ewige Gültigkeit und Unveränderlichkeit zuschrieb: *Und wider dis vorgeschriben sach und artickel alle sol uns nicht schirmen noch helffen dhein brief reht freiheit noch genade, die wir von romischen keisern und kunigen und von bischoven ietzo haben oder noch in zukunftigen ziten gewinnen mochten.*[270] Der Zunftbrief befindet sich in einem ausgesprochen guten Erhaltungszustand.[271] Neben dem Augsburger Stadtsiegel haben sich alle 18 Siegel der beglaubigenden Zunftmeister erhalten. Zunftaufstände und die Entstehung von Zunftbriefen waren im 14. Jahrhundert ein stadthistorisches Phänomen.[272] Im Gegensatz zur Entstehung der Zunftverfassung ist die konkrete Entstehungs- und Verwendungsgeschichte der Zunftbriefe als eigene Gattung kommunaler Schriftkultur dabei kaum erforscht worden.

Horst Rabe betonte, dass die Übertragung der Zunftverfassung über Italien und Frankreich ins Reich als Rezeptionsvorgang erfolgte.[273] Am Beispiel des Augsburger Zunftaufstands lässt sich der technische Ablauf der Rezeption konkretisieren. Da ein Regelwerk errichtet werden sollte, für das weder in der mündlichen noch in der schriftlichen Überlieferung der Stadt Vorbilder

---

270 Vgl. UBA II, Nr. 611 (24. Nov. 1368).

271 Erster Zunftbrief der Stadt Augsburg, StA Augsburg, Reichsstadt, Urkunden 143 (24. Nov. 1368). Vgl. UBA II, Nr. 611 (24. Nov. 1368).

272 ISENMANN, Die deutsche Stadt im Spätmittelalter, S. 190–198; Klaus SCHREINER, „Kommunebewegung" und „Zunftrevolution". Zur Gegenwart der mittelalterlichen Stadt im historisch-politischen Denken des 19. Jahrhunderts, In: Franz Quarthal, Wilfried Setzler (Hg.), Stadtverfassung—Verfassungsstaat—Pressepolitik. Festschrift für Eberhard Naujoks zum 65. Geb., Sigmaringen 1980, S. 139–168; Horst RABE, Der Rat der niederschwäbischen Reichsstädte. Rechtsgeschichtliche Untersuchungen über die Ratsverfassung der Reichsstädte Niederschwabens bis zum Ausgang der Zunftbewegungen im Rahmen der oberdeutschen Reichs- und Bischofsstädte, Köln 1966.

273 Horst RABE, Der Rat der niederschwäbischen Reichsstädte. Rechtsgeschichtliche Untersuchungen über die Ratsverfassung der Reichsstädte Niederschwabens bis zum Ausgang der Zunftbewegungen im Rahmen der oberdeutschen Reichs- und Bischofsstädte, Köln 1966, S. 87f.: „Die Entstehung der Ratsverfassung in den niederschwäbischen Reichsstädten muss weithin als Übernahmevorgang, als eine Rezeption verstanden werden. Solche Rezeptionen spielten sich zum großen Teil wohl innerhalb des niederschwäbischen Raumes ab. So repräsentieren mit Nördlingen, Bopfingen, Dinkelsbühl und Donauwörth die östlichsten der niederschwäbischen Reichsstädte—wohl auf Grund des Nördlinger Vorbilds—einen eigenen Typus der Ratsentstehung; daß Ulm, Eßlingen und Heilbronn in manchem für andere Städte als Vorbild wirkten, dürfte ebenfalls sicher sein. Als Form einer solchen Beeinflussung wird man sich auf Anfrage gegebne Auskünfte in der Art der Rechtsmitteilungen Ulms an Ravensburg (1296) oder Eßlingens an Reutlingen (1299) vorzustellen haben".

existierten, sandte die Augsburger Kanzlei Boten nach Straßburg, Worms, Speyer, Mainz, Basel und Ulm, um sich dort über die bereits etablierten Zunftverfassungen zu informieren.[274] In Ulm ließ man durch den Stadtschreiber für 22 Gulden eine Kopie anfertigen.[275] Eine gesonderte Vergütung an den Stadtschreiber bezeugt, dass dieser mit der Abfertigung der Zunftbriefe betraut wurde.[276] Während der erste Zunftbrief bereits 1368 angefertigt wurde, entstand der zweite Augsburger Zunftbrief, in dem ein Großteil der neuen verfassungsrechtlichen Bestimmungen niedergelegt wurde, erst nachdem die Boten 1369 zurückgekehrt waren.[277] Dabei hatte das Vorbild aus Ulm den meisten Einfluss auf die Augsburger Bestimmungen.[278] Schließlich bedurfte es der kaiserlichen Anerkennung der neuen Verfassung. Dazu forderte der Kaiser den Stadtrat auf, seine Vertreter nach Prag zu entsenden.[279] Tatsächlich wurden die Zunfturkunden durch einen Boten, mit dem der Rat während seiner Mission in Briefkontakt stand, nach Nürnberg gebracht, wo sich Karl IV. im Jahr 1370 aufhielt.[280] Die Organisation der brieflichen Kommunikation unterlag dem Stadtschreiber. Dieser hatte auch die kaiserlichen Anerkennungsurkunden im Vorfeld angefertigt. Ihre Besiegelung durch die kaiserliche Kanzlei kostete 97 Gulden.[281] Obwohl es sich verfassungsgeschichtlich um eine einschneidende

---

274   StadtA Augsburg, BMB Nr. 2 (1368), fol. 13r.: *Item 22 guldin dem Tainhuser von der zunftbrief wegen von Wormtz*; BMB Nr. 2 (1369), fol. 31r.: *Item 4 guldin dem Reghart gen Woremz von der zunfftbrief wegen zu dem daz man im vor het geben*; BMB Nr. 2 (1369), fol. 39v.: *Item 4 guldin 3 sol dn Augspurger dem Beter gen Strazburg nach ordnung der brief der zunft*. Vgl. BLENDINGER, Zunfterhebung von 1368, S. 151.

275   StadtA Augsburg, BMB Nr. 2 (1368), fol. 12v.: *Item 22 guldin dem statschriber gen Ulm von der zunft brief wegen ieder guldin gerait umb 12 sol dn Auspurger.*

276   StadtA Augsburg, BMB Nr. 2 (1369), fol. 64v.: *Item 5 lib dn michi notario von den zunfftbriefen von dez ratz haizz. Item 12 sol dn den sigleren von den zunfftbriefen rotß wachß.*

277   GLOOR, Politisches Handeln, S. 258; DIRR, Geschichte der Augsburger Zunftverfassung, S. 166; BLENDINGER, Zunfterhebung, S. 81; StadtA Augsburg, BMB Nr. 2 (1369), fol. 37r.: *Item 7 sol dn umb wahß zu den zunfftbriefen.*

278   GLOOR, Politisches Handeln, S. 258; DIRR, Geschichte der Augsburger Zunftverfassung, S. 166; BLENDINGER, Zunfterhebung, S. 81;

279   StadtA Augsburg, BMB Nr. 2 (1369), fol. 59r.: *Item 2 guldin dez kaysers boten, do er den brief braucht, daz man zu im gen Prag kom.*

280   StadtA Augsburg, BMB Nr. 2 (1370), fol. 61v.: *Item 100 guldin die gab Pfetten Sighard, do er ze Nurenberg von im schied zu dem kayser von dez zunftbriefes wegen [...] minder 3 guldin do Sigharde kom von dem kayser von dez briefs wegen*; BMB Nr. 2 (1370), fol. 64r.: *Item 5 sol dn dem boten, der den brief bracht von dem Pfetten von Nurnberg.*

281   StadtA Augsburg, BMB Nr. 2 (1370), fol. 66v.: *Item 2 sol dn umb wachs an dez kaysers brief, die man gab von dem verbunde zu im.*

Neuerung handelte, wird sichtbar, dass sie von routinierten Arbeitsabläufen der städtischen und kaiserlichen Kanzlei getragen wurde.

Während sich in Augsburg nur indirekte Hinweise erhalten haben, dass der Zunftbrief bei den jährlichen Neuwahlen des Rates öffentlich verlesen wurde, ist dies in Straßburg und Ulm belegbar.[282] In Straßburg berichtet der zeitgenössische Chronist Closener von der mit der Abfassung des Zunftbriefs 1347 neu eingeführten Gewohnheit, diesen jährlich nach dem Geläut der Sturmglocke von allen Handwerkern vor dem Straßburger Münster beschwören zu lassen.[283] In Ulm wurde der kleine Schwörbrief in das Rote Buch der Stadt kopiert. Er legte fest, dass am Ulmer Schwörtag jährlich *alle mit ainander ze den hailigen gelert aid uf disen brief* ablegen sollten.[284]

Ein bisher unbeachteter Eintrag in den Ratsprotokollen des Jahres 1398 macht deutlich, dass der Zunftbrief nicht nur in seiner Eigenschaft als Träger des Verfassungstextes, sondern auch als Objekt und Erinnerungsträger der neuen Ordnung des Stadtrats wahrgenommen wurde:[285]

*Der zunfft sitz im raut. An dem nächsten mentag nach sant Pauls bekärung tag hant clainer und alter raute erkennt und gesetzt, das alle zünfft in den rätten sitzen söllen aine nåch der andern, nåch der ordnunge als ainer yeglichen zunfft insigel an dem zunfftbrief hannget, der geben ist do die zünfft aufstůnden. Es hant aber der räte im selber den gewalt genomen,*

---

282 StadtA Augsburg, Reichsstadt, Ratsbücher Nr. 272, fol. 12v.: *Waz der aynung brieff sagt, daz wil reich und arme triulichen und verstiglichen halten by der pene, alz dann der aynungbrieff und půch uswiset.*

283 Fritsche Closener's (Strassburgische) Chronik, DstChr. 8), S. 1–151, hier: S. 125–126: *Und mahtent einen brief, noch deme man sollte sweren alle jor, daz vormols nüt gewonheit was, und sattent derin alle artikele die sü nutzlich duhtent, und sunderlich mahtent sü, daz die herren ire kuren verswuorent, und so man die fürglocke lute, daz die antwerg für daz munster sollent zogen gewesent [...]. Süs mahtent sü nüwe gewonheit und gesetzede, alse der brief stot geschriben. Den swuor man alle jor in des bischofs garten der rot und allemeneglich. Daz sweren wart sider her gezogen für daz munster in dem jore do man zalt 1348 jor.*

284 MOLLWO, Rotes Buch, S. 111; vgl. Dorothea REUTER, Der große Schwörbrief: Verfassung und Verfassungswirklichkeit in der Reichsstadt des Spätmittelalters (1397–1530), In: Hans Eugen Specker (Hg.), Die Ulmer Bürgerschaft auf dem Weg zur Demokratie. Zum 600. Jahrestag des Großen Schwörbriefs. Begleitband zur Ausstellung (= Forschungen zur Geschichte der Stadt Ulm. Reihe Dokumentation, Bd. 10), Stuttgart 1997, S. 119–150.

285 Zu den Ratsordnungen etwa: Eberhard ISENMANN, Ratsliteratur und städtische Ratsordnungen des späten Mittelalters und der frühen Neuzeit. Soziologie des Rats- Amt und Willensbildung—politische Kultur, In: Pierre Monnet, Otto Gerhard Oexle (Hg.), Stadt und Recht im Mittelalter = La ville et le droit au moyen âge (= Veröffentlichungen des Max-Planck-Instituts für Geschichte, Bd. 174), Göttingen 2003, S. 215–479.

*das si ainen yeglichen wol setzen mügen im räte wahin sie wöllent und sie dunket das ainer nutzlichen sitze dem rate und der statt.*[286]

In Übereinstimmung mit diesem Ratserlass trägt das Original des Zunftbriefes auf den Pliken der Siegel die Namen der Zünfte.[287] Die Sitzreihenfolge der Zunftvertreter im Rat hatte eine funktionale Dimension im politischen Alltagsgeschehen. Etwa bestimmte sie die Reihenfolge der Stimmabgabe bei der Wahl städtischer Amtsträger.[288] Bei politischen Anlässen wie einer Neuwahl des Rates war sie von Bedeutung: *Als dann so tretent alle die den clainen raut gesworn hand hinumb in die claine rautstuben, da sitzt ir ijeglicher an seyn stat die im zůgehöret.*[289] Der Durchmesser der zünftischen Siegel aus ungefärbtem und grünem Wachs schwankt zwischen 2,2 und 3,2 cm, während das an erster Stelle angebrachte Augsburger Stadtsiegel einen Durchmesser von 8,0 cm aufweist.[290] Die Schriftkultur des Spätmittelalters war für die

---

286 StadtA Augsburg, Reichsstadt, Ratsbücher Nr. 1, fol. 19r.
287 StA Augsburg, Reichsstadt, Urkunden Nr. 143 (24. Nov. 1367): S1: Stadt Augsburg, S2: Heinrich Fiedeler, S3: Goppolt Johann, S4: Vogel Konrad, S5: Schreiber Sighart, S6: Walkircher Heinrich, S7: Burtenbach Heinrich, S8: Lorentz Konrad, S9: Hunrer Heinrich, S10: Witzig Heinrich, Kürschner, S11: Hug Konrad, Lederer, S12: Schuster Sighart, S13: Hucker, Walther, Strasmaier, S14: Steinlin Konrad, Lodweber, S15: Kesselsmit, Hans, bei St. Margarethen, S16: Heinrich der Müller, in des Bischofs Mühle, S17 Drechsel, Heinrich, S18: Heinrich Diehfels, S19: Segmüller, Meister Konrad. Druck: UBA II, Nr. 612, S. 146ff.; Zweiter Zunftbrief der Stadt Augsburg, StA Augsburg, Reichsstadt, Urkunden Nr. 144 (1368-12-16): S1: Augsburg Stadt, S2: Vogelin, Johann, Ratgeb, S3: Wessisprunnen, Hans, S4: Vogelin, Heinrich, S5: Riedrer, Berthold der Ältere, S6: Pfettner, Paul, S7: Herwort, Heinrich d. Ältere, S8: Hangenor, Johann, S9: Gossenbrot, Johann, S10: Ilsung, Konrad, auf dem Steine, S11: Riedrer Bartholomäus, S12: Bischlin Konrad, S13: Aunsorg Hartmann, S14: Rappot Rüdiger, S15: Langenmantel Ulrich, S16 Bach, Heinrich, S17 Golnhofer, Karl, S18 Goppoltz, Hans, S19 Burtenbach, Heinrich, S20 Lorentz, Konrad, S21 Schreiber, Sighart, S22 Fideler Heinrich, S23 Walkircher, Heinrich, S24 Witzig, Heinrich, S25 Schuster, Sighart, S26 Hug, Konrad, Ledrer, S27 Vogel, Konrad, Kramer, S28 Hunrer, Heinrich, S29 Schmid, Meister Hans vor St. Margarethen, S30 Steinlin, Konrad, S31 Drechsel, Heinrich, S32 Segmüller, Meister Konrad. Druck UBA II, Nr. 612, S. 148.
288 StadtA Augsburg, Reichsstadt, Ratsbücher Nr. 1, fol. 27v.: *Winzieher und andre söliche ampt zebesetzen. [...] Darümb habent die räte erkennt, das man anheben sol an den herren, des ersten, das die ainen nemmen und dem raute den fürstellen solten und darnäch alle zünfft nachainander als si in dem räte sitzent, ouch ain yegliche besunder ainen nemmen sölle und den dem räte fürstellen söllent.*
289 StadtA Augsburg, Reichsstadt, Ratsbücher Nr. 277, fol. 2v.
290 StA Augsburg, Reichsstadt, Urkunden Nr. 143 (Erster Zunftbrief), (24. Nov. 1367), 18 Siegel (alle erhalten) S1: Stadt Augsburg (ø 8,0 cm), S2: Heinrich Fiedeler (ø 3,0 cm), S3: Goppolt Johann (ø 3,2cm), S4: Vogel Konrad (ø 2,2 cm), S5: Schreiber Sighart (ø 3,2 cm), S6:

Reihenfolge als Ausdruck von Hierarchie sensibel. So ließ der Rat in der kaiserlichen Kanzlei darum bitten, die Stadt Ulm in kaiserlichen Briefen nicht mehr vor der Stadt Augsburg zu nennen.[291] Per Ratsbeschluss wurde festgelegt, in welcher Reihenfolge die Auflistung von Städten in den eigenen Briefen zu erfolgen hatte.[292] Die Reihenfolge und Größe der Siegel am Augsburger Zunftbrief wurde ein sichtbarer Erinnerungsort politischer Ordnung. Der Wandel der Sitzungsordnung wurde schließlich zum Thema, weil diese Ordnung in Frage gestellt wurde.

Auch die Analyse der Entstehung und Verwendung des Augsburger Zunftbriefes zeigt, dass die herrschenden Ordnungsvorstellungen des 14. Jahrhunderts in der Gestalt kommunaler Schriftlichkeit zum Ausdruck gebracht und als zukünftiges Richtmaß konserviert wurden. Die freigelegten Transferprozesse im Städtenetz legen dabei die Vermutung nahe, dass neben den Inhalten von Verfassungstexten auch Formen deren Verwendung zum Gegenstand des zwischenstädtischen Austausches wurden. Durch wachsende Kommunikation auf der Grundlage ähnlicher struktureller Voraussetzungen

---

Walkircher Heinrich (ø 3,2 cm), S7: Burtenbach Heinrich (ø 3,2cm), S8: Lorentz Konrad (ø 2,5 cm), S9: Hunrer Heinrich (ø 2,2 cm), S10: Witzig Heinrich, Kürschner (ø 3,2), S11: Hug Konrad, Lederer (ø 2,5), S12: Schuster Sighart (ø 3,2 cm), S13: Hucker, Walther, Strasmaier (ø 2,6 cm), S14: Steinlin Konrad, Lodweber (ø 2,5 cm), S15: Kesselsmit, Hans, bei St. Margarethen (ø 2,5 cm), S16: Heinrich der Müller, in des Bischofs Mühle (ø 2,5 cm), S17: Drechsel, Heinrich (ø 3,2 cm), S18: Heinrich Diehfels (ø 2,5 cm), S19: Segmüller, Meister Konrad (ø 3,2 cm). Alle Siegel bestehen aus ungefärbtem Bienenwachs. Die Siegelstempel weisen die gleiche Schriftart auf. Die Gestaltung eines bürgerlichen Siegelstempels war offensichtlich vorgegeben. Im gesamten gesichteten städtischen Urkundenbestand bestehen Bürgersiegel aus ungefärbtem oder grünem Wachs. In der Forschung wird der Farbe Grün im Spätmittelalter eine zeitgenössische Verwendung als Ausdrucksform des Bürgerstandes zugeschrieben: Katrin KANIA, Das Blaue vom Himmel gelogen oder bunt wie das Leben selbst? Kleiderbeschreibungen in Wolframs von Eschenbach „Parzival" und archäologische Funde im Vergleich: In: Bennewitz, Schindler (Hg.), Farbe im Mittelalter, S. 213ff.; Maria LINARES, Kunst und Kultur im Mittelalter. Farbschemata und Farbsymbole, In: Ebd., S. 298f.

291 StadtA Augsburg, Reichsstadt, Ratsbücher Nr. 276, fol. 43 v.: Item *so man zum nächsten zum kayser schiken wirt vom raut, solman der botschaft empfelhen, zered alz die von Ulm in allen käyserbriefen vorgeschriben und gesetzt werdent vor den von Augspurg, daz sölichs abgetan werde und nit mer beschehe.* Vgl. RI XI, Nr. 7256 u. Nr. 10311.

292 StadtA Augsburg, Reichsstadt, Ratsbücher Nr. 278, fol. 62r.: *Ordnung der stett alz sy nachanander in die prief geschriben werden: Augspurg, Nüremberg, Ulme, Eßlingen, Nordlingen, Rotempurg, Hall, Schauffhusen, Memmingen, Rotwil, Ravenspurg, Gemünd, Hailbrunen, Bybrach, Dinkelspühel, Wird, Wilc, Pfullendorff, Wimpffen, Wissenprug, Kaufpirren, Giengen, Aulon, Boppffingen und Ratslffzell.*

und Entwicklungen erblickte sich die Stadt im Laufe des Spätmittelalters in zunehmender Weise selbst als eine eigene politische und soziale Gruppe. Dabei deutet sich ein Entwicklungsstand kommunaler Schriftlichkeit an, der zur Grundlage zwischenstädtischer Transferprozesse werden konnte. In Augsburg orientierte man sich nicht mehr nur an den Gepflogenheiten außerstädtischer Kanzleien. Im Reich war die kommunale Schriftkultur fortplanzungsfähig geworden und hatte begonnen, im Netzwerk der Städte zu leben.

## 4  Der Privilegienschatz: Gezeigt, gehütet, geraubt und zerstört

Es verbleibt schließlich eine Untersuchung der gewaltsamen Übernahme des städtischen Privilegienarchivs. Neben einer Ausweitung der städtischen Buchführung gewinnt der Privilegienbestand im Überlieferungsprofil der Stadt Augsburg im Laufe der ersten Hälfte des 14. Jahrhunderts deutlich an Umfang. Im Stadt- und Staatsarchiv Augsburg finden sich 183 Urkunden römischer Könige.[293] Davon erhielt die Stadt während der Regierungszeit Ludwigs des Bayern 62 Stücke und der Karls IV. 82 Stücke, eine Phase die vom Jahr 1315 bis ins Jahr 1378 reichte. Ihr Erhaltungszustand zeugt von sorgfältigen Bemühungen um die Aufbewahrung.

Wie in zahlreichen anderen Städten Süddeutschlands hatte auch der Augsburger Privilegienbestand seine Wurzeln im ausgehenden 13. Jahrhundert.[294]

---

293  Rudolf v. Habsburg 10 Stücke; Adolf v. Nassau 3 Stücke; Albrecht v. Habsburg 4 Stücke; Heinrich VII. 3 Stücke; Johann von Böhmen 3 Stücke; Ludwig der Bayer: 62 Stücke; Karl IV. 82 Stücke; Wenzel 16 Stücke.

294  *Ulm*: Hans GREINER, Das Archivwesen Ulms in seiner geschichtlichen Entwicklung, In: Württembergische Vierteljahrshefte für Landesgeschichte Ser. NF 25 (1916), S. 293–324, hier: S. 295: „Die älteste Urkunde, welche die Stadt Ulm in ihrem Archiv besaß, ist der Freiheitsbrief Herzog Ottokars von Steiermark, in welchem er zugunsten der Kaufleute von Regensburg, Köln, Aachen und Ulm die Marktordnung seines Vaters für Ens erneuerte. […] Von 1255 datiert der berühmte Vertrag der Stadt mit ihrem Vogt, Graf Albert von Dillingen. […] Die genannten Urkunden bilden gewissermaßen den Uranfang des Ulmer Stadtarchivs". *Köln*: Raymund KOTJE, Anfänge der Archivierung, S. 12: „Man wird daher von Anfängen einer Archivierung seit dem Ende des 12. Jahrhunderts— vielleicht genauer: seit der Amtszeit Erzbischofs Philipps von Heinsberg (1168–1191) sprechen können, von einem Archiv noch nicht"; *Wesel*: Raymund KOTJE, Anfänge der Archivierung, S. 12: „Bis in das Jahr der Stadterhebung, 1241, reicht das in Wesel, der einstmals größten und bedeutendsten Stadt des Herzogtums Kleve, im städtischen Archiv aufbewahrte Schriftgut zurück"; *Duisburg*: KOTJE, Anfänge der Archivierung, S. 14: „Die Reihe der original oder kopial erhaltenen Urkunden für die Stadt Duisburg beginnt mit einem Diplom Lothars III. von 1129. Ihm folgen bis zur Mitte des 13. Jahrhunderts fünf

In dieser Zeit wird erstmals das Phänomen sichtbar, dass städtische Interessenvertreter zum oftmals weit entfernten Königshof reisten, um dort um Privilegien zu bitten. In Lübeck wurde das Reichsfreiheitsprivileg niemals zu einem grundlegenden Verfassungsdokument der Stadt. Der Aufwand der Reise zu ihrem fernen Kaiser, der die Stadt Zeit seines Lebens nie persönlich betreten sollte, hatte aber dennoch Auswirkungen auf die Zukunft der Stadt. In Lübeck fürchtete man 1226 um eine Neubelebung des Anspruchs der Grafen von Holstein auf die Stadtherrschaft.[295] Im Jahr 1252 berief sich die Stadt in einem Streit mit Wilhelm von Holland und dem Markgrafen von Brandenburg um die Verpfändung der Stadt erfolgreich auf das Reichsfreiheitsprivileg und

---

Herrscherurkunden"; *Neuss*: KOTJE, Anfänge, S. 16: „In Neuss wird 1242 in einer Urkunde erstmals das *archivm publicum Nusie* genannt"; *Frankfurt an der Oder*: Inventar des Jahres 1546: Privileg Markgraf Johanns I. vom 12. Juli 1253 in dem der Marktort Frankfurt zur Stadt erhoben wird; *Kempten*: Franz-Rasso BÖCK, Studien zur Geschichte des Stadtarchivs Kempten, In: Allgäuer Geschichtsfreund 1994, H. 94, S. 111–129: „Die Anfänge des reichsstädtischen Archivs sind [...] im späten 13. und 14. Jh. zu sehen"; *Ravensburg*: DIEMER, Archive, S. 71: „[...] umfasst das Stadtarchiv heute noch rund 4600 Urkunden ab 1270"; *Essen*: Das Stadtarchiv Essen [...] entstand infolge der Stadtwerdung im 13. Jahrhundert. Das älteste Dokument stammt aus dem Jahre 1272; *Heilbronn*: Christhard SCHRENK, Hubert WECKBACH, Die Vergangenheit für die Zukunft bewahren. Das Stadtarchiv Heilbronn: Geschichte—Aufgaben—Bestände (= Veröffentlichungen des Archivs der Stadt Heilbronn, Bd. 33), Heilbronn 1993, S. 15: „[...] nur zwei Urkunden aus der Zeit vor 1300, nämlich die Verfassungsurkunde Rudolfs von Habsburg von 1281 und das Marktprivileg desselben von 1288"; *Biberach*: DIEMER, Archive, S. 67: „[...] Urkunden ab 1282 [...] erhalten"; *Isny*: DIEMER, Archive, S. 71: „[...] dazu kommen noch die 146 im Hauptstaatsarchiv Stuttgart (Bestand B 193) verwahrten Urkunden, deren älteste aus dem Jahre 1290 datiert"; *Esslingen*: DIEL, Urkundenbuch, Nr. 242 (25. Aug. 1291): Bürgermeister, Schultheiss, Richter, Registratoren, Ratmannen und Schöffen von Esslingen, erklären ihre Zustimmung zu der von König Rudolf bewilligten Erweiterung des Predigerklosters gegen den Neckar.

295 Hartmut BOOCKMANN, Das „Reichsfreiheitsprivileg von 1226 in der Geschichte Lübecks, In: Olaf Ahlers (Hg.), Lübeck 1226. Reichsfreiheit und frühe Stadt, Lübeck 1976, S. 97–113, hier: S. 101ff.: „Es ist nicht überliefert, in welcher Form das Dokument in der Auseinandersetzung mit dem Grafen von Holstein genau zum Einsatz kam. Eine gewisse Sicherheit hat man in der Forschung allerdings darüber erlangt, dass die Urkunde in weiser Voraussicht inhaltlich auf eine potentielle Auseinandersetzung mit dem Grafen von Holstein abgestimmt war: Dieser Möglichkeit sollte die Urkunde offensichtlich entgegenwirken. Sie hat eine unübersehbare antiholsteinische, antischauenburgische Tendenz". Vgl. Andreas RANFT, Lübeck um 1250-eine Stadt im „take off", In: Wienfried Hartmann (Hg.), Europas Städte zwischen Zwang und Freiheit. Die europäische Stadt um die Mitte des 13. Jh., Regensburg 1995, S. 169–188.

einen Beschluss Innozenz' IV. auf dem Konzil von Lyon von 1245.[296] Auch räumlich königsferne Städte wie Lübeck suchten die Nähe des Reichs- und Kirchenoberhauptes besonders in Momenten der Unsicherheit, in denen ihr Status von außen in Frage gestellt wurde.[297] Die Urkunde des Königs wurde dabei zu einer zentralen Ausdrucksform städtischer Rechte.

In Augsburg bezeugen die Baumeisterrechnungen seit 1320 Bezahlungen für Urkunden, die die Stadt aus der königlichen Kanzlei erhielt. Diese wurden direkt an die königlichen Notare abgeführt: *Item notariis regis pro 1 litera 17 lib Hall.*[298] Der Augsburger Rat mühte sich fortwährend um die Erweiterung des städtischen Privilegienbestands. Seit dem beginnenden 14. Jahrhundert war die Stadt mit Gesandtschaften oft in der Nähe des Königs vertreten.[299] Die Bemühungen um Pflege des guten Verhältnisses wurden dabei auch in der Übergabe von Geschenken zum Ausdruck gebracht. Zahlungen der Stadt an die königliche Kanzlei zeugen davon, wie die königliche Gunst in der Verleihung von Privilegien zum Ausdruck kam, deren Ausstellung dem königlichen Kanzler zusätzlich vergolten werden mussten.[300] Solche Zahlungen an

---

296   KAUFHOLD, Deutsches Interregnum, S. 230–236.

297   Vgl. LUB 2, 1 Nr. 32; vgl. Christiane SCHUCHARD, Lübecker und Hamburger Interessensvertreter an der päpstlichen Kurie im 14. und 15. Jahrhundert, In: Antjekathrin Graßmann (Hg.), Der Kaufmann und der liebe Gott. Zu Kommerz und Kirche in Mittelalter und früher Neuzeit, Trier 2009, S. 89–112; KAUFHOLD, Deutsches Interregnum, S. 233.

298   StadtA Augsburg, BMB Nr. 1 (1323), S. 68: *Item domino cancellario regis pro propinacione 10 lib Hall.*; KALESSE, KRUG, Steuermeisterrechnungen (1321), fol. 7r.: *Item Minnerio de burgermaister ampt 10 lib., Item sibi 7 lib. Hall. quas ipse mutuaverat civibus qui eos dederunt cancellario regis, Item notariis regis propinaverunt cives 10 lib. Hall.*, fol. 11r.: *Item Nicolao jannitori regis et suis cursoribus 5 lib. Hall.*, fol. 13v.: *Item pro vino quod propinatum fuit cuidam notario regis 4 sol.*

299   Gesandschaften der Kommune zum Königshof Ludwigs des Bayern in Auswahl: KALESSE, KRUG, Steuermeisterrechnungen, fol. 4r.: *Item domino R. Longopallio 2 ½ lib. 60. dn. [..] latino vino quod cives missi Werdeam ad regem secum duxerunt, Item pro nuncio misso ad regem Nůrenberch 7 sol*, fol. 7r.: *Item Minnerio de burgermaister ampt 10 lib. Item sibi 7 lib. Hall. quas ipse mutuaverat civibus qui eos dederunt cancellario regis*, fol. 10r.: *Item dedimus civibus scilicet domino R. et C. L[ongo.] quos cives miserunt ad regem 24 lib, Item uni nuncio ad Monachum ad cives qui illuc missi fuerunt 32 dn, Item uni nuncio 2 sol. ad Monacum*, fol. 10v.: *Item Braetsherio misso Ingolstat ad dominum R. 3 sol, Item uni nuncio Rembotoni misso iterum ad dominum R. Ingolstat 2 sol*, fol. 11r.: *Item Nicolao jannitori regis et suis cursoribus 5 lib. Hall, Item dedimus regi in suis quadrigentis lib. quas cives sibi dederunt.*

300   BMB Nr. 1 (1323), S. 69: *Item notariis regis pro 1 litera 17 lib Hall.*; BMB Nr. 1 (1323), S. 68: *Item domino cancellario regis pro propinacione 10 lib Hall.* BMB Nr. 1 (1323), S. 69. KALESSE, KRUG, Steuermeisterrechnungen (1321), fol. 7r.: *Item Minnerio de burgermaister ampt 10 lib., Item sibi 7 lib. Hall. quas ipse mutuaverat civibus qui eos dederunt cancellario regis,*

strategisch wichtige Personen im Umfeld des Kaisers konnten mehrere hundert Gulden betragen: *Item so haben wir geben dez kaisers raut 300 guldin.*[301] Während eine königliche Quittung über beglichene Reichssteuern 1374 sechs Gulden kostete, wurden 1373 für einen *ungeldbrief* 60 Gulden an den Schreiber des Kaisers gezahlt.[302] 1374 zahlte man für drei Urkunden 111 Gulden.[303] Der zeitgenössische ‚Wert' einer Urkunde kam in ihren Preisen zum Ausdruck, ebenso wie in ihrer Ausstattung: *Item die zwen brief von dem von Freiberg und dem Püttrich kostend 7 guldin. Item der mit dem großen insigel kostet 32 guldin.*[304]

Um 1323 war der Augsburger Ulrich Hagenohr Kanzler des Königs.[305] Der Augsburger Ulrich Hofmaier, der als Protonotar Ludwigs des Bayern amtierte, stammte aus dem Umfeld des bischöflichen Gerichts der Stadt Augsburg. Hofmaier tritt in einer Urkunde am 15. Februar 1312 erstmals als *advocatus curie Augustensis* in Erscheinung.[306] 1314 wurde er Gerichtsschreiber (*tabellio*) und bischöflicher Hofrichter.[307] In den 1330er Jahren wurde Ulrich kaiserlicher Protonotar. Im Dienste Ludwigs des Bayern war er als Gesandter an der avignonesischen Kurie, am englischen Königshof, am französischen Königshof und in der Stadt Venedig tätig.[308] Darüber verlor er nie den Kontakt zum kirchlichen Milieu der Stadt Augsburg. 1331 ist eine Ewiglichtstiftung von zwei Hofstellen

---

    *Item notariis regis propinaverunt cives 10 lib. Hall*; fol. 11r.: *Item Nicolao jannitori regis et suis cursoribus 5 lib. Hall.*; fol. 13v.: *Item pro vino quod propinatum fuit cuidam notario regis 4 sol.*

301  StadtA Augsburg, BMB Nr. 2 (1372), fol. 125r.: *Item so haben wir geben dez kaisers raut 300 guldin.*

302  StadtA Augsburg, BMB Nr. 2 (1374), fol. 197r.: *Item 6 guldin umb die quitbrief*; BMB Nr. 2 (1373), fol. 144r.: *Item 60 guldin umb den ungelt brief den uns braucht der amman von Werd, dez kaysers schriber.*

303  StadtA Augsburg, BMB Nr. 2 (1374), 197r.: *Item 100 guldin und 11 guldin umb die drei brief.*

304  StadtA Augsburg, BMB Nr. 2 (1372), fol. 125r.: *Item 49 guldin umb die brief die ersten pappirin brief kosten 5 guldin. Item die zwen birmittin brief die vom hertzogen kostend auch 5 guldin. Item die zwen brief von dem von Freiberg und dem Püttrch kostend 7 guldin. Item der mit dem großem insigel kostet 32 guldin.*

305  Ottokar LORENZ, Papstwahl und Kaiserthum, Eine historische Studie aus Staats- und Kirchenrecht, Berlin 1874, S. 184; Roman ZIRNGIBL, Ludwigs des Baiers Lebensgeschichte (= Historische Abhandlungen der Königlich-Baierischen Akademie der Wissenschaften, Bd. 3), München 1814, S. 540.

306  Christian SCHWAB, Das Augsburger Offizialatsregister (1348–1352). Ein Dokument geistlicher Diözesangerichtsbarkeit (= Forschungen zur kirchlichen Rechtsgeschichte und zum Kirchenrecht, Bd. 25), Köln 2001, S. 425.

307  Eine ausführlichere Schilderung seines Werdegangs am bischöflichen Gericht bei SCHWAB, Offizialatsregister, S. 425ff.

308  Peter MOSER, Das Kanzleipersonal Kaiser Ludwigs des Bayern in den Jahren 1330–1347 (= Münchener Beiträge zur Mediävistik und Renaissance-Forschung, Bd. 37), München 1985, S. 208–237.

für das Kloster St. Ulrich und Afra bezeugt.[309] Mit dem Domherrn und späteren Bischof Marquart soll Ulrich eine Freundschaft verbunden haben.[310] Mit ihm hielt er sich 1335 im Auftrag des Kaisers an der Kurie in Avignon auf.[311] Ulrich wird die Stiftung des Thron-Salomonis-Fensters im Augsburger Dom zugeschrieben, wo er schließlich beigesetzt wurde.[312] Auch mit der bürgerlichen Augsburger Oberschicht ist Ulrichs Kontakt immer wieder bezeugt, aus der er die Augsburgerin Agnes Welser heiratete. Nicht zuletzt diese Beziehung band ihn an die Stadt und ihr bürgerliches Milieu. So verkaufte etwa Ulrich zusammen mit den Welsern Konrad (II.), Bartholomäus (II.), Ulrich (I.) und den Ehemännern von Welsertöchtern, Heinrich Vögelin und Johann Klocker, 1341 einen Weingarten in Eßlingen, den sie als gemeinsames Erbe erhalten hatten.[313] Vertreter der Familien Vögelin (1338, 1341, 1345) und Klocker (1331, 1337) hatten zu Lebzeiten Ulrichs mehrfach das Stadtpflegeramt innegehabt.[314] Der während dieser Zeit in Augsburg amtierende Stadtschreiber wurde in der Forschung als Ulrich aus der Augsburger Patrizierfamilie Riederer identifiziert.[315] Sein Bruder

---

309   UBA I, Nr. 312 (1331), S. 283f.
310   Afred A. STRNAD, Kaiser Karl IV. und das Erzstift Salzburg. Zur Besetzung des erzbischöflichen Stuhles im Jahre 1365, In: Josef Gelmi, Helmut Gritsch, Caroline Baldemair (Hg.), Dynast und Kirche: Studien zum Verhältnis von Kirche und Staat im späteren Mittelalter und der Neuzeit (= Innsbrucker historische Studien, Bd.18/19), Innsbruck 1997, S. 154, Anm. 28.
311   Christoph Friedrich VON STÄLIN, Wirtembergische Geschichte, Bd. 3, Schwaben und Südfranken, Schluss des Mittelalters 1269–1496, Stuttgart 1856, S. 203.
312   Rüdiger BECKSMANN, Das Thron-Salomonis-Fenster im Augsburger Dom und Kaiser Ludwig der Bayer. Ein Fall von deletio memoriae?, In: Hans-Rudolf Meier, u.a. (Hg.), Für irdischen Ruhm und himmlischen Lohn. Stifter und Auftraggeber in der mittelalterlichen Kunst, Berlin 1995, S. 247–263; Rüdiger BECKSMANN (Hg.), Deutsche Glasmalerei des Mittelalters: Voraussetzungen, Entwicklungen, Zusammenhänge, Berlin 1992, S. 116. Zur Beisetzung Hofmaiers im Augsburger Dom vgl. ZORN, Augsburg, 169.
313   Peter GEFFCKEN, Die Welser und ihr Handel 1246–1496, In: Mark Häberlein, Johannes Burkhardt (Hg.), Die Welser: neue Forschungen zur Geschichte und Kultur des oberdeutschen Handelshauses (= Colloquia Augustana, Bd. 16), München 2002, S. 27–168, hier: S. 36, Anm. 41. Die Urkunde liegt im StA Ludwigsburg. B. 169. U. 262, 1341-02-13.
314   Peter GEFFCKEN, Art. „Vögelin", In: Augsburger Stadtlexikon, S. 900f.
315   Peter GEFFCKEN, Art. „Riederer I.", In: Augsburger Stadtlexikon, S. 753: „Magister Ulrich [...] war als Stadtschreiber tätig"; SCHMIDT-GROTZ, Achtbuch, Bd. 1, S. 214 führt als Beleg eine ungedruckte Urkunde des Jahres 1344 an, in der *ein Maister Ulrich der Riedrer der stetschriber zu Auspruch* genannt wird. StadtA Augsburg, Reichsstadt, Urkunden 31. Jul. 1344. Vgl. UBA I, Nr. 404 (31. Aug. 1344), S. 383. Die von Krug vertretene Gleichsetzung des Stadtschreibers Ulrich mit dem kaiserlichen Protonotar Ulrich Hofmaier wurde damit widerlegt. Vgl. dazu KRUG, Steuerbücher, S. 35–37.

Berchtold „amtierte ab 1342 dreimal als Stadtpfleger".[316] Der an den zentralen europäischen Königshöfen bekannte Protonotar Ludwigs des Bayern saß im Kreise der Familie mit den Bürgermeistern der Stadt Augsburg an einem Tisch. Die Grenzen der Verfassungsgeschichte greifen zu kurz, wenn es darum geht, die Verbindungen zwischen den politischen Milieus in Europa zu begreifen. Die Stadt Augsburg war über Familien-, Freundschafts- und Vertrauensnetzwerke eng mit der europäischen Welt verbunden, auch wenn sich in der ersten Hälfte des 14. Jahrhunderts kaum politische Direktkontakte der Kommune zu entfernteren Milieus wie der avignonesischen Kurie oder anderen europäischen Königshöfen nachweisen lassen.[317] Das Wissen um die Gestalt politischer Schriftkulturen der großen höfischen Milieus und anderer Räume war damit im Kreise der städtischen Eliten präsent. Dennoch orientierte man sich bei der Rezeption vor allem im lokalen Raum, was wiederum darauf hindeutet, dass der Transfer der kommunalen Schriftkultur nicht auf erkannten Innovationen, sondern auf geteilten Ordnungsvorstellungen beruhte.

Mit wachsender Zahl städtischer Privilegien wuchs die Sorge um deren sorgfältige Verwahrung. Während die ersten Privilegien des ausgehenden 13. Jahrhunderts wohl wie auch das Siegel der Stadt zunächst in den Häusern der Ratsherren aufbewahrt worden sein dürften, ging man mit der Erbauung des Rathauses, spätestens aber während der ersten Hälfte des 14. Jahrhunderts zur

---

316  GEFFCKEN, Art. „Riederer I", In: Augsburger Stadtlexikon, S. 753.
317  Gesandschaften und Kontakte der Kommune zu umliegenden Adelshöfen in Auswahl: KALESSE, KRUG, Steuermeisterrechnungen (1321), fol. 1v.: *Item fabro underkaeuffel misso ad illum de Wirtenberch 4 lib Hall.*; (1322), fol. 6v.: *Item Ulrico filio Chueningi 5½ lib. quos ipse mutuaverat civibus videlicet domino R. Bachoni et notario, missis Ulmam ad ducem Liupoldum*; fol. 10v.: *Item uni nuncio misso ad illum de Haldenberch 2 sol*; fol. 11r.: *Item Heinrico Bitshlino dedimus 29 lib minus 20 dn et 27 lib 8 sol 4 dn de quibus tenebamur sibi in phantlosa burggravii de Nuerenberch quinquaginta lib et pro quatuor urnis latini vini quas cives propinaverunt eidem burggravio 5 lib et 7 sol minus 4 dn, Item Appotecherio pro duabus urnis latini vini quas cives propinaverunt episcopo Ratisponensi 3 lib 4 sol, Item nos tenemur Peter Voegellin 14 lib dn minus V sol pro esocibus* (Fisch, vermutl. Hecht) *quos dedit duci Bawarie*, fol. 14v.: *Item uni nuncio ad illos de Oetingen 3 sol, Item uni nuncio misso ad illium de Shwending 18 dn*; fol. 15v.: [Item] *dedit ex iussu civium Ulrico Bophinger qui missus fuit ad ducem Ottonem pro strata mercatoribus versus Wiennam 12 florenos et 2 lib Ratisponensium.* In den Baumeisterrechnungen wird in den Jahren 1320 bis 1330 lediglich eine kommunale Gesandtschaft an die Kurie greifbar, die einige Monate nach ihrer Abreise wieder nach Augsburg zurückkehrte: BMB Nr. 1 (1320), S. 31: *Rembotini misso Avinonam pro gola 30 sol.* Vgl. HOFFMANN, Rechnungsbücher, S. 31, Anm. 81: „Gola ist undeutlich geschrieben und könnte Bule heißen". Eine Prüfung der Textstelle in der Handschrift ergab ein übereinstimmendes Ergebnis. Eine päpstliche Bulle Johannes XXII. hat sich in der kommunalen Überlieferung nicht erhalten.

Aufbewahrung in diesem Gebäude über.[318] Dass das städtische Siegel in jener Zeit nicht mehr von den Ratsherren selbst, sondern im Rathaus aufbewahrt wurde, legt die Anschaffung einer Kiste für die Aufbewahrung desselben im Jahr 1325 nahe.[319] Die erste bisher bekannte Erwähnung eines städtischen Privilegienarchivs (*gewelbe*) stammt aus dem Zunftbrief des Jahres 1368.[320] Die Gewölbe lagen zu dieser Zeit unter dem Rathaus. Die Pläne des alten Rathauses von Elias Holl verzeichnen ihre Eingänge im Erdgeschoss.[321] Auch Fürsten von außerhalb der Stadt ließen dort wertvolle Habseligkeiten verwahren. So hat sich ein Brief erhalten, der bezeugt, dass Herzog Ludwig von Bayern 1437 *in ainer truhen* mehrere tausend Gulden *in das gewelb neben den gewelben auf ewrem rathaus, dar in ir ewr güt ligent habt,* hinterlegen ließ.[322] Kaiser Maximilian hinterlegte in den Gewölben des Rathauses eine Truhe, die das Lehensgewand Karls des Kühnen enthielt.[323] Die Stadt verfügte auch über Gewölbe unter dem Perlachturm.[324] Weber erwähnt, dass Stadtbuch, Stadtsiegel und die Kasse der Stadt in Gewölben des Perlachturms Aufbewahrung fanden.[325] Bis

---

318 Von einer anfänglichen Aufbewahrung des Kölner Schreins in Privathäusern berichtet: PITZ, Aktenwesen, S. 62.
319 BMB Nr. 1 (1325), S. 90: *Item pro truha ad sigillum.*
320 UBA II, Nr. 612 (16. Dez. 1368), S. 148ff.
321 StadtA Augsburg, Elias Holl, Elias Holl-Plansammlung, Nr. 16.
322 StadtA Augsburg, Literaliensammlung, 1437: *Wan wir [...] ain tail heraus nehmen lassen wellen, doch nicht minder dann zwaytausent gulden rheinisch, das wir ew dann quittieren.*
323 RI XIV 2, Nr. 7347 (7. Sept. 1496): „Heinrich Prüschenk, Frh zu Stettenberg, an KM: KM hat die Schlüssel für das Gewölbe im Augsburger Rathaus zwecks Abholung einer Truhe geschickt. Prüschenk besuchte zusammen mit Casius (Hackenay) den Rat, der etwas befremdet war, von KM nicht verständigt worden zu sein. Man versuchte gemeinsam, das Gewölbe aufzusperren, aber die Schlüssel paßten nicht. Prüschenk fragt KM, ob er auf die richtigen Schlüssel warten oder das Schloß aufbrechen soll"; RI XIV 2, Nr. 7366 (12. Sept. 1496): „Casius übersendet beiliegend einige Briefe des Heinrich Prüschenk mitsamt den falschen Schlüsseln zum Gewölbe mit der Truhe für das Lehensgewand (Karls des Kühnen). Wenn abermals die falschen Schlüssel übersandt werden, muß man das Gewölbe aufbrechen, was die Augsburger ohne KMs Befehl nicht gestatten"; RI XIV 2, Nr. 7396 (17. Sept. 1496): „Bürgermeister und Rat der Stadt Augsburg berichten KM von den Versuchen Heinrich Prüschenks, für KM einige Truhen aus dem Gewölbe des Rathauses in Augsburg zu holen, die KM dort verwahren läßt. Da die mitgebrachten Schlüssel nicht paßten, verbot der Rat, die Gewölbe aufzubrechen. Die Augsburger bitten daher KM, jeden, der etwas aus dem Gewölbe holen soll, mit ausdrücklichen Befehlen auszustatten und auch den Rat zu verständigen. Sampstag nach Exaltacionis Crucis 1496. Bürgermeister und ratgeben der statt Augspurg".
324 Vgl. Amtsblatt der Stadt Augsburg 41 (15. Okt. 1982), S. 161.
325 Vgl. Ebd.

zum Jahr 1385 verzeichnen die Baumeisterbücher Zahlungen für die Nutzung eines Gewölbes im Perlachturm. In diesem Jahr wurde das Rathaus umgebaut. Die Stadt behielt die Gewölbe im Perlachturm auch danach weiter in Nutzung. So erhielt ein Maurer im Jahr 1390 Zahlungen für eine Ausbesserung im Gang zu den Gewölben im Perlachturm.[326] Im selben Jahr erhielt ein Schmied Bezahlung für die Anfertigung von Ketten und Schlössern *an kelern und laden*.[327] Gerade als das Rathaus noch hauptsächlich aus Holz bestand, gewährleistete ein gemauerter Turm höheren Schutz. Auch in anderen Städten war die Aufbewahrung der städtischen Privilegien in gemauerten Türmen gebräuchlich.

Dass die städtischen Privilegien, von anderen Archivalien getrennt, als eigener Bestand verwahrt wurden, zeigt ein Inventar des Stadtpflegergewölbes aus dem 16. Jahrhundert.[328] Dort befanden sich zu jener Zeit mehrere verschlossene Truhen in verschiedenen Färbungen (*Erstlich in einer schwarzen verschloßnen truhen seien volgende stuck*), sowie hölzerne Kästen, in denen die städtischen Privilegien aufbewahrt wurden. Die Truhen waren mit mehreren nummerierten Laden versehen (*Noch mer ist in diser schwarzen truhen ein lad No. 1*). Neben spätmittelalterlichen und frühneuzeitlichen Privilegien, wie der Reichsstadterhebung Ludwigs des Bayern (*kaiser Ludwigs quarti confirmatio privilegiorum und daz dise statt vom reich nit soll versetzt werden*), der Bestätigung Karls IV. eines städtischen *ius de non evocando* mit einem goldenen Siegel (*kaiser Karls quarti gulden bull für fremder gericht*) und diversen Privilegien Kaiser Karls V. befanden sich dort auch andere Urkunden des Spätmittelalters, die zu Urkundenbüscheln zusammengeschnürt waren (*ettliche alt brief, s. Catarina kloster belangend, zusammengebunden*). Dabei bewahrten die Stadtpfleger auch ein in rotes Leder gebundenes Buch, das Abschriften der städtischen Privilegien enthielt: *Ein buch in rot pergamen gebunden, betr. die anno 1538 angenommen geschlechter und derselben numeration wie fraihaiten, so wie gemainer statt privilegien*.

Auch in den anderen Städten des Reiches nördlich der Alpen wird die Entstehung städtischer Privilegienarchive seit dem fortschreitenden 13. Jahrhundert greifbar. Oftmals ist dabei zunächst von besonderen Aufbewahrungsverhältnissen in Gestalt einer Truhe (*truha*) oder einer Stadtlade (*cista*

---

326 BMB Nr. 4 (1390), fol. 36v.: *Item 17 lib dn und 12 sol dn dem Völcken und den sinen tzu murern uff dem perlach den gang tzu den gewelben und vor den gewant kelern und tzu decken daz ölhuse*.

327 BMB Nr. 4 (1390), fol. 52r.

328 StadtA Augsburg, EWA Akten 7, *Inventarium über die brief, bucher und schriften so in der herrn stattpfleger gewölb seien, den 17. octobris anno 1576 zu beschreiben angefangen*.

*civitatis, lada*) die Rede.³²⁹ Truhen dienten dabei im 13. und beginnenden 14. Jahrhundert mehr der Ablage als der tatsächlichen Archivierung.³³⁰ Oftmals befanden sich die städtischen Urkundenbestände zu Beginn in der Obhut geistlicher Einrichtungen.³³¹ In Esslingen befanden sich die Urkunden in der bis zur Mitte des 13. Jahrhunderts erbauten, 1324 erstmals erwähnten Allerheiligenkapelle, „deren Untergeschoss als Beinhaus des benachbarten Friedhofs diente".³³² In manchen Hansestädten hielt sich diese Tradition bis zum Ende des Mittelalters. In Lübeck lagerten die Urkunden seit 1231 in der Tresenkammer der städtischen Ratskirche über der Kapelle des Rates.³³³ Das Archiv der Stadt Biberach an der Riß war im Turm der St. Martinskirche untergebracht.³³⁴

In der ersten Hälfte des 14. Jahrhunderts werden dann von Seiten der Kommunen zunehmend Tendenzen sichtbar, eigene Aufbewahrungsorte zu

---

329 WATTENBACH, Schriftwesen, S. 638f.: „Anfänglich genügte ein großer Kasten oder Koffer, die *cista civitatis*, welche in Hamburg 1298 erwähnt wird; Dazu: LAPPENBERG, Codex Dipl. Hamburgensis, S. LXXXII; Köln: KOTJE, Archivierung, S. 13: „*cista civitatis Coloniensis* im Hause von Werner Overstolz in der Rheingasse, in der 1322 der Schuldbrief eines Bürgers hinterlegt werden sollte". Aachen: HERRMANN, Schriftlichkeit, S. 292: „Mit dem Bezug des Grashauses als Verwaltungsgebäude in den sechziger und siebziger Jahren des 13. Jahrhunderts scheint man dazu übergegangen zu sein, als wichtig erachtetes Schriftgut auch in diesem Haus zurückzubehalten. Präzisere Nachrichten [...] liefern erst die Stadtrechnung des 14. Jahrhunderts [...]. Dort ist von einer Lade (*lada*) zu lesen, in die die [...] Privilegien der Stadt zu deponieren sind"; vgl. PITZ, Aktenwesen, S. 466: „Die drei frühesten Registratureinrichtungen in unseren drei Städten sind zweifellos die tragbaren Kisten für die Urkunden, deren man sich bedient haben wird, sobald die Städte zuerst Privilegien und Wertgegenstände in ihren Besitz brachten. Erst seit dem Auftreten der Ratsverfassung, d.h. seit dem Ende des 13. Jahrhunderts erhielten diese Stadtkisten in einem gegen Feuer und Diebstahl besonders gesicherten Raume ein festes Unterkommen".
330 Zum Wandel der Archivierung der Privilegien vgl. Kap. III.6.
331 ENNEN, Kölner Stadtarchiv, S. 92f.; ISENMANN, Handbuch, S. 55; Mecklenburgisches Urkundenbuch Bd. 2, Nr. 1051 (29. Jun. 1265), S. 274: Rat und Gemeinde der Stadt Rostock bestimmen, dass die städtischen Privilegien von drei Kämmerern in der Pfarrei des hl. Petrus aufbewahrt werden sollen: *Arbitrari sumus insuper, ut privilegia civitatis in parrochia sancti Petri in loco tuto sub custodia trium camerariorum reserventur.* In manchen Städten haben sich Kirchen als Aufbewahrungsorte der städtischen Urkunden auch bis zum Ende des Mittelalters erhalten.
332 Informationsblatt des Stadtarchivs Esslingen.
333 PITZ, Aktenwesen, S. 420; vgl. auch: Ulrich SIMON, Von Trese und Kanzlei zum Zweckbau: Aspekte zum Archivgebäude, In: ZVLGA 78 (1998), S. 401–418, hier: S. 401ff.
334 Erhard BRUDER, Biberach an der Riß. Bildnis einer oberschwäbischen Stadt, Biberach 1950, S. 18.

etablieren. Im Stadtbuch der Stadt Kempten von 1358 finden wir einen Hinweis auf eine Urkunde die *im gewelb ligt*.[335] In Halle ist 1341 der Baubeginn für einen Turm zwischen Waage und Rathaus belegt, welcher bis 1835 zur Unterbringung der städtischen Privilegien diente.[336] In Basel war ein großer Teil der städtischen Privilegien 1356 verbrannt.[337] Seither wohnte ein Kanzleischreiber im Rathaus, um bei Feuergefahr die Kassen und das Archiv retten zu können.[338] In Köln mühte sich der Rat, „in einer Zeit, wo die Erzbischöfe alles aufboten, um die Stadt wieder in das frühere Abhängigkeitsverhältnis zurückzudrängen [...], den bestehenden Zustand möglichst durch bündige Urkunden zu legalisieren. Er musste grossen Werth darauf legen, diese Briefe, Privilegien, Vergleiche, Friedschlüsse und Rechtsgebräuche an einem sicheren Orte aufzubewahren".[339]

Vom Prozess der Etablierung städtischer Archive zeugen nicht zuletzt schriftliche Ordnungen der Stadt, die zeigen, dass diese feste Bestandteile des kommunalen Organismus geworden waren. Den Zugang zu ihnen hatte nur ein kleiner Kreis. In einer Regimentsordnung Karls IV. für Heilbronn wurde bestimmt: *Es sullen die burgermeister und zwene uswendig [aus dem] rates, einer von den burgern und einer von der gemeinde, die der rat dorzu kewset und setzet, alle slussel haben zu toren, zu turmen, zu ingsigel und zu briefen.*[340] In Esslingen bestimmte eine Verordnung vom 13. April 1368, dass bei der jährlichen Bürgermeisterwahl ein Pfleger gewählt wurde, der die Schlüssel zu dem Behältnis in Verwahrung hielt, in dem sich die städtischen Urkunden

---

335 Peter BECK, Das Stadtbuch der Stadt Kempten von 1358. Zugleich ein Beitrag zu Verfassung und Gerichtswesen im alten Kempten, Kiel 1973, S. 59.

336 Geschichte des Stadtarchivs Halle: (http://www.halle.de/push.aspx?s=downloads/ de/KulturTourismus/Stadtgeschichte/Stadtarchiv//Geschichte/Geschichte_des_ Stadtarchivs.pdf/ Letzte Einsichtnahme: 24.11.2012).

337 Albert BRUCKNER, Zur Älteren Geschichte des Baslerischen Archivwesens, S. 589: „Wir stehen am Ende unserer Untersuchung. Ihr mageres Resultat bekräftigt den Vermerk im *Roten Buch*; angesichts der verschwindend kleinen Anzahl von Urkunden, die der Katastrophe von 1356 entronnen sind, muss man füglich von einer Vernichtung des alten Basler Ratsarchivs sprechen. [...] Wir kennen die Bauart des damaligen Rathauses nicht. 1354 fanden die Ratsgeschäfte im Haus zum Angen ihre Abwicklung, so dass sehr wahrscheinlich Kanzlei und Archiv dort untergebracht waren. C. H. Baer nahm an, dass der Bau keine gewölbten Räume besaß und er daher ausbrannte".

338 August Bernoulli (Hg.), Chronikalien der Ratsbücher (1356–1548) (= Basler Chroniken, Bd. 3), Basel 1887, S. 132f.

339 Leonhard ENNEN, Geschichte des Kölner Stadtarchivs, In: Archivalische Zeitschrift 2 (1877), S. 89–109, hier: S. 92ff.

340 WECKBACH, SCHRENK, Das Stadtarchiv, S. 13.

befanden.[341] Weitere Spuren aus Städten wie Köln, Essen oder Regensburg bezeugen, dass die Bewahrung der städtischen Privilegien zumeist durch mehrere Personen, bestehend aus Bürgermeister oder extra dazu gewählten Ratsmitgliedern, in abschließbaren Truhen in der ersten Hälfte des 14. Jahrhunderts zu einem stadthistorischen Phänomen wurde.[342] In Köln waren die städtischen Freiheitsbriefe in einer Truhe mit drei Schlössern gesichert. Einen Schlüssel verwahrte ein Mitglied des Kleinen, den zweiten ein Mitglied des Großen Rats und den dritten ein zum Rat gehörender Schöffe, „also dass die drei nicht aufschliessen und hingehen sollen, um ein Aktenstück zu lesen oder hierauszunehmen, es seien dann alle drei zusammen".[343]

Im Gegensatz zur strikten Begrenzung des Zugriffs auf die städtischen Urkunden war man um ihre Gestaltung und die öffentliche Publizität ihrer Existenz besonders bemüht.[344] Städte wie Nürnberg und Regensburg ließen ihre Privilegien in der königlichen Kanzlei gegen hohe Kosten mit aufwendigen Initialen, Illustrationen und goldenen Siegeln ausstatten.[345] Auch in Augsburg bezeugen die fragmentarisch erhaltenen Inventare des 16. und 17. Jahrhunderts des Privilegienarchivs im Stadtpflegergewölbe und der erhaltene

---

341　Adolf DIEHL, Urkundenbuch der Stadt Esslingen, Bd. 1 (= Würtembergische Geschichtsquellen, Bd. 4), Stuttgart 1899, S. VIII; vgl. auch: Karl PFAFF, Geschichte der Reichsstadt Esslingen, Mit Ergänzungsheft, Esslingen 1842–1852, S. 552: „Später befand sich das Archiv im sogenannten Wendelstein, dem gegen den Neckar gelegenen Turm der Dionysiuskirche".

342　Vgl. auch: Geschichte des Stadtarchivs Schondorf (http://www.schorndorf.de/de/Kultur/ Stadtarchiv/Geschichte-des-Stadtarchivs / Letzte Einsichtnahme: 12.10.12): „Die Anfänge des Stadtarchivs Schorndorf gehen zurück bis ins Mittelalter. Für die Stadt ist 1539 die „Stadtlade" (Archivtruhe, Archivkasten) erwähnt, zu der jeder der Bürgermeister einen Schlüssel hatte und in der die wichtigsten Dokumente aufbewahrt wurden"; Essen: Klaus WISOTZKY, Das Stadtarchiv Essen, In: Der Archivar 59/3 (2006), 244–248, S. 245: Die erste schriftliche Erwähnung der städtischen Registratur finden wir in der Stadtrechnung von 1381. „In der Stadtrechnung wird die Ausgabe von zwei Pfennigen vermerkt *vor eyne dose to breyven*".

343　ENNEN, Geschichte des Kölner Stadtarchivs, S. 93.

344　Gerd Melville (Hg.), Das Sichtbare und das Unsichtbare der Macht. Institutionelle Prozesse in Antike, Mittelalter und Neuzeit, Köln, Weimar, Wien 2005.

345　Christa WERDE, Leonhard von München, der Meister der Prunkurkunden Kaiser Ludwigs des Bayern (= Münchener historische Studien, Abt. Geschichtliche Hilfswissenschaften, Bd. 17), Kallmünz 1980; vgl. auch: Peter Fleischmann (Hg.), Norenberc-Nürnberg 1050–1806, Eine Ausstellung des Stadtarchivs Nürnberg zur Geschichte der Reichsstadt 16. September–12. November 2000 (= Ausstellungskataloge der staatlichen Archive Bayerns, Bd. 41), München 1982, S. 66.

Urkundenbestand, dass sich die Stadt seit der Zeit Karl IV. Privilegien mit goldenen Siegeln hatte ausstellen lassen.[346]

Die Bedeutung, die ihrem Besitz zukam, fand in Gestaltungsmaßnahmen des öffentlichen Raums einen sichtbaren Ausdruck.[347] In Lübeck wurde die Vergabe des Reichsfreiheitsprivilegs durch Friedrich II. im 14. Jahrhundert in der Hörkammer des Lübecker Rathauses auf einem Wandgemälde dargestellt. Zwischen 1338 und 1340 ließ der Rat der Stadt Nürnberg im Ratssaal eine heute verlorene Skulptur anbringen, welche die Verleihung von Zollprivilegien durch Ludwig IV. darstellte.[348] Bis heute erhaltene Figurendarstellungen im Kölner Hansasaal zeigen Karl IV. bei der Vergabe von Privilegien an die Stadt, von denen die wichtigsten, das Stapelrecht und das Recht zur Stadtbefestigung, in personifizierenden Figurendarstellungen umgesetzt wurden.[349] In Donauwörth

---

346   Vgl. FLEISCHMANN, Die Überlieferung der Reichsstadt Augsburg, S. 35: „So hatte man auch vier (ursprünglich fünf) Urkunden besessen, die mit einer guldenen Bulla gesiegelt waren. Es handelte sich dabei um eine allgemeine Privilegienbestätigung nebst Befreiung von fremden Gerichten Kaiser Karls IV. vom 6. Dezember 1355, um erneute Befreiung von fremden Gerichten vom 10. November 1433, um eine allgemeine Privilegienbestätigung vom 10. November 1433 und um ein Ungeldprivileg vom 16. November 1433 sowie um die Wahlordnung der Stadt Augsbugr von Kaiser Karl V. vom 7. Juli 1549".

347   Sandra HUNING, Politisches Handeln in öffentlichen Räumen. Die Bedeutung öffentlicher Räume für das Politische (= Edition Stadt und Region, Bd. 14), Berlin 2006, S. 17–21.

348   Matthias MENDE, Das alte Nürnberger Rathaus, Baugeschichte und Ausstattung des großen Saales und der Ratsstube Bd. 1, Nürnberg 1979, S. 34 u. 48f.; vgl. auch: FLEISCHMANN, Rat und Patriziat, S. 31 u. S. 161f.

349   Vgl. Lieselotte E. SAURMA-JELTSCH, Das Mittelalterliche Reich in der Reichsstadt, In: Bern Schneidmüller, Stefan Weinfurter (Hg.), Heilig Römisch Deutsch, Das Reich im Mittelalterlichen Europa (Internationale Tagung zur 29. Ausstellung des Europarates und Landesausstellung Sachsen-Anhalt), Dresden 2004, S. 399–440, hier: S. 419: Im Kölner Hansasaal hat sich an der Südwand eine Figurendarstellung erhalten, die „wohl noch im zweiten oder dritten Jahrzehnt des 14 Jahrhunderts konzipiert wurde" und den Kaiser als Verleiher einer Urkunde zeigt. „Der Herrscher bestätigt mit einer gesiegelten Urkunde der Stadt Privilegien, von denen wohl die beiden wichtigsten, das Stapelrecht und des Recht der Stadtbefestigung, ihn als Personifikation begleiten. Bereits im 12. Jahrhundert hatte Köln sich das Befestigungsrecht errungen, das spätestens im Jahre 1288 mit der rechtlich endgültigen Lösung von den Erzbischöfen als den ehemaligen Stadtherren ausschließlich in den Händen der Stadt lag, während das Stapelrecht 1258 im so genannten großen Schied festgelegt und erst 1349 wieder vollumfänglich von Karl IV. bestätigt worden war"; u. S. 422: „Die in alttestamentlicher Tracht erscheinenden Personifikationen" beschwören „die Überzeitlichkeit der Privilegien". Weiterhin ist ein Wandmalereifragment an der Nordwand des Hansasaals im Kölner Rathaus zu nennen, dass Karl IV. als Verleiher städtischer Privilegien abbildet: Vgl. Fried MÜHLBERG, Der Hansasaal des Kölner Rathauses, In: Wallgraf-Richartz-Jahrbuch 36, 1974, S. 65–98. Ulrike SURMANN, Vom städtischen

trug der Riedertorturm auf der Innenseite, die vom Marktplatz aus gut sichtbar war, noch im 19. Jahrhundert ein großes Bildnis Kaiser Sigismunds aus dem Jahr 1428, das dem Abbild auf dessen Thronsiegeln nachempfunden war. Es zeigte den Herrscher mit einer Bildunterschrift: *Dem kaiser Sigmund, allzeit mehrer des reichs, dem hochverdienten gönner der stadt Werd, hat der rat, den er mit 24 privilegien ausstattete, zum dank für die vergabe dieser rechte dieses bild herstellen lassen im Jahre 1428.*[350]

Diese Phänomene verweisen wiederum auf eine symbolische Kraft kommunaler Schriftlichkeit, die der Legitimation städtischer Herrschaft diente und eine von der Einzelperson unabhängige Kraft gewann. Sie bewegte die aufständischen Zünfte, die Schlüssel zum Gewölbe mit den städtischen Privilegien als Ausdruck der Regierungsübernahme einzufordern. Ähnliche Verfahrensweisen konnten für den Zeitraum des 14. und 15. Jahrhunderts in Kleinstädten und Metropolen am Rhein und in Oberdeutschland, sowohl bei zwischenstädtischen Konflikten, als auch bei innerstädtischen Auseinandersetzungen um die Stadtherrschaft identifiziert werden. Einen frühen Fall beschreibt der Straßburger Chronist Cloßener im 14. Jahrhundert. Als die Handwerker 1349 für sich mehr Mitbestimmung in der städtischen Politik verlangten, versammelte sich eine aufrührerische Menge vor dem Haus des Ammans und bedrohte diesen mit Waffengewalt: *do hieß der ammanmeister die briefe bringen, die er gehielte von der stete wegen und gab sü in.*[351] In Köln führten die Unruhen von 1396 dazu, dass die Schöffen ihre ursprüngliche Gewalt über das *gewulfe, daynne de privilegien sint* aufgeben mussten und zur oben geschilderten Verteilung der Schlüssel übergingen.[352] Auch während der Kölner Unruhen im Jahr 1481 forderten die Aufständischen [...] *die schlußel von dem gewulb under dem rathsthorn, daer unser herrn privilegia ihn liegen, und das man darihn nit ihngehn oder etwan darihn thue dan ihn beiwesen der selber geschickten freunden.*[353] Während der bürgerlichen Unruhe des Jahres 1483 in Hamburg „war es die erste Sorge des Rates, die Stadtbücher durch einige Vertrauenspersonen in einen sicheren, ihm selber unbekannten Gewahrsam bringen zu lassen, damit niemand

---

        Umgang mit Bildern. Die Bildprogramme des Kölner Rathauses, In: Hiltrud Kier (Hg.), Köln: Der Ratsturm, Seine Geschichte und sein Figurenprogramm (= Stadtspuren-Denkmäler in Köln, Bd. 21), Köln 1996, S. 166–201, hier: S. 172.

350   Zitiert nach: Maria ZELZER, Geschichte der Stadt Donauwörth von den Anfängen bis 1618, Bd. 1, Donauwörth 1958, S. 92.

351   Fritsche Closener's (Strassburgische) Chronik, DstChr. 8, S. 129.

352   Walther STEIN, Akten zur Geschichte der Verfassung und Verwaltung der Stadt Köln im 14. und 15. Jahrhundert, Bd. 1, (= Publikationen der Gesellschaft für Rheinische Geschichtskunde, Bd. 10), Bonn 1893, S. 216.

353   Koehlhoffsche Chronik, DstChr. 14, S. 934.

ihn durch Gewaltmittel zur Herausgabe oder gar zur Vernichtung der Bücher zwingen könne".[354] Im Jahr 1457 versuchte der bayerische Herzog Ludwig die Privilegien der nahe bei Augsburg gelegenen Kleinstadt Donauwörth mit militärischer Gewalt an sich zu bringen. Wie der Augsburger Zeitgenosse Burkhardt Zink berichtet, hatte sich die Stadt dem Herzog nach einer bedrohlichen Belagerung freiwillig ergeben.[355] Die Forderung der Privilegienübergabe schilderte Zink als Bestandteil einer Abfolge von Einzelschritten in einer unsicheren Situation der Herrschaftsübernahme, die der Neuausrichtung des städtischen Herrschaftsgefüges dienten.[356] Die Donauwörther hatten die Privilegien jedoch vorsorglich in einer verschlossenen Truhe nach Augsburg gebracht. Davon zeugt eine in den Augsburger Ratsprotokollen erhaltene Abschrift der Rückgabequittung.[357] Das nicht erreichte Ziel war ein bis heute erhaltener Pfandbrief König Konradins des Jahres 1266, der die Pfandherrschaft Bayerns über Donauwörth bekundete. Bereits 1417 war es zwischen dem Herzog und der Stadt zu einem Streit um diese Urkunde gekommen, der zu Gunsten der Stadt mit der Zerschneidung einer Abschrift auf dem Konstanzer Konzil durch Kaiser Sigismund geendet hatte. Auch die Donauwörther hatten die Schlüssel zur in Augsburg in Sicherheit gebrachten Truhe behalten. Der Zugang war nur Mitgliedern des Rates und den Stadtschreibern erlaubt. Auch der Ratsdiener Clemens Jäger hatte zwar Zugang zu den Archiven des Rates, keinen aber zu den städtischen Privilegien erhalten.[358]

Bei derartigen Herrschaftsübernahmen, wie wir sie auch im Falle der Augsburger Zunftrevolution überliefert haben, wurden die städtischen Privilegien von den Zünften nicht benötigt, um damit pragmatisch Herrschaft auszuüben, sondern weil sie im öffentlich-rechtlichen Bewusstsein den dinglichen Referenzpunkt eines städtischen Rechtsstatus repräsentierten, der vor

---

354 BOLLAND, Bilderhandschrift, S. 145.
355 Chronik des Burkhard Zink, DStChr. 5, S. 220.
356 Vgl. Gerd ALTHOFF, Zur Bedeutung symbolischer Kommunikation für das Verständnis des Mittelalters, In: Frühmittelalterliche Studien 31 (1997), S. 370–389. Der Herzog ritt durch die Tore, ließ am Rathaus und den städtischen Toren das Stadtwappen heruntergeschlagen und das bayerische Wappen anbringen. Die Bürgerschaft wurde unter der alten Weide zu einem Treueschwur auf die bayerische Herrschaft versammelt. Schließlich verlangte Ludwig die Übergabe der städtischen Privilegien, jedoch ohne Erfolg.
357 StadtA Augsburg, Ratsbücher Nr. 5 (1458), fol. 51v.
358 StB Augsburg, 2° Cod. Aug. Nr. 481, fol. 2r.: *Erstlich volgend die copien allerlay frayhaitten und verträg von römischen kayser und khönig loblichen erlangt und aůsgebracht, in welichen copien sich maine herren irer gelegenhait nach zů ersuchen haben, ob sie sollicher frayhaitten und verträg rechtes original bayhanden haben oder nit.*

ranghöheren politischen Kräften wie dem König auch einklagbar war. In den Privilegien hatte der rechtliche Status einer Stadt dingliche Gestalt angenommen. Ihre Zerstörung hätte die Zerstörung der städtischen Existenz bedeuten können. Schriftlichkeit wurde im 14. Jahrhundert damit nicht nur ein Faktor der Legitimation im inneren politischen Organsimus der Stadt, sondern wurde auch zum wahrgenommenen Ankerpunkt der Stadt im Ordnungsgefüge des Reiches. Das schriftlich fixierte Verhältnis der städtischen Eliten zu ihrer Vergangenheit erlangte existentielle Bedeutung. Die Zukunft politischer Macht bedurfte zunehmend einer schriftlich fixierten Vergangenheit. Traditionserhaltung war damit zunehmend auf Bestandserhaltung angewiesen.

## 5   Zwischenergebnisse

Die erste Hälfte des 14. Jahrhunderts war eine Phase, in der die Schriftkultur im kommunalen Milieu zu ihrer Reife gelangte. Auf der Grundlage der Adaption ihrer Grundlagen gewann sie nun eigene Lebensfähigkeit.

Die Entwicklung der städtischen Kanzlei ließ sich aus einer systematischen Auswertung der städtischen Überlieferung mit hoher Genauigkeit nachvollziehen. Die Rechnungsbücher und eine Kanzleiordnung des Jahres 1362 traten dabei als besonders ergiebige Quellen hervor. Hier ließ sich die Festigung von Strukturen beobachten. Die Schreiber erhielten 1320 bereits ein Festgehalt, das zwischen 1332 und 1368 um feste Zahlungen erweitert wurde, die zuvor in unregelmäßigem Abstand und schwankender Höhe an Terminen ausgegeben wurde, an denen sich im Zuge des Wachstums der Stadt ein überdurchschnittlich hohes Arbeitsaufkommen entwickelt hatte. Bedarfsorientierte Zahlungen, die der Stadtschreiber während der ersten Hälfte des 14. Jahrhunderts für die Buchführung und das Schreiben von Urkunden und Briefen im Dienste der Stadt erhielt, führten bei einem wachsenden Bedarf nach solchen Schreibleistungen dazu, dass der Stadtschreiber mit Abstand zum bestbezahlten Beamten der Stadt wurde. Der Stadtschreiber besaß ein Haus und verfügte über Knechte. Zudem wuchs seine Bedeutung im politischen Organismus der Stadt mit ihrer zunehmenden Fundierung auf schriftlichen Dokumenten. Die wachsende Macht der Schrift machte auch ihren menschlichen Vertreter zu einem mächtigen Mann mit einer repräsentativen Bedeutung in inner- und außerstädtischen Kreisen. Der Stadtschreiber wurde zum Bewahrer des Stadtrechtsbuchs, das er auf Anweisung im Kreis des Rates und vor Gericht zu verlesen hatte. Im Kreis des Rates war er anwesend und war im Mechanismus der Organisation politischer Abstimmungen fest beteiligt. Der Wortlaut der Kanzleiordnung von 1362 macht es auch wahrscheinlich, dass es während der ersten Hälfte des 14. Jahrhunderts gebräuchlich wurde, dass die städtischen Schreiber Einfluss auf Gerichtsurteile und den Verlauf einer Ratswahl nahmen, bevor man dies 1362 bei Strafe unter Verbot stellte. Die regelmäßigen Zahlungen für neue Kleidung des Stadtschreibers, die andere Beamte nicht erhielten, werden vor diesem Bedeutungshorizont erst verständlich. Als Vertreter der Stadt finden sich die Augsburger Stadtschreiber und deren Schüler an den Höfen hochrangiger Fürsten oder auf den Dörfern im Umland. Hierfür stellte die Stadt Pferde zur Verfügung. Mit den Schreibern des Königs oder hochrangiger Fürsten des Umlandes, die von der Stadt Geld für die Ausstellung von Privilegien erhielten, befanden sich die Augsburger Stadtschreiber und die städtische Oberschicht in gutem Kontakt.

In der ersten Hälfte des 14. Jahrhundert hatte die Schriftlichkeit begonnen zu einem Kernelement des städtischen Organismus zu werden. Die Kanzlei wurde tragendes Element, das auch bei einem Machtwechsel weiterhin funktionierte. Die Bedeutung der Schriftlichkeit stand hier nicht mehr in Abhängigkeit zur Autorität eines Einzelnen. Sie hatte sich von dieser gelöst und eine eigene Autorität entwickelt. Diejenigen Schriftstücke, die die städtische Verfassung und Tradition trugen, erhielten ein eigenes Gesicht und überdauerten Generationen und Regierungsformen.

Dabei ist es bemerkenswert, dass Rat und Kanzlei nun auch gezielt im städtischen Milieu ihrer Umgebung Erkundigungen einzogen, wenn es darum ging, Neuerungen der Schriftkultur einzuführen. Die städtische Schriftkultur hatte wahrnehmbar Gestalt angenommen. Einzelne Ausformungen wie der Zunftbrief begannen sich im Netzwerk der Städte zu verbreiten und wurden so zu stadthistorischen Phänomenen des Spätmittelalters. Die Kanzlei war ein eigener lebensfähiger Organismus geworden, der etabliertes Wissen nun von selbst zu reproduzieren vermochte und nicht mehr auf den Import gelehrter Experten aus den Kreisen von Klerus oder Adel angewiesen war. Der Stadtschreiber verfügte über einen Kanzleischüler, der an allen Arbeitsabläufen in der städtischen Kanzlei praktisch beteiligt wurde und dafür ebenfalls Bezahlung erhielt. Die Übertragung des Wissens um die in der Stadt etablierten Arbeitsabläufe und deren Bedeutung im städtischen Organismus geschah nun vor Ort.

Eine Analyse der städtischen Überlieferungsstruktur zeigte, dass die Kanzlei die Intensität ihrer seit der Jahrhundertwende begonnenen Buchführung bis zur Mitte des 14. Jahrhunderts deutlich steigerte. Zu den Codices des Stadtbuchs, Bürgerbuchs und Achtbuchs traten sieben weitere, regelmäßig geführte Gruppen städtischer Amtsbücher, die einen funktionalen Schwerpunkt im Bereich der Rechnungsführung und der Sicherung von Eigentums- und Nutzungsrechten hatten.

Aus der anfänglichen Freiwilligkeit der Schriftführung war eine Verpflichtung geworden. Ein wahrgenommenes Nutzungspotential im Konfliktfall wurde im innerstädtischen Organismus zunehmend zur Nachweispflicht. Es kam zu einer Eingrenzung der Gestaltungsfreiheit städtischer Amtsführung. Das Siegel wurde an zentraler Stelle verwahrt, die Amtsführung wurde strikter terminiert, die Sitzordnung der Zünfte im Ratssaal unterlag der exakten schriftlichen Definition. Damit einhergehend sanken auch die Gestaltungsfreiheiten im Bereich der Buchführung.

Die Untersuchung der inneren Struktur der Baumeisterbücher zeigte eine sukzessive Buchführung. Eintragungen in die Rechnungsbücher wurden immer nur nach bestimmten Zeitabständen und in zusammengefasster Form vorgenommen. Die Baumeisterbücher hatten die Funktion eines Archivs, das nach bestimmten Zeitabständen Überblick über die Gesamtausgaben der Stadt ermöglichen sollte. Die Untersuchungen des Bürgerbuchs und des Achtbuchs durch Kalesse und Schmidt-Grotz erbrachten vergleichbare Ergebnisse. Die Rekonstruktion technischer Aspekte bildete die Grundlage der Untersuchung der zeitgenössischen Zwecksetzung der Buchführung. Diese ergab, dass es nicht nur eine Erhöhung von Übersichtlichkeit und Effektivität Ziel der Verschriftlichung war, sondern vor allem auch eine neue Bedeutung der Schrift als Mittel gegenseitiger Kontrolle. Verschriftlichung war zu einem großen Teil Reaktion auf eine wachsende Gegenwärtigkeit schriftlicher Nachweispflicht. Spätestens seit 1340 diente die städtische Rechnungsführung als jährlicher Nachweis und Rechtfertigung der städtischen Beamten gegenüber den Augsburger Bürgern. Den Steuermeistern wiederum dienten die Steuerbücher zur Absicherung gegen Versuche der Steuerhinterziehung und zur Verifikation von Vermögensverhältnissen, die eine Auswirkung auf Bürgerrechte und Bürgerpflichten hatten. Das Bürgerbuch führte die Stadt, um sich bei Bürgen gegen mögliche Schäden abzusichern, die durch die Aufnahme unbekannter Neubürger entstehen konnten. Auch die Niederschrift der Kanzleiordnung ist nicht nur als Fixierung von gewachsenen Traditionen, sondern auch als Definition und Eingrenzung der Kompetenz des städtischen Schreibers zu verstehen. Ein Vergleich der Entwicklung der Buchführung der städtischen Kanzlei Augsburgs mit der Buchführung der kleineren Stadt Nördlingen bekräftigt dieses Ergebnis. In Nördlingen entwickelten sich während des 14. Jahrhunderts ähnliche Formen der Buchführung, die aber in deutlich geringerem Umfang und in minderer Genauigkeit geführt wurden. Hier fanden bis weit über die erste Hälfte des 14. Jahrhunderts alle Aufzeichnungen in einem Codex Platz. Ein quantitativer Durchschnitt der Eintragungen im Zeitraum von 1317 bis 1386 von 3,3 Einträgen pro Jahr zeugt davon, dass es in Nördlingen nicht um die Steigerung der Effektivität ging. Die Funktionalität des städtischen Lebens wäre in Nördlingen bis weit in das 14. Jahrhundert hinein keineswegs auf Buchführung angewiesen gewesen. Dennoch wurden Ächtungen, Leibgedingübertragungen, Zahlungen, Zinslehen, Urfehden und Ratsbeschlüsse auch durch den Nördlinger Stadtschreiber erfasst. Dies geschah, um einem wachsenden Bedürfnis nach schriftlicher Sicherung gerecht zu werden.

Der verstärkte Beginn der Nutzung von Amtsbüchern hatte dabei keineswegs den Charakter einer Innovation im Sinne einer neuen Erkenntnis vorher unbekannter Möglichkeiten der Verwaltung und Kontrolle. Punktuelle Netzwerkanalysen mit prosopographischem Schwerpunkt zeigten, dass davon auszugehen ist, dass das städtische Milieu sich stets in vielfacher, Verfassungsgrenzen überspannender Vernetzung mit der politischen Welt des Reiches befand. Der Augsburger Ulrich Hofmaier, der ursprünglich aus dem Umfeld des bischöflichen Gerichts stammte, amtierte als Protonotar Ludwigs des Bayern und war als Gesandter an der avignonesischen Kurie, am englischen Königshof und in der Stadt Venedig tätig. Dennoch verband ihn eine Freundschaft mit dem Bischof von Augsburg, die ihn aber nicht davon abhielt, die Augsburgerin Agnes Welser aus dem Spitzenkreis der bürgerlichen Eliten zu heiraten. Obwohl das Wissen um die Möglichkeiten der Schriftlichkeit damit im Kreise der städtischen Obrigkeit präsent war, kam es nur dort zur Einführung neuer Formen der Buchführung, wo es das neue Ordnungsverständnis erforderte.

Schriftlichkeit verankerte sich im Laufe der ersten Hälfte des 14. Jahrhunderts fest im inneren und äußeren Ordnungsverständnis der Stadt, das nun auch von den unteren Schichten getragen wurde. Von dieser Entwicklung zeugte die Untersuchung der Nutzungs- und Wahrnehmungsgeschichte derjenigen Schriftstücke, die mit der inneren politischen Verfasstheit und den städtischen Rechten Augsburgs im Gefüge des Reiches in direkter Verbindung standen. Zu ihnen zählen die königlichen Privilegien, Stadtrechts- und Achtbuch und der Zunftbrief, der 1368 anlässlich einer Verfassungsreform erlassen wurde. Eine systematische Erfassung der königlichen und kaiserlichen Privilegien, die Augsburg bis zur Mitte des 14. Jahrhunderts erhielt, zeigte einen sprunghaften Anstieg des städtischen Privilegienbestands in der Herrschaftszeit Ludwigs des Bayern und Karls IV., der auch von den Städten selbst nach Kräften gefördert wurde. Die Analyse der hohen Sicherheitsvorkehrungen, die Augsburg und andere Städte im 14. Jahrhundert zur Aufbewahrung dieser Privilegien trafen, zeugt von einem Bedeutungszuwachs dieser Schriftstücke im städtischen Bewusstsein. In manchen Städten wurden Türme und Gewölbe als Aufbewahrungsorte genutzt, die zum Schutz der Privilegien vor natürlichen Gefahren, aber auch zur Sicherung derselben gegen Raub oder menschliche

Zerstörung dienten. In ihnen lagerten die städtischen Privilegien in Truhen, die oftmals mit mehreren Schlössern gesichert waren. In Köln waren drei verschiedene Schlösser angebracht worden, zu denen Vertreter verschiedener politischer Gremien der Stadt die Schlüssel besaßen. Die Truhe konnte nur dann aufgeschlossen werden, wenn alle damit einverstanden waren. Dies deutet auf eine neue Funktion hin, die der Privilegienschatz in der ersten Hälfte des 14. Jahrhunderts sowohl für das innerstädtische Gleichgewicht, als auch für die Stellung der Stadt im politisch-hierarchischen Gefüge des Reiches erlangte. Diese zentrale Bedeutung als Bindeglied des politischen Gleichgewichts kommt auch in der repräsentativen Funktion zum Ausdruck, die städtische Privilegien im Laufe des 14. Jahrhunderts erlangten. Reiche Städte wie Nürnberg, Augsburg oder Regensburg ließen sich ihre Privilegien in der königlichen Kanzlei gegen hohe Zahlungen reich ausschmücken und mit goldenen Siegeln ausstatten. Hier war es nicht der Herrscher, der diese Maßnahmen zur Repräsentation seiner Macht initiierte, wie es bei den königlichen Diplomen des Früh- und Hochmittelalters üblich gewesen war. Hier war es die neue Bedeutung der Schrift und des Schriftstücks, die visuell zum Ausdruck gebracht wurde. Das 14. Jahrhundert war ein Zeitalter, in dem die Formen der Visualisierung von politischem und gesellschaftlichem Status insgesamt Ausdifferenzierung erfuhren, die sich etwa in der Geschichte der Kleidung oder der Architektur erkennen lassen. In dieser Zeit wurden auch von Königen und Kaisern verliehene Rechte Teil des symbolischen Kapitals der Stadt. Städte zeigten Szenen der Privilegienverleihung an wichtigen öffentlichen Plätzen und zentralen Orten der städtischen Herrschaftsausübung in Form von Gemälden oder figürlichen Darstellungen. Bei politischer Unsicherheit und in Situationen des Herrschaftswechsels wurden städtische Privilegien ein konstitutives Element im politischen Akt, durch dessen Übergabe eine Neuausrichtung des städtischen Herrschaftsgefüges zum Ausdruck gebracht wurde. Städtische Privilegienschätze wurden in solchen Situationen gewaltsam übernommen, in Sicherheit gebracht oder bewusst übergeben.

Die Analyse der Gestaltung, Verwendung und Wahrnehmung städtischer Bücher, die in Augsburg mit dem Besitz von Herrschaftsrechten verbunden war, brachte vergleichbare Ergebnisse hervor, die in der Forschung bisher unbekannt waren. Das Stadtbuch wurde im Rahmen eines Herrschaftswechsels zusammen mit den Schlüsseln zum städtischen Privilegienarchiv und dem Siegel der Stadt übergeben. Verschiedene Spuren in Augsburger Archivalien deuteten darauf hin, dass das Stadtrechtsbuch in Schlüsselsituationen öffentlich verlesen wurde, die mit dem innerpolitischen Gleichgewicht und der Aufrechterhaltung der städtischen Ordnung verbunden waren. Dazu gehörten öffentliche Gerichtssitzungen auf dem Platz vor dem Rathaus, Situationen der

Neuausrichtung und -bestätigung des innerstädtischen Herrschaftsgefüges wie der Zunftaufstand oder der städtische Schwörtag, aber auch Momente, in denen Bestimmungen des Stadtrechts während des Jahres verlesen wurden, um sie Einzelpersonen oder Gruppen neu ins Gedächtnis zu rufen.

Dieser zentralen Funktion des Stadtrechtsbuchs als Ausdruck von Herrschaftsrechten, Gedächtnisort und Stabilisator von Identität und Zusammenhalt über soziale und ökonomische Grenzen schienen rudimentäre Hinweise auf die ehemalige äußere Gestalt des Codex zu entsprechen. Spuren am Codex und eine Abbildung des 16. Jahrhunderts deuten darauf hin, dass das Stadtrechtsbuch einen roten Einband getragen haben könnte, der heute verloren ist. Auch das Augsburger Achtbuch wurde wohl während der ersten Hälfte des 14. Jahrhunderts in einen roten Einband gebunden. Diese Befunde gewannen im reichsweiten Vergleich an Halt und Aussagekraft. Die Analyse des zeitgenössischen Einsatzes von Farben im herrschaftspolitischen Bereich erbrachte Querverbindungen zum königlichen Lehenswesen und zum Bereich der städtischen Rechtsprechung, mit dem die Farbe Rot im öffentlichen Bewusstsein der Stadt in Verbindung stand. In der Überlieferung zahlreicher Städte konnten Stadtrechts-, Eid-, Acht- und Privilegienbücher identifiziert werden, die im Spätmittelalter einen roten Einband trugen und im zeitgenössischen Sprachgebrauch auch als ‚Rotes Buch' bezeichnet wurden. Auch sie hatten im städtischen Organismus eine vergleichbar zentrale Funktion wie die Roten Bücher der Stadt Augsburg inne. Wie die städtischen Privilegien, waren die Roten Bücher in mancher Stadt mit Schlössern gesichert, wurden zusammen mit den Privilegien aufbewahrt und waren bei Herrschaftswechseln Insignien der städtischen Herrschaftsgewalt. Die große Menge und Streuung von Roten Stadtbüchern, die sich auf dem Boden des Reiches identifizieren ließ, legt es nahe, auch bei diesem Phänomen von einer Verbreitung im städtischen Netzwerk auszugehen.

KAPITEL 4

# Macht: Verschriftlichung und Kontrolle des Alltagslebens (1368–1450)

Der Fortgang des Verschriftlichungsprozesses in der zweiten Hälfte des 14. Jahrhunderts zeichnet sich besonders dadurch aus, dass er in wachsender Intensität kurzfristige, alltägliche Dimensionen des städtischen Rechtslebens erfasste. Dabei erblicken wir den Bürgerverband auf einem Höhepunkt seiner spätmittelalterlichen Macht. Die städtische Wirtschaftsgeschichte des ausgehenden 14. und beginnenden 15. Jahrhunderts war geprägt von einem durch das Textilgewerbe bestimmten „Wirtschaftsboom", der Augsburg zum süddeutschen Wirtschaftszentrum werden ließ.[1] Der Barchent, ein Mischgewebe aus Leinen und Baumwolle mit hohem Tragekomfort, guten Verarbeitungsmöglichkeiten und einem günstigen Herstellungspreis wurde zu einem gefragten Handelsgut auf dem europäischen Markt. Einen Großteil der Rohstoffe aus arabischen Herkunftsländern bezog Augsburg über Venedig.[2] Auch in Kleinstädten wie Nördlingen oder Memmingen wurde die Textilproduktion durch Augsburger Verleger kontrolliert.[3] Dieser wirtschaftliche Aufschwung führte zu einer deutlichen Erhöhung der finanziellen Ressourcen des Rats und damit zur Erweiterung politischer Möglichkeiten.

Der kommunale Überlieferungsbestand weitet sich in jener Phase um eine Vielzahl von Urkunden und Amtsbüchern, die uns das städtische Leben in zunehmender Detailgenauigkeit vor Augen führen. Viele dieser Dokumente wurden auf Papier ausgefertigt. Im Jahr 1360 kurzzeitig einsetzende und ab 1413 in fortlaufender Serie erhaltene Abschriften der städtischen Sendbriefe ermöglichen erstmals einen tiefen Einblick in die Außenkommunikation der Stadt.[4] Ab dem Jahr 1390 erhaltene Ratsprotokolle spiegeln Themen und Ergebnisse der Sitzungen des Stadtrats.[5] Sie erlauben damit eine wesentliche Erweiterung des Blicks auf Details der Ratspolitik, die nun durch den Verschriftlichungsprozess erfasst wurden. Das Spektrum der im Rat behandelten

---

1 KIEßLING, Techniktransfer und Wirtschaftsboom; KIEßLING, Die Stadt und ihr Land, S. 714ff. u. S. 721.
2 RIEBARTSCH, Handelsgesellschaften, S. 47.
3 KIEßLING, Techniktransfer und Wirtschaftsboom, S. 47f.
4 Bestandsangaben: S. 5, Anm. 13.
5 Bestandsangaben: S. 5, Anm. 16.

Angelegenheiten reicht von politischen Beschlüssen, die den Umgang der Stadt mit den römischen Königen betreffen, bis hin zur Normierung des Erscheinungsbildes von Schnabelschuhen der Bürger, die im 15. Jahrhundert Mode geworden waren. Die quantitative und qualitative Entwicklung der städtischen Urkundenüberlieferung zeugt von einer ‚Veralltäglichung' des Urkundenbeweises. Sie weitet sich um eine Vielzahl ‚kleinerer' Urkunden, die alltägliche Belange breiter Schichten der Stadtbürger betreffen. Das Spektrum reicht von der Beurkundung einer Gerichtsentscheidung in einem Streit um die Anlage eines privaten Brunnens bis zur urkundlichen Sicherung genauer Düngungszeiten des über drei Jahre verpachteten Kleingartens eines Augsburger Töpfers.[6]

Was vor dem Hintergrund des städtischen Aufstiegs und der Intensivierung der städtischen Vernetzung in die europäische Wirtschaftswelt zunächst wie eine gezielte Professionalisierung der Kontrollmöglichkeiten des Rates selbst über die kleinen Alltagsbereiche des städtische Rechtslebens erscheint, tritt im Verfassungsmilieu übergreifenden Vergleich deutlich als fortschreitende Konformität der Verschriftlichung hervor. Auch in der königlichen Kanzlei hatten sich unter Ruprecht III. (1400–1410) intensive Ausformungs- und Differenzierungsprozesse im Bereich der königlichen Registerserien vollzogen.[7] Gerade am Beispiel dieses auf einer schwachen Machtbasis herrschenden Königs wird aber deutlich sichtbar, dass die gekonnte Handhabung der Schrift mehr dem Rechts- und Ordnungsverständnis der Zeit entsprach und weniger zur Effektivierung der Herrschaftsausübung eingesetzt wurde.[8] Die Menge an ausgestellten Privilegien Friedrichs III. suggeriert auf den ersten Blick eine deutliche Ausweitung des tatsächlichen königlichen Wirkungsbereichs im Reich durch das Mittel der Schrift. Berechnungen für den Zeitraum der Jahre 1471 bis 1474 ergaben dabei einen Durchschnittswert von vier ausgestellten Urkunden pro Tag.[9] Kürzlich zeigte jedoch Paul Joachim-Heinig, dass „so gut wie alle diese Begnadigungen von den Begünstigten selbst, ihren Herren oder ihren Hegemonen erbeten und bezahlt und somit vom Herrscher nicht institutional

---

[6] StadtA Augsburg, Reichsstadt, Urkunden 1457-08-20; StadtA Augsburg, Literalien, 4. März 1458.
[7] Peter MORAW, Kanzlei und Kanzleipersonal König Ruprechts, In: Archiv für Diplomatik 15 (1969), S. 428–531.
[8] Peter MORAW, Von offener Verfassung zu gestalteter Verdichtung, Das Reich im späten Mittelalter 1250 bis 1490 (= Propyläen Geschichte Deutschlands, Bd. 3), Berlin 1985, S. 355–358.
[9] HEINIG, Friedrich III., S. 878f.

gestaltet, sondern nur bewilligt" wurden.[10] Zu herrschen bedeutete im 15. Jahrhundert weniger aktiv zu kontrollieren, als zu reagieren.[11]

Auch in der Stadt Augsburg gründete die Erfassung des kurzfristigen Alltags durch den Verschriftlichungsprozess auf einem gewachsenen Bedürfnis der schriftlichen Absicherung des Rechtslebens durch die städtische Gesellschaft, dem man im Rathaus durch den Ausbau der Kanzlei und die Veränderung dort etablierter Arbeitsprozesse entsprechen musste. Die in wachsender Vielzahl überlieferten Urkunden und Amtsbücher der kommunalen Kanzlei dienten nicht zur geordneten Erfassung des immer komplexer werdenden Stadtlebens. Vielmehr war ihre Vielfalt dessen Zeugnis. Von einem Handwerker aus Schongau, der nach Augsburg zog, verlangte die Zunft ein urkundliches Zeugnis seiner Herkunft und Tauglichkeit.[12] Solche Dokumente wurden im Streitfall in wachsender Zahl vor den städtischen Rat gebracht und bis zur Entscheidung, oder gar darüber hinaus, im Rathaus hinterlegt. Für die Stadtschreiber wurde es erforderlich, die wachsende Menge an Urkunden in den Gewölben des Rathauses durch Inventare zu erschließen, um sie bei Bedarf verfügbar zu machen.[13] Auch die frühesten Spuren einer Neuordnung der städtischen Privilegien finden sich in der zweiten Hälfte des 14. Jahrhunderts. Schriftlichkeit war weniger Werkzeug städtischer Macht als deren Fundament.

Nur vor dem Hintergrund dieser Entwicklungen wurde es in der Mitte des 15. Jahrhunderts noch einmal möglich, dass ein Augsburger Bischof den Bürgerverband wirksam in einen Konflikt um Rechte der Stadtherrschaft zu verwickeln vermochte. Mit Peter von Schaumberg gelangte 1424 ein gebildeter Fürst mit ausgeprägter politischer Vernetzung im Reichsverband auf den Bischofsstuhl, der bestrebt war, in Augsburg eine Revision der alten bischöflichen Rechte zu erwirken.[14] Dabei gründete seine Strategie weniger auf einer tatsächlichen Existenz bischöflicher Herrschaftsgewalt, sondern mehr auf ihren Spuren in der schriftlichen Tradition. An der Kurie, wo er 1451 zum Kardinal erhoben wurde,[15] legte er eine ausführliche Anklageschrift mit 45 Punkten vor, in der er die Verletzung alter bischöflicher Rechte durch die Stadt Augsburg beklagte.[16] Dieser Anklageschrift lagen beglaubigte Abschriften alter

---

10  HEINIG, Friedrich III., S. 874f.
11  HEINIG, Friedrich III., S. 875.
12  StadtA Augsburg, Reichsstadt, Urkunden, 23. Dez. 1446.
13  Bestandsangaben: S. 5, Anm. 20.
14  UHL, Peter von Schaumberg, S. 137–181.
15  Thomas Michael KRÜGER, Peter von Schaumberg (1388–1469), In: Jahrbuch des Vereins für Augsburger Bistumsgeschichte 39 (2005), S. 31–43.
16  UHL, Peter von Schaumberg, S. 161ff.

königlicher und kaiserlicher Privilegien bei, auf deren Grundlage der Bischof seine Forderungen entwickelte.

Das ausgehende 14. und 15. Jahrhundert führten im Reich zu einer „Entpersonalisierung" und „Versachlichung" von Herrschaftsgewalt[17] und zu einer Verwissenschaftlichung der Rechtsprechung, deren Entstehung sich mit dem fortschreitenden Verschriftlichungsprozess gegenseitig bedingte. Für den römischen König als Urkundenaussteller bedeutete dies, dass „nicht der Herrscher als Gnadenhort, sondern der dessen Gnade anrufende und ihrer teilhaftig gewordene Impetrant über Sinn und Nutzen der Herrscherurkunde (...) und im Prinzip auch über deren mit den Rechten Dritter konkurrierende ‚Rechtmäßigkeit' entschied".[18] Die „Verwissenschaftlichung" der Rechtsprechung führte unter Sigismund und Friedrich III. zu Reformen des Prozesswesens.[19] Ergebnis war eine weiter zunehmende Verschriftlichung des Gerichtsverfahrens und eine wachsenden Fundierung von Gerichtsentscheidungen auf der Grundlage des Schriftbeweises.[20] Nicht nur die Stadt Augsburg ging in diesem Zuge dazu über, gelehrte Syndici zu finanzieren, die die Stadt am Hofe des Königs vertraten und an den sich dort vollziehenden Verfahren des Gerichts teilnahmen.[21]

---

17   MOST, Schiedsgericht, S. 117.
18   HEINIG, Friedrich III., S. 875.
19   HEINIG, Friedrich III., S. 95ff.; KRIEGER, Rechtliche Grundlagen; MOST, Schiedsgericht.
20   Christine MAGIN, Schriftlichkeit und Aktenverwaltung am Kammergericht Kaiser Friedrichs III., In: Susanne Lepsius (Hg.), Als die Welt in die Akten kam: Prozeßschriftgut im europäischen Mittelalter; [Beiträge der vom 28. bis 29. Oktober 2005 [...] Max-Planck-Instituts für europäische Rechtsgeschichte abgehaltenen interdisziplinären Konferenz] (= Rechtsprechung, Bd. 27), Frankfurt 2008, S. 349–387; Peter MORAW, Königliche Herrschaft und Verwaltung im spätmittelalterlichen Reich (ca. 1350–1450), In: Schneider (Hg.), Das spätmittelalterliche Königtum im europäischen Vergleich, S. 185–201, hier: S. 192.
21   Peter MORAW, Gelehrte Juristen im Dienst der deutschen Könige des späten Mittelalters (1273–1493), In: Ders. (Hg.), Gesammelte Beiträge zur deutschen und europäischen Universitätsgeschichte: Strukturen, Personen, Entwicklungen (= Education and society in the Middle Ages and Renaissance, Bd. 31), Leiden 2008, S. 465–540; Klaus WRIEDT, Gelehrte in Gesellschaft, Kirche und Verwaltung norddeutscher Städte, In: Ders. (Hg.) Schule und Universität: Bildungsverhältnisse in norddeutschen Städten des Spätmittelalters; gesammelte Aufsätze (= Education and society in the Middle Ages and Renaissance, Bd. 23), Leiden 2008, S. 149–168; Helmut G. WALTHER, Die Macht der Gelehrsamkeit, Über die Meßbarkeit des Einflusses politischer Theorien gelehrter Juristen des Spätmittelalters, In: Canning, Oexle, Political Thought, S. 241–269; Gerhard NEUMANN, Lübecker Syndici des 15. Jahrhunderts in auswärtigen Diensten der Stadt, In: Hansische Geschichtsblätter 96 (1978), S. 38–46; vgl. etwa den Bericht der Lübecker Syndikus Simon Batz an den Rat der Stadt Lübeck vom 03. Sept. 1461 in LUB X, Nr. 82, S. 92: *Unde als ik dan quam to Slaczeburg,*

Fälle wie das vom Nürnberger Rat verhinderte Ansinnen Friedrichs III. von 1440, die in Nürnberg aufbewahrten Reichsinsignien nach seiner Königswahl nach Wien zu überführen, zeigen beispielhaft, wie sich diese Entwicklung auf den Umgang und die Bedeutung schriftlich fixierter Rechte im Gerichtsverfahren auswirkte. Die Aufbewahrung der Reichsinsignien war den Nürnbergern in einem Privileg Sigismunds zugesichert worden. Der Nürnberger Rat beschloss, sich der Anweisung des Königs zu widersetzen und verpflichtete daraufhin bedeutende Juristen, um die Widersetzung rechtlich durchzusetzen. Antonio Roselli war einer der sechs Doktoren aus Padua, die für Nürnberg entsprechende Gutachten erstellten. Roselli klassifizierte die Insignien als Reliquien und ordnete sie in seinem Gutachten dem rechtlich der Kirche unterstehenden Sakralbereich zu.[22] Da die von Sigismund intendierte Überführung von Papst Martin V. schriftlich bestätigt worden sei, sei sie, so Roselli, zu einem *contractus* geworden, der auch für die Nachfolger Sigismunds verbindliche Gültigkeit hätte. Das Privileg mit der Bestätigung Martins V. hatten die Nürnberger 1424 erwirkt. Zum Zeitpunkt des Konflikts hatten sie dieses bereits in ihrem Besitz. Zusammen mit dem juristischen Gutachten eröffnete das Privileg einen wirksamen Weg, sich dem Ansinnen Friedrichs III. zu widersetzen. Der Fall zeigt, welche Möglichkeiten der Besitz schriftlicher Privilegien im Kontext der sich ausdifferenzierenden Rechtswissenschaften eröffnete.

Vor diesem Hintergrund wird es verständlich, dass Peter von Schaumberg im Zuge des Prozesses mit der Stadt Augsburg das bischöfliche Urkundenarchiv neu ordnen ließ.[23] Die alten bischöflichen Privilegien, unter denen sich auch das erste Augsburger Stadtrecht Friedrich Barbarossas von 1156 befand, das die uneingeschränkte Herrschaftsgewalt des Bischofs im 12. Jahrhundert bezeugte, ließ er auch vor dem Rat der Stadt verlesen: *und die stuck alle gab er ainem rat verschriben in ainem register und vermaint auch die ernstlich ze haben und ließ etlich copy verlesen in ainem rat über besigelt brief, die er hett von ainer*

---

*dar van ik geselschafft der burgermeyster der stede Strassburg, Augspurg, Wyssenburg unde ander sendeboden, de dan des gerichtes halff erer termin na Bartholomei warden wollen.*

22  Schilderung des gesamten Falls bei: Helmut G. WALTHER, Die Macht der Gelehrsamkeit, Über die Meßbarkeit des Einflusses politischer Theorien gelehrter Juristen des Spätmittelalters, In: Canning, Oexle (Hg.), Political Thought, S. 241–269, hier: S. 256ff.

23  OrdinariatsA Augsburg, AHAug 6, 690, fol. 1r.: *Hie nach volget ein kurtz registerlin uber daz nachgeschriben register der brieff im gewelb zu Dillingen, durch mich Johannes Laucher von Schmalkalden [...] dem hochwirdigsten fürsten in Gott vattern und herren Petern, dez [...] bischowes zu Augspurg von Schaumberg geboren [...] uff seines gnaden geschefft und bevehlnisse, also gesamelt und geschriben [...]. Da durch solch brieve dester eh und baz in menschlich gedechtnusse mögen komen und darinne bliben.*

*stat zu Augspurg*.[24] Der Rat bat sich Bedenkzeit aus und argumentierte dann seinerseits auf der Grundlage städtischer Privilegien.[25] Dies führte zur Entstehung eines längeren Gerichtsprozesses, der in der Stadt zwischen Bürgern und Klerikern ein Spannungsverhältnis erzeugte, dass sich in handgreiflichen Auseinandersetzungen entlud. Die Bürger richteten schriftliche Suppliken an den Rat, in denen sie Schäden einklagten, die aus Auseinandersetzungen mit dem Klerus hervorgegangen waren.[26] Der Rat erließ daraufhin Gesetzesbeschlüsse, die in den Ratsprotokollen Niederschrift fanden. Die städtischen Briefbücher zeugen davon, dass die Lösung des Konfliktes unter Integration der mächtigsten politischen Milieus des Reiches erfolgte, die per Brief in die Konfliktsituation vor Ort eingriffen. Bischof Peter war lange Zeit bestrebt, den Prozess vor einem geistlichen Gericht zu entscheiden, erklärte sich aber 1453 bereit, das kaiserliche Gericht als Instanz anzuerkennen, vor dem es schließlich zu einer Lösung kam, die in einer Urkunde festgehalten wurde. In ihr scheint auf, welche Schriftstücke dem Gericht vorgelegt worden waren und wie man auf ihrer Grundlage zu einer Entscheidung gelangte.

Der in diesem Kapitel als Prisma der Analyse dienende Konflikt bündelt damit die Anwendung von Ausprägungsformen des Verschriftlichungsprozesses, die als Zeugnis seiner zunehmenden Erfassung der kurzfristigen, alltäglichen Dimensionen des städtischen Rechtslebens gelten können. Ihre Entstehung und Nutzung wurde im Augsburg des ausgehenden 14. und 15. Jahrhundert zu einer Notwendigkeit, mit deren Entstehung die Konformität der Verschriftlichung des politischen Lebens im Spätmittelalter ihre intensivste Ausprägung erlangte. Ihre Entwicklung soll im Folgenden untersucht werden.

## 1  Schriftgedächtnis auf Papier: Von der Apotheke zur Mühle

Mit der zweiten Hälfte des 14. Jahrhunderts begann in der Geschichte des Schriftgebrauchs nördlich der Alpen das Zeitalter des Papiers. Einem starken Anstieg der Überlieferung von Papierhandschriften auf dem Boden des Reiches

---

24  Chronik des Burkhard Zink, DStChr. 5, S. 209.
25  StadtA Augsburg, Selekt Kirchen und Klöster, Bischof, Domkapitel (Hochstift) 2; Anton STEICHELE, Beiträge zur Geschichte des Bistums Augsburg, Bd. 2, Augsburg 1852, S. 377–393; UHL, Peter von Schaumberg, S. 158–169.
26  Vgl. Martin KAUFHOLD, Prügeleien am Stadtpyr: Ein zerissener Mantel und die politischen Kämpfe der Reichsstadt (um 1450), In: Ders. (Hg.), Augsburg im Mittelalter, Augsburg 2009, S. 52–71.

entspricht der seit 1390 nachweisbare Beginn der Papierproduktion in Ravensburg und Nürnberg, auf den die Erbauung weiterer Papiermühlen in anderen deutschen Städten folgte.[27] Nikolas Barker nennt eine 1388 errichtete Papiermühle in Augsburg, deren Existenz sich in den Quellen jedoch bis dato nicht nachweisen lässt.[28] Bei der Erforschung von Faktoren der Verbreitung des Papiergebrauchs wurden die Rolle der Kaufleute und der Import technischer Innovation betont: „In der Forschung ist man sich weitgehend einig, dass die Durchsetzung des Papiers als Beschreibstoff das Werk von Kaufleuten war, Papier zunächst eine typische Ware des Fernhandels darstellte und die Verbreitung der Technologie der Papierherstellung ohne kaufmännisches Risikokapital nicht so rasch erfolgt wäre".[29] Die Feststellung, dass es sich beim Bau der frühen Papiermühlen um wirtschaftlich riskante Investitionen handelte, da ihr Betrieb sich erst ab einem jährlichen Absatz von über 1200 Ries (= 57600 Blatt) zu lohnen begann, verweist auf den Faktor der zeitgenössischen Nachfrage, die zu den etablierten Einsatzbereichen des Papiers in Abhängigkeit

---

27  Wolfgang VON STROMER, Ulmann Stromer, 1329–1407, das Handelshaus Stromer und die Papiermühle, In: Jürgen Franzke (Hg.), Zauberstoff Papier: 6 Jahrhunderte Papier in Deutschland, München2 1990, S. 14–36, hier: S. 15: „Die Gründung der ersten deutschen Papiermühle in Nürnberg am Johannistag, 24. Juni 1390 war ein Paukenschlag in der Symphonie der abendländischen Zivilisation"; Wolfgang VON STROMER, Das Schriftwesen der Nürnberger Wirtschaft vom 14. bis zum 16. Jahrhundert. Zur Geschichte oberdeutscher Handelsbücher, In: Beiträge zur Wirtschaftsgeschichte Nürnbergs, Bd. 2, Nürnberg 1967, S. 751–799; Eine Zusammenstellung weiterer Forschungen zum Handelshaus der Stromer und der Geschichte ihrer Papiermühle gibt IRSIGLER, Papierhandel, S. 310, Anm. 6.; Gegenüber einer zu deutlichen Betonung der Bedeutung von Stromers für die Verbreitung des Papiers: Franz IRSIGLER, Überregionale Verflechtungen der Papierer. Migration und Technologietransfer vom 14. bis zum 17. Jahrhundert, In: Knut Schulz (Hg.), Handwerk in Europa vom Spätmittelalter bis zur Frühen Neuzeit (= Schriften des Historischen Kollegs, Bd. 41) 1999, S. 255–275. Zu Basel: Gerhard PICCARD, Papiererzeugung und Buchdruck in Basel bis zum Beginn des 16. Jahrhunderts. Ein wirtschaftsgeschichtlicher Beitrag, In: Archiv für die Geschichte des Buchwesens 8 (1966), Sp. 25–322; Hans KÄLIN, Vom Handel mit Basler Papier im Mittelalter, Basel 1974; DERS., Papier in Basel bis 1500, Basel 1974; Zu Ravensburg: Lore SPORHAN-KREMPEL, Ochsenkopf und Doppelturm. Die Geschichte der Papiermacherei in Ravensburg, Stuttgart 1953. Zur Geschichte der Papiermühlen in Wangen, Reutlingen, Esslingen und weiteren Orten im Nürnberger Territorium IRSIGLER, Papierhandel, S. 312, Anm. 10.

28  Irsigler, Papierhandel, S. 312, Anm. 15. Vgl. auch: Nicolas BARKER, The Trade and Manufacture of Paper before 1800, In: Simonetta Cavaciocchi, Produzione e comercio della carta e del libro secc. XIII–XVIII. Atti della „Ventitreesima Settimana di Studi" 15–20 aprile 1991, Florenz 1992, S. 213–219.

29  IRSIGLER, Papierhandel, S. 315.

stand.³⁰ Die quantitative Seite der Nachfrage zeigt sich hauptsächlich in Einzelbelegen aus Rechnungsbüchern und der Überlieferung von Wasserzeichen.³¹ Die Einsatzbereiche des Papiers werden in Spuren der Strukturen des zeitgenössischen Schriftgebrauchs sichtbar, denen auch die Überlieferungsabsicht zuzurechnen ist. Ihrer Verbindung mit der Papiergeschichte wendet sich dieses Kapitel zu. Dabei erfahren die frühen Belege zum Papiergebrauch der Augsburger Kanzlei erstmals eine systematische Auswertung, auf deren Grundlage es auch möglich wird, einen Beitrag zu offenen Fragen zu leisten, die die technischen Aspekte von Papierhandel und -gebrauch betreffen.³²

Auch in Augsburg zeugt die diachrone Auswertung der in den Baumeisterrechnungen verzeichneten Einkaufsvorgänge von Papier von einem Anstieg

---

30  Vgl. dazu Gerhard PICCARD, Die Wasserzeichenforschung als historische Hilfswissenschaft, In: Archivalische Zeitschrift 52 (1956), S. 62–115, hier: S. 92. Eine Papiermühle konnte der Einschätzung Piccards zu Folge überleben, wenn jährlich eine Mindestmenge von 1200 Ries abgenommen wurde. Der Papierbedarf zur Herstellung von Schriftträgern wurde dabei nicht zum einzigen, aber wohl zum zentralen Faktor der Nachfrage nach Papier im 14. und 15. Jahrhundert. Papier wurde etwa auch zur Herstellung von Spielkarten oder als Packpapier verwendet. Eine systematische Auswertung des Papierbezugs und Papierverbrauchs einer spätmittelalterlichen Stadt im süddeutschen Raum wurde bisher lediglich am Beispiel Basels erarbeitet. Vgl. dazu: KÄLIN, Papier in Basel.
31  IRSIGLER, Papierhandel, S. 309.
32  Ansätze bisher bei: PICCARD, Südwestdeutsche Kanzleien; KRUG, Steuerbücher, S. 34f. und S. 67; KALESSE, KRUG, Steuermeisterrechnungen, S. 3 u. 8f.; Zum Forschungsstand der Geschichte des Papierhandels: Franz IRSIGLER, Papierhandel in Mitteleuropa, 14.–16. Jahrhundert, In: Volker Henn, Rudolf Holbach, Michael Pauly, Wolfgang Schmid (Hg.), Miscellanea Franz Irsigler, Festgabe zum 65. Geburtstag, Trier 2006, S. 309–348, hier: S. 309: „Die Geschichte des mittelalterlichen und frühneuzeitlichen Papierhandels ist leider nicht so gut erforscht, wie die Geschichte der Papierproduktion, des Buchdrucks und des Buchhandels. In den meisten einschlägigen Arbeiten über diese Themen stellt die Darstellung des Weges, den das Papier von der Papiermühle bis zum Verbraucher zurücklegte, nur einen Nebenaspekt dar, der meist aufgrund von Streubelegen in städtischen oder privaten Rechnungsserien bzw. über die Wasserzeichenforschung mehr oder weniger präzise rekonstruiert wird. [...] Besonderes Interesse müßte die Papierforschung folgenden Fragen widmen:—Wer waren die Träger des Papierhandels en gros und en detail? Welchen Anteil hatten die Papierproduzenten bzw. Papiermühlenbesitzer? Seit wann gibt es einen spezialisierten Papierhandel?—Welche Rolle spielen Messen, Märkte, Verkehrswege und Transportkosten bei der Ausbreitung des Papiers als Handelsgut?—Wie gestaltete sich—auch quantitativ—der Papierkonsum, d.h. die Nachfrage der öffentlichen und privaten Kanzleien, der Universitäten, der Orden, der Druckerei von Büchern, Graphiken und Spielkarten sowie der Gewerne (Packpapier)?".

des Papierverbrauchs im ausgehenden 14. Jahrhundert.[33] Dabei müssen die bisherigen Untersuchungsergebnisse berücksichtigt werden, die zeigten, dass in den Baumeisterrechnungen kein vollständiger Spiegel der städtischen Ausgaben abgebildet wird.[34] Der Vergleich der fragmentarisch erhaltenen Steuermeisterrechnungen und der wenigen verzeichneten Ausgaben in den Söldnerbüchern mit den Baumeisterrechnungen legt zwar nahe, dass der Hauptteil der Kosten für die städtische Schriftführung aus der Baumeisterkasse beglichen wurde, doch lässt der Überlieferungszustand keine abschließende Gewissheit zu.[35] Auch im ältesten erhaltenen Söldnerbuch (ab 1360) werden einmal Zahlungen aus der städtischen Kasse als Ausgaben für Papier und Tinte aufgeführt, die nicht in die Baumeisterbücher übertragen wurden.[36] Statistische Auswertungen mit sicherer Gültigkeit können auf dieser Überlieferungsgrundlage nicht erfolgen. Ein diachroner Vergleich der Verschiebungen interner Kostenstrukturen in den Baumeisterrechnungen verspricht aber die

---

[33] PICCARD, Anfänge, S. 396: „Auf Grund der bisher ermittelten, auf Papier geschriebenen Dokumente lässt sich zusammenfassend feststellen: Der Gebrauch des Papiers in Deutschland nahm von 1287 seinen Anfang in der Görzer Kanzlei, er muss noch vor 1300 in Tirol allgemein üblich gewesen sein. Von dem ersten Drittel des 14. Jahrhunderts liegen Zeugnisse vor aus dem Süden, aber auch aus dem Westen (Neuss) und Osten (Marienburg); das Papier wurde um diese Zeit bereits in geistlichen und weltlichen Kanzleien für Aufzeichnungen von dauerhafter Gültigkeit verwandt. Dass die fortschrittliche Verwaltungstätigkeit durch Kaiser Ludwig den Bayern besonders in dessen Herzogtum stark gefördert wurde, ist hinlänglich bekannt; der Gebrauch von Papier anstelle von Pergament überrascht hier nicht, zumal die benachbarten tiroler, Habsburger und böhmischen Kanzleien den neuen Beschreibstoff bereits ausgiebig verwandt hatten".

[34] GEFFCKEN, Art. „Finanzverwaltung", In: Augsburger Stadtlexikon, S. 397f.; HOFMANN, Baurechnungen, S. 4.

[35] Die Steuermeisterrechnungen belegen, dass Beschreibstoffe auch aus den Kosten der Steuermeister beglichen wurden. Wir sehen aber, dass die Steuermeister in der Regel nur geringe Mengen bezogen. Nur einmal im Jahr 1322 (fol. 10v.) sticht ein größerer Einkauf von Pergament heraus. In den Baumeisterrechnungen sind solche hohen Beträge die Regel, weshalb wir davon ausgehen können, dass die Steuermeister Pergament für den Eigenbedarf und die Baumeister das Pergament für den Betrieb der Kanzlei anschafften. Wenn die Anschaffung von größeren Mengen an Pergament durch die Steuermeister beglichen wurden, wird dies in den frühen Baumeisterrechnungen explizit aufgeführt (*hoc solverunt stiuermaisteri*). Dies deutet zumindet darauf hin, dass der Hauptteil der Materialkosten, den der städtische Kanzleibetrieb verursachte, aus der Baumeisterkasse beglichen wurde.

[36] StadtA Augsburg, Selekt „Schätze" Nr. 137a, fol. 11v.: *Item scolario meo [...] et pro servitio et pro papiro et tinten.*

Spiegelung von Tendenzen des Wandels, die in Verbindung mit Untersuchungen anderer Quellengruppen zum Gewinn von Erkenntnissen beitragen können.

Zwischen 1320 und 1331 überliefern die Baumeisterrechnungen 36 Einkäufe von Pergament.[37] Der Einkauf von Papier ist 1321 erstmals belegbar, erfolgte

---

37   BMB Nr. 1 (1320), S. 18: *Item pro pergameno 1 lib et 25 dn*; BMB Nr. 1 (1320), S. 21: *Item pro pergameno 1 sol*; BMB Nr. 1 (1320), S. 24: *Item pro pergameno 28 sol*; BMB Nr. 1 (1321), S. 28: *Item pro pergameno 27 dn*; BMB Nr. 1 (1321), S. 29: *Item pro pergameno 29 sol et 2 dn*; BMB Nr. 1 (1321), S. 29: *Item judici pro pergameno 3 sol*; BMB Nr. 1 (1321), S. 36: *Item pro pergameno 24 sol et 6 dn*; BMB Nr. 1 (1321), S. 40: *Item pro pergameno 10 sol*; BMB Nr. 1 (1321), S. 41: *Item pro pergameno 14 sol et 7 dn*; BMB Nr. 1 (1322), S. 44: *Item pro pergameno* (sic); BMB Nr. 1 (1322), S. 46: *Item pro pergameno 32 sol*; BMB Nr. 1 (1322), S. 52: *Item pro pergameno 24 sol*; BMB Nr. 1 (1322), S. 57: *Item pro pergameno 10 sol*; BMB Nr. 1 (1323), S. 65: *Item pergameno 18 sol*; BMB Nr. 1 (1323), S. 67: *Item pro pergameno 30 sol minus 10 dn*; BMB Nr. 1 (1323), S. 69: *Item pro pergameno 18 sol*; BMB Nr. 1 (1323), S. 70: *Item pro pergameno 2 lib 7 sol minus 4 dn*; BMB Nr. 1 (1324), S. 75: *Item pro pergameno 35 sol*; BMB Nr. 1 (1325), S. 89: *Item pro pergameno 2 lib*; BMB Nr. 1 (1325), S. 92: *Item pro pergameno 2 lib*; BMB Nr. 1 (1326), S. 95: *Item pro pergameno 2 lib*, BMB Nr. 1 (1326), S. 98: *Item pro pergameno 34 sol et 8 dn*; BMB Nr. 1 (1326), S. 104: *Item pro pergameno 2 lib*; BMB Nr. 1 (1326), S. 108: *Item pro pergameno 2 lib et 2 sol*; BMB Nr. 1 (1327), S. 115: *Item pro pergameno 2 lib*; BMB Nr. 1 (1327), S. 117: *Item pro pergameno hoc solverunt stiurmaister*, BMB Nr. 1 (1328), S. 121: *Item pro pergameno 23 sol minus 4 dn*; BMB Nr. 1 (1328), S. 129: *Item pro pergameno 2 lib minus 30 dn*; BMB Nr. 1 (1328), S. 134: *Item pro pergameno 2 lib et 6 dn*, BMB Nr. 1 (1328), S. 140: *Item stiurmaistri dederunt pro pergameno 35 sol*; BMB Nr. 1 (1329), S. 142: *Item pro pergameno 1 lib et 16 dn quod stiurmaistri solverunt*; BMB Nr. 1 (1329), S. 159: *Item pro pergameno 2 lib et 10 dn*; BMB Nr. 1 (1330), S. 167: *Item pro pergameno 35 sol*; BMB Nr. 1 (1330), S. 182: *Item pro pergameno 33 sol et 4 dn*; BMB Nr. 1 (1331), S. 185: *Item pro pergameno 2 lib et 8 dn*; BMB Nr. 1 (1331), S. 188: *Item pro pergameno 2 lib et 3 sol*; BMB Nr. 2 (1378), fol. 285r.: *Item 8 lib dn haben wir geben umb 50 pirmit hut zu dem register, der ieglichin hut 4 pletter tut*; BMB Nr. 3 (1388), fol. 27r.: *Item 1 lib dn umb 6 hut pyrmitz den Eynliffen uf daz hus*; BMB Nr. 3 (1388), fol. 34r.: *Item 12 sol dn umb 4 hut rechtz birmids uf daz hus*; BMB Nr. 4 (1390), fol. 55v.: *Item 26 sol dn umb aht hiute tzü dem usburger büch*; BMB Nr. 8 (1393), fol. 54v.: *Item 2 lib dn 3 sol dn umb aht hüt tzü der burgermaister libting püch*, BMB Nr. 12 (1396), fol. 45r.: *Item 2 lib dn 8 sol dn umb fünf hüte permitz, da man die abschrifft unser fryhaitprieff uff schraib […]*; BMB Nr. 12 (1396), fol. 52r.: *Item 2 sol dn Aug. dn umb zwo hüt bermitz*; BMB Nr. 12 (1396), fol. 54r.: *Item 1 lib Aug. dn umb bermit tzü den abschrifften gen Prag und anders wahin […]*; BMB Nr. 12 (1396), fol. 55r.: *Item 68 Aug. umb bermit da man der stat prieff und fryhait den kauffluten von dez gewandz wegen abschraibe den von Nürnberg und dem pischoff von Würtzburg*; BMB Nr. 13 (1398), fol. 75r.: *Item 2,5 lib dn umb 7 hüt und 3 coopert von dez Remen wegen*; BMB Nr. 18 (1406), fol. 58r.: *Item 8 lib und 15 sol dn umb bermit tzü ainem zunftbüch da man der stat zunft einschriben sol*; BMB Nr. 19 (1407), fol. 49r.: *Item 16 lib und 5 sol dn umb 75 huet permitz tzü den drin libtingbüchen der libting*; BMB Nr. 19 (1407), fol. 68r.: *Item 1 lib dn umb bermit da man den newn raytung ingeschriben hant*; BMB Nr. 20 (1409), fol. 64v.: *Item 25 sol dn haben wir gebn umb permit und den schriben umb abschrifft die man in daz gebirg rait der Langenmantel*

jedoch wesentlich seltener. Zwischen 1320 und 1331 wurden insgesamt lediglich vier Einkäufe von Papier mit Kosten in einer Gesamthöhe von 166 Pfennigen verzeichnet.[38] Vergleichbare Verhältnisse von Bezugsmengen wurden auch für andere große Kanzleien Südwestdeutschlands nachgewiesen.[39] Mit dem Wiedereinsetzen der Rechnungsüberlieferung im Jahr 1369 ist dann ein erkennbarer Zuwachs an Einkaufsvorgängen von Papier feststellbar.[40] Zwischen den

*und der Wielant*; BMB Nr. 22 (1413), fol. 56r.: *Item 10 sol dn umb zwo hût permitz den obgenannten ungelten*; BMB Nr. 22 (1413), fol. 61v.: *Item 1 lib umb permit und pappir uff daz huse*; BMB Nr. 23 (1414), (beiliegendes Rechnungsbüchlein), fol. 7v.: *Item 2 gulden umb permit*; BMB Nr. 25 (1416), fol. 58v.: *Item 10 sol dn umb permit [...] uff daz huse*; BMB Nr. 25 (1416), fol. 58v.: *Item 1 lib dn umb bermit uff daz huse und umb rotz wahs.*

38 Vgl. Anm. 865.

39 Vgl. BRESSLAU, Urkundenlehre, Bd. 1, S. 501f.; Leo SANTIFALLER, Beiträge zur Geschichte der Beschreibstoffe im Mittelalter, Teil 1: Untersuchungen (= MIÖG Ergänzungsband 16/1), Wien 1953, S. 116–152; Gerhard PICCARD, Über die Anfänge des Gebrauchs von Papier in deutschen Kanzleien, In: Studi in onore di Amintore Fanfani, Bd. 1, Mailand 1961 S. 5–59; DERS., Über die Anfänge des Gebrauchs von Papier in deutschen Kanzleien, In: Studi in onore di Amintore Fanfani, Bd. 3, Mailand 1962, S. 345–401; DERS., Vom Papier und seinem frühen Gebrauch in südwestdeutschen Kanzleien, In: Mitteilungen für die Archivpflege in Bayern 11 (1965), S. 53–60.

40 BMB Nr. 1 (1321), S. 29: *Item pro inchausto et papiro 10 dn*; BMB Nr. 1 (1326), S. 103: *Item pro papyro 2 sol*; BMB Nr. 1 (1326), S. 106: *Item pro papiro 3 sol*; BMB Nr. 1 (1327), S. 115: *Item pro papiro 8 sol*; BMB Nr. 2 (1375), fol. 220v.: *Item 16 sol 4 dn umb papir zu den bûchen von der lipting*; BMB Nr. 3 (1388), fol. 31r.: *Item 4 sol dn umb ein buch papyr uf daz hus*; BMB Nr. 3 (1388), fol. 32v.: *Item 8 sol dn umb zwai buch papir ouch uf daz hus*; BMB Nr. 3 (1388), fol. 34v.: *Item 4 sol dn umb papyr den siben*; BMB Nr. 3 (1388), fol. 35v.: *Item 4 sol dn umb ein buch papir uf das hus*; BMB Nr. 6 (1391), fol. 48r.: *Item 5 dn umb der bumaister pûch und umb pappir und von machen die pûche den lon davon*; BMB Nr. 6 (1391), fol. 53r.: *Item 4 sol dn umb ain pûch bappirs uff daz huse*; BMB Nr. 6 (1391), fol. 57r.: *Item 4 sol dn umb ain pûch pappirs*; BMB Nr. 7 (1392), fol. 50v.: *Item 4 ß dn umb bappir uff daz huse*; BMB Nr. 8 (1394), fol. 126v.: *Item 4 sol dn umb ain pûch pappirs*; BMB Nr. 9 (1395), fol. 35r.: *Item 5 sol umb ain pûch baubirs*; BMB Nr. 9 (1395), fol. 40v.: *Item 18 rh dn umb ain pûch bappir.* BMB Nr. 16 (1403), fol. 62v.: *Item 4 ß dn umb ain pûch papir*; BMB Nr. 20 (1409), fol. 56 v.: *Item 4 sol umb pappir*, BMB Nr. 20 (1409), fol. 71r.: *Item 5 lib dn Hansen dem Tang umb pûchlach den parchent ungeltn umb papier*; BMB Nr. 20 (1409), fol. 60 v.: *Item 7 sol dn umb pappir und tynten*; BMB Nr. 21 (1410), fol. 38v.: *Item 10 sol dn umb zway pûch papir tzü der stat pûch*; BMB Nr. 21 (1410), fol. 40r.: *Item 5 sol dn umb ain pûch bappir*; BMB Nr. 21 (1410), fol. 41r.: *Item 15 dn umb ain pûch papiers*; BMB Nr. 22 (1413), fol. 53r.: *Item 5 sol dn umb ain pûch pappirs*; BMB Nr. 25 (1416), fol. 53v.: *Item 5 sol dn umb bappir uffs huse*; BMB Nr. 26 (1418), fol. 39v.: *Item 10 sol umb bappir uff daz huse*; BMB Nr. 26 (1418) fol. 44r.: *Item 15 dn umb bappir uff dem huse*; BMB Nr. 26 (1418), fol. 50r.: *Item 10 sol dn umb tzwai pûch bappirs*; BMB Nr. 26 (1418), fol. 51v.: *Item 5 sol dn umb bappir uff daz huse*; BMB Nr. 28 (1421), fol. 20r.: *Item 6 plapphart umb driu pûch pappeiirs*; BMB Nr. 28 (1421), fol. 22r.: *Item 4 plapphart umb*

Jahren 1369 und 1422 lassen sich Einkäufe von ein bis drei Buch Papier pro Jahr nachweisen (= 24 bis 72 Bögen). Im Jahr 1423 wurden erstmals zehn Buch Papier erworben (= 240 Bögen). Im Jahr 1429 wurden Papierbezüge von zwei Ries und vier Buch Papier (= 1056 Bögen) verzeichnet.[41] Die mit diesem Zuwachs einsetzende Verwendung der Mengeneinheiten Buch und Ries deutet auf eine Spezialisierung des Papierhandels hin.

In der Forschung wird die nachweisbare Zunahme der Verwendung von Papier in den städtischen Kanzleien mit dem Anwachsen der Schriftlichkeit in ein kausales Verhältnis gebracht. Dabei gelten das Kostenverhältnis zum teureren Pergament und die Verfügbarkeit des Papiers an sich als Faktoren der Dynamisierung. In seinem Handbuch zur deutschen Stadtgeschichte resümierte Eberhard Isenmann: „Eine wesentliche Voraussetzung für die Extensivierung der Schriftlichkeit im Zusammenhang mit der Intensivierung der Verwaltungstätigkeit war der seit dem 13. Jahrhundert bekannte, von den städtischen Kanzleien seit dem 14. Jahrhundert benutzte Beschreibstoff Papier. Seit etwa dem Anfang des 15. Jahrhunderts einigermaßen billig produziert, stand Papier zu dem teuren Pergament in einem Kostenverhältnis von etwa 1:10".[42] In der bekannten Einführung in die Hilfswissenschaften Ahasver von Brandts, die mittlerweile in der 17. Auflage erschienen ist, gilt „Pergament

---

    *zway púch bappeiirs*; BMB Nr. 28 (1421), fol. 22v.: *Item 4 groz umb zway púch pappeiirs*; BMB Nr. 28 (1421), fol. 23r.: *Item 6 grozz umb driw búch pappeiirs*; BMB Nr. 29 (1422), fol. 71v.: *Item 30 sol umb fuenf púch pappeirs*; BMB Nr. 30 (1423), fol. 92v.: *Item 10 sol umb zway púch pappeiirs den zway statschreibern*; BMB Nr. 30 (1423), fol. 93r.: *Item 2 gross umb ain púch pappeiirs*; BMB Nr. 30 (1423) fol. 93v.: *Item 4 grozz umb 2 púch pappeiirs*; BMB Nr. 30 (1423), fol. 95r.: *Item 2 grozz umb ain púch bappeiirs*; BMB Nr. 30 (1423), fol. 96r.: *Item 1 lib umb 4 búch pappeiirs*; BMB Nr. 30 (1423), fol. 97r.: *Item 10 sol umb zway púch pappeiirs*; BMB Nr. 30 (1423), fol. 97v.: *Item 5 sol umb ain púch pappirs*; BMB Nr. 32 (1429), fol. 73r.: *Item 4 guldin und 1 ort umb ain ris grozz pemisch pappirs*; BMB Nr. 32 (1429), fol. 73v.: *Item 2 grozz umb ain púch pappirs*; BMB Nr. 32 (1429), fol. 75r.: *Item 6 plapphart umb driu púch pappiirs*; BMB Nr. 32 (1429), fol. 76v.: *Item 3 grozz umb zwai riss pappirs*; BMB Nr. 33 (1431), fol. 102v.: *Item 10 sol umb zway púch pappirs*; BMB Nr. 34 (1432), fol. 68v.: *Item 14 plapphart umb syben púch pappirs*; BMB Nr. 37 (1436), fol. 55r.: *Item 2 lib dn umb pappeir*; BMB Nr. 37 (1436), fol. 58 r.: *Item 2 lib und 10 dn umb pappir.*

41  1 Ries = 20 Buch = 480 Bögen. Vgl. Hans KÄLIN, Art. „Papier", In: LEX MA Bd. 6, Sp. 1664–1666.

42  ISENMANN, Die deutsche Stadt, S. 170; vgl. auch: Joachim WILD, Schriftlichkeit in der Verwaltung am Beispiel der Lehenbücher in Bayern, In: Keller, Meier, Scharff (Hg.), Schriftlichkeit und Lebenspraxis, S. 69–79, hier: S. 70: „Fraglos war es im Hoch- und Spätmittelalter mühsam und kostspielig, schriftliche Verwaltungsunterlagen zu fertigen. Dies gilt insbesondere für die Amtsbücher, zu deren Anlage es erheblicher planerischer Anstrengungen bedurfte und deren kontinuierliche Führung -in manchen Fällen wird über 100 Jahre an

zweifellos (als) der ideale Beschreibstoff; der einzige Nachteil ist seine relative Kostspieligkeit".[43]

Natürlich war Pergament teurer als Papier, doch handelte es sich bei den Ausgaben für Beschreibstoffe lediglich um einen unter vielen Kostenfaktoren des städtischen Haushalts. Vor diesem Hintergrund erscheint es sinnvoller, die Kosten von Pergament und Papier zu anderen Ausgaben der Stadt ins Verhältnis zu setzen, um einzuschätzen, welche Rolle ihr Einkaufspreis für die Nutzungsveränderungen dieser Beschreibstoffe spielte. Als Relationen können dabei die Löhne der städtischen Schreiber aber auch andere Ausgaben dienen, die im Rahmen des Tagesgeschäfts anfielen.[44]

Die erhaltenen Fragmente der Steuermeisterrechnungen weisen im Jahr 1322 als Einzelpreis für eine Haut Pergament acht Pfennige aus. Drei Häute wurden für 22 Pfennige erworben. Diese Einkäufe von sehr kleinen Mengen legen die Vermutung nahe, dass Pergament auf dem Augsburger Markt im ersten Drittel des 14. Jahrhunderts ständig erhältlich war. Der Pergamentpreis erfuhr dann im Laufe der Jahre eine Steigerung. Im Jahr 1390 kostete eine Haut zehn Pfennige.[45] Im Jahr 1407 war der Pergamentpreis dann bereits um 62,5 % höher als im Jahr 1322. Für 75 Häute Pergament zahlte die Stadt 1407 16 Pfund und fünf Schilling.[46] Der Preis einer Haut lag demnach im Jahr 1407 bei 13 Pfennigen.[47]

Unter den frühesten Aufzeichnungen von Ausgaben für Papier finden sich keine Mengenangaben, die es erlauben würden, den Preis eines einzelnen Bogens zu errechnen. Die Mengeneinheit *buch* wird erstmals in den Rechnungen des Jahres 1369 genannt. Bis in das Jahr 1410 hielt sich ein Preis von vier

---

einem solchen Amtsbuch geschrieben- eine konstante Energie und eine klare Zielsetzung voraussetze".

43 VON BRANDT, Werkzeug, S. 68.

44 Vgl. CLANCHY, From Memory, S. 121: „It is frequently assumed that parchment was rare and expensive, and that its high cost obstructed the spread of literacy. Such an assumption fails […]. It is also necessary to take into account the relative cost of other items, such as the scribe's time, the cost of ink and binding materials, and (in the case of letter-writing) the cost of sealing wax and delivery".

45 BMB Nr. 4 (1390), fol. 49v.: *Item 5 lib 13 sol dn und 4 dn umb 24 hůt permitz, ie ain hut gerait umb 10 dn, tzü einem půch da man der stat zinse einschriben will.*

46 BMB Nr. 19 (1407), fol. 49r.: *Item 16 lib und 5 sol dn umb 75 hůt permitz tzü den drin libtingbůchen der libting.*

47 Nachdem 1396 im Zuge einer Währungsreform das kleine Pfund eingeführt wurde, ist gegenüber dem Jahr 1322 eine veränderter Umrechnungskurs zu berücksichtigen: (1 Pfund = 20 Schillinge = 60 Pfennige). Vgl. GEFFCKEN, Art. „Münze", In: Augsburger Stadtlexikon, S. 798f.

Schilling pro Buch Papier, der dann auf fünf Schilling anstieg. Ein Bogen Papier kostete demnach zwischen 1369 und 1410 zwei Pfennige. Im Verhältnis zu den Pergamentpreisen von 1322 ergibt sich damit ein Kostenverhältnis von 1:4, im Verhältnis zu den Pergamentpreisen des Jahres 1407 ein Kostenverhältnis von ca. 1:7. Zu den Kosten der Tinte enthalten die Baumeister- und Steuermeisterrechnungen im Untersuchungszeitraum keine eigenständigen Angaben. Die Kosten der Tinte wurden stets mit den Kosten der Beschreibstoffe zusammengefasst.

Diese Preise können nun mit anderen Preisen ins Verhältnis gesetzt werden. Beispielsweise betrug der Preis für ein Pfund Fleisch im Jahr 1368 2,5 Pfennige.[48] „Nach einer Angabe Burkhard Zinks des Jahres 1457, verdiente ein *arm man* einen Tagelohn von 10 bis 12 Pfennigen".[49] Dieser Vergleich veranschaulicht sehr gut, dass der Preisunterschied zwischen Papier und Pergament für Bürger der städtischen Unterschichten durchaus eine Rolle gespielt haben könnte. Für die Geschichte der Verbreitung des Papiers in städtischen oder fürstlichen Kanzleien hingegen erscheint der Preisunterschied von sechs bis elf Pfennigen pro Bogen marginal. Im Jahr 1373 wurden einem städtischen Diener 15 Schilling als Ersatz für einen Hut ausgehändigt, den er im Dienst verloren hatte.[50] Ein Höfling des Herzogs von Bayern erhielt von der Stadt im gleichen Jahr einen grauen Rock für 22 Schilling.[51] Die Baumeisterrechnungen verzeichnen im Jahr 1322 Kosten für Einkäufe von Pergament in der Höhe von 66 Schilling, die Steuermeisterrechnungen in der Höhe von 16 ½ Schillingen und 46 Pfennigen. Diese Ausgaben lagen weit unter dem Gesamtgehalt des städtischen Schreibers, das 1322 eine Höhe von 69 Pfund Pfennig und zehn Schilling erreichte. Die Gesamthöhe aller in den Jahren 1320 bis 1330 nachweisbaren Ausgaben für Pergament betrug 10.513 Pfennige. Insgesamt betrugen die nachweisbaren Ausgaben für Pergament im Jahresdurchschnitt damit etwa viereinhalb Pfund Pfennig, mit denen man einem Eintrag des Jahres 1324 zur Folge acht Tuniken für den Schüler des Stadtschreibers erwerben oder ein Vierteljahresgehalt des Stadtschreibers hätte begleichen können. Für den Gesamtbetrag hätten in zehn Jahren bei einem Preis von acht Pfennig pro Haut 1314 Häute erworben werden können. Dies entspricht einem Jahresdurchschnitt von etwa 131 Häuten. Bei einem angenommenen Verbrauch von einer Haut für zwei

---

48 StadtA Augsburg, BMB Nr. 1 (1371), fol. 101v. Für den Hinweis auf diesen Vergleichswert danke ich Dieter Voigt.
49 MASCHKE, Zink, S. 239.
50 BMB Nr. 2 (1373), fol. 146v.: *Item 15 sol dn dem Pfetten Paulsen umb einen hut, verloz er ze Inyngen in der stat dienst.*
51 BMB Nr. 2 (1373), fol. 165r.: *Item 22 sol umb einen grauen rock Dietel dem narren.*

Urkunden hätte damit etwa jeden dritten Tag eine Urkunde ausgestellt werden können. Die tatsächliche Menge an verbrauchtem Pergament war sicher höher, doch deuten die gewonnenen Durchschnittswerte durchaus auf eine wachsende, aber immer noch mäßige Urkundennutzung hin. Im Ergebnis zeigt sich, dass die Kosten für Pergament keineswegs den Hauptteil der durch die Herstellung von Schriftstücken entstandenen Kosten ausmachten. Deutlich mehr ins Gewicht fielen die Löhne, die der städtische Schreiber für das Schreiben von Urkunden und die Führung von Stadtbüchern erhielten.[52] Im Verhältnis zu den hohen Gesamtkosten für Söldner, Waffen und Baumaßnahmen, mit denen die Stadt ständig belastet war, erscheinen die Kosten für Beschreibstoffe über den gesamten Untersuchungszeitraum hinweg verschwindend gering.

Die kommunale Rechnungsführung erlaubt es auch, sich den Lieferbedingungen des Papiers anzunähern, die der Verfügbarkeit von Beschreibstoffen in Verbindung stehen. Dabei muss zunächst festgestellt werden, dass es der Stadt an bezahlbarem Pergament zu keiner Zeit mangelte. Pergament war der typische Schriftträger einer agrarisch geprägten Welt.[53] Die Häute stammten von Ziegen, Lämmern oder Kälbern.[54] Im Mittelalter waren große Mengen dieser Tieren verfügbar, deren Haut nicht nur für die Herstellung von Urkunden und Handschriften verwendet wurde, sondern auch bei der Herstellung von Schuhen, Kleidung, Zelten, militärischer Ausrüstung und auch in vielen anderen Einsatzbereichen Anwendung fand. Während das Pergament dezentral in Augsburg selbst oder im städtischen Umland hergestellt und bezogen werden konnte, erfolgte die Herstellung von Papier in Papiermühlen, die im beginnenden 14. Jahrhundert zunächst in Italien und Frankreich Verbreitung fanden, bevor sie bis zum Ende des 14. Jahrhunderts auch im Reich und in anderen europäischen Ländern errichtet wurden. Die Lieferanten des Papiers werden in den Augsburger Rechnungen nicht genannt. Es finden sich jedoch Hinweise auf Händler, die Zahlungen für Einkäufe von Siegelwachs und Pergament erhielten. Einer von ihnen war der Fernhändler Johannes Apothekarius, von dem die Stadt im Jahr 1320 für 18 Pfennige Siegelwachs erwarb.[55] Die Rech-

---

52   Vgl. CLANCHY, From memory, S. 122: „It does not follow from the proposition that parchment was relatively cheap that that the finished product, the manuscript was commensurately so; but the high cost of manuscripts arose primarily from their being produced by hand and not from the initial cost of animal skins".

53   Vgl. Irmgard FEES, Schriftträger, in: Mathias Kluge (Hg.), Handschriften des Mittelalters: Einführung in die Paläographie, Augsburg 2014 (im Druck).

54   Pascal LADNER, Art. „Pergament", In: LEX MA 6 (1993), S. 1885–1887.

55   KALESSE, KRUG, Steuermeisterrechnungen, fol. 13v.: *Item Johanni Appotecherio pro vino latino videlicet una urna quod proprinatum fuit domino Silberto 27 sol minus 4 dn*; fol. 6r.: *Item Johanni Appotecherio 11½ lib minus 14 dn; In debitis in quibus sibi cives fuerunt obligati;*

nungsbücher zeigen Johannes in dieser Zeit auch als politischen Vertreter der Stadt im österreichischen und italienischen Raum.[56] Die Steuermeisterrechnungen weisen Johannes 1322 als amtierenden Steuermeister und damit als Ratsmitglied aus.[57] In Rom wohnte er der Kaiserkrönung Ludwigs des Bayern bei, von wo aus er einen Boten nach Augsburg sandte, der die Krönungsnachricht überbrachte.[58] In eben diesem Jahr verzeichnen auch die Steuermeisterrechnungen Einkäufe von Papier. Johannes stand an leitender Stelle der kommunalen Finanzverwaltung, in deren Kontext sich die Verwendung von Papierhandschriften erstmals belegen lässt. Während das Baumwollpapier der frühesten Rechnungslegung (1320–1332) noch kein Wasserzeichen trägt, fand sich auf dem bereits auf Leinenpapier abgefassten Baumeisterbuch Nr. 2 (1368–1379) das Wasserzeichen einer Papiermühle aus Bergamo.[59] Diese Befunde machen es wahrscheinlich, dass auch das erste Papier die Stadt von Italien her erreichte. Händler wie Johannes könnten es mit nach Augsburg gebracht haben, zumal Papier „an den Mittelmeerküsten [...] in den Offizinien

---

BMB Nr. 1 (1320), S. 25: *Item Johanni Apotechario pro dicto burchrecht de domo 5sol, Item sibi pro cera 18 dn.*

56  StadtA Augsburg, BMB Nr. 1 (1320), S. 21: *Apothecario et Hainrich Stolzzenhirz missis ad ducem Karinthie 1 lib*; BMB Nr. 1 (1321), S. 28: *Item Apotechario 6 lib quas ipse et dominus Sifr. de Althain expenderunt eundo duabus vicibus Dylingen et pro precio equorum et pro aliis rebus.*

57  KALESSE, KRUG, Steuermeisterrrechnungen, fol. 6r.: *Anno Domini Mo CCC XXIIo proxima feria quarta ante Galli presidentibus magistris sture Heinrico Bitshlino, Johanne Appotecherio et Heinrico Herbo[rt], antiquo Kueningo, Bartholomeo Voelkwin et Liupoldo Naegenlin sub quorum magisterio eiusdem stiure distribucio facta est in hunc modum et recepti sunt duo denarii de talento.*

58  StadtA Augsburg, BMB Nr. 1 (1328), S. 121: *Item servo Apotecharii aput quem ipse nobis transmisit literas de coronatione imperatoris 10 sol.* Was den Streit zwischen Ludwig dem Bayern und Friedrich von Habsburg betraf, tauschte sich Johannes auch mit seinen venezianischen Händlerkollegen aus, wie es uns einer der in Venedig erhaltenen Briefe bezeugt: SIMONSFELD, Fondaco, Bd. 1, Nr. 76–77 (28. März 1328), S. 26: *Sapienti et honesto viro, amico karissimo, domino Benedicto Pagani Johannes Apothecarius de Augusta quicquid poterit serviciii et amoris. Vestra dilectio scire debet, quod dominus noster imperator et omnia facta sua per dei gratiam bene procedunt ad bonum, sicut dicet vobis Nicolaus.*

59  BRIQUET, Les filigranes, Nr. 3052 (Erfassung durch D. Voigt. Klassifikation durch M. Kluge und D. Voigt). Über die Einführung des Wasserzeichens in Italien als technische Neuerung der Papierproduktion handeln Slavatore COSENTINO, Art. „Fabriano", In: LEX MA, Bd. IV, Sp. 213f.; Thomas COLLINGS, A new chronologie of papermaking technology, In: The paper conservator 14 (1990), S. 58–62; Richard L. HILLS, Early Italian Papermaking, a Crucial Technical Revolution, In: Jahrbuch für Papiergeschichte 9 (1992), S. 37–46.

der Apotheker gehandelt" wurde.[60] Die Spuren deuten insgesamt auf einen zielgerichteten Papiererwerb mit klarer aber begrenzter Verwendungsabsicht hin, der durch gut vernetzte, ratsnahe Eliten initiiert wurde, zu denen der italienerfahrene Kaufmann, Ratsherr und Steuermeister Johannes Apothekarius gehörte. Ein vergleichbarer Befund ergab sich auch bei der Untersuchung von Anschaffungsvorgängen von Siegelwachs.[61] Die frühen Rechnungsbücher tragen damit noch Spuren einer Zeit, in der das Arbeitsmaterial der Kanzlei direkt durch den Kreis der Ratsherren erworben wurde. Die Entscheidung zwischen Pergament oder Papier hing im ersten Drittel des 14. Jahrhunderts nicht von der Verfügbarkeit des Schriftträgers ab, der auf italienischen Märkten ohne Schwierigkeiten in höherer Menge zu haben gewesen wäre, als man ihn tatsächlich bezog.

Schließlich bleibt die Frage nach der konkreten Nutzung des Papiers im Kontext der kommunalen Verschriftlichung. Die Rechnungen der Bau- und Steuermeister sind die frühesten erhaltenen Amtsbücher aus Papier im kommunalen Überlieferungsbestand. Ansonsten setzt die Überlieferung von Amtsbüchern aus Papier in Augsburg und umliegenden Kleinstädten erst in der zweiten Hälfte des 14. Jahrhunderts ein.[62] Im Rahmen der städtischen Rechnungslegung wurde den seit 1369 in wachsender Zahl bezeugten Einkäufen von Papier zumeist kein konkreter Verwendungszweck zugewiesen. Dies ist wohl mit der wachsenden Vielseitigkeit an Einsatzfeldern des in immer größeren Mengen bezogenen Papiers zu erklären, die sich während der zweiten Hälfte des 14. Jahrhunderts allmählich etablierte. Den Einkäufen von Pergament hingegen wurde zumeist ein konkreter Verwendungszweck zugewiesen. Danach wurde Pergament vornehmlich gezielt zur Anfertigung von Privilegien, Privilegienabschriften oder solcher Amtsbücher verwendet, die Besitz und Rechtsverhältnisse dokumentierten. Diese Entwicklung ist auch in anderen Kanzleien bezeugt. In der Forschung wird ihr Zusammenhang mit den

---

60  Vgl. dazu: KÄLIN, Papier in Basel, S. 105f.: „Dass im Mittelalter der Apotheker zugleich Spezereihändler war und auch Papier verkaufte, ist schon längere Zeit bekannt. So wenig wie der heutige Apotheker konnte der mittelalterliche von der Rezeptur allein leben. Er war gezwungen, sich nach einem Nebenverdienst umzusehen. Er verkaufte grünes und rotes Siegelwachs, Bienenwachs zu Kerzen, fertige Kerzen und Lichter, Tinte und Tusche, aromatisch riechende Harzpapiere und eben auch Schreibpapier [...]. Es ist anzunehmen, dass auch schon an den Mittelmeerküsten das Papier in den Offizinen der Apotheker gehandelt wurde".

61  Vgl. Kap. III.5.

62  StadtA Ravensburg, Reichsstädtisches Archiv, Büschel 27 (Bürgerbuch 1436–1549); StadtA Heilbronn, A007-Bet/Steuerbücher 1399 (Steuerbuch in Schmalfolioformat); StadtA Schwäbisch Gmünd, Eidbuch (1406–1506).

materiellen Eigenschaften des Papiers diskutiert:[63] „Das weit teurere, aber weit robustere und haltbarere Pergament reservierte man grundsätzlich für Dokumente, die *ad perpetuam memoriam* aufgezeichnet wurden, während Papier für Rechtsgeschäfte, Verwaltungsbehelfe und Mitteilungen von begrenzter Dauer und Relevanz, vor allem aber für Rechnungs- und Wirtschaftsschriftgut zum Einsatz kam".[64] Bereits Wattenbach machte auf den Erhaltungszustand des ältesten erhaltenen Briefbuchs aus Papier nördlich der Alpen aufmerksam. Dabei zitierte er ein Verbot Friedrichs II., das die Herstellung von Urkunden aus Baumwollpapier im Königreich Sizilien verbot: „Albertus Bohemus schaffte sich um die Mitte des dreizehnten Jahrhunderts ein Conceptbuch von Baumwollpapier an, dessen Beschaffenheit Kaiser Fridrichs Vorsicht rechtfertigt, denn es ist so gebrechlich, dass man sich bei dessen Gebrauch der größten Vorsicht bedienen muss".[65] Der genannte Erlass Friedrichs II. von 1231 betonte die Vergänglichkeit des Papiers wörtlich.[66] In städtischen Kanzleiordnungen

---

63   Zusammenfassend: HOLZAPFEL, Kanzleikorrespondenz, S. 49.

64   HOLZAPFEL, Kanzleikorrespondenz, S. 49; Basiert auf: Klaus Freiherr von Adrian-WERBURG, Urkundenwesen, Kanzlei, Rat und Regierungssystem der Herzöge Johann II., Ernst und Wilhelm von Bayern-München (1392–1438) (= Münchener Historische Studien, Abteilung Geschichtl. Hilfswissenschaften, Bd. 10), Kallmünz 1971, S. 9; Gerda Maria LUCHA, Kanzleischriftgut, Kanzlei, Rat und Regierungssystem unter Herzog Albrecht III. von Bayern-München 1438–1460 (= Europäische Hochschulschriften, Reihe III: Geschichte und ihre Hilfswissenschaften, Bd. 545), Frankfurt a. Main 1993, S. 25: „Eine Urkunde, die ein Rechtsgeschäft bezeugt, das für längere Zeit gelten sollte, ist auf Pergament geschrieben. [...] Für Urkunden, die nicht für die Dauer bestimmt waren [...] gebrauchte man Papier"; Beatrix ETTELT-SCHÖNEWALD, Kanzlei, Rat und Regierung Herzog Ludwigs des Reichen von Bayern Landshut (1450–1479), Bd. 1 (= Schriftenreihe zur bayerischen Landesgeschichte, Bd. 97), München 1996, S. 46: „Es gilt wohl die Faustregel: lange Dauer spricht für Pergament, kurze für Papier"; MERSIOWSKY, Anfänge territorialer Rechnungslegung, S. 105–107, hier: S. 107: „So zeichnet sich für die Trierer Rechnungen folgendes Bild ab. Vom Äußeren her unterscheiden sich die Rechnungen nur im Beschreibmaterial. Die älteren Rechnungen seit den zwanziger Jahren des 14. Jahrhunderts sind stets Pergamentrotuli, während man in der zweiten Hälfte der vierziger Jahre zur Heftform und zum Papier übergegangen ist"; Georg VOGELER, Spätmittelalterliche Steuerbücher deutscher Territorien, Teil 1, In: AfD 49 (2003), S. 165–295, hier: S. 238f.: „Der Beschreibstoff entspricht dem, der auch für das übrige Schriftgut zur Wirtschaftsverwaltung Verwendung fand. Die Steuerbücher sind gewöhnlich seit der Mitte des 14. Jahrhunderts auf Papier geschrieben. In Tirol hat, wie oben gezeigt, das Papier das Pergament schon am Anfang des 14. Jahrhunderts verdrängt. In nördlicheren Regionen brauchte es länger".

65   WATTENBACH, Schriftwesen, S. 97.

66   MGH, Const. 2, S. 254: *De instrumentis conficiendis [...] Consuetudinem, quam olim in aliquibus regni nostri partibus audivimus obtinere, dilucida constitutione cassantes decernimus instrumenta publica et quaslibet cautiones per litteraturam communem et legibilem*

nördlich der Alpen wurde bis ins 15. Jahrhundert in vergleichbarer Weise argumentiert. In Augsburg wies die Ordnung von 1362 den Stadtschreiber an, *alle die brief di er schribt von der stat wegen und auch von der burger wegen [...] uf rehtes primit und niht uf papir* zu schreiben.[67] In Lübeck blieb man gar bis ins 15. Jahrhundert dabei, wichtige Urkunden nicht auf Papier auszustellen, *wante dat pappir vergenklick is.*[68]

Von dieser Sichtweise distanzierte sich Gerhard Piccard, wobei er sich auf den guten Erhaltungszustand zahlreicher früher Papierhandschriften berief, zu denen auch das Register gehört, welches die Verfügung Friedrichs überliefert.[69] Auch der Zustand der Augsburger Baumeisterrechnungen, die seit dem Ende ihres Gebrauchs in der Kanzlei des Spätmittelalters über die Jahrhunderte hinweg keine besonders sorgfältige Aufbewahrung erfuhren, zeugt von einer gewissen Resistenz des frühen Papiers. Während Piccard das

*per statutos a nobis notarios scribi debere, scribendi modo, qui in civitate Neapolis, ducatu Amalfie et Surrenti ac per eorum pertinentias hactenus servabatur, omnino sublato. Volumus etiam et sancimus, ut predicta instrumenta publica et alie similes cautiones nonnisi in pergamenis in posterum conscribantur. Cum enim a eorum fides multis futuris temporibus duratura speratur, iustum esse decrevimus, ut ex vetustate forsitan destructionis periculo non succumbat. Ex instrumentis in cartis papiri vel modo alio, quam ut predictum est, scriptis, nisi sint apoce vel antapoce, in iudiciis vel extra iudicia nulla omnino probatio assumatur, scripturis tamen preteritis in suo robore duraturis, que in predictis cartis bombicinis sunt redacte. Scripture tamen in predictis locis Neapolis, Amalfie et Surrenti infra biennium a die edite sanctionis istius ad communem litteraturam et legibilem redigantur.* Vgl. WATTENBACH, Schriftwesen, S. 97: „Italienische Notare mussten noch in späterer Zeit bei ihrem Amtsantritt versprechen, kein Baumwollpapier zu Urkunden zu verwenden; so versprach 1318 ein Notar dem Grafen Rambald von Collalto, kein Instrument zu machen in *charta bombycis vel de qua vetus fuerit abrasa scriptura.* 1331 gelobte ein anderer nichts in *charta bombycina* auszufertigen".

67 MEYER, Stadtrecht, S. 252.
68 PITZ, Aktenwesen, S. 416; LUB III, Nr. 229, S. 277; LUB V, Nr. 4, S. 3.
69 PICCARD, Anfänge, S. 385–387: „Bezeichnenderweise ist das—heute im Staatsarchiv Neapel erhaltene—Register, in welchem sich diese Verfügung vom Jahre 1231 findet, auf Papier geschrieben. [...] Sehr wahrscheinlich hat das Reich jenseits der Alpen von jenem Verbot vom Jahre 1231 kaum Kenntnis gehabt [...]. Es ist offensichtlich, dass von beiden überhaupt zur Verfügung stehenden Beschreibstoffen Pergament und Papier das letztere für den Gebrauch zu Urkunden solange ausscheiden musste, bis mit der Erfindung bzw. dem Aufkommen eines neuen Siegelstoffes [...] vor allem das erhebliche Gewicht der Siegel und damit die erhebliche Beanspruchung des Schreibgrunds wesentlich reduziert werden konnte. [...] Natürlich vermischten sich auch die technischen Erfordernisse mit der Tradition. Wenn namentlich die begüterten Hansestädte und eine Reihe bedeutender Reichsstädte sich [...] bis in das 17. Jahrhundert ausschließlich des Pergaments bedienten, so offensichtlich aus Gründen der Repräsentation".

Problem der langzeitlichen Haltbarkeit weniger überzeugend schien, stellte er dessen mangelnde Reißfestigkeit in Kombination mit schweren Siegelstoffen und die traditionelle Repräsentativität des Pergaments in den Vordergrund.

Es trägt zur Auflösung derartiger Widersprüche bei, sich vom statischen Charakter einer gegenwartszentrierten Betrachtungsperspektive zu lösen. Bei der Untersuchung der Frühgeschichte des Papiergebrauchs in den Kanzleien nördlich der Alpen sollte der prozesshafte Charakter der Verschriftlichung und der mit ihm verbundenen Erfahrungswandel der Zeitgenossen berücksichtigt werden. Als die Verwendung Papier einsetzte, besaß die Verwendung von Pergament bereits eine jahrhundertealte Tradition. Dokumente aus einer Zeit, an die jegliche menschliche Erinnerung bereits verblasst war, zeugten im frühen 14. Jahrhundert von der Beständigkeit des Pergaments. Mit Papier besaß man hingegen keine vergleichbaren Erfahrungen.

Die Existenz von Erfahrungen stand in enger Verbindung zu den etablierten Erwartungen an Beschreibstoffe, die sich wiederum aus den herrschenden Nutzungsgewohnheiten im kollektiven Gedächtnis des engeren Reichsverbandes nördlich der Alpen ergaben. Im frühen 14. Jahrhundert gab es nicht nur in der Augsburger Kanzlei, sondern auch in der Kanzlei des Königs noch kaum Einsatzfelder für einen Beschreibstoff mit ungewisser Haltbarkeit. In der Kanzlei Ludwigs des Bayern fand Papier lediglich zur Registerführung und Abfassung von Konzepten Verwendung. Während der Regierungszeit Karls IV. wurde es üblich, Briefe und Patente auf Papier abzufassen, nicht jedoch Dokumente, von denen eine längere Haltbarkeit erwartet wurde.[70] Auch die königlichen Kanzleien richteten sich also nach den nördlich der Alpen herrschenden Konventionen des Schriftgebrauchs.

Im österreichischen und italienischen Raum haben sich weitere Spuren des Johannes Apothekarius erhalten. Im Jahr 1320 nennen ihn die Tiroler Raitbücher als Beteiligten an der Erlangung von Freiheitsbriefen für Augsburger Kaufleute in Tirol.[71] Im Staatsarchiv Venedig haben sich Briefe bewahrt, die aus

---

70 Vgl. BRESSLAU, Urkundenlehre, Bd. 1, S. 502: „Dass in der Kanzlei Ludwigs des Bayern, wie daselbst Papierregister geführt wurden, so auch Konzepte auf Papier geschrieben wurden, ist sicher; dagegen sind Originalurkunden dieses Kaisers auf Papier bisher noch nicht nachgewiesen worden. Erst seit Karl IV. kommt das letztere zu ausgedehnter Anwendung. Bleibt auf für die Urkunden sollennester Austattung, die Diplome, das Pergament immer der alleinige Schreibstoff, so werden dagegen die Patente, namentlich seit der späteren Zeit Karls IV., häufig auf Papier geschrieben; für Briefe überwiegt das Papier schon unter Karl und wird unter seinen Nachfolgern ausschließlich üblich".

71 OTTO STOLZ, Quellen zur Geschichte des Zollwesens und Handelsverkehrs in Tirol und Vorarlberg vom 13. bis 18. Jahrhundert (= Deutsche Zolltarife des Mittelalters und der Neuzeit, Bd. 1), Wiesbaden 1955, Nr. 9 (1320), S. 305f.; Franz BASTIAN, Oberdeutsche Kaufleute

dem Wirken des Johannes in Italien hervorgingen.[72] Die Briefe geben Einblick in die Vernetzung des Johannes, seinen Bewegungsraum und seine Partizipation am italienischen Schriftwesen. Es zeigt sich, dass Johannes die lateinische Schriftsprache beherrschte, *in personam* in ganz Norditalien Handel trieb und bereits 1330 mit italienischen Kaufleuten in Briefkontakt stand.[73] Der gebildete Kaufmann war in Augsburg sicher nicht zuletzt ob seiner herausragenden Fähigkeiten zum Steuermeister geworden. Mit seinem Tod hatte Johannes Schulden in Italien hinterlassen, die er eigenhändig in zwei Schuldverschreibungen auf Baumwollpapier vor einem italienischen Gericht bestätigt hatte (*litteras duarum cedullarum in carta bombicis*). Vor dem Hintergrund der in Augsburg etablierten Verwendungsgewohnheiten von Urkunden wäre diese Praxis ungebräuchlich gewesen. Nachdem Johannes in Augsburg gestorben war, waren seine Schulden in Italien offen geblieben. Eine italienische Gesandtschaft versuchte daraufhin, die Schuld des Apothekers vor dem Augsburger Rat mit Hilfe der beiden Schuldverschreibungen zu beweisen.[74] Der Rat erkannte die Urkunden an, verlangte im Gegenzug aber die Tilgung der Schulden ausdrücklich *secundum nostre terre consuetudinem*.[75]

---

in den älteren Tiroler Raitbüchern (1288–1370). Rechnungen und Rechnungsauszüge samt Einleitungen und Kaufmannsregister (= Schriftenreihe zur Bayerischen Landesgeschichte, Bd. 10) München 1931, Nr. 33 (28. Mai 1320), S. 147: Konto für Reimbot von Augsburg. *Racio dominorum H. Hirzperch et Ul. Hertenbrech contra Rembotonem, civem Augusta, et Rembotonis e converso contra eos. Nota anno Domini millesimo CCCoXXmo die XXVIII. maii in Tyrol in presencia dominorum F. prepositi Brixinensis, H. prepositi in Volchenmarch, Seyfridi de Rotenburch, Ruperti de Lechsperch, Heinr. Hirzperch, Ulr. De Hertenberch, Johannis Apotekarii, H. Stolzhirz, civium de Augusta, et Christiani dicti Streune de Sterzinga Reynboto, civis Augusta, confessus fuit, se recipisse a Rudolfo de Prutsch ex parte domini H. Hirzperch et domini Ulr. de Hertenberch vini carradas 54 ad racionem lb. 58 pro qualibet carrada; que summa capit marcas 313 lb.*

72   SIMONSFELD, Fondaco, Nr. 76, 77, 78, 81.
73   Ebd., Nr. 78 (10. Okt. 1328), S. 26: *Millesimo trecentesimo vigesimo octavo indicione 12 die decimo Octubris coram domino duce constitutus Signollus de Veneciis interogatus si cognossit* (sic) *litteras duarum cedullarum in carta bombicis missarum Benedicto Pagani per Johannem Apotecarium secundum quod in ipsis legitur, sacramento dixit quod manu dicti Johannis Apothecarii de Augusta Scripte fuerunt. […] Interrogatus quomodo s(c)it, responsit, quod iam sunt anni duo quod usus fuit cum dicto Johanne Venetiis, Verone, Alamannie et in Lombardia, et fuit ejus expensator et fecit facta sua et cognos(c)it litteras suas et dixit quod dicte cedule vere Scripte fuerunt manu dicti Johannis.*
74   Ebd.
75   SIMONSFELD, Fondaco, Nr. 81 (29. Nov. 1328), S. 28. Vgl. Felicitas SCHMIEDER, Peripherie und Zentrum Europas. Der nordalpine Raum in der Politik Leos IX. (1049–1054), In: Brigitte Flug, Michael Matheus, Andreas Rehberg (Hg.), Kurie und Region. Festschrift für

Den Zeitgenossen waren die Unterschiede der in verschiedenen Räumen vorherrschenden Gewohnheiten (*usus / consuetudinibus*) durchaus präsent. Erst die zweite Hälfte des 14. Jahrhunderts brachte Veränderungen der etablierten Nutzungsstrukturen und Denkgewohnheiten, die einen Wandel des Papiergebrauchs begünstigten. Dies stand im Zusammenhang mit der Etablierung von Einsatzfeldern der Verschriftlichung im Kontext kurzfristiger Alltagsangelegenheiten, auf die in den folgenden Kapiteln eingegangen wird. Hier ging es um neue Bedürfnisse einer im Wandel befindlichen Schriftkultur, aus der lediglich mittelfristige Ansprüche an die Haltbarkeit eines Beschreibstoffes hervorgingen.[76] Gewandelte Formen des Schriftgebrauchs verbreiteten sich im Netzwerk. Dabei scheint das unmittelbare Netzwerk, in das die Städte am intensivsten eingebunden waren, einen deutlichen Einfluss auf Veränderungen ausgeübt zu haben. Erst als sich die Verwendung von Papier in großen wie kleinen Kanzleien wie auch im Bereich des Privatgebrauchs durch Kaufleute und andere Nutzer etabliert hatte, bestand eine Nachfrage auf deren Grundlage sich die Erbauung von Papiermühlen im Reich nördlich der Alpen überhaupt erst zu lohnen begann.[77]

## 2 *Oculus civitatis*: Überlieferung, Stadtschreiber und Kanzlei

Der Untersuchung des kommunalen Verschriftlichungsprozesses seit der zweiten Hälfte des 14. Jahrhunderts wird eine Analyse der strukturellen Überlieferungsentwicklung vorangestellt. Damit soll eine Grundlage für Einzeluntersuchungen geschaffen werden. Im Zentrum der Betrachtung steht dabei zunächst die kommunale Buchführung. Die Auswertung der Augsburger Rechnungsbücher ermöglicht einen Gesamtblick auf den Wandel ihrer Entstehung, der auch verlorenes Schriftgut mit einschließt. Bei einer Überführung der

---

Brigide Schwarz zum 65. Geburtstag (= Geschichtliche Landeskunde, Bd. 59), S. 359–369, hier: S. 360: „Grundsätzlich entsteht ein Wir-Gefühl in Auseinandersetzung mit einem Außen […]".

76 PICCARD, Anfänge, S. 396f.: „Der wahrscheinlich am Pariser Hof König Philipps IV. erzogene Johann von Luxemburg hat mit Sicherheit nicht als erster den Gebrauch des Papiers in seiner Kanzlei eingeführt. Für die Reichskanzlei gilt das gleiche von dessen Sohn, Kaiser Karl IV.: schon lange vor dessen Regierungsantritt war Papiergebrauch allgemein üblich geworden, so dass die Kanzlei Karls IV. nun auch Mandate dieses Kaisers unwidersprochen auf Papier schreiben konnte".

77 Vgl. Gerhard PICCARD, Die Wasserzeichenforschung als historische Hilfswissenschaft, In: Archivalische Zeitschrift 52 (1956), S. 62–115, hier: S. 92; Der Betrieb einer Papiermühle trug sich nach Berechnungen Piccards ab einem Jahresabsatz von 1200 Ries.

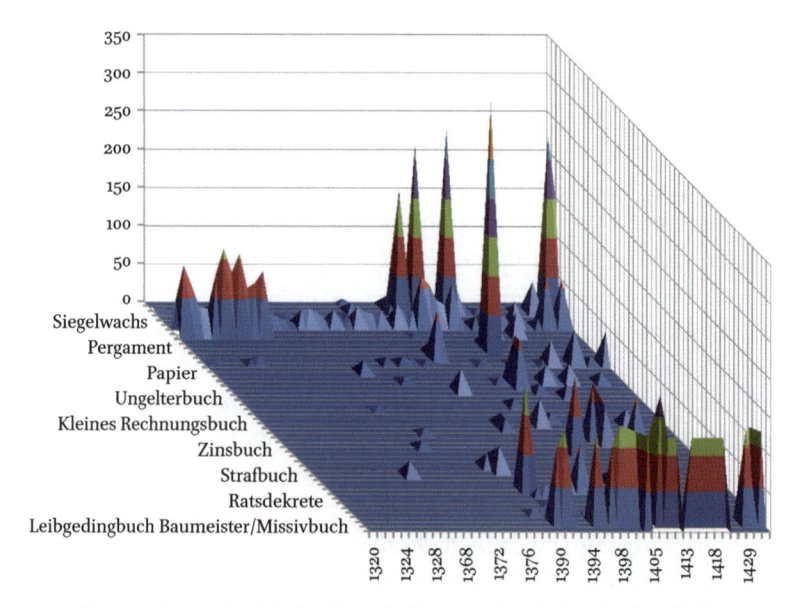

ABB. 19　　Topographische Ansicht des Wandels der Ausgaben für Beschreibstoffe, Tinte, Siegelwachs und Amtsbücher nach den Rechnungsbüchern der Baumeister (1320–1430)

Daten in eine topographische Darstellungsform, werden in den ersten drei Jahrzehnten vornehmlich Ausgaben für den Bezug von Beschreibstoffen und Siegelwachs sichtbar, bis sich die topographische Darstellung mit dem Wiedereinsetzen der Rechnungsführung im Jahr 1369 zu einer vielfältigen Landschaft von Ausgaben für die kommunale Buchführung ausweitet.

Zu den bereits während der ersten Hälfte des 14. Jahrhunderts etablierten Amtsbuchserien traten zahlreiche neue Kanzleibücher, die vor allem der schriftlichen Dokumentation kurzfristiger Alltagsangelegenheiten dienten. Dazu gehören etwa die im folgenden behandelten Rats- und Briefausgangregister der Stadt, aber auch ein *strauffbuch*,[78] ein *buchlin* für Mitglieder des kleinen Rates,[79] ein Ungeldbuch *von der mulin*,[80] ein Söldnerbuch,[81] ein *pŭchli*, in das man die Namen derjenigen eintrug, die den Rat der Stadt *versument*, ein *zinspŭchlin*, ein Büchlein, das die Stadtwache im Stadtgraben mit sich führte,

---

78　StadtA Augsburg BMB Nr. 2 (1369), fol. 38r.
79　StadtA Augsburg BMB Nr. 2 (1372), fol. 116v.
80　StadtA Augsburg BMB Nr. 2 (1373), fol. 146v.
81　StadtA Augsburg BMB Nr. 3 (1388), fol. 29r.

oder Bücher der Einnehmer verschiedener Zölle.[82] Andere dienten der Neuordnung bisher vorhandener Schriftstücke, was sich seit der zweiten Hälfte des 14. Jahrhunderts als eine zentrale Aufgabe der städtischen Kanzlei abzeichnet. Zu ihnen gehören neu angelegte Leibgedingbücher, die städtischen Zinslehenbücher oder die im Folgenden zu untersuchenden Inventare, die der Erschließung städtischer Urkunden dienten.[83]

Einem Wandel unterlag auch der Herstellungsprozess des Amtsbuchs. Während im beginnenden 14. Jahrhundert lediglich die Rohstoffe Pergament, Papier, Tinte und Siegelwachs bezogen wurden, aus denen man in der Kanzlei alle benötigten Schriftstücke selbst herstellte, wurden viele der im fortschreitenden 14. Jahrhundert bezogenen Bücher bereits in beschreibbarem Zustand erworben oder von kanzleiexternen Buchbindern gebunden.[84] Dies deutet auf die Herausbildung eines eigenen Marktes für Schriftträger hin. Die Preise für die Herstellung und den Fremdbezug von kommunalen Kanzleibüchern wurden bisher nicht erforscht. In der Regel führen die Augsburger Rechnungen lediglich die Endsumme von Teilkosten auf, die der Herstellungsprozess eines Amtsbuches mit sich brachte. Ein Eintrag des Jahres 1391 weist etwa die Ausgaben für die Baumeisterbücher nicht nur als Materialkosten, sondern auch als Lohn zur Herstellung derselben aus.[85] In manchen Fällen wurden die Kosten für den Einkauf der Materialien und der Lohn für das Binden eines Buches aber auch gesondert aufgeführt.

Ein Eintrag des Jahres 1388 führt die Anschaffung eines halben Ries Papier zu einem Preis von 43 Schilling (= 240 Bögen Papier) für die Herstellung eines Buches auf.[86] Direkt im Anschluss wurden Kosten von sechs Schillingen für die

---

82  StadtA Augsburg BMB Nr. 7(1392), 45v.: *Item 6 sol dn umb ain púchli da man die inschribt, die den raut versument*; BMB Nr. 7 (1392), fol. 64v.: *Item 8 sol dn umb ain zinspúchlin*; BMB Nr. 9 (1395), fol. 41v.: *Item 30 sol dn umb 3 büchlach den einnemern der ungelt*; BMB Nr. 19 (1407), fol. 58v.: *Item 10 sol dn umb ein púchlin in den grabn*; BMB Nr. 29 (1422), fol. 70r.: *Item 8 grozz umb zway büchlach und umb rotz wachs den barchant ungelltn*.

83  StadtA Augsburg BMB Nr. 8 (1393), fol. 55v.: *Item 2 lib dn 3 sol dn umb aht hüt tzü der burgermaister libting púch*; BMB Nr. 15 (1402), fol. 71v.: *Item 24 sol dn um pinden und beslahen daz zinslehenpúch*.

84  StadtA Augsburg BMB Nr. 1 (1369), fol. 11v.: *Item 1 lib dn Wirtzburger umb daz buch da daz inne geschriben stat* (Erstmalige Verzeichnung der Anschaffungskosten eines Baumeisterbuchs); BMB Nr. 2 (1388), fol. 29r.: *Item 19 sol dn umb der soldnern buch den bumaistern*.

85  StadtA Augsburg BMB Nr. 6 (1391), fol. 48r.: *Item 5 dn umb der bumaisterpúch und umb pappir und von machen die púche den lon davon*.

86  StadtA Augsburg BMB Nr. 2 (1388), fol. 28v.: *Item 23 sol dn umb ein halbs rys zu einem buch von dez burgermaisters dez Venden heizz*. Vgl. dazu die ermittelten Papierpreise in Kapitel IV.1.

Bindung dieses Buches verzeichnet.[87] Kleine Kanzleibücher, bei denen es sich in der Regel um Papierhandschriften im Schmalfolioformat handelte, waren für sechs bis zehn Schillinge zu erwerben.[88]

Bei den Vorgangsbezeichnungen für das Anbringen von Einbänden unterschied der Stadtschreiber das kostengünstigere *fassen* der Lagen in einen Koperteinband vom teureren *binden* der Lagen mit einem Holzbuchdeckel. Die Preise für diese Leistungen variierten. Bücher aus dem Bereich der städtischen Rechnungslegung wurden in Koperteinbände gefasst. Im Jahr 1396 kostete die Herstellung eines heute verlorenen Coperteinbands für ein Rechnungsbuch der Baumeister 14 Schillinge. Dabei handelte es sich aber durchaus um eine aufwendiger gearbeitete Form mit aufgenähten Lederstücken und Schnürverschlüssen (Abb. 21).[89] Ähnliche Einbände erhielten 1407 auch drei neu angeschaffte Leibgedingbücher (Abb. 22). Der durchschnittliche Preis für einen dieser Einbände lag bei 22,6 Schillingen.[90]

Demgegenüber wurden die Missivbücher nicht gefasst, sondern gebunden. Im Jahr 1396 kostete dies 40 Schillinge.[91] Im Jahr 1402 kostete das Binden und Beschlagen des Zinslehenbuchs mit Buchnägeln 24 Schilling.[92] Im Jahr 1390 wurden insgesamt zwei mal zwei Buchschlösser angeschafft. Hier variierte der Preis zwischen zwölf und 33 Schillingen.[93]

In der kommunalen Kanzlei Augsburgs etablierte es sich seit der zweiten Hälfte des 14. Jahrhunderts, Bucheinbände von kanzleiexternen Handwerkern anfertigen zu lassen. Im Jahr 1400 wird einen *puch macher* aufgeführt, der für die Herstellung der Rechnungsbücher entlohnt wurde.[94] Ein Eintrag des Jahres 1421 nennt als Hersteller der städtischen Rechnungsbücher einen gewissen Thoma.[95] Ein Randvermerk im Bürgerbuch des Jahres 1480 nennt die

---

87  StadtA Augsburg BMB Nr. 2 (1388), fol. 28v.: *Item 6 sol dn von dem buch ze binden.*
88  Vgl. Kap. I.1, Anm. 23.
89  StadtA Augsburg, BMB, Nr. 11 (1396), fol. 39r.: *Item 14 sol dn umb coopert tzü der bumaister puch*; BMB Nr. 6 (1396), fol. 39r.: *Item 5 lib dn umb die bumaisterbüch tzü machen und den zůg dartzü.*
90  StadtA Augsburg, BMB Nr. 19 (1407), fol. 55r.: *Item 3 lib 8 sol dn dem, der die driw libtingbůch gefasst haut und tzüg dartzü.*
91  StadtA Augsburg, BMB Nr. 11 (1396), fol. 46r.: *Item 2 lib von dem bůch da man die brieff einschribt tze binden.*
92  StadtA Augsburg, BMB Nr. 15 (1402), fol. 71 v.: *Item 24 sol dn umb pinden und beschlahen daz zinslehenpůch.*
93  StadtA Augsburg, BMB Nr. 4 (1390), fol. 51v.: *Item 12 sol dn umb zway büch sloss*; fol. 59v.: *Item 33 sol dn umb tzwai newy büch slosse.*
94  StadtA Augsburg, BMB Nr. 14 (1400), fol. 56r.
95  StadtA Augsburg, BMB Nr. 28 (1421), fol. 19r.: *Item 6 lib und 4 sol dn haben wir gegeben dem Thoma für unserriu půcher und für das register zů den santpriefen.*

Baumeister als Auftraggeber für die Anfertigung eines neuen Bucheinbands.[96] Im Gegensatz dazu war es in kleineren Städten wie Nördlingen am Ende des 15. Jahrhunderts noch immer üblich, dass die Bindung der Amtsbücher durch das eigene Kanzleipersonal erfolgte. Davon berichtet eine Stadtschreiberordnung des Jahres 1472: *Von ersten so geytt im ein ersamer rat bappir, bergamen, wachs, tintten, schnüre und was man von den registern einzubinden geben muss, alles nach zimlicher notturfft.*[97]

Wenden wir uns nun dem Vorgang des Schreibens zu. In unterschiedlichen Jahren der zweiten Hälfte des 14. Jahrhunderts verzeichnen die Baumeisterrechnungen erstmals Entlohnungen für das Beschreiben ganzer Kanzleibücher. Im Jahr 1374 erhielt der Stadtschreiber 15 Pfund für die Abschrift der Leibgedingbriefe in mehrere Bücher. 1407 erhielt er für die Abfassung dreier Leibgedingbücher zehn Gulden, was derzeit einem Gegenwert von 12 Pfund entsprach.[98] Für diese Bücher waren 75 Häute Pergament angeschafft worden.[99] Es ist wahrscheinlich, dass diese Leibgedingbücher im oftmals eingesetzten Quartformat angefertigt wurden.[100] Aus einer Haut Pergament hätten damit acht Seiten entstehen können. Für zwölf Pfund ergibt sich 1407 demnach ein Richtwert von 600 Blättern. Für die Abfassung des Briefausgangregisters eines Jahres wurden 1392 16 Gulden veranschlagt.

Eine Vorstellung davon, wie viel Zeit das Beschreiben einer solchen Menge an Blättern in Anspruch nahm, gibt eine Schilderung in der Biographie des Augsburgers Burkhard Zink, die er während den 1450er und 60er Jahren verfasste. Sie berichtet, wie Zink als junger Mann vor dem Beginn seines wirtschaftlichen und sozialen Aufstiegs eine finanzielle Notlage mit der Herstellung eines Buches für einen seiner alten Schullehrer überbrückte.[101] Maschke hat

---

96  Nach einem Randvermerk des Jahres 1480 im Bürgerbuch ließen die Baumeister *daz büchlin [...] newen und einbinden.* Zitiert nach: KALESSE, Bürger, S. 10f.

97  Zitiert nach STINZING, Geschichte, S. 423. Diese Stadtschreiberordnung hat sich auf einem Kerbzettel erhalten. Dieser Kerbzettel wird in einem Anstellungsvertrag des Stadtschreibers Urlich Tengler aus dem Jahr 1479 als Richtlinie seiner zukünftigen Arbeit zu Grunde gelegt: *[...] und der stilum soll mir volgen, laut zwyer aufgesentten zedel, der die statt rechner einen und ich den andern haben.* Zitiert nach STINZING, Geschichte, S. 419.

98  1396: 1 gulden = 1 lib 4 ß neue heller.

99  StadtA Augsburg, BMB Nr. 19 (1407), fol. 71 r.: *Item 16 lib und 5 sol dn umb 75 hůt permitz tzü den drin libtingbůchen.*

100 Vgl. etwa StadtA Augsburg, Selekt „Schätze" Nr. 184/1. Handschriftenbeschreibung bei HÄMMERLE, Leibdingbücher, S. 3ff.

101 Chronik des Burkard Zink, DStChr 5, S. 129: *Zu dem gieng ich und sagt im, ich hett ain weib genommen und west nit, was ich tuen solt; ich wolt geren umb lon schreiben, so hett ich nichts zu schreiben. Der guet her was fro, daß ich geren schreiben wolt, dann er hett gern ainen gehapt, der im geschriben hett und sprach: wiltu mir schreiben, ich will dir ain gantz iar zu*

herausgearbeitet, dass der Kaufmann Zink in seiner Chronik viel Wert auf die Angabe genauer Gegenwerte zu geschilderten Arbeitsleistungen legte.[102] Der Auftrag, den Burkhard erhalten hatte, sah die Anfertigung einer Abschrift eines umfangreichen Pergamentcodex des *compendium sancti thome* vor, also wohl des *compendium theologiae* des Thomas von Aquin, die auf 50 Sextern Papier untergebracht werden konnte.[103] Das Format wird dabei nicht genannt. Zink spricht lediglich von einem großen Buch. Es könnte sich also auch um einen Codex im Folioformat gehandelt haben. Die Abschrift des *compendium* umfasste damit 1200 Seiten. Zinks Schilderung nach konnte das Compendium, weil er Tag und Nacht schrieb, nach etwa 12 Wochen fertig gestellt werden. Die Vorlage hatte der Auftraggeber Zinks von einem Domherrn erhalten, ebenso wie einen Gulden für den Erwerb des Papiers. Für Zink selbst hatte der Gulden, den er nur für das Material erhalten hatte, etwa 1/8 des Gegenwertes seiner damaligen Besitzungen. Für seine Arbeit als Schreiber erhielt Zink nach eigenen Angaben 120 Pfennig pro Woche. Dies entsprach zu dieser Zeit zwei Pfund Augsburger Pfennigen. Das Beschreiben von 1200 Seiten dauerte demnach zwölf Wochen und wurde mit 24 Pfund Augsburger Pfennigen entlohnt. Dieser Richtwert stimmt mit dem Wert, den der Stadtschreiber erhielt, erstaunlich genau überein. Wenn wir davon ausgehen, dass die Handschrift im Folioformat vorlag und Zink eine Buchschrift verwendete, wird ihre Abfassung mindestens doppelt so viel Arbeit erzeugt haben, wie das Abfassen der Leibgedingbücher. Der Augsburger Stadtschreiber wird aber für deren Herstellung ebenfalls

---

*schreiben geben und will dir wol lonen. Und also pracht er mir ein großes buech in pergamen, was maister Ruodolfs, der was desselben korherr und pfarrer zu unser lieben frawen und was ain doctor; das buech ist genant compendium sancti Thome. Das buech ließ mich der herr mit mir haim tragen und gab mir ain guldin also par, daß ich papir kaufet und fast schrib. […] Und also hueb ich an zu schreiben und schrib in derselben wuchen 4 sextern des großen papirs karta regal und pracht die vier sextern dem herren. Das geviel im so wol, daß ich so bald angefangen hett, und geviel im auch di geschrift wol und verhieß mir 4 großs von ainem sextern; also schrib ich im bei 50 sextern und gewan gelts genueg. Und mein weib und ich saßen zusammen und ich schrib und sie span und gewunnen oft und dick 3 lib dn in ainer wuchen; doch seien wir oft bei ainander gesessen die gantzen nacht. Und gieng uns gar wol und gewunnen was wir bedorften.* Erich MASCHKE, Der wirtschaftliche Aufstieg des Burkhard Zink (* 1396 † 1474/75), In: FS Hermann Aubin (1965), Wiesbaden 1965, S. 235–262. Die Autobiographie beruht auf „auf älteren Notizen, privaten Akten und Urkunden, sowie einer Art Hauskalender mit Angaben über Geburten und Todesfälle in der Familie".

102 Diese Werte erweisen sich im Vergleich mit anderen Quellen als realistisch.
103 Bei einem Sexternio handelte es sich um eine Lagenform, die bei überlieferten Papierhandschriften des 14. und 15. Jahrhunderts üblich war. Eine Lage bestand damit aus 6 Doppelblättern = 12 Einzelblättern = 24 Seiten.

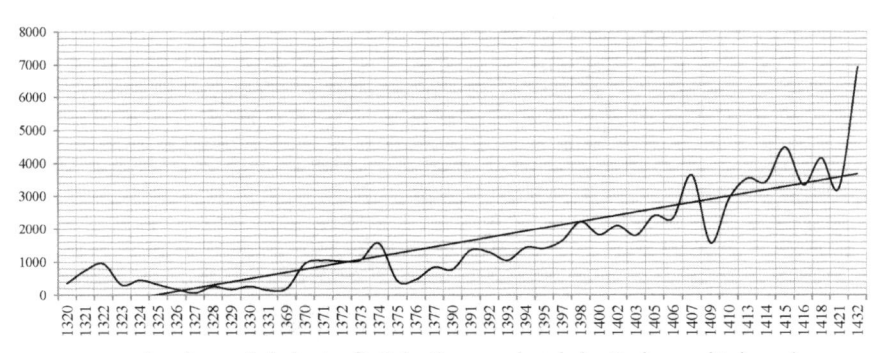

MACHT: VERSCHRIFTLICHUNG UND KONTROLLE DES ALLTAGSLEBENS 271

ABB. 20  Augsburg—Lohnkosten für Schreibpersonal nach den Rechnungsbüchern der Baumeister (1320–1432)

ABB. 21  Augsburg—Die Baumeisterbücher der Jahre 1454, 1456/1, 1456/2 und 1463 in ihrem zeitgenössischen Einband.
STADTA AUGSBURG, BMB NR. 51 (1454), NR. 53 (1456A), NR. 54 (1456B), NR. 60 (1463)

ABB. 22   *Augsburg—Leibgedingbuch in zeitgenössischem Einband.*
STADTA AUGSBURG, SELEKT „SCHÄTZE", NR. 184/1

mehrere Wochen Zeit benötigt haben. Auch wenn derartige Rechnungen nur eine begrenzte Annäherung an die Realität ermöglichen, wird deutlich, dass die neue Intensität der Verschriftlichung die Belastung der städtischen Kanzlei deutlich steigerte. Dies machte in der zweiten Hälfte des 14. Jahrhunderts einer Ausweitung des Kanzleipersonals nötig.

Während aus der Baumeisterkasse im Jahr 1320 352 Schillinge für Entlohnungen des städtischen Schreibers ausgezahlt wurden, findet sich im Jahr 1432 ein beinahe um das Zehnfache gestiegener Betrag von 4300 Schillingen.

Im Verhältnis zu anderen städtischen Beamten erhielten städtische Schreiber während des gesamten Untersuchungszeitraums stets den höchsten Lohn. Im Jahr 1372 etwa erhielt der Stadtschreiber eine vierteljährliche Zahlung von fünf Pfund. Der Zollschreiber erhielt drei Pfund, während für Ausrufer und Stadtwachen nur zehn Schilling ausgezahlt wurden.[104] Der enorme Anstieg der Lohnkosten für das städtische Schreibpersonal seit der zweiten Hälfte des 14. Jahrhunderts war mit Lohnerhöhungen und mit einem Ausbau des Schreibpersonals verbunden.

Seit dem Jahr 1369 lassen sich regelmäßige Gehaltszahlungen an einen ehemaligen Schüler des Stadtschreibers nachweisen, der seit 1369 nicht mehr nur als *scolarius* oder *schuler*, sondern zunehmend als *famulus, diener* oder *des statschribers schriber* bezeichnet wurde. Dass es sich dabei um verschiedene Bezeichnungen für ein und dasselbe Amt handelte, lässt sich in den Rechnungen der Jahre 1368, 1369 und 1370 nachweisen, in denen ein gewisser Heinrich mit diesen Bezeichnungen klassifiziert wurde. Die Befunde legen nahe, dass mit Heinrich ein Schüler, der in der Augsburger Kanzlei ausgebildet wurde, nach 1369 unter dem Stadtschreiber Johann Wauler eine dauerhafte Anstellung als Stadtschreibergehilfe fand, die er dann über 27 Jahre hinweg ausübte.[105] Heinrich wird in den Rechnungsbüchern noch bis 1396 als Gehilfe des Stadtschreibers geführt.[106]

---

104 Vgl. etwa: StadtA Augsburg, BMB Nr. 1 (1372), fol. 113v.: *Item 5 lib dn michi notario de IIII$^{or}$ temperibus, Item 3 lib dn Jacoben ungeltschriber de IIII$^{or}$ temperibus, Item 1 lib dn dem Platten von vergangen quatemp von dez ratz haizz, Item 1 lib dn maister Hainrico dem murer de IIII$^{or}$ temperibus, Item 25 sol dn Grymolt de IIII$^{or}$ temperibus, Item 10 sol dn Platten de IIII$^{or}$ temperibus, Item 10 sol dn den waibeln de IIII$^{or}$ temperibus, Item 10 sol dn den wachtern, Item 5 sol dn dem nachrichter, Item 2 sol dn den schutzen.*

105 SCHMIDT-GROTZ, Achtbuch, Bd. 1, S. 229ff. Weist Waulers Hand in jenen Jahren in den folgenden Büchern nach: Bürgerbuch, Baumeisterbücher, Steuerbücher, Missivbuch Ia, Söldnerbücher, Leibdingbücher.

106 Vgl. StadtA Augsburg BMB Nr. 2 (1369), fol. 33r.: *Item 4 lib dn Wirtzpurger Hainrico userm dyner von siner quatemp*; BMB Nr. 2 (1369), fol. 35v.: *Item 1 lib dn Hainrico famulo nostro de festo*; BMB Nr. 2 (1369), fol. 35v.: *Item 3 lib dn pro veste*; BMB Nr. 2 (1369), fol. 38r.: *Item 4 lib*

*dn Hainrico famulo nostro de IIII^or temperibus*; BMB Nr. 2 (1369), fol. 39r.: *Item 21 lib dn 7 sol dn 8 dn [...] Hainrico minem schreiber umb gewant von dem ostermargt*; BMB Nr. 2 (1370), fol. 64r.: *Item 4 lib dn Hainrico unserm diener de IIII^or temperibus*; BMB Nr. 2 (1370), fol. 64v.: *Item 5 lib dn Hainrico unserm diener von dez ratzhaizz daz er daz jar vil arbeit und mü mit den von Friberg und andern dingen gehebt hat*; BMB Nr. 2 (1370), fol. 66r.: *De fore paschali 2 sol dn scolari meo*; BMB Nr. 2 (1370), fol. 66v.: *Item 20 lib dn 6 sol dn umb gewant [...] Hainrico minem schriber*; BMB Nr. 2 (1370), fol. 66v.: *Item 8 dn minem schreyber*; BMB Nr. 2 (1370), fol. 77v.: *Item 5 lib dn Hainrico minem schreiber von dez ratz heizz*; BMB Nr. 2 (1371), fol. 89r.: *Item 4 lib dn Hainrico famulo meo de IIII^or temperibus*; BMB Nr. 2 (1371), fol. 90v.: *Item 3 lib dn pro veste Hainrico*; BMB Nr. 2 (1371), fol. 102r.: *Item 4 lib dn Hainrico de IIII^or temperibus*; BMB Nr. 2 (1371), fol. 102r.: *Item 1 lib dn Hainrico de festo Michaeli*; BMB Nr. 2 (1371), fol. 102r.: *Item 6 gulden Hainrico minem schreiber umb 7 ellin*; BMB Nr. 2 (1372), fol. 115v.: *Item 1 lib dn Hainrico unserm diener uf Geori*; BMB Nr. 2 (1372), fol. 115v.: *Item 3 lib dn Hainrico umb ein gewant zem ostermargt*; BMB Nr. 2 (1372), fol. 118r.: *Item 5 lib dn 7 sol dn umb siben elln von louffen Hainrico minem schriber de foro paschali*; BMB Nr. 2 (1372), fol. 127r.: *Item 3 lib dn Hainrico unserm diener IIII^or temperibus*; BMB Nr. 2 (1373), fol. 145r.: *Item 5 sol dn Hainrico unserm diener von sigeln drey brief dez Dahs gen Ulm*; BMB Nr. 2 (1374), fol. 199v.: *Item 1 lib dn Hainrico de IIII^or temperibus*, BMB Nr. 2 (1376), fol. 219r.: *Item 4 lib dn Hainrico von sinem kneht ze lon*; BMB Nr. 2 (1376), fol. 236r.: *Item 4 lib dn Hainrico sin quatemp*, BMB Nr. 2 (1377), fol. 257v.: *Item 4 lib dn Hainrico de IIII^or temperibus*; BMB Nr. 2 (1377), fol. 263v.: *Item 4 lib dn Hainrico de IIII^or temperibus*; BMB Nr. 2 (1378), fol. 286v.: *Item 4 lib dn Hainrico de IIII^or temperibus*; BMB Nr. 2 (1378), fol. 282v.: *Item 4 lib dn Hainrico de IIII^or temperibus*; BMB Nr. 2 (1379), fol. 306r.: *Item 4 lib dn Hainrico de IIII^or temperibus*; BMB Nr. 3 (1388), fol. 27v.: *Item 4 lib dn Hainrico nostro de IIII^or temperibus*; BMB Nr. 3 (1388), fol. 29v.: *Item 3 lib dn Hainrico pro veste*; BMB Nr. 3 (1388), fol. 29v.: *Item 3 lib dn Hainrico knecht fur einen rock*; BMB Nr. 3 (1388), fol. 30r.: *Item 6 lib dn unserm Hainrico umb sin kost und umb sin arbait da die Aynliff uff dem hus wauren von dez ratzheiss*; BMB Nr. 4 (1390), fol. 58r.: *Item 2 sol dn dez statschribers schriber*, BMB Nr. 7 (1392): fol. 53v.: *Item 2 sol dn dez statschribers schriber*, BMB Nr. 7 (1392): Blatt fol. 57r.: *Item 1 lib dn dem statschriber uff Martini*; BMB Nr. 7 (1392), fol. 59r.: *Item 1 lib dn sinem schriber hail und sälde*, BMB Nr. 8 (1393), fol. 39r.: *Item 4 lib dn haben wir geben Hainrico sein quatember uff Reminiscere*; BMB Nr. 8 (1393), fol. 42r.: *Item 4 lib dn unserm Hainrico für sein gewant in dem ostermarkt*; BMB Nr. 8 (1393), fol. 42r.: *Item 4 lib dn Hainricos knecht für seinen rock im ostermarckt Georii*; BMB Nr. 8 (1393), fol. 43v.: *Item 4 lib dn unserm Hainrico sein quatemp uff spiritus Domini*; BMB Nr. 8 (1393), fol. 44v.: *Item 1 lib dn unserm Hainrico von der eych*; BMB Nr. 8 (1393), fol. 49v.: *Item 4 lib dn unserm Hainrico sein quatember*; BMB Nr. 8 (1393), fol. 49v.: *Item 1 lib dn unserm Hainrico uf Michael*; BMB Nr. 8 (1393), fol. 52v.: *Item 15 sol dn unserm Hainrico de festo omni sanctores*; BMB Nr. 8 (1393), fol. 52v.: *Item 15 sol. dn unserm Hainrico de festo Martini*; BMB Nr. 8 (1393), fol. 55r.: *Item 4 lib dn unserm Hainrico sein quatemp uff Lucie*; BMB Nr. 8 (1393), fol. 55v.: *Item 1 lib dn unserm Hainrico de festo natus Domine*; BMB Nr. 8 (1393), fol. 56v.: *Item 2 lib dn Hainricos knecht für tzwen stifel*; BMB Nr. 8 (1393), fol. 56r.: *Item 3 lib dn und 8 sol dn dez statschribers schriber umb ainen zwifalagen rock do er tzü dem statschriber chome*; BMB Nr. 9 (1394), fol. 131v.: *Item 4 lib dn unserm Heinrico sein quatemp*

Die Zahlungen an den Gehilfen des Stadtschreibers umfassten im betrachteten Zeitraum zunächst eine vierteljährliche Zahlung von vier Pfund Pfennig. Diese wurde ergänzt durch Zahlungen von einem Pfund zu Pfingsten, zu Weihnachten und anderen Festtagen. Zum Ostermarkt wurden in jährlichen Abständen höhere Summen für die Bekleidung des Gehilfen ausgegeben, was auf die repräsentative Bedeutung des Amtes verweist.[107] Dieser verfügte über eine eigene Stube, in der er eigenständig als Vertreter der Stadt agierte, etwa wenn es um die Bezahlung der kaiserlichen Steuer ging.[108] Im Jahr 1385 wurde das Rathaus umgebaut, womit auch ein Ausbau der Kanzleiräume einherging.[109] Im Jahr 1393 bezeugt ein Eintrag in den Rechnungsbüchern, dass die Schreibstube des Gehilfen im Rathaus über gläserne Fenster verfügte.[110] Die Schreiber waren bei ihrer Arbeit auf gutes Licht angewiesen. Zudem unterstand ihm ein eigener Knecht, der sich mit der Einrichtung des Amtes seit dem Jahr 1369 nachweisen lässt.[111] Die Diener der Schreibergehilfen konnten vom Rat etwa auch Zuwendungen in Form von Kleidungsstücken oder Kostgeld erhalten.[112]

Im Jahr 1392, also gegen Ende der Schaffenszeit Heinrichs, als sich dieser in hohem Alter befunden haben muss, wird die Aufnahme eines neuen Gehilfen vermerkt, der von dem noch vier Jahre nachweisbaren Heinrich eingearbeitet worden sein wird.[113] Diese Einstellung ging einher mit der Erweiterung des Kanzleipersonals um einen zweiten Stadtschreiber. So wurde auch Heinrichs

---

     *uff Michael*; BMB Nr. 9 (1394), fol. 136r.: *Item 11 sol dn umb wahs und Hainrico von dem prieff der aynung gen unserm herren dem bischoff*; BMB Nr. 9 (1394), fol. 136r.: *Item 1 ilb dn sinem schriber.*

107  StadtA Augsburg, BMB Nr. 24 (1415), fol. 54r.: *Item 5 gulden unserm Peter für sein jar gewant.*

108  StadtA Augsburg BMB Nr. 2 (1378), fol. 287r.: *Item an den 74 gulden die man dem hertzogen von Teck schuldig belaib von dez kaisers stiur haben wir geriht dem Fetzer 27 lib dn minder 4 sol dn die gab im unser Hainrich in siner stuben.*

109  StB Augsburg, 2o Cod. Aug. Nr. 40. Achilles Primin Gasser, Annales Augustani, zum Jahr 1385.

110  StadtA Augsburg, BMB Nr. 8 (1393), fol. 53v.: *Item 6 lib dn und 4 schilling ainem glaser von ainem niüen glaz in der clainen rat stüben tzü machen und von glesern in der selben stüben und in der grozzen ratshüben und in Hainricus stüben tzü bessern und auch in dez Zöttelz stüben.*

111  StadtA Augsburg, BMB Nr. 1 (1369), fol. 38v.: *Item 3 sol dn vom schern und sniden Berchtolds rock und mantel Hainrices knecht*; BMB Nr. 2 (1375), fol. 219r.: *Item 4 lib dn Hainrico von sinem knecht ze lon.*

112  StadtA Augsburg, BMB Nr. 8 (1393), fol. 56v.: *Item 2 lib dn Hainrices knecht für tzwen stifel*; StA BMB Nr. 11 (1396), fol. 53v.: *Item 8 gulden unserm Hainrice kostgelt von sinem knecht Bartholomei.*

113  StadtA Augsburg, BMB Nr. 8 (1393), fol. 57r.: *Item 4 lib dn und 8 sol dn dez statschribers schriber umb ainen zwifalagen rock do er tzü dem statschriber chome.*

Stelle nach dessen wohl altersbedingtem Ausscheiden nachbesetzt, so dass die Rechnungsbücher seit 1407 Ausgaben für die beiden Schreibergehilfen Stefan und Peter vermerken, denen nun wiederum jeweils ein Schreiber und eigenes Gesinde untergeordnet waren, die ihnen bei ihrer Arbeit zur Hand gingen. Zu den Weihnachtstagen erhielten die Gehilfen der Schreiber nun auch Zahlungen für ihre Frauen, ihre Kinder und ihr Gesinde.[114]

In den Baumeisterrechnungen finden sich nun wieder vermehrt Sonderzahlungen an die Stadtschreiber oder dessen Gehilfen, vor allem dann, wenn der wachsende Verschriftlichungsprozess außergewöhnlich hohe Arbeitsbelastungen erzeugte: *Item 5 lib dn Hainrich unser diener von dez ratzhaizz, daz er daz jar vil arbeit und mů mit den von Friberg und andern dingen gehebt hat.*[115] Derartige Sonderzahlungen waren stets ein Indikator für hohe Arbeitsbelastungen oder Neuerungen, die der Wandel erzeugte und aus denen eine Erhöhung des Schreibbedarfs resultierte, mit der man vorher noch nicht gerechnet hatte.

Seit der zweiten Hälfte des 14. Jahrhunderts steigerte sich die Dynamik im Betrieb der kommunalen Kanzlei erheblich. In seinem im späteren 15. Jahrhundert entstandenen Traktat bewunderte der Dominkanermönch Felix Fabri die Ulmer Stadtschreiber und die Ausstattung ihrer Kanzlei: Nach Fabri hatte der Ulmer Rat zu dieser Zeit stets einen Stadtschreiber bei sich, der zwar kein Ratsmitglied war, aber alle Entscheidungen und Urteile des Rats auf dessen Befehl urkundlich bestätige (*consignat*). Dafür erhielt dieser einen hohen Lohn von der Stadt und war Kanzleivorsteher mit mehreren untergeordneten Subnotarii, Schreibern und Dienern. Die Ulmer Kanzlei erschien ihm in ihrer Einrichtung mit königlichen Kanzleien vergleichbar (*ad modum regalium cancelariarum*). In ihr würden wichtige Fälle verhandelt und es herrsche andauernd große Geschäftigkeit. Junge Männer aus angesehenen Häusern würden von weit her nach Ulm geschickt, um dort wie an einer Universität zu studieren (*quasi in universitate studeant*). Wer an der Ulmer Kanzlei ausgebildet

---

114   StadtA Augsburg, BMB Nr. 24 (1415), fol. 54r.: *Item 30 sol dn unserm Stephan hail und sälde, siner wirtin 10 sol dn sinem gesinde hail und sälde, 1 lib dn unserm Peten hail und sälde, 10 sol dn sinen kinden.*

115   StadtA Augsburg, BMB Nr. 1 (1370), fol. 64v.; BMB Nr. 7 (1392), fol. 54r.: *Item 6 gulden haben wir geben dem statschriber von prieffen die er der stat geschriben haut und von besserung seins lons*; BMB Nr. 19 (1407), fol. 53v.: *Item 1 gulden dez statschribers schriber von den priefen drinckgelt*; StadtA Augsburg, Ratsbücher Nr. 278, fol. 32r.: *Item dem Thoman statschriber 1 gulden sold und 10 guldin für hußzins und stiurpuch und pumaisterpücher bezalen und nit mer*; Weiterhin etwa: BMB Nr. 17 (1405), fol. 54r.; BMB Nr. 32 (1429), fol. 74v.; BMB Nr. 32 (1429), fol. 74v.; BMB Nr. 36 (1432), fol. 66v.

wurde, sei in anderen Städten als Stadtschreiber hoch geachtet.[116] Fabris Traktat veranschaulicht den hohen Grad an Bedeutung, Betriebsamkeit und struktureller Ausformung, den die Kanzleien der Metropolen des Reichs im 15. Jahrhundert erreichten. Sie alle wuchsen unter den gleichen Entwicklungen des Verschriftlichungsprozesses. Ebenfalls in der Mitte des 15. Jahrhunderts bezeugt der bisher lediglich in einer tschechischen Edition aus der Zeit des beginnenden 20. Jahrhunderts vorliegende Traktat des Prager Stadtnotars und Universitätslektors Prokop über die *praxis cancellariae civitatis* wie Studierende an der Universität Prag den *stilus civitatis*, also die idealtypischen Formen des Umgangs mit den zu jenem Zeitpunkt bereits in den meisten klein- und großstädtischen Kanzleien nördlich der Alpen vorhandenen Stadtbüchern, auswendig lernten, um ihre Einstiegschancen in das mittlerweile allerorts etablierte Stadtschreiberamt zu erhöhen.[117] Im Laufe des Untersuchungszeitraums hatte sich in den Städten nördlich der Alpen eine Form der Schriftkultur ausgeprägt, die ein vergleichbares Anforderungsprofil mit einer so hohen Bedeutung aufwies, dass sie zum Gegenstand gezielter universitärer Vermittlung zu werden vermochte.

Insgesamt beginnen die Quellen zur Geschichte der Stadtschreiber seit der zweiten Hälfte des 14. Jahrhunderts reicher zu fließen. In der älteren Forschung, der es daran gelegen war, eine lange kontinuierliche Tradition der Stadtschreiber in den deutschen Städten zu belegen, wurde dieser Umstand mit gewissem Bedauern zur Kenntnis genommen: „Die Stadtrechtskodifikationen haben sich sehr zurückhaltend über das Kanzleiwesen geäußert, obschon recht Eingehendes darüber hätte gesagt werden können".[118] Den Grund sah Burger darin, „dass die Stadtrechte vor allem Mitteilungen aus dem bürgerlichen, dem Straf- und dem Verfahrens- allenfalls noch Staatsrecht, dagegen kaum aus dem Verwaltungsrecht enthalten [...]. Das Bild ändert sich vollständig, sobald man eine andere Gruppe amtlicher Verlautbarungen heranzieht,

---

116 Fabri, Tractatus, S. 131f.: *Sed et protonotarium habent semper consules secum, qui de numero consulum est, omnia tamen acta et iudicata consignat ad imperium consulum, habetque grande a civitate stipendium, et est provisor cancellariae dominorum Ulmensium, et habet plures subnotarios, scriptores et servos. Est enim cancellaria Ulmensium ad modum regalium cancelariarum; in qua casus varii et magni omni momento occurrunt, propter quod habet cursum et strepitum continuum. Unde iuvenes honestorum hominum, qui ad huiusmodi aptandi sunt, a longinquo Ulmam mittuntur in cancellariam, ut ibi quasi in universitate studeant et proficiant, et qui ibi imbuti sunt, in aliis civitatibus probati protonotarii habentur.*

117 František MAREŠ, Prokopa písaře Nového města pražského praxis cancellariae, Prag 1908. Eine Neuedition plant derzeit Andreas Ranft.

118 BURGER, Stadtschreiber, S. 34.

nämlich die Verordnungen des Rats. Diese Rechtsquellen enthalten im Gegensatz zu den Kodifikationen im engeren Sinn das städtische Verwaltungsrecht in reichem Ausmaß und beleuchten Pflichten, Rechte und Aufgaben des Stadtschreibers in vieler Hinsicht".[119]

Wir haben bereits gesehen, dass die schriftliche Erfassung von Ratsverordnungen, die im Sinne Burgers zur Entstehung städtischen ‚Verwaltungsrechts' führten, in Augsburg erst in der zweiten Hälfte des 14. Jahrhunderts einzusetzen begann. Überlieferungsgeschichtlich ist diese Entwicklung mit der Entstehung der Stadtrechte im 13. Jahrhundert nicht gleichzusetzen. Die Überlieferungssituation ist eine Auswirkung des betrachteten Wandels der zeitgenössischen Verschriftlichungs- und Überlieferungsabsicht. Wie die bisherigen Untersuchungen ergaben, ist die Wortkargheit der frühen Stadtrechte darauf zurückzuführen, dass ein sich mit der Ausdifferenzierung des Verschriftlichungsprozesses in seinen Aufgaben erst allmählich ausdifferenzierendes Stadtschreiberamt zur Entstehungszeit der Stadtrechte noch kein ausgeprägtes Profil besaß, das der schriftlichen Normierung unterzogen werden konnte und sollte. Die Ausdifferenzierung der Aufgaben des Schreiberamtes und der wachsende Bedarf nach schriftlicher Normierung städtischer Amtsführung gehören phänomenologisch zusammen.

Die städtischen Bücher zeigen deutlich, wie sich mit dem Amt des Schreibers die Verantwortung verband, über zunehmend komplexere Arbeitsabläufe und das wachsende Schriftgut der kommunalen Kanzlei den Überblick zu wahren. Die Schreiber bereiteten kommende Ratssitzungen vor, indem sie Dokumente suchten, die nun im Zuge politischer Handlungen immer öfter benötigt wurden: *Item dez kunig Sigimunds brief vom hauptmarschalk als er in ze landvogt bestät het ze süchen.*[120] Auch im Ablauf der jährlichen Ratswahl war der Stadtschreiber ein konstitutives Element, der über die Einhaltung der festgeschriebenen Abläufe wachte und gleichzeitig an ihnen beteiligt war. Davon zeugt das im Bestand Reichsstadt, Ratsbücher unter der Nummer 277 aufbewahrte *aidbüchlin*, in dem der Ablauf der jährlichen Ratswahl und die dabei zu schwörenden Eide in ihrem Wortlaut Niederschrift fanden.[121] Bei der Wahl der Bürgermeister traten die Räte einzeln vor die Türe des Ratssaales, wo der Stadtschreiber ihre Wahlentscheidung auf einem *brieflin* niederschrieb.[122]

---

119  Burger, Stadtschreiber, S. 34.
120  StadtA Augsburg, Reichsstadt, Ratsbücher Nr. 276, fol. 102v.
121  StadtA Augsburg, Reichsstadt, Ratsbücher Nr. 277 (1434–1473), fol. 1r.–fol. 29r.
122  StadtA Augsburg, Reichsstadt, Ratsbücher Nr. 277, fol. 3r.: *So welt man denn burgermaister mit brieflin, das tůt der clain raut, die brieflin schreybt der statschriber vor der rautstuben und gant ye ain rautgeb herus nach dem andern und haysset im schriben sein wal zway*

Bei der Wahl der Zunftmeister verlas er die Wahlzettel und Wahleide.[123] Den Überblick über die in wachsender Zahl und mit zunehmender Detailgenauigkeit festgeschriebenen Abläufe des poltischen Lebens der Stadt zu bewahren, gestaltete sich zunehmend schwieriger und erforderte eine genaue Kenntnis des wachsenden Schriftgedächtnisses.

Davon zeugt ein Anstieg von Randglossen, Querverweisen, erläuternden Sätzen, Seitenverweisen, grafischen Ordnungszeichen und nachträglich erstellten Inhaltsverzeichnissen im kommunalen Schriftgut.[124] Die gewachsenen Schriftbestände städtischer Kanzleien folgten nicht einer im Vorfeld festgelegten Ordnung. Was schließlich als Ordnung erschien, war ein langer Prozess im Wechsel von neuer Schriftproduktion und der Neuordnung von älteren Schriftbeständen nach neuen Leitkategorien, die ihren Ursprung in den aktuellen Bedürfnissen der Zeitgenossen hatten. Schreiber waren immer wieder damit beschäftigt, das Erbe vergangener Generationen von Stadtschreibern an die aktuellen Erfordernisse der politischen Welt anzupassen. Wir sehen dies etwa am Komplex der Schwurformeln und Gesetze, die am jährlichen Schwörtag verlesen wurden. Diese waren über die Jahre der Erweiterung unterworfen. Nur die Stadtschreiber wussten, welche Texte zu welchem Anlass gelesen werden sollten. Traditionell zu lesende Textstücke konnten sich in verschiedenen Handschriften befinden.[125] Der Traktat des Prager Stadtschreibers und Universitätslektors Prokop erläuterte seinen Studenten, dass es zu den zentralen Aufgaben des Stadtschreibers gehöre, das Auge der Stadt (*oculus civitatis*) zu

---

*burgermaister* [...] *und welliche die maisten wal hand, die sind danne burgermaister uff das jar*. Zum Ablauf der Ratswahl in Augsburg vgl. ROGGE, Ire freye wale zu haben; ROGGE, Für den Gemeinen Nutzen, S. 12–28.

123 StadtA Augsburg, Reichsstadt, Ratsbücher Nr. 277, fol. 2r.: *Also besetzt man die rätt hie zu Augspurg.* [...] *so list der statschriber von anfang der kauflüt iren zedel, die tretten dann us der stuben* [...] *und swerent den raut. Den ayde lißet der statschriber und spryhet also* [...].

124 Vgl. etwa: StadtA Augsburg, Reichsstadt, Ratsbücher Nr. 276, fol. 106v.: *Als denne das alles in dem 34 jar vormals auch erkennet und in das register dezselben jares geschriben ist*; StadtA Augsburg, Reichsstadt, Ratsbücher Nr. 1, fol. 166r.: [...] *stant vor ouch geschriben*; fol. 194r.: *Item die erkanntnus von des vihes wegen, daruf die schrifft davor wyset, die ist geschriben in dem registerlin anno 1434*; StadtA Augsburg, Reichsstadt, Ratsbücher Nr. 277, fol 6v.: *Ditz stet hernach am dritten oder am andern blatt*; fol. 9r.: *Man sol daby die erkantnuß lesen im eltern rautzbůch folio 91*; fol. 10r.: *folio quarta ante* [...]fol. 10r.: *sequitur folio quarto signo tali –ooo*; fol. 16v.: *Item die ordnung und satzung von der wal wegen stät aigenlich in dem eltern rautzbůch by disen zaichen* [...] *an dem andern und lettsten blatt vor dem 64. jar, da die newer raut stånd*; fol. 17v.: *Mer von der materye im rautzbůch an dem hunderristen und vier und dryssigisten platt* [...] *stet geschriben daz ouch zů disem aid geh=ret*; fol. 22v.: *Der aid stat by dem zaichen folio XIIII$^{mo}$*.

125 MAREŠ, Prokopa písaře.

verkörpern, denn der Ursprung der Stadtherrschaft liege in der Kenntnis des städtischen Rechts.[126] Erst die neue Bedeutung des städtischen Schriftgedächtnisses brachte auch seinem Repräsentaten einen weiteren Anstieg der Macht, den Gerhard Burger ausführlich darstellte.[127] In den meisten Städten besaßen die Stadtschreiber Immobilien.[128] Stadtschreiberdynastien, wie die Ulmer Familie Neidhart, die eine eigene Kapelle im Ulmer Münster besaß, beteiligten sich an der Finanzierung repräsentativer Gebäude im öffentlichen Raum.[129] Entgegen der Annahme Burgers war dies kein Kontinuum, sondern das Ergebnis eines dynamischen Wandels der Bedeutung des geschriebenen Wortes im öffentlichen Bewusstsein des Reiches.

## 3 Briefregister: Schriftliche Bewahrung der Korrespondenz

In der zweiten Hälfte des 14. Jahrhunderts ging man dazu über, den städtischen Briefverkehr in ein schriftliches Gedächtnis zu überführen. Während man im beginnenden 14. Jahrhundert zunächst begann, die Kosten zu erfassen, die der städtische Briefverkehr erzeugte, hat sich aus dem Jahr 1360 erstmals ein Codex

---

126  Mareš, Prokopa písaře, S. 4: *Inprimis igitur notarius novellus debet investigare, quo iure civitatis illa, in qua est notarius, pociatur, cum ipse debeat esse oculus civitatis, quia principium regendi civitatem est cognitio iuris civilis.*

127  Zahlreiche Belege für den Zuwachs an Einkommen in Geld und Sachzahlungen bei BURGER, Stadtschreiber, S. 70, wie auch S. 120–121: In Memmingen wurde 1420 Heinrich Kern für 4 Jahre als Stadtschreiber angenommen und erhielt jährlich 20 Pfund Heller und 7 Gulden Rheinisch. In Nördlingen: Konrad Alwich erhielt jährlich 36 Gulden, ebenso Konrad Horn und Konrad Vischer. Letzterer bezog seit 1439 60 Gulden jährlich. 1438 betrug in Solothurn die Besoldung 32 Gulden mit 1 Gulden jährlicher Gratifikation, 1442 40 Gulden. In Miltenberg erhielt der Schreiber 1379 jährlich: 6 pfunt, ein hus zins und ein rock. Winterthur.: 21 Pfund Jahreslohn im Jahr 1406. Am Ende des Mittelalters war es auch in Kleinstädten wie Nördlingen nötig, eine umfängliche Kanzlei zu betreiben, in der der Stadtschreiber an der Spitze mehrerer Schreiber stand: *Es ist auch in diser bestellung beredt worden, das ich den obgenanten meinen herrn, bey mir, in meiner cost und belonung, zwen redlich substituenten zu cantzleyschreibern haben, die einem rat füglich und gewertig sein, dieselben zwen, und all ander mein schreiber, so ich annym, sollen auch insonderheit globen und swern, eins rats geheim ir leptag zuverswigen.* Zitiert nach STINZING, Geschichte, S. 414.

128  BURGER, Stadtschreiber, S. 68, Anm. 8: Zahlreiche Belege für Stadtschreiber als Hausbesitzer in Augsburg (seit 1322), Zürich, Solothurn, Esslingen, Ulm, Memmingen, Konstanz, Schwäbisch Hall. Für Augsburg vgl. weiterhin: StadtA Augsburg, Reichsstadt, Urkunden 23. Dez. 1466, Betrifft einen Garten im Besitz des Stadtschreibers Matthäus Schleicher.

129  BURGER, Stadtschreiber, S. 71, Anm. 19.

(Selekt „Schätze" Nr. 105/Ia) erhalten, der zur hierarchisch gegliederten Sammlung von Titulaturen und Grußformeln für Briefadressaten, wie auch als Briefauslaufregister konzipiert war.[130] Die Registrierung wurde ambitioniert mit schmückender Initiale begonnen, jedoch mit schwindender Konsequenz bald wieder eingestellt. Während die 110 gesammelten Titulaturen für eine hohe Intensität des städtischen Briefverkehrs sprechen, sank die Zahl der registrierten Briefe im Auslaufregister von 23 Einträgen im Jahr seiner Anlage „in den folgenden Jahren auf sechs, sieben und drei, um dann 1364 ganz zu versiegen".[131] Danach erfuhr der Codex einen Nutzungswandel und wurde fortan als Kopialbuch verwendet. Vergleichbare Fälle liegen etwa mit einem 1366 angelegten Briefregister aus Lübeck oder dem Schwarzen Buch der Stadt Regensburg vor.[132] Dass vor 1390 keine regelmäßige Dokumentation der städtischen Sendbriefe vorliegt, war damit keineswegs ein Zeichen von technischer Unterlegenheit und mangelndem Wissen. Die Registrierung von Sendbriefen

---

130   StadtA Augsburg, Selekt „Schätze" Nr. 105/Ia, fol. 6r.: *Anno Domini millesimo CCC°LX° annotata sunt subsequenter rescripta litterarum missilium*; vgl. HOLZAPFEL, Kanzleikorrespondenz, S. 194f. u. S. 212.

131   HOLZAPFEL, Kanzleikorrespondenz, S. 212. Gegenüber Holzapfel kann ergänzt werden, dass die beiden ältesten Briefe aus den Jahren 1358 und 1359 stammen.

132   Vgl. dazu: PITZ, Schrift- und Aktenwesen, S. 417f.: „Zweimal haben Ratssekretäre den Versuch gemacht, Briefbücher einzuführen, in die alle ausgehenden Schreiben eingetragen werden sollten, zunächst der von auswärts gekommene Jakob Cynnendorp, der 1366 ein 12 Lagen starkes Buch zu diesem Zwecke einrichtete: *Quoniam in litteris emissis nisi reservatis earum copiis contingit per earundem absentiam, que oblivionem parat, frequenter fieri errorem et interdum dampnum, expediens erat atque consultum aliquod fieri registrum, in quo littere tales notabilem et efficacem tenorem continentes ordinarie copiarentur* [...]. Die Briefabschriften sind nach Empfängern geordnet [...] Aber nach Cynnendorps Ausscheiden ist das Buch kaum noch benutzt worden, und später ward es für andere Zwecke verwandet"; Zum Schwarzen Buch der Stadt Regensburg vgl. HOLZAPFEL, Kanzleikorrespondenz, S. 211; In Köln begann eine kontinuierliche Führung von Briefausgangsregistern im Jahr 1367. Während 1367 44 Sendbriefe dokumentiert wurden, sank die Zahl 1368 auf 16 Briefe und 1369 auf 2 Briefe. Ab 1370 ist mit 12 Stücken jedoch wieder ein kontinuierlicher Anstieg der Eintragungen zu verzeichnen: Vgl. Kaspar KELLER, Die stadtkölnischen Kopienbücher, In: Mitteilungen Aus dem Stadtarchiv von Köln 1 (1882), S. 61–107, hier: S. 61ff.; PITZ, Aktenwesen, S. 120: In Köln bietet das älteste erhaltene Missivbuch „nur Fragmente der Korrespondenz aus den Jahren 1367–1381"; In Hildesheim beginnt die erste Band der städtischen Briefausgangsregister mit dem Jahr 1368. Der Papiercodex enthält auf der ersten, aus 8 Blättern bestehenden Lage, Briefe der Jahre 1368ff. Die Verzeichnung der Sendbriefe setzt dann mit der zweiten Lage im Jahr 1383 erneut ein. Vgl. Richard DOEBNER, Urkundenbuch der Stadt Hildesheim Bd. 2, Von 1347 bis 1400, Hildesheim 1887, Vorwort.

wurde in der Kanzleiordnung von 1362 nicht zu den Pflichten des Stadtschreibers gezählt, hätte aber sicher kein geringes Pensum an zusätzlicher Arbeit erzeugt.[133] Die Stadtschreiber des Spätmittelalters waren durchaus pragmatisch und werden Arbeiten vermieden haben, die weder bezahlt, noch als wirklich nötige Pflicht wahrgenommen wurden. Auch die empfangenen Briefe haben sich in Augsburg aus der ersten Hälfte des 14. Jahrhunderts nicht erhalten. Die ersten Exemplare im Bestand ‚Literaliensammlung' des Stadtarchivs stammen aus dem Jahr 1388.[134] Wir können nicht davon ausgehen, dass alle empfangenen Briefe bis zum Jahr 1388 verloren gingen, während wir über zahlreiche Urkunden aus jener Zeit verfügen. Die Briefe wurden weggeworfen, weil sie lediglich kurzfristige Alltagsgeschäfte betrafen.

Erst 1390 begann man auf Ratsbeschluss erneut mit einer systematischen Registrierung der ausgehenden Briefe: *Item [...] haut der rate erkant daz man all santprieff, die die stat schribet und ussent in ain pùch schriben sol und wann daz jare uschompt, so sol man dem schriber davon lonen nach dem und dann die arbait gewesen ist.*[135] Die Neuanlage des Briefregisters erfolgte damit nicht auf Eigeninitiative des Stadtschreibers, wobei aus Notizen in Ratsprotokollen desselben Jahres ersichtlich wird, dass die Stadtschreiber an den konzeptionellen Vorbesprechungen der Anlage neuer Kanzleibücher beteiligt waren: *Item zu reden von aller pfleg wegen in ain pùch zu schriben.*[136] Der Eintrag zeigt auch, dass die Abschrift der städtischen Sendbriefe bis dato nicht zu den vertraglichen Pflichten des Stadtschreibers gehörte und man für diese Neuerung eine Sonderentlohnung veranschlagte. Im Jahr 1391 zahlte man am 2. Sonntag nach Ostern (*Misericordia*) drei Pfund Pfennige für die Anlage eines leeren Briefregisters.[137] Der Eintrag einer Ausgabe von zwei Pfund Pfennigen für die Bindung des Briefbuchs im Jahr 1396 legt nahe, dass die Missivbücher jährlich gebunden wurden.[138] Erst am 8. Sonntag vor dem Osterfest des Jahrs 1392 (*Exsurge*) erfolgte dann die Lohnzahlung an den Stadtschreiber für das Einschreiben der Briefe in dieses Register.[139] Diese Reihenfolge der Ausgaben wurde zu einem festen Rhythmus. Noch 1396 erhielt der Stadtschreiber am Ende des Jahres 16

---

133 Vgl. MEYER, Stadtrecht, S. 251ff.
134 HOLZAPFEL, Kanzleikorrespondenz, S. 219.
135 StadtA Augsburg, Ratsbücher Nr. 270, fol. 23r.
136 StadtA Augsburg, Ratsbücher Nr. 276, fol. 58v.
137 StadtA Augsburg, BMB Nr. 6 (1391), fol. 50r.: *Misericordia. Item 3 lib dn umb ain pùch tzü den santpriefen die man darin schriben mùß und daz lon davon tzü machen.*
138 StadtA Augsburg, BMB Nr. 11 (1396), fol. 46r.: *Item 2 lib dn von dem bùch da man die brieff einschribt tze binden.*
139 StadtA Augsburg, BMB Nr. 6 (1391), fol. 64r.: *Item 12 flor. haben wir geben dem statschriber von den santprieffen, die die stat sendet, in ain pùch tzü schriben.*

Gulden für das Einschreiben der Briefe.[140] Ab diesem Jahr sind für das Einschreiben der Briefe keine gesonderten Zahlungen mehr verzeichnet. Der Erwerb der Briefbücher erfolgte aber weiterhin am Jahresbeginn.[141] Die zeitgenössische Verwendung ‚Missivbuch' ist dabei nicht belegt. Bis ins Jahr 1420 sprechen die Rechnungen von einem *puoch*, dann erstmals von einem *register*. Der erste erhaltene Codex dieser Reihe umfasst heute auf 290 Blättern die vollständigen Abschriften von Sendbriefen der Jahre 1413 bis 1419 und darin eingelegter Zettel (*zedula inchlusa*).[142] Die Tatsache, dass der mittelalterliche Einband verloren ist, führt vor dem Hintergrund der eben genannten Entstehungsspuren in den Baumeisterrechnungen zur Schlussfolgerung, dass in den heute bestehenden Missivbüchern die Briefausgangregister mehrerer Jahre nachträglich zusammengebunden wurden. Dies erklärt auch, dass der Codex Nr. 105/Ib auf mehreren Blättern Ochsenkopfwasserzeichen enthält, die bei genauer Betrachtung leicht differieren. Während die Herkunft eines Wasserzeichens in den bisher existierenden Inventaren von Piccard nicht erfasst wurde, entstammt ein zweites einer Schweizer Papiermühle in Muri.[143]

Weiterhin wird 1439 in den Protokollen des Rats ein heute verlorenes Register aus Pergament erwähnt, in das man wohl Abschriften eingegangener Briefe von höherer Bedeutung verzeichnete.[144] Die unterschiedlichen Materialien der Briefausgang- und des 1439 belegten Briefeingangregisters deuten dabei auf die Entstehung verschiedener Erwartungen an die Bewahrung von

---

140 StadtA Augsburg, BMB Nr. 11 (1396), fol. 61r.: *Item 16 flor. haben wir geben dem statschriber, datz jare alle santprieff die man von der stat schicket fürsten herren stetten und menglichen in ain pùch tzü schriben.*

141 StadtA Augsburg, BMB Nr. 21 (1410), fol. 32r.: *Item 6 lib und 4 sol dn umb der pumaister pùch und umb ain pùch da man daz jahre all santbrieff von der stat einschribt*; BMB Nr. 22 (1413), fol. 52r.: *Item XXIIII dn plapphart umb ain pùch, da man daz jare alle santpriefe einschribt*; BMB Nr. 23 (1414), fol. 31r.: *Item 6 lib 4 sol dn umb vier pùch den pumaistern und umb ain pùch da man daz jar all santprief einschribet*; BMB Nr. 24 (1415), fol. 42r.: *Item 6 lib 4 sol dn haben wir geben umb der pumaister pùch und ain bùch da man daz jar die santprieff ine schribet*; BMB Nr. 25 (1416), fol. 47r.: *Item 6 lib 4 sol dn umb der pumaister pùch und umb ain pùch da man daz jare alle sant prieff einschribt*; BMB Nr. 26 (1418), fol. 37r.: *Item 6 lib IIII sol dn umb der pumaister pùcher und umb ain pùch da man daz jar alle sant prieff in schribet*; BMB Nr. 28 (1421), fol. 19r.: *Item 6 lib und 4 sol haben wir gegeben dem Thoma für unserriu pùcher und für das register zù den santpriefen.*

142 StadtA Augsburg, Selekt „Schätze" Nr. 105/Ib (1413–1419), Nr. 105/II (1418–1425), Nr. 105/III (1429–1435), Nr. 105/IV a (1437–1443), Nr. 105/IVb (1443–1445), Nr. 105/Va (1443–1445).

143 BRIQUET, Les Filigranes, Bd. 4, S. 749, Nr. 14.930.

144 StadtA Augsburg, Ratsbücher Nr. 276, fol. 98v.: *Item die abschrift des priefes, den unser herr der künig dem pyschoff von der vogte: wegen gesant haut, ist in das pirmittin register nit verr von dem ende eingeschriben worden in die Philippi et Jacobi anno 1439.*

Briefen hin. Insgesamt zeigen die Spuren der Entstehung der Register einen erkennbaren Wandel der zeitgenössischen Überlieferungsabsicht. Er war begleitet von einem erheblichen Anstieg der Intensität des städtischen Briefverkehrs im Laufe des 14. Jahrhunderts. Mit der Einrichtung der städtischen Kanzlei im ausgehenden 13. Jahrhundert hatte der Augsburger Bürgerverband begonnen, per Brief zu kommunizieren. Der Umfang und räumliche Horizont der städtischen Korrespondenz ist in dieser Zeit nur schwer zu ermessen, denn weder dokumentierte man in der Kanzlei die ausgegangenen Schreiben, noch fanden eingegangene Schreiben eine Form der Aufbewahrung, die zu ihrer dauerhaften Erhaltung geführt hätte. Eine aspekthafte aber regelmäßige Erfassung von Kosten der städtischen Korrespondenz wird seit 1320 in den Rechnungsbüchern der Bau- und Steuermeister greifbar.[145] Aus ihrer Auswertung wurde ersichtlich, dass der Stadtschreiber in den 20er und 30er Jahren für die Abfassung von Sendbriefen noch mit Sonderzahlungen vergütet wurde.[146] Wenn wir mit den Baumeisterrechnungen davon ausgehen, dass für die Abfassung zweier Sendbriefe eine Vergütung von einem Schilling ausgezahlt wurde, entspricht die Höhe aller in den Jahren 1320 bis 1330 verzeichneten Sonderzahlungen für Sendbriefe an den Stadtschreiber einer Menge von etwa 38 Briefen. Für die Jahre 1320/1321 verzeichnen die Baumeisterrechnungen 136 Gesandtschaften. Nicht jeder dieser Boten wird einen Brief mit sich geführt haben. Auch wenn dieser Befund keine Vollständigkeit für sich beanspruchen kann, deutet er doch auf eine noch gemäßigte Briefkorrespondenz des Rates und auf eine städtische Kommunikationspraxis hin, die sich auch der mündlichen Kommunikation durch Boten bediente. Der Briefverkehr war im beginnenden 14. Jahrhundert noch keine Angelegenheit, die den Rat in jeder Sitzung beschäftigte.

Ein Umschwung wird um die Mitte des 14. Jahrhunderts erkennbar. Während die Rechnungsbücher die Ausgaben für das Schreiben von Briefen und ihre Versendung mit städtischen Briefboten 1320–1330 noch unter den allgemeinen Ausgaben (*Generalia*) verzeichneten, wurde im Rechnungsbuch des Jahres 1369 für städtische *egationes* nun bereits ein eigenes Teilkonto angelegt. Diese Veränderung ging einher mit einem deutlichen Anstieg der Ausgaben. Während die Baumeisterrechnungen des Jahres 1320 „89,5 Pfund, 765,5 Schilling und 604 Pfennige" für das städtische Gesandtschaftswesen verzeichnen, wurden im Jahr 1368 „312 Gulden, 231,5 Pfund und 388,5 Schillinge" ausgegeben.[147] Dem stehen im Jahr 1368 74 Gesandtschaften gegenüber, die

---

145 Diese ergaben sich aus der Herstellung, Versendung und dem Empfang von Briefen.
146 Vgl. Kap. II.1.
147 VOIGT, Rechnungen, S. 52.

innerhalb dreier Monate von der Stadt bezahlt wurden. Insgesamt wurden in den Jahren 1368/1369 284 Zahlungen an Gesandtschaften verzeichnet.[148] Das entspricht einer Verdoppelung des städtischen Botenverkehrs innerhalb von 48 Jahren. Dabei werden in den Rechnungen 87 Briefe explizit erwähnt.[149]

Die Abfassung von Briefen wurde mit der Kanzleiordnung von 1362 zu einer festen Aufgabe des Stadtschreibers erhoben, deren Vergütung nun nicht mehr durch Sonderzahlungen, sondern über das Festgehalt des Schreibers abgeglichen war. Diese Maßnahme erfolgte sicher auch, um die Kosten für den wachsenden Briefverkehr zu begrenzen, dessen Nutzung im Reich nun in vielen Lebensbereichen zu einer Selbstverständlichkeit geworden war. Der Goldenen Bulle von 1356 nach hatte die Benachrichtigung der Wähler durch Briefe zu erfolgen.[150] Für zukünftige Ratsherren und Kaufleute, die in dieser Zeit aufwuchsen, wurde die *Ars dictaminis* Gegenstand des Schulunterrichts, weil sie eine Voraussetzung der späteren Amtsausübung geworden war.[151]

---

148  Angaben nach VOIGT, Rechnungen.
149  Ebd.
150  MGH, Const. 11, S. 572: *singulis principibus coelectoribus [...] electionem eandem per suos nuncios patentibus debeat litteris intimare. In quibus quidem litteris talis dies et terminus exprimatur, infra quem eedem littere ad singulos eosdem principes verisimiliter possint pervenire. Huiusmodi vero littere continebunt, ut a die in litteris ipsis expressa infra tres menses continuos omnes et singuli principes electores Frankenford super Moganum esse debeant constituti vel suos legales ad eundem terminum atque locum nuncios destinare cum plena et omnimoda potestate suisque patentibus litteris maioris cuiuslibet eorum sigillo signatis ad eligendum Romanorum regem in cesarem promovendum.*
151  Davon zeugen etwa die im Jahr 1866 in einer um 1340 erbauten Kloake der Lübecker Stadtschule St. Jakobi gefundenen Wachstafeln. Dazu: Albrecht CORDES, Juristische Bildung für Kaufmannskinder. Die städtische Schule in Lübeck und ihr Lehrplan im 13./14. Jahrhundert, In: Zeitschrift des Vereins für Lübeckische Geschichte und Altertumskunde 87 (2007), S. 41–53; DERS., Who shall educate the merchant's children? Episcopal and town schools at lubeck around 1300, In: Hellen Vogt (Hg.), Law and learning in the middle ages: proceedings of the second Carlsberg Academy Conference on Medieval Legal History 2005, Copenhagen 2006, S. 181–192; Abschriften und Übersetzungen der Tafeln bei Johannes WARNCKE, Mittelalterliche Schulgeräte im Museum zu Lübeck, In: Mecklenburgische Schulzeitung 65 (1934/35), S. 237–250, hier etwa S. 237f.: „*Dem edlen und ehrenfesten Herrn Hohenstein, Holsteinischen Ritter, die Bürgermeister und Ratsherren der Stadt Lübeck in gewohnter und unermüdlicher beständiger Dienstbereitschaft. Ihr wisst, dass wir uns beklagt haben, wie wir mit dem König von Dänemark eine Tagfahrt angesetzt haben, dass er mit uns in der Stadt Stralsund sich vergleichen solle, dass er unsere Vorschläge verachtet hat und dass vor seiner Niederträchtigkeit sich niemand zu hüten weiß. Wir bitten euch deshalb, ihr wollet uns 400 gut bewaffnete Männer auf unseren Wink senden, und ihnen wollen wir es so vergüten, dass sie nicht nur uns, sondern auch euch es Dank wissen sollen. Erfüllt ihr unseren Wunsch, wollen wir es um euch verdienen wissen*". Zur Ars dictaminis: Hans M.

Die Differenzierung und Festigung verbindlicher Formalia zeugen dabei von qualitativen Veränderungen der Wahrnehmung von Briefen. Zu ihnen zählen die bereits erwähnten Titulaturen. Die Titulaturen, die in der Augsburger Sammlung von 1360 sukzessive eingeschrieben wurden, differieren deutlich. Das Spektrum umfasst etwa den Kaiser, Repräsentanten des kaiserlichen Hofes, die wichtigsten Reichsfürsten, den Dogen von Venedig, wie auch zahlreiche Vertreter des mittleren und niederen Adels im Reich und im Herzogtum Österreich. Wenn wir davon ausgehen, dass all diese Titulaturen im Codex festgehalten wurden, weil man sich erwartete, sie zukünftig wieder zu nutzen, zeugen sie von eine breiten kommunikativen Vernetzung der Stadt Augsburg mit der politischen Welt des Reiches. Die Berücksichtigung ungeschriebener Regeln der Titulatur wurde in diesem Netzwerk zu einer verbindlichen und sensibel gehandhabten Verpflichtung.[152] Der Papst ist in der Augsburger Titulaturliste nicht aufgeführt. Im Jahr 1418 wurde auf Grund mangelnder Kenntnisse der korrekten Form für die Abfassung von *credentzprief(en)* an die Kurie die Hilfe des Augsburger Bischofs erbeten: *daz (er) ain nottel mache als wir die schriben süllen und uns die [...] herab verschribe und sende. Wann daz beschribt so wellen wir dann darüber sitzen und die notel verhören und darnach schriben [...]*.[153] Im Jahr 1473 korrespondierte der Schwäbisch Haller Stadtschreiber Bartholomäus Gotzmann, mit seinem Verwandten Peter Neidhardt, Stadtschreiber in Ulm über die kleinsten Details der korrekten Anrede: „Das Wort *ersam* in der Überschrift gelte gar nichts; die Anrede *erbar* gelte mehr".[154]

Die Augsburger Titulaturliste des Jahres 1360 steht am Beginn einer Entwicklung, die zur Entstehung einer Vielzahl gedruckter Kanzleihilfsmittel führte, die dem Juristen Roderich von Stinzing nach für die Führung von Kanzleien „unentbehrlich" wurden.[155] Der Augsburger Hans Froschauer druckte

---

SCHALLER, Art. „Ars dictaminis, Ars dicandi", In: LEX MA 1, Sp. 1034–1039; Zur Kontextualisierung dieser Phänomene im Lichte eines Wandels des praktischen Bedarfs von Stadtbürgern an gelehrtem Wissen: Martin KINTZINGER, Das neue Wissen der Stadtbürger, Ostfildern 2003, S. 125–142.

152 HOLZAPFEL, Kanzleikorrespondenz, S. 138ff.; Thomas BEHRMANN, Zum Wandel der öffentlichen Anrede im Spätmittelalter, In: Gerd Althoff (Hg.), Formen und Funktionen öffentlicher Kommunikation im Mittelalter (= Vorträge und Forschungen, Bd. 51), Stuttgart 2001, S. 291–317.

153 StadtA Augsburg, Selekt „Schätze" Nr. 105/Ib, Nr. 947 (30. März 1418), fol. 206r. u. Nr. 952 (30. März 1418), fol. 207r.

154 BURGER, Stadtschreiber, S. 58.

155 Johann August Roderich von STINZING, Geschichte der populären Literatur des römisch-kanonischen Rechts in Deutschland am Ende des fünfzehnten und im Anfang des sechszehnten Jahrhunderts, Leipzig 1867, S. 295; vgl. Peter FLEISCHMANN, Schenkung eines

1516 ein *cantzeleybuchlein: Wie man schreiben sol eim yeden in was würden stadt oder wesenes er ist geistlich oder weltlich kurz begriffen.* Das Werk besteht aus einem ausführlichen Titularbuch und einer Formelsammlung für Briefe und Urkunden mit ausführlichen Beispielen.[156] Um die Mitte des 14. Jahrhunderts vollzog sich auch eine Differenzierung von Briefverschlusssiegeln.[157] In Augsburg wurde zu ihrer Herstellung zwischen 1330 und 1368 die Verwendung von rotem Siegelwachs üblich. Seit der Mitte des 14. Jahrhunderts wird allmählich die Tendenz sichtbar, Briefe mit Tages- und Jahresdatierung zu versehen, wobei zahlreiche Briefe überliefert sind, die lediglich eine Tagesdatierung tragen.[158] Um die Wende vom 14. zum 15. Jahrhundert war eine Datierung mit Tages- und Jahresangabe bereits „zur Regel" geworden.[159] Dieser von Holzapfel herausgearbeitete Wandel illustriert deutlich die Veränderung der Wahrnehmung der Verbindlichkeit von Sendbriefen, die auch noch lange nach der Ausstellung des Briefes existent war. Er ging einher mit der Entstehung neuer Formen der Registrierung von Briefen, von denen wir in Augsburg mit den Ausgangregistern von 1390 eine Ausprägungsform vorliegen haben.[160] Im Urkundenwesen war die Datierung mit Tages- und Jahresangabe längst eine feste Voraussetzung der Gültigkeit.

        seltenen Formularbuchs von 1528 an das Staatsarchiv Augsburg, In: Nachrichten aus den Staatlichen Archiven Bayerns 52 (2006), S. 12–13: „Was machte ein Kanzlei- oder Gerichtsschreiber, wenn er einen Brief über einen komplizierten Sachverhalt verfassen und ihn an Personen unterschiedlicher Stände korrekt zu adressieren hatte? [...] Wenn der Schreiber in der Kanzlei einer größeren Herrschaft tätig war, hatte er den Vorzug, auf ein sorgsam gepflegtes, stets aktualisiertes Formular- und Titulaturbuch zurückgreifen zu können. Daneben gab es ab dem Jahr 1528 die Möglichkeit, beim Buchführer den in Tübingen gedruckten „Huge" zu erwerben. [...] Alexander Huge war auf eine richtige Marktlücke gestoßen, sein Buch ist in elf Auflagen, zuletzt 1572 in Basel, nachgedruckt worden".

156  Beschreibung nach: STINZING, Geschichte der populären Literatur des römisch-kanonischen Rechts in Deutschland am Ende des fünfzehnten und im Anfang des sechszehnten Jahrhunderts, Leipzig 1867, S. 334.

157  HOLZAPFEL, Kanzleikorrespondenz, S. 95ff.; Hermann MAUÉ, Verschlossene Briefe-Briefverschlußsiegel, In: Heinz-Dieter Heimann, Ivan Hlaváček (Hg.), Kommunikationspraxis und Korrespondenzwesen im Mittelalter und in der Renaissance, Paderborn 1998, S. 13–57; EWALD, Siegelkunde, S. 177–178.

158  Vgl. die Übersicht bei: HOLZAPFEL, Kanzleikorrespondenz, S. 258.

159  HOLZAPFEL, Kanzleikorrespondenz, S. 259.

160  Neben der protokollarischen Dokumentation, die lediglich die ausgehenden Briefe der Stadt erfasste, etablierte sich etwa in München die vorgangbildende Dokumentation, in deren Rahmen zusammengehörige Korrespondenz archiviert wurde. Im Regensburger Schwarzen Stadtbuch wurden ein- und ausgehende Briefe zusammengeschrieben und kommentiert. Vgl. HOLZAPFEL, Kanzleikorrespondenz, S. 214–257.

Seit der Mitte des 14. Jahrhunderts wächst die Zahl der überlieferten Papierbriefe deutlich. Die städtischen Briefe weisen ein breites inhaltliches Spektrum auf, das vor allem stadtinterne und externe Angelegenheiten in den Bereichen der Politik und Wirtschaft betrifft.[161] Dies speiste sich einerseits aus einem Anstieg der Erfassung kurzfristiger Alltagsbelange durch den Sendbrief, andererseits führten die Möglichkeiten des Briefes zu einer Steigerung der Integration räumlich entfernter, aber rechtlich mit der Stadt verbundener politischer Kräfte wie etwa des römischen Königs. Der Brief erhielt dabei eine neue Rechtsverbindlichkeit, die die Notwendigkeit eines Wandels seiner Aufbewahrung nötig werden ließ.

In Konflikten des Alltags wurden die geschriebenen Briefe zur Grundlage auf der Verhandlungen erfolgten, oftmals ohne sich direkt gegenüber zu stehen. Nicht selten war dabei der rechte Umgang mit der Schriftlichkeit ein Thema, etwa wenn der Rat von Leipheim darüber klagte, dass zwei Augsburger Bürger etliche Leipheimer Bürger in den Bann gebracht hätten, ohne es diesen vorher mit den üblichen *lad-* und *manpriefen* anzukündigen.[162] Diesen Konventionen nicht zu entsprechen, bedeutete Regeln zu brechen.

In einem anderen Fall hatte ein Augsburger Metzger Schweine in das Gebirge getrieben, wo er von einem Kleinadeligen aufgehalten und in lebensbedrohliche Bedrängnis gebracht (*nidergelegt*) wurde, weil dieser dachte, der Metzger wäre bayerischer Zugehörigkeit. Der Metzger versprach, einen Brief zu bringen, in dem die Stadt Augsburg seine Bürgerschaft bezeugte. Als Garantie hinterließ er eine größere Summe Geldes. Nach Augsburg zurückgekehrt, trat der Metzger tatsächlich vor den Rat und bat um die Ausstellung einer entsprechenden Bestätigung. Der Ausgang der Angelegenheit ist unbekannt, aber der Wortlaut des Briefes legt nahe, dass der Metzger dem Brief des Rates soviel Vertrauen gegenüberbrachte, dass er sich tatsächlich auf den Weg zurück ins Gebirge machte, um ihn dem Ritter vorzulegen (*zaiger des priefs*) und sein Geld zurückzufordern.[163] Der Brief enthielt dabei nicht nur eine Bestätigung

---

161 Wolfgang WÜST, Reichsstädtische Kommunikation in Franken und Schwaben. Nachrichtennetze für Bürger, Räte und Kaufleute im Spätmittelalter, In: Zeitschrift für bayerische Landesgeschichte 62/3 (1999), S. 681–707.

162 StadtA Augsburg, Selekt „Schätze" Nr. 105/Ib, Nr. 192 (25. Feb. 1414), fol. 38r.: *Den ersamen weysen, dem vogt und dem raut der stat zů Leypphaim [...], alz ir uns verschriben habent von unsr mitpurger Andresen Repphons und Arnolt Strobels, wie daz sy [...] ettlich ewer mitburger gepannen haben und in das vor nie verkündet haben, weder mit ladpriefen noch manpriefen. Item haben wir alles wol vernomen und haben die unsern für uns besant und sy darumb zů rede gesetzzet.*

163 StadtA Augsburg, Selekt „Schätze" Nr. 105/Ib, Nr. 88 (1413), fol. 18r.: *Sein edeln und vesten ritter [...] Bartzafaln [...] wir tun ew wissen daz fur uns chome ist unser burger Hans Wey-*

der Bürgerschaft, sondern auch eine genaue Beschreibung des Vorfalls, wodurch das Dokument wesentliche Funktionen der mündlichen Kommunikation durch den Überbringer bestätigte.

In einem weiteren Fall erbat der Rat der Stadt beim Herzog von Bayern für eine Bürgerin die Aushändigung von Gerichtsbriefen, die ein Ritter des Herzogs ungerechtfertigt an sich genommen hatte. Derartige Fälle finden sich in den städtischen Briefbüchern in großer Zahl. Der Brief diente dem Interesse der Bürger, dessen Durchsetzung mit Hilfe der Schrift überhaupt erst Erfolgsaussichten versprach. Die Tatsache, dass derartige Fälle in ein städtisches Amtsbuch übernommen wurden, zeigt, dass sie weniger von privatem Charakter waren, als es auf den ersten Blick scheint. Die Rechtskörperschaft Stadt konnte vor Gericht für ihre Bürger haftbar gemacht werden. Vor diesem Hintergrund suchte man sich vor vermeintlichen oder rechtmäßigen Ansprüchen von außen zu schützen, indem man mit Hilfe des Briefs und dessen Speicherung rechtmäßiges Verhalten dokumentierte. Die Notwendigkeit des Schriftgebrauchs drang weiter in die kleinteiligen Sphären des Alltagslebens ein.

Ein Ereignis der Augsburger Stadtgeschichte, das die Bedeutung des Briefs und seiner schriftlichen Sicherung im überregionalen Kontext zu verdeutlichen vermag, sind die Gerichtsverhandlungen um die Auflösung der Venedischen Handelsgesellschaft der hansischen Kaufleute Veckinchusen.[164] Das Scheitern dieser Gesellschaft wurde durch die unterschiedlichen Gepflogenheiten der Schriftkultur in Italien und dem Norden des Reiches begünstigt, die zu Schwierigkeiten der Gesellschaft mit dem in Italien herrschenden Umgang

---

*mann ain metzger, zaiger des priefs, und hant uns wissen getaun, wie daz er vor etwievil ziten schwein in das gebirge getriben habe. Mit denselben sweynen ir in uffgehalten und bochumert [...] hettint, in der maynung als ob er von Payrn sein söllte. Nun haut uns der unser gesagt wie daz er ew [...] versprochen habe, ainen prief von unser stat zů pringen, daz er von unser stat sye und uff denselb hebbe er etwieviel gelten hinder im gelazzen. Tun wir ewer edell wissen daz der egentante Hans Weymann unser eingesesser burger ist und die schwene, die ir in bechumert und uffgehalten hettent, sind [...] unsers burger aigenlich gůt gewesen [...]. Pitten wir ew [...], daz ir den vorgenannten unsern burger seiner gelupt und versprechnuse ledig und los sagent und im sein gelte, daz er by ew gelazzen hant, unbechumert friuntlich und tugentlichen werden und volgen lazzent [...].*

164 Vgl. den genauen Verlauf der Prozesse mit einer Zusammenstellung der bisherigen Forschungsliteratur: Mathias F. KLUGE, Der Kaufmann und die Schrift: Risiken der Globalisierung des Handels im Spätmittelalter, In: Martin Kaufhold (Hg.), Städtische Kultur im spätmittelalterlichen Augsburg, Augsburg 2012, S. 71–90; Mathias F. KLUGE, Zwischen Metropole, Fürst und König: Die Venedische Handelsgesellschaft der Veckinchusen und ihr Niedergang (Mit einer Edition neuer Quellen zum Konkursverfahren des Unternehmens), In: Hansische Geschichtsblätter 131 (2013) (in Vorbereitung), Anm. 1.

mit Wechselbriefen, Haftungsvollmachten und der schriftlichen Kommunikationskultur geführt hatten.[165] Im Zuge der mehrjährigen Verhandlungen geriet die Stadt in ein Spannungsverhältnis zwischen Kaiser Sigismund und dem Herzog von Österreich, die beide per Brief in den Ablauf der Verhandlungen zu intervenieren suchten. Dabei sandte die Stadt Abschriften der Briefe des Herzogs an den Kaiser, um sich selbst zu entlasten: *alz wir des ewern küniglichen gnaden seiner brief abgeschrift verschlossen senden in disem unserm brief* [...].[166] Die Briefe der Stadt Köln, die in dem Konflikt intervenierte, haben sich ebenfalls in einem Briefbuch erhalten. Was man schrieb, hatte hohes Gewicht und konnte durchaus zu politischen Konsequenzen führen. Datierte Abschriften dienten dazu, den genauen Wortlaut eigener schriftlicher Aussagen beweisen zu können, insbesondere etwa dann, wenn der eigene Brief vom Empfänger abschriftlich an eine dritte Partei weitergeleitet wurde.

Für den Kaufmann Hildebrand Veckinchusen waren die Ereignisse in Augsburg der Beginn eines wirtschaftlichen Niedergangs, der schließlich mit seiner Inhaftierung im Brügger Schuldturm endete. Von dort aus versuchte er über seine Frau Margarethe, noch ausstehende Schulden einzutreiben und Besitzverhältnisse an einer Immobilie in Lübeck zu regeln. Dazu sollte seine Frau in alte Briefe Einsicht nehmen, in denen die genauen Schuldbeträge und besitzrechtlichen Verhältnisse geregelt wären: *Item, so es my Syvert noch schuldych dat overghelt von Karneles sinen soen, also ick dy in vortyden screff; woyvelle des was, dat vindestu wol in mynem breyve, den ick dy sante in vortyden. [...] Ick screff dy unde Evert Moelyk in vortyden enen breyff van den eghendom des hus. Den breyff oversey myt Everde, wante alle sake solen komen so yt behoren sal, wellet God.*[167]

Die Zeiten erforderten es, dass Sendbriefe gesichert wurden. Auch in den Kanzleien weltlicher Fürsten setzt die Überlieferung von Briefbüchern erst ab 1400 ein.[168] Die neuen Formen der Registrierung mussten dabei nicht erst „gefunden werden", sondern wurden in demjenigen Moment installiert, als man sie benötigte.[169] Im Jahr 1393 wurde dem Eintrag der Zahlung an den Stadtschreiber für das Schreiben des Briefbuchs eine Begründung beigefügt: *Item 16 guldin dem statschriber von allen priefen ditz gantze jare fürsten herren,*

---

165 KLUGE, Kaufmann.
166 StadtA Augsburg, Selekt „Schätze" Nr. 105/Ib, Nr. 299 (10. Aug. 1414), fol. 63v.
167 STIEDA, Veckinchusen, Nr. 411 (5. Jan. 1426), S. 420f.
168 Vgl. MEISNER, Archivalienkunde, S. 314f.; Hans PATZE, Die Herrschaftspraxis der deutschen Landesherren während des Späten Mittelalters, In: Paravicini, Histoire comparée, S. 362–391, hier: S. 379.
169 HOLZAPFEL, Kanzleikorrespondenz, S. 213.

*grauffen, synen herren, knehten, stetten und menglichen tzü schriben in ain pŭch daz man allweg wisse, waz man ir ieglichem verschriben habe*.[170] Ausschlaggebend war demnach die Schaffung der Möglichkeit, den genauen Inhalt der im Laufe des Jahres geschriebener Briefe in Zukunft nochmals prüfen zu können. Es war eine Zeit, in der die Dokumentation der Entstehung und der Verlauf von Auseinandersetzungen eine Auswirkung auf den Verlauf ihrer Lösung nehmen konnte.

Im frühesten erhaltenen Band der Briefregister von 1412 deuten Spuren wie Streichungen, Ausbesserungen am Wortlaut oder Kommentare wie *non est missa* darauf hin, dass die Registrierung in dieser Zeit zumindest zum Teil vor der Ausfertigung und Versendung des Originals vorgenommen wurde.[171] Die meisten Einträge besitzen eine Überschrift, die den Empfänger des Briefes nennt. Diese Vorgehensweise erlaubte es, den Verlauf der versandten Korrespondenz stets überblicken zu können. Eine wachsende Menge von Briefkontakten bestimmte zunehmend das Tagesgeschäft des Rates. Briefe, die die Stadt von Fürsten des Umlandes erhielt, mussten in Kürze wieder beantwortet werden: *Item man sol auch dem Burkart Sturmsider antworten uff den brief den er der stat geschriben haut und das solman tŭn innerhalb acht tagen* (Eintrag gestrichen).[172] Die wachsende Etablierung des politischen Briefes erzeugte eine enorme Vervielfältigung verbindlicher politischer Direktkontakte. Mit zahlreichen Mitgliedern dieses Netzwerks gleichzeitig im Briefwechsel zu stehen, erschwerte die Übersicht und machte die zuverlässige Speicherung der eigenen Äußerungen nötig, um über längere Zeiträume hinweg konsequent und rechtlich unangreifbar agieren zu können.[173] Was man selbst schrieb,

---

170 StadtA Augsburg, BMB Nr. 8 (1393), fol. 55v.
171 StadtA Augsburg, Selekt „Schätze" Nr. 105/Ib, Nr. 903 (Anfang. Jan. 1418), fol. 209v.
172 StadtA Augsburg, Ratsbücher Nr. 276, fol. 1v.: *Item man sol nit vergessen das man herolten von Stetten ain antwort geb uff seinen letsten brief [...], der im noch nit verantwert ist.* (Eintrag gestrichen)
173 HOLZAPFL, Kanzleikorrespondenz, S. 216: „Die ständige Gefahr, dass alle Bürger, wo immer sie unterwegs waren im Rahmen adeliger Selbstjustiz gewaltsam für echte oder vermeintliche Rechtsansprüche gegen die Stadt haftbar gemacht werden konnten, machte die auf die Freiheit der Handelswege angewiesenen Städte über die Maßen verwundbar. Es leuchtet unmittelbar ein, dass der Zweck eines solchen Amtsbuches vor allem war, durch die Zusammenführung aller relevanten Dokumente in diesem Punkt so weit wie möglich Übersicht und Berchenbarkeit zu schaffen. Dabei genügte es nicht mehr, nach dem Muster des herkömmlichen Registers und Kopialbuches die Ergebnisse rechtlicher Verhandlungen post factum aufzuzeichnen, sondern auch die Absichtserklärung, Bitte und Drohung war wichtig genug, um die momentane Gefährdungslage einschätzen zu können. Die Dokumentation des Briefverkehrs mag außerdem wichtig gewesen sein, um die

konnte zum Gegenstand des Austausches mit Dritten werden.[174] Der Umgang mit den eigenen Briefen konnte auf diese Weise Folgen für den konkreten Ablauf entfernterer politischer Prozesse haben.

Zur Herstellung eines Antwortbriefs an den Papst im Jahr 1419 ersuchte der Rat die Stadt Nürnberg, einen Doktor des kanonischen Rechts zur Verfügung zu stellen, der es vermochte, den Brief in rechtmäßiger Form abzufassen.[175] Der genaue Wortlaut spielte eine ebenso bedeutende Rolle wie der Nachweis, dass man auf eingegangene Briefe geantwortet hatte. Das Missivbuch hatte auch eine beglaubigende Funktion. Fehlende Antwortschreiben wurden eingeklagt. Die Stadt verfügte in solchen Fällen über das Wissen, wann genau ein bestimmter Brief die Kanzlei verlassen hatte.[176] Die Entstehungsgeschichte der Augsburger Briefregister macht deutlich, dass sich in den Städten eines historischen Raumes ähnliche Überlieferungsformen ausbildeten, weil der Verschriftlichungsprozess die Zeitgenossen in diesen Städten vor ähnliche Herausforderungen stellte. Alleiniger Grund waren dabei keineswegs Größe und Einfluss einer Stadt.[177] Der Briefwechsel erzeugte Verbindlichkeiten für sämtliche Parteien, die im Netz der politischen Kommunikation im Reich eingebunden waren. Durch die Masse der Teilnehmenden wurde das Wachstum des Briefverkehrs zu einem sich selbst verstärkenden Prozess, der der Planung und Steuerung des Einzelnen entzogen war.

---

      jeweils aktuelle Lage mit früheren Vorgängen abgleichen zu können und so das eigene Handeln in immer wieder ähnlichen Konfliten zu verstetigen und konsistent zu halten".

174   StadtA Augsburg, Ratsbücher Nr. 276, fol. 35r.: *Item daz man ouch denen von Ulm schreÿb umb die artikel unsers herren dez marggrafen, alz von [...] dez lanndfrids wegen, deßgeleÿch dez von Wirtembergs artikel, daz der stattschryber die her sänd als Cůnrat von Halle mit im geredt habe* (Eintrag gestrichen); Vergleichbare Fälle ebd., fol. 60r. und fol. 109r.

175   StadtA Augsburg, Selekt „Schätze" Nr. 105/Ib, Nr. 1314 (25. Dez. 1418), fol. 290r.

176   StadtA Augsburg, Selekt „Schätze" Nr. 105/Ib, Nr. 875 (18. Nov. 1417), fol. 190r.

177   Dieter RÜBSAMEN, Das Briefeingangregister des Nürnberger Rates für die Jahre 1449–1457 (= Historische Forschungen, Bd. 22), Sigmaringen 1997, S. 11: „Mit dem oben skizzierten politischen und wirtschaftlichen Aufschwung der Stadt hatte sich auch eine relativ stark differenzierte Verwaltung und Schriftlichkeit herausgebildet. Schon im 14. Jahrhundert sind die für Nürnberg als eine der bevölkerungsreichsten und wirtschaftlich prosperierendsten Städte des Reiches charakteristischen großen Serien der verschiedenen Kopialbücher, Briefbücher, Ratsbücher, Stadtrechnungen usw. angelegt worden, später dann noch ergänzt durch Ratsverlässe und eben auch Eingangsverzeichnisse wie das vorliegende".

## 4 Ratsprotokolle: Verschriftlichung des Regierungsalltags

Seit der zweiten Hälfte des 14. Jahrhunderts enthält der städtische Überlieferungsbestand verschiedene protokollierende Schriftformen, die in direktem Zusammenhang mit der Ausbildung der Ratsverfassung und dem politischen Handeln des städtischen Rats entstanden. Das älteste bekannte Schriftgut aus dem Umfeld der direkten Regierungspraxis des Rates wird in den Baumeisterrechnungen und im Register des Ratsdieners Clemens Jägers aus dem 16. Jahrhundert erwähnt, ist aber heute verloren. Die Baumeisterbücher weisen seit 1321 die Führung von Listen nach, in denen Namen und Anzahl der nach bestimmten Zeitabständen neu zusammengesetzen Räte dokumentiert wurden.[178] Clemens Jäger erwähnt in seinem Inventar ein heute verlorenes *denckbuechlin* des Rates, welches das politische Handeln des Rates (*sonderlich wider die gaistlichen*) zwischen den Jahren 1362 und 1385 dokumentierte.[179] Weiterhin führt er ein *rathsbuechlin* auf, *darinnen die räth und des raths erkanndtniß von dem 1373 bis in das 1387 iar, thuet 14 iar, verzeichnet seindt.*[180] Schließlich erwähnen die Baumeisterbücher des Jahres 1392 den Einkauf eines *puchli da man die inschribet, die den raut versument.*[181]

An erhaltenem Archivgut fanden sich zunächst Codices mit Reinschriften von Ratsbeschlüssen im Quartformat.[182] Diese werden im Stadtarchiv unter der Signatur "Reichsstadt, Ratsbücher" aufbewahrt.[183] Bei dem diese Reihe eröffnenden Codex (Nr. 1) handelt es sich um eine Sammlung von Ratsbeschlüssen der Jahre 1392 bis 1441, die im Spätmittelalter in dieser Form angelegt

---

178　StadtA Augsburg, BMB Nr. 1 (1321), S. 28: *Item notario civitatis pro inscriptione novi consilii 2 sol*; StB Augsburg, 20 Cod. Aug. Nr. 481, fol. 18v.: *Erstlich ain klains alts rathsbuechlin, das van dem 1357 bis in das 1372 jar raicht, darinnen die räth gantz fleissig mit ihrer anzal und namen, wie sie vor in und nach dem anfang der zunfften gewesen sindt, beschriben.*

179　StB Augsburg, 20 Cod. Aug. Nr. 481, fol. 18v.: *Item ain guets denckbuechlin des raths, so gehandlet worden und gehandelt werden soll, sonderlich wider die gaistlichen, von dem 1362 jar bis in das 1385 jar werende.* Vgl. die Überlegungen zur Funktion dieser Handschrift bei ADRIAN, Augsbourg, S. 86.

180　Ebd.

181　StadtA Augsburg, BMB Nr. 7 (1392), 45v.

182　SCHEUZ, WEIGL, Ratsprotokolle, S. 591.

183　StadtA Augsburg, Reichsstadt, Ratsbücher Nr. 1 (Satzungen und Ratserkenntnisse, Handexemplar des Andreas Frickinger 1372–1471), Enthält eine Kompilation von Ratsbeschlüssen der Jahre 1392–1441, Nr. 2 (15. Jh.), Nr. 3 (1392–1441), Nr. 4 (1442–1447), Nr. 5 (1453–1458), Nr. 6 (1458–1463), Nr. 7 (1464–1473) Kopie des Jahres 1904 (Österreichische Nationalbibliothek Wien, Cod. Nr. 2836), Nr. 270 (1390–1392), Nr. 271 (1403–1406), Nr. 272 (1412–1420), 274 (1417–1422), Nr. 276 (1430–1440), Nr. 278 (1441–1451).

wurde.[184] Seine Entstehungszeit muss in die Jahre nach 1450 datiert werden.[185] Das Stadtarchiv führt den Codex als ‚Handexemplar' des Bürgermeisters Andreas Frickinger (* um 1400/05, † 1477). Dem Schriftbild nach wurde er durch den Stadtschreiber Matthäus Schleicher angelegt, welcher darin ältere Ratsbeschlüsse in bruchloser Reinschrift und einem großzügigen, übersichtlichen Layout zusammenführte.[186] Bei dem zweiten und dritten Band der Reihe (Nr. 2 und Nr. 3) handelt es sich ebenfalls um Zusammenführungen von Satzungen späterer Jahre. Erst der vierte Band (Nr. 4) ist ein direkt aus dem zeitgenössischen Gebrauch hervorgegangener Protokollband, in dem wohl im 19. Jahrhundert Ratsprotokollbücher von fünf Jahren (1442–1447) zusammengebunden wurden.

Hinter den Nummern 270 (1390–1392), 271 (1403–1406), 272 (1412–1420), 274 (1417–1422), 276 (1430–1440), 278 (1441–1458) am Ende der Bestandsreihe verbergen sich die ältesten erhaltenen Protokollbücher des Rats in Schmalfolioformat. Während die Bücher Nr. 270 bis 274 die wichtigsten Ratsbeschlüsse 1390 bis 1422 in Reinschrift überliefern, zeugt das Ratsbuch Nr. 276 von der Existenz einer weiteren Form der schriftlichen Protokollierung. Das Ratsbuch wurde abwechselnd von mehreren Schreibern geführt und fungierte unter anderem als Vorstufe der reinen Ergebnisprotokolle. Da sich dort nicht alle Dekrete wiederfinden, die in den großformatigen Reinschriften enthalten sind, ist davon auszugehen, dass es sich bei ihnen nicht um Vorläufer derselben handelt, sondern um zwei verschiedene Formen der Schriftdokumentation, die parallel geführt wurden. Darauf verweist ein Zusatz, den der Stadtschreiber einem 1439 erneuerten und in den kleinen Ratsbüchern eingeschriebenen Gesetzesbeschluss zum Umgang mit Schweinefleisch beifügte: *Als denne das alles in dem 34 jar vormals auch erkennet und in das register dezselben jares geschriben ist*.[187] Neben Ratsbeschlüssen enthält das Ratsbuch Nr. 276 auch Schilderungen des bisherigen Verlaufs noch offenstehender Verhandlungen, Notizen, die organisatorische Rahmenbedingungen zukünftiger Ratssitzungen

---

184   Über den Inhalt informiert eine Vorrede im Codex: StadtA Augsburg, Reichsstadt, Ratsbücher Nr. 1, fol. 1r.: *Hernách in disem půch stánd alt erkantnüs und gesatzt, durch die räte vor jären beschehen als die denn von jár zů jár auß den eltern raůtzbüchern ůßgschriben und náchainander gesetzt seind—von anno 1392 bis anno 1441.*
185   Vgl. S. 231f.
186   Vgl. GEFFCKEN, Art. „Frickinger", In: Augsburger Stadtlexikon, S. 413. Identifikation des Schreibers bei SCHMIDT-GROTZ, Achtbuch, Bd. 1, S. 234ff.
187   StadtA Augsburg, Reichsstadt, Ratsbücher Nr. 276, fol. 106v.

betreffen oder Aufgaben, die sich für den Stadtschreiber im Kontext der Ratssitzungen ergaben.[188]

Dieses Spektrum der Überlieferung zeigt, wie der Verschriftlichungsprozess um die Jahrhundertwende die funktionalen Abläufe im Kern des städtischen Organismus sukzessiv erfasste. Während zunächst nur die Namen der Ratsmitglieder schriftlich dokumentiert wurden, ging man um die Mitte des 14. Jahrhunderts dazu über, die Ergebnisse der Ratssitzungen in Schmalfoliobänden zu protokollieren. 1392 ergänzte man eine Verschriftlichung der Namen und Anliegen derjenigen, die vor den Rat traten, um dort Bitten oder Anklagen vorzutragen. Schließlich ging man dazu über, Details aus dem Verlauf der laufenden Ratssitzungen zu verschriftlichen.[189] Um die Mitte des 15. Jahrhunderts setzte dann eine abschriftliche Aufbereitung und Neuordnung der Protokolle vergangener Jahre ein. Um die Gründe dieser Entwicklung und ihre Bedeutung für den kommunalen Verschriftlichungsprozess zu beleuchten, ist die Rekonstruktion des tatsächlichen Gebrauchs dieses Schriftguts Voraussetzung. Diese soll nun in chronologischer Reihenfolge erfolgen.

Die Augsburger Ratsprotokolle haben ansatzweise quellenkundliche Aufarbeitung und noch keine systematische Erschließung erfahren.[190] Dies entspricht dem generellen quellenkundlichen Erschließungsstand der Gattung.[191]

---

188 StadtA Augsburg, Reichsstadt, Ratsbücher Nr. 276, fol. 9r.: *Ist ze reden von der swarzen münß wegen vor Nördlinger meße, die ettwazz swecher ist denne die hie ze Augspurg*; Ebd., fol. 70v.: *Item man sol des Púchenbrunners nicht vergessen ze visitieren mitsampt andern und yn ze verzaichen an den visitierzedel.*

189 Über die durchaus vergleichbare Entwicklung in Nürnberg handelt FLEISCHMANN, Rat und Patriziat, S. 183f.

190 Vgl. ADRIAN, Augsbourg, S. 85ff.; SCHMIDT-GROTZ, Achtbuch, Bd. 1, S. 180ff.

191 Rolf SPRANDEL, Das Ratsprotokoll und andere Mittel der Erinnerung im Würzburg des 15. und 16. Jahrhunderts, In: Andreas Sohn (Hg.), Wege der Erinnerung im und an das Mittelalter.: Festschrift für Joachim Wollasch zum 80. Geburtstag (= Aufbrüche, Bd. 3), Bochum 2011, S. 147–156; Konrad WANNER, Die ältesten Ratsprotokolle der deutschsprachigen Schweiz, die Luzerner Kanzlei und die ältesten Tagsatzungsabschiede, In: Lukas Gschwend, Grenzüberschreitungen und neue Horizonte. Beiträge zur Rechts- und Regionalgeschichte der Schweiz (= Europäische Rechts- und Regionalgeschichte, Bd. 1), Zürich 2007, S. 365–390; Mit einer konzisen Zusammenfassung des Forschungsstands: Martin SCHEUZ, Herwig WEIGL, Ratsprotokolle österreichischer Städte, In: Josef Pauser, Martin Scheutz, Thomas Winkelbauer (Hg.), Quellenkunde der Habsburgermonarchie (16.–18. Jahrhundert) (= Mitteilungen des Instituts für österreichische Geschichtsforschung, Egb. 44), Wien, München 2004, S. 591–610; Gerhard SCHMID, Akten, In: Friedrich Beck, Eckart Henning, Die archivalischen Quellen, Mit einer Einführung in die Historischen Hilfswissenschaften, Köln⁴ 2004, S. 74–111, hier: S. 74; PITZ, Schrift- und Aktenwesen, S. 83–87; Kurt DÜLFER, Urkunden, Akten und Schreiben im Mittelalter und Neuzeit, Studien zum

Die bisher umfänglichsten gattungstypologischen Überlegungen haben Martin Scheuz und Herwig Weigl auf der Grundlage eines breiteren Bestands frühneuzeitlicher Ratsprotokolle österreichischer Städte vorgelegt.[192] Dabei wurde festgestellt, dass sich die Inhalte der Ratsprotokolle vieler Städte in mancher Hinsicht ähneln und dass daraus Rückschlüsse auf typische Strukturen der Aktivitäten städtischer Räte gewonnen werden können. Der konkrete Gebrauchskontext der Ratsprotokolle blieb aber weitgehend unbekannt. Über ihn haben sich in der Überlieferung nahezu keine Hinweise erhalten. Seine Erschließung gilt nach wie vor als Desiderat der Forschung.[193] Insofern kann im folgenden Kapitel auch ein Beitrag zur gattungstypologischen Forschung geleistet werden.

Die Entstehung der seit 1321 bezeugbaren Ratslisten erfolgte gemeinsam mit der in Kapitel II.1 behandelten Rechnungsführung.[194] Dieses legt als Grund ihrer Anlage die wachsende Rechtfertigungspflicht des beginnenden 14. Jahrhunderts nahe. Während des Aufstands im Jahr 1340 gehörte eine schärfere Kontrolle der rechtmäßigen Ratswahl und der Beachtung von Aufnahmemodalitäten zu den Bedingungen der Konfliktbeilegung.

Als früheste erhaltene Ausprägungsform der Beschlussprotokolle liegt in Schmalfolioformat das Ratsbuch Nr. 270 vor. Im Gegensatz zum Ratsbuch Nr. 276 tragen diese Protokolle kaum Gebrauchsspuren und verraten selbst nach einer systematischen Durchsicht nur wenig darüber, welche Bedeutung sie im Alltag des 14. Jahrhunderts hatten. Ihr reinschriftliches Erscheinungsbild und die Ausstattung mit Datierung, wie wir sie auch in den Baumeisterbüchern fanden, zeigen, dass es sich um das Endergebnis eines schriftlichen

---

Formenproblem, In: Archivalische Zeitschrift 53 (1957), S. 11–53; Karl Theodor HOENIGER, Das älteste Bozner Ratsprotokoll vom Jahr 1469, In: Jahrbuch für Geschichte, Kultur und Kunst 1931/1934 (1934), S. 7–111.

192   Schwerpunktmäßig betrachtet wurde der Zeitraum vom 16. bis zum 18. Jahrhundert.

193   SCHEUZ, WEIGL, Ratsprotokolle, S. 591: „Ratsprotokolle dokumentieren die mehr oder weniger regelmäßigen und frequenten Sitzungen des Stadtrats und was im Rat gehandelt wurde, machen dieses Handeln des Rates also nachvollziehbar, kontrollierbar und die behandelten Fälle wieder auffindbar—aber für wen? Es wurde Aufwand um sie getrieben, sie wurden ins Reine geschrieben, umständlich formuliert, einheitlich gebunden, durch Indices erschlossen, aber auf den eigentlichen Gebrauchskontext fehlen schriftliche Hinweise nahezu gänzlich. Schlug man nach, wie früher gehandelt wurde? Suchte man hier die Wurzeln von (Fehl-) Entscheidungen? Beriefen sich Bürger auf Eintragungen? Waren die Protokolle für eine Öffentlichkeit zugänglich oder nur für den Rat oder den Stadtschreiber? Wurden sie in Prozessen herangezogen? Auf solche Fragen zu achten, wäre ein Desideratum".

194   BMB Nr. 1 (1. Feb. 1321), S. 28: *Item notario civitatis pro inscriptione novi consilii 2 sol.*

Dokumentationsvorgangs handelte. Weiterhin zeigt sich, dass die Protokollführung immer mit einem neuen Regierungsjahr wieder neu aufgenommen wurde, wie es auch bei den anderen Serien der kommunalen Buchführung des 14. Jahrhunderts bezeugt ist, die im zweiten Untersuchungsabschnitt betrachtet wurden. Eine neue Lage beginnt im Ratsbuch Nr. 270 auf Folio 38r. mit dem Eintrag: *LXXXX^{mo} secundo, Item burgermaister Johans Ilsung, Johans Reme, Item ditz sind erkantnüsse dez rauts von hüir disem jare bey den obgeschribnen tzwain burgermaistern, die sind angestanden an mitwochen nach dem obrosten tage.*[195] Die Ratsprotokolle scheinen zunächst ungebunden vorgelegen zu haben, bis man nach einigen Jahren mehrere Jahrgänge zusammenband. Dies verweist vor dem Hintergrund der bisherigen Ergebnisse auf eine Verschriftlichung auf der Grundlage gewandelter Ordnungs- und Legitimtätsvorstellungen. Nach den Zunftaufständen führte sie zum Einsetzen einer Rechtfertigungspflicht beim jährlichen Regierungswechsel, der man mit Hilfe der schriftlichen Dokumentation des Regierungshandelns gerecht wurde.

Der Wortlaut der Einträge deutet darauf hin, dass Ratsbeschlüsse aus unterschiedlichen Anlässen hervorgehen konnten. Ratsbeschlüsse entstanden „*ex officio*" oder wenn „Probleme, Anliegen, Forderungen, Wünsche" oder anderweitige Belange von außen an den Rat herangetragen wurden, der daraufhin durch „Entscheidung, Befolgung oder Delegation" reagierte.[196] Derartige Beschlüsse beginnen im ältesten Protokollbuch oftmals mit der Formel: *Item wir haben*.[197] Bei dem zweiten großen Teil der Beschlüsse handelt es sich um Verordnungen, die das öffentliche Leben der Stadt betreffen und davon zeugen, dass das Regierungshandeln des Stadtrats das volle Spektrum „wirtschaftlicher, politischer, gesellschaftlicher, religiöser und ‚sittlicher' Angelegenheiten" umfasste.[198] Die Einträge dieser Beschlüsse beginnen stets mit einer Formel, die den Rat als ihren Urheber in der dritten Person nennt: *Item an samstag vor Lichtmesse haut der rate verbotten, daz* [...].[199] Auch hier gilt, dass derartige Richtlinien regelmäßig und effektiv kommuniziert werden mussten, damit sie innerhalb der städtischen Bevölkerung befolgt wurden. Bereits im frühen 14. Jahrhundert regelmäßig bezeugbare Zahlungen an Ausrufer und Waibel zeigen, dass die Praxis der öffentlichen Verkündung derartiger

---

195  StadtA Augsburg, Reichsstadt, Ratsbuch Nr. 270, fol. 38r.
196  SCHEUZ, WEIGL, Ratsprotokolle, S. 600.
197  StadtA Augsburg, Reichsstadt, Ratsbuch Nr. 270, fol. 6r.
198  SCHEUZ, WEIGL, Ratsprotokolle, S. 604.
199  StadtA Augsburg, Reichsstadt, Ratsbücher Nr. 270, fol. 38r.

Regierungsbeschlüsse älter ist, als deren schriftliche Fixierung. Die Autorität des Rates erlangte mit den Ratsprotokollen schriftliche Legitimation.

Sowohl in den Statutensammlungen selbst, als auch in ihrer unmittelbaren Überlieferungsumgebung finden sich zahlreiche Hinweise, die nahelegen, dass wir von der öffentlichen Verkündigung aller Ratsdekrete ausgehen können, die die innerstädtische Ordnung betrafen und damit an die städtische Allgemeinheit gerichtet waren, auch wenn dies nicht immer explizit vermerkt wurde. Ein Sitzungsprotokoll im Ratsbuch Nr. 276 vermerkt, dass ein Verbot des Vogelfangs mündlich verkündigt wurde. In der Reinschrift der Statuten wurde die öffentliche Verkündigung hingegen nicht erwähnt.[200] Das inhaltliche Spektrum reichte dabei von der Bekanntmachung neuer Münzordnungen bis zu Anweisungen, die die Entsorgung von Mist betrafen.[201] Solche Ausrufungen konnten mehrere Stunden lang erfolgen.[202] Die städtischen Waibel, die auf einer Illustration der in Kapitel II.2 behandelten Gießener Handschrift mit einem roten Hut dargestellt werden (Abb. 11), waren eine Referenz für die Rechtmäßigkeit des verkündeten Erlasses. Darüber hinaus hatten sie die Funktion, bei Fragen nach den in der Stadt herrschenden Regeln als Ansprechpartner zu fungieren.[203] Die Kommunikation konnte aber auch über andere Kanäle erfolgen. Ratsbeschlüsse wurden an der Rathaustüre angeschlagen,[204] in offenen Briefen verbreitet oder über Personen mit einer kommunikativ-zentralen Stellung im sozialen Gefüge der Stadt, wie Gastwirte oder Zunftmeister,

---

200  StadtA Augsburg, Reichsstadt, Ratsbücher Nr. 276, fol. 92v.: *Item [...] anno Domini 1439 haut man offenlichen durch die stat berüffen lazzen, das nijeman kaynen vogel weder verr noch nahent von der stat vahen sülle hienzwüschen sant Jacobs tag nächst kunftig bÿ der pene diu vormals darufferst gesetzzet ist.*

201  StadtA Augsburg, Reichsstadt, Ratsbücher Nr. 1, fol. 90v.: *Item es ist gewonlich zůberüffen acht tag vor sant Michels tag das ÿederman die sträßen vor seinem huse räwmen sol, weinfäßer, holtz, miste und annder hauffen wie die genannt sind dannen ze tůn inner acht tagen den nehsten. Wer des nit tätt, der sol dem vogt und der stat zepen geben ain pfund pfening oun alle gnäde.*

202  StadtA Augsburg BMB Nr. 2 (1372), fol. 116r.: *Item 3 sol dn von beruffen drystund, daz die fromden uz furen und ieder man berait wer, da die spiess komen.*

203  StadtA Augsburg, Reichsstadt, Ratsbücher Nr. 277, fol. 4r.: *Der waybel ayd [...]: Ir wert swern das ir den burgmaistern, den räten und den richtern deß gerichts gehorsam seyt by tag und by nacht und reychen und armen gesten und menglichen fürpieten und trewlichen das wort sprechen und die warhayt im rechten sagent, umb all sach der ir gefragt werdent [...], dann von recht und gewohnheit herkommen ist on alls gefärde.*

204  StadtA Augsburg, Reichsstadt, Ratsbücher Nr. 2, fol. 178r.: *Auch ist derselben tags ainhelliclich erkennt die gesazt der hochzeiten und töffin ze halten, alz [...] den zunfften geschribens gegeben und an die rathus tür angeschlagen ist.*

bekanntgegeben.[205] Neue Gesetze wurden den Zünften dabei in Form von Abschriften zugeteilt.[206] Die auf diese Weise erfolgte Kommunikation eines Ratsbeschlusses diente seiner Publikation. Diese war eine Bedingung der Effektivität, aber auch der Rechtswirksamkeit. Dass beide Zustände miteinander verbunden waren, zeigt ein Brief des Abtes von St. Donat in Brügge an die Stadt Lübeck. Dieser entschuldigte sich darin bei der Stadt, dass er eine in deutscher Sprache abgefasste Beschwerde nicht hätte lesen können, da er nicht eines deutschen Wortes mächtig sei. Nur wer ein Gesetz verstand, konnte auch dafür haftbar gemacht werden.[207] Die Ratsprotokolle dienten vor dem Hintergrund der Vielfalt an kommunikativen Wegen, auf denen die Beschlüsse des Rates in die Öffentlichkeit gelangten, als zentrales Gedächtnis, das die Dekrete des Rates in unverbrüchlichem Wortlaut aufnahm und als Referenz und Beglaubigungsmittel fungierte.

---

205 Offener Brief der Stadt Augsburg an ihre Bürger und Kaufleute, zitiert nach: Chronik des Burkard Zink, DStChr 5, S. 348: [...] *darnach wissend euch zů richten und zů besorgen in gewarhait mit ewern liben und gůten.* Chronik des Hektor Mülich, DStChr 22, S. 130f.: *Item am aftermäntag vor mittervasten hat man hie ettlichen leuten in der peicht das sacrament verpotten darumb, das sie nit zehenden gebent [...]. Also hat ain raut allen zünften verkündt, das niemant keinen zehenden geben sol, weder klain noch groß, er komm dann zů ainem burgermaister und sag im das. Und ob iemant in der beicht darumb angelangt wurd, der sol es ainem burgermaister kunt thun und sagen.*

206 StadtA Augsburg, Reichsstadt, Ratsbücher Nr. 1, fol. 100r.: *Ain offen beruff etlicher stuk. An sonntag Letare sind dis nächgeschriben gesatzt nách erkanntnüs ains rätes offennlich berüfft und durch die statt verkündt worden*; Ebd., fol. 118r.: *Wie man pflegg gůt und empfohlen gůt halten und einschreiben laußen sol, ist erkennt allen zünfften des ain abschrifft zegeben als in der statt pflegbůch geschriben und hernách ouch gesetzt ist und die luttet also*; Ebd., fol. 120r.: *Dits nachgeschriben gesatzt und ordnung sind von ain raut allen zünfften gegeben worden, als hernách vollget in zedeln von verganngen jären*; Ebd., fol. 69r.: *[...] bestät und gesetzt, hinfüro zehalten: Zum ersten, welher beck zwantzig schwein uff ainen stal leitt denselben stal sol der beck ungevarlichen nach dem los zehen schwein hinus laußen [...]. Die becken händ des ainen zedel*; StadtA Augsburg, Ratsbücher 277, fol. 14v.: *[...] nach inhalt des zedels den ir daruber habt [...] Ungelter aid: Ir süllend schweren daz ungelt der statt nach innhalt des zedelz ynnemen, zůbewaren und der statt bumaistern zeraichen allez getrulich und one allez geverde.*

207 Vgl. etwa: StadtA Augsburg, Reichsstadt, Ratsbücher Nr. 276, fol. 98v.–99r.: *Item [...] hant clayner und allter raut ain helliclichen erkennet, das nun füro nyemand hie zů der stat, weder von reichen noch armen, jungen noch allten, purgern noch gesten, kain lang messer tragen sulle, das lenger sey dann der stat mauß. Wer das überfert, dem solman das messer nemen on all gnad. Es wäre denn das ain gast geloben möcht by seinen trewen, das im umb das gepott nit wissenlichen wär, so solman im das messer lazzn, doch das ers füro nitmer trage.*

Dabei war es erforderlich, dass die Ratsbeschlüsse in einer allgemein verständlichen Sprache formuliert wurden. Ein Brief des Jahres 1413, der sich im Ausgangregister der Stadt erhalten hat, zeugt von einer politischen Auseinandersetzung der Stadt mit dem Grafen von Oettingen, in deren Zuge der Rat seinen Kaufleuten verbot, die Nördlinger Messe weiterhin zu besuchen, um dort Handelswaren einzukaufen und zu verkaufen. Die Stadt teilte den Beschluss an die Stadt Ulm per Brief mit und versah ihn mit dem Zusatz: *Und daz allez alz davor geschriben stant haben wir offenlichen in unser stat berüffen lazzen, wann wir nit anders ervinden mugen, dann daz es uns und den unsern daz peste sye.*[208] In den Protokollen der Ratssitzung, in der diese Angelegenheit verhandelt wurde, findet sich dann ein sprachlich kompakter und einfacher Beschluss, der den Inhalt des Briefes aufnahm und diesen in verständlichen und klaren Anweisungen formulierte.[209] In der sprachhistorischen Forschung ist betont worden, dass das Verhältnis der Kommunikationspartner zueinander ein „bedeutender Faktor für die spezifische Textgestaltung und damit verbunden auch für den konkreten Sprachgebrauch gewesen ist".[210] Dieses Verhältnis fand auch im Bildungsniveau seinen Ausdruck. Die Gesetzestexte im Stadtrechtsbuch und in den Statuten des Rates waren von Beginn an nicht für den gelehrten Disput gebildeter Juristen untereinander bestimmt.[211] Die Niederschrift in den Protokollen bot also auch Gelegenheit zur Umformulierung von Verhandlungsergebnissen in eine allgemein verständliche Sprache.

Eine in diesem Zusammenhang bisher nicht in Erwägung gezogene Voraussetzung der Kontinuität einer dauerhaften städtischen Ordnung war nicht nur deren effektive Kommunikation, sondern auch deren dauerhafte Verankerung im öffentlichen Bewusstsein. Dies war jedoch nur durch regelmäßige Wiederholung zu erreichen. In diesem Zusammenhang ist es von Interesse, dass sich zahlreiche Gesetze in regelmäßiger Wiederkehr in den Protokollbüchern finden. Zu ihnen zählen etwa für den städtischen Frieden und die innere Sicherheit relevante Richtlinien zum Tragen von Waffen im städtischen Raum.[212] Das Verbot *langer messer* wurde in regelmäßigen Abständen neu beschlossen, ein-

---

208 StadtA Augsburg, Selekt „Schätze", Nr. 105/Ib, Nr. 99 (18. Jun. 1413), fol. 20r.
209 StadtA Augsburg, Reichsstadt, Ratsbücher Nr. 272, fol. 37r.: *Item an dem hailigen abent zů pfingsten haut unser clainer und alter raut erkant und gesatzzt, daz niemand, er sye reich oder arme gen Nórdlingen in die messe wider riten noch varn noch gaun süllint, weder mit liben noch mit güten.* [...].
210 Vgl. ZIEGLER, BOKOVÁ, Sprachliche Ablösungsprozesse.
211 Vgl. Simon TEUSCHER, Erzähltes Recht. Lokale Herrschaft, Verschriftlichung und Traditionsbildung im Spätmittelalter (= Campus Historische Studien, Bd. 44), Frankfurt a. M. 2007; RAUSCHERT, Herrschaft und Schrift.
212 StadtA Augsburg, Reichsstadt, Ratsbücher Nr. 272, fol. 38r.

geschrieben und verkündet, etwa zu Anlässen wie der Fasnacht, die unkontrollierte Ausschreitungen der Massen erwarten ließen.[213] Die Stadt war ein Rechtsraum, der auch auch dadurch präsent wurde, dass man über die genannten Kommunikationskanäle mit den städtischen Gesetzen in Berührung kam, auch wenn man als Gast darin weilte.[214]

Die Ausrufung bestimmter Gesetze wurde zum festen Bestandteil des Jahresablaufs. Acht Tage vor Michaeli wurde eine Reinigung der Grundstücke von *weinfäßer, holtz, miste und ander hauffen* von den Bürgern verlangt.[215] An Kirchweih sollte jeder einen Zuber mit Wasser in seinem Hause haben und niemanden beherbergen, außer er könnte für ihn vor dem Stadtrat bürgen.[216] Das geschriebene Wort koppelte sich mit dem Jahresrhythmus, der das Leben in der Stadt bestimmte. Wiederholbarkeit erforderte dabei inhaltliche Kontinuität des zunehmend vielschichtigeren Regelwerks. Auch vor diesem Hintergrund kam der Speicherung von Gesetzen in den Ratsprotokollen eine zentrale Bedeutung zu.

An die Seite der Ratslisten und Beschlussprotokolle traten in den 1390er Jahren weitere Formen der Protokollierung, die einer Dokumentation der laufenden Geschehnisse während der Ratssitzungen dienten. Davon zeugt zunächst das 1392 erstmals erwähnte Register derjenigen, die vor den Rat traten, um dort Probleme, Forderungen, Anliegen und Wünsche vorzubringen.[217] Dieses ist verloren oder bisher noch nicht erschlossen. Erhalten hat sich aber das Ratsbuch Nr. 276, welches eine Reihe von nachträglich zusammengebundenen Protokollen in sich vereint, die jährlich geführt und ursprünglich voneinander gesondert aufbewahrt worden waren. Inhaltlich nehmen sie vornehmlich auf die Ratssitzungen der Jahre 1430 bis 1440 Bezug. Wie andere Amtsbücher im Schmalfolioformat wurden sie von den Zeitgenossen diminuierend als *rautzbüchlin* bezeichnet.[218] In ihnen schrieben jeweils verschiedene Hände. Der Wortlaut mancher Einträge legt es nahe, dass die Aufzeichnungen nicht während, sondern als Ergebnissicherung nach den Ratssitzungen entstanden. Die endgültige Form eines Gesetzesbeschlusses musste zunächst aufgesetzt werden, bevor sie durch den Rat verabschiedet und in die Ratsprotokolle eingeschrieben werden konnte: *Item von erbgůtz wegen, daz man ufsetzt wie man*

---

213 Vgl. etwa: StadtA Augsburg, Reichsstadt, Ratsbücher, Nr. 1, fol. 2r., fol. 4r. u. StadtA Augsburg, Reichsstadt, Ratsbücher Nr. 272, fol. 81r.
214 Vgl. Anm. 207.
215 Vgl. Anm. 201.
216 StadtA Augsburg, Reichsstadt, Ratsbücher Nr. 272, fol. 57r.
217 Stadt A BMB Nr. 7 (1392), 45v.
218 StadtA Augsburg, Reichsstadt, Ratsbücher Nr. 276, fol. 65v.

*sich damit halten und darmit fürnemen wollt.*²¹⁹ Dies deutet auf die Funktion der Aufzeichnungen als schriftliche Dokumentation der Planung und Entstehung von Regierungshandlungen des Rates hin.

Einige Auszüge vermögen das Spektrum dieser Nutzungsdimension zu illustrieren. Im Jahr 1434 ordnete ein Gesetz Kaiser Sigismunds an, dass Juden ihre Kleider fortan mit einem gelben Ring zu kennzeichnen hätten.²²⁰ Die Anordnungen des Kaisers wurden im Rat zunächst diskutiert. Daraufhin vermerkte der Stadtschreiber die folgenden Hinweise: *Zegedenken userm herren dem kaÿser ain bottschafft gen Regenspurg ze sennden.*²²¹ *Item man sol dem potten, der gen Regenspurg reÿten wirt bevelhen, von der juden wegen zureden umb ain zaichen.*²²² Der zweite Eintrag wurde nach Erledigung ausgestrichen. Nur vier Blatt weiter findet sich ein Eintrag, der nach der Rückkehr des Boten verfasst wurde. Hier wurden die Details zur Umsetzung des Beschlusses ausgearbeitet.²²³

In einem Eintrag des Jahres 1439 weist sich einer der Schreiber selbst als der Stadtschreiber Matthäus Schleicher aus, der im *rautzbůchlin* jenes Jahres eine unter Zeugen erfolgte Rückzahlung von elf Gulden dokumentierte: *Item 11 guldin haun ich Mathey Stadtschryber dem Stöklin bezalt von der Blössin wegen vor der rautstuben. Daby waz Johannus Spittalschrÿber, der Thoman uf dem hus und die Blößin selbs. Beschehen uf sant Jacobs aubend anno 39.*²²⁴ Es war auch möglich, dass eine im Kontext einer Auseinandersetzung entstandene Einigung auf Wunsch der Zünfte *ze gedächtnüß* in das Ratsprotokollbuch eingeschrieben wurde.²²⁵ Zur Dokumentation kamen nicht nur Beschlüsse und Ereignisse, die sich im Ratssaal ereigneten, sondern etwa auch in der Trinkstube, wo die Ratsherren und Bürgermeister abends zusammen saßen. 1439 wurde das

---

219 StadtA Augsburg, Ratsbücher Nr. 276, fol. 23r.
220 StadtA Augsburg, Reichsstadt, Urkunden 23. Sept. 1434: [...] *daß sy sich mit klaydongen vaßt gleich christenlüten zieren und zaichen und tragen also daß man zwischen den gläubigen und den obgenannten juden [...] kainen underschaid gehaben müge [...] daß dieselben juden uf markten und gassen für christen angesehen und geachtet und in als christinman gruß [...] erboten worden. Wann nun die juden [...] solichs nicht wirdig sein [...] gebieten wir, [...] daß sy ain kunstlich offenbar zaichen [...] an sich nehmen und [...] ganz offenlich tragen [...], damit dieselben juden erkannt werden.*
221 StadtA Augsburg, Reichsstadt, Ratsbücher Nr. 276, fol. 64r.
222 StadtA Augsburg, Reichsstadt, Ratsbücher Nr. 276, fol. 64v. (Eintrag gestrichen)
223 StadtA Augsburg, Reichsstadt, Ratsbücher Nr. 276, fol. 70r.: Juden haben den gelben Ring *ainer spanne und aines daumens brait* auf der Kleidung anzubringen. Das Zeichen darf nicht verdeckt werden. Verpflichtendes Kleidungsstück wird außerdem ein Spitzhut.
224 StadtA Augsburg, Reichsstadt, Ratsbücher Nr. 276, fol. 104r.
225 StA Augsburg, Reichsstadt, Ratsbücher Nr. 276, fol. 66v.

Eintreffen des königlichen Kaplans in der Trinkstube vermerkt, der dem Rat ein päpstliches Schreiben überbrachte, das der König an die Stadt hatte weiterleiten lassen.²²⁶

Das *rautzbůchlin* diente damit als Merkhilfe und zur Beglaubigung von internen Ereignissen, Ergebnissen und weiterführenden Aufgaben, die aus dem Tagesgeschäft des Rates hervorgingen.²²⁷ Zu ihnen gehörten inhaltliche (*darüber sol ain raut vor dem tag sitzzen*) Aspekte wie auch die organisatorische Planung von zukünftigen Ratssitzungen: *Item uff die mitwochen nach sant Gallen tag will unser herr der býschoff herkommen und [...] ainen gütlichen tage mitsamt dem cappittel gegen der stat sůchen [...]*.²²⁸ Streichungen, Randbemerkungen, Querverweise, die eng beschriebenen Seiten, die Verwendung der Umgangssprache, das portablere Format und nicht zuletzt die dokumentierten Formen der Verwendung zeugen dabei von einem wenig öffentlichen, auf den kanzleiinternen Nutzen ausgerichteten Charakter der Aufzeichnungen. Von den reinschriftlichen Sammlungen der Ratsbeschlüsse unterscheiden sich die kleinen Ratsbücher insgesamt nicht nur in ihrer inhaltlichen Breite, sondern auch in ihrer zukünftigen Relevanz. Darin zeigt sich eine Parallele zur Struktur der Kölner Protokolle. Hier wurden Ergebnisse von Ratssitzungen, denen man kurzfristigere Relevanz zurechnete, in den Memorialbüchern aufgezeichnet, während man Beschlüsse, denen man dauerhafte Relevanz zuschrieb *in dat eydtboich zo eynem ewigen gedechtenisse schryven* ließ, die *zo*

---

226  StadtA Augsburg, Reichsstadt, Ratsbücher Nr. 276, fol. 105r.: *Item uff sant Laurentien tag zu aubent anno 1439 ist meinen herren den burgermaistern und ettlichen rautgebn, als die uff der trinkstubn bÿanander waren, ain prief geantwort worden durch her Symon Bukaritz, unsers herren des künigs capplan, als in der durch Baubst Eugenni von der bekerunge wegen der kriechen zůgeschriben was.*

227  StadtA Augsburg, Reichsstadt, Ratsbücher Nr. 276, fol. 104v.: *Item herzog Hainriches schrift nit ze vergessen*; Ebd. fol. 110r.: *Item ma sol dem Pölandlin die stat verpietten ain jar und iren gespiln drän [...]* (Eintrag gestrichen). Zu einer vergleichbaren Einschätzung gelangt ADRIAN, Augsbourg, S. 91: „[...] ce qui montre bien leur fonction: elles servent d'aide-mémoire auch secrétaire de la ville qui peut ainsi distinguer les tâches déjà effectueés des celles qui sont encore d'actualité, qui y note aussi une fois, de façon exceptionnelle, la liste des membres du Conseils présents lors d'une série de decisions".

228  StadtA Augsburg, Reichsstadt, Ratsbücher Nr. 276, fol. 110v. Neben dem Eintrag findet sich ein gestrichenes Verweiszeichen. Vgl. dazu: StadtA Augsburg, BMB Nr. 4 (1390), fol. 53r.: *Item 16 sol dn geschenkt den von Menchingen do si hie waurn von dez bischoffs wegen*; fol. 53v.: *Item 32 sol dn umb wein geschenkt den von Memmingen, do si hie wauren uff dem tage gen dem bischoff; Item 2 lib dn und 32 dn auch umb wein geschenkt uff demselben tage dem bischoff.*

*allen halven jairen, gelych den anderen punten des eydtboichs* gelesen werden sollten.²²⁹

Schließlich sollen die seit 1450 erstmals überlieferten, großflächig angelegten Zusammenstellungen von Ratsbeschlüssen mehrerer Jahrzehnte betrachtet werden. Bezeichnenderweise eröffnet der erste erhaltene Band die Serie der Protokollbücher im Stadtarchiv. Es wurde bereits festgestellt, dass dieser Codex durch den Stadtschreiber Matthäus Schleicher im Auftrag des Bürgermeisters Andreas Frickinger nach 1450 angelegt wurde. Im Gegensatz zu den bisher behandelten Protokollformen besitzt dieser Codex eine zeitgenössische Paginierung. Jeder Eintrag wurde mit einer Überschrift versehen. Am Ende wurde der Codex durch einen Index erschlossen, der Überschriften und Seitenzählung aufgreift. Die Anlage erfolgte in eben jener Zeit, als ein weiterer Wandel der zeitgenössischen Ordnungsvorstellungen und der Rechtswissenschaften eine Form der rechtlichen Entscheidungsfindung hervorriefen, die dem Einsatz von Schriftstücken vor Gericht eine neuartige Bedeutung brachten. In ihrem Zuge erfolgte eine systematische Erschließung der Archivalien in der städtischen Kanzlei, wie wir sie bereits in der Gestalt der Briefbücher beobachten konnten und wie wir sie in den folgenden Kapiteln auch in Form von Neuordnungen der Urkunden und des Stadtrechtsbuchs beobachten werden. In diesem Zuge konnte es erforderlich werden, Ratsprotokolle als Beweismittel im Prozess vorzulegen. Davon mag abschließend ein Eintrag Beispiel geben, der im Zusammenhang mit den Konflikten der Stadt mit Bischof Peter von Schaumberg entstand.

Aus der Zeit um 1450 hat sich eine schriftliche Supplikation eines Bürgers an den Rat der Stadt Augsburg erhalten, die über einen Vorfall berichtet, der zur Entstehung eines Eintrags in den Protokollbüchern des Rates führte.²³⁰ Der Augsburger Weber Betz Schüttenhelben wurde auf dem Fronhof in eine lebensbedrohliche Konfrontation mit jugendlichen Klerikern und Dienern des Bischofs verwickelt.²³¹ Schüttenhelben, der knapp entkommen war, brachte die Angelegenheit beim damals amtierenden Bürgermeister Konrad Vögelin und dem Rat der Stadt Augsburg vor, woraus ein erster Prozess resultierte, der damit endete, dass man ihm empfahl, von seinen Schadenersatzforderungen Abstand zu nehmen. Entgegen den bisherigen Überlegungen, die den Vorfall in die Zeit nach dem Sterbedatum Konrad Vögelins in die unmittelbaren Jahre

---

229 Zitiert nach: PITZ, Aktenwesen, S. 84, Anm. 12.
230 Martin KAUFHOLD, Prügeleien am Stadtpyr.: Ein zerissener Mantel und die politischen Kämpfe der Reichsstadt (um 1450), In: Ders. (Hg.), Augsburg im Mittelalter, Augsburg 2009, S. 52–71, Druck der Supplikation auf S. 54f.
231 Schilderung des genauen Tathergangs bei KAUFHOLD, Prügeleien.

vor 1449 datieren, muss er sich wohl im Jahr 1433 ereignet haben.[232] Aus dieser
Zeit stammt der in der Forschung bisher unbekannte Eintrag in den Protokollen des Rates, der auf den Fall Bezug nimmt.[233] Die Überschrift des Eintrags
*mißhandlung in dez kardinals hofe* kann hingegen, wie dann auch der ganze
Codex mit ihr, erst nach 1450 entstanden sein, da der damals amtierende Augsburger Bischof Peter von Schaumberg in diesem Jahr zum Kardinal erhoben
wurde.[234] Der Eintrag im Protokollbuch wie auch die Ergebnisse der Analyse
des Falles durch Martin Kaufhold zeugen davon, dass der Fall aus diplomatischen Gründen an den durchaus konfrontationsbereiten Bischof übertragen
wurde und der Rat auf eine weitere Verfolgung von Schadenersatzansprüchen
verzichtete. Der im Vergleich zur ausführlichen Schilderung des Vorfalls in
der Supplikationsschrift sehr kompakte Eintrag zeigt, wie sehr Verhandlungen
in den Ratsprotokollen auf ihre wesentlichen Ergebnisse reduziert wurden.
Gleich auf Folio 188r. wurde ein vergleichbarer Fall verzeichnet. Bereits kurz
zuvor hatte der Domdekan den Augsburger Bürger Jacob Brenns in seinem Hof
geschlagen, weil ihm dieser einen Fehdebrief gebracht hatte. In diesem Fall
hatte Brenns eine Entschädigung erhalten. Beide Einträge stammen aus einer
Zeit, in der es zwischen Rat und Bischof immer wieder zu massiven Spannungen kam, die bereits auf der Ebene des städtischen Alltagslebens ihren Ausdruck fanden.[235] Die Überschriften der Protokolle, die die geschilderten Fälle
als *mißhandlung* und *frävel* ausweisen, zeigen, wie man die Vorfälle in den
Kreisen des Rates einschätzte. Der Umgang mit dem Fall Schüttenhelben lässt

---

232 Vgl. dazu KAUFHOLD, Prügeleien, S. 58: „Der Brief trägt kein Datum, aber er schildert,
dass die Klage zunächst dem Bürgermeister Konrad Vögelin vorgetragen worden sei.
Allerdings nennt Betz Schüttenhelben den Konrad Vögelin in seinem Schreiben bereits
„selig". […] Er starb 1449. Der Vorfall wird sich nicht sehr lange vor seinem Tod abgespielt
haben". Vgl. dazu auch den handschriftlichen Hinweis auf der Supplikation durch einen
neuzeitlichen Archivar.

233 StadtA Augsburg, Reichsstadt, Ratsbücher Nr. 1, fol. 187v.: *Mißhandlung in dez kardinals
hofe: Item als uff sant Michels tag ain weber, genant Betz Schüttenhelm, in unsers herren des
bischoffs hove durch sein diener mit wortten und mit wercken groblich mißhanndelt und
geschlagen worden ist. Umb des willen das er ainem knaben in sant Vits cappell gewert haut,
das er unsers herren des bischoffs schwester sun, der ouch ain knab was, nit schlüge. Das
aber ain sein diener, genant (Name fehlt), dafür nit haben wolt und sprach er hette den
knaben geschlagen. Das aber nit enwas, als sich denn das aigenlich erfand. Das ouch unserm
herrn dem bischoff nit lieb was und von sein pett wegen und sunderlich das er sprach, ob sich
kain burger von reichen oder von armen gegen kainem der seinen yendert überfähe, so wölt
er sich gnädiclichen laßen finden. Do ward im der hanndel gantz ergeben und zü seinen
hannden gesetzt.* Konrad Vögelin amtierte auch in diesem Jahr als Bürgermeister.

234 Vgl. KRÜGER, Peter von Schaumberg.

235 Vgl. KAUFHOLD, Prügeleien.

es aber naheliegend erscheinen, dass der Rat sich um die Aufrechterhaltung des empfindlichen Gleichgewichts zwischen Bürgerschaft und Kirche bemüht zeigte, und dafür gegenüber dem Bischof auch auf eine Sühne zu Gunsten eines ratsnahen Webers verzichtete, zumal in einem ähnlich brisanten Fall, der sich kurz vorher ereignet hatte, einem Bürger Genüge getan worden war. Der Eintrag schließt mit dem Hinweis: *das alles ist därumb eingeschrieben worden, ob sich hinfüro, durch kainen burger ichts verlüsse, das man im denne das ouch fürheb.*[236]

Der Verweis im Ratsbuch deutet vor diesem Hintergrund auf den Gebrauch desselben als induktives Nachschlagewerk und Beweismittel des Rates über vergangene Amtshandlungen und Streitergebnisse hin, das auch einem Bürger offengelegt wurde. Im hier betrachteten Fall geschah dies, um zukünftige Entscheidungen vor dem Hintergrund vergangener Handlungen begründen oder rechtfertigen zu können und damit zur Friedenswahrung beizutragen. Dass sich Schüttenhelben noch viele Jahre danach, als der Rat neu besetzt war, in einem zweiten Anlauf mit einer Supplik für seine Genugtuung einsetzte, zeigt, wie tief die Bürger der Stadt von diesem Konflikt erfasst waren, und dass die Erwartungen des Rates auf Wiederholungsfälle nicht unbegründet waren. Zink berichtet zudem, dass dem Bischof am Tag der Verhandlung eine Reihe von Misshandlungen städtischer Bürger durch Kleriker vorgehalten wurden, *das in grausen ward.*[237] Zink erwähnt nicht explizit, dass dabei die Ratsprotokolle selbst vorgelegt wurden. Da der Schriftbeweis die Grundlage war, auf der die Auseinandersetzung ausgefochten wurde, ist dies aber wahrscheinlich.

## 5 Das städtische Nebensiegel: Der Alltag in der Urkunde

Zwischen 1430 und 1440 klagte der anonyme Verfasser der *Reformatio Sigismundi* über die massenhafte Verbreitung und Nutzung von Siegelstempeln, die zu einer allgemeinen Minderung der Glaubwürdigkeit der Siegelurkunde geführt habe. Während es vor Zeiten lediglich dem Papst, dem Kaiser und

---

236  StadtA Augsburg, Reichsstadt, Ratsbücher Nr. 1, fol. 188r.: *Techants frävel: Item so hant kürtzlichen davor der tůmbtechant Jacoben Brennßen in seinem hove ouch geschlagen umb des willen, das er im ainen widersagbrief geprächt hett. Das im ouch gütlichen abgetragen ward. Das alles ist därumb eingeschrieben worden ob sich hinfüro durch kainen burger ichts verlüsse, das man im denne das ouch fürheb.*

237  Die Chronik des Burkhardt Zink, DStChr. 5, S. 213: *[…] und ist ze wißen, daß die burger von Augspurg so groß und so vil klag hetten zu dem bischoff und seiner pfaffhait, was in übles geschehen was von den pfaffen, das rechnet man in so hoch, das in grausen ward.*

hohen Fürsten erlaubt gewesen wäre, Siegel zu führen, wolle nun *yderman [...] insigel haben und mainen auch groß ere dardurch ze haben. Es ist nit zimlich, die menig der insigel habent sie ungeläublich gemacht in des pabsts höff und in der höchen fürsten hoff; die keren sich nü mer an die instrument denn an die insigel; was dann treffenlicher sach ist, die werdent nü all verinstrümentat.*[238]

Der Text beschreibt einen eindeutigen Zusammenhang zwischen massenhaftem Schriftgebrauch, dessen Einfluss auf das Schriftbewusstsein und daraus resultierender Neuerungen des Schriftgebrauchs im 15. Jahrhundert. Seine Entstehung und Verbreitung erfolgte aller Wahrscheinlichkeit nach im Umkreis städtischer Kanzleien Süddeutschlands, zu denen auch die Augsburger Kanzlei gehörte.[239] Die Forderung des Verfassers resultierte aus den Gegebenheiten der Welt des 15. Jahrhunderts. Der Verfasser war in einer Zeit geboren worden, in der die Existenz vieler Siegel zu einem selbstverständlichen Strukturmerkmal der spätmittelalterlichen Welt geworden war. Im Gegensatz zur Aufwertung, die die Siegelurkunde im öffentlichen Bewusstsein des 13. Jahrhunderts erfahren hatte, führte ihre massenhafte Präsenz im 15. Jahrhundert an den großen Höfen Europas zu einer Abwertung ihrer grundsätzlichen Glaubwürdigkeit, auf die man mit Reformen der Beurkundungspraxis oder mit der Schaffung neuer Richtlinien der Urkundenausstellung und Beglaubigung zu reagieren suchte. Die Dynamik des Schriftgebrauchs hatte sich im 15. Jahrhundert vom Gestaltungswillen des Einzelnen gelöst. Sie wurde zu einer prägenden Kraft dieses Jahrhunderts.

Im Urkundenbestand der Augsburger Kanzlei begann in der zweiten Hälfte des 14. Jahrhunderts ein deutliches Wachstum. Der durch ungedruckte Regesten und zum Teil im Urkundenbuch der Stadt Augsburg erschlossene Bestand ‚Urkundensammlung (1046–1402)' des Stadtarchivs Augsburg enthält etwa 900 Urkunden verschiedener Provenienzen.[240] Neben Urkunden, die in der städtischen Kanzlei ausgestellt wurden und städtischen Privilegien, gelangten auch Urkunden der Provenienz ‚Hochstift Augsburg', sowie von Kirchen, Klöstern und Spitälern in den Bestand des städtischen Archivs. Der größte Teil stammt aus der zweiten Hälfte des 14. Jahrhunderts. Der Fonds ‚Reichsstadt, Urkunden'

---

238 MGH, Staatsschriften 6, hg. v. Heinrich Koller, Stuttgart 1964 (Nachdruck 1995), S. 305, V. 26ff.

239 MHG, Staatsschriften 6, S. 4–10. Als der bis heute unbekannte Verfasser wurden auch zwei Augsburger diskutiert: Ein Pfarrgeistlicher mit dem Namen Friedrich und der Stadtschreiber Valentin Erber. Diese Thesen wurden verworfen, als in der Forschung der Entstehungsort Basel nachgewiesen werden konnte. In Augsburg entstand 1440 eine Abschrift der Handschrift (V).

240 Alle Zahlen nach Angaben der stellv. Archivleitung Kerstin Lengger. Vgl. Anm. 8.

umfasst für den Zeitraum 1403–1500 etwa 2000 Urkunden.[241] Daneben existieren zahlreiche weitere, zum Teil noch unerschlossene Bestände.[242] Dieser Anstieg der städtischen Urkundenüberlieferung entsprach den allgemeinen Tendenzen jener Zeit. Die „fortschreitende Fixierung und Verschriftlichung allerlei Rechtsbeziehungen" führte auch im Kloster St. Ulrich „zu einem explosiven Anstieg" des Urkundenarchivs, das im 15. Jahrhundert um etwa 1500 Urkunden anwuchs, während das Kloster im 14. Jahrhundert ‚nur' ca. 360 Urkunden empfing.[243] Für die Zeit vom Ende des 14. Jahrhunderts bis zum siebten Jahrzehnt des 15. Jahrhunderts wurde „eine Verfünffachung der Handschriftenproduktion" ermittelt.[244]

Im Zentrum des Interesses steht dabei, dass die genannten Veränderungen nicht nur auf einen weiteren Anstieg bisher etablierter Urkundenformen zurückzuführen sind, sondern die wachsende Ausprägung der Bestände von neuen Formen der Herstellung und des Umgangs, wie auch der Erschließung und Aufbewahrung von Urkunden getragen waren. Das Schriftgedächtnis begann unter gewandelten Rahmenbedingungen der Nutzung auch kleinere und kurzfristigere Angelegenheiten des Alltags zu erfassen.

Um die Mitte des 14. Jahrhunderts wird in den großen Städten des Reiches eine Differenzierung des Siegelgebrauchs sichtbar, wo man begann, neben dem Hauptsiegel weitere Siegelstempel zu verwenden.[245] In Augsburg findet sich an einer Urkunde des Jahres 1340 erstmals ein städtisches Nebensiegel, das fortan als *claines insigel* bezeichnet wurde.[246] Der Grund wird in der Forschung in der Zunahme des Schriftgebrauchs gesehen. Während das große Siegel nun „in der Regel wichtigeren Beurkundungsfällen vorbehalten" werden sollte, beglaubigte man „die Masse der alltäglichen Rechtsgeschäfte" fortan mit

---

241  Erschlossen durch ungedruckte Regesten bis zum Jahr 1472.
242  Vgl. Anm. 8.
243  FLEISCHMANN, Das Archiv des Reichsstifts St. Ulrich und Afra, S. 401.
244  MEUTHEN, Quellenwandel, S. 17 mit Bezug auf: Uwe NEDDERMEYER, Möglichkeiten und Grenzen einer quantitativen Bestimmung der Buchproduktion im Spätmittelalter, In: Gazette du Livre Médiéval 28 (1996), S. 23–32, hier: S. 29.
245  Toni DIEDERICH, Rheinische Städtesiegel, (= Rheinischer Verein für Denkmalpflege und Landschaftsschutz, Jahrbuch 1984/85), Neuss 1984, S. 58–62; Toni DIEDERICH, Geschäftssiegel. Untersuchungen zur Verbreitung, Funktion und Bedeutung des Sigillum ad causas im Rheinland, In: Archiv für Diplomatik 21 (1975), S. 459–498; Im Rheinland nennt Diederich als erstes belegbares Nebensiegel das der Stadt Köln (1295), in der weiteren Folge im Westen des Reiches: Aachen (1328), Andernach, Bonn, Düren, Emmerich, Essen, Jülich, Kempen, Mayen, Neuss, Orsoy, Rheinberg, Siegburg, Trier, Wippenfürth.
246  UBA I, Nr. 374 (28. Aug. 1340), S. 354ff.

dem kleinen Siegel.[247] Bei der Frage nach den Motiven dieser Maßnahme hat sich die Forschung bisher vor allem mit der Sicht der städtischen Eliten befasst. Das Motiv der Schaffung von Nebensiegeln charakterisierte Diederich als bewusste Gegenmaßnahme wider eine einsetzende Profanisierung des Hauptsiegels. Tobias Herrmann sah die Schaffung von Nebensiegeln als „Professionalisierungsvorgang" in den städtischen Kanzleien, der auf Ordnungsbestrebungen des Rates basierte, deren genaue Grundlagen sich in der Überlieferung nicht festmachen ließen: „Man kann die hier nur angerissene [...] Differenzierung des städtischen Siegelwesens kaum anders deuten denn als fortschreitende Professionalisierung einer längst etablierten schriftlichen Verwaltung".[248] Diederich führt zudem technische Gründe an, wie die steigenden Ausgaben für „teures Siegelwachs", die „bessere Haltbarkeit kleinerer Siegel" und das Aufkommen des Papiers, „da an Papier angehängte Siegel leicht ausreißen konnten".[249]

Diese Feststellungen sind auch für Augsburg zutreffend. Das 14. Jahrhundert brachte einen deutlichen Anstieg der städtischen Urkundenüberlieferung. Während Meyer im Zuge der Erarbeitung des Urkundenbuchs der Stadt Augsburg aus dem Zeitraum von 1239 bis 1290 nur 20 Urkunden mit Stadtsiegel vorfand, fanden sich aus dem Zeitraum von 1291 bis ins Jahr 1340, in dem erstmals ein städtisches Nebensiegel belegt ist, bereits 70 Urkunden, die mit dem Stadtsiegel beglaubigt worden waren.[250] In der Hauptsache handelt es sich um Urkunden, an deren Entstehung Augsburger Bürger beteiligt waren. Neben

---

247 DIEDERICH, Rheinische Städtesiegel, S. 59.
248 HERRMANN, Anfänge kommunaler Schriftlichkeit, S. 207f.: „Die Zuständigkeit der städtischen Organe für bestimmte Bereiche von Politik, Handel und Finanzwesen ist nicht mehr umstritten, und so machen sich die für die schriftliche Ausführung zuständigen Personen daran, die zunehmenden Aufgaben nach unterschiedlichen Prioritäten zu gliedern, was dann unter anderem in der Wahl eines bestimmten Siegels zum Ausdruck kommt".
249 DIEDERICH, Rheinische Städtesiegel, S. 60: „Man konnte also mit einem deutlich kleineren Spezialsiegel für die weniger wichtigen Urkunden viel Wachs sparen. Zugleich gewann das große Siegel den Charakter des Besonderen zurück, den es ursprünglich überall einmal besessen hatte"; STECK, Siegelwesen, S. 149: „Die praktischen Gründe für ihren Einsatz lagen im bedeutend geringeren Wachsverbrauch sowie in der besseren Haltbarkeit kleinerer Siegel, wenn eine aufgedrückte Befestigung erforderlich war. Diese Befestigungsart nahm mit dem Aufkommen von Papier in den städtischen Kanzleien zu, da an Papier angehängte Siegel leicht ausreißen konnten".
250 MEYER, UB Augsburg, Bd. I., 1291–1340: Nr. 127, 130, 142, 146, 150, 153, 157, 160, 162, 166, 167, 169, 171, 172, 173, 174, 176, 180, 190, 191, 192, 196, 197, 198, 199, 205, 207, 209, 210, 219, 227, 233, 242, 243, 246, 248, 249, 258, 259, 260, 261, 264, 270, 271, 276, 277, 278, 285, 289, 292, 301, 307, 308, 323, 326, 331, 333, 343, 348, 351, 353, 355, 356, 358, 359, 362, 367, 374, 375, 380.

beurkundeten Eigentumsübertragungen treten in wachsendem Maße Schenkungen, Verzichtserklärungen und Stiftungen, aber auch Gerichtsurteile und die Beglaubigung politischer und administrativer Handlungen durch den Rat der Stadt in Erscheinung. Das städtische Siegel, welches das Stadtrecht im Jahr 1276 im Grunde jedem zuerkannte, der die Voraussetzungen erfüllte und es zur Beglaubigung eines Gerichtsentscheids verlangte, erlangte auch auf dem Land eine wachsende Nachfrage.[251] In Gerichtsverhandlungen verwiesen Bürger auf ihre Urkunden mit dem Augsburger Siegel.[252]

Auch die Entwicklung der städtischen Ausgaben für Siegelwachs verweist auf einen enormen Anstieg der Urkundenherstellung. Im Zeitraum von 1320 bis 1331 wurden in den städtischen Baumeisterrechnungen lediglich in vier Jahren Ausgaben für Siegelwachs verzeichnet.[253] Das bedeutet nicht, dass die Stadt in den anderen Jahren kein Siegelwachs erwarb. Dennoch wird der Charakter der Einkäufe deutlich, die einem noch wenig ausgeprägten und differenzierten Nutzungsbedürfnis entsprachen. Siegelwachs wurde in den Jahren 1320 bis 1330 unregelmäßig und in schwankender Menge durch Ratsmitglieder bezogen, wie es die Analyse der Rechnungsbücher auch für den Bezug von Papier ergab.[254] Erst mit dem Wiedereinsetzen der Baumeisterrechnungen im

---

251 MEYER, Stadtrecht, S. 189: *Swa man hantfest vindet, si sin von der stet geben, oder swer si geben hat, da hindan nach der iarzal, daz die schriber die datam haizzent, angeschriben ist, swaz hindan dernach geschriben ist, das hat chain chraft und mag auch mit dem vordrem niht behaben, ez werd danne diu hantfest gewandlot und reht geschriben, so hat si chrafft. Ist daz ein man oder ein frowe vor gerihtes enbristet umbe gülte, umbe geselleschaft oder umb swelhe sache ez ist, da man briefe und urchünde uber darf, da sol man der rihter brief über nemen, swes gerihte ez danne ist, es waere danne daz diu sache uf dem lande waere und man phandunge vorhte, da sol man der stet brief umbe geben, die sint baz erchant dan der rihtere und gebloubt in gaerner.* (Nachträge / Schreiber III).

252 UBA I, Nr. 138 (14. Feb. 1294), S. 106f.: *des ich gute hantfeste han von den burgern und von der stat ze Auspurg.*

253 StadtA Augsburg, BMB Nr. 1 (1320), S. 17: *Item pro cera ad sigillum 32 dn*; BMB Nr. 1 (1320), S. 25: (*Item Johanni Apotechario pro dicto burchreht de domo 5 sol*) *Item sibi pro cera 18 dn*; BMB Nr. 1 (1320), S. 26: *Item Rafenspurgerio pro cera ad sigillum 9 dn*; BMB Nr. 1 (1321), S. 30: *Item pro cera ad sigillum 46 dn*; BMB Nr. 1 (1328), S. 123: *Item Bachoni pro cera ad sigillum 8 sol*; BMB Nr. 1 (1328), S. 137: *Item Rafenspurgerio pro sigillo ad ceram 27 dn*; KALESSE, KRUG, Steuermeisterrechnungen (1321), fol. 1v.: *Item pro cera ad sigillum 3 sol*; (1322), fol. 7v.: [*Item*] *pro cera ad sigillum 3 sol 4 dn*; (1322) fol. 12v.: *Item pro cera ad sigillum 27 dn*; (1322) fol. 12v.: *Item pro cera ad sigillum 15 dn.*

254 Bei dem im Jahr 1328 genannten Bach wird es sich um Heinrich Bach handeln, der 1324 das Amt des Baumeisters bekleidete. Ulrich Rafensburger war Baumeister und Steuermeister. BMB Nr. 1 (1324) S. 72: *Anno Domini MCCCXXIIII facta est receptio infra scriptorum per bumaistros videlicet dominum Cůnradum Longum cui adiunctus est dominus Heinricus*

Jahr 1369 ist der Erwerb von rotem Wachs kontinuierlich nachweisbar, mit dem die Stadt kleine Siegel und Briefverschlusssiegel herstellte.²⁵⁵

---

*Bacho.* Über die Tätigkeit Heinrich Bachs haben sich in den BMB auf folgenden Seiten Zeugnisse erhalten: BMB Nr. 1 (1320–1331): S. 17, 47, 54, 56, 72, 79, 90, 98, 109, 119, 120, 123, 127, 146, 170, 180, 181.

255 Die Einkäufe werden in den Rechnungsbüchern seit 1368 regelmäßig fassbar: StadtA Augsburg, BMB Nr. 2 (1368), fol. 12r.: *Item 16 dn Augspurger umb rotz wachs den siglern*; BMB Nr. 2 (1368), fol. 13r.: *Item 15 sol dn Wirtzburger umb 2 pfunt rotz wachs*; BMB Nr. 2 (1368), fol. 13r.: *Item 28 dn Wirtzburger umb eine vierdung rotz wachs*; BMB Nr. 2 (1369), fol. 32v.: *Item 28 dn Wirtzpurger umb einen vierdung wahs den Siglern*; BMB Nr. 2 (1369), fol. 36v.: *Item 7 sol dn umb wahs zu den zunfftbriefen*; BMB Nr. 2 (1369), fol. 37v.: *Item 17 dn umb rotz wachs den siglern*; BMB Nr. 2 (1369), fol. 40v.: *Item 28 dn umb rotz wahs den sigelern*; BMB Nr. 2 (1369), fol. 57r.: *Item 12 sol dn den ungeltschreibern umb rotzwahs*; BMB Nr. 2 (1370), fol. 65v.: *Item 6 sol dn umb rotzwachs den sigleren und bumaisteren*; BMB Nr. 2 (1370), fol. 66r.: *Item 28 dn umb 1 vierdung wachs den siglern*; BMB Nr. 2 (1370), fol. 66r.: *Item 9 sol dn den ungelt schribern umb 1 phunt rotz wachs*; BMB Nr. 2 (1370), fol. 66r.: *Item 3 sol dn umb wachs an die lantfrid brief zesigeln*; BMB Nr. 2 (1370), fol. 66v.: *Item 2 sol dn umb wachs an dez kaysers brief die man gab von dem verbunde zu im*; BMB Nr. 2 (1370), fol. 66r.: *Item 3 ß dn umb rotz wachs den sigleren*; BMB Nr. 2 (1371), fol. 89r.: *Item 3 sol dn umb rotzwachs den sieglern*; BMB Nr. 2 (1371), fol. 102r.: *Item 2 sol dn umb rotzwachs den syglern*; BMB Nr. 2 (1372), fol. 104r.: *Item 32 dn umb rotzwachs den sygleren*; BMB Nr. 2 (1372), fol. 116v.: *Item 18 dn umb rotz wachs*; BMB Nr. 2 (1372), fol. 127r.: *Item 11 dn umb wachs zu dez von Fridberg brief mit fil insigeln*; BMB Nr. 2 (1372), fol. 127r.: *Item 32 dn umb rotzwachs*; BMB Nr. 2 (1373), fol. 131r.: *Item 3 sol umb rotzwachs den syglern*; BMB Nr. 2 (1373), fol. 144v.: *Item 16 dn umb rotzwachs den siglern*; BMB Nr. 1 (1373), fol. 145v.: *Item 3 sol dn umb rotz wachs den siglern*; BMB Nr. 1 (1373), fol. 146r.: *Item 3 sol dn umb rotz wachs dem ungelter*; BMB Nr. 1 (1373), fol. 163r.: *Item 1 sol umb rotzwahs den siglern*; BMB Nr. 1 (1373), fol. 164r.: *Item 4 sol dn umb rotzwachs den siglern und ungeltten*; BMB Nr. 2 (1373), fol. 165r.: *Item 2 sol dn umb rotz wachs den syglern*; BMB Nr. 2 (1373), fol. 165r.: *Item 2 sol dn umb rotzwachs*; BMB Nr. 2 (1373), fol. 166r.: *Item 22 dn umb wahs ze insigel an dez kaysers brief*; BMB Nr. 2 (1373), fol. 164r.: *Item 3 sol dn umb rotzwachs den ungeltn*; BMB Nr. 2 (1373), fol. 167r.: *Item 18 dn umb rotzwachs den siglern*; BMB Nr. 2 (1374), fol. 167r.: *Item 3 sol dn umb rotzwachs den syglern*; BMB Nr. 2 (1374), fol. 184r.: *Item 3 sol dn umb wachs rotz*; BMB Nr. 2 (1374), fol. 186r.: *Item 3 sol dn umb rotz wahs den siglern*; BMB Nr. 2 (1374), fol. 186r.: *Item 3 sol dn umb rotzwachs den siglern und die die zaichen gebent dem Menchinger und Kissinger*; BMB Nr. 2 (1374), fol. 186v.: *Item 20 dn umb rotzwachs*, BMB Nr. 2 (1374), fol. 195r.: *Item 5 sol dn umb rotz wachs den siglern und ungeltern*; BMB Nr. 2 (1374), fol.200v.: *Item 4 sol dn umb rotz wachs den siglern*; BMB Nr. 2 (1374), fol. 201v.: *Item 2 sol umb rotz wachs den ungeltern*; BMB Nr. 2 (1374), fol. 203r.: *Item 3 sol umb rotz wachs den siglern*; BMB Nr. 2 (1375), fol. 217r.: *Item 2 sol dn umb rotz wachs den ungeltern*; BMB Nr. 2 (1375), fol. 217r.: *Item 4 sol und 8 dn umb rotzwachs dem Closterman der zaichen gab von dem koren*; BMB Nr. 2 (1375), fol. 219v.: *Item 18 dn umb rotzwachs den syglern*; BMB Nr. 2 (1375), fol. 221r.: *Item 3 sol dn umb rotzwahs den ungelten*; BMB Nr. 2 (1375), fol. 221r.: *Item 3 sol dn dem sigler umb rotzwachs*; BMB Nr. 2 (1376), fol. 221v.: *Item 3*

*sol dn umb rotz wachs den sygleren;* BMB Nr. 2 (1376), fol. 238r.: *Item 32 dn umb rotzwachs dem sygler Schonen Vogelin;* BMB Nr. 2 (1376), fol. 239r.: *Item 38 dn umb rotzwachs;* BMB Nr. 2 (1376), fol. 239v.: *Item 32 dn umb rotzwachs den siglern;* BMB Nr. 2 (1377), fol. 243r.: *Item 32 dn umb rotzwachs dem Bitschlin;* BMB Nr. 2 (1377), fol. 257v.: *Item 3 sol dn umb rotz wachs den sigleren;* BMB Nr. 2 (1377), fol. 261r.: *Item 56 dn umb rotz wachs;* BMB Nr. 2 (1377), fol. 262v.: *Item 5 sol dn umb rotz wahs den siglern;* BMB Nr. 2 (1377), fol. 263r.: *Item 19 dn umb rotz wachs den siglern;* BMB Nr. 2 (1377), fol.263r.: *Item 4 sol dn 9 dn ouch umb rotz wachs dem niuen sigler;* BMB Nr. 2 (1378), fol. 287r.: *Item 3 sol dn umb rotzwachs dem sigler;* BMB Nr. 2 (1378), fol.282r.: *Item 56 dn umb rotzwahs den siglern;* BMB Nr. 2 (1378), fol. 284r.: *Item 68 dn den siglern umb rotzwahs;* BMB Nr. 3 (1388), fol 29r.: *Item 5 sol dn den siglern umb rotz wachs;* BMB Nr. 3 (1388), fol. 29r.: *Item 3 sol umb rotz wachs den syglern;* BMB Nr. 3 (1388), fol. 31r.: *Item 12 dn umb rotzwachs;* BMB Nr. 3 (1388), fol. 33r.: *Item 16 regensburger den sigleren [. . .] umb rotz wachs;* BMB Nr. 3 (1390), fol. 47v.: *Item 3 sol dn dem Lieber umb rotz wahs;* BMB 3 (1390), fol. 49v.: *Item 5 sol den umb rotz wahs dem Pitschlin tzu dem insigel;* BMB Nr. 3 (1390), fol. 55r.: *Item 5 sol den siglern umb rotz wahs;* BMB Nr. 3 (1390), fol. 56r.: *Item 12 sol dn umb rotz wahs den siglern;* BMB Nr. 3 (1391), fol. 48v.: *Item 4 sol dn umb rotz wahs;* 1391, fol. 49r.: *Item 3 sol dn umb rotz wahs;* 1391, fol. 52r.: *Item 6 sol den umb rotz wahs;* BMB Nr. 6 (1391), fol. 52v.: *Item 5 sol dn umb rotz wahs den siglern;* BMB Nr. 6 (1391), fol. 63v.: *Item 12 sol dn umb wahs den sigln;* BMB Nr. 7 (1392), fol. 46v.: *Item 4 sol dn den sigln umb rotz wahs;* BMB Nr. 7 (1392), fol. 47v.: *Item 4 sol dn umb rotz wahs dem Egen;* BMB Nr. 7 (1392), fol. 55v.: *Item 8 sol dn den siglern umb rotz wahs;* BMB Nr. 8 (1393), fol. 41r.: *Item 8 sol dn umb rotz wachz den sigellern;* BMB Nr. 8 (1393), fol. 46r.: *Item 8 sol dn umb rotz wahs den sigln;* BMB Nr. 8 (1393), fol. 53r.: *Item 4 sol umb rotz wahs den sigelln;* BMB Nr. 1394, fol. 126v.: *Item umb rotz wachs;* BMB Nr. 9 (1395), fol. 34v.: *Item 3 sol dn umb rotz wahs;* BMB Nr. 9 (1395), fol. 35r.: *Item 6 sol dn umb rotz wahs;* BMB Nr. 9 (1395), fol. 36v.: *Item 8 sol dn umb rotz wahs den siglern tzü dem insigel;* BMB Nr. 9 (1395), fol. 44v.: *Item 12 sol dn den siglern umb rotz wahs;* BMB Nr.11 (1396), fol. 44v.: *Item 18 rh umb rotz wachs dem Egen dem burgermaister tzü dem insigel do der Alpershon(er) mit hie waz;* BMB Nr. 11 (1396), fol. 60v.: *Item 32 Aug. dn umb rotz wahs dem Radauer tzü dem sigel;* BMB Nr. 12 (1397), fol. 52r.: *Item 9 sol dn umb rotz wahs den siglern;* BMB Br. 12 (1397), fol. 53r.: *Item 12 sol dn den sigln umb rotz wahs;* BMB Nr. 13 (1398), fol. 86v.: *Item 6 sol dn umb rotz wahs den sigln;* BMB Nr. 13 (1398), fol. 81v.: *Item 18 sol dn umb rotz wahs tzu dem clainen insigel;* BMB Nr. 13 (1398), fol.83v.: *Item 2 lib dn umb rotz wahs daz jare den sigelern;* BMB Nr. 14 (1400), fol. 57v.: *Item 8 sol dn Petern dem Langenmantel dem sigler umb rotz wachs;* BMB Nr. 14 (1400), fol. 57v.: *Item 6 sol dn umb rotz wahs den sigln;* BMB Nr. 14 (1400), fol. 62v.: *Item 34 sol dn umb rotz und weiz wahs den sigln;* BMB Nr. 14 (1400), fol. 63r.: *Item 8 sol dn umb rotz wachs den sigln;* BMB Nr. 14 (1400), fol. 64r.: *Item 7 sol dn umb rotzwachs den sigln;* BMB Nr. 14 (1400), fol. 64r.: *Item 11 lib dn umb wachs und kerzen uff Michael;* BMB Nr. 15 (1402), fol. 62v.: *Item 34 sol dn umb rotz und waiz wahs den sigln;* BMB Nr. 15 (1402), fol. 67v.: *Item 5 sol dn umb wahs den siglern;* BMB Nr. 15 (1402), fol. 69r.: *Item 6 sol dn umb wachs den siglern;* BMB Nr. 15 (1402), fol. 72r.: *Item 13 sol dn umb rotz wachs den siglern;* BMB Nr. 15 (1402), fol. 72r.: *Item 12 sol dn umb rotz wahs den siglern;* BMB Nr. 15 (1402), fol. 80r.: *Item 12 sol dn den sigln umb wahs;* BMB Nr. 16 (1403), fol. 62v.: *Item 4 sol dn umb wahs dem sigler;* BMB Nr. 16 (1403), fol. 62r.: *Item 8 sol dn den sigln umb*

Wie im Falle des Papiers wird auch für Siegelwachs ab dem Jahr 1369 erstmals eine Maßeinheit greifbar. Das rote Siegelwachs wurde in Pfund bezogen. Im Jahr 1368 kosteten zwei Pfund 15 Schilling (180 Pfennige).[256] Eine *vierdung* wie sie etwa 1369 erwähnt wird, war der vierte Teil eines Pfunds und kostete

---

*rotz wachs*; BMB Nr. 16 (1403), fol. 71r.: *Item 16 sol den sigeln umb rotz wachs*; BMB Nr. 16 (1403), fol. 57v.: *Item 4 sol dn umb routz wachs*; BMB Nr. 17 (1405), fol. 57v.: *Item 10 sol dn umb rot wahs den siglern*; BMB Nr. 17 (1405), fol. 71v.: *Item 26 sol dn umb rotz wahs den siglern*; BMB Nr. 17 (1405), fol. 85v.: *Item 1 lib umb rotz wachs*; BMB Nr. 18 (1406), fol. 63r.: *Item 12 lib umb wahs den purgermaistern*; BMB Nr. 18 (1406), fol. 69v.: *Item 10 sol dn umb rotz wahs dem sigln Hanß Gerung*; BMB Nr. 19 (1407), fol. 52r.: *Item 2 lib dn umb rotz wahs den sigln und den ungeltn*; BMB Nr. 20 (1409), fol. 69v.: *Item 9 sol dn umb rotz wahs*; BMB Nr. 21 (1410), fol. 32v.: *Item 8 sol dn umb wahs den sigln*; BMB Nr. 21 (1410), fol. 42v.: *Item 13 sol dn umb rotz wahs dem Gerung*; BMB Nr. 22 (1413), fol. 56r.: *Item 9 sol dn den ungelten umb rotz wahs*; BMB Nr. 22 (1413), fol. 63r.: *Item 8 sol dn umb rotz wachs den siglern*; BMB Nr. 22 (1413), fol. 64r.: *Item 6 sol umb rot wahs den sigln*; BMB Nr. 23 (1414), fol. 32r.: *Item 8 sol dn umb rotz wachs den siglern*; BMB Nr. 23 (1414), fol. 36v.: *Item 15 sol dn umb rotz wahs den sygeln*; BMB Nr. 23 (1414), fol. 41v.: *Item 5 sol dn den sigln umb wahs*; BMB Nr. 23 (1414), fol. 43v.: *Item 1 plapphart umb rotz wahs*; BMB Nr. 24 (1415), fol. 48r.: *Item 4 sol dn umb rotzwahs den siglern*; BMB Nr. 25 (1415), fol. 49v.: *Item 6 sol dn umb rotz wahs den siglern*; BMB Nr. 25 (1415), fol. 54v.: *Item 5 sol den siglern umb rot wahs*; BMB Nr. 25 (1416), fol. 48v.: *Item 5 sol dn umb rotz wahs den siglern*; BMB Nr. 25 (1416), fol. 59r.: *Item 5 sol umb rotz wahs den siglern*; BMB Nr. (26) 1418, fol. 37r.: *Item 1 lib umb rotz wahs den sigln*; BMB Nr. 26 (1418), fol. 44r.: *Item 15 dn umb rotz wahs den siglern*; BMB Nr. 26 (1418), fol. 52r.: *Item 8 sol dn umb rotz wachs den sigln*; BMB Nr. 28 (1421), fol. 19r.: *Item vier grozz umb rotz wahs den sigln*; BMB Nr. 28 (1421), fol. 20r.: *Item 4 grozz umb rotzz wachs den syglern*; BMB Nr. 28 (1421), fol. 20v.: *Item 4 groz rotwachs den siglern*; BMB Nr. 29 (1422), fol.71v.: *Item 10 sol umb rots wachs den siglern*; BMB Nr. 30 (1423), fol. 92v.: *Item 10 sol umb rotz wachs*; BMB Nr. 30 (1423), fol. 95v.: *Item 12 grozz umb rotz wachs*; BMB Nr. 30 (1423), fol. 96v.: *Item 3 grozz umb rotz wachs*; BMB Nr. 32 (1429), fol. 74v.: *Item 2 lib dn umb funf pfunt wachs den Stamps*; BMB Nr. 32 (1429), fol. 76v.: *Item 3 lib und 6 sol umb rotzz wachs zü der stat sigel*; BMB Nr. 32 (1431), fol. 98r.: *Item 21 lib und 16 dn umb 58 pfunt wachs ye ain lib umb 12 dn*; BMB Nr. 36 (1432), fol. 65r.: *Item 2 lib dn umb wachs zum sigel*; BMB Nr. 36 (1432), fol. 65v.: *Item 9 lib und 11 sol umb wachs*; BMB Nr. 36 (1432), fol. 68r.: *Item 3 lib umb rotzwachs zum sigel*; BMB Nr. 37 (1436), fol. 59v.: *Item 2 lib umb rotz und gelbs wachs*; BMB Nr. 37 (1436), fol. 54v.: *Item 7 lib und 7 sol 1 dn umb 18 wachs*; BMB Nr. 37 (1436), fol. 56v.: *Item 14 grozz umb wachs den siglern*.

256 StadtA Augsburg, BMB Nr. 2 (1368), fol. 13r.: *Item 15 sol dn Wirtzburger umb 2 pfunt rotz wachs*.

28 Würzburger Pfennige.[257] Eine genaue Normierung der historischen Gewichtseinheit Pfund ist für den betrachteten Zeitraum nicht möglich.[258]

Wenn man als Richtwert 500 Gramm zu Grunde legt, entspräche eine Vierdung 125 Gramm. Für einen Pfennig wären demnach 4,5 Gramm Siegelwachs zu erwerben gewesen. Neben Einkäufen in Pfund und Vierdung sind auch Einkäufe von kleineren Mengen dokumentiert.[259] 1369 wurden etwa 17 Pfennige für rotes Siegelwachs ausgegeben, was nach dem angenommenen Umrechnungswerten einer Menge von 76,5 Gramm entspräche. Auch wenn diese Ergebnisse nur eine grobe Annäherung an die tatsächlichen Werte darstellen, zeigt sich, dass nicht nur einmal jährlich große Mengen, sondern auch zu verschiedenen Zeitpunkten des Jahres kleinere Mengen bezogen wurden. In manchen Fällen wurde Wachs nur für die Herstellung einer einzigen Urkunde bezogen.[260] Die variierende Höhe der Ausgaben legt es dabei nahe, dass das Siegelwachs beim Einkauf abgewogen wurde, wobei die Grundeinheit der Preisbildung kleiner als 125 Gramm war. 1369 verzeichnen die Baumeisterrechnungen unserem Rechenmodell zu Folge einen Gesamtbezug von 1099 Gramm rotem Siegelwachs.[261] Wir haben bereits gesehen, dass die Nutzung von rotem Siegelwachs nur politisch hochrangigen Vertretern im Reichsgefüge vorbehalten war.[262] Da der Rat den Handel kontrollierte und man im 14. Jahrhundert in wachsender Weise mit Siegelfälschungen konfrontiert war, wird es sich nicht um eine frei verkäufliche Ware gehandelt haben, sondern Produktion und Verkauf durch eine begrenzte Zahl spezialisierter Händler oder einen in der Stadt ansässigen Apotheker erfolgt sein.

Die Materialkosten für Siegelwachs bildeten im ausgehenden 14. Jahrhundert einen minimalen Bruchteil der Gesamtkosten der Reichsstadt. Der Rat hätte an anderer Stelle deutlich effizientere Sparmaßnahmen einleiten können. Ein größerer Kostenaufwand war nicht mit der Herstellung, sondern lediglich mit den Siegelgebühren verbunden, die der Rat für einen Abdruck

---

257 Jacob und Wilhelm GRIMM, Deutsches Wörterbuch, Bd. 26, Leipzig 1854–1961, Sp. 281: „*vierding, vierdung,* m., der vierte theil von etwas. […] das wort bezeichnet den vierten theil von etwas; […] im deutschen ist *vierding, vierdung* der vierte theil eines gewichtes, vor allem des pfundes".

258 Rainer BECK, Art. „Maße und Gewichte", In: Augsburger Stadtlexikon, S. 637–639.

259 StadtA Augsburg, BMB Nr. 2 (1369), fol. 37v.: *Item 17 dn umb rotz wachs den siglern* (76 Gramm).

260 StadtA Augsburg, BMB Nr. 3 (1390), fol. 50v.: *Item 3 sol dn umb wahs tzü der herren prieff von Bairen von der fruntschafft wegen*; BMB Nr. 11 (1397), fol.50v.: *Item 9 lib dn den sigln umb wahs und die tzünfft prieff tzü sigeln.*

261 Vgl. Anm. 255.

262 Vgl. Kap. III.2.

verlangte. Während das Stadtrecht von 1276 noch keine Siegelgebühren erwähnt, kostete die Beglaubigung einer Urkunde mit dem großen Siegel der Stadt nach einem Ratsbeschluss des Jahres 1380 einen Gulden. Die Siegelgebühren für das kleine Siegel betrugen die Hälfte.[263] Wenn auch zu einem hohen Preis, so war das große Stadtsiegel nach der Einführung des Nebensiegels weiterhin für private Zwecke erwerbbar. Im Jahr 1428 wurden die Gebühren für das kleine Stadtsiegel per Ratsbeschluss mit einer Senkung auf vier Pfennige nochmals deutlich verringert: *An sambstag vor sant Marÿen Magdalenen tag anno Domini 28 hant clainer und alter raute erkennt und gesprochen, als von der statt clainen insigels wegen, das nun füro ain ÿeglicher sigler nit mer davon nemmen sol, dann vier pfennig von ainem auffgedruckten insigel und ainen behemisch gros von ainem anhangenden insigel und nit därüber in dehain wys.*[264] Die Gebühren wurden geteilt oder von demjenigen übernommen, der die Urkunde verlangte. Bei Grundstücksverleihungen oder -übertragungen wurde auch darüber verhandelt, welche Partei *daz insigel gelten müsse*.[265] Um der Profanisierung entgegenzuwirken, war nicht nur die Einführung hoher Gebühren, sondern auch die Schaffung einer günstigeren Alternative nötig. Die Differenzierung erfolgte damit nicht nur als verordnete Maßnahme der Kategorisierung von Rechtsfällen, sondern geschah in Abstimmung mit den Notwendigkeiten der Zeit, zu denen die Bedürfnisse der Bürgerschaft gehörten. In ähnlicher Weise hatte der Rat 1362 die Tarife des Stadtschreibers für die Herstellung von Urkunden für Bürger limitiert. Demnach sollte der Stadtschreiber für die Abfassung eines Briefes nicht mehr als vier Pfennige, für die Abfassung einer Urkunde zwölf Pfennige und für die Abfassung eines Leibgedingbriefs vier Schilling erhalten.[266] Der Chronist Burkhard Zink berichtet von den Kosten einer Urkunde beim bischöflichen Gericht, als ein *torendes freulin* die Ehe gegen ihn einklagen wollte: *Und hett geren gesehen, daß ich mit ir*

---

263 StadtA Augsburg, Ratsbücher Nr. 270, fol. 6r.: *Item [...] hant clainer und alter rate gesetzet, daz man um dez großen sigel der stat tzü ungelt nemen sol 1 gulden, den sol geben der verkauffer halben und der kauffer halben. Und von dem klainen sigel sol man nemen zü ungelt ainen halben gulden, den sol auch geben ietweder tail.*

264 StadtA Augsburg, Reichsstadt, Ratsbücher Nr. 1, fol. 110r.

265 StadtA Augsburg, Reichsstadt, Urkunden 26. Feb. 1411 (Vergabe eines Leibgedings an den Bürger Ulrich Herzog durch die Äbtissin von St. Stefan: *sol das insigel ain aptissin bezaln*; 30. Apr. 1427 (Verleih eines Gartens an einen Bürger); 30. Sept. 1427 (Verleihung eines Anwesens an einen Bürger); 30. Jun. 1450 (Verleih eines Gartens an einen Bürger).

266 MEYER, Stadtrecht, S. 252: *Waz er aber den burgern schribt daz die stat gemainclich niht angat davon sol er niht me vordern danne von ainem santbrief vier phennig, von ainer hantvest zwelf phennig und dem schüler zwen phennig und von ainem lipdingbrief vier schilling phennig und dem schüler vier phennig.*

*getedingt hett; aber ich wolt nit anderst dann recht. Also ward ich von ir ledig one gelt, des han ich ain brief von dem korgericht, kost mich 1 fl 20 dn, damit bin ich ledig von ir.*[267] Insgesamt deuten diese Befunde darauf hin, dass die Regulierung des Urkundengebrauchs auch der Notwendigkeit entsprang, die Verfügbarkeit der Beurkundung für gering gestellte Schichten der Stadtbevölkerung sicherzustellen.

Der wachsende Anstieg der städtischen Siegelurkunden war mit einem wachsenden Bedürfnis nach Beurkundung von Rechtsgeschäften verbunden, das in der Entwicklung der Siegelbitte zum Ausdruck kommt. Eine diachrone (1297–1420) Sichtung von überlieferten Siegelbitten (*sigillum proprium non habere*) im bischöflichen Urkundenbestand ‚Hochstift Augsburg' im Staatsarchiv Augsburg[268] erbrachte das Ergebnis einer abwärts gerichteten Verschiebung der gesellschaftlichen Klasse derjenigen, die um ein Siegel baten. Während zu Beginn vor allem Siegelbitten durch weltliche Adelige,[269] hohe Geistliche,[270] minderjährige Vertreter adeliger Familien[271] oder deren

---

267 Die Chronik des Burkard Zink, DStChr 5, S. 139f.

268 Der von Walther Vock in Regesten erschlossene Urkundenbestand umfasst für den Zeitraum von 769 bis 1420 793 Urkunden. Eine Siegelbitte (*sigillum proprium non habere*) ist nach einer Erfassung durch Vock in 42 dieser Stücke überliefert. Vgl. VOCK, Urkunden, S. 570.

269 Siegelbitten weltlicher Adeliger und politischer Eliten: VOCK, Urkunden Hochstift, S. 55, Nr. 115, 20. Jul. 1280: A.: Hainrich von Staufen, S: Hainrich von Staufen, *korherre von Auspurch*, der Bruder des A.; Nr. 154, 10. Apr. 1293: A.: Markgraf Heinrich IV. von Burgau, S. 9 Siegel adeliger Herren, „unter die sich die anderen (nicht genannt) binden, *die niht aigen insigel haten*"; Nr. 167, 20. Apr. 1299: A.: Der Reichsministeriale und Kämmerer des Herzogs von Schwaben, S.: 10 Siegel adeliger Bürgern, „bis auf zwei, die kein eigenes Siegel hatten (*qui sigilla propria non habebant*)"; Nr. 252, 28. Apr. 1329, A.: Ott von Greyffenberch, S.: „die ersten zwei Bürgen, unter deren S. sich der dritte (Konrad von Öhningen) mangels eigenen S. bindet; Nr. 257, 25. Mai 1330, A.: Jacob von Althen (Altheim) vergibt mit Zustimmung seiner Brüder und deren Söhne den Zehnten zu Altheim, S.: A, „unter dem sich die vier anderen wegen SMangel binden"; Nr. 292, 19. Apr. 1337, A. Raben von Gundoltzhain, S.: Ritter Fridrich von Strantz, einer der Bürgen und Bruder des Ausstellers, „bindet sich mangels eigenen S unter allen S".

270 Siegelbitten höherer Geistlicher.: VOCK, Urkunden Hochstift, S. 55, Nr. 173, 15. Okt. 1299: A.: *Cunradus* gen. *Raspo*, Dienstmann des Bischofs Wolfhard, S.: „Siegel des Bischofs *qui sigillum proprium non habeo*".

271 Siegelbitten minderjähriger Vertreter adeliger Familien: VOCK, Urkunden Hochstift, S. 55, Nr. 114, 1280: A. Degenhart und Sibot von Gundelfingen, S. A. *mit unsers vater insigel*. Vgl. dazu etwa Gunter HAUG, Die Herren von Gundelfingen, Münsingen 1996; Nr. 150, 5. Apr. 1293, Heinrich der Junge (VI.) bindet sich unter das Siegel seines Vaters des Markgrafen Heinrich IV. von Burgowe „*under unsers enis insigel, wan wir kein eigenz haben*"; Nr. 219,

Frauen[272] überliefert sind, weichen diese seit der Mitte des 14. Jahrhunderts den Siegelbitten von Bürgern,[273] unter denen sich auch Handwerker und andere geringer gestellte Personen befanden.[274] Dies geschah seit dem 14. Jahrhundert in wachsender Zahl.[275] In dieser Gruppe sind auch Bürgerinnen bezeugt.[276] Im 15. Jahrhundert baten außerdem Frauen von Handwerkern um das Stadtsiegel: *Item Schottenmayers Kistlers weyb hautt umb der statt insigel gebetten an ainen kouffbrief* [...].[277] Selbst geringer gestellte Bürger und ihre Frauen kamen an einer Partizipation des sich rasch ausbreitenden Urkundengebrauchs nicht mehr vorbei.

Dabei waren die Barrieren der Partizipation keineswegs unüberwindbar. Im Jahr 1380 konnte ein Siegelstempel bei einem städtischen Goldschmied zu

---

9. Aug. 1318, A. Rudolf von Eselburg und sein Sohn Rudolf, „4 Siegel, unter denen allen sich der junge Rudolf mangels eines eigenen Siegels bindet".

272  Siegelbitten von Frauen und Witwen politischer Eliten: Nr. 248, 21. Aug. 1327, A. Friderich und Chuonrat die Söhne des Herrn Ranwart des alten Ammann zu Werd und ihr Brudersohn, B. zu Werd, „verkaufen mit Zustimmung ihrer drei Hausfrauen" verschiedene Güter. S. „Die ersten beiden Frauen binden sich mangels eigener S. unter der Stadt und ihres Swähers, bzw. Vaters"; Nr. 305, 26. Jul. 1341, A.: Irmelgart, Witwe Herbort des Kyssingers, S.: Ritter Uolrich von Swenningen, Ritter Cuonrat von Zipplingen, „mangels eigenen S der A".

273  Siegelbitten von Bürgern: Nr. 311, 14. Feb. 1343, A.: Heinrich der Vogt von Zusmarshausen, S.: „die Geweren, unter denen sich der A und die Bürgen mangels eigener S. binden". Unter diesen Bürgen befinden sich die Handwerker Uolrich der Smit *der karrer*, Hainrich der Chuorsner, Hainrich der Muoller, Bürger zu Zusmarshausen.

274  StadtA Augsburg, Literaliensammlung, 1423, Zwei aufgedrückte Siegel auf Papier.: *Ich Erasem Epischusen und ich Hans Mühelin tGn offenlich mit dem brief* [...] *den wir in geben besigelt mit* [...] *Chunrats von Hall und Clausen des Höppelers insigeln, die sy durch unser flissig bet darauf gedruckt* [...], *irselb und iren erben aun schaden,* [...] *wann wir vor an der zeit unsern insigel nicht enhetten* [...].

275  Siegelbitten im 15. Jh: StadtA Augsburg, Reichsstadt, Ratsbücher Nr. 276, fol. 8r.: *Item des zellers tochtermann hätt min herren den raut gebetten, wan er ryten wird, so geb er Jörgen Nördling gewalt, die kouffbriefe, verzyhbriefe und gemächtbriefe, so sin sweher und schwiger yetzo uber kouff und anders machen werden, umb der statt insigel mit den andern in den briefen an siner statt umb der statt insigel ze bitten und hätt ouch selb yetzo namtlich gebetten* [...]. StadtA Augsburg, Reichsstadt, Ratsbücher Nr. 276, fol. 15r.: *Item Hans* [...] *hant ainen raut gepetten* [...] *der stat sigel an zwen kauffbrief zu henken*; Ebd., fol. 24v.: *It uff sampstag vor Martini hat* [...] *Vögelin gebetten den raut, den kouffbrief gein Röhling umb das hus und gesäss ze versigeln. Ich hab och sin brüder empfelhen von seinen wegen umb der statt insigel ouch zebitten.*

276  StadtA Augsburg, Reichsstadt, Urkunden 23. Mai 1463 (Die Witwe Sulzer erhält ihren Garten erneut als Zinslehen): *wan ich aigens insigel ditzmals nit han.* Vgl. auch 22. Okt. 1431: *wan wir aigner insigel deiz mals mangel haben.*

277  StadtA Augsburg, Reichsstadt, Ratsbücher Nr. 276, fol. 59v.

einem Preis von drei Schilling hergestellt werden.[278] Das entsprach im Jahr 1457 dem Tagelohn eines *arm man*.[279] Ein zwischen 1403 und 1406 erlassenes Gesetz ging dann bereits davon aus, dass die meisten Bürger in dieser Zeit über ein eigenes Siegel verfügten, oder zumindest jemanden kannten, der ein Siegel führte. Um ein Stadtsiegel zu erlangen, wurde das Anhängen eines eigenen Siegels oder des Siegels eines Bekannten Voraussetzung: [...] *welich hie in der stat der stat insigel, ez sie groses oder claines, begert tzü hencken an sinen brieff, derselbe sol sein insigel, ob er daz haut, vor an dem prief hangen. Haut er daz nit, so sol er ainen oder mer pitten, daz si ir insigel durch sain pett willen an den prieff hencken.*[280] Es waren mittlerweile soviele Urkunden im Umlauf, dass der Vergabe eines Stadtsiegels bei der Ausstellung von *gült-* oder *libtingbriefen* die vorherige Besiegelung einer solchen Urkunde durch vier oder sechs Ratsmitgliedern vorauszugehen hatte, *darumb daz der stat insigel dester gewarlicher hange.*[281] Dem neuen Bedürfnis, auch kurzfristige Alltagsgeschäfte mit dem Gedächtnis der Schrift zu sichern, entsprach im 15. Jahrhundert die Möglichkeit, diese ohne Siegelurkunde mit einem Kerbzettel bestätigen zu lassen (Abb. 23). Einige davon haben sich im Stadtarchiv erhalten. Diese wurden sowohl durch den Rat, als auch durch das Hofgericht ausgestellt.[282] Sie kamen zu verschiedenen Zwecken zum Einsatz, etwa wenn Häuser oder Gärten untereinander vermietet wurden.[283] Im Jahr 1458 ließen sich der Töpfer Ulrich Vetter und seine Frau die dreijährige Verpachtung ihres Gartens an das Ehepaar Widemann mit einem Kerbzettel sichern. Schriftlich gesichert wurden darin der Termin und die Höhe der jährlichen Pacht (drei Gulden und ein Ort), wie auch die Bedingungen der Pflege des Gartens, die für den zukünftigen Ertrag wesentlich waren. Der Pächter hatte demnach im letzten Jahr zwölf Fuder Mist in den

---

278 StadtA Augsburg, BMB Nr. 2 (1375), fol. 205v.: *Item 3 sol dn Kunlin dem goldsmit von einem insigel.*

279 MASCHKE, Zink, S. 239: „Nach einer Angabe Zinks für das Jahr 1457, die aber auch auf die vorangegangene Zeit bezogen werden muss, verdiente ein *arm man* einen Tagelohn von 10 bis 12 Pfennigen. Also bei 6 Arbeitstagen in der Woche höchstens 72 Pfennige"; vgl. GEFFCKEN, Art. „Münze", In: Augsburger Stadtlexikon, S. 667–670.

280 StadtA Augsburg, Reichsstadt, Ratsbücher Nr. 271, fol. 15r.

281 StadtA Augsburg, Reichsstadt, Ratsbücher Nr. 271, fol. 15v.

282 StadtA Augsburg, Literaliensammlung 1439; StadtA Augsburg, Literaliensammlung, Archivalie liegt zwischen den Literalien vom 14.03.1426 und 14.11.1426: [...] *vor mir Erharde Wagner geschworner gerichtsschreiber dies obgenannten hoffs geschechen, hab ich yedwederm tail durch sein begern ein gleichlautenden zedel gegeben.*

283 StadtA Augsburg, Reichsstadt, Urkunden 25. Jan. 1459, Thomas Ringler mietet von Hans Pittinger ein Haus mit allen Wohnungen zu einem jährlichen Zins von 8 rheinischen Gulden; RV.: *usgeschniten zedtel.*

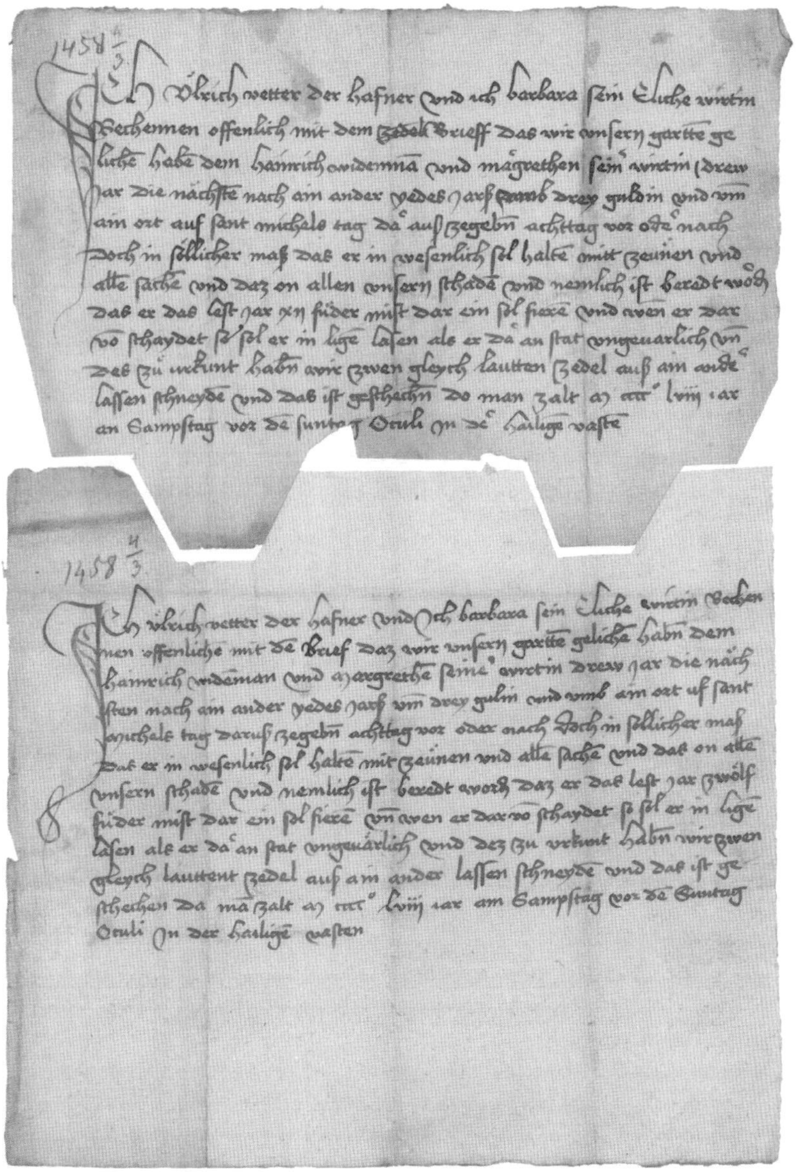

ABB. 23  *Augsburg—Kerbzettel*
STADTA AUGSBURG, LITERALIEN, 4. MÄRZ 1458

Garten zu führen. Der Kerbzettel wurde von einem Schreiber kurzer Hand auf ein Stück Papier geschrieben, ohne eine Blindlinierung anzulegen. Die Zahnung wurde mit geringer Sorgfalt in das Papier geschnitten (Abb. 23). Ein neu in die Stadt gelangter Handwerker wurde 1446 erst in der Zunft anerkannt, nachdem er eine Urkunde vorzeigte, die seine Herkunft bestätigte.[284] Selbst arme Bauern begannen ihr Lehensrecht vor dem Rat mit Urkunden zu beweisen.[285]

Der wachsende Urkundengebrauch war dabei keineswegs nur mit einer Erhöhung von Sicherheit und Effizienz verbunden. Zunehmende Unübersichtlichkeit erleichterte Fälschung und Missbrauch von Urkunde und Siegel. Im Augsburger Achtbuch wurde der erste Fall des Siegelmissbrauchs durch Heinrich den Unterburggrafen, der gefälschte Urkunden mit dem Siegel des Burggrafen beglaubigt hatte, im Jahr 1342 verzeichnet.[286] Die Chroniken des 14. und 15. Jahrhunderts berichten auch immer wieder vom Missbrauch des Siegelstempels durch einen höheren Amtsinhaber.[287] Von einem Fall des

---

284   StadtA Augsburg, Reichsstadt, Urkunden 23. Dez. 1446.
285   StadtA Augsburg, Reichsstadt, Ratsbücher Nr. 276, fol. 95v.: *Item alz Vilibacher und ainer von Bobingen für raut komen sind, also nach dem und dez geburen briefe inhalt, ez sy lehen vom ampthof ze Bobingen und der Vilibacher daz und anders vom bistum ze lybding hat, ist erkennt, die sach uszetragen mit recht vor dem bischoff und seinen lehenmannen und uf das sol der arm man by seiner gewer belyben untz zů ustrag der sache.*
286   Vgl. SCHMIDT-GROTZ, Achtbuch, Bd. 2, Nr. 66, 22. Aug. 1342: *An dem nœhsten Dornstag vor Sant Bartholomeus tag Jst Hainrich versegelt der Wilunt des Schnelmans vnderpurgrauf was mit geriht vnd mit vrtail in die Æht getan von hern Berchtolt des Rœmen vnd hern Berchtoltz des Riederrs clag die do burgermaister waren Darvmb daz er valsche brief gemachet vnd mit dez Purgrafen insigel versigelt hat vber suemlich guelt darvmb nyeman nihtes weste vnd auch ir niht verriehen het vnd wer daz er begriffen wuerd so sol man vber in rihten als vber ainen valscher nach diser Stat reht.*
287   Chronik des Burkard Zink, DStChr 5, S. 15: *Auf den tag als man die potschaft gesant hett gen Nurnberg zu dem kaiser, verpot man Hartman Onsorg die stat ewiklich mit weib und kinden von vil übler sach wegen, die er getan hett, in solt auch niemant hausen und hofen und muest geben der stat drei nachsteur; das geschach durch ainen klainen und großen rat. So hat er der stat vil ubels getan [...]. Darnach schrib er ainen brief und hieß in Hansen Priol versigeln, der was desselben jars der stat sigler, und sprach, es hett es der burgermaister geschaft; das was nit war. und sant den brief dem bischoff von der stat. derselb brief kam wider in den rat, darmit was sein boshait offenpar*; vgl. GEFFCKEN, Art. „Onsorg", In: Augsburger Stadtlexikon, S. 696; Chronik des Hektor Mülich, DStChr. 22, S. 37: *Hainrich Gumpenberger was der gemain. Der hetts mit dem adel und überredt die von Augspurg, das sie ain brief solten sigeln auf sein eere und trew, er wolt im recht thůn. Also ward der brief versiglot, dann Růgger Rapolt hett das sigel mit im genommen on ains rat willen und wissen.*

Siegelmissbrauchs durch die Domkleriker zeugt ein bischöfliches Urkundeninventar des 15. Jahrhunderts.[288]

Zum Ende des 13. Jahrhundert wurde im Stadtrecht ein Nachtrag verzeichnet, der die Verwahrung des Stadtsiegels durch zwei Siegler vorsah, die jährlich aus dem Kreise des 24-köpfigen Rates per Briefwahl gewählt wurden und das Siegel ein Amtsjahr lang inne haben sollten.[289] In Jahr 1325 wurde eine Truhe zur Aufbewahrung des Großen Siegels der Stadt angeschafft.[290] Der Abt Johannes I. von Schwanden und der Konvent von Einsiedeln erließen 1314 die Bestimmung, das Konventssiegel in einer Kiste der Sakristei aufzubewahren und mit zwei Schlüsseln zu verschließen, wovon der eine in der Hand des Abts, der andere in der eines Konventualen liegen sollte. Bei Meinungsverschiedenheiten über den Gebrauch des Siegels zwischen Abt und Konvent sollte ein Dritter als Schiedsrichter entscheiden.[291] Im Jahr 1393 ließ die Stadt Augsburg ihr kleines Siegel mit einer silbernen Kette sichern.[292] In Heilbronn schrieb die Regimentsordnung Karls IV. vor, das Siegel mit den Briefen der Stadt im Gewölbe aufzubewahren, zu dem lediglich die Bürgermeister und zwei Ratsmitglieder den Schlüssel besaßen.[293] Auch auf Reichsebene wird in der Goldenen Bulle ein *sigillator* greifbar, dem die Verwahrung des Siegels oblag.[294]

Das Achtbuch zeugt seit der Mitte des 14. Jahrhunderts immer häufiger von Siegelfälschern aus den Kreisen der Unterschicht des bürgerlichen Milieus.[295]

---

288 UHL, Peter von Schaumberg, S. 139f.: *Item siben zeugnusbrief von den tumhern wie das sigill zu iren handen komen und gebraucht ist. Ein instrumentum protestacionis etlicher tumhern daz sie dem stifft zu nutze offnen wollen die sloß, darinne sie des capitels groß sigille funden und ein papirin begreiffung, wie etlich tumhern von des sigills wegen gsagt hand.*

289 Danach konnten sie zwei Jahre nicht mehr zum Siegler gewählt werden. StA Augsburg, Reichsstadt Augsburg Lit. 32, fol. 37r. u. 37v.: *Die ratgeben sint auch zerat worden mit dem gantzen rat umbe der stat insigel, das diu zwen us den vier und zwaintzig ratgeben inne sülen haben und die selben zwen sülen die vier und zwaintzig ratgeben alliu jar us in selben nemen und welen mit brieflahen ze der zit so man burgermaister nimt. Und swelher der stet insigel ain jar gepflegen haund die sülen darnach zwai jar ledig sin.*

290 BMB Nr. 1 (1325), S. 90: *Item truha ad sigillum.*

291 Klosterarchiv Einsiedeln (KAE), Urkunde Nr. 240, 1. Aug. 1314.

292 StadtA Augsburg, BMB Nr. 8 (1393), fol. 39v.: *Item 5 lib und 8 sol dn haben wir geben umb ain silber keten und daz lon darvon an der stat clainez insigel.*

293 Reichstadterhebung Karls IV. von 1370, zitiert nach dem Abdruck der Urkunde bei SCHRENK, WECKBACH, Archiv, S. 13: *Es sullen die burgermeister und zwene uswendig rates, einer von den burgern und einer von der gemeinde, die der rat dorzu kewset und setzet, alle slussel haben zu toren, zu turmen, zu ingsigel und zu briefen [...].*

294 MGH, Fontes iuris 11, S. 89.

295 SCHMIDT-GROTZ, Achtbuch, Bd. 2, Nr. 213 (16. Feb. 1357): *An dem nehsten Donrstag nach Valentini ist Haintz der Schmidin der Hartmennin suon mit Geriht vnd mit urtail in die Æht*

Ihre öffentlichen Hinrichtungen wurden zur Abschreckung der Allgemeinheit praktiziert: *Zu sant Martini tag ward der Taller der Cramer verpränt, der hett falsch brief gemacht.*[296] Neben dem Achtbuch nennen auch die städtischen Chroniken derartige Fälle: *Darnach in der wuchen fieng man ain burger hie, der hett groß diebstal getan hie und anderstwa; er kund valsche insigl graben; er hieß Bartlme Zoller; man schlueg im den kopf ab auf dem berlach; in berechtet ain burger, hieß Hermann Nordlinger. Item in der zeit ward Utz Kunig ze Laugingen versotten von valscher insigl wegen von den von Augspurg.*[297] Das Problem der Siegelfälschung oder Beschädigung rückte seit dem zweiten Drittel des 14. Jahrhunderts nicht nur vermehrt in den Fokus der Rechtsahndung, sondern auch der Gesetzgebung.[298] Das Rechtsbuch Ludwigs des Bayern sprach Urkunden jegliche Kraft ab, *wenn nicht die insigel, die darin angezeigt seien, ganz und gar vorhanden.*[299] Am bischöflichen Hofgericht in Augsburg etablierten sich

---

*getaun von Hermans des Hollen clag wegen darvmb daz er im ainen falschen brief mit falschen Insigeln vmb ain Kauf gegeben hett*; Nr. 662 (25. Okt. 1357): *Jtem H Roehlinger fuert Nunnen uof dem Lande vnd git in brief vnd nimt halbentail*; Nr. 806 (22. Okt. 1366): *Jtem Liupolde scriptor an fuerstenuelder hof ain rehter poeswiht vnd macht valsch brief vnd Insigel <der ist darumb enthaupt>*; Nr. 1106 (19. Okt. 1419): *Anno Domini Millesimo CCCCo xviiiio an dem nehsten Donrstag nach sant Gallen tage Jst Peter Bombreht mit geriht Vnd vrtail in die Aucht getaun darumb daz er ainen falschen prieff mit falschen Jnsigeln gemacht Vnd Verschriben haut*; Nr. 429, (25. Aug. 1440): *Anno Domini item Mo CCCCmo xxxxo vff donrstag nach sant barthlomeus tage ist Marx Lang von augspurg mit gericht vnd vrtail in die aüchte getän von clag wegen her Herman Noerdlingers Her Hansen Langenmantels Vlrich Artzatz saeligen schwagers Thoman Öheims vnd Barthlome Haetzlers darumb daz er dem benanten Noerdlinger vnd Langenmantel Jr Jnsigel an ainem schultbriefe gen Sigmund Gossenbrot von jm vnd seinen gebruedern mit versatzung sein vnd siner brueder gesaesz vnd ains hofs gem Engeschalken geuertiget verloegnet vnd in offem raut vnd anderswa geredt ouch dem vogt vnd gericht zuegeschriben hautt er hab si vmb Jre sigel an den selben briefe gehenken nit gebetten noch desz gelych den Öheim vnd haetzler och nit gebetten gezewgen sin briefe zesein vnd daz Jm vmb den selben briefe gantz unwissent sein sülle darumb vnd öch daz er dem gericht vngehorsam gewesen ist vnd würd er begriffen so sol man hintz Jm richten alsz zuo ainem aechter.*

296 Chronik des Hektor Mülich, DStChr. 22, S. 68. s. auch Chronik des Burkard Zink, DStChr 5, S. 149 (1424): Erwähnung der Hinrichtung eines Urkundenfälschers u. S. 271: Ein Spion aus Friedberg wird mit einem „*bischel brief*" festgenommen.

297 Chronik des Burkhard Zink, DStChr. 5, S. 17; Vgl. Anm. 295.

298 Vgl. Rolf SPRANDEL, Die Fälschungen in der öffentlichen Meinung des Spätmittelalters. Eine Studie zur Chronistik in Deutschland 1347–1517, In: Fälschungen im Mittelalter. Internationaler Kongreß der Monumenta Germaniae Historica München, 16.–19. September 1986, Hannover 1988, Bd. 1, S. 241–261.

299 Zitat nach BRESSLAU, Urkundenlehre, Bd. 1, S. 725.

Verfahren zur Prüfung der Echtheit von Urkunden, in deren Rahmen auch die Siegel begutachtet wurden.[300]

Auch bei der Aufbewahrung konnten sich Schwierigkeiten ergeben. Im Gegensatz zu Städten, Klöstern, Fürsten oder hochstehenden Bürgern, verfügten Vertreter der Unterschichten nicht selbstverständlich über einen sicheren Ort zur Aufbewahrung von Urkunde und Siegel. Dies führte dazu, dass Siegel verloren wurden. Derartige Schwierigkeiten waren noch im 13. Jahrhundert rein in der adeligen Welt angesiedelt. Friedrich II. gab 1248 öffentlich zur Kenntnis, dass seine sizilianischen Siegelstempel während des Krieges mit Parma verloren gegangen waren.[301] Papst Innozenz IV. gab 1252 bekannt, dass der Apostelstempel zur Anfertigung des päpstlichen Siegels zersprungen war.[302] In Augsburg trat im 15. Jahrhundert der Bürger Hans Ilsung vor den Rat, da *er sein vatrs säligen insigel nach sinem tode niht finden künde*.[303] Der Verlust eines Siegels war auch ein rechtliches Problem für die Stadtgemeinde, die für ihre Bürger Haftung trug. Der Rat war für die Vergabe von Bürgersiegeln und die Normierung ihres Erscheinungsbildes verantwortlich. Ein Register der Züricher Kanzlei gibt Zeugnis, dass derartige Angelegenheiten seit dem ausgehenden 14. Jahrhundert zu einem stadthistorischen Phänomen wurden. Eine Dokumentation eines Siegelverlustes erfolgten auf ausdrücklichen Wunsch eines Bürgers.[304] Insgesamt verzeichnet der Codex im Zeitraum zwischen 1373 und 1426 18 Fälle.[305] Züricher Bürger verloren ihre Siegel etwa im Burggraben[306]

---

300    StadtA Augsburg, Reichsstadt, Urkunden 7. Okt. 1430, Vidimus eines Briefes, König Sigmund bestätigt die Übereinkunft zwischen Reichserbkämmerer Konrad von Weinsberg u. den Reichsstädten A., Ulm, Kontanz u. ihrer Einung; die „Richtung" zu Heidelberg bleibt in Kraft. Bei dem Brief handelt es sich um eine beglaubigte Abschrift des Hofgerichts zu Augsburg, Pergament, dt. 1 spitzovales Siegel KV.: [...] *daz uns durch die ersamen weisen burgermaister und ratte der stat zu Augspurg diesen nachgeschriben brieff zu vidimieren vleisiglich gebeten [...] Also haben wir auff sölich bette denselben brieff, der gantz unversert und an all rasur an sigel, pirment und geschrifft was, lassen vidimieren [...]*.

301    Vgl. BRESSLAU, Urkundenlehre, Bd. 1, S. 558.

302    BRESSLAU, Urkundenlehre, Bd. 1, S. 558.

303    StadtA Augsburg, Reichsstadt, Ratsbücher, Nr. 270, fol. 32v.

304    Heinrich ZELLER-WERMÜLLER, Hans NABHOLZ (Hg.), Die Zürcher Stadtbücher des XIV. und XV. Jahrhunderts, Bd. 1., Leipzig 1899, Nr. 211 (13. Okt. 1418), S. 366: *Anno Domini M°CCCCmo XVIII an dem donstag vor sant Gallen bracht Heinrich Meis unser burgermeister für uns, dz er sin jnsigel verlorn hab und batt uns burgermeister und rat, dz uff dis unser buch ze schriben.*

305    ZELLER-WERMÜLLER, NABHOLZ, Die Zürcher Stadtbücher, Bd. 1, Nr. 31, 32, 55, 105, 203, 204, 205, 208, 209, 211, 212, 220, 231, 233, 234, 236, 239, 265.

306    ZELLER-WERMÜLLER, NABHOLZ, Die Zürcher Stadtbücher, Bd. 1, Nr. 31 (6. Jul. 1373), S. 238: *Umb des Lidigen jnsigel. Man sol wissen, dz Rudolf Lidig für beid rätt komen ist und do*

oder in einem Bach hinter dem Wohnhaus.[307] Diejenigen Einträge, die Diebstahl dokumentieren, machen deutlich, dass die Züricher Bürger ihre Siegel in ihren Taschen oder an ihren Gürteln bei sich trugen: [...] *bracht Johannes Wuest, unser burger, für uns den burgermeister und beid rät Zürich, dz jm vor vier wochen sin tåsch ufgesnitten wår und dz er sin jnsigel darus verlorn hette und dz selb jnsigel were nu erst bi dem sew in unser statt an dem stad funden und jm wider worden*.[308] Im Falle Conrat Furters wurde dessen Siegel sogar auf das Geheiß des Rates zerschlagen, *umb dz der egenant Furter, als der ein alter blöder man ist, und sin erben da durch nit veruntrüwet werden*.[309] Die Siegel der Betroffenen wurden daraufhin öffentlich für ungültig erklärt.[310]

Eine Urkunde des Jahres 1424 berichtet, wie der Augsburger Schneider Heinrich Mindelheim vor dem Stadtvogt den reichen Kaufmann Konrad Hirn anklagte, seine Treupflicht verletzt zu haben, indem er *ettbas brief*, die der Schneider und seine Frau ihm *in ainem ledlin zubehalten* anvertraut hatten, ohne ihr Wissen herausgegeben hätte. Daraus seien dem Schneider große Unkosten entstanden. Hirns Anwalt erwiderte, der Kaufmann hätte keine Kenntnis von dem Inhalt der Urkunden gehabt und diese einem städtischen Richter zur Aufbewahrung übergeben. Da Konrad Hirn die Urkunden dem Stadtrichter übergeben habe (Aussage unter Eid), erachtete das Gericht die Klage des Heinrich Mindelheim als hinfällig. Der Kaufmann wurde von der Schadenersatzforderung frei gesprochen.[311] In einem anderen Fall erschienen

---

*offenbart und geseit hat, dz er an der mitwuchen an dem sechsten tag hômantz ze mittem tag vor renweger tor in unserm burggraben sin jnsigel, sin gurtel, sin messer und sin selkel verlorn hatt. Actum feria IIII post Aduolrici anno Domini M°CCC°LXX° tercio.*

307 ZELLER-WERMÜLLER, NABHOLZ, Die Zürcher Stadtbücher, Bd. 1, Nr. 32 (23. Apr. 1374), S. 238: *Man sol wissen, dz Hartman Rordorf und Andreis Seiler für beid rå komen sint und do offenbarten und geseit hauft, dz Ruodolfs Rordorfs seligen jnsigel an dem XXV. tag brellen vor mittem tag hinder sinem hus in brungassen in dem bach verlorn wart. Actum XXV. dies abrilis anno Domini millesimo CCC°LXX° quarto.*

308 ZELLER-WERMÜLLER, NABHOLZ, Die Zürcher Stadtbücher, Bd. 1, Nr. 220 (4. Jun. 1409): [...] *do haut si dem Stussin sin gurtet gewant mit der tåschen genomen und dar jnn sin jnsigel, als er uns geseit hät.*

309 ZELLER-WERMÜLLER, NABHOLZ, Die Zürcher Stadtbücher, Bd. 1, Nr. 233 (10. Jan. 1420), S. 376.

310 ZELLER-WERMÜLLER, NABHOLZ, Die Zürcher Stadtbücher, Bd. 1., Nr. 55 (13. Sept. 1377), fol. 22 v.: *Darumb, ob mit dem obgenanten jnsigel von dem vorgeschriben tag hin litzit versigelt würd, dz das jm und sinon erben unschedlich sol sin.*

311 StadtA Augsburg, Reichsstadt, Urkunden 3. Jun. 1424: *Als von ir selbs und auch von seiner tochter wegen demselben Conraten Hirn vor zeyten ainen hawßbrief und ander briefe als in getrews hand enpfolhen und zebehalten geben haben, denselben hawßbrief er on sein wort und wissen und on sein haissen herauß geben habe, des er zu grossem schaden komen se:*

die Brüder Urban und Georg Ziegler vor dem Stadtvogt und eröffneten ihm, dass sie die Urkunden über ihren Anger und Acker verloren hätten. Der Verlust wurde an drei Gerichtsterminen öffentlich ausgerufen. Danach erhielten die Brüder eine Ungültigkeitserklärung (*todbrief*) der Urkunde durch das Gericht.[312] Von vergleichbaren Problemen waren andere Handwerker betroffen, die über keinen gesicherten Aufbewahrungsort für ihre Dokumente verfügten, wie etwa der Bierbrauer Ulrich Rembold, der vor dem Gericht des Vogtes 1449 den Verlust eines Zinslehenbriefes meldete, oder der Zimmermann Georg, der 1466 eine Schuldurkunde verlor.[313] 1464 klagte Heinrich Möckenloher gegen den Goldschmied Hans Müller auf Herausgabe verschiedener Urkunden, die sein Bruder Hans dem Goldschmied einst anvertraut hätte. Der Goldschmied hingegen behauptete, die Urkunden seien ihm damals pfandweise überlassen worden.[314] Zwar überlebten Schriftstücke den Menschen, doch oblagen sie leicht der Beschädigung, dem Verlust und der Veruntreuung. Nicht zuletzt deshalb hinterlegte man Urkunden zunehmend bei institutionalisierten Einrichtungen wie in einem Kloster oder im Rathaus. Im Jahr 1460 hinterließ ein Chorherr aus Brixen dem kleinen Konvent und der Priorin von St. Clara 20 rheinische Gulden Ewiggeld. Die Urkunde sollte bei Heilig Kreuz hinterlegt werden.[315]

---

> *und begert, der egenant Hirn solt im denselben schaden abtůn und bekern [...]. Das verantwůrt der egenant Conrat Hirn auch mit seinem vorsprechen und redner Johannisen Wieland wie das wol vor ettewil jaren durch den egenannten Mindelhaim und sein elich wirtin ettbas brief in ainem ledlin zubehalten und in trews hand im enpfolhen worden sein. Doch so wisse er nit was briefe das gewesen sein. Diesselben briefe uber ettwylang zeit darnach, nach haissen und erkantnüsse der stat richter dazemal als von ettwas nottdurft und von gerichtes wegen an in ervordert worden sein zebringen fur recht, als er auch getan habe, und da seyen sy desselben mals von geriches wegen geantwurt und enpfolhen wurden dem Koppen, der do richter wäre und also nach demselben in sein gewalt nymermer komen und auff das so getrawet er got und dem rechten, wan er das als nach erkantnusse der stat richter gehandelt und getan habe ungevarlichen, das er dem egenannten Mindelhaim nichts dorumbe schuldig seye. Und also nach clag und widerrede und mer worten, die von baiden tailen geschachen, ward erkennt mit urtail zum rechten mocht der egenant Conrat Hirn bereden als reht ist das er die egenanten brief also vor zeiten nach haissen der stat richter herawß für recht geantwurt und das als ungevorlichen gehandelt und getan habe und auch furbasser nach demselben nymer in sein gewalt geantwurt noch komen sein, des sol er geniessen.*

312 StadtA Augsburg, Reichsstadt, Urkunden 10. Okt. 1435.
313 StadtA Augsburg, Reichsstadt, Urkunden 7. Okt. 1449 u. 25. Feb. 1466.
314 StadtA Augsburg, Urkunden, 14. März 1464.
315 StadtA Augsburg, Urkunden 12. März 1460.

Auch in der Dokumentation von Gerichtsverhandlungen werden Probleme sichtbar, die der wachsende Urkunden- und Siegelgebrauch schuf. Zahlreiche Urkunden im Stadtarchiv, wie auch das oben behandelte Ratsbuch Nr. 276 zeugen von einer hohen Frequenz, mit der vor dem städtischen Gericht auf der Grundlage von Urkunden gestritten wurde. Nicht selten kam es dabei zur Kollision zweier Urkunden mit zwei verschiedenen Siegeln.[316] Dies geschah nicht selten deshalb, weil geistliche und weltliche Stadtbewohner verschiedenen Rechtssphären unterstanden. In Ulm diskutierte der Rat darüber, [...] *das ain priester sin selgråt und ordnung verschriben und verordnen wölte nåch dem selben unserm gesatzte, der ander durch bublica instrumenta, der dritte under prelaten insigeln, und ainer ie anders denne der ander, vil irrunge in den urtailen und rechten begegnet und andern lüten bekümbernüsse und schaden darinne und dadurch zůgezogen und zů hannden gegangen sind.*[317]

Die Konsequenz aus derartigen Schwierigkeiten war die wachsende Reglementierung des Siegelgebrauchs.[318] In Augsburg wurde 1432 allen Bürgern, *die insigel hant*, verboten, die Übertragung von Ewiggeldern, Leibgedingen oder Seelgeräten an einen Geistlichen zu besiegeln.[319] In Ulm verbot der Rat 1420 Urkunden, die mit dem Stadtsiegel besiegelt werden sollten, durch Schreiber

---

316   StadtA Augsburg, Reichsstadt, Ratsbücher Nr. 276, fol. 96r.: [...] *sind der brobst vom convente von sant Jörgen vor raut mit dem Mayer Visch und ander vischen von ettlich hüß wegen, userhalb wertachpruggertor gelegen. Darumb alt zinslehnbrief mit der statt insigel von den vischn und ain lyppdingbriefe über etlich hüß [...] under des porbsts insigel und dez conventz [...] hät nach vil wort, alz sich yed tail sein brief halten wolt der Hagenor sovil betädinget, daz die sach also bestän sol yedem tail an seinem recht unschädlich, wan man si yetzo daruber nit entschaiden kund nach sölicher irrung;* Einen ähnlichen Fall dokumentiert StadtA Augsburg, Urkundensammlung 1393.
317   MOLLWO, Rotes Buch der Stadt Ulm, fol. 138ff. (1422).
318   MOLLWO, Rotes Buch, fol. 138ff.: [...] *und denne sölich köufe under unser statt gerichts insigel allain verschriben [...] das wir dieselben gesetzte alle priester und gaistlich lüte antreffent zesamenfassen und an den artikeln, die uns irrung bringen mügen in nutzlich verkerung vernüwen. [...] und das öch dehain instrument ane unser richter, und die geschriben wurden, dabi unser rihter nicht weren, als vorbegriffen ist umb dehain solich ordnung noch gemächte nicht maht noch kraft haben süllen; was aber sölicher gemähte und ordnungen über priester mit ainem publico notario und zů dem minsten mit zwain unsern gesworn rihtern mit sölicher bekantnüsse als vorbegriffen ist, besetzet und verschriben werden, die süllen nach unser statt recht macht und krafft haben und hän und von unsern richtern nicht abertailt werden, doch das si under dehain unser gesatzte nicht stannden oder sagen äne alle gevärde. [...] und och die selb stiure in sölich briefe geschriben wirt, und sich darůff gen uns mit urkunden und briefen, die krafft und macht hand, verschribet und verpindet, das er sich mit gemachten und andren sachen noch unser statt gesetzten halten solle und wolle.*
319   StadtA Augsburg, Reichsstadt, Ratsbücher Nr. 1, fol. 160r.

herstellen zu lassen, die nicht zur städtischen Kanzlei gehörten.[320] In Augsburg beschloss der Rat, dass Grundstücksverkäufe zukünftig ausschließlich durch den Stadtschreiber abzuwickeln seien.[321] Erst die wachsende Dynamik des Urkundengebrauchs erzeugte dessen fortschreitende Normierung.

## 6  Neuordnung des Archivs: Systematisierung und Erschließung

Während sich der zweite Teil der Untersuchung bereits mit der symbolischen Bedeutung des städtischen Privilegienschatzes und dem Beginn der Entstehung geschützter Orte zur Aufbewahrung der städtischen Urkunden befasste, soll in diesem Kapitel die fortschreitende Erschließung der kommunalen Urkunde im Vordergrund stehen. Sie war ein Phänomen, das in Augsburg der zweiten Hälfte des 14. Jahrhunderts allmählich Gestalt annahm und mit den bereits beschriebenen Veränderungen in Verbindung stand.

Die Geschichte der Aufbewahrung und Inventarisierung der kommunalen Urkunden im spätmittelalterlichen Augsburg ist bisher kaum erforscht.[322] Zwar verwies bereits im 19. Jahrhundert Gottfried Sulzer in einem handschriftlich überlieferten Kommentar zur Geschichte des städtischen Archivs auf einen Eintrag in den Ratsprotokollen des 15. Jahrhunderts, der von Systematisierungsvorgängen zeugt, doch wurde dieser Hinweis von nachfolgenden Generationen übersehen.[323] Erst kürzlich machte Dominique Adrian auf die

---

320  MOLLWO, Rotes Buch, Art. 478, S. 236–237: *Der burgermaister und grosser und klainer raute zů Ulme sind durch gemains nutze und frommen willen armer und richer zů rat worden und hand gesetzet, vestiklich zů halten, das nu furbas nieman, in welchem wesen der ist, hie ze Ulme nichtzit, das unser statt insigel antrifft, dehainen hiratbriefe, urtailbriefe oder spruchbriefe noch dehainerlai gemächtbriefe schreiben noch machen sol, denne das die alle und iegliche in unser geschworen stattkanzli sullen geschriben werden bi unserm geschwornen stattschriber und sinen schribern, das hie vorbegriffen ist, das wurde darumbe strafe und bůss liden. Besunder die schriber, die usser halb unser geschwornen cantli sôlichs immer schriben, maint der raute darumbe ze straufen, das er sin hernåch entladen wurde. Davor wisse sich menglich zů hůten. Geben und geschehen uff unser lieben Frowen aubent liehtmiss anno Domini etc. M°CCCC$^{mo}$ vigesimo.*

321  StadtA Augsburg, Reichsstadt, Ratsbücher Nr. 1, fol. 160v.: keine Grundstücksverkäufe über einen anderen Schreiber als den Stadtschreiber.

322  ROTH, Clemens Jäger, nacheinander Schuster und Ratsherr, Stadtarchivar und Ratsdiener, Zolleinnehmer und Zolltechniker in Augsburg—der Verfasser des Habsburgisch-Österreichischen Ehrenwerks, In: ZHV Schwaben 46 (1926), S. 1–175; Heinz Friedrich DEININGER, Die Neueinrichtung des Stadtarchivs Augsburg, In: Archivalische Zeitschrift 61 (1965) S. 128–141.

323  StB Augsburg, 20 Cod. S Nr. 156, fol. 6r.

Existenz spätmittelalterlicher Urkundeninventare aufmerksam.[324] Selbst im Augsburger Stadtarchiv herrscht jedoch nach wie vor die Auffassung, dass „die Bemühungen der Stadt Augsburg, ihr Archiv in einen geordneten Zustand zu bringen" im frühen 16. Jahrhundert begannen.[325]

Das früheste erhaltene Inventar städtischer Urkunden stammt aus dem Jahr 1391. Der Codex im Schmalfolioformat, der im Stadtarchiv im Selekt „Schätze" unter der Nummer 185 aufbewahrt wird, enthält ein Register der städtischen Zinsbriefe.[326] Das Inventar zeigt, dass diese zu jener Zeit in der neuen Ratsstube des Rathauses in einem Archivschrank mit Laden untergebracht waren: *Anno LV hernach stand geschrieben die versigelt briefe so vor hand, hie uff dem rauthus in der newen rautstuben in den kästlachen und laden ligen. Nämlich des erst die zinsbriefe, hernach volgend als im zins büch och verzaichnet stand in erst lädlin mit dem a bezaichent.*[327] Weitere Urkunden lagen in einem *eggkasten, da die zunftmaister sitzen*[328] und in einem *mittlen kästlin*.[329] Diese Anfänge der systematischen Registrierung und Neusortierung rechtsrelevanter Dokumente nahmen im beginnenden 15. Jahrhundert ihre Fortführung.[330] Die Baumeisterrechnungen verzeichnen immer wieder Ausgaben, die im Zuge der Erschließung im Gewölbe liegender Urkunden erfolgten. Seit dem Jahr 1403 bemühten sich Bürgermeister und kleiner Rat regelmäßig, alle Urkunden im Gewölbe zu sichten, zu ordnen und in Urkundenbüscheln zusammenzuführen: *Item 6 lib den purgermaistern den siben umb kost, do si daz gewelb rumten und die prieff*

---

324 Dominique ADRIAN, La politique et ses traces: la ville d'Augsbourg et ses archives (XIV–XV siècles), In: Bibliothèque de l'Ecole des Chartes 166 (2008), S. 413–444. ADRIAN, Augsbourg, S. 128ff.

325 Stadtachiv Augsburg (www.stadtarchiv.augsburg.de/index.php?id=17341/ Letzte Einsichtnahme: 12.10.2012): „Mit dem im frühen 16. Jh. einsetzenden humanistischen Interesse begannen die Bemühungen der Stadt Augsburg, ihr Archiv in einen geordneten Zustand zu bringen; v.a. der Stadtschreiber Dr. Konrad Peutinger setzte sich für eine Erfassung und Erschließung der im gotischen Rathaus verwahrten Dokumente der Reichsstadt Augsburg ein. Aus dem Jahr 1541 stammt der erste belegbare Auftrag an den Ratsdiener Clemens Jäger, die Archivalien zu ordnen. Mit den im Zuge der Regimentsordnung umgesetzten Verwaltungsmaßnahmen unter Kaiser Karl V. als oberstem Stadtherrn verbesserte sich ab 1548 auch wesentlich das städtische Registraturwesen".

326 Die Edition erfolgt in einer eigenen Publikation außerhalb dieser Arbeit.

327 StadtA Augsburg, Selekt „Schätze" Nr. 185, fol. 1r.

328 Ebd., fol. 21r.; vgl. dazu auch: FLEISCHMANN, Rat und Patriziat, S. 164.

329 Ebd., fol. 22r.

330 StadtA Augsburg, BMB Nr. 18 (1406), fol. 58r: *Item 4 lib und 15 sol dn umb kostgelt den purgermaistern, pumaistern und den von den räten, do man die libtingprieff examiniert*; fol. 59v.: *Item 18 lib dedimus den purgermaistern, bumaistern und siglen zergelt, do man sie alten libtingbrieff urkunt in new libtingbrieff von 3 tagn.*

*heruff trůgen und sie snurten.*³³¹ Für diese wird im Jahr 1435 erstmals eine Nummerierung greifbar.³³² Dieser Prozess wurde von Ausbau- und Wartungsarbeiten an den städtischen Gewölben begleitet. Dabei wurde bei Handwerkern die Anfertigung von Laden und Kästen in Auftrag gegeben, in denen die Urkundenbüschel Aufbewahrung fanden.³³³ Die Überlieferung des Jahres 1455 wirft dann ein Licht auf die Anordnung und Verwendung von Archivschränken im Gewölbe des Stadtschreibers.³³⁴ Auf den Blättern 46r. bis 52r. hat sich im Ratsbuch Nr. 277 das erste greifbare Inventar städtische Privaturkunden erhalten.³³⁵ Seine Anlage ging mit dem Bedürfnis einher, Urkunden *im gewelb* gezielt auffindbar zu machen.³³⁶ Zur selben Zeit entstand die Sammlung der Ratsstatuten des Bürgermeisters Andreas Frickinger.³³⁷ Auch für dieses Dokument macht der Schriftvergleich deutlich, dass es aus der Hand Schleichers stammt.³³⁸ Die Baumeisterrechnungen berichten, dass nun die Stadtschreiber und nicht mehr die Bürgermeister selbst damit befasst waren, *ordnungen der brief* durchzuführen.³³⁹ Der größere Teil der Privaturkunden befand sich im Gewölbe des Stadtschreibers: *Item by sechzehn laden hinder d'tür.*³⁴⁰ Wieder andere Dokumente lagen in Truhen, die sich in den Gewölben der Baumeister, Steuermeister und anderer Amtsträger befanden. Die Laden eines Archivkastens im Stadtschreibergewölbe waren mit den Buchstaben *a* bis *v* (*in erst lädlin mit dem a bezaichent*),³⁴¹ den römischen Ziffern I bis IX (*daz ander lädlin*

---

331   BMB Nr. 16 (1403), fol. 66r.; BMB Nr. 17 (1405), fol. 69r.: *Item 7 lib und 2 sol zergelt, do man die prieff heruff trůg uss dem gewelb.*

332   StadtA Augsburg, Reichsstadt, Ratsbücher Nr. 1 (1435), fol. 207r.: *Item Hanns von Knöringen lantvogt zů Burgow hant von des zolles wegen in Vindach under anderm geschriben, das er [...] därän gantz dehain recht nit hab. Des leit ain missive by andern brieven in der buschel A° XXXV*ᵗᵒ.

333   StadtA Augsburg, BMB Nr. 3 (1388), fol. 30v.: *Item 3 lib dn umb laden zu dem gwellm in die vorstat*; BMB Nr. 26 (1418), fol. 53r.: *Item 23 gulden und 13 sol dn dem Kystler tzü machen den kasten in dem newen gewelb uff dem huse*; BMB Nr. 36 (1432), fol. 66v.: *Item 17 dn umb schindeltruhen*; BMB Nr. 37 (1436), fol. 60v.: *Item 2 lib 8 dn dem Cleinen von ainem laden zemachen*; BMB Nr. 30 (1423), fol. 92v.: *Item 5 sol dem Raegglin [...] umb ain truhen zů priefen einzemachen*

334   StadtA Augsburg, Selekt „Schätze" Nr. 185.

335   StadtA Augsburg, Reichsstadt, Ratsbücher Nr. 277, fol. 46r.–52r. Die Edition erfolgt in einer eigenen Publikation außerhalb dieser Arbeit.

336   StadtA Augsburg, BMB Nr. 51 (1454), fol. 80v.

337   StadtA Augsburg, BMB Nr. 52 (1455), fol. 57v.

338   SCHMIDT-GROTZ, Achtbuch, Bd. 1, S. 243, Anm. 1272.

339   StadtA Augsburg, BMB Nr. 52 (1455), fol. 52r.

340   StadtA Augsburg, Reichsstadt, Ratsbücher Nr. 277, fol. 47r.

341   StadtA Augsburg, Selekt „Schätze" Nr. 185, fol. 1r.

*mit der zal bezaichnet*),³⁴² mit verschiedenen Mengen von grafischen Zeichen (*die dritt lad mit ringlin o*)³⁴³ und mit deutschen Ziffern (*fünfft lad tiutsch zal ains*)³⁴⁴ gekennzeichnet. Die Technik der Verwendung einer mehrfachen Kodierung ist auch in anderen Großstädten des Reiches feststellbar. In Nürnberg kam ein Alphabet in sieben Farben zum Einsatz, um die Laden der Archivschränke voneinander zu unterscheiden.

Innerhalb dieser Kästen lagen die gefalteten Urkunden entweder lose, oder zu Büscheln zusammengebunden: *ain büschel von der obern metzg vlaysbenk wegen*.³⁴⁵ Die Kommentare des Stadtschreibers im Inventar dokumentieren dessen Bestrebungen, die Übersicht über die Urkunden in den Behältnissen zu bewahren: *20 gulden der statt vind ich nit, aber alt kauffbrief sind da*.³⁴⁶ Dazu wurden sie in einem sich ebenfalls in einer Lade befindlichen Zinsbuch verzeichnet: *Ich main ez sy dez Pfůlers hus [...] und find ez nit im zinsbůch*.³⁴⁷

Dieses Archiv des Rates diente einerseits zu Ablagezwecken, denn es befanden sich auch alte Urkunden darin, die 1450 keiner aktuellen Nutzung unterlagen. Andererseits bezeugen verschiedene Eintragungen, wie mit abgelegten Urkunden im politischen Alltagsgeschäft gearbeitet wurde. So lagen manchen Urkunden Zettel mit Erinnerungsvermerken bei: *Item der zway closter ze Augspurg und ze Eslingen unser frowen bruder dry gemainen zinsbrief liegend in dem mitteln kästlin, die sol man dem Vitari wider antwurten nach zedels sag daby gelegen*.³⁴⁸ Auch konnte sich der Lagerungsort einer Urkunde verändern, wenn in einem Amt damit gearbeitet wurde: So wurde eine Urkunde mit dem Nachtrag versehen: *ligt der brief bey den stewerbrieffen in ain schindellad*.³⁴⁹ Von einer eindeutigen zeitgenössischen Trennung zwischen Registratur und Archiv kann 1450 noch keine Rede sein.

In den Archivschränken befanden sich verschiedene Formen von Urkunden. Der Sache nach wurde geordnet, wenn größere Mengen von Urkunden dieselbe Form eines Rechtsgeschäfts betrafen. Dann lässt sich die Bestrebung erkennen, diese auch räumlich zu einer größeren Einheit zusammenzufassen: *In ainer schindellad stewrbrief und zedell*.³⁵⁰ Ebenso verhielt es sich, wenn im

---

342 StadtA Augsburg, Selekt „Schätze" Nr. 185, fol. 1r.
343 Ebd., fol. 2r.
344 Ebd., fol. 6r.
345 Ebd., fol. 15v. StadtA Augsburg, Reichsstadt, Urkunden, 22. Mai 1461, RV.: [...] *die zemengebunden brieff.*
346 Ebd., fol. 2r.
347 Ebd., fol. 2r.
348 Ebd., fol. 22r.
349 Ebd., fol. 6r.; vgl. Ebd., fol. 6v.: *liegend yetz by andern stiurbriefen in ainer lad.*
350 StadtA Augsburg, Selekt „Schätze" Nr. 185, fol. 9r.

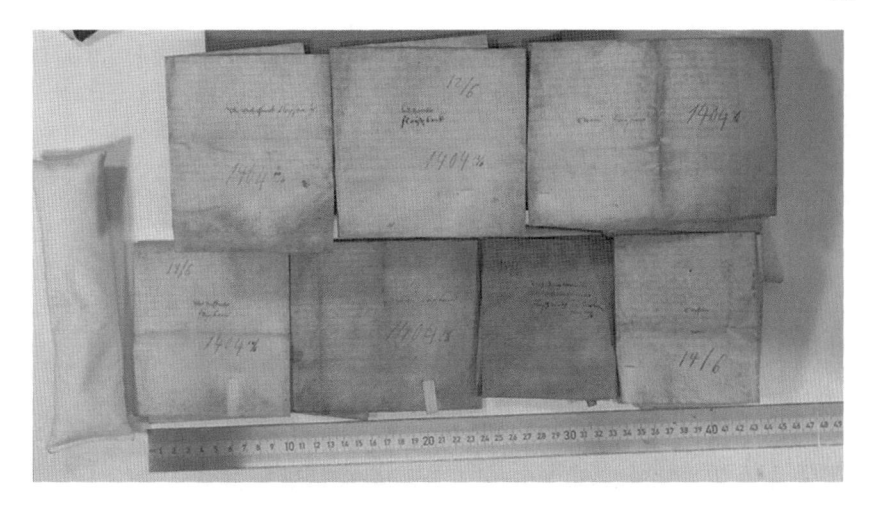

ABB. 24    Augsburg—In spätmittelalterlicher Konsistenz erhaltenes Büschel von
Fleischbankbriefen unterschiedlichen Formats in zeitgenössischer Faltung
STADTA AUGSBURG, REICHSSTADT, URKUNDEN, 12./14. JAN. 1404

Archiv mehrere Urkunden zu einem bestimmten Beurkundungsgegenstand lagen (*ain büschel von der obern metzg vlaysbenk wegen*) (Abb. 24). Auch wenn mehrere Urkunden dieselbe Person betrafen (*Peter Růfen brief all in der fünfften lad*)[351] konnten sie gemeinam in einer Lade abgelegt werden.

Im Archiv befanden sich Briefe, verschiedene Arten von Urkunden, aber auch Zettel mit unterschiedlichem Entstehungshintergrund durcheinander. Dabei mischten sich Dokumente, die die Stadt betrafen etwa mit Besitzurkunden, die einzelnen Bürgern gehörten. Ein Ordungssystem, das eine schnelle und eindeutige Identifikation eines einzelnen Dokuments ermöglicht hätte, war nicht existent und wurde wohl auch nicht benötigt. Die Klassifizierung der Dokumente erfolgte über die Funktion, beziehungsweise über die Art der Urkunde, für die sich eigene Kategorien entwickelten: *urtailbrief, ussprechnuß, richtungbrief, kouffbrief,* etc. und über Personennamen, bei denen es sich um die Namen der Urkundenaussteller oder Empfänger handelte (*Thoman statschrybers ussprechnuß für Ytel Michel von vertigung ains hus wegen*).[352] Hierbei fällt auf, dass der Stadtschreiber Urkunden nur dann mit Personennamen kennzeichnete, wenn es sich um Privatpersonen handelte und wenn er diese Person kannte. Die Menge solcher Urkunden bildet den Hauptbestand der in der Kanzlei bewahrten Dokumente. Gehörte eine Urkunde einem

---

351   Ebd., fol. 6v.
352   StadtA Augsburg, Reichsstadt, Ratsbücher Nr. 277, fol. 50r.

städtischen Amtsträger, wurde sie mit dessen Amtsbezeichnung betitelt. Bei den Veckinchusenbriefen, die einer norddeutschen Handelsgesellschaft gehörten, die vor ihrer Auflösung nur kurz in Kontakt mit der Stadt gekommen war und deren Mitglieder um 1450 bereits verstorben waren, wurden weder Aussteller noch Empfänger namentlich genannt. Stattdessen erfolgte die Klassifizierung nach dem Inhalt der Urkunde. Es genügte, wenn der Stadtschreiber selbst über den Umfang und die Lage der Dokumente im Stadtarchiv informiert war. Er stellte ein Bindeglied zwischen Rat, Archiv und Bürgerschaft dar. Die in den Ratsprotokollen dokumentierten Arbeitsanweisungen an die Stadtschreiber zeugen davon, dass der Rat seine Schreiber diejenigen Dokumente suchen ließ, die im aktuellen Tagesgeschäft benötigt wurden.[353] Dabei konnte es sich durchaus auch um königliche Briefe handeln, die ebenfalls in den Schubladen der Kammer des Stadtschreibers verstaut lagen.

Im Rahmen dieser Arbeit wurden mit Hilfe der ungedruckten Findmittel sämtliche Rückvermerke, der im Moment zugänglichen Urkunden des Fonds ‚Reichsstadt, Urkunden' (1403–1500) des Stadtarchivs Augsburg im Zeitraum von 1410 bis 1468 in einer Datenbank zusammengestellt. Auf 622 Urkunden des ca. 2000 Urkunden umfassenden Bestandes fanden sich zeitgenössische Rückvermerke, die der städtischen Kanzlei zugeordnet werden können.[354] Nur wenige allerdings ließen sich eindeutig den gefundenen Fragmenten der zeitgenössischen Inventare zuordnen. Dieser Befund legt die Schlussfolgerung nahe, dass im Bereich der kommunalen Urkundeninventare von Überlieferungsverlusten oder noch unerschlossenen Archivalien auszugehen ist. Doch bereits die wenigen eindeutig zuweisbaren Querverbindungen, die zwischen Urkunden und Inventaren festgestellt werden konnten, eröffnen wichtige Details über den Vorgang der Registrierung. Die Registrierung der Urkunden mit Rückvermerken und deren Inventarisierung auch im 15. Jahrhundert erfolgte nicht direkt nach der Ausstellung einer Urkunde und noch keineswegs nach einem etablierten System. Drei Urkunden, die der Bürger Peter Ruf am 01.10.1443 erhielt, tragen als früheste Rückvermerke: *Peter Ruf umb 5 guldin, Peter Ruf umb 4 guldin, Peter Ruf umb 5 guldin*.[355] Das Inventar von 1455 erfasste diese Urkunden dann mit dem Vermerk *Peter Růfen brief all in der fünfften lad*.[356] Die Einträge im zwölf Jahre später entstandenen Inventar konnten im

---

353  StadtA Augsburg, Reichsstadt, Ratsbücher Nr. 276, fol. 102v.: *Item dez kunig Sigismunds brief vom hauptmarschalk als er in ze landvogt bestät het ze sůchen.*

354  Die Angaben zum Bestandsumfang beruhen auf einer Bestandsaufnahme der stellv. Archivleitung Kerstin Lengger.

355  StadtA Augsburg, Reichsstadt, Urkunden 1. Okt. 1443.

356  StadtA Augsburg, Selekt „Schätze" Nr. 185, fol. 6v.

Wortlaut also von den Rückvermerken auf den Urkunden abweichen. Das Inventar wird im Zuge einer Neuordnung entstanden sein und hatte in manchen Fällen auch die Funktion, dem Schreiber Hinweise auf den Entstehungshintergrund eines Dokuments zu geben.[357] In manchen Fällen stimmen Rückvermerk und Inventareintrag aber auch wörtlich überein.[358]

Im Bestand der Königsurkunden wird im Jahr 1360 erstmals eine kopiale Erfassung durch die kommunale Kanzlei greifbar.[359] Die erfassten Urkunden stammen dabei beinahe alle aus den letzten sechs Jahrzehnten des 14. Jahrhunderts. Aus der Zeit vor 1346 ist im ersten städtischen Kopialbuch beinahe nichts enthalten. Eine Ausnahme bildet als ältestes Dokument ein städtischer Zollvertrag der Bürger mit Bischof Hartmann aus dem Jahr 1280. Die jüngste Urkunde ist ein Privileg des Jahres 1425. Die städtische Rechnungsüberlieferung dokumentiert seit 1369, dass die Bürgermeister begannen, in regelmäßigen Abständen *der stat brief* zu sichten, die ihnen in Truhen von den Kellermeistern aus den Gewölben emporgebracht wurden.[360] Auf den Beginn einer Erschließung für den Gebrauch weist die Anbringung von kurzen Inhaltsvermerken auf Pergamentschwänzen oder den Pliken der Privilegien hin, die im 14. Jahrhundert einsetzte (Abb. 25 u. 26). Im Gegensatz zu den ‚kleinen' Urkunden des städtischen Alltagsgeschäfts wurde das Pergament der Privilegien selbst nicht mit Dorsalvermerken beschriftet.[361] Obwohl das Format der Privilegien im aufgeschlagenen Zustand deutlich differiert, weisen sie im gefalteten Zustand eine ähnliche Größe auf. Wenn die Lagerung gebündelt erfolgte,

---

357 Urk. 26. Feb. 1411, RV.: *Hansen Gamenrieds hausbrief.* Zugehöriger Vermerk: StadtA Augsburg, Selekt „Schätze" Nr. 185, fol. 13v.: [...] *in der fünft lad: Ain brief vom Gamenrieder alz er den frowen von sant Niclaus ze kaufen gegeben hat 1 hus am schwal.*

358 StadtA Augsburg, Reichstadt Urkunden 12. März 1431, RV.: *der statthus by dem frowenhus*— StadtA Augsburg, Selekt „Schätze" Nr. 185, fol. 2v.: *Der statthus brief by dem frowenhus*; StadtA Augsburg, Reichsstadt, Urkunden 7. Jul. 1443, RV.: *Ulrych Ryschlin metzger*—Selekt „Schätze" Nr. 185, fol. 7r.: *Uhl Ryschlin metzgers.*

359 StadtA Augsburg, Selekt „Schätze" Nr. 105/1a; vgl. HOLZAPFL, Kanzleikorrespondenz, S. 194.

360 StadtA Augsburg, BMB Nr. 2 (1369), fol. 40v.: *Item 3 guldin den dryen kelermaistern, do siu truhen her uf brahten;* BMB Nr. 2 (1371), fol. 92r.: *Item 3 guldin den dryen kelermaistern von den truchun;* BMB Nr. 2 (1371), fol. 103v.: *Item 3 gulden den kelermaistern, do si die truhun heruf antworten;* BMB Nr. 2 (1371), fol. 102v.: *Item 18 sol dn umb wein do burgermaister und bumaister uf dem hus der stat brief uber lausen;* BMB Nr. 2 (1373), fol. 144v.: *Item 3 guldin gaben wir den kelermaistern, do si die truhen her uf brachten;* BMB Nr. 2 (1374), fol. 185v.: *Item 3 gulden den dry kelermaistern, do sy die truhen uf daz hus antworten.*

361 Die ältesten Dorsalvermerke auf den Augsburger Königsurkunden entstammen dem 16. Jahrhundert.

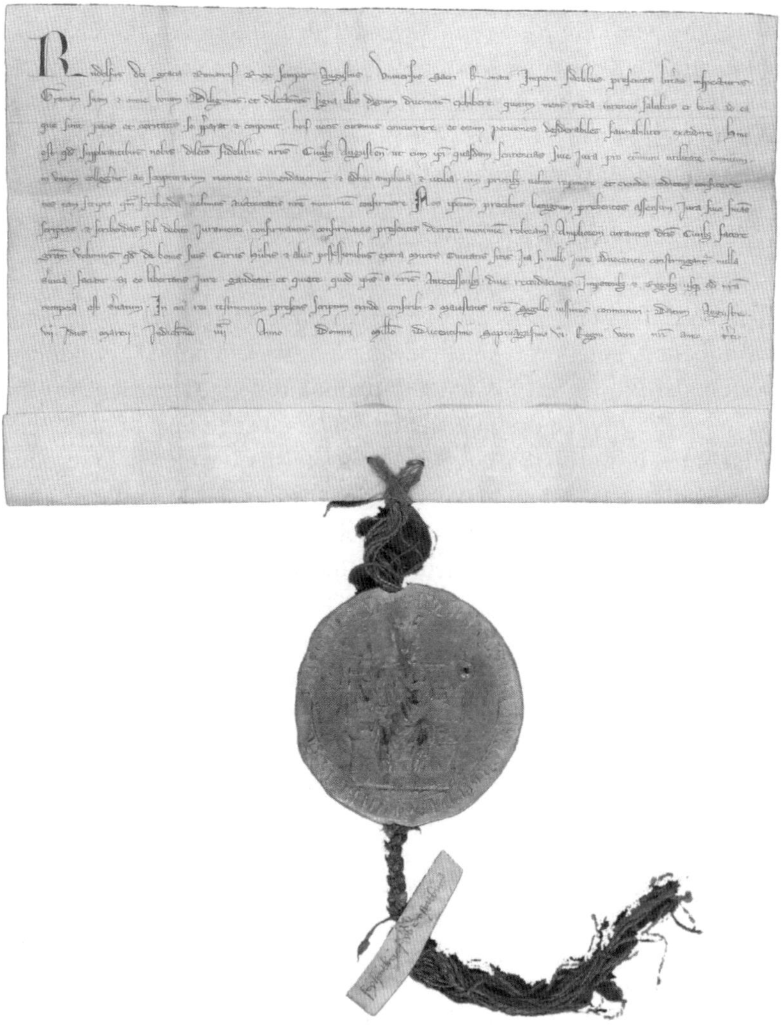

ABB. 25  *Augsburg—Spätmittelalterlicher Archivvermerk am Stadtrechtsprivileg Rudolfs von Habsburg auf einem Pergamentstreifen*
STA AUGSBURG, REICHSSTADT, URKUNDEN, NR. 18 (9. MÄRZ 1276)

ABB. 26   *Augsburg—Spätmittelalterlicher Archivvermerk auf der Plika eines Privilegs Kaiser Sigismunds*
STADTA AUGSBURG, REICHSSTADT, URKUNDEN, 14. MÄRZ 1426

war die Identifikation eines Einzelstücks mittels des anhängenden Zettels auch im gefalteten und geschnürten Zustand möglich. Auch wenn im Bereich der Etikettierung von Überlieferungsverlusten ausgegangen werden muss, haben sich auffälligerweise doch nur an solchen Urkunden Vermerkzettel erhalten, in denen Rechtstitel verbürgt waren, über die im Spätmittelalter regelmäßige Auseinandersetzungen bezeugt sind.

Auch in anderen Archiven der Stadt Augsburg, in anderen Städten und anderen politischen Milieus des Reiches sind zur selben Zeit vergleichbare Prozesse nachweisbar. „Mit dem 15. Jahrhundert beginnt das Zeitalter der ersten Archivordnungen [...] und damit auch der Archivinventare im eigentlichen Sinne, die anfangs noch schlicht *liber* oder *register* genannt werden".[362] Der bischöfliche Urkundenbestand wurde im 15. Jahrhundert neu inventarisiert.[363] Im Kloster St. Ulrich bildete das Urkundenarchiv einen eigenen Bestand. Es wird angenommen, dass die Privilegien des Klosters bis ins 15. Jahrhundert in der Sakristei Aufbewahrung fanden. Im Jahr 1499 ordnete dann Abt Konrad II. Mörlin an, *alle und yede originalprivilegien, fryhaiten und brieflich urkund [...] grundtlich und mit allem vleiss ersuchen, erlesen und sich in sölhen brieflichen urkunden des gotzhaus gerechtigkaiten demselben zu kunfftigem nutz und gutem erkunden und erlernen.* Damit einhergehend wurde der Urkundenbestand dann in einem Gewölbe der Abtei untergebracht, wo man eisenbeschlagene Truhen aufstellte, in denen sich jeweils mehrere Laden befanden.[364] Der Inhalt einer jeden Truhe wurde in einem eigenen Inventar erfasst. Zu dieser Zeit befand sich das Kloster im Besitz von 1930 Privilegien mit unterschiedlichem Inhalt.[365] Die Maßnahme des Abtes war eine Reaktion auf den rasanten Anstieg, den der Bestand im 15. Jahrhundert erfahren hatte.[366]

---

362 BEHNE, Archiv, S. 290.

363 Vgl. OrdinariatsA Augsburg, AHAug 6, 690; StA Augsburg, Hst.A Urkunden 2. Mai 1059, RV (XV. Jh.): *Erst und eltest brieve umb den wiltpann von künig Heinrich. Wer den lesen oder brawchen wölle, der sol in gar sittlich und schön aufthůn, wan daz insigel von alters wegen und gebrechen halb des wachs gar bresthafft und zercloben ist.*

364 FLEISCHMANN, Das Archiv des Reichsstifts, S. 401; vgl. auch: LIEBHART, Ulrich und Afra, S. 10ff. u. StA Augsburg, HstAA, Klosterliteralien Nr. 1, fol. 13v.: [...] *eysen truhen imm gewelb in der abbtey.*

365 FLEISCHMANN, Das Archiv des Reichsstifts, S. 401.

366 Ebd: „Im Laufe des 11. Jahrhunderts blieb dies das einzige Privileg, doch wuchs der Bestand im 12. Jahrhundert um zwölf Originalausfertigungen [...]. Im folgenden Säkulum konnten 54 Urkunden verschiedenen Inhalts in Empfang genommen werden, im 14. Jahrhundert dagegen schon ca. 360. Die fortschreitende Fixierung und Verschriftlichung allerlei Rechtsbeziehungen im 15. Jahrhundert führte zu einem explosiven Anstieg, denn für Abt und Konvent des Klosters wurden etwa 1500 Urkunden ausgestellt".

Das Archiv der Dompfarrzeche wird im beginnenden 15. Jahrhundert erstmals in einer Truhe im Besitz des damals amtierenden Zechpflegers und sehr vermögenden Augsburgers Andres Rephuhns fassbar. Rephun hatte eine Urkunde in die Truhe gelegt, die deren Übergabe an den nachfolgenden Zechpfleger protokollierte.[367]

Der im Mittelalter entstandene Markt Bruck „gehörte seit dem 15. Jahrhundert als Klostermarkt zum nahen gelegenen Kloster Fürstenfeld, das Grundherr des Ortes war und zudem die niedere Gerichtsbarkeit ausübte [...]. Demzufolge verwahrte das Kloster in seinem Archiv und in seiner Kanzlei die für den Markt relevanten Dokumente".[368] In Basel, wo sich das älteste Archiv der Stadt wie in Augsburg am Sitz des Bischofs befand, fand Bruckner die ersten Spuren einer Registrierung von Urkunden durch Rückvermerke erst zu Beginn des 14. Jahrhunderts.[369] In Ulm wird das Rathaus erstmals im Jahr 1360 erwähnt. Greiner vermutet, dass sich dort von Beginn an das Urkundenarchiv der Stadt befand.[370] Die Stadtrechnung von Essen zeugt im Jahr 1381 erstmals von der Anschaffung eines Behältnisses für Urkunden.[371] In Goslar stammt der älteste

---

367 StadtA Augsburg, EWA, Urkunden Nr. 130 (1402): *Ich Endres d'Rephun, burger ze Auspůrk, und ich Cecilia sein ehlichiů wirtin [...] tůn kůnt offenlich an dem brief für uns und für alle unsere erbn vor allmenclich, wan wir der zehe ze sant Ůlrich und ze sant Auffren ze Auspůrk gůlt und zinse von der egenennten zaehe wegen ettwiemeng jare eingenomen haben und auch die brief der egenennten zaehe und die trůhen, dar inne die selben brief ligent, in unsr gewalt gehebt haben. Ob daz waere, daz wir oder unser erben dhainerlay brief, urkůnd oder hantfestin noch inne haeten oder fůrbaz fůnden, die verfallen oder verloren waern, [...] die sullent uns und unsrn erben kainen nůtz noch frůmen bringen und der egenennten zaeche kainen schaden in dhain weise, wa man sy nů furbaz uffbiůt oder fůrzaigt, es sei vor gaistlichem oder vor waeltlichem raehten oder anderswa.*

368 Michael VOLPERT, Das Stadtarchiv Fürstenfeld in Vergangenheit und Gegenwart, In: Amperland 42 (2006), S. 261–265, hier: S. 261.

369 BRUCKNER, Zur Älteren Geschichte des Baslerischen Archivwesens, S. 569: „Von einer eigentlichen Archivordnung, wie wir sie z. B. aus Rücknotizen, Signaturen, Inventaren, aus Büchern der Ökonomier (Urbaren, Berainen usw.), aus solchen der Kanzlei (Chartularen usw.) erschließen können, lässt sich beim bischöflichen Archiv nicht vor der Wende des 13. zum 14. Jahrhundert reden. Jetzt begegnen die ersten Spuren wiederholter archivalischer Rückbeschriftung, ferner weist die Anlage des *Codex diplomaticus ecclesie basiliensis* vom Ende des 13. Jahrhunderts auf eine intensive Beschäftigung mit dem Archiv hin".

370 GREINER, Das Archivwesen Ulms, S. 297: „Es befand sich in der späteren Zeit des Mittelalters im ersten Stock der östlichen Seite des Rathauses unter dem Ratssaal in einem hellen, feuersicheren Gewölbe, durch eine schwere Eisentüre verwahrt, zu der eine Falltüre hinabführte. In dem Gewölbe befanden sich 18 Kästen mit Urkunden und Akten".

371 Klaus WISOTZKY, Das Stadtarchiv Essen, In: Der Archivar 59/3 (2006), 244–248, hier: S. 245.

Hinweis auf eine schriftliche Erfassung der städtischen Privilegien und aller anderen Urkunden (ca. 400 Stück), die sich zur damaligen Zeit im Besitz der Stadt fanden aus dem Jahr 1399.[372] In Metropolen wie Köln und Nürnberg ebenso wie in Kleinstädten wie Lindau oder Heilbronn ist der Versuch, möglichst sämtliche Urkunden aus dem Besitz der Stadt systematisch zu erfassen, erstmals im 15. Jahrhundert nachweisbar.[373]

„Nach der Steuerstubenrechnung 1494/95 erhielt Dieter Schreiner von Marbach am 26. April 1495 drei Gulden 13 Schilling zwei Pfennig *laden zu machen zu den briefen im gewelb*. Das Gewölbe, von dem hier die Rede ist, befand sich ohne Zweifel in dem uns bekannten Rathaus am Marktplatz und mit großer Wahrscheinlichkeit dort in einem Erdgeschoßraum des Gebäudes".[374] Im Rathaus der Stadt Halle wurde 1401 ein Archiv eingerichtet.[375] In Nürnberg sprechen die Rechnungen des Jahres 1439 erstmals von dem Auftrag an den Losungsschreiber, zur Anfertigung eines Inventars: *Item dedimus 5 lib. hl. Johann Schützen unserm losungsschreiber von eynem register zu machen in die*

---

372   FRÖHLICH, Das alte Archivregister der Stadt Goslar. Die Urkunden wurden zu diesem Zeitpunkt bis zum Ende des 15. Jahrhundert in der Marktkirche der Stadt (*des rades abbete in der kerken*) verwahrt, bis sie zu Beginn des 16. Jahrhunderts in das neu erbaute Rathaus gebracht wurden.

373   ENNEN, Stadtarchiv Köln, S. 93ff.: „Das älteste Repertorium, ein Pergamentband von 26 Blättern, weist in dreizehn noch erhaltenen Holzladen im Ganzen 183 Urkunden nach. Ein zweites, nur geringe Zeit später angelegtes Repertorium ist ein zierlich und sorgfältig geschriebener Pergament-Codex in Folio. In 48 hölzernen Laden weist er etwa 1400 inhaltlich angegebene Urkunden nach, in acht andern Laden ist eine unbestimmte Anzahl von Quittungen, Mannbriefen, Söldnerbriefen, Schuldbriefen, Copien u. s. w. summarisch aufgezeichnet. Ausserdem waren noch einige Kisten mit Geleitsbriefen und mannigfachen Schreiben an den Rath verzeichnet. Der Zuwachs von Urkunden wurde in diesem Katalog stets nachgetragen. Die Urkunden selbst waren nach englischer Art meist aufgerollt aufbewahrt"; SCHRENK, WECKBACH, Stadtarchiv Heilbronn, S. 13ff.: „Auf einem im letzten Krieg verbrannten „Protokoll" über die Venningensche Fehde von 1438/39, einem in Form eines Tagebuchs angelegten Register [...] ist zu lesen: *Das briefflin suche in der landen under dem A* was eine gewisse Ordnung im Archiv, d. h. eine Betreuung der Akten, Urkunden und Amtsbücher erkennen lässt. [...] Nach der Steuerstubenrechnung von 1494/95 erhielt Dieter Schreiner von Marbach am 26. April 1495 *3 Gulden 13 sol 2 dn laden zu machen zu den briefen in dem gwelb*"; Als Gregor von Nallingen 1527 das 1944 verbrannte Gewölbebüchlein anlegte, verzeichnete er „ca. 200 Schubladen [...], namentlich die Laden A–Z und AA–TT"; STOLZE, Zur Geschichte der Lindauer Archive (= Neujahrblatt des Museumsvereins Lindau, Bd. 12), Lindau 1951.

374   WECKBACH, Seele, S. 13.

375   Stadtarchiv Halle, (http://www.halle.de/index.asp?MenuID=4447 / Letzte Einsichtnahme: 12.10.2012).

*stuben aller brief schrift und pücher, die in der stuben und in dem gewelb dabei vorhanden sein.*[376] In Regensburg erfolgte eine Systematisierung des Archivgutes ebenfalls im ersten Viertel des 15. Jahrhunderts unter dem Spitalschreiber Obser von Brackenheim. Hier kam es zu einer „Registrierung des Urkundenbestandes unter gleichzeitiger Vergabe von geometrischen Signaturzeichen, Entlohnung mit zwei Pfund Pfennig".

An kleineren europäischen Fürstenhöfen finden wir die ersten Spuren einer systematischen Registrierung ihrer Urkunden in der zweiten Hälfte des 14. Jahrhunderts.[377] Die Anfänge einer geordneten Registrierung ausgestellter Urkunden von Seiten des königlichen Hofes fallen in das erste Drittel des 14. Jahrhunderts. Nach den ersten Spuren dieses Prozesses unter Heinrich VII. und Ludwig dem Bayern, ging die Kanzlei Karls IV. dazu über, in einer „eigenen Abteilung" der Kanzlei mit mehreren Schreibern sämtliche Privilegien zu registrieren, die dort ausgestellt wurden.[378] Dementsprechend finden wir auf sämtlichen Urkunden Karls IV., die sich in Augsburg erhalten haben, einen Registervermerk der königlichen Kanzlei, der den Aussteller nennt. Bresslau vermutete eine Übertragung dieser Neuerung nach dem Vorbild des Ausbaus der päpstlichen Registerführung unter Johannes XXII. und Benedikt XII.[379] Von einem Reichsarchiv, in dem die Register nicht mehr als Besitz des Königs, sondern als Reichseigentum galten, kann ab dem Beginn des 15. Jahrhunderts gesprochen werden. So forderte Wenzel von Ruprecht die Übergabe sämtlichen

---

376 Johann PETZ, Der Reichsstadt Nürnberg Archivwesen, In: AZ (1885), S. 158–192, hier: S. 160; PITZ, Aktenwesen, S. 258; FLEISCHMANN, Rat und Patriziat, S. 169.

377 Axel J. BEHNE, Geschichte aufbewahren. Zur Theorie der Archivgeschichte und zur mittelalterlichen Archivpraxis in Deutschland und Italien, In: Mabillons Spur (1992), S. 277–297, hier: S. 288: „Die frühesten Urkundenverzeichnisse zu archivischen Zwecken enstehen in der zweiten Hälfte des 14. Jahrhunderts: ohne nähere Datierung in der Zisterze Reun in der Steiermark, beim Domkapitel von Trier nach 1344, in Mantua nach 1367, im Patriarchat von Aquileia vor 1376, in der Markgrafschaft Meißen 1378, im Priorat von Lutry in der Westschweiz vermutlich um 1393, etwa zur selben Zeit im bischöflichen Archiv in Würzburg".

378 Olaf B. RADER, Pars pro toto. Bemerkungen zur Kanzlei und Diplomatik der Kaiserurkunden Karls IV. aus den Archiven des Bundeslandes Sachsen-Anhalt, In: Friedrich Beck, Wolfgang Hempel, Eckart Henning (Hg.), Archivistica docet, Beiträge zur Archivwissenschaft und ihres interdisziplinären Umfelds (= Potsdamer Studien, Bd. 9), S. 491–525, hier: S. 509ff.; BRESSLAU, Urkundenlehre, Bd. 1, S. 136: „Karl IV. erklärt, dass er eine von ihm selbst 1355 ausgestellte Urkunde in *registro cancellarie nostre cesarie, quo singula privilegia a nobis examinata regestrantur de verbo a verbum* vorgefunden habe". Zur Kanzleigeschichte unter Karl IV. mit weiteren Literaturhinweisen: Peter MORAW, Grundzüge der Kanzleigeschichte Kaiser Karls IV. (1346–1378), In: Zf. f. hist. Forschung 12 (1985), S. 11–42.

379 BRESSLAU, Urkundenlehre, Bd. 1, S. 136.

Schriftgutes, *daz zu dem riche gehort*.[380] „Erst seit Friedrich III. erfolgte in der Registerführung eine Trennung von landesherrlichem und Reichsmaterial. Die reichsständische Opposition forderte von Maximilian I. 1495 zu Worms die Sammlung aller dem Reiche gehörigen Dokumente, bei wem sie sich auch befänden, und die Leitung dieses aus Fragmenten zusammengesetzten Reichsarchivs und der zukünftig zufließenden Archivalien durch das geplante ständische Reichsregiment".[381]

Die zweite Hälfte des 14. Jahrhunderts brachte einen Bedeutungswandel der Nutzung des Privilegs, die seinen Inhalt noch stärker in den Vordergrund stellte als bisher. Die Augsburger Rechnungsbücher zeugen in zahlreichen Einträgen von einer Intensivierung des Austausches von Briefen, Privilegien und Privilegienabschriften.[382] Die Stadt versandte Abschriften ihrer Privilegien auf Pergament an Städte und Fürsten, um etwa dort die Rechte ihrer Kaufleute geltend

---

380  BRENNEKE, LEESCH, Archivkunde, S. 118.
381  Ebd.
382  StadtA Augsburg, BMB Nr. 1 (1320), S. 27: *Item pro rescriptione litere pacis 4 sol*; BMB Nr. 1 (1321), S. 36: *Item notario domini de Haldenberch 10 sol*; BMB Nr. 1 (1325), S. 94: *Item solvimus quedam instrumenta de Memmingen pro 5 lib et 5 sol*; BMB Nr. 2 (1328), S. 128: *Item notariis domini de Mindelberch et duorum dictorum Fraez 2 lib*; BMB Nr. 1 (1329), S. 147: *Item dedimus notario domini dapiferi de Waltpurch 3 lib hall*; BMB Nr. 1 (1329), S. 162: *Item notario domini de Helfenstain pro literis securitatis strate 6 lib hall*; BMB Nr. 2 (1369), fol. 39v.: *Item 24 sol dn umb welschen wein dez hertzogen kanzler geschenkt und dem von Waldegg*; BMB Nr. 2 (1369), fol. 58r.: *Item 23 sol dn 4 dn umb welschen wein dem Wolf der herren schreiber von Bayren*; BMB Nr. 2 (1370), fol. 59r.: *Item 7 guldin umb brief die si von der herren von Österrich gewunnen*; BMB Nr. 2 (1372), Abrechnungszettel, eingelegt zwischen fol. 124 u. 125: *Item 49 guldin umb die brief die ersten pappirin brief kosten 5 guldin*; *Item die zwen birmittin brief die vom hertzogen kostend auch 5 guldin*; *Item die zwen brief von dem von Freiberg und dem Pittrch kostend 7 guldin*; *Item der mit dem großem insigel kostet 32 guldin*; BMB Nr. 2 (1372), fol. 128v.: *Item 10 guldin der von Wirttemberg Schreiber von dez ratz haizz*; BMB Nr. 2 (1373), fol. 139r.: *Item 6 sol dn einen gen Werd umb die abschrifft dez lantfrids*; BMB Nr. 2 (1373), fol. 63r.: *Item 5 sol dn von besigeln den brief gen Nurnberg umb die drytusend guldin*; BMB Nr. 2 (1373), fol. 166r.: *Item 2 gulden dez von Mansperg Schriber der uns den friedbrief braucht*; BMB Nr. 2 (1373), fol. 166r.: *Item 25 sol dn umb die abgeschrift der lantfridsbrief die wir dem hertzogen von Teck gaben*; BMB Nr. 2 (1374), fol. 186r.: *Item 1 gulden umb den liptingbrief dem Truten gen Yngoltstat*; BMB Nr. 2 (1374), fol. 187r.: *Item 3 sol dn dez von Randegg schriber von eins abschrifft dez zolbriefes*; BMB Nr. 2 (1374), fol. 197r.: *Item dez von Riserburg schreiber 1 gulden*; BMB 1375, fol. 215v.: *Item 1 sol dn dem Helm gen Inningen zu dem prior nach dem insigel*; BMB Nr. 8 (1394), 149r.: *Item 4 lib dn umb prieff dez lantfriedens schreiben von dez von Helffenstain wegen*; BMB Nr. 11 (1396), fol. 49r.: *Item 20 gulden dez […] Waldeggs schryber*; BMB 1402, fol. 86v.: *Item 6 gulden umb gelaitz prieff den fürsten in die cantzeley*; BMB 1415, fol. 63v.: *Item 6 gulden haben wir bezalt dem pischoff von Mentz umb ainen gelaitzbrieff in die vasten messe gen Franckfurt.*

zu machen: *Item 68 dn Aug. umb bermit da man der stat prieff und ffryhait den kauffluten von dez gewandz wegen abschribe den von Nürnberg und dem bischoff von Würtzburg.*[383] Wenn solche Rechte verletzt wurden, berief sich die Stadt auf die vor Ort liegenden Abschriften.[384] Briefe des Kaisers wurden dann von den großen Städten wie Augsburg, die eine Art Verteilerfunktion hatten, auch in die kleineren Städte des Umlands verbreitet.[385] Im oberdeutschen Raum empfing die Stadt fürstliche Privilegien wie etwa Schutzbriefe und Zollbriefe (*Item 3 sol dn dez von Randegg schriber von eins abschrifft dez zolbriefes*) oder auch Friedensschlüsse, die im Kontext politischer Konflikte entstanden (*Item 2 gulden dez von Mansperg schriber der uns den friedbrief braucht*).[386] Solche Briefe konnten viele Siegel tragen.[387] Urkunden wurden von Stadt zu Stadt geführt, um die Siegel zu sammeln.[388] Dabei wird die Entstehung einer inhaltlichen Normierung in einem zeitgenössischen Kategoriensystem (*urtailbrief, quitbrief, widersag brief, friedbrief,* etc.) sichtbar.[389] Insbesondere mit direkt benachbarten politischen Kräften wie dem Herzogtum Bayern, mit dem man auch regelmäßig im Konflikt stand, wird seit dem ausgehenden 14. Jahrhundert eine deutliche Intensivierung der Kontakte der Kanzleien sichtbar.[390] Die

---

383 StadtA Augsburg, BMB Nr. 11 (1396), fol. 55r.

384 StadtA Augsburg, Selekt „Schätze", Nr. 105/Ib, Nr. 519 (19. Okt. 1415), fol. 114r.: *Den von Rottwil. Liebe friunde. Es ist vor uns gewesen unser liebe mitburgerin fraw Agnes her Hyltpoltz von Knöringen såligen witwe und haut uns zewissen getån, wie das fraw Gutta von Knöringen ir zwen sůn Hyltpolten und Cůnraten von Knöringen für das hofgericht ze rottwil geladen habe [...]. Nu wais ewer friuntschaft wol, das wir ain vidimus bye ew daobnan ligen haben ains priefs der sagt, das man uns noch die unsern nicht fürtriben sol, für das hofgericht ze Rottwil, sunder von uns und den unsern recht nemen sol, in unserr stat vor des reichs vogt dez selben die unsern gern gehorsam sein wellent.*

385 StadtA Augsburg, BMB Nr. 2 (1372), fol. 123v.: *Item 17 sol dn gen Schongau und gen Lantsperg Hansem dem leuffel mit dez kaysers brief zu den von Friberg.*

386 StadtA Augsburg, BMB Nr. 2 (1371), fol. 89v.: *Item 3 guldin umb die abschrifft dez lantfrids ze Nurnberg*; BMB Nr. 2 (1373), fol. 139r.: *Item 6 sol dn einen gen Werd umb die abschrifft dez lantfrids*; BMB Nr. 7 (1392), fol. 68r.: *Item 9 gulden haben wir geben unsrm schützen Peter Mansperg gen Frankenfurt tzü dem bischoff von Mentz und von Würtzburg umb geleit und gelaitzprieff unsern kaufflutten in die messe in der vassten.*

387 StadtA Augsburg, BMB Nr. 2 (1372), fol. 127r.: *Item 11 dn umb wachs zu dez von Friberg brief mit fil insigeln.*

388 StadtA Augsburg, BMB Nr. 2 (1372), fol. 128v.: *Item 10 gulden Hansen von Richen von dez ratz haizz, do er den brief mit den vil insigel umb furt von dem von Friberg.*

389 Vgl. etwa: StadtA Augsburg, BMB Nr. 8 (1394), fol. 149r.: *Item 28 sol dn umb ain urtailbrief [...] und ain quitbrief*; BMB Nr. 23 (1414), fol. 58r.: *widersag prieff.*

390 StadtA Augsburg, BMB Nr. 2 (1369), fol. 31r.: *Item 64 dn Wirtzpurger umb welschen wein geschenkt dem Wolf der hertzogen schreiber von Bayrn*; BMB Nr. 2 (1369), fol. 39v.: *Item wir*

Dienstleistungen der königlichen Schreiber mussten dabei mit erheblichen Summen vergolten werden.[391] Mit der Kanzlei der Stadt Ulm etwa entwickelte sich ein reger Austausch von Dokumenten.[392] So finden sich zahlreiche Zah-

*haben geben dem kantzler der herren von Bayren 1 guldin von den briefen;* BMB Nr. 2 (1370), fol. 64v.: *Item 52 dn den schreibern der herren von Bayren umb wein und umb birmit;* BMB Nr. 2 (1377), fol. 257r.: *Item 24 lib dn der herren von Bayrn schreiber von dez ratz haizz, von der brief wegen die sie geschribn hetten;* BMB Nr. 2 (1377), fol. 264r.: *Item 20 gulden dem Wolf der herren von bayrn schreiber von brief wegen;* BMB Nr. 2 (1378), fol. 277r.: *Item 5 lib 8 sol dem Johansen dem pryor gen Munchen zu den herren von Bairen von der zollbrief wegen;* BMB Nr. 4 (1390), fol. 58r.: *Item 100 gulden haben wir bezalt Ulrich dem Berckaimer von Inngolstat und der herren wegen tzü Bairn, die si in tzü uns schǔffen, darumb wir der stat prieff von im erlóset haben;* BMB Nr. 9 (1395), fol. 30v.: *Item 14 sol dn [...] hertzog Stephans schriber uff Invocam;* BMB Nr. 20 (1409), fol. 62r.: *Item 3 gulden umb ainen gelaitzprieff gen Ayblingen hertzog Ernsten schriber;* BMB Nr. 22 (1413), fol. 82r.: *Item 10 gulden hertzog Ernsten und hertzog Wilhams schriben von prieff wegen daz tzü Füsen lage;* BMB Nr. 25 (1416), fol. 55r.: *Item 12 gulden hertzog Ersten und hertzog Wilhalms schriben umb brieff, daz man die unsern kauffn lausse in dem lande tzü Bairn.*

391 StadtA Augsburg, BMB Nr. 2 (1377), fol. 257r.: *Item 24 lib dn der herren von Bayrn schreiber von dez ratz haizz von der brief wegen, die sie geschribn hetten;* fol. 264r.: *Item 20 gulden dem Wolf der herren von Bayrn schreiber von brief wegen;* BMB Nr. 8 (1394), fol. 133v.: *Item 7 sol dn umb ainen prieff hertzog Stephans schriber dem Gewolff;* BMB Nr. 11 (1396), fol. 43r.: *Item 30 gulden haben wir geben Johen hofschriber tzü Prag die wir im schuldig waren.*

392 Vgl. etwa: StadtA Augsburg, BMB Nr. 2 (1371), fol. 92v.: *Item 2 guldin dem statschriber ze Ulm von der brief wegen;* BMB Nr. 2 (1377), fol. 261r.: *Item 1 lib dn 6 sol dn der von Ulme boten, do er uns von den von Rutlingen taetbrief braht do die herren erslagen wurden;* BMB Nr. 2 (1378), fol. 277r.: *Item 3 lib und 15 sol Johan dem pryor gen Munchen zu den herren von dez Webers wegen dem der Zollner sin hab an dem zolhus niderhet gelegt und von dez vichszolls wegen umb einen brief;* BMB Nr. 9 (1395), fol. 42v.: *Item 1 guldin umb ain abschrifft dem statschriber von Ulm;* BMB Nr. 11 (1396), fol. 49v.: *Item 2 gulden dem statschriber von Ulm umb die berihtprieff gen dem von Randegg;* BMB Nr. 11 (1396), fol. 52v.: *Item 11 sol Aug. ainem potten gen Ulm mit priefen um der Randegg wegen;* BMB Nr. 15 (1402), fol. 91v.: *Item 10 sol dn ainem potten der uns auch prief praht von der von Ulme wegen;* BMB Nr. 15 (1402), fol. 95r.: *Item 2 lib dn der von Ulm potten mit ainem prieff der rinischen stet wegen;* BMB Nr. 18 (1406), fol. 52r.: *Item 16 sol dn umb wein geschenckt dem stadtschriber von Ulm;* BMB Nr. 20 (1409), fol. 63r.: *Item 3 lib 8 sol dn den von Ulm und dem statschriber von Ulm umb schenck wein, do si hie weren von dez rennen wegen Magaret;* BMB Nr. 20 (1409), fol. 67r.: *Item 23 sol ainem pottn der uns prieff praht von Ulm, den uns Bastian sant;* BMB Nr. 23 (1414), fol. 58v.: *Item 8 sol dn der von Ulm potten der uns ainen brief prauht von unser pottschafft tzü Spir.* StadtA Augsburg Selekt „Schätze", Nr. 105/Ib, Nr. 680 (25. Aug. 1416), fol. 147r.: Die Stadt Augsburg ersucht Hartmann Ehinger, Bürger von Ulm, der vor kurzem in Augsburg gewesen war und mit dem Bürgermeister Heinrich Schmücker und Ulrich Kontzelmann geredet hatte, ihr eine Abschrift des neuerdings errichteten städtischen Vereinigungsbriefes zukommen zu lassen. Im Herbst 1417 war Hermann Nördlinger in dieser Angelegenheit in Ulm.

lungen für Abschriften von Urkunden, die der Stadtschreiber von Ulm für Augsburg verfertigte: *Item 2 gulden [...] 38 sol haben wir geben dem statschriber ze Ulme von dez ratzheizz von der brief und copi wegen die er uns geschriben hat.*[393] Die Ulmer Kanzlei stand der Stadt Augsburg auch bei, wenn es darum ging, in einem militärischen Konflikt mit dem benachbarten Bayern die anderen Städte des Bundes zur Hilfe zu rufen. Verantwortlich war dafür auch Ulms Rolle als oberste Stadt im schwäbischen Städtebund: *Item 6 guldin umb brief und botenlon [...] die stet zemanen dem statschriber ze Ulm.*[394] In solchen Fällen war es mittlerweile nötig geworden, das Gesuch um militärische Hilfe schriftlich zu formulieren: *Item 4 guldin dem Schreiber ze Ulm umb 51 manbrief, daz man uns hulff schafft uf die von Friberg.*[395] Solche Briefe wurden mit Boten in alle Städte getragen: *Item 11 gulden 27 dn Wirtzpurger funf boten ze lon, die brief umb ze tragen zu herren und stetten, daz man ums hilf schepfft.*[396] Im Verbund traten die Städte auch als eigenständige politische Größe auf, die selbst Urkunden ausstellten.[397] Der schriftliche Kontakt zwischen beiden Kanzleien war so intensiv, dass dem Augsburger Stadtschreiber im 15. Jahrhundert die Handschrift des Ulmer Stadtschreibes bekannt war: *als nach innhalt ains zädels mit des statschribers hantschrift zu Ulme.*[398]

Privilegien wurden nun über weitere Strecken denn je transportiert.[399] Auf Briefe des Herzogs von Österreich wartete man im Gebirge.[400] Die Briefe

---

393   StadtA Augsburg, BMB Nr. 2 (1377), fol. 257r.; BMB Nr. 4 (1390), fol. 62v.: *Item 4 guldin haben wir geben dem statschriber von Ulme umb ainen prieff den unser herr der künig den statten geben hant*; BMB Nr. 11 (1396), fol. 42v.: *Item 1 gulden umb ain abschrift dem statschriber von Ulm*; BMB Nr. 20 (1409), fol. 57r.: *Item 1 guldin dez statschribers von Ulm schribn von der aynung abtzü schribn.*
394   StadtA Augsburg, BMB Nr. 2 (1371), fol. 88r.
395   StadtA Augsburg, BMB Nr. 2 (1369), fol. 29r.
396   Ebd.
397   StadtA Augsburg, BMB Nr. 2 (1370), fol. 66v.: *Item 2 sol dn umb wachs an dez kaysers brief, die man gab von dem verbunde zu im.*
398   StadtA Augsburg, BMB Nr. 30 (1423), fol. 81v.
399   StadtA Augsburg, BMB Nr. 2 (1371), fol. 88r.: *Item 30 sol dn Hansen dem lauffel gen Amberg mit dem brief zu dem munzmaister zu Amberg und auch daz si uns schreiben wie ez dem kayser gieng*; BMB Nr. 4 (1390), fol. 53r.: *Item 6 sol dn umb wahs zü den priefen gen Kempten*; BMB Nr. 8 (1393), fol. 69r.: *Item 2 lib dn umb brieff um den lantfrid ladbrieff uff den ziegler umb ainen brieff den wir erlanget haben uff den von Helfenstain und pottenlon zü dem von Helfenstein.*
400   StadtA Augsburg, BMB Nr. 2 (1370), fol. 60v.: *Item 7 guldin umb brief die si von der herren von Österreich gewunnen*; BMB Nr. 11 (1396), fol. 64v.: *Item 25 sol dn haben wir gebn umb permit und den schreiben umb abschrifft, die man in daz gebirg rait der Langenmantel und der Wielant.*

wurden dann in Augsburg studiert: *Item 9 sol dn umb wein do die herren die brief geschuotten do man in daz gebirg zu den von Osterreich raitt.*[401] Wie Privilegien dabei für den Transport vorbereitet wurden, ist wenig bekannt. Im Hauptstaatsarchiv Hannover hat sich ein Breve Papst Nikolaus V. mit zwei Holzbrettchen erhalten, die zusammengeschnürt wurden, nachdem der zusammengefaltete Brief dazwischen gelegt worden war.[402] In den Augsburger Rechnungsbüchern haben sich im ausgewerteten Bestand nur wenige Hinweise auf Transportbehältnisse für Urkunden erhalten. Im Jahr 1391 ließ man für fünf Schillinge wasserabweisende Wachstücher anfertigen, um darin Urkunden nach Prag zu transportieren.[403] Wie weitere Einträge der 90er Jahre des 14. Jahrhunderts zeigen, handelte es sich dabei um eine in dieser Zeit gängige Praxis.[404] Die Tücher wurden um die Urkunden gegeben und dann verschnürt.[405] Im Jahr 1396 wurden zwei Urkunden in kleinen Truhen nach Landshut gebracht, deren Anfertigung drei Pfund Pfennige kostete.[406]

Den korrekten Wortlaut einer Urkunde zu formulieren, konnte längere Zeit in Anspruch nehmen als erwartet, so dass man sich Lebensmittel in den Ratssaal bringen ließ, *do es sich alz lang zoch.*[407] Manche Angelegenheiten erforderten es, den Wortlaut einer Urkunde mit besonders hohem Aufwand zu konzipieren: *Item 2 gulden dem statschriber von unsers herren dez bischoffs aynungbrieff und von vil notteln die ich geschriben hann von derselben sach wegen.*[408] In anderen Fällen wurde gar die Dienstleistung externer Experten in Anspruch genommen, um formalen Erwartungen zu entsprechen, die sich

---

401 StadtA Augsburg, BMB Nr. 2 (1370), fol. 64r.
402 Abbildung und Erläuterung bei BOOCKMANN, Die Stadt, S. 21.
403 StadtA Augsburg, BMB Nr. 5 (1391), fol. 49r.: *Item 5 sol umb wåhsin tůch tzu priefen, die Peter Langenmantel fůrt gen Prag.*
404 StadtA Augsburg, BMB Nr. 4 (1390), fol. 51v.: *Item 8 sol dn umb gewaehtz tůch tzů den priefen.*
405 StadtA Augsburg, BMB Nr. 9 (1395), fol. 34r.: *Item 1 lib dn umb wechsin tůch und rebschnůr tzů den brieffen do der Marschalck gen Becheim solt sin.*
406 StadtA Augsburg, BMB Nr. 11 (1396), fol. 53v.: *Item 3 lib dn umb zwai trůchlach tzů den brieffen gen Lantzhuot.*
407 StadtA Augsburg, BMB Nr. 2 (1370), fol. 68r.; BMB Nr. 2 (1372), fol. 114r.: *Item 19 sol dn umb wein do die sechzehen uf dem hus wauren und do die aecht von dez brief wegen gen Ulm auch uf dem hus wauren den man dem Ilsung und die mit im da wauren sant;* BMB Nr. 2 (1374), fol. 186r.: *Item 37 sol dn do die herren uf dem hus machten die artickel, do wir mit den herren von Bayern veriht wurden, die man verzart.*
408 StadtA Augsburg, BMB Nr. 8 (1394), fol. 131v.; LEXER, Mittelhochdeutsches Wörterbuch, S. 108: *Notel* mhd. = schriftliche Aufzeichnung, Abschrift einer Urkunde, Notariatsinstrument, vorläufiger Aufsatz zu einer förmlichen Ausfertigung (trifft wahrscheinlich in diesem Fall zu), oder Bekanntmachung, die man allem Volk hie las.

rasch ausdifferenzierten:: *Item 1 gulden dem judenschriber umb ainen prieff gen Rom, den er in noderswise geschribn hant.*[409] Über den Inhalt von Urkunden wurde bei Gelegenheit diskutiert: *Item 3 sol dn umb wein, do man brief heruz nam, do der von Hohenloch hie waz.*[410] Das schriftliche Gedächtnis der Stadt war zur Grundlage politischer Machtausübung geworden. Die Archivierung nach inhaltlichen Kriterien war damit weniger ein Zuwachs an Staat und Verwaltung und mehr ein Zwang neuer Ordnung, der sich aus gewandelten Mengenverhältnissen und einem neuen Zugang zu Schriftstücken speiste, bei dem es besonders auf die jusristische Auslegung des Textes ankam.

Vor dem Hintergrund der bisherigen Ergebnisse sollschließlich zum eingangs geschilderten Konflikt der Stadt mit Bischof Peter von Schaumberg zurückgekehrt werden. Dem Anklageregister des Bischofs lagen alte königliche und kaiserliche Privilegien bei, auf deren Grundlage er seine Forderungen entwickelte. Sie hatte er vorher bereits vor dem Rat verlesen lassen: *Und die stuck alle gab er ainem rat verschriben in ainem register und vermaint auch die ernstlich ze haben und ließ ettlich copy verlesen in ainem rat über besigelt brief, die er hett von ainer stat zu Augspurg.*[411] Nach einer Bedenkzeit bestand die Reaktion der Stadt schließlich darin, von ihrer Seite aus auf der Grundlage des Stadtrechtsbuchs und ihrer Privilegien zu argumentieren.[412] Die Auseinandersetzungen mündeten schließlich in einem Entscheid vor dem königlichen Gericht. Das Abschlussprotokoll der Verhandlungen berichtet, dass dabei auch auf der Grundlage des Augsburger Stadtrechtsbuchs entschieden wurde.[413] Unter den betroffenen Streitpunkten befanden sich Rechte des Bischofs, die bereits aus dem Bewusstsein der Bürger geschwunden waren. Dabei handelte es sich um bischöfliche Zollrechte oder ehemalige Rechte des Burggrafen.[414]

---

409   StadtA Augsburg, BMB Nr. 12 (1397), fol. 53v.
410   StadtA Augsburg, BMB Nr. 2 (1373), fol. 167v.
411   Die Chronik des Burkhard Zink, DStChr. 5, S. 209.
412   StadtA Augsburg, Selekt Kirchen und Klöster, Bischof, Domkapitel (Hochstift) 2; Die Chronik des Burkhard Zink, DStChr. 5, S. 211.
413   MB 34a, Nr. 189, S. 478ff., hier: S. 483: *Denn alz man sich wydert, dem burggraven czu Augspurg von obs hirsch und anderm cze geben etc. sprechen wir daz man im darvon sein gerechtikait geben sulle, wie danne daz der stat buch innhellt*; S. 485: *Mer von dez Prugkczols wegen, darfür man gennsz gegeben hat, darbey sol ez alsznoch beleiben nach innhaltung der Stat buch; Und denn von dez czolz wegen, der dem obgenannten unserm genädigisten herren dem cardinal und dem gestifft czugehört, sprechen wir, daz man den auch geben und nehmen sol nach innhaltung dez buchs.*
414   Die betrifft etwa die folgenden Punkte der Anklageschrift: Anton UHL, Peter von Schaumberg, Kardinal und Bischof von Augsburg 1424–1469, Ein Beitrag zur Geschichte des Reiches, Schwabens und Augsburgs im 15. Jahrhundert, Augsburg 1940, S. 162: „7. In Sachen,

Das Augsburger Stadtrecht war im Laufe des Spätmittelalters vielfach kopiert worden.[415] Es ist auffällig, dass die Kopien bis auf eine frühe Ausnahme erst im

---

die dem Burggrafen zu strafen und siegeln allein zustehen, will der Vogt miteingreifen. In Sachen dagegen, die dem Vogt allein zustehen, lässt dieser ein Einmischung des Burggrafen nicht im geringsten zu / 7. Nach dem Wissen der Stadt geschieht dem Burggrafen kein Eintrag. Doch soll seine Zuständigkeit nochmals überprüft werden, damit der Stadt kein Nachteil erwächst; S. 167: „34. Die Stadt behält dem Kapitel den Zins am hinteren Rathaus vor, der zum Zoll gehört. / 34. Über diesen Zins ist der Stadt nichts bekannt".

415  Die folgende Aufstellung folgt SCHMIDT, Zum Augsburger Stadtbuch, S. 122–170. Sie dient nicht der vollständigen Übersicht sämtlicher überlieferter Abschriften, sondern zur Veranschaulichung der Dynamik des Wandels der Überlieferung: 1324: StA Augsburg, Hochstift Augsburg, Lit. Nr. 514a, Vgl. Meyer S. XXIVf. und S. 313ff.; 1373-06-28 (fol. 80): StadtA Augsburg, Selekt „Schätze" Nr. 71/7, Papier 93 Bl., 30 × 21 (23,5 × 16); 1396: Schreiber: Notar Johannes Gotzman (fol. 93 v.), StadtA Augsburg, „Schätze" Nr. 71/6, Papier 94 Bl. u. ein lose beiliegendes Bl., 30 × 21 (22,5 × 14,5), Vermerk: *1514. Ain recht buoch dass 1276 zu ainer zeytt, do künig Rudolphus geregirt hat. Stat buech Augspurg*; 1413, Mai 25 (fol. 103r.) Besitzer: Vermerkeht was yn den swain stubnlen hauwss ratt und ander ding gewesen ist... item ain altz puech yn puntten und süst alte register zedel und rayttung und das gegenwürtig puech; 25. Jul. 1419 (fol. 171r.), StB Augsburg 20 Cod. Nr. 152, Papier 31 × 22,5 (23 × 15,5), Schreiber: Georius Karrer Papier, 2 + 173 Bl. 20, 5 × 14, 5 (16, 5 × 10), fol. 172 v.: „unbeholfene Federzeichnung (bärtiger Mann)" (Schmid, S. 137), fol. 173v.: Federproben und 2 × ein Alphabet sowie die Vermerke: *Item Schmid sol mir xr (?) d. Item Hanncz Schmid*; 11. Jun. 1420 (S. 195), StB Augsburg 20 Cod. Nr. 350; Erste Hälfte des 16. Jh. nach einer Vorlage vom 1. Jul. 1423, Besitzer: Signatur der Klosterbibliothek St. Ulrich u. Afra, StB Augsburg 20 Cod. Nr. 161 Papier, 21,5 × 30 (24 × 12); 1425 StB München cgm Nr. 326; 1428, Bayerische Staatsbibliothek München cgm Nr. 277; 1438: StB München cgm Nr. 560 Besitzer: Kloster St. Ulrich und Afra; 1440: StA Augsburg, Hochstift Augsburg, Reichsstadt Lit. Nr. 32 c; 1446 StB München cgm Nr. 336; 1446: StB München cgm 344; 30. Nov. 1447, Schreiber: Johann der Staynberger von Rasenheim in Österreich, Besitzer: Ulrich Langenmantel (fol. 109r.), StB Augsburg 20 Cod. Nr. 154 = Cim. 20 Prachtkodex mit goldenen Zierinitialen auf zahlreichen Blättern; 1445: Universitätsbibliothek München 20 Cod. Ms Nr. 486; 1445 (fol. 9) StB Augsburg 20 Cod. Nr. 155 Papier, 154 Bl. 30, 5 × 21 (19, 5 × 14, 5); Mitte des 15. Jh.: StB Augsburg 20 Cod. Nr. 159, Besitzer: Kloster St. Ulrich und Afra; Um 1450: Universitätsbibliothek München 20 Cod. Ms Nr. 488; Zweite Hälfte des 15. Jh.: StB München cgm Nr. 322 1454, Schreiber: Jörgen Sulczer (176 r.), StBAugsburg 20 Cod. 156 Papier 29 × 21 (19 × 13, 5) Schlussvermerk: *Dis pűch ist Jörgen Sulczer von Augspurg geschriben 13 tag mayen anno 54 jar.—Item. Hie zű Augspurg wa man leytt berechten will nach strenkhaytt rechten an irem leben, so fragt in der statt vogt im ersten was sy verschult habend so er leut nach auf ir urgicht die man am ersten ligt und auch die rattgeben die dan be gewesen sind, auf ir ayd sagen die daz disser getetten sein leben verschult hab.—Item. Darnach fragt der vogtt was tod sy verschult habend, so erkennt man der statt pűch zű lesen.—Item. Darnach fragt der vogt aber nach weyssung der statt pűch wes der tod sey, so erkent man im den tod nach seiner verhandlung uf an sampstag vor Marcum (?) anno 1467* (fol. 176r.); 1457: StadtA Augsburg, Selekt „Schätze"

ausgehenden 14. Jahrhundert einsetzen.[416] Die vergleichende Betrachtung ergibt, dass sämtliche Exemplare, im Gegensatz zum Original, auf Papier geschrieben waren, was darauf hindeutet, dass es vor allem der Text war, für den man sich in diesem Fall interessierte. Dass die Entstehungsgeschichte des Rechtsbuchs für die Besitzer der Abschriften in weiter Ferne lag, bedeutet etwa der folgende Vermerk in einem jener Codices: *Ain recht bůch dass 1276 zu ainer zeytt, do künig Rudolphus geregirt hat.*[417] Die schlichte Gestaltung der meisten dieser Handschriften weist darauf hin, dass sie für den alltäglichen Gebrauch bestimmt waren. Eine Ausnahme bildet die repräsentative Ausgabe für den städtischen Vogt Ulrich Langenmantel aus dem Jahr 1447, ein Prachtcodex mit zahlreichen goldenen Zierinitialen. Im Gegensatz zu den Schreibern konnten bei der Auswertung der Handschriften in den wenigsten Fällen deren ehemalige Besitzer ermittelt werden. In einigen Fällen führen die Spuren zu Inhabern offizieller Ämter wie zu einem Richter oder dem Stadtvogt. Andere Ausgaben hatte die Klosterbibliothek St. Ulrich in ihrem Besitz, wo sie der Allgemeinheit zugänglich waren. Bei den Schreibern, die die Abschriften anfertigten, handelte es sich, soweit identifizierbar, um Notare oder Lohnschreiber und -schreiberinnen.[418] Wohlhabende Kaufleute und andere Angehörige der städtischen Eliten konnten im ausgehenden 14 Jahrhundert über einen solchen Kodex verfügen. Der Text löste sich aus der exklusiven Verfügungsgewalt des Rates und erlangte eine Verbreitung in der Stadt, die ihm eine gewandelte Form der Verbindlichkeit verlieh. In den Amtshandlungen des Rates wurde die Berufung auf das Stadtrecht zu einem Rechtfertigungstopos. Einer auffälligen Steigerung oblag auch die explizit formulierte formelhafte Rückbindung von Ratsentscheiden an das Stadtrecht.[419] Auch wurde das Stadtbuch in

---

Nr. 71/2, Schreiber: Volck Landsberger (fol. 181v.) Papier 182 Bl. 29, 5 × 21,5 (20,5 × 15,5); 3. Viertel des 15. Jh.: StB Augsburg 20 Cod. Nr. 160, Schreiberin: Clara Hätzler(-in) (fol. 203v.) Papier, 210 Bl. (arabische Blattzählung) 31 × 22 (21, 5 × 14); 1465: StB München, cgm Nr. 559; 1. Hälfte des 16. Jh. nach einer Vorlage vom 26. März 1465: StadtA Augsburg, Selekt „Schätze" Nr. 71/9 a, 31 × 21, 5 (20 × 13,5). Vgl. dazu auch: ADRIAN, Augsbourg, S. 83f.

416 Eine erste Stadtbuchabschrift ist aus dem Jahr 1324 erhalten, die ehemals dem Augsburger Domkapitel gehörte. Eine intensive Überlieferung von Stadtbuchabschriften setzt erst im ausgehenden 14. Jahrhundert ein. Die meisten Abschriften des Stadtrechts sind aus dem Zeitraum vom Beginn des 15. bis zur Mitte des 15. Jahrhunderts erhalten geblieben.
417 StadtA Augsburg, Selekt „Schätze" Nr. 71/6.
418 Vgl. Karin SCHNEIDER, Berufs- und Amateurschreiber. Zum Laien-Schreibbetrieb im spätmittelalterlichen Augsburg, In: Janota, Williams-Krapp, Literarisches Leben in Augsburg während des 15. Jahrhunderts, S. 8–26.
419 StadtA Augsburg, Reichsstadt, Ratsbücher Nr. 1 (1398), fol. 31r.: [...] *als das gar aigenlichen in der stattbüch geschriben stant*; StadtA Augsburg, Reichsstadt, Ratsbücher Nr. 272 (1412),

Diskussionen als Referenzmedium herangezogen: *Item von dem stuk solman füro in ainem grössen raut mer reden nach dem und es wider der stat pŭch ist.*[420] Gerichtsurkunden des 15. Jahrhunderts erwähnen immer regelmäßiger die Verwendung des Stadtrechtsbuches als Entscheidungsgrundlage.[421] Dabei blieb die Originalhandschrift von Bedeutung. Dies zeigt ihr beständiger Gebrauch bis über das Mittelalter hinaus, von dem zahlreiche Nachträge zeugen. Im 15. Jahrhundert wurden Veränderungen am Original des Textes vorgenommen, die von einer intensiven Durchsicht und Neuordnung des Orginals im Lichte gewandelter Nutzungsbedürfnisse zeugen. Die Neugliederung richtete sich dabei nach den Bedürfnissen der Zeit des 15. Jahrhunderts.

Andere Streitpunkte versuchte das Gericht auf der Grundlage alter Urkunden zu lösen. Im Streit um Zinsen der Läden an St. Peter sollte nach Aussage des Bischofs eine Urkunde vorhanden sein, die die Abgabe eines Zinses für die Läden an der Peterskirche an den Konvent St. Peter vorsah: *darumb dann ain brieff vorhannden sein sol sein, darczu aber die mergenannten von Augspurg geantwurt haben, das sy nicht erfaren künnden, daz solicher czinse bey iren yzeten nie gevordert noch gegeben worden seye. Sprechen wir daz sich die egenannten von Augspurg darumb erfaren sullen, und seczen daz czu irer gewissen.*[422] Im Streit um den Wildbann brachte der Bischof ein Privileg Kaiser Heinrichs von 1059 ein, das während der Zeit des Streits erstmals einen Rückvermerk erhielt: *Erst und eltest brieve umb den wiltpann von künig Heinrich. Wer den lesen oder*

---

fol. 60v.: [...] *nach der aynunge der stattpŭch*; StadtA Augsburg, Reichsstadt, Ratsbücher Nr. 272 (1412), fol. 89r.: [...] *alz das gar aigenlichen in der stat pŭch geschriben staut. Wer datz brichet und ŭberfert, den* [...] *will der raut* [...] *strauffen und büsen, alz dann in der stat pŭch geschriben staut*; StadtA Augsburg, Reichsstadt, Ratsbücher Nr. 272 (1415), fol. 120r.: [...] *als der stat pŭch von den potschefften aigenlichen uswiset*; StadtA Augsburg, Reichsstadt, Ratsbücher Nr. 1 (1425), fol. 69v.: [...] *nāch innhaltung diser statt bŭch*; StadtA Augsburg, Reichsstadt, Ratsbücher Nr. 1(1429), fol. 63r.: [...] *nach uswysung der stattbŭch*; StadtA Augsburg, Reichsstadt, Ratsbücher Nr. 1, fol. 89r.: [...] *die will man darumb strauffen nach innhalt der statt veraynung bŭch*; StadtA Augsburg, Reichsstadt, Ratsbücher Nr. 1, fol. 120r.: [...] *er sol aber die pottschafft usrrichten in aller der wais als der stat pŭch von der potschafft aigenlichen uswiset*; StadtA Augsburg, Ratsbücher Nr. 276, fol. 83r.: *Item von der lehen wegen sind sy geschoben worden für die lehenherren und daz ander gŭt süllent sÿ erben nach der stat pŭch inhalltung.*

420   StadtA Augsburg, Reichsstadt, Ratsbücher Nr. 276, fol. 86r.
421   StadtA Augsburg, Reichsstadt, Urkunden 22. Okt. 1431: Erbschaftssache, die nach Augsburger Stadtrecht Regelung findet; 13. Sept. 1448: Hans Braun erhält von der Stadt die Erlaubnis s. Steinhaus gelegen bei der Kronschranne (das derzeit dem Heinrich Vögelin gehörte—v.s. Tochter Anna Lieber—nach Anordnung der städt. Geschworenen Werkleute z. e. Backhaus (*peckenhuse*) zu machen (*nach inhalt ihrer stattpuch*).
422   MB 34a, Nr. 189, S. 185.

*brawchen wólle, der sol in gar sittlich und schón aufthůn, wan daz insigel von alters wegen und gebrechen halb des wachs gar bresthafft und zercloben ist.* Das Gericht sprach dem Bischof die Rechte am Wildbann auf Grundlage dieser Urkunde zu.[423]

Der Verlauf des Konfliktes stellt die Autorität der schriftlichen Überlieferung deutlich als Richtmaß der Entscheidung heraus. Gewalt über die Stadt auszuüben, bedeutete im 15. Jahrhundert, Deutungshoheit über die schriftliche Tradition zu besitzen. Der Schreiber des neuen bischöflichen Urkundeninventars, das Peter von Schaumberg in Auftrag gegeben hatte, begründete dessen Niederschrift damit, *da durch solch brieve dester eh und baz in menschlich gedechtnusse mögen komen und darinne bliben.*[424] Über die Jahrhunderte hinweg hatte sich eine auf einem breiten Konsens beruhende Autorität der schriftlichen Tradition der Stadt als Grundlage städtischer Machtausübung etabliert, deren Deutung aber konfliktreich sein konnte.

## 7 Zwischenergebnisse

Die zweite Hälfte des 14. Jahrhunderts brachte einen erneuten Anstieg der städtischen Schriftproduktion, der vor allem mit dem Beginn einer breiten Nutzung des Beschreibstoffes Papier in Verbindung zu bringen ist.

Wie in anderen kommunalen Kanzleien großer Städte des Reichs nördlich der Alpen begann die Nutzung von Papier in der Kanzlei der Stadt Augsburg im ersten Drittel des 14. Jahrhunderts. Die Zusammenführung von Spuren der frühen Augsburger Papiergeschichte, die sich in Wasserzeichen, der Überlieferungsstruktur, dokumentierten Einkaufsvorgängen und biographischen Details eines Händlers spiegeln ließen, zeigte, dass die Augsburger Kanzlei ihr erstes Papier aus Italien bezog. Die Befunde legten es nahe, dass dieses die Stadt zunächst über ratsnahe Einzelhändler erreichte, die über Italienkontakte verfügten. Entsprechend den Strukturen der allgemeinen Nutzungsgeschichte fand Papier auch in Augsburg bis zum zweiten Drittel des 14. Jahrhunderts nur eingeschränkte Verwendung. Die Hinwendung zu uneingeschränkter Verwendung von Papier seit den 1370er Jahren war kein auf Augsburg begrenzter Umbruch. Es handelte sich um einen allgemeinen Nutzungswandel im Reich

---

423 MB 34a, Nr. 189, S. 185: *Füro von dez wiltpans wegen, sprechen wir, daz dem obgenanten unserm genädigisten herren dem cardinal und byschoffen czu Augspurg und seiner gnaden nachkomen der willtpann nach lautt irer kayserlichen und kunigklichen brieff und feryhayt, darüber sagent, beleiben, und ir sein sol.*

424 OrdinariatsA Augsburg, AHAug 6, Nr. 690, fol. 1r.

nördlich der Alpen, der sich in anderen Kanzleien großer und kleiner Städte ebenso feststellen ließ, wie in der königlichen Kanzlei, den Kanzleien geistlicher und weltlicher Fürsten und schließlich in der breiteren Bevölkerung.

Dieser späte Zeitpunkt des Wandels konnte weder auf Papierpreise und eingeschränkte Bezugsmöglichkeiten, noch im direkten Sinne auf die materiellen Eigenschaften des Papiers zurückgeführt werden. Als grundlegend erwiesen sich vielmehr die Nutzungserfahrungen der Zeitgenossen, die mit den etablierten Strukturen des Schriftgebrauchs eng verbunden waren. Dass sich die Nutzung von Papier erst in den 70er Jahren des 14. Jahrhunderts wirklich durchsetzte, ist nicht auf eine Abneigung gegen Papier zurückzuführen, auch wenn die wenigen Quellen zu diesem Aspekt der Schriftgeschichte ebensolches formulieren. Der Grund lag vielmehr in einer lang anhaltenden Bevorzugung eines Beschreibstoffes, mit dessen Haltbarkeitseigenschaften man seit Jahrhunderten Erfahrung hatte.

Diese Eigenschaften entsprachen bis in die zweite Hälfte des 14. Jahrhunderts den vorrangigen Bedürfnissen der Schriftkultur nördlich der Alpen. Schriftlich aufgezeichnet wurde, was man langfristig sichern wollte. Auch als Papier zur Verfügung stand, führte dies nicht sofort zu einem Bedürfniswandel. Die herrschende Schriftkultur war Konsequenz herrschender Denkgewohnheiten. Es war nicht so, dass man längst auf die Erfindung eines günstigeren Beschreibstoffs gewartet hätte. Vielmehr stützte die Verfügbarkeit des Papiers die Hinwendung zu Formen des Schriftgebrauchs, die der Erfassung kurzfristiger Angelegenheiten dienten. Erst die Herausbildung derartiger Einsatzbereiche der Schriftkultur trug dazu bei, dass sich der kostenintensive Betrieb von Papiermühlen zu lohnen begann.

Die städtische Kanzlei verzeichnete in der zweiten Hälfte des 14. Jahrhunderts ein Wachstum ihrer Tätigkeit und eine Ausweitung ihres Personals. Dem lagen keineswegs Professionalisierungsbestrebungen zu Grunde, auf die die Erschließung und Nutzung neuer Möglichkeiten folgten. Dem Ausbau des Personals ging eine deutliche Erhöhung der Arbeitsbelastung voraus, der man zunächst mit der Beschäftigung eines fest angestellten Unterschreibers begegnete, bis man schließlich dazu überging, das Kanzleipersonal zu verdoppeln. Die Arbeit der Kanzlei war nicht mehr nur eine allmählich fortschreitende Steigerung des Schriftgebrauchs, die vom gestaltenden Menschen ausging, sondern vor allem eine Reaktion des gestaltenden Menschen auf die Eigendynamik des bereits etablierten Schriftgebrauchs im städtischen Alltag. Die Schreiber waren bemüht, einer neuen Bedeutung und Komplexität der Schriftkultur zu entsprechen. Aus dieser Funktion ergab sich ein Bedeutungszuwachs des Stadtschreiberamts, das zu einem der bedeutensten kommunalen Repräsentativämter avancierte. Die Zeitgenossen huldigten nicht dem Fortschritt, sondern waren durchaus pragmatisch, wenn es um die Entstehung neuer Arbeitbelastung und höherer Ausgaben ging.

Seit dem ersten Drittel des 14. Jahrhunderts wurde das Briefwesen in wachsender Weise zu einem Tagesgeschäft des Rates. Der Gebrauch im Netzwerk erzeugte dabei die Entstehung von allgemein anerkannten Formalia wie Titulaturen und Grußformeln, die man in Augsburg seit 1360 in einem Codex zu sammeln begann. Die Entstehung dieses Codex stand auch mit einer erstmals aufkeimenden Initiative in Zusammenhang, versendete Briefe abschriftlich zu sichern. Das Unternehmen verebbte nach wenigen Jahren. Erst 1390 beschloss man erneut, die städtischen Sendbriefe systematisch zu sammeln. Diese Schwankungen sind nicht auf Lernprozesse oder zeitgenössische Professionalisierungsbestrebungen zurückzuführen. Die Anlage der Briefbücher im ausgehenden 14. Jahrhundert war eine Reaktion auf gewandelte Notwendigkeiten. Mit dem Wandel der Überlieferungsabsicht ging die Entstehung von Formalia des Sendbriefs einher, die im Bereich der Urkunde der Beglaubigung dienten und von einer Veränderung der Briefnutzung zeugen. Das ausgehende 14. Jahrhundert brachte eine zunehmend kleinteiligere Erfassung von Alltagsangelegenheiten durch den Sendbrief, die mit einer wachsenden Verbindlichkeit des Briefes einherging, die zu einer neuen Form der Integration räumlich entfernter politischer Kräfte in das Geschehen vor Ort führte. Daraus ergab sich eine neue Bedeutung der langfristigen Bewahrung des Sendbriefs als Mittel des Beweises und der Vergewisserung und Verstetigung des eigenen politischen Handelns mit dem Mittel der Schrift.

Auch das politische Handeln des Rates innerhalb der Stadt erfuhr eine sukzessive Verschriftlichung, die sich von einer jährlichen Erfassung der Ratsmitglieder bis zu einer schriftlichen Dokumentation des Verlaufs einzelner Ratssitzungen steigerte. Auch hier war die Reaktion auf neue Verbindlichkeiten Motor des Wandels. Schrift diente zur Referenzierung des Regierungshandelns, die zu einer wachsenden Notwendigkeit wurde.

In der Stadt wurde in wachsender Form auf der Grundlage des Schriftbeweises gestritten. Wie in den Kanzleien anderer großer Städte des Reichs nördlich der Alpen lässt sich auch in Augsburg seit der Zeit um die Mitte des 14. Jahrhunderts die Existenz eines Nebensiegels nachweisen. Bis zu dessen Entstehung zeigte die Überlieferungsstruktur einen Anstieg von Urkunden, die auf das Bedürfnis von Bürgern hin entstanden und mit dem Stadtsiegel beglaubigt worden waren. Mit der dann folgenden Differenzierung des Siegelgebrauchs ging eine Differenzierung des verwendeten Siegelwachses einher. Während ungefärbtes Wachs zwischen 1320 und 1330 unregelmäßig in schwankender Menge und durch nicht fest organisierte Zulieferer erworben wurde, ist seit 1368 zusätzlich der regelmäßige, steigende Erwerb von rotem Siegelwachs nachweisbar, das zur Herstellung des kleinen Stadtsiegels und des Briefverschlusssiegels der Stadt Augsburg verwendet wurde. Die konstanten Preise und Mengen deuten dabei auf die Etablierung von Rhythmen der Zulieferung hin. Die wachsende Menge des Rotwachsverbrauchs der städtischen Kanzlei ist ein Indikator für die wachsende Integration der Schriftlichkeit in die ‚kleineren' alltäglichen Dimensionen des städtischen Lebens, die nun Gegenstand urkundlicher Beglaubigung wurden. Die Analyse der Rechnungsbücher zeigte dabei, dass in Kostenersparnis kein Hauptgrund, sondern lediglich einen Nebeneffekt der Einführung des kleinen Siegels zu sehen ist. Die Einführung des Nebensiegels war auch keine gezielte Maßnahme der Neuordnung und Professionalisierung, sondern eine Reaktion auf einen gewandelten Schriftgebrauch. Es ist wahrscheinlich, dass der Rat mit Einführung des Nebensiegels einer Profanisierung des Hauptsiegels entgegenwirken wollte. Dabei ist allerdings zu beachten, dass in Augsburg sowohl Haupt- als auch Nebensiegel weiterhin für jegliche Form von Urkunde erworben werden konnten. Das Hauptsiegel kostete 1380 mit einem Gulden zunächst den doppelten Preis des Nebensiegels. Dann war allerdings nochmals eine deutliche Senkung der Siegelgebühren für das Nebensiegel zu verzeichnen. Diese Preissenkung war die Reaktion auf gewandelte Voraussetzungen. Der Gebrauch von Urkunden wurde nun in vielen Bereichen des städtischen Alltags vorausgesetzt. Die Erschwinglichkeit der Gebühren für das kleine Siegel war nötig, um die Funktionalität des städtischen Rechtslebens aufrecht zu erhalten. Seine Entstehung flankierte eine breite Auffächerung der Anwendungsbereiche von Urkunden. Unübersichtlichkeit in der wachsenden Menge von Urkunden und Siegeln führte zur Einführung von Gesetzen, die die Entstehung bestimmter Urkunden exakten Richtlinien unterwarfen. Die fortschreitende Normierung des Urkundengebrauchs war Ergebnis eines Regelungsbedarfs, der sich aus wachsender Dynamik ergab.

Die Geschichte des städtischen Urkundenarchivs unterlag in der zweiten Hälfte des 14. Jahrhunderts einem erkennbaren Wandel. Aus Spuren in den städtischen Rechnungsbüchern und bisher noch unausgewerteten Inventaren ließen sich die Strukturen eines in der Entstehung begriffenen neuen Ordnungs- und Aufbewahrungssystems rekonstruieren. In Augsburg wurde ein System der mehrfachen Signierung der Urkundenladen mit einer Kombination aus Zahlen und Zeichen eingeführt. Die Erschließung der Urkunden durch Dorsalvermerke, Pergamentstreifen und Anmerkungen auf der Plika zeugt von Bestrebungen der Stadtschreiber, das Archiv übersichtlich zu halten. Auch die Ratsherren begannen, das Privilegienarchiv in regelmäßigen Abständen zu sichten und sich mit dem Inhalt der städtischen Privilegien vertraut zu machen. Geordnet wurde nach Personen, Betreffen oder bestimmten

Kategorien von Urkunden, die sich im Laufe des 14. Jahrhunderts gebildet hatten. Diese kleinen alltagsbezogenen Urkunden bildeten den Hauptteil der Dokumente, über die man verfügte. Gleichzeitig übten sie den größten Zwang zur kontinuierlichen Beschäftigung aus. Die Sichtung von Quellen zur Archivgeschichte anderer Städte im Reich ergab ein vergleichbares Bild.

Das Archiv war von einer neuen Dynamik des Gebrauchs erfasst worden. Die wachsende Zahl an Urkunden lag hier nicht mehr, um die Jahre zu überdauern, sondern wurde im Alltag immer öfter eingesetzt. Nicht nur im Rahmen von Gerichtsverhandlungen gingen die Bürger dazu über, ihre Urkunden im Rathaus zu hinterlegen. Das ausgehende 14. und 15. Jahrhundert brachte allerorts die Notwendigkeit hervor, die bestehenden Formen der Aufbewahrung von Schriftstücken dahingehend zu modifizieren, diese für den alltäglichen Gebrauch zugänglich zu machen. Auch an diesem Beispiel wird der Fortschritt der städtischen Verwaltung als Reaktion auf die Kraft des Verschriftlichungsprozesses sichtbar.

KAPITEL 5

# Ergebnisse

Das vorliegende Buch ging von dem Vorhaben aus, die Entstehung der kommunalen Überlieferung des spätmittelalterlichen Augsburg zwischen dem ersten Drittel des 13. Jahrhunderts bis zur Mitte des 15. Jahrhunderts vor ihrem zeitgenössischen Nutzung- und Wahrnehmungshorizont zu untersuchen. Das ausgehende Mittelalter war eine Epoche, in der Schriftgebrauch in vielen Bereichen des Stadtlebens zu einer Selbstverständlichkeit wurde. Während die Nutzung der Siegelurkunde vor dem Beginn des Untersuchungszeitraums vor allem auf den engen Kreis des höheren Adels und der Stände beschränkt war, wurde der Umgang mit Urkunden im Laufe zweier Jahrhunderte auch für einfache Handwerker zu einer Notwendigkeit des Alltags. Die Anfänge der Partizipation der Augsburger Bürger am politischen Leben der Stadt kamen im 13. Jahrhundert in der Anschaffung eines Stadtsiegels, in der Erlangung erster Privilegien und in der Anlage eines Stadtrechtsbuches zum Ausdruck, die zu Beginn in den Häusern der Ratsherren aufbewahrt wurden. In der Mitte des 15. Jahrhunderts verfügte der Rat über eine Kanzlei mit zahlreichen, dauerhaft beschäftigten Schreibern. In den Gewölben des Rathauses, in denen sie untergebracht war, lagerte eine nur mehr schwer überschaubare Masse an Urkunden und Amtsbüchern, in denen weite Teile des städtischen Rechtslebens schriftlich dokumentiert wurden. Auch wenn dabei noch längst nicht alle Bereiche des Stadtlebens durch den Verschriftlichungsprozess erfasst waren, kommt doch deutlich die tiefe Verwurzelung einer neuen Notwendigkeit der Verschriftlichung in der politisch-rechtlichen Ideengeschichte des Spätmittelalters zum Ausdruck.

In den Kapiteln dieses Buchs wurden in chronologischer Folge einzelne Ausprägungsformen des städtischen Überlieferungsgefüges untersucht, deren Entstehungs-, Nutzungs- und Bewahrungsgeschichte für das Verständnis der Gesamtentwicklung kommunaler Verschriftlichung in Augsburg von Bedeutung waren. Neue Erkenntnisse, die dabei durch die erstmalige Untersuchung der zeitgenössischen Geschichte einzelner Bestände oder durch die Zusammenführung und entwicklungsgeschichtliche Perspektivierung bisher isoliert existierender Forschungsergebnisse gewonnen werden konnten, wurden jeweils am Ende der drei Untersuchungsabschnitte zusammengefasst. Abschließend soll es nun darum gehen, sie zu einem Gesamtbild zu verbinden, vor dessen Hintergrund die eingangs aufgeworfenen Leitfragen der Schriftlichkeitsforschung nach den Gründen der wachsenden Verbreitung von Schriftlichkeit im bürgerlichen Milieu, nach deren Bedeutungszuwachs für die Legitimation von Macht und Amtsautorität und nach der Bedeutung der zunehmenden Schriftlichkeit für die kommunale Administration nochmals diskutiert werden können.

Der erste Teil der Arbeit ‚Geburt: Adaption und Assimilation (1234–1304)' befasste sich mit der Entstehung der Wurzeln kommunaler Schriftlichkeit während einer Phase, in der der Augsburger Bürgerverband gerade dabei war, seine politische und rechtliche Unabhängigkeit auszuprägen. Dabei zeigte sich, dass die frühen Ausprägungsformen kommunaler Schriftlichkeit weder im bürgerlichen Milieu erfunden noch erkämpft wurden. Vielmehr gelangte der Verschriftlichungsprozess von Italien ausgehend über die Anbindungsstellen an die ordnungsbildenden Kräfte des Königtums und der Kirche in die Kreise des Bürgertums, wobei die Vertreter des Königs und der Klerus vor Ort in produktiver und bestimmender Weise an der Entstehung der Wurzeln kommunaler Schriftlichkeit beteiligt waren. Das Stadtsiegel wurde zunächst durch den Vogt geführt, ebenso wie Acht- und Bürgerverzeichnisse. An der Konzeption des Stadtrechts wirkten Bischof und Domkapitel mit. Zwar bestanden zwischen Bürgertum und Kirche durchaus Spannungen, doch befand man sich am Ende einer jahrhundertelangen Phase der Tradition bischöflicher Vorherrschaft, die auch im Bereich der Definition rechtlicher und politischer Ordnungsmuster noch Selbstverständlichkeit blieb. Stadtsiegel, Privileg, Stadtrecht, Buchführung und Kanzlei entstanden, als auch im außerstädtischen Rechtsleben geistlicher und weltlicher Eliten des Reiches eine Intensivierung der Verschriftlichung einsetzte. Die kommunale Schriftlichkeit des 13. Jahrhunderts war vor diesem Hintergrund weniger Mittel denn Ausdrucksform bürgerlicher Emanzipation, die auf neue Ordnungsmuster rekurrierte, die im Rechtsbewusstsein der Eliten des Reiches wachsend Verbreitung fanden.

Der Schwabenspiegel reihte städtische Siegel unter den Siegeln weltlicher und geistlicher Fürsten ein. Im Gerichtsprozess wurde dem Schriftbeweis in der gelehrten Theorie eine Aufwertung zu Teil. Daraus ergaben sich konkrete Vorteile des Urkundengebrauchs, die auch für den illiteraten Bürger einfach nachvollziehbar waren und gerade bei langfristigen Rechtsgeschäften wie Nutzungs- oder Eigentumsübertragungen zu einer Abwertung der herkömmlichen Eidesleistung mit Zeugenbeweis führten. Für die wachsende Verbreitung der Schriftlichkeit war eine hohe Nachfrage vorsichtiger Nutzer zentral, wobei diese nicht auf intellektuellen Überzeugungen, sondern auf Bestrebungen der bestmöglichen Sicherung von Eigennutz beruhte. Auch Anpassungsdruck spielte eine Rolle für die Verbreitung von Siegeln. Unter den gehobenen Schichten des Bürgertums und des Niederadels zeigte die strukturelle Entwicklung von Siegelbitten, dass viele zunächst auf das Siegel eines anderen angewiesen waren, um weiterhin an Rechtsgeschäften zu partizipieren. Gerade für Vertreter dieser Schichten war aber die Möglichkeit der unabhängigen Partizipation auch mit Fragen der Ehre verbunden. Aus der wachsenden Nutzung der Urkunde resultierten in Verbindung mit einer anfänglichen Offenheit ihrer Regulierung eigendynamische Prozesse, die für den städtischen Rat die Notwendigkeit der Definition erster Richtlinien des Urkundengebrauchs erzeugten. Dieses Zusammenspiel zwischen intellektuellen Vorstellungen, pragmatischen Nutzungsbestrebungen und Konformität war symptomatisch für die Etablierungsphase der kommunalen Schriftlichkeit.

Die Pflicht zur Führung von Achtverzeichnissen war im Mainzer Reichslandfrieden Kaiser Friedrichs II. erstmals formuliert worden. Die frühesten Spuren der Führung von schriftlichen Achtverzeichnissen in Augsburg zeigten, dass den Idealvorstellungen des Reichslandfriedens auf städtischer Ebene nur bedingt entsprochen wurde. Die Etablierung des Achtverzeichnisses und anderer Formen der Buchführung, die das Rechtsleben der Bürgergemeinde betrafen, geschah nicht im Zeichen der Erschließung neuer administrativer Möglichkeiten. Auch die Analyse der Herkunft des ersten biographisch fassbaren Stadtschreibers zeigte, dass dieser zwar aus dem Milieu der weit entwickelten Herzogskanzleien Österreichs stammte, in Augsburg jedoch lediglich diejenigen Formen der Buchführung weiterführte, die in der aktuellen Situation benötigt wurden. Vielmehr war Buchführung Ausdruck rechtlicher Autorität mit hoher Beweiskraft. Dabei bezeugen unvollständige Schriftführung und kurzfristige Überlieferungsabsicht gerade für die Frühphase der Verschriftlichung, dass die Autorität des Vogtes im öffentlichen Bewusstsein auf einer jahrhundertelangen Tradition beruhte, die zwar neuerdings durch Schriftlichkeit zum Ausdruck gebracht wurde, aber in der öffentlichen Wahrnehmung in ihrer Legitimität noch keineswegs in der Abhängigkeit des Schriftbeweises stand. Erst mit wachsendem zeitlichen Abstand zu den althergebrachten Grundlagen der Legitimität städtischer Herrschaft im öffentlichen Bewusstsein und einer weiterhin kontinuierlich erfolgenden Ausdrucksgebung der Rechtmäßigkeit von Herrschaftsgewalt durch das Mittel der Schrift, erfolgte ein Prozess der Traditionsbildung, der die Ausübung von Macht in zunehmender Weise mit der Grundlage schriftlicher Legitimität verband.

Der zweite Teil der Arbeit ‚Reife: Legitimität im politischen Organismus (1304–1368)' betrachtete den Wandel kommunaler Schriftkultur in einer Phase, in der die Bürgerstadt eine Zunahme ihrer wirtschaftlichen und politischen Macht erlebte, die mit Differenzierungsprozessen der bürgerlichen Kultur und der städtischen Verfassung einherging. Die Untersuchung der Entwicklung kommunaler Überlieferung während dieser Phase zeigte eine deutliche Ausweitung einer regelmäßig geführten und seriell erhaltenen Amtsbuchführung mit einem Schwerpunkt in der Finanzverwaltung. Diese Amtsbücher waren das Endergebnis einer gestuften Schriftführung mit der Funktion, ein abschließendes Gesamtbild über die dokumentierten Vorgänge abzubilden. Die Analyse der in den Rechnungsbüchern der Baumeister seit 1320 dokumentierten Zahlungen an die städtische Kanzlei zeigte, dass die Regelmäßigkeit dieser Schriftführung sich erst während der ersten Hälfte des 14. Jahrhunderts etablierte, obwohl man in der Augsburger Kanzlei bereits zuvor über die dazu notwendigen technischen Kenntnisse verfügte. Die Etablierung war damit weniger auf technischen Fortschritt oder gattungstypologische Entwicklungen zurückzuführen denn auf neue Erfordernisse des wirtschaftlichen und politischen Alltagslebens der Stadt, die die erste Hälfte des 14. Jahrhunderts prägten.

Im politischen Alltagsleben des beginnenden 14. Jahrhunderts dienten Rechnungsbücher und Steuerbücher nicht als Instrumente der Effektivierung der städtischen Administration, sondern in erster Linie der gegenseitigen Kontrolle innerhalb des Bürgerverbands. Diese Kontrolle erfolgte rational, wenn auch die ihr zu Grunde liegende Rationalität sich von heutigen Vorstellungen effektiver Kontrollmaßnahmen deutlich unterscheidet. Die städtischen Rechnungsbücher wurden jährlich vor dem versammelten Rat verlesen und nachgerechnet. Dabei wäre es selbst erfahrenen Experten unter den Zeitgenossen schwer gefallen, einen tatsächlichen Überblick über die städtischen Finanzströme zu behalten und im einzelnen Rechnungsposten die Grenzen zwischen rechtmäßigem und missbräuchlichem Umgang mit städtischen Ein- und Ausgaben festzustellen. Es ging auch nicht darum, jeden Finanzstrom exakt zu erfassen und nachzuvollziehen. Die schriftliche Fixierung der Ein- und Auszahlungen stellte aber die Möglichkeit in Aussicht, Details der Abrechnung vor dem Hintergrund der Rechnungen vergangener Jahre zu diskutieren und auf der Grundlage schriftlicher Rechenschaft in einer spannungsreichen Atmosphäre zu einer ruhigen Klärung der Lage zu gelangen. Dadurch leistete die kommunale Buchführung einen wesentlichen Beitrag zur Aufrechterhaltung der politischen Stabilität. Diese unterlag während der ersten Hälfte des 14. Jahrhunderts nicht unerheblichen Spannungen. Im Jahr 1340 gelang es den nicht ratsfähigen Schichten in einem Aufstand, die Beteiligung einer zwölfköpfigen Kommission an der jährlichen Entlastung der städtischen Kämmerer durchzusetzen. Seit dieser Zeit wurden die Rechnungsbücher in deutscher Sprache und mit höherer Ausführlichkeit geführt. Die Geschichte des zeitgenössischen Gebrauchs der Steuerbücher zeigt, dass diese neben der Entlastung der Steuerbeamten auch einer schriftlichen Beglaubigung der Höhe des versteuerten Einkommens dienten, die in vormaligen Zeiten noch durch einen mündlichen Schwur erfolgt war. Anderseits waren die Steuerbücher für den Bürger ein Nachweis über die Höhe der eingezahlten Steuern und daraus erwachsender

Rechte und Pflichten in der städtischen Gemeinschaft. Das Bürgerbuch diente nicht der möglichst vollständigen Erfassung von Neubürgern, sondern um die Namen von Bürgern festzuhalten, die sich bereit erklärt hatten, für neuaufgenommene Bürger zu bürgen. Auch das städtische Achtbuch diente mehr einer schriftlichen Beglaubigung eines Rechtsaktes und weniger zur effektiven Kontrolle der Kriminalität. Die Augsburger Buchführung wurde etabliert, als die Legitimität und Glaubwürdigkeit politischer Amtsführung und bürgerlichen Rechtshandelns zunehmend in die Abhängigkeit des schriftlichen Nachweises gerieten. Die wachsende Konformität der schriftlichen Nachweispflicht entsprach dabei europäischen Tendenzen, die auch in einer Mittelstadt wie Nördlingen zur Ausprägung einer kommunalen Buchführung führten, obwohl diese im Hinblick auf administrative Vorteile zu jener Zeit faktisch überflüssig gewesen wäre. In der Stadt Augsburg erfuhr die Buchführung in dem Moment eine deutliche Ausweitung, als die sozialen Spannungen innerhalb des Bürgerverbands das politische Klima prägten. Im Vergleich beider Städte zeigt sich kommunale Buchführung als Ergebnis eines Zusammenwirkens zwischen überregionaler Konformität, die sich zeitgleich in anderen politischen Milieus des Reiches feststellen ließ, und den tatsächlichen Verhältnissen vor Ort.

Die Intensivierung der Bedingtheit von politischer Legitimität und schriftlicher Nachweispflicht zeigte sich während des beginnenden 14. Jahrhunderts auch im Eindringen der Verschriftlichung in städtische Rituale, die herrschaftslegitimierende Funktion besaßen und dazu dienten, Bürger auf ihre gegenüber der städtischen Obrigkeit geschworene Gehorsamspflicht auszurichten. Hier zeigte sich, dass Stadtrechtsbücher, Privilegiensammlungen, Eidbücher oder Achtbücher, die mit dem Besitz politischer Rechte der Stadt im Reichsgefüge verbunden waren, von den städtischen Kanzleien bewussten äußeren Gestaltungsmaßnahmen unterzogen wurden und in innerstädtischen Ritualen als zentrale Objekte Integration erfuhren, die vormals ohne Schriftstücke praktiziert worden waren. Die Analyse brachte damit eine materiell-dingliche Dimension kommunaler Schriftkultur als stadthistorisches Phänomen zum Vorschein, die in der Forschung bisher unberücksichtigt geblieben war.

Auch der Zunftbrief, der 1368 nach einem Aufstand zur Festschreibung neuer Verfassungsverhältnisse abgefasst worden war, hatte derartige Funktionen. Bisher unberücksichtigte Einträge in den städtischen Ratsprotokollen zeigten, dass die Sitzordnung im Rat sich noch viele Jahre nach der Reihenfolge der Siegel an diesem Dokument ausrichtete. Mit wachsender Konformität der Verschriftlichung des Rechtslebens wurde Schriftlichkeit allmählich zu einer von der Autorität des einzelnen Menschen unabhängigen Grundlage der Legitimation von Herrschaft und Politik im städtischen Milieu. Einhergehend mit diesem Zuwachs an Bedeutung und Einfluss gelangte die kommunale Schriftkultur zu einer eigenen Reife, die zu einer milieugebundenen Speicherung von Wissen des Umgangs mit Schriftlichkeit und zum zwischenstädtischen Austausch der matriellen und immateriellen Formen kommunaler Schriftkultur führten. Im Rahmen des Zunftaufstands zeigte sich diese Entwicklung in der tragenden Funktion der städtischen Kanzlei während der Neuausrichtung des Herrschaftsgefüges und in der Versendung von Boten in andere Großstädte des Reiches, die Informationen über bereits existierende Zunftbriefe einholen sollten.

Auch der städtische Privilegienbestand, der im 14. Jahrhundert in einem deutlichen Wachstum begriffen war, wurde zur herrschaftslegitimierenden Ausdrucksform der kommunalen Überlieferung. Der Wert königlicher Privilegien für die Bürgerstadt zeigte sich nicht nur in den hohen Preisen, die in den königlichen Kanzleien für deren Abfassung entrichtet wurden. Die städtischen Privilegien bildeten einen gesonderten Teil des städtischen Schatzes, der an einem möglichst sicheren Ort sorgfältig unter Verschluss gehalten wurde. Im Gegensatz zu dieser Abschirmung vor unbefugtem Zugriff mühte man sich um die Publizität ihrer Existenz, was in Wandbildern oder figürlichen Darstellungen an zentralen Plätzen des öffentlichen Raumes zum Ausdruck kam. Die städtischen Privilegien waren Teil des symbolischen Kapitals der städtischen Herrschaft, was dazu führte, dass diese bei Kämpfen der Stadt mit auswärtigen Mächten oder bei innerstädtischen Konflikten um die Stadtherrschaft einander gegenseitig abgerungen wurden.

Der dritte Teil der Arbeit ‚Macht: Verschriftlichung und Kontrolle des Alltagslebens (1368–1450)' konzentrierte sich auf eine Phase der Verschriftlichung, die mit wachsender Intensität kurzfristige, alltägliche Dimensionen des städtischen Rechtslebens erfasste. Der Bürgerverband befand sich in jener Zeit auf einem Höhepunkt seiner politischen und wirtschaftlichen Macht, was vor allem auf einen „Wirtschaftsboom" zurückzuführen ist, der Augsburg zum Zentrum der „Gewerbelandschaft" Süddeutschlands werden ließ. Der Überlieferungsbestand weitete sich in jener Phase um eine Vielzahl von Urkunden und Amtsbüchern, die oftmals aus Papier hergestellt wurden und ‚kleinere' alltägliche Dimensionen des städtischen Rechtslebens in schriftliche Form überführten. Was vor dem Hintergrund des städtischen Aufstiegs zunächst wie eine Intensivierung der städtischen Kontrolle erscheint, trat im Vergleich als wachsende Konformität der Verschriftlichung hervor. Die schriftliche Tradition gelangte zur vollen Ausprägung ihrer Autorität. Einhergehend mit einer fortschreitenden Entpersonalisierung von Herrschaftsgewalt und einer Verwissenschaftlichung der Rechtsprechung wurde es einem Bischof nochmals möglich, die Stadt wirksam in einen Rechtsstreit um ihre Herrschaftsrechte zu verwickeln.

Die Analyse der Anfänge der Nutzungsgeschichte von Papier in Augsburg zeigte, dass dessen Gebrauch, wie auch in anderen süddeutschen Kanzleien, während des beginnenden 14. Jahrhunderts ihren Anfang nahm. Eine Auswertung der Papierpreise auf Grundlage der städtischen Rechnungsbücher zeigte dabei, dass die zunehmende Nutzung des Papiers in der städtischen Kanzlei nicht auf Grund von Preisvorteilen gegenüber dem teureren Pergament erfolgte. Im Verhältnis zu anderen Kostenfaktoren der Stadtherrschaft war die Beschaffung der im beginnenden 14. Jahrhundert benötigten Mengen an Papier und Pergament nur mit geringen Ausgaben verbunden. Auch die Lieferbedingungen erwiesen sich nicht als ausschlaggebender Faktor für die Zunahme der Nutzung von Papier. Die Nutzung von Papier stand in Abhängigkeit zu den Erfahrungen der Zeitgenossen und den Erwartungen, die sie im beginnenden 14. Jahrhundert an Schriftträger stellten. Die kommunale Schriftkultur hatte in jener Zeit für einen Schriftträger mit begrenzter Haltbarkeitserwartung lediglich begrenzte Verwendungsmöglichkeiten. Erst als die Konformität der Verschriftlichungspraxis im unmittelbaren politischen Netzwerk Augsburgs die kurzfristigen Dimensionen des Alltagslebens erreichte, ging man zu einer breiten Nutzung von Papierdokumenten über.

In diesem Zuge vollzogen sich in der städtischen Kanzlei deutlich wahrnehmbare Veränderungen. Eine topographische Ansicht des diachronen Wandels von Herstellungsvorgängen kommunaler Schriftlichkeit, die auf Grundlage der städtischen Baumeisterrechnungen gewonnen wurde, zeigte eine deutliche Ausweitung und Differenzierung der Buchführung seit der zweiten Hälfte des 14. Jahrhunderts. Neben die bereits etablierten Amtsbuchserien traten Kanzleibücher, die vor allem der schriftlichen Dokumentation kurzfristiger Alltagsangelegenheiten und der Neuordnung bereits vorhandener Schriftstücke dienten. Der hohe Arbeitsaufwand, der aus dieser Veränderung resultierte, kam in einer Auslagerung der Herstellung von Amtsbüchern, in Sonderzahlungen für die städtischen Schreiber und in einer Verdoppelung des Kanzleipersonals zum Ausdruck. Die Neuordnung und Erweiterung der Buchführung war nicht zuletzt auf Grund der Verwissenschaftlichung der Rechtsprechung nötig geworden, die einen präzisen, zügigen und möglichst zuverlässigen Zugriff auf Schriftstücke und deren Inhalte im Archiv des Rates nötig werden ließ. Innerhalb der Buchführung zeugt davon eine Zunahme der Entstehung von Randvermerken, mit denen die städtischen Schreiber die Übersicht in den immer zahlreicher vorliegenden Codices zu wahren versuchten. Als „Auge" und „Mund" der Schriftlichkeit erlangten sie nun ihre höchste politische Bedeutung.

Die Analyse der Entstehung der kommunalen Briefregister zeigte, dass die Registrierung von Sendbriefen 1360 erstmals begonnen wurde, dann aber wieder verebbte, bis man 1390 erneut zu einer systematischen Registrierung überging. Hohe Entlohnungen, die die Schreiber dafür erhielten, zeugen von dem enormen Arbeitsaufwand, den dieses Verfahren verursachte. Die Registrierung von Sendbriefen erfolgte damit nicht, als die Möglichkeiten einer Professionalisierung gegeben waren, sondern als die Notwendigkeit es erforderlich machte. Diese Notwendigkeit entsprang einem Wandel der Wahrnehmung von Briefen, die einen Zuwachs an rechtlicher Verbindlichkeit erlangten. In Verbindung mit dem zunehmenden Briefverkehr, der auch durch eine wachsende Nutzung von Empfehlungsschreiben durch Bürger der Stadt entstand, ergab sich eine enorme Vervielfältigung politischer Direktkontakte, die die exakt datierte Rückverfolgung abgefasster Briefe nötig werden ließ.

Auch das politische Handeln des Rates wurde seit dem 14. Jahrhundert einer zunehmenden schriftlichen Dokumentation unterzogen. Ausgehend von einer jährlichen Protokollierung der Ratsmitglieder kam es zunächst zu einer regelmäßigen schriftlichen Erfassung von Ratsbeschlüssen, die im 15. Jahrhundert schließlich in die schriftliche Erfassung von Details laufender Ratssitzungen mündete. In dieser Zeit entstanden auch paginierte und datierte Sammlungen von Ratsprotokollen mehrerer Jahrzehnte, die zur Grundlage städtischer Gesetzgebung geworden waren. Die Ratsprotokolle dienten dabei als unverbrüchliche Referenz und Beglaubigungsmittel von Ratsentscheidungen und zur Sicherung der inhaltlichen Kontinuität von Anweisungen des Rates, die die städtische Ordnung betreffen, in wiederkehrenden Rhythmen öffentlich verkündet wurden und sich im öffentlichen Bewusstsein einwurzeln sollten. Die Mitschriften während der Ratssitzungen dienten als Merkhilfe und zur Beglaubigung von Zwischenergebnissen laufender Gerichtsverhandlungen. Die Ratsprotokolle dienten damit weniger der Kontrolle des Rates aus Sorge vor Missbrauch von Macht und Amtsgewalt, sondern fungierten mehr als Nachschlagewerk und Mittel der Legitimation des Rates, das bei Bedarf auch Bürgern offengelegt wurde.

Vor dem Hintergrund des wachsenden Urkundengebrauchs wurde die Entstehung des städtischen Nebensiegels untersucht. Seine Entstehung war weniger Ausdruck von Ordnungsbestrebungen, Sparmaßnahmen oder gewandelten physikalischen Voraussetzungen des Beschreibstoffs Papier. Vielmehr ging es um eine Vermeidung der Profanisierung des Hauptsiegels im Zuge einer wachsenden Nachfrage und Verbindlichkeit des Urkundengebrauchs, die die Schaffung einer günstigen Alternative nötig werden ließ. Der wachsende Urkundengebrauch, der zunehmend kleinere alltägliche Dimensionen des städtischen Rechtslebens erfasste, führte dabei nicht nur zur Erleichterung der städtischen Administration. Briefe und Siegel unterlagen in wachsendem Maße Verlust und Missbrauch. Auch kollidierten Urkunden verschiedener Aussteller vor Gericht, was die Notwendigkeit einer deutlichen Verschärfung der Regeln und Rahmenbedingungen des Urkundengebrauchs hervorrief.

Zu ihnen gehörte auch eine Reform der Archivierung von Urkunden in den Gewölben des städtischen Rathauses. Auf Grund einer Auswertung von Urkundeninventaren, Rückvermerken und der städtischen Rechnungsbücher konnten das Einsetzen und der Verlauf dieser neuen Ordnungsbestrebungen rekonstruiert werden. Die Auswertung der Inventare zeigte dabei, wie die Stadtschreiber im laufenden Alltagsgeschäft mit den Urkunden der Stadtbürger hantierten, die zunehmend im Rathaus hinterlegt wurden. Auch das städtische Privilegienarchiv wurde in Augsburg während dieser Zeit einer Neuordnung unterzogen, die auch in anderen Städten festgestellt werden konnte. Zwischen ihnen kam es zu einer Intensivierung des Austausches von Briefen und Privilegienabschriften. Das schriftliche Gedächtnis der Stadt war zur Grundlage politischer Machtausübung geworden.

Die Untersuchung der Bedeutung kommunaler Schriftlichkeit für die Regierungspraxis des Rates gegenüber den Bürgern der Stadt ergab, dass Entwicklungen vor allem aus gegenseitigem Reagieren im Rahmen des zeitgenössischen Alltagslebens resultierten. Der Wandel des Verschriftlichungsprozesses zeigte sich keineswegs als Spitzenprodukt kommunaler Eliten, das aus zielgerichteter Bemühung um die Professionalisierung von Verwaltungsmaßnahmen zur Steigerung und Effektivierung der Kontrolle des städtischen Rechtslebens resultierte. Die kommunale Überlieferung des Spätmittelalters entstand auf der Grundlage eines sich allmählich im Bewusstsein der mittelalterlichen Gesellschaft verdichtenden Konformitätsgedankens der Verschriftlichung.

Insgesamt zeigte sich, dass sich diese Konformität der Verschriftlichung mit wachsender Tiefen- und Breitenwirkung im Lebensbezug und im Hinblick auf die partizipierende Stadtbevölkerung im städtischen Organismus einwurzelte. Im Laufe ihrer Etablierung wurde die Verschriftlichung des Rechtslebens so zu einer eigenen Größe im *logos* des Spätmittelalters. In den Städten herrschte ein Klima, in dem der schriftliche Nachweis in vielen Lebensbereichen zur selbstverständlichen Erwartung und Denkgewohnheit geworden war. Auch der öffentliche Gerichtsprozess wurde von dieser Entwicklung geprägt. Als dem ehemaligen Steuer-, Bau-, und Bürgermeister der Stadt Augsburg Ulrich Dendrich am 6. August des Jahres 1462 ein öffentlicher Prozess gemacht wurde, weil er die Stadt um eine größere Summe Geldes betrogen hatte, nötigte man ihn, vor dem Rathaus auf einem Gerichtsstuhl eine Urkunde zu verlesen, zu deren eigenhändiger Ausstellung und Besiegelung man ihn vorher gezwungen hatte: *Es ist mir ze straff angesehen, dass uff ainen genannten tag all inwoner dieser statt Augsburg baide mann und frauwen jung und alt mit beleutter sturmgloggen uff den Berlachplatz für das Rathaus ze ainander berufft den allen ich ze gesicht by dem rathaus vor der stieg uff ainen hohen stuol offenlich embor stehen, dieser brief vor mänglich mit lautter stimme verlesen werden und ich darauff sollich verhandlung nach laut des briefs mit mein selbs mund vor manglich bekennen.*[1] Die Urkunde nannte im Folgenden die Strafen, die Dendrich in der Urkunde selbst über sich verhängen musste. Das Urteil erhielt seine Legitimation schließlich dadurch, dass man den ehemaligen Bürgermeister zwang, aufzuschreiben und öffentlich zu verkünden, dass man ihn gezwungen hatte, seine Strafen und den genauen Hergang deren Verkündung aufzuschreiben. Der Aspekt des Schriftlich-Fixierens wurde im Rahmen der Inszenierung besonders hervorgehoben. Durch den Akt der mündlichen Verlesung des Geschriebenen durch den Verfasser der Schrift selbst, wurde der aufgeschriebene Wortlaut vor den Augen und Ohren aller zur gültigen Realität. Die Schriftlichkeit hatte ihre Macht selbst beglaubigt. Der Kommunikationsakt der Urkunde war Ausdruck derjenigen Ordnungs- und Denkmuster, die in der breiten Öffentlichkeit als wirksam etabliert waren. Schrift ging mit der Weltanschauung des städtischen Menschen auf bestimmte Aspekte seiner Umwelt eine feste Verbindung ein. Im 15. Jahrhundert war es selbstverständlich, zur Bestätigung einer Hochzeit oder der Zugehörigkeit zu einer Stadt einen Brief zu erbitten. Bestimmte Handlungsformen waren im 15. Jahrhundert fest an die Erschaffung und Verwendung von Schriftstücken gebunden, ohne dass man dabei über ihren pragmatischen Nutzwert dieses Schriftstücks reflektierte. Kanzlei und Stadtschreiber wurden auch in den kleinsten Städten zu einer selbstverständlichen Erscheinung. Ohne ihre Existenz wäre man nicht mehr in der Lage gewesen, am politischen Leben des Spätmittelalters zu partizipieren. Niemand konnte sich im 15. Jahrhundert mehr vorstellen, dass Städte ohne Kanzleien existiert hatten. Neuerungen waren zu ungefragten Bedingungen des städtischen Lebens geworden.

An der Formierung dieser Zustände war das kollektive Gedächtnis beteiligt, in dem sich alte Erinnerungsformen mit neuen Impulsen der Zeit überlagerten. Darin schwand das Wissen über die ursprünglichen Gründe, die einst zur Einführung von Schriftlichkeit geführt hatten. Die Erinnerung, dass ausgeprägter Schriftgebrauch 150 Jahre zuvor keine Selbstverständlichkeit gewesen war, war erloschen. Präsent waren hingegen die gegenwärtigen Formen des Schriftgebrauchs, die ein heranwachsender Mensch oder ein reisender Kaufmann zur Partizipation am gesellschaftlichen Geschehen erlernte. In ihnen waren die Ursprünge des kommunalen Schriftgebrauchs präsent, aber von

---

[1] Chronik des Burkard Zink, DStChr 5, S. 283, Anm. 2.

Nutzungsimpulsen und -gewohnheiten überlagert, die den aktuellen Bedürfnissen der Zeit entsprangen.

Illiterate Regenten wie Rudolf von Habsburg wussten wenig über die Regeln und Voraussetzungen, unter denen die Kanzleien ihrer Vorgänger funktionierten, sofern sie solches überhaupt für ihre eigene Kanzlei zu überblicken vermochten. Doch erkannte Rudolf, dass er als König unter den Voraussetzungen seiner eigenen Lebenszeit über seine Kanzlei erfolgreich zu operieren vermochte, wenn es darum ging, im Austausch gegen Stadtrechtsbestätigungen die Kassen des Königs zu füllen. Der Verfasser des Schwabenpiegels, welcher im Umfeld des Augsburger Minoritenklosters der Barfüßer entstand, räumte der Beweiskraft der Siegelurkunde vor dem Hintergrund der spezifischen Dynamik des Verschriftlichungsprozesses im ausgehenden 13. Jahrhundert eine hohe Beweiskraft ein. Hier wurde der Urkundenbeweis im süddeutschen Raum erstmals einer mündlichen Zeugenaussage vor einem öffentlichen Gericht gleichgestellt. Im 15. Jahrhundert beschrieb der anonyme Verfasser der *Reformatio Sigismundi*, deren Entstehung und Verbreitung im Umfeld städtischer Kanzleien Süddeutschlands vermutet wird, einen Prozess der Abwertung der Glaubwürdigkeit der Siegel urkunde im öffentlichen Bewusstsein. Grund war die massenhafte Verbreitung und Nutzung der Siegelurkunde während seiner Lebenszeit. Verschriftlichung wird damit als ein dynamisches, prozesshaftes Phänomen sichtbar, das nicht nur dem Willen des Menschen folgte, sondern nach einer Phase der Reife seine eigene Macht im kollektiven Gedächtnis der Menschen entfaltete.

Wie in Augsburg der Ratsdiener Clemens Jäger, so wurde in Köln im Dezember 1609 der Syndicus Michel Cronenberg beauftragt, „die ganze städtische Registratur, Briefe, Siegel, Register, Abschiede, Protokolle, Registrationsbücher und Stadtprivilegien in eine richtige Ordnung zu bringen".[2] Aus seinen Arbeiten ging ein *Verzeichnis über seine expedirten Stück und Verrichtung* hervor.[3] Darin wurden auch Schriftstücke erfasst, die ob einer Flut an neuem Material aus der Kanzlei hatte weichen müssen und in den weniger genutzten *oberen Gemächern* des Kölner Rathauses untergebracht worden waren.[4] Cronenberg

---

2   ENNEN, Stadtarchiv Köln, S. 95.
3   ENNEN, Stadtarchiv Köln, S. 96ff. Cronenberg hatte diese daraufhin *in verschiedene grosse Laden nach den Regierungsjahren der Kaiser und Bischöfe (per annos imperatorum et episcoporum) von vielen 100 Jahren vertheilt, guten Theils in Bücher copiren lassen, darüber doppelte universales et particulares indices gefertigt und summarie extrahirt*".
4   ENNEN, Stadtarchiv Köln, S. 96f. *Drittens habe ich die alten, in der Kanzlei früher aufbewahrten Schriften und oben auf beiden Gemächern gewesenen Akten, Prothokolle, Briefe, Register, Abschiede und andere Verfolge, sowohl publica als privata von Reichs-, Deputations-, Visitations-, Stadt-, Kreis-, Münz- und Probationstagen, dann was die gemeine Stadt, ihre Kaufhäuser,*

klagte über die Unordnung der Schriftstücke, *welche hin und wieder in den capseln confus durcheinander gelegen, so dass man schwerlich etwas hat finden können.*[5] Die Menge des Schriftgutes hatte die Arbeiten über mehrere Jahre andauern lassen, was seinem Gesundheitszustand keineswegs zuträglich gewesen war. Cronberg beklagte sich, „dass bei der Durchsehung und Examination der alten Schriften, Briefe und Privilegien sein Gesicht dermassen abgenommen habe, so dass es ihm, wie gerne er auch wollte, unmöglich sei, das Werk zu vollenden".[6] Die Konformität der Schriftlichkeit im öffentlichen Bewusstsein der Stadt, deren Last an Körper- und Sehkraft frühneuzeitlicher Archivare zehrte, war keine Erfindung des „Medienzeitalters" der Frühen Neuzeit, sondern ein Erbe des Spätmittelalters.[7] In den Städten wurde sie und die mit ihr einhergehende Zunahme der allgemeinen Literalität zu einer entscheidenden Grundlage für Ereignisse, die im historischen Bewusstsein unserer Zeit eine Epochenschwelle zur Frühen Neuzeit markieren. Zu ihnen gehören der Thesenanschlag und die Verbrennung der päpstlichen Bannbulle durch Martin Luther ebenso wie die Ausbreitung der Laienbibel oder die Verbreitung des Buchdrucks.[8] Mit Blick auf die Neuzeit erscheint die Konformität der Schriftlichkeit damit weniger als Ausdruck einer Epochenschwelle, sondern als Phänomen von tragender Kontinuität.

---

*Rentkammern, Mühlentafel, Hospitäler, Klöster, Universität und andere politische Sachen betrifft, und Alles confus durcheinander gelegen hat, in sichere Klassen und Kapseln vertheilet und ein Jedes an seinen Ort registrirt".*

5 Zitiert nach Ennen, Stadtarchiv Köln, S. 96.
6 ENNEN, Stadtarchiv Köln, S. 97f.
7 Johannes BURKHARDT, Christine WERKSTETTER, Die Frühe Neuzeit als Medienzeitaler und ihr kommunikatives Spektrum. Einleitung. In: Dies. (Hg.), Kommunikation und Medien in der Frühen Neuzeit (= Historische Zeitschrift, Beiheft, NF 41), München 2005, S. 1–10.
8 Andrew Colin Gow, Challenging the Protestant paradigm: Bible reading in lay and urban contexts of the later Middle Ages, In: Thomas J. Heffernan, Thomas E. Burman (Hg.), Scripture and pluralism: reading the Bible in the religiously plural worlds of the Middle Ages and Renaissance; Papers presented at the First Annual Symposium of the Marco Institute for Medieval and Renaissance Studies at the University of Tennessee, Knoxville, February 21–22, 2002, (= Studies in the history of Christian traditions, Bd. 123), Leiden 2005, S. 161–191.

# Quellen und Literaturverzeichnis

1        Archivalien und Handschriften

*Staatsarchiv Augsburg*
Hochstift Augsburg, Urk. Nr. 31, Nr. 57, Nr. 62.
Hochstift Augsburg, Lit. Nr. 32c, Nr. 514a.
Reichsstadt Augsburg, Lit. Nr. 32, Literalien MüB Nr. 105.
Reichsstadt Augsburg, Urk. Nr. 2, Nr. 143, Nr. 144.
Reichsstift Kaisheim, Urk. Nr. 37.
Kloster Oberschönefeld, Urk. Nr. 13.

*Staats- und Stadtbibliothek Augsburg*
2° Cod. Nr. 152, Nr. 154, Nr. 155, Nr. 156, Nr. 159, Nr. 160, Nr. 161, Nr. 350.
2° Cod. Aug. Nr. 40, Nr. 48, Nr. 123, Nr. 196, Nr. 197, Nr. 198, Nr. 199, Nr. 481.
2° Cod. S Nr. 156.
4° Cod S Nr. 84.

*Stadtarchiv Augsburg*
Selekt »Schätze« Nr. 25, Nr. 71/1, Nr. 71/2, Nr. 71/6, Nr. 71/7, Nr. 71/9, Nr. 74, Nr. 81, Nr. 105/
   Ia, Nr. 105/Ib, Nr. 105 II, Nr. 105/III, Nr. 137a, Nr. 137b, Nr. 137c, Nr. 137d, Nr. 137f, Nr. 137g,
   Nr. 138, Nr. 184/1, Nr. 184/2, Nr. 184/3, Nr. 184/4, Nr. 184/5, Nr. 184/6, Nr. 185
Selekt Kirchen und Klöster, Bischof, Domkapitel (Hochstift) Nr. 2
Reichsstadt, Steueramt, Rechnungen, Steuerbücher, 1346, 1351, 1355–1359, 1362–1365,
   1367, 1368, 1376, 1377, 1380, 1383–1386, 1389–1449.
Reichsstadt, Baumeisteramt, Rechnungen (BMB), Nr. 1, Nr. 2, Nr. 3, Nr. 4, Nr. 5, Nr. 6,
   Nr. 7, Nr. 8, Nr. 9, Nr. 11, Nr. 12, Nr. 13, Nr. 14, Nr. 15, Nr. 16, Nr. 17, Nr. 18, Nr. 19, Nr. 20,
   Nr. 21, Nr. 22, Nr. 23, Nr. 24, Nr. 25, Nr. 26, Nr. 27, Nr. 28, Nr. 29, Nr. 30, Nr. 31, Nr. 32,
   Nr. 33, Nr. 34, Nr. 35, Nr. 36, Nr. 37, Nr. 38, Nr. 39, Nr. 40, Nr. 41, Nr. 42, Nr. 43, Nr. 44,
   Nr. 45, Nr. 46, Nr. 47, Nr. 48, Nr. 53, Nr. 58, Nr. 67, Nr. 68, Nr. 83, Nr. 86, Nr. 88.
Reichsstadt, Ratsbücher, Nr. 1, Nr. 2, Nr. 3, Nr. 4, Nr. 5, Nr. 6, Nr. 7, Nr. 270, Nr. 271, Nr. 272,
   Nr. 273, Nr. 274, Nr. 276, Nr. 277, Nr. 278.
Urkundensammlung, 1298-08-23, 1393.
Reichsstadt, Urkunden, 1404-01-12, 1404-01-14, 1411-02-06, 1411-02-26, 1424-07-03, 1426-
   03-14, 1427-04-30, 1427-09-30, 1430-03-15, 1431-10-22, 1434-09-23, 1435-10-10, 1443-07-
   07, 1443-10-01, 1446-12-23, 1448-09-13, 1450-06-30, 1457-08-20, 1459-01-25, 1460-03-12,
   1461-05-22, 1466-02-25.
Literalien, 1426-03-14, 1426-11-14, 1437, 1458-03-04, 1469.

Evangelisches Wesensarchiv (EWA), Urkunden, Nr. 130 (1402), Akten, Nr. 7.
Elias Holl, Elias Holl Plansammlung, Nr. 16.

### *Ordinariatsarchiv Augsburg*
AHAug 6, Nr. 690.

### *Sächsische Landesbibliothek Dresden*
Mscr. Dresd. M. 32.

### *Klosterarchiv Einsiedeln*
Urkunden, Nr. 240, 1314-08-01.

### *Stadtarchiv Freiberg*
I Ba, Nr. 1c.

### *Staatsarchiv Hamburg*
Cl. VII Lit. L a, Nr. 2 Vol. 1c.

### *Stadtarchiv Hannover*
B 8232.

### *Stadtarchiv Heilbronn*
A007-Bet/Steuerbücher 1399.

### *Stadtarchiv Konstanz*
A III, Nr. I.

### *Staatsarchiv Ludwigsburg*
Reichsstadt Ulm, B 207, Bü 49.

### *Bayerisches Hauptstaatsarchiv München*
KU Steingaden, Nr. 41, Nr. 44.
Reichsstadt Regensburg, Lit. Nr. 363.

### *Bayerische Staatsbibliothek München*
cgm Nr. 277, Nr. 322, Nr. 336, Nr. 344, Nr. 559.

### *Universitätsbibliothek München*
2° Cod. Ms 486, Nr. 488, Nr. 560.

*Stadtarchiv München*
CUM Nr. II, IV.

*Stadtarchiv Nördlingen*
R 1 F 1, Nr. 1; R 2 F 2, Nr. 2, Nr. 13, Nr. 14, Nr. 15, Nr. 16, Nr. 19; R 2 F 7, Nr. 1; R 37 F4; Bürgerverzeichnis (1385–1388); Steuerverzeichnis (1404); Leibgedingbuch (1412); Rechnungsbuch (1399), Ratsprotokolle (ab 1491).

*Staatsachiv Nürnberg*
Rep. 200/I, Nr. 487a.

*Stadtarchiv Ravensburg*
Reichsstädtisches Archiv, Büschel 27.

*Stadtarchiv Rottweil*
Ambrusterbuch

*Stadtarchiv Straubing*
Rotes Buch

*Hauptstaatsarchiv Stuttgart*
H 51 U Nr. 87 d , Nr. 465.

*Landesbibliothek Stuttgart*
Cod. HBXIII Nr. 11.

*Stadtarchiv Schwäbisch Gmünd*
Eidbuch (1406–1506).

## 2  Quellenpublikationen und Regestenwerke

Peter Beck (Hg.), Das Stadtbuch der Stadt Kempten von 1358. Zugleich ein Beitrag zu Verfassung und Gerichtswesen im alten Kempten, Kiel 1973.
August Bernoulli (Hg.), Chronikalien der Ratsbücher (1356–1548) (= Basler Chroniken, Bd. 3), Basel 1887.
Johann Friedrich Böhmer (Hg.), Regesta Imperii.
Nr. VI. Die Regesten des Kaiserreichs unter Rudolf, Adolf, Albrecht, Heinrich VII. 1272–1313, Abt. 1 (Rudolf), bearb. v. Oswald Redlich, Innsbruck 1898.

Nr. VII. Die Regesten des Kaiserreichs unter Ludwig dem Bayern, H8: Österreich, bearb. v. Johannes Wetzel, Köln u. a. 2008.

Nr. VIII. Die Regesten des Kaiserreichs unter Kaiser Karl IV. 1346–1378, bearb. v. Alfons Huber, Innsbruck 1877.

Nr. XI. Die Urkunden Kaiser Sigmunds (1410–1437) (2 Bde.), bearb. v. Wilhem Altmann, Innsbruck 1896–1900.

Nr. XIV, Ausgewählte Regesten des Kaiserreiches unter Maximilian I. 1493–1519, Bd. 2, 1498, bearb. v. Hermann Wiesflecker und Manfred Hollegger, Köln 1993.

Johann Friedrich Böhmer, Friedrich Techen (Hg.), Urkundenbuch der Stadt Lübeck, Bd. 2, Bd. 5, Bd. 10, Lübeck 1871–1898.

Pius Dirr (Hg.), Denkmäler des Münchner Stadtrechts (= Bayerische Rechtsquellen, Bd. 1), München 1934.

Adolf Diehl (Hg.), Urkundenbuch der Stadt Esslingen, Bd. 1 (= Württembergische Geschichtsquellen, Bd. 4), Stuttgart 1899.

Bernhard Diestelkamp (Hg.), Quellensammlung zur Frühgeschichte der deutschen Stadt bis 1250, In: G. van Herwijnen, Henri de Leupen, Wilhelm Rausch (Hg.), Elenchus Fontium Historiae Urbanae, Bd. 1, Leiden 1967, S. 1–277.

Johann Christoph von Dreyhaupt, Pagus Neletizi et Nudzici, oder ausführliche diplomatisch-historische Beschreibung des zum ehemaligen Primat und Ertz-Stifft, nunmehr aber durch den westphälischen Friedens-Schluß secularisirten Herzogthum Magdeburg gehörigen Saal-Kreyses [...] Halle 1749/50.

Leonhard Ennen, Gottfried Eckertz (Hg.), Quellen zur Geschichte der Stadt Köln, Bd. 2, Köln 1863.

Otto Feger, Das Rote Buch, (= Konstanzer Geschichts- und Rechtsquellen, Bd. 1), Konstanz 1949.

Max Gmür (Hg.), Sammlung schweizerischer Rechtsquellen, Abt. 14, Teil 1, Bd. 2, Aarau 1906.

Hans Greiner (Hg.), Das ältere Recht der Stadt Rottweil, Mit geschichtlicher und sprachlicher Einleitung, Stuttgart 1900.

Christoph Friedrich Gayler (Hg.), Historische Denkwürdigkeiten der ehemaligen freien Reichsstadt, izt Königlich Württembergischen Kreisstadt Reutlingen, vom Ursprung an bis zu Ende der Reformation 1577, Reutlingen 1840.

Christian Ulrich Grupen, Origines Et Antiquitates Hanoverenses oder Umständliche Abhandlung von dem Ursprunge und den Alterthümern Der Stadt Hannover, Worinnen mit Urkunden, Siegeln und Kupfern Der Zustand der Stadt und der herumliegenden Graf- und Herrschafften, wie auch Klöster, imgleichen vieler Adlichen Geschlechter an das Licht gestellet und die Deutschen Rechte erläutert werden, Göttingen 1740.

Theoderich Hagn, Urkundenbuch des Benedictiner Stiftes Kremsmünster, seiner Pfarreien und Besitzungen vom Jahre 777 bis 1400, Linz 1852.

Albert Hämmerle, Die Leibdingbücher der Freien Reichsstadt Augsburg, 1330–1500 (Privatdruck), München 1958.

Artur Hübner (Hg.), Dichtungen des Deutschen Ordens, Bd. 3, Die poetische Bearbeitung des Buches Daniel: aus der Stuttgarter Handschrift, Berlin 1911.

Hermann Hoffmann, Die Urkunden des Reichsstiftes Kaisheim 1135–1287 (= Veröffentlichungen der Schwäbischen Forschungsgemeinschaft 2a, Bd. 11), Augsburg 1972.

Philipp Jaffé, Monumenta Bambergensia (= Bibliotheca rerum Germanicarum, Bd. 5), Berlin 1869.

Johann Martin Lappenberg, Hamburgisches Urkundenbuch, Bd. 1, Hamburg 1842 (Nachdruck 1907).

Johann Christian Lünig (Hg.), Das Teutsche Reichsarchiv 16 (= Spicilegium ecclesiasticum, Bd. 2), Leipzig 1720.

Christian Meyer (Hg.), Urkundenbuch der Stadt Augsburg, Bd. 2: Die Urkunden vom Jahre 1347–1399, Augsburg 1878.

——— (Hg.), Das Stadtbuch von Augsburg, insbesondere das Stadtrecht vom Jahre 1276, Augsburg 1872.

Carl Mollwo (Hg.), Das rote Buch der Stadt Ulm (= Württembergische Geschichtsquellen, Bd. 8), Stuttgart 1905.

Monumenta Germaniae Historica.

Constitutiones, Bd. 1, Constitutiones et acta publica imperatorum et regum inde ab a. DCCCCXI usque ad a. MCXCVII (911–1197), hg. v. Ludwig Weiland, Hannover 1893 (Nachdruck 2003).

———, Bd. 2, Constitutiones et acta publica imperatorum et regum inde ab a. MCXCVIII usque ad a. MCCLXXII (1198–1272), hg. v. Ludwig Weiland, Hannover 1896 (Nachdruck 1963).

———, Bd. 2, Supplementum, Die Konstitutionen Friedrichs II. für das Königreich Sizilien, hg. v. Wolfgang Stürner, Hannover 1996.

———, Bd. 3, Constitutiones et acta publica imperatorum et regum inde ab a. MCCLXXIII usque ad a. MCCXCVIII (1273–1298), hg. v. Jakob Schwalm, Hannover 1904–1906 (Nachdruck 1980).

———, Bd. 11, 1–2, Constitutiones et acta publica imperatorum et regum. Dokumente zur Geschichte des Deutschen Reiches und seiner Verfassung. 1354–1356, hg. v. Wolfgang Fritz, Weimar 1972.

Diplomata, Bd 10.1, Die Urkunden Friedrichs I. 1152–1158, hg. v. Heinrich Appelt, Hannover 1945.

Deutsche Chroniken, Bd. 5, 1.2, Ottokars Österreichische Reimchronik, hg. v. Joseph Seemüller, Zürich, Dublin 1974 (Nachdruck der Ausg. Hannover 1890/93).

Fontes iuris Germanici antiqui N. S., Bd. 4, 1.2, Schwabenspiegel, Kurzform, hg. v. Karl August Eckhardt, Hannover² 1974 (Nachdruck 1981).

Leges, Bd. 2, Supplementa tomi I. Constitutiones regum Germaniae, hg. v. Georg H. Pertz, Hannover 1837 (Nachdruck 1993).

Scriptores, Bd. 16, Annales aevi Suevici, hg. v. Georg Heinrich Pertz, Hannover 1859 (Nachdruck 1994).

———, Bd. 17, Annales aevi Suevici, hg. v. Georg Heinrich Pertz, Hannover 1861 (Nachdruck 1990).

———, Bd. 28, Ex rerum Anglicarum scriptoribus saec. XIII., hg. v. Friedrich Liebermann, Hannover 1888 (Nachdruck 1975).

Scriptores rerum Germanicarum in usum scholarum separatim editi 18, Chronica regia Coloniensis (Annales maximi Colonienses), hg. v. Georg Waitz, Hannover 1880, (Nachdruck 2003).

Staatsschriften des späteren Mittelalters Bd. 6, Reformatio Sigismundi, hg. v. Heinrich Koller, Stuttgart 1964, (Nachdruck 1995).

Monumenta historica ducatus Carinthiae, Geschichtliche Denkmäler des Herzog-thumes Kärnten (MDC).

Bd. 4,1 (1202–1262), bearb. v. August v. Jaksch, Klagenfurt 1906.

Nr. 5 (1269–1286), berarb. v. Hermann Wießner, Klagenfurt 1956.

Monumenta Boica Bd. 33, pars prima, (Monumentorum Boicorum. Collectio Nova, VI/I) München 1842.

Friedrich Keutgen (Hg.), Urkunden zur städtischen Verfassungsgeschichte, (= Ausgewählte Urkunden zur deutschen Verfassungs- und Wirtschaftsgeschichte, Bd. 1), Berlin 1901, Neudruck 1965.

Königliches Staatsarchiv in Stuttgart (Hg.), Wirtembergisches Urkundenbuch, 11 Bde., Stuttgart 1849–1913.

Karl Otto Müller (Hg.), Die Nördlinger Stadtrechte des Mittelalters, München 1933.

Anthonius Matthaeus, Juris in Illustri Academia Lugduno-Batava Antecessoris de Nobilitatae de principibus, de ducibus, de comitibus, de baronibus [...] de comitatu de hollandiae et diocesi ultraiectina, Bd. 4, Amsterdam 1686.

František Mareš (Hg.), Prokopa písaře Nového města pražského praxis cancellariae, Prag 1908.

Ott Rulands Handlungsbuch (1444–1464) (= Bibliothek des Literarischen Vereins in Stuttgart Bd. 1/4), Stuttgart 1843.

Hieronymus Pez (Hg.), Scriptores rerum austriacorum veteres ac genuini quotquot ex Austriae vicarumque provinciarum biliothecis et tabulariis, decumano labore pelustratis, aut primum in lucem vindicau, aut ex mss codicibus auctiores et emendatiores edi potuerunt, 2 Bd., Leipzig 1725.

Friedrich Pietsch (Hg.), Die Urkunden der Reichsstadt Schwäbisch Hall, Bd. 1 (1156–1399) (= Veröffentlichungen der Staatlichen Archivverwaltung Baden-Württemberg, Bd. 21), Stuttgart 1967.

Friedrich Pressel (Hg.), Ulmisches Urkundenbuch, Bd. 1, Die Stadtgemeinde von 854 bis 1313, Ulm 1873.

Karl Puchner (Hg.), Die Urkunden des Klosters Oberschönefeld 1248–1797 (= Schwäbische Forschungsgemeinschaft, Reihe 2a, Urkunden und Regesten, Bd. 2), Augsburg 1953.

Ludwig Rockinger (Hg.), Quellen zur bayerischen und deutschen Geschichte 9, München 1858. (Hg.), Briefsteller und Formelbücher des elften bis vierzehnten Jahrhunderts, (= Quellen zur bayerischen und deutschen Geschichte, Bd. 9/2), München 1864.

Henry Simonsfeld, Der Fondaco dei Tedeschi in Venedig und die deutsch-venetianischen Handelsbeziehungen, 2 Bde., Stuttgart 1887.

Gustav Schmidt (Hg.), Urkundenbuch der Stadt Halle, ihrer Stifter und Klöster, Bd. 1 (= Geschichtsquellen d. Provinz Sachsen und des Freistaates Anhalt, N.R., Bd. 10) Halle 1930.

Johann Christoph Schöttgen (Hg.), Inventarium Diplomaticum historiae Saxoniae Superioris, Urkundensammlung von Ober-Sachsen von 500 bis 1747, Halle 1747.

Walther Stein (Hg.), Akten zur Geschichte der Verfassung und Verwaltung der Stadt Köln im 14. und 15. Jahrhundert, Bd. 1, (= Publikationen der Gesellschaft für Rheinische Geschichtskunde, Bd. 10), Bonn 1893.

Otto Stolz (Hg.), Quellen zur Geschichte des Zollwesens und Handelsverkehrs in Tirol und Vorarlberg vom 13. bis 18. Jahrhundert (= Deutsche Zolltarife des Mittelalters und der Neuzeit, Bd. 1), Wiesbaden 1955.

Karl Friedrich Stumpf-Brentano, Die Reichskanzler vornehmlich des X., XI. und XII. Jahrhunderts, (= Acta Imperii inde ab Heinrico I. ad Heinricum VI usque adhux inedita, Bd. 2), Insbruck 1880.

Ernst Schwind, Alfons Dopsch (Hg.), Ausgewählte Urkunden zur Verfassungs-Geschichte der Deutsch-Österreichischen Erblande, Insbruck 1895.

Gustav Veesenmayer (Hg.), Felix Fabri, Tractatus de civitate Ulmensi de ejus origine, ordine, regimine, de civibus ejus et statu, Tübingen 1889.

Carl Friedrich Wehrmann, Die älteren Lübeckischen Zunftrollen, Lübeck 1872.

Julius Weizsäcker (Hg.), Deutsche Reichstagsakten, Ältere Reihe: Bd. 7 (1410–1420), Gotha 1878.

Friedrich Emil Welti (Hg.), Die Rechtsquellen des Kantons Bern, Erster Teil: Stadtrechte: Das Stadtrecht von Bern I und II: Handfeste, Satzungsbücher, Stadtbuch, Stadtsatzung 1539, in zweiter Auflage bearb. von Hermann Rennefahrt unter Mitarbeit von Hermann Specker (= Sammlung Schweizerischer Rechtsquellen, II. Abt.), Aarau 1971.

Karl Wichmann (Hg), Die Metzer Bannrollen des dreizehnten Jahrhunderts, (= Quellen zur lothringischen Geschichte, Bd. 5–8), Metz 1908–1916.

Roger Wilmans (Hg.), Die Urkunden des Bisthums Münster von 1201–1300, (= Westfälisches Urkundenbuch Bd. 3), Münster 1871.

Friedrich Wilhelm, Richard Newald, Helmut de Boor (Hg.), Corpus der altdeutschen Originalurkunden bis zum Jahr 1300, Bd. 1.

Eduard Winkelmann (Hg.), Acta Imperii inedita saeculi XIII. et XIV., Bd.1: Urkunden und Briefe zur Geschichte des Kaiserreichs und des Königreichs Sizilien I. (1198–1283), Insbruck 1880, Neudruck Aalen 1964.

Die Chroniken der deutschen Städte vom 14. bis ins 16. Jahrhundert, Bd. 4, Bd. 5, Bd. 8, Bd. 14, Bd. 22, Leipzig 1865–1892.

Heinrich Zeller-Wermüller, Hans Nabholz (Hg.), Die Zürcher Stadtbücher des XIV. und XV. Jahrhunderts, Bd. 1., Leipzig 1899.

3   Literatur

Dominique ADRIAN, La politique et ses traces: la ville d'Augsbourg et ses archives (XIV–XV siècles), In: Bibliothèque de l'Ecole des Chartes 166 (2008), S. 413–444.

Dominique ADRIAN, Augsbourg à la fin du Moyen Âge, la politique et l'espace, Phil. Diss, Paris 2009 (masch).

Klaus Freiherr von ANDRIAN-WERBURG, Urkundenwesen, Kanzlei, Rat und Regierungssystem der Herzöge Johann II., Ernst und Wilhelm von Bayern-München (1392–1438) (= Münchener Historische Studien, Abteilung Geschichtl. Hilfswissenschaften, Bd. 10), Kallmünz 1971.

Erik AERTS, Prof. R. de Roover and Medieval Banking History, In: Bank- en financiewezen 8/9 (1980), S. 249–274.

Stephan ALBRECHT, Mittelalterliche Rathäuser in Deutschland, Darmstadt 2004.

Gerd ALTHOFF, Zur Bedeutung symbolischer Kommunikation für das Verständnis des Mittelalters, In: Frühmittelalterliche Studien 31 (1997), S. 370–389.

——, Die Veränderbarkeit von Ritualen im Mittelalter, In: Ders., Formen und Funktionen öffentlicher Kommunikation im Mittelalter (= Vorträge und Forschungen Bd. 51), Stuttgart 2001, S. 156–176.

Gerd ALTHOFF, Barbara STOLLBERG-RILINGER, Spektakel der Macht? Einleitung, In: Barbara Stollberg-Rilinger, Matthias Puhle, Jutta Götzmann, Gerd Althoff, Spektakel der Macht. Rituale im Alten Europa 800–1800, Darmstadt 2008.

——, Rituale der Macht in Mittelalter und Früher Neuzeit, In: Axel Michaels (Hg.), Die neue Kraft der Rituale: (Sammelband der Vorträge des Studium generale der Ruprecht-Karls-Universität Heidelberg im Wintersemester 2005/2006), Heidelberg 2008, S. 141–171.

Karl-Otto AMBRONN, Verwaltung, Kanzlei und Urkundenwesen der Reichsstadt Regensburg im 13. Jahrhundert (= Münchener Historische Studien, Abteilung Geschichtliche Hilfswissenschaften, Bd. 6), Kallmünz 1968.

Heinrich APPELT, Die Kanzlei Friedrich Barbarossas, In: Reiner Haussherr (Hg.), Die Zeit der Staufer, Geschichte—Kunst—Kultur, Katalog zur Ausstellung, Stuttgart 1977, Bd. 5, Stuttgart 1979.

Steffen ARNDT, Andreas Hedwig (Hg.), Visualisierte Kommunikation im Mittelalter—Legitimation und Repräsentation (= Schriften des Hessischen Staatsarchivs Marburg, Bd. 23), Marburg 2010.

Aleida ASSMANN, Christof Hardmeier (Hg.), Schrift und Gedächtnis. Beiträge zur Archäologie der literarischen Kommunikation, München 1983.

———, Erinnerungsräume: Formen und Wandlungen des kulturellen Gedächtnisses, München 2003.

Jan ASSMANN, Das kulturelle Gedächtnis. Schrift, Erinnerung und politische Identität in frühen Hochkulturen, München² 1997.

Jan ASSMANN, Martin Muslow (Hg.), Sintflut und Gedächtnis, Erinnern und Vergessen des Ursprungs, München 2006.

Wolfram BAER, Das Augsburger Rathaus. Zur historischen Funktion des Augsburger Rathauses während der reichsstädtischen Zeit, In: Ders., Hanno-Walter Kruft, Bernd Roeck (Hg.), Elias Holl und das Augsburger Rathaus, Regensburg 1985, S. 73–77.

———, Der Weg zur königlichen Bürgerstadt, In: Gottlieb, Geschichte der Stadt Augsburg, S. 135–140.

———, Die Entwicklung der Stadtverfassung 1276–1368, In: Gottlieb, Geschichte der Stadt Augsburg, S. 146–150.

———, Art. „Stadtrecht", In: Augsburger Stadtlexikon, S. 839.

Josef BANNWART, Das solothurnische Urkundenwesen im Mittelalter, Freiburg i. B. 1941.

Nicolas BARKER, The Trade and Manufacture of Paper before 1800, In: Simonetta Cavaciocchi, Produzione e comercio della carta e del libro secc. XIII–XVIII. Atti della "Ventitreesima Settimana di Studi" 15–20 aprile 1991, Florenz 1992, S. 213–219.

Franz BASTIAN, Oberdeutsche Kaufleute in den älteren Tiroler Raitbüchern (1288–1370). Rechnungen und Rechnungsauszüge samt Einleitungen und Kaufmannsregister (= Schriftenreihe zur Bayerischen Landesgeschichte, Bd. 10) München 1931.

Friedrich BATTENBERG, Das Hofgerichtssiegel der deutschen Kaiser und Könige 1235–1451, Mit einer Liste der Hofgerichtsurkunden (= Quellen und Forschungen zur höchsten Gerichtsbarkeit im Alten Reich, Bd. 6), Köln, u.a. 1979.

Ingrid BATORI, Ratsräson und Bürgersinn: Zur Führungsschicht der Reichsstadt Nördlingen im 15. und 16. Jahrhundert, In: Essays in Honor of Thomas A. Brady Jr., Leiden 2007.

Dieter R. BAUER (Hg.), Patriotische Heilige: Beiträge zur Konstruktion religiöser und politischer Identitäten in der Vormoderne, Stuttgart 2007.

Richard BAUER, Siegel und Wappen der Stadt München. Zur Geschichte von Stadtmönch und Münchner Kindl, In: Florian Dering (Hg.), Das Münchner Kindl. Eine Wappenfigur geht eigene Wege, München 1999, S. 11–27.

Julius BAUM, Das alte Augsburger Rathaus, In: Zeitschrift des Historischen Vereins für Schwaben 33 (1907), S. 63–73.

Rainer BECK, Art. „Maße und Gewichte", In: Augsburger Stadtlexikon, S.637–639.

Rüdiger BECKSMANN (Hg.), Deutsche Glasmalerei des Mittelalters: Voraussetzungen, Entwicklungen, Zusammenhänge, Berlin 1992.

———, Das Thron-Salomonis-Fenster im Augsburger Dom und Kaiser Ludwig der Bayer. Ein Fall von deletio memoriae?, In: Hans-Rudolf Meier, u.a. (Hg.), Für irdischen Ruhm und himmlischen Lohn. Stifter und Auftraggeber in der mittelalterlichen Kunst, Berlin 1995, S. 247–263.

Axel J. BEHNE, Geschichte aufbewahren. Zur Theorie der Archivgeschichte und zur mittelalterlichen Archivpraxis in Deutschland und Italien, In: Peter Rück (Hg.), Mabillons Spur, Zweiundzwanzig Miszellen aus dem Fachgebiet für Historische Hilfswissenschaften der Philipps-Universität Marburg. Zum 80. Geburtstag von Walter Heinemeyer, Marburg 1992, S. 277–297.

Thomas BEHRMANN, Verschriftlichung als Lernprozess, Urkunden und Statuten in den lombardischen Stadtkommunen, In: Historisches Jahrbuch 111 (1991), S. 385–402.

———, *Ad maiorem cautelam*. Sicherheitsdenken, Zukunftsbewußtsein und schriftliche Fixierung im Rechtsleben der italienischen Kommunen, In: Quellen und Forschungen aus italienischen Archiven und Bibliotheken 72 (1992), S. 26–53.

———, Zum Wandel der öffentlichen Anrede im Spätmittelalter, In: Gerd Althoff (Hg.), Formen und Funktionen öffentlicher Kommunikation im Mittelalter (= Vorträge und Forschungen, Bd. 51), Stuttgart 2001, S. 291–317.

Ingrid BENEWITZ, Andrea Schindler (Hg.), Farbe im Mittelalter, Materialität—Medialität—Semantik, 2 Bde., Berlin 2011.

Johannes BERNWIESER, Honor Civitatis: Kommunikation, Interaktion und Konfliktbeilegung im hochmittelalterlichen Oberitalien (= Münchner Beiträge zur Geschichtswissenschaft, Bd. 7), München 2012.

Christa BERTELSMEIER-KIERSt, Kommunikation und Herrschaft, Zum volkssprachlichen Verschriftlichungsprozess des Rechts im 13. Jahrhundert, Stuttgart 2008.

Konrad BEYERLE, Die deutschen Stadtbücher, In: Deutsche Geschichtsblätter, Monatsschrift zur Förderung der landesgeschichtlichen Forschung 11 (1910), S. 145–200.

Martina BLATTMANN, Die Statutenbücher von Bergamo. Eine Kommune ‚erlernt' den Umgang mit geschriebenem Recht, Münster 1995.

Friedrich BLENDINGER, 700 Jahre Augsburger Stadtrecht, 1276–1976, Ausstellung des Stadtarchivs Augsburg, Augsburg 1976.

———, Die Zunfterhebung von 1368 in der Reichsstadt Augsburg. Ihre Voraussetzungen, Durchführung und Auswirkung, In: Franz Quarthal, Wilfried Setzler (Hg.), Stadtverfassung, Verfassungsstaat, Pressepolitik. Festschrift für Eberhard Naujoks zum 65. Geburtstag, Sigmaringen 1980, S. 72–90.

———, Die Zunfterhebung von 1368, In: Gottlieb, u.a. (Hg.), Geschichte der Stadt Augsburg, S. 150–153.

Renate BLICKLE, „Spenn und Irrung" im „Eigen" Rottenbuch. Die Auseinandersetzungen zwischen Bauernschaft und Herrschaft des Augustiner-Chorherrenstifts, In: Peter Blickle, Renate Blickle, Claudia Ulbrich (Hg.), Aufruhr und Empörung? Studien zum bäuerlichen Widerstand im Alten Reich, München 1980.

Thomas W. BLOMQUIST, De Roover on business, banking, and economic thought, In: Ders., Merchant families banking and money in medieval Lucca, Aldershot 2004.

Hartmut BOOCKMANN, Das „Reichsfreiheitsprivileg von 1226 in der Geschichte Lübecks, In: Olaf Ahlers (Hg.), Lübeck 1226. Reichsfreiheit und frühe Stadt, Lübeck 1976, S. 97–113.

Gertrud BODMANN, Jahreszahlen und Weltalter, Zeit und Raumvorstellungen im Mittelalter, Frankfurt 1992.

Franz-Rasso BÖCK, Studien zur Geschichte des Stadtarchivs Kempten, In: Allgäuer Geschichtsfreund 94 (1994), S. 111–129.

Friedrich BÖHMER, Die rothe Thüre zu Frankfurt a. M., In: Archiv für Frankfurts Geschichte und Kunst 3 (1844), S. 114–124.

Elke Freifrau VON BOESELAGER, Die Farbe Rot, In: Herold-Studien 6 (2003), S. 38–65.

Michael BORGOLTE, Zur Lage der deutschen Memoria-Forschung, In: Ders. (Hg.), Memoria. Ricordare e dimenticare nella cultura del medioevo—Memoria. Erinnern und Vergessen in der Kultur des Mittelalters, Bologna und Berlin 2005, S. 21–28.

Karl BOSL, Der geistige Widerstand am Hofe Ludwigs des Bayern gegen die Kurie. Die politische Ideenwelt um die Wende von 13. zum 14. Jahrhundert und ihr historisches Milieu in Europa, In: Herman Heimpel (Hg.), Die Welt zur Zeit des Konstanzer Konzils (= Vorträge und Forschungen, Bd. 9), Stuttgart 1965, S. 99–119.

———, Die wirtschaftliche und gesellschaftliche Entwicklung des Augsburger Bürgertums vom 10. bis zum 14. Jahrhundert (= Bayerische Akademie der Wissenschaften. Philosophisch-Historische Klasse. Sitzungsberichte Jahrgang 1969, Heft 3), München 1969.

———, Historische Probleme einer europäischen Stadt: Augsburg, in: Francia 6 (1978), S. 1–19.

Ahasver VON BRANDT, Vorbemerkungen zu einer mittelalterlichen Aktenlehre, In: Archivar und Historiker. Studien zur Archiv- und Geisteswissenschaft, Festschrift f. Heinrich Otto Meisner (= Schriftenreihe der staatlichen Archivverwaltung, Bd. 7), Berlin 1956, S. 429–440.

———, Ein Stück kaufmännischer Buchführung aus dem letzten Viertel des 13. Jahrhunderts. Aufzeichnungen aus dem Detailgeschäft eines Lübecker Gewandschneiders, In: Klaus Friedland, Rolf Sprandel (Hg.), Lübeck, Hanse, Nordeuropa, Gedächtnisschrift für Ahasver von Brandt, Köln, Wien, 1979, S. 308–335.

———, Werkzeug des Historikers, Stuttgart[17] 2007.

Placidus BRAUN, Geschichte der Bischöfe von Augsburg, 4 Bde., Augsburg 1813–1815.

Adolf BRENNEKE; Wolfgang LEESCH, Archivkunde. Ein Beitrag zur Theorie und Geschichte des europäischen Archivwesens; mit einem Lebensbild Adolf Brennekes, Leipzig 1953.

Harry BRESSLAU, Handbuch der Urkundenlehre für Deutschland und Italien, Bd. 1, Leipzig 1912–1931. (Nachdruck, Berlin 1969).

Charles-Moise BRIQUET, Les filigranes, dictionnaire historique des marques de papier dès leur apparition vers 1282 jusqu'en 1600, 4. Bde., Genf 1907.

Julius BRUCKAUF, Fahnlehen und Fahnenbelehnung im alten deutschen Reiche, Leipzig 1906.

Albert BRUCKNER, Zur Älteren Geschichte des Baslerischen Archivwesens, In: Discordia concors. Festgabe für Edgar Bonjour zu seinem siebzigsten Geburtstag am 21. August, Bd. 2, Basel 1968, S. 561–592.

Johannes BURKHARDT, Christine WERKSTETTER, Die Frühe Neuzeit als Medienzeitaler und ihr kommunikatives Spektrum. Einleitung. In: Dies. (Hg.), Kommunikation und Medien in der Frühen Neuzeit (= Historische Zeitschrift, Beiheft, NF Bd. 41), München 2005, S. 1–10.

Gerhard BURGER, Die südwestdeutschen Stadtschreiber im Mittelalter, Böblingen 1960.

Arno BUSCHMANN, Der Mainzer Reichslandfriede von 1235, Anfänge einer geschriebenen Verfassung im Heiligen Römischen Reich, In: Juristische Schulung (1991), S. 453–460.

Peter CENDES, Art. „Kanzlei", In: LEX MA 5, Sp. 910–912.

Gabriela B. CHRISTMANN, Dresdens Glanz, Stolz der Dresdner. Lokale Kommunikation, Stadtkultur und städtische Identität, Wiesbaden 2004.

Michael T. CLANCHY, From Memory to Written Record. England 1066–1307, Oxford² 1993.

Thomas COLLINGS, A new chronologie of papermaking technology, In: The paper conservator 14 (1990), S. 58–62.

Alon CONFINO, Memory and the history of mentalities, In: Astrid Erll, Ansgar Nünnig (Hg.), Cultural Memory Studies, An International and Interdisciplinary Handbook, Berlin, New York 2008, S. 77–85.

Gerhard CORDES, Zur Erforschung der Urkundensprache, In: Jahrbuch des Vereins für niederdeutsche Sprachforschung 82 (1959), S. 63–79.

Albrecht CORDES, Juristische Bildung für Kaufmannskinder. Die städtische Schule in Lübeck und ihr Lehrplan im 13. / 14. Jahrhundert, In: Zeitschrift des Vereins für Lübeckische Geschichte und Altertumskunde 87 (2007), S. 41–53.

———, Who shall educate the merchant's children? Episcopal and town schools at lubeck around 1300, In: Hellen Vogt (Hg.), Law and learning in the middle ages: proceedings of the second Carlsberg Academy Conference on Medieval Legal History 2005, Copenhagen 2006, S. 181–192.

Wilhelm CORSSEN, Pförtner Wachstafeln aus dem vierzehnten Jahrhundert. Ein Beitrag zur Geschichte der Stadt Leipzig, In: Neue Mitteilungen aus dem Gebiet historisch-antiquarischer Forschungen 10 (1864) S. 145–204.

Salvatore COSENTINO, Art. „Fabriano", In: LEX MA, Bd. IV, Sp. 213f.

Michael CRAMER-FÜRTIG (Hg.), Aus 650 Jahren. Ausgewählte Dokumente des Stadtarchivs Augsburg zur Geschichte der Reichsstadt Augsburg 1156–1806, Augsburg 2006.

Heinz Friedrich DEININGER, Die Neueinrichtung des Stadtarchivs Augsburg, Zugleich eine kurze Geschichte seiner Unterbringung, In: AZ 61 (1965), S. 126–141.

Raymond DE ROOVER, The commercial revolution of the 13th century, In: Anthony Molho (Hg.), Social and economic foundations of the Italian Renaissance, (= Major issues in history), New York 1969.

Toni DIEDERICH, Geschäftssiegel. Untersuchungen zur Verbreitung, Funktion und Bedeutung des Sigillum ad causas im Rheinland, In: Archiv für Diplomatik 21 (1975), S. 459–498.

———, Zum Quellenwert und Bedeutungsgehalt mittelalterlicher Städtesiegel, In: Archiv für Diplomatik 23 (1977), S. 269–285.

———, Rheinische Städtesiegel, Neuss 1984.

———, Ders., Städtische Siegelführung im Mittelalter, In: Klaus Fink, Wilhelm Janssen (Hg.), Grundherrschaft und Stadtentstehung am Niederrhein (= Klever Archiv, Bd. 9), Kleve 1989, S. 79–98.

Steffen DIEFENBACH, Römische Erinnerungsräume, Heiligenmemoria und kollektive Identitäten im Rom des 3. bis 5. Jahrhunderts n. Chr. (= Millenium Studies, Bd. 11), Berlin, New York 2007.

Adolf DIEL, Urkundenbuch der Stadt Esslingen (= Württembergische Geschichtsquellen, Bd. 4), Stuttgart 1905.

Kurt DIEMER, Die reichsstädtischen Archive in Oberschwaben, In: Archivalische Zeitschrift 68 (1972), S. 67–74.

Heide DIENST, Identifikatorische Farben in der Diplomatik, Heraldische Farben in Siegelschnüren des 13. Jahrhunderts, In: Ingrid Benewitz, Andrea Schindler (Hg.), Farbe im Mittelalter, Materialität—Medialität—Semantik, Bd. 1, Berlin 2011, S. 881–890.

Gerhard DILCHER, Noch einmal: Rechtsgewohnheit, Oralität, Normativität, Konflikt und Zwang, In: Rechtsgeschichte. Zeitschrift des Max-Planck-Instituts für europäische Rechtsgeschichte 17 (2010,) S. 67–73.

———, Max Webers Stadt und die historische Stadtforschung der Mediaevistik, In: Historische Zeitschrift 267 (1998), S. 91–125.

———, Bürgerrecht und Stadtverfassung im europäischen Mittelalter, Köln 1996.

———, „Hell, verständig, für die Gegenwart sorgend, die Zukunft bedenkend". Zur Stellung und Rolle der mittelalterlichen deutschen Stadtrechte in einer europäischen

Rechtsgeschichte, In: Ders. (Hg.), Bürgerrecht und Stadtverfassung im europäischen Mittelalter, Köln 1996, S. 243–279.

—, Oralität, Verschriftlichung und Wandelung der Normstruktur in den Stadtrechten des 12. und 13. Jahrhunderts, In: Ders. (Hg.), Bürgerrecht und Stadtverfassung im europäischen Mittelalter, Köln 1996, S. 281–300.

—, Der Gedanke der Rechtserneuerung im Mittelalter, In: Friedrich Battenberg, Filippo Ranieri, Geschichte der Zentraljustiz in Mitteleuropa, Festschrift für Bernhard Diestelkamp zum 65. Geburtstag, Köln, Weimar, Wien 1994, S. 1–16.

—, Art. „Conjuratio", In: Handwörterbuch zur deutschen Rechtsgeschichte, Bd. 1, Sp. 631–633.

Ulf DIRLMEIER, Rainer ELKAR, Gerhard FOUQUET, Mittelalterliches und frühneuzeitliches Steuer- und Abrechnungswesen, In: Jürgen Reulecke (Hg.), Stadtgeschichte als Zivilisationsgeschichte. Beiträge zum Wandel städtischer Wirtschafts-, Lebens- und Wahrnehmungsweisen, Essen 1990.

Pius DIRR, Studien zur Geschichte der Augsburger Zunftverfassung, 1368–1548, In: Zeitschrift des Historischen Vereins für Schwaben 39 (1913), S. 144–243.

Hubert DRÜPPEL, Iudex Civitatis (= Forschungen zur Deutschen Rechtsgeschichte, Bd. 12), Köln 1981.

Heinz DUCHHARDT, Gert Melville, (Hg.), Im Spannungsfeld von Recht und Ritual: Soziale Kommunikation in Mittelalter und früher Neuzeit (= Norm und Struktur, Bd. 7), Köln, Weimar, Wien 1997.

Emile DURKHEIM, Die elementaren Formen des religiösen Lebens, Frankfurt 1981.

Kurt DÜLFER, Urkunden, Akten und Schreiben im Mittelalter und Neuzeit, Studien zum Formenproblem, In: Archivalische Zeitschrift 53 (1957), S. 11–53.

Wilhelm EBEL, Der Bürgereid als Geltungsgrund und Gestaltungsprinzip des deutschen mittelalterlichen Stadtrechts, Weimar 1958.

Karl August ECKHARDT, Rechtsbücherstudien, Erstes Heft: Vorarbeiten zu einer Parallelausgabe des Deutschenspiegels und Urschwabenspiegels (= Abhandlungen der Gesellschaft der Wissenschaften zu Göttingen, Phil-Hist. Kl., N. F., Bd. 20), Berlin 1927.

Joachim EHLERS, Die Kapetinger, Stuttgart 2000.

Klaus VAN EICKELS, Zweieinhalb Herrscher und sechseinhalb Testamente: Friedrich II., Konrad IV. und Konradin, In: Brigitte Kasten (Hg.), Herrscher- und Fürstentestamente im westeuropäischen Mittelalter, Köln 2008, S. 361–372.

—, Legitimierung von Entscheidungen durch Experten. Friedrich II. als Gesetzgeber im Königreich Sizilien und als Richter nördlich der Alpen, In: Knut Görich, Theo Broekmann, Jan Ulrich Keupp, Herrschaftsräume, Herrschaftspraxis und Kommunikation zur Zeit Friedrichs II. (= Münchener Beiträge zur Geschichtswissenschaft, Bd. 2), München 2008, S. 391–406.

Herbert EIDEN, „In der Knechtschaft werdet ihr verharren...". Ursachen und Verlauf des englischen Bauernaufstandes von 1381 (= Trierer historische Forschungen, Bd. 32), Trier 1995.

Wolf EIERMANN, Habsburg im Zabergäu: die Stadterhebungen von Brackenheim (1280) und Bönnigheim (um 1284) im Licht eines königlichen Familienbündnisses: mit einer neuen Genealogie der Herren von Magenheim im 13./14. Jahrhundert, In: Zeitschrift des Zabergäu-Vereins (2009) S. 1–14.

Rudolf ENDRES, Die Nürnberg-Nördlinger-Wirtschaftsbeziehungen im Mittelalter bis zur Schlacht von Nördlingen. Ihre rechtlich-politischen Voraussetzungen und ihre tatsächlichen Auswirkungen, Neustadt an der Aisch 1964.

Ernst ENGLISCH, Die Funktion der schriftlichen Quelle in der Sachkulturforschung (= Sitzungsberichte der Österreichischen Akademie der Wissenschaften, Philosophisch-Historische Klasse, Bd. 304) Wien 1976, S. 7–55.

Edith ENNEN, Bischof und mittelalterliche Stadt, In: Bernd Kirchgässner, Wolfram Baer (Hg.), Stadt und Bischof (= Stadt in der Geschichte, Bd. 14), Sigmaringen 1988.

—————, Frühgeschichte der europäischen Stadt, Bonn 1953.

Leonhard ENNEN, Geschichte des Kölner Stadtarchivs, In: Archivalische Zeitschrift 2 (1877), S. 89–109.

Carl ERDMANN, Kaiserfahne und Blutfahne, Sonderausgabe aus den Sitzungsberichten der Preußischen Akademie der Wissenschaften. Philologisch-Historische Klasse 28 (1932), S. 868–899.

Heinrich Meyer ZU ERMGASSEN, Der Codex Eberhardi aus Fulda, In: Steffen Arndt, Andreas Hedwig (Hg.), Visualisierte Kommunikation im Mittelalter, Legitimation und Repräsentation, Marburg 2010, S. 45–69.

Hubert ERMISCH, Die sächsischen Stadtbücher des Mittelalters, In: Neues Archiv für Sächsische Geschichte 10 (1889), S. 83–143.

Franz Rainer ERKENS, Rudolf von Habsburg (1272–1291), In: Höfe und Residenzen im spätmittelalterlichen Reich. Ein dynastisch-topographisches Handbuch (= Residenzenforschung, Bd. 15. I), S. 276–282.

Ulrich ERNST, Farbe und Schrift im Mittelalter unter Berücksichtigung antiker Grundlagen und neuzeitlicher Rezeptionsformen, In: Testo e immagine nell'alto medioevo (Settimane di studio del Centro italiano di studi sull'alto medioevo Bd. 41), Spoleto 1994, S. 343–415.

Thomas ERTL, Netzwerke des Wissens. Die Bettelorden, ihre Mobilität und ihre Schulen, In: Matthias Puhle (Hg.), Aufbruch in die Gotik. Der Magdeburger Dom und die später Stauferzeit; Landesausstellung Sachsen-Anhalt aus Anlass des 800. Domjubiläums Bd. 1, 1. Aufl, Mainz 2009, S. 313–323.

Arnold ESCH, Überlieferungschance und Überlieferungszufall als methodisches Problem des Historikers, In: Historische Zeitschrift 240 (1985), S. 529–570.

Beatrix ETTELT-SCHÖNEWALD, Kanzlei, Rat und Regierung Herzog Ludwigs des Reichen von Bayern Landshut (1450–1479), Bd. 1 (= Schriftenreihe zur bayerischen Landesgeschichte, Bd. 97), München 1996.

Wilhelm EWALD, Siegelkunde (Handbuch der mittelalterlichen und neueren Geschichte 4), München-Berlin 1914 (Nachdruck München 1978).

Irmgard FEES, Eine Stadt lernt schreiben. Venedig vom 10. bis zum 12. Jahrhundert (= Bibliothek des Deutschen Historischen Instituts in Rom, Bd. 103), Tübingen 2002.

Heinrich FICHTENAU, Arenga, Spätantike und Mittelalter im Spiegel von Urkundenformeln, Graz 1957.

Helmut FLACHENECKER, Schulen im Spannungsfeld zwischen Stadt und Kirche. Zur „Kommunalisierung" des spätmittelalterlichen städtischen Bildungswesens, In: Andreas Otto Weber (Hg.), Städtische Normen—genormte Städte (= Stadt in der Geschichte, Bd. 34), S. 59–76.

Peter FLEISCHMANN (Hg.), Norenberc-Nürnberg 1050–1806. Eine Ausstellung des Staatsarchivs Nürnberg zur Geschichte der Reichsstadt. 16. September–12. November 2000 (= Ausstellungskataloge der staatlichen Archive Bayerns, Bd. 41), München 2000.

———, Das Archiv des Reichsstifts St. Ulrich und Afra zu Augsburg, In: Jahrbuch des Vereins für Augsburger Bistumsgeschichte 36 (2002), S. 398–417.

———, Die Überlieferung der Reichsstadt Augsburg im Staatsarchiv Augsburg, In: Michael Cramer-Fürtig (Hg.), Aus 650 Jahren, Ausgewählte Dokumente des Stadtarchivs Augsburg zur Geschichte der Reichsstadt Augsburg (= Beiträge zur Geschichte der Stadt Augsburg, Bd. 3) Augsburg 2006, S. 28ff.

———, Schenkung eines seltenen Formularbuchs von 1528 an das Staatsarchiv Augsburg, In: Nachrichten aus den Staatlichen Archiven Bayerns 52 (2006) S. 12f.

———, Rat und Patriziat in Nürnberg, Bd. 1–3 (= Nürnberger Forschungen, Bd. 31, 1–3), Nürnberg 2008.

Michel FOUCAULT, Archäologie des Wissens (= Suhrkamp Taschenbuch Wissenschaft, Bd. 356), Frankfurt a. Main 1981.

Gerhard FOUQUET, Familie, Haus und Armut in spätmittelalterlichen Städten: Das Beispiel des Augsburger Ehepaares Elisabeth Störkler und Burkard Zink, In: Andreas Gestrich, Raphael Lutz (Hg.), Inklusion/Exklusion: Studien zu Fremdheit und Armut von der Antike bis zur Gegenwart, Frankfurt a. Main 2004, S. 283–307.

John B. FREED, The friars and German society in the thirteenth century (= Mediaeval Academy of America, Bd. 86), Cambridge, 1977.

Johannes FRIED, Die Entstehung des Juristenstandes im 12. Jahrhundert. Zur sozialen Stellung und politischen Bedeutung gelehrter Juristen in Bologna und Modena (= Forschungen zur neueren Privatrechtsgeschichte, Bd. 21), Köln, Wien 1974.

Pankraz FRIED, Augsburg in nachstaufischer Zeit (1276–1368), In: Gottlieb, Geschichte der Stadt Augsburg, S. 145f.

Hans FRISCHBIER, Bürger—Bürgerrechte—Städtische Selbstverwaltung, In: Markus Wild (Hg.), 700 Jahre Stadt Montabaur, Momentaufnahmen einer wechselvollen Geschichte, Katalog zur Jubiläumsausstellung der Stadt Montabaur im Rittersaal des Schlosses vom 19.9. bis 18.10. 1991, Montabaur 1991, S. 7–12.

Karl FRÖHLICH, Das älteste Archivregister der Stadt Goslar. Ein Geheimbuch des Rates aus dem Jahre 1399 (= Beiträge zur Geschichte der Stadt Goslar, Bd. 12), Goslar 1951.

———, Verfassung und Verwaltung der Stadt Goslar im späteren Mittelalter (= Beiträge zur Geschichte der Stadt Goslar, Bd. 1), Goslar 1921.

Bernd FUHRMANN, Der Haushalt der Stadt Marburg in Spätmittelalter und Früher Neuzeit (1451/52–1622) (= Sachüberlieferung und Geschichte, Bd. 19), St. Katharinen 1996.

Jean GAUDEMET, Art. „Decretum" of Gratian, In: Encyclopedia of the Middle Ages Tl. 1, S. 419–420.

Richard A. GOLDTHWAITE, Raymond de Roover on Late Medieval and Early Modern Economic History, In: Raymond de Roover, Julius Kirsher, Business, banking, and economic thought in late medieval and early modern Europe: Selected studies, Chicago, u. Leerzeichen a. 1974.

Peter GEFFCKEN, Soziale Schichtung in Augsburg 1396–1521, Beitrag zu einer Strukturanalyse Augsburgs im Spätmittelalter, München 1983.

———, Art. „Egen", In: Günther Grünsteudel, Günter Hägele, Rudolf Frankenberger (Hg.), Augsburger Stadtlexikon, Augsburg² 1998, S. 371f.

———, Art. „Finanzverwaltung", In: Augsburger Stadtlexikon, S. 397f.

———, Art. „Frickinger", In: Augsburger Stadtlexikon, S. 413.

———, Art. „Lang I", In: Augsburger Stadtexikon, S. 595f.

———, Art. „Münze(n)", In: Augsburger Stadtlexikon, S. 667–670.

———, Art. „Onsorg", In: Augsburger Stadtlexikon, S. 696.

———, Art. „Riederer I.", In: Augsburger Stadtlexikon, S. 753.

———, Art. „Schongauer I", In: Augsburger Stadtlexikon, S. 798f.

———, Art. „Steuern", In: Augsburger Stadtlexikon, S. 845–857.

———, Art. „Vögelin", In: Augsburger Stadtlexikon, S. 900f.

———, Art. „Zoll", In: Augsburger Stadtlexikon, S. 948.

———, Die Welser und ihr Handel 1246–1496, In: Mark Häberlein, Johannes Burkhardt (Hg.), Die Welser: neue Forschungen zur Geschichte und Kultur des oberdeutschen Handelshauses (= Colloquia Augustana, Bd. 16), München 2002, S. 27–168.

Peter GERLACH, Ein Lüneburger Wachstafelbuch des 14. Jahrhunderts, In: Lüneburger Blätter 15/16 (1965), S. 21–70.

Carlo GINZBURG, Des ténèbres médiévales au black-out de New York, In: Europe: Revue littéraire mensuelle Bd. 61 (1983), S. 5–14.

Hans GREINER, Das Archivwesen Ulms in seiner geschichtlichen Entwicklung, In: Württembergische Vierteljahrshefte für Landesgeschichte (1916), S. 295–324.

Elvira GLASER, Graphische Studien zum Schreibsprachwandel vom 13. bis 16. Jahrhundert, Winter 1985.

Gudrun GLEBA, Der mittelalterliche Bürgereid und sein Zeremoniell. Beispiele aus norddeutschen Städten, In: Germanisches Nationalmuseum. Anzeiger des Germanischen Nationalmuseums und Berichte aus dem Forschungsinstitut für Realienkunde, Nürnberg 1993, S. 169–175.

Sebastian GLEIXNER, Sprachrohr des kaiserlichen Willens, Die Kanzlei Kaiser Friedrichs II. (1226–1236) (=Archiv für Diplomatik Beihefte, Bd. 11), Köln, Weimar, Wien 2006.

Maximilian GLOOR, Politisches Handeln im spätmittelalterlichen Augsburg, Basel und Straßburg (= Heidelberger Veröffentlichungen zur Landesgeschichte und Landeskunde, Bd. 15), Heidelberg 2010.

Frédéric GODEFROY, Dictionnaire de l'ancienne langue française. Du IX$^e$ au XV$^e$ siècle, 10 Bde., Paris 1880–1902.

Franz Eckhart GOETZ, Einführung in die Archivkunde, Darmstadt 1993.

Gunther GOTTLIEB, Wolfram Baer, Joseph Becker (Hg.), Geschichte der Stadt Augsburg von der Römerzeit bis zur Gegenwart, Stuttgart² 1985.

Andrew Colin GOW, The Red Jews: Antisemitism in an apocalyptic age 1200–1600 (= Studies in medieval and reformation thought, Bd. 55), Leiden 1995.

———, Teaching Method and Theory to History Undergraduates. Intellectual Challenges and Professional Responsibilities, In: History Compass 3 (2010), S. 258–274.

Sabine GRAF, Die Reichsstadt Goslar und das Goslarer Stadtrecht, In: Dieter Pötschke (Hg.), Stadtrecht, Roland und Pranger: zur Rechtsgeschichte von Halberstadt, Goslar, Bremen und Städten der Mark Brandenburg (= Harz-Forschungen, Bd. 14), Berlin 2002, S. 55–76.

Antjekathrin GRAßMANN, Zu den Lübecker Stadtbüchern, In: Jürgen Sarnowsky (Hg.), Verwaltung und Schriftlichkeit in den Hansestädten, Trier 2006, S. 71–80.

———, Das Wachstafel-Notizbuch des mittelalterlichen Menschen, In: Heiko Steuer, Zur Lebensweise in der Stadt um 1200. Ergebnisse der Mittelalter-Archäologie. Bericht über ein Kolloquium in Köln vom 31. Januar bis 2. Februar 1984, Bonn 1986, S. 223–236.

Hans GREINER, Das Archivwesen Ulms in seiner geschichtlichen Entwicklung, In: Württembergische Vierteljahrshefte für Landesgeschichte Ser. NF 25 (1916), S. 293–324

Jacob und Wilhelm GRIMM, Deutsches Wörterbuch, 33 Bde., Leipzig 1854–1971.

Günther GRÜNSTEUDEL, Günter Hägele, Rudolf Frankenberger (Hg.), Augsburger Stadtlexikon, Geschichte, Gesellschaft, Kultur, Recht, Wirtschaft, Augsburg 1998.

Diether HAACKE, Schreiberprobleme. Zugleich ein Beitrag zur Erforschung der Nürnberger deutschen Urkunden des 13. Jahrhunderts, In: Helmut de Boor, Ingeborg Schröbler (Hg.), Beiträge zur deutschen Sprache und Literatur Bd. 86 (1964), S. 107–141.

Otto HAGENEDER, Die geistliche Gerichtsbarkeit in Ober- und Niederösterreich von den Anfängen bis zum Beginn des 15. Jahrhunderts (= Forschungen zur Geschichte Oberösterreichs, Bd. 10), Graz 1967.

Othmar HAGENEDER, Über das fürstliche Gesetzgebungsrecht beim steirischen Reimchronisten, In: Festschrift Nikolaus Grass (1974), S. 459–481.

Dieter HÄGERMANN, Studien zum Urkundenwesen Wilhelms von Holland, (= Archiv für Diplomatik Beihefte, Bd. 2), Köln, Weimar, Wien 1977.

Maurice HALBWACHS, Les cadres sociaux de la mémoire, Paris 1994 (Nachdruck der Ausgabe des Jahres 1925).

Christian Gottlob HALTHAUS, De turri rubae germanorum medii aevi et quae cognati sunt argumenti disserit, Leipzig 1759.

Johannes HALLER, Das Papsttum. Idee und Wirklichkeit, Bd. 5: Der Einsturz, Stuttgart 1965.

Sabine HAPP, Stadtwerdung am Mittelrhein. Die Führungsgruppen von Speyer, Worms und Koblenz bis zum Ende des 13. Jahrhunderts, Köln 2002.

Joseph HARTMANN, Datierung, In: Friedrich Beck, Eckart Henning (Hg.), Die archivalischen Quellen, Mit einer Einführung in die Historischen Hilfswissenschaften, Köln, Weimar, Wien[4] 2004, S. 245–250.

Josef HARTMANN, Jürgen KLOSTERHUIS, Amtsbücher, In: Friedrich Beck, Eckart Henning (Hg.), Die archivalischen Quellen, Mit einer Einführung in die Historischen Hilfswissenschaften, Köln, Weimar, Wien[4] 2004, S. 40–74.

Bettina HATHEYER, Das Buch von Akkon. Das Thema Kreuzzug in der Steirischen Reimchronik des Ottokar aus der Gaal Untersuchungen, Übersetzungen und Kommentar (Göppinger Arbeiten zur Germanistik, Bd. 709), Göppingen 2005.

Gunter HAUG, Die Herren von Gundelfingen, Münsigen 1996.

Alfred HAVERKAMP, „... an die große Glocke hängen". Über Öffentlichkeit im Mittelalter, In: Jahrbuch des Historischen Kollegs (1995), S. 71–112.

Julius HANS, Beiträge zur Geschichte des Augsburger Schulwesens, In: Zeitschrift des Historischen Vereins für Schwaben und Neuburg 1875, S. 78–106.

Heinrich Cornelius HECKER, Nachrichten vom Rittersitze und Marktflecken Meuselwitz, Leipzig 1741.

Friedrich HEER, Augsburger Bürgertum im Aufstieg Augsburgs zur Weltstadt (1275–1530), In: Clemens Bauer, Josef Bernhart, Hermann Rinn (Hg.), Augusta 955–1955. Forschungen und Studien zur Kultur- und Wirtschaftsgeschichte Augsburgs, München 1955, S. 107–135

C. HEGEL, Über Münze und Preise in Augsburg, In: Chroniken deutscher Städte 5, S. 421–440.

Sonja HEIM, Der Schwörtag in Augsburg im Mittelalter, In: Augsburger Beiträge zur Landesgeschichte Bayerisch-Schwabens 12 (2011), S. 7–62.

Otto von HEINEMANN, Goslarer Wachstafeln aus den Jahren 1341 bis 1361, In: Zeitschrift des Harzvereins für Geschichte und Alterthumskunde 12 (1879), S. 72–77.

Paul-Joachim HEINIG, Reichsstädte, Freie Städte und Königtum 1389–1450. Ein Beitrag zur deutschen Verfassungsgeschichte (= Beiträge zur Sozial- und Verfassungsgeschichte des alten Reiches, Bd. 3), Wiesbaden 1983.

Paul Joachim HEINIG, Kaiser Friedrich III. (1440–1493), Hof, Regierung und Politik (= Forschungen zur Kaiser- und Papstgeschichte des Mittelalters, Beihefte zu J. F. Böhmer, Regesta Imperii, Bd. 17), Bd. 1, Köln, Weimar, Wien 1997.

Theodor HERBERGER, Kaiser Ludwig der Bayer und die treue Stadt Augsburg, Augsburg 1853.

Peter HERDE, Art. „Konradin, König von Sizilien und Jerusalem (1252–1268), In: LEX MA 5 (1991), Sp. 1368.

Simone HERDE, Das Augsburger Stadtrechtsbuch, In: Michael Cramer-Fürtig (Hg.), Aus 650 Jahren, S. 40f.

———, Das Augsburger Achtbuch, In: Cramer-Fürtig (Hg.), Aus 650 Jahren, S. 48f.

Tobias HERRMANN, Anfänge kommunaler Schriftlichkeit. Aachen im europäischen Kontext (= Bonner historische Forschungen, Bd. 62), Siegburg 2006.

Richard HEUBERGER, Das Urkunden- und Kanzleiwesen der Grafen von Tirol, Herzöge von Kärnten, aus dem Hause Görz (= Mitteilungen des Instituts für österreichische Geschichtsforschung, Bd. 9), Innsbruck 1913.

Wolfgang HEß, Rechnung Legen auf Linien. Rechenbrett und Zahltisch in der Verwaltungspraxis in Spätmittelalter und Neuzeit, In: Maschke, Sydow (Hg.), Städtisches Haushalts- und Rechnungswesen, S. 69–82.

Thomas HILDBRAND, Herrschaft, Schrift und Gedächtnis. Das Kloster Allerheiligen und sein Umgang mit Wissen in Wirtschaft, Recht und Archiv (11.–16. Jahrhundert), Zürich 1996, S. 51–62.

Ludwig H. HILDEBRANDT, Neues zur Geschichte der Burg Streichenberg bei Stebbach, Kraichgau 20 (2007), S. 53–72.

Eberhard P. HILBICH, Das Augsburger spätgotische Rathaus und seine Stellung unter den süddeutschen Rathausbauten, München 1968.

Richard L. HILLS, Early Italian Papermaking, a Crucial Technical Revolution, In: Jahrbuch für Papiergeschichte 9 (1992), S. 37–46.

Hans HIRSCH, Zur Frage des Auftretens der deutschen Sprache in den Urkunden und der Ausgabe deutscher Urkundentexte, In: MIÖG 52 (1938), S. 227–242.

Karl Theodor HOENIGER, Das älteste Bozner Ratsprotokoll vom Jahr 1469, In: Jahrbuch für Geschichte, Kultur und Kunst 1931/1934 (1934), S. 7–111.

Richard HOFFMANN, Die Augsburger Baurechnungen von 1320–1331, In: ZHVS 5 (1878), S. 1–220.

Rudolf HOLBACH, „Item das ich Ott Ruland ain kauf hab getroffen". Zu den Handelsgeschäften des Ulmer Kaufmanns im 15. Jahrhundert, In: Nils Jörn, Detlef Kattinger, Horst Wernicke (Hg.), „kopet uns werk by tyden". Beiträge zur hansischen und preußischen Geschichte, Walter Stark zum 75. Geburtstag, Schwerin 1999, S. 81–98.

Peter HOHEISEL, Die Göttinger Stadtschreiber bis zur Reformation. Einfluss, Sozialprofil, Amtsaufgaben (= Studien zur Geschichte der Stadt Göttingen, Bd. 21), Göttingen 1998.

Julian HOLZAPFEL, Kanzleikorrespondenz des späten Mittelalters in Bayern: Schriftlichkeit, Sprache und politische Rhetorik (= Schriftenreihe zur bayerischen Landesgeschichte, Bd. 159), München 2008.

Karl Gustav HOMEYER, Die Stadtbücher des Mittelalters, Insbesondere das Stadtbuch von Quedlinburg, Berlin 1860, S. 13–17.

Gustav HOMEYER, Die deutschen Rechtsbücher des Mittelalters und ihre Handschriften, Weimar 1931/1934.

Hans Norbert HÖRBERG, Art. „Domschule", In: Augsburger Stadtlexikon, Augsburg 1998, S. 362.

Dietrich HÖROLDT, Kommunale Archive, In: Der Archivar 37 (1984), Sp. 387.

Sandra HUNING, Politisches Handeln in öffentlichen Räumen. Die Bedeutung öffentlicher Räume für das Politische (= Edition Stadt und Region, Bd. 14), Berlin 2006.

Theodor ILGEN, Sphragistik (= Meisters Grundriss der Geschichtswissenschaft, Bd. 1/4), Leipzig² 1912.

Franz IRSIGLER, Papierhandel in Mitteleuropa, 14.–16. Jahrhundert, In: Volker Henn, Rudolf Holbach, Michael Pauly, Wolfgang Schmid (Hg.), Miscellanea Franz Irsigler, Festgabe zum 65. Geburtstag, Trier 2006, S. 309–348.

———, Überregionale Verflechtungen der Papierer. Migration und Technologietransfer vom 14. bis zum 17. Jahrhundert, In: Knut Schulz (Hg.), Handwerk in Europa vom Spätmittelalter bis zur Frühen Neuzeit (= Schriften des Historischen Kollegs, Bd. 41) 1999, S. 255–275.

Eberhard ISENMANN, Die deutsche Stadt im Spätmittelalter: 1250–1500. Stadtgestalt, Recht, Stadtregiment, Kirche, Gesellschaft, Wirtschaft, Stuttgart 1988.

———, Art. „Universitas", In: LEX MA 9 (1997), Sp. 1247f.

———, Ratsliteratur und städtische Ratsordnungen des späten Mittelalters und der frühen Neuzeit. Soziologie des Rats- Amt und Willensbildung—politische Kultur, In: Pierre Monnet, Otto Gerhard Oexle (Hg.), Stadt und Recht im Mittelalter = La ville et le droit au moyen âge (= Veröffentlichungen des Max-Planck-Instituts für Geschichte, Bd. 174), Göttingen 2003, S. 215–479.

Joachim JAHN, Augsburgs Einwohnerzahl im 16. Jahrhundert. Ein statistischer Versuch, In: Zeitschrift für Bayerische Landesgeschichte, Bd. 39 (1976), S. 379–396.

Hermann JAKOBS, Eugen III. und die Anfänge Europäischer Stadtsiegel, Nebst Anmerkungen zum Bande IV der Germania Pontificia (= Studien und Vorarbeiten zur Germania Pontificia, Bd. 7), Köln, Wien 1980.

Peter JOHANEK, Die Frühzeit der Siegelurkunde im Bistum Würzburg, Würzburg 1969.

———, Methodisches zur Verbreitung und Bekanntmachung von Gesetzen im Spätmittelalter, in: Histoire comparée de l'administration (IVe–XVIIIe siècles) (1980), S. 88–101.

———, Geschichtsschreibung und Geschichtsüberlieferung in Augsburg am Ausgang des Mittelalters, in: Janota, Williams-Krapp (Hg.), Literarisches Leben in Augsburg während des 15. Jahrhunderts, Tübigen 1996, S. 160–182

———, Zusammenfassung, In: Rainer C. W. K. Schwinges (Hg.), Gesandtschafts- und Botenwesen im spätmittelalterlichen Europa (= Vorträge und Forschungen / Konstanzer Arbeitskreis für Mittelalterliche Geschichte), Ostfildern 2003, S. 365–376

Rainer JOOß, Schwören und Schwörtage in süddeutschen Reichsstädten. Realien, Bilder, Rituale, In: Anzeiger des Germanischen Nationalmuseums und Berichte aus dem Forschungsinstitut für Realienkunde (1993), S. 153–168.

Daniela KAH, Stadtbild und Identität, Aspekte der Reichsrepräsentation in der spätmittelalterlichen Reichsstadt Augsburg (Masterarbeit), Augsburg 2012 (masch).

Claudia KALESSE, Bürger in Augsburg. Studien über Bürgerecht, Neubürger und Bürgen anhand des Augsburger Bürgerbuchs (1288–1497) (= Abhandlungen zur Geschichte der Stadt Augsburg , Bd. 37), Augsburg 2001.

———, Raphael Matthias KRUG, Die Augsburger Steuermeisterrechnungen 1320 bis 1332 (in Vorbereitung).

Katrin KANIA, Das Blaue vom Himmel gelogen oder bunt wie das Leben selbst? Kleiderbeschreibungen in Wolframs von Eschenbach „Parzival" und archäologische Funde im Vergleich, In: Bennewitz, Schindler (Hg.), Farbe im Mittelalter, S. 213ff.

Hans KÄLIN, Vom Handel mit Basler Papier im Mittelalter, Basel 1974.

———, Papier in Basel bis 1500, Basel 1974.

Martin KAUFHOLD, Gladius spiritualis. Das päpstliche Interdikt über Deutschland in der Regierungszeit Ludwigs des Bayern (1324–1347) (= Heidelberger Abhandlungen zur Mittleren und Neueren Geschichte, NF / Bd. 6), Heidelberg 1994.

———, Deutsches Interregnum und europäische Politik. Konfliktlösungen und Entscheidungsstrukturen 1230–1280 (= Monumenta Germaniae Historica. Schriften, Bd. 49), Hannover 2000.

———, Interregnum, Darmstadt 2002.

———, Wendepunkte des Mittelalters, Ostfildern 2004.

———, Die gelehrten Erzbischöfe von Canterbury und die Magna Carta, In: Ders. (Hg.), Politische Reflexionen in der Welt des späten Mittelalters, Political Thought in the Age of Scholasticism. Essays in Honour of Jürgen Miethke (= Studies in Medieval and Reformation Traditions, Bd. 103), Leiden 2004, S. 43–65.

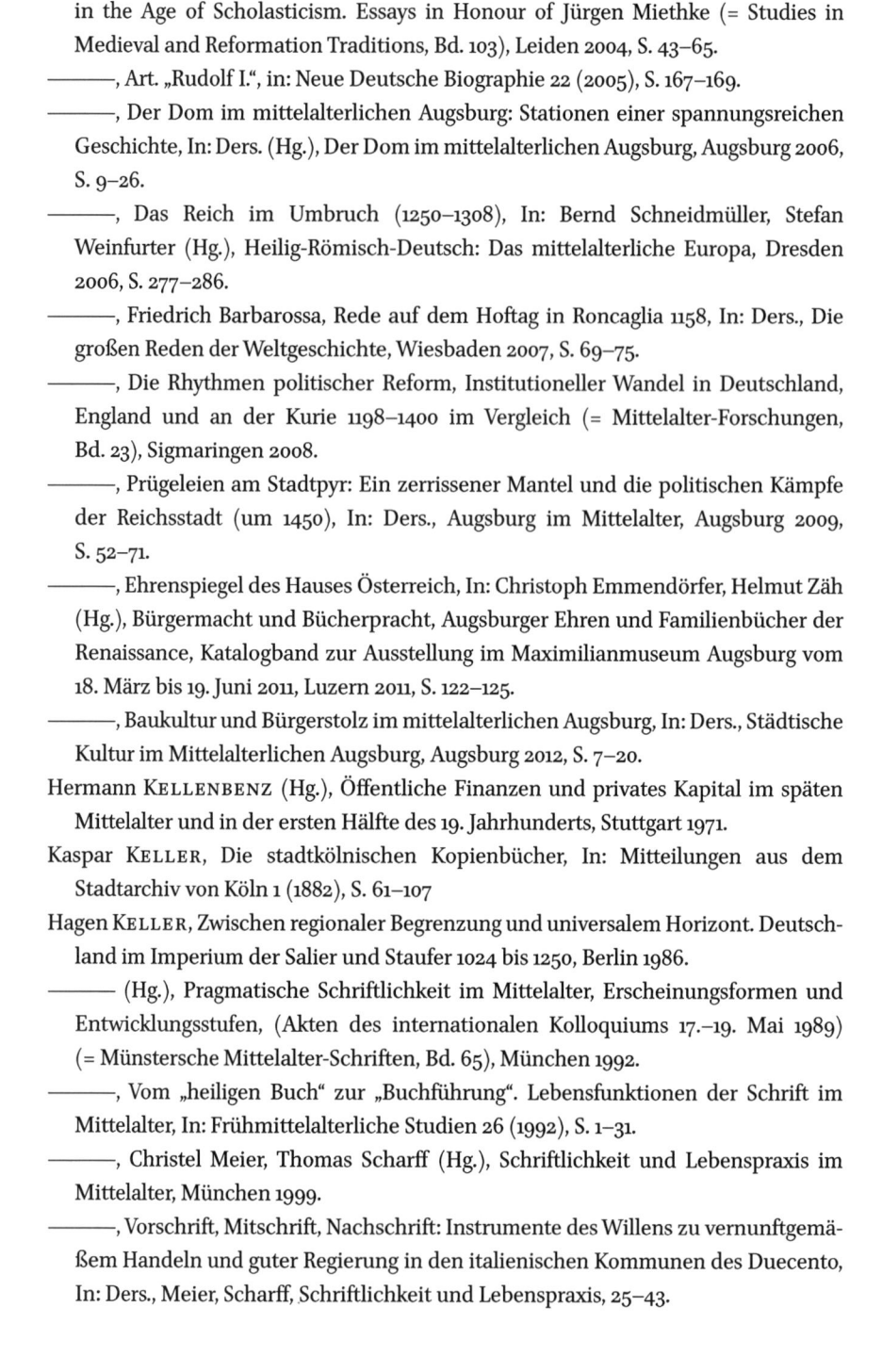

———, Art. „Rudolf I.", in: Neue Deutsche Biographie 22 (2005), S. 167–169.

———, Der Dom im mittelalterlichen Augsburg: Stationen einer spannungsreichen Geschichte, In: Ders. (Hg.), Der Dom im mittelalterlichen Augsburg, Augsburg 2006, S. 9–26.

———, Das Reich im Umbruch (1250–1308), In: Bernd Schneidmüller, Stefan Weinfurter (Hg.), Heilig-Römisch-Deutsch: Das mittelalterliche Europa, Dresden 2006, S. 277–286.

———, Friedrich Barbarossa, Rede auf dem Hoftag in Roncaglia 1158, In: Ders., Die großen Reden der Weltgeschichte, Wiesbaden 2007, S. 69–75.

———, Die Rhythmen politischer Reform, Institutioneller Wandel in Deutschland, England und an der Kurie 1198–1400 im Vergleich (= Mittelalter-Forschungen, Bd. 23), Sigmaringen 2008.

———, Prügeleien am Stadtpyr: Ein zerrissener Mantel und die politischen Kämpfe der Reichsstadt (um 1450), In: Ders., Augsburg im Mittelalter, Augsburg 2009, S. 52–71.

———, Ehrenspiegel des Hauses Österreich, In: Christoph Emmendörfer, Helmut Zäh (Hg.), Bürgermacht und Bücherpracht, Augsburger Ehren und Familienbücher der Renaissance, Katalogband zur Ausstellung im Maximilianmuseum Augsburg vom 18. März bis 19. Juni 2011, Luzern 2011, S. 122–125.

———, Baukultur und Bürgerstolz im mittelalterlichen Augsburg, In: Ders., Städtische Kultur im Mittelalterlichen Augsburg, Augsburg 2012, S. 7–20.

Hermann KELLENBENZ (Hg.), Öffentliche Finanzen und privates Kapital im späten Mittelalter und in der ersten Hälfte des 19. Jahrhunderts, Stuttgart 1971.

Kaspar KELLER, Die stadtkölnischen Kopienbücher, In: Mitteilungen aus dem Stadtarchiv von Köln 1 (1882), S. 61–107

Hagen KELLER, Zwischen regionaler Begrenzung und universalem Horizont. Deutschland im Imperium der Salier und Staufer 1024 bis 1250, Berlin 1986.

——— (Hg.), Pragmatische Schriftlichkeit im Mittelalter, Erscheinungsformen und Entwicklungsstufen, (Akten des internationalen Kolloquiums 17.–19. Mai 1989) (= Münstersche Mittelalter-Schriften, Bd. 65), München 1992.

———, Vom „heiligen Buch" zur „Buchführung". Lebensfunktionen der Schrift im Mittelalter, In: Frühmittelalterliche Studien 26 (1992), S. 1–31.

———, Christel Meier, Thomas Scharff (Hg.), Schriftlichkeit und Lebenspraxis im Mittelalter, München 1999.

———, Vorschrift, Mitschrift, Nachschrift: Instrumente des Willens zu vernunftgemäßem Handeln und guter Regierung in den italienischen Kommunen des Duecento, In: Ders., Meier, Scharff, Schriftlichkeit und Lebenspraxis, 25–43.

——, Mündlichkeit-Schriftlichkeit-symbolische Interaktion, Mediale Aspekte der Öffentlichkeit im Mittelalter, In: Frühmittelalterliche Studien 38 (2004), S. 277–286.

——, Die Entfaltung der mittelalterlichen Schriftkultur im europäischen Kontext. Schriftgebrauch und Kommunikationsverhalten im gesellschaftlich-kulturellen Wandel vom 5. bis zum 13. Jahrhundert, In: Reinhard Härtel (Hg.), Schriftkultur zwischen Donau und Adria bis zum 13. Jahrhundert: Akten der Akademie Friesach „Stadt und Kultur im Mittelalter", Friesach (Kärnten), 11.–15. September 2002 (= Schriftenreihe der Akademie Friesach, Bd. 8), Klagenfurt 2008, S. 15–45.

Friedrich KEUTGEN, Untersuchungen zum Ursprung der deutschen Stadtverfassung, Leipzig 1895.

Erich KEYSER, Ein Danzinger Wachstafelzinsbuch aus dem 15. Jahrhundert, In: Zeitschrift für Ostforschung 8 (1959), S. 231–259.

Rolf KIEßLING, Augsburg im Aufstand, Ein systematischer Vergleich von Unruhen des 14./16. mit denn des 17./18. Jahrhunderts, In: Angelika Westermann, Ekkehard Westermann (Hg.), Streik im Revier: Unruhe, Protest und Aufstand vom 8. bis 20. Jahrhundert, St. Katharinen 2007, S. 153–175.

——, Bürgerliche Gesellschaft und Kirche in Augsburg im Spätmittelalter. Ein Beitrag zur Strukturanalyse der oberdeutschen Reichsstadt (= Abhandlungen zur Geschichte der Stadt Augsburg, Bd. 19), Augsburg 1971.

——, Art. „Vogtei", In: Augsburger Stadtlexikon, S. 903.

——, Augsburger Bürger, Klöster und Stifte als Grundherren, In: HVLA 20 (1985/86), S. 99–120.

——, Die Stadt und ihr Land. Umlandpolitik, Bürgerbesitz und Wirtschaftsgefüge in Ostschwaben vom 14. bis ins 16. Jahrhundert (= Städteforschung A, Bd. 29), Köln, Wien 1989.

——, Zum Augsburg-Bild in der Chronistik des 15. Jahrhunderts, In: Johannes Janota, Werner Williams-Krapp (Hg.), Literarisches Leben in Augsburg während des 15. Jahrhunderts (= Studia Augustana, Bd. 7), S. 183–215.

——, Im Spannungsfeld von Markt und Recht, Die Augsburger Wirtschaft im 15. und 16. Jahrhundert, In: Christoph Becker, Hans Georg Hermann (Hg.), Ökonomie und Recht—Historische Entwicklungen in Bayern, 6. Tagung der Gesellschaft für Bayerische Rechtsgeschichte am 4. und 5. Juli 2008 in Augsburg (= Augsburger Schriften zur Rechtsgeschichte, Bd. 19), Berlin 2009, S. 73–99

Martin KINTZINGER, Art. „Stadtbuch", in: LEX MA 8, Sp. 12–13.

——, *Ich was auch ain schuler*. Die Schulen im spätmittelalterlichen Augsburg, In: Johannes Janota, Werner Williams-Krapp (Hg.), Literarisches Leben in Augsburg während des 15. Jahrhunderts (= Studia Augustana, Bd. 7), Tübingen 1995, S. 58–81.

——, Das neue Wissen der Stadtbürger, Ostfildern 2003, S. 125–142.

Bernhard KIRCHGÄSSNER, Eberhard NAUJOKS (Hg.), Stadt und wirtschaftliche Selbstverwaltung, Sigmaringen 1987, S.113–120.

Erich KITTEL, Siegel (= Bibliothek für Kunst- und Antiquitätenfreunde, Bd. 11), Braunschweig 1970.

Sabine KLAPP, Siegrid Schmitt (Hg.), Städtische Gesellschaft und Kirche im Spätmittelalter (= Geschichtliche Landeskunde, Bd. 62), Stuttgart 2008.

Hans-Walter KLEWITZ, Cancellaria. Ein Beitrag zur Geschichte des geistlichen Hofdienstes, In: Deutsches Archiv für Erforschung des Mittelalters 1 (1937), S. 44–79.

Martina B. KLUG, Vom Märtyrer zum Stadtpatron: Entwicklung eines theologischkultischen Phänomens zum sozialen Faktor in der mittelalterlichen Stadt Dortmund, In: Thomas Schlip, Beate Weifenbach (Hg.), Reinoldus und die Bürgergemeinde: die mittelalterliche Stadt und ihr heiliger Patron, Essen 2000, S. 25–33.

Bernd KLUGE, Die Monetarisierung Europas in staufischer Zeit, In: Alfried Wieczorek, Bernd Schneidmüller, Stefan Weinfurter (Hg.), Die Staufer und Italien, Bd. 1, Darmstadt 2010, S. 403–410.

Mathias Franc KLUGE, Die inneren Organe Ottos III. und ihr vergessenes Grab, Herrschergedenken zwischen Bedeutungswandel und Überlieferungschance, In: Archiv für Kulturgeschichte 94 (2012), S. 59–86.

———, Der Kaufmann und die Schrift: Risiken der Globalisierung des Handels im Spätmittelalter, In: Martin Kaufhold (Hg.), Städtische Kultur im spätmittelalterlichen Augsburg, Augsburg 2012, S. 71–90.

———, Die Venedische Handelsgesellschaft der Veckinchusen und ihr Niedergang (Mit einer Edition neuer Quellen zum Konkursverfahren des Unternehmens), In: Hansische Geschichtsblätter 131 (2013) (in Vorbereitung).

Gustav C. KNOD, Deutsche Studenten in Bologna. (1289–1562): biograph. Index zu d. Acta nationis Germanicae Universitatis Bononiensis, Aalen 1970.

Joseph KNÖPFLER, Kaiser Ludwig der Bayer und die Reichsstädte in Schwaben, Elsass und am Oberrhein, In: Karl Reinhardstöttner (Hg.), Forschungen zur Geschichte Bayerns, Berlin 1903, S. 1–53.

Gernot KOCHER, Die Farben als Elemente einer rechtlichen Aussage, In: Ingrid Bennewitz, Andrea Schindler (Hg.), Farbe im Mittelalter, Materialität—Medialität—Semantik, Bd. 2, Berlin 2011, S. 1025–1035.

Theo KÖLZER, Farbiges Mittelalter?, In: Steffen Arndt, Andreas Hedwig (Hg.), Visualisierte Kommunikation im Mittelalter, Legitimation und Repräsentation, Marburg 2010, S. 13–31.

Raymund KOTJE, Mittelalterliche Anfänge der Archivierung in niederrheinischen Städten, In: Manfred van Rey (Hg.), Bonn und das Rheinland, Beiträge zur Geschichte und Kultur einer Region (Festschrift zum 65. Geburtstag von Dietrich Höroldt), Bonn 1992, S. 9–18.

Thomas R. KRAUS, Die Aachener Stadtrechnungen des 15. Jahrhunderts (= Publikationen der Gesellschaft für rheinische Geschichtskunde, Bd. 72), Düsseldorf 2004.

Ingmar KRAUSE, Konflikt und Ritual im Herrschaftsbereich der frühen Capetinger: Untersuchungen zur Darstellung und Funktion symbolischen Verhaltens, Münster 2006.

Karl Josef KRETER, Städtische Geschichtskultur und Historiographie, Das Bild der Stadt Hannover im Spiegel ihrer Geschichtsdarstellung von den Anfängen bis zum Verlust der städtischen Autonomie (Diss.), Hannover 1996.

Georg KREUZER, Das Verhältnis von Stadt und Bischof in Augsburg und Konstanz im 12. und 13. Jahrhundert, In: Bernhard Kirchgässner, Wolfram Baer (Hg.), Stadt und Bischof. 24. Arbeitstagung in Augsburg 1985 (= Stadt und Geschichte. Veröffentlichungen des Süddeutschen Arbeitskreises für Stadtgeschichtsforschung, Bd. 14), Sigmaringen 1988, S. 43–64.

Karl KRIEG, Beiträge zur Verfassungsgeschichte Augsburgs bis zur Einsetzung des Rates, Borna bei Leipzig, 1913.

Karl Friedrich KRIEGER, Rudolf von Habsburg (1273–1291), Darmstadt 2003.

———, Die Lehnshoheit der deutschen Könige im Spätmittelalter (ca. 1200–1437) (= Untersuchungen zur deutschen Staats- und Rechtsgeschichte, Bd. 23), Aalen 1979.

———, Rechtliche Grundlagen und Möglichkeiten römisch-deutscher Königsherrschaft im 15. Jahrhundert, In: Reinhard Schneider, Das spätmittelalterliche Königtum im europäischen Vergleich (= Vorträge und Forschungen, Bd. 32), Sigmaringen 1987, S. 465–489.

Jaap Gerardus KRIUSHERR, Kanzleianfertigung, Empfängeranfertigung und Anfertigung durch Dritte. Methodologische Bemerkungen anläßlich einiger neuerer Untersuchungen, In: Archiv für Diplomatik 25 (1979), S. 256–300.

Karl KROESCHELL, Deutsche Rechtsgeschichte Bd. 1: Bis 1250, Köln, Weimar, Wien[13] 2008.

Raphael Matthias KRUG, Es ist doch zem Jungsten ein end daran: Die Augsburger Steuerbücher im Spätmittelalter (1346–1430) als Medium städtischer Verwaltung, Augsburg 2006 (Onlinepublikation: http://opus.bibliothek.uni-augsburg.de/voll texte/2007 /549/).

Anna KRÜGER, Art. „Ottokar von Steiermark (aus der Geul)", in VL 5, Berlin 1955, Sp. 834–842.

Klaus KRÜGER, Gelesenes Mittelalter, Das Spektrum mittelalterlicher Schriftlichkeit, In: Matthias Meinhardt, Andreas Ranft, Stephan Selzer (Hg.), Oldenburg Geschichte Lehrbuch Mittelalter, München 2007, S. 297–304.

Kristina KRÜGER, Schreibgriffel und Wachstafeln als Zeugnisse von Schriftlichkeit im Mittelalter, In: Karl Brunner, Gerhard Jaritz, Text als Realie, Internationaler Kongress, Krems an der Donau, 3. bis 6. Oktober 2000 (= Sitzungsberichte. Akademie der Wissenschaften in Wien, Philosophisch-Historische Klasse Bd. 704), Wien 2003, S. 229–261.

Ingo KRÜGER, Das Nürnberger Schrift- und Urkundenwesen von 1240 bis 1350, Bonn 1988.

Thomas Michael KRÜGER, Zeugen eines Spannungsverhältnisses? Die mittelalterlichen Siegel des Augsburger Domkapitels und der Augsburger Bürgerschaft, In: Markus Späth (Hg.), Die Bildlichkeit korporativer Siegel im Mittelalter, Kunstgeschichte und Geschichte im Gespräch (= Sensus. Studien zur mittelalterlichen Kunst, Bd. 1), Köln, Weimar, Wien 2009, S. 238–260.

——, Peter von Schaumberg (1388–1469), In: Jahrbuch des Vereins für Augsburger Bistumsgeschichte 39 (2005), S. 31–43.

——, Die Anfänge des Stadtsiegels und die Emanzipation der Bürgerschaft, In: Martin Kaufhold (Hg.) Augsburg im Mittelalter, Augsburg 2009, S. 19–36.

——, Gewalt und Recht: Bürgerlich-klerikale Streitkultur im mittelalterlichen Augsburg, In: Martin Kaufhold (Hg.), Städtische Kultur im Mittelalterlichen Augsburg, Augsburg 2012, S. 62–71.

Hiram KÜMPER, Reichsstädtische Allüren im spätmittelalterlichen München. Beobachtungen zu einigen ratsnahen Handschriften, In: Concilium medii aevi 11 (2008), S. 71–78.

Paul LABAND, Beiträge zur Kunde des Schwabenspiegels, Berlin 1861.

Pascal LADNER, Art. „Pergament", In: LEX MA 6 (1993), S. 1885–1887.

Peter LANDAU, Art. „Gratian (Ende 11.–um 1145)", In: HRG (2), Tl. 2, Sp. 530–533.

Otto LAUFFER, Farbsymbolik im deutschen Volksgebrauch, Hamburg 1948.

Jacques LE GOFF, Franz von Assisi, Stuttgart 2007.

Peter LENGLE, Handel und Gewerbe bis zum Ende des 13. Jahrhunderts, In: Gottlieb, Geschichte der Stadt Augsburg, S. 166–170.

Matthias LEXER, Mittelhochdeutsches Handwörterbuch, 3 Bde., Leipzig 1872–1878.

Wilhelm LIEBHART, Die Benediktinerabtei St. Ulrich und Afra zu Augsburg, Studien zu Besitz und Herrschaft (1006–1803), Augsburg 1982.

Maria LINARES, Kunst und Kultur im Mittelalter. Farbschemata und Farbsymbole, In: Ingrid Benewitz, Andrea Schindler (Hg.), Farbe im Mittelalter, Materialität—Medialität—Semantik, Bd. 1, Berlin 2011, S. 297–312.

Emil LITTRÉ, Dictionnaire de la langue française, Bd. 4, Paris 1889–1897.

Pietro LO IACONO, Primato petrino e indipendenza del potere politico: Dictatus papae, Unam sanctam, Syllabus errorum, Rom 2009.

Franz von LÖHER, Geschichte des Archivwesens im Mittelalter, In: Bayerische Akademie der Wissenschaften, phil.-hist. Klasse. Sitzungsberichte 1889, S. 278ff.

Sönke LORENZ, Pfalzgraf Rudolf I. von Tübingen († 1219)—ein Reichsfürst?, In: Ders., Stephan Molitor (Hg.), Herrschaft und Legitimation: Hochmittelalterlicher Adel in Südwestdeutschland, Erstes Symposium „Adel, Ritter, Ritterschaft vom Hochmittelalter bis zum modernen Verfassungsstaat" (= Schriften zur südwestdeutschen Landeskunde, Bd. 36), S. 75–169.

Ottokar LORENZ, Papstwahl und Kaiserthum, Eine historische Studie aus Staats- und Kirchenrecht, Berlin 1874.

Gerda Maria LUCHA, Kanzleischriftgut, Kanzlei, Rat und Regierungssystem unter Herzog Albrecht III. von Bayern-München 1438–1460 (= Europäische Hochschulschriften, Reihe III: Geschichte und ihre Hilfswissenschaften Bd. 545), Frankfurt a. Main 1993.

Heiner LÜCK, Art. „Insignien", In: HRG 2, Tl 2, Sp. 1255–1256.

Christine MAGIN, Schriftlichkeit und Aktenverwaltung am Kammergericht Kaiser Friedrichs III., In: Susanne Lepsius (Hg.), Als die Welt in die Akten kam: Prozeßschriftgut im europäischen Mittelalter; [Beiträge der vom 28. bis 29. Oktober 2005 [...] Max-Planck-Instituts für europäische Rechtsgeschichte abgehaltenen interdisziplinären Konferenz] (= Rechtsprechung, Bd. 27), Frankfurt 2008, S. 349–387.

Thomas Michael MARTIN, Die Städtepolitik Rudolfs von Habsburg (= Veröffentlichungen des Max-Planck-Instituts für Geschichte, Bd. 44), Göttingen 1976.

Otto MARZAL, Art. „Bucheinband", In: LEX MA, Tl. 2, Sp. 823–826.

Erich MASCHKE, Jürgen Sydow (Hg.), Städtisches Haushalts- und Rechnungswesen. 12. Arbeitstagung in Überlingen 9.–11. November 1973 (= Stadt in der Geschichte. Veröffentlichungen des südwestdeutschen Arbeitskreises für Stadtgeschichtsforschung, Bd. 2), Sigmaringen 1977.

Erich MASCHKE, Der wirtschaftliche Aufstieg des Burkhard Zink (* 1396 † 1474/75), In: FS Hermann Aubin (1965), Wiesbaden 1965, S. 235–262.

Hermann MAUÉ, Verschlossene Briefe-Briefverschlußsiegel, In: Heinz-Dieter Heimann, Ivan Hlaváček (Hg.), Kommunikationspraxis und Korrespondenzwesen im Mittelalter und in der Renaissance, Paderborn 1998, S. 13–57.

Heinrich MAURER, Kritische Untersuchungen zur ältesten Verfassungsurkunde der Stadt Freiburg, In: ZGONF 1 (1886), S. 170–190.

Markus Antonius MAYER, Der Kauf nach dem Augsburger Stadtrecht von 1276 im Vergleich zum gemeinen römischen Recht (= Augsburger Schriften zur Rechtsgeschichte, Bd. 20), Berlin 2009.

Otto MAZAL, Einbandkunde: Die Geschichte des Bucheinbandes, Wiesbaden 1997.

Heinrich Otto MEISNER, Archivalienkunde vom 16. Jahrhundert bis 1918, Göttingen 1969.

Christel MEIER (Hg.), Träger, Felder, Formen pragmatischer Schriftlichkeit im Mittelalter: Bericht über die Arbeit des Sonderforschungsbereichs 231 an der Westfälischen Wilhelms-Universität Münster 1986–1999, Münster 2003.

Gerd MELVILLE (Hg.), Das Sichtbare und das Unsichtbare der Macht. Institutionelle Prozesse in Antike, Mittelalter und Neuzeit, Köln, Weimar, Wien 2005.

Matthias MENDE, Das alte Nürnberger Rathaus, Baugeschichte und Ausstattung des großen Saales und der Ratsstube, Bd. 1, Nürnberg 1979.

Johannes MERKEL, De republica Alamannorum comentarii [...] XVI, Berlin 1849.

Gottfried Felix MERKEL, Das Aufkommen der deutschen Sprache in den städtischen Kanzleien des ausgehenden Mittelalters (= Beiträge zur Kulturgeschichte des Mittelalters und der Renaisscance, Bd. 45), Leipzig, Berlin 1930, Nachdruck Hildesheim 1973.

Mark MERSIOWSKY, Die Anfänge Territorialer Rechnungslegung im deutschen Nordwesten. Spätmittelalterliche Rechnungen, Verwaltungspraxis, Hof und Territorium (= Residenzenforschung, Bd. 9), Stuttgart 2000.

———, Wege zur Öffentlichkeit. Kommunikation und Medieneinsatz in der spätmittelalterlichen Stadt, In: Stephan Albrecht (Hg.), Stadtgestalt und Öffentlichkeit. Die Entstehung politischer Räume in der Stadt der Vormoderne, Köln 2010, S. 13–58.

Hofrath Dr. MESSE in Rudolstadt, Rothe Bücher in städtischen und anderen Archiven nach Inhalt und Bedeutung, In: Serapeum, Zeitschrift für Bibliothekswissenschaft, Handschriftenkunde und ältere Literatur 21 (1862), S. 321–334.

Erich MEUTHEN, Der Quellenwandel vom Mittelalter zur Neuzeit und seine Folgen für die Kunst der Publikation, In: Lothar Gall, Rudolf Schieffer (Hg.), Quelleneditionen und kein Ende? Symposium der Monumenta Germaniae Historica und der Historischen Kommission der Wissenschaften München 22./23. Mai 1998 (= Historische Zeitschrift, Beiheft 28), München 1999, S. 17–36.

Herbert MEYER, Die rote Fahne, Zeitschrift der Savigny-Stiftung für Rechtsgeschichte 50 G. A. (1930), S. 310–353.

———, Blutfahne und Oriflamme, Forschungen und Fortschritte 6 (1930) 373–375.

———, Sturmfahne und Standarte, Zeitschrift der Savigny-Stiftung für Rechtsgeschichte G. A. 51 (1931), S. 204–257.

Jürgen MIETHKE, Ockhams Weg zur Sozialphilosophie, Berlin 1969.

———, Wirkungen politischer Theorie und Praxis der Politik im Römischen Reich des 14. Jahrhunderts, Gelehrte Politikberatung am Hofe Ludwigs des Bayern, In: Canning, Oexle, Political Thought, S. 173–211.

Jürgen MIETHKE, Arnold BÜHLER, Kaiser und Papst im Konflikt, Zum Verhältnis von Staat und Kirche im späten Mittelalter (= Historisches Seminar, Bd. 8), Düsseldorf 1988.

Heinrich MITTEIS, Heinz Lieberich (Hg.), Deutsche Rechtsgeschichte. Ein Studienbuch, München[17] 1985.

Franz Joseph MOHNE, Urgeschichte des badischen Landes bis zu Ende des siebenten Jahrhunderts, Bd. 1, Karlsruhe 1845.

———, Finanzwesen vom 13. bis 16. Jahrhundert in der Schweiz, Baden, Bayern, Hessen und Rheinpreußen, In: Zeitschrift f. Geschichte des Oberrheins 8 (1857), S. 406–423.

Gisela MÖNCKE, Bischofsstadt und Reichsstadt. Ein Beitrag zur mittelalterlichen Stadtverfassung von Augsburg, Konstanz und Basel, Berlin 1971.

Peter MORAW, Kanzlei und Kanzleipersonal König Ruprechts, In: Archiv für Diplomatik 15 (1969), S. 428–531.

——, Zum königlichen Hofgericht im deutschen Spätmittelalter, In: Zeitschrift für die Geschichte des Oberrheins, Bd. 121 (1973), S. 307–317.

——, Reichsstadt, Reich und Königtum im späten Mittelalter, In: Zeitschrift für Historische Forschung 6 (1979), S. 385–424.

——, Die Entfaltung der deutschen Territorien im 14. und 15. Jahrhundert), In: Landesherrliche Kanzleien im Spätmittelalter. Referate zum VI. Internationalen Kongreß für Diplomatik (Vol. 1–2) München 1984, S. 61–108.

——, Von offener Verfassung zu gestalteter Verdichtung, Das Reich im späten Mittelalter 1250 bis 1490 (= Propyläen Geschichte Deutschlands, Bd. 3), Berlin 1985.

——, Königliche Herrschaft und Verwaltung im spätmittelalterlichen Reich (ca. 1350–1450), In: Reinhard Schneider, Das spätmittelalterliche Königtum im europäischen Vergleich (= Vorträge und Forschungen, Bd. 32), Sigmaringen 1987, S. 185–201.

——, Das Reich im mittelalterlichen Europa, In: Bernd Schneidmüller, Stefan Weinfurter (Hg.), Heilig-Römisch-Deutsch: Das mittelalterliche Europa, Dresden 2006, S. 440–451.

——, Gelehrte Juristen im Dienst der deutschen Könige des späten Mittelalters (1273–1493), In: Ders. (Hg.), Gesammelte Beiträge zur deutschen und europäischen Universitätsgeschichte: Strukturen, Personen, Entwicklungen (= Education and society in the Middle Ages and Renaissance, Bd. 31), Leiden 2008, S. 465–540.

Ludwig MORENZ, Wappen und Siegel der Stadt München, In: Wappen in Bayern. Katalog zur Ausstellung des Bayerischen Hauptstaatsarchivs, München 1974, S. 141–151.

——, Das Münchner Stadtsiegel und Stadtwappen. Geschichte und Gestaltung, In: Oberbayerisches Archiv 90 (1968), S. 1–13.

Peter MOSER, Das Kanzleipersonal Kaiser Ludwigs des Bayern in den Jahren 1330–1347 (= Münchener Beiträge zur Mediävistik und Renaissance-Forschung, Bd. 37), München 1985.

Claudine MOULIN und Michel PAULY (Hg.), unter Mitarbeit von Andreas Gniffke, Danielle Kass, Fausto Ravida und Nikolaus Ruge, Die Rechnungsbücher der Stadt Luxemburg, Erstes Heft 1388–1399 (= Schriftenreihe des Stadtarchivs Luxemburg, Bd. 1 / Publications du CLUDEM, Bd. 20), Luxemburg, 2007.

Ingeborg MOST, Schiedsgericht, Rechtlicheres Rechtsgebot, Ordentliches Gericht, Kammergericht. Zur Technik fürstlicher Politik im 15. Jahrhundert, In: Aus Reichstagen des 15. und 16. Jahrhunderts. Festgabe... von den Herausgebern der deutschen Reichstagsakten, Göttingen 1958, S. 116–153.

Fried MÜHLBERG, Der Hansasaal des Kölner Rathauses, in: Wallgraf-Richartz-Jahrbuch 36, 1974, S. 65–98.

Peter MÜLLER, Bettelorden und Stadtgemeinde in Hildesheim im Mittelalter (= Quellen und Studien zur Geschichte des Bistums Hildesheim), Hannover 1995.

L. MÜLLER, Jüdische Gemeinden, 1900.

Uwe NEDDERMEYER, Möglichkeiten und Grenzen einer quantitativen Bestimmung der Buchproduktion im Spätmittelalter, In: Gazette du Livre Médiéval 28 (1996), S. 23–32.

———, Von der Handschrift zum gedruckten Buch. Schriftlichkeit und Leseintersse im Mittelalter und in der frühen Neuzeit. Quantitaive und qualitative Aspekte, Wiesbaden 1998.

Dieter NEITZERT, Die Göttinger Wachstafeln, Bericht über ihrer Restaurierung im Jahre 1989, In: Göttinger Jahrbuch 39 (1991), S. 47–53.

Renate NEUMÜLLERS-KLAUSER (Hg.), Res Medii Aevi, Kleines Lexikon der Mittelalterkunde, Wiesbaden 1999.

Gerhard NEUMANN, Lübecker Syndici des 15. Jahrhunderts in auswärtigen Diensten der Stadt, In: Hansische Geschichtsblätter 96 (1978), S. 38–46.

Richard NEWALD, Das erste Auftreten der deutschen Urkunde in der Schweiz, In: Zeitschrift für Schweizerische Geschichte 22 (1942), S. 489–507.

Michael NORTH, Das Geld und seine Geschichte, München 1994.

Jörg OBERSTE (Hg.), Repräsentationen der mittelalterlichen Stadt (= Forum Mittelalterstudien, Bd. 4), Regensburg 2008.

——— (Hg.), Kommunikation in mittelalterlichen Städten, Regensburg 2007.

———, Einführung: Verdichtete Kommunikation und städtische Kultur, In: Ders. (Hg.), Kommunikation in mittelalterlichen Städten, Regensburg 2007, S. 7–10.

Edmund von OEFELE, Rechnungsbuch des oberen Vicedomamtes Herzog Ludwigs des Strengen 1291–1294, In: Oberbayerisches Archiv 26 (1865/66), S. 272–344.

Otto Gerhard OEXLE, Political Thought and the Realities of Power in the Middle Ages (= Veröffentlichungen des Max-Planck-Instituts für Geschichte, Bd. 147), Göttingen 1998, S. 67–113.

———, Memoria als Kultur, In: Ders. (Hg.), Memoria als Kultur, Göttingen 1995, S. 9–78.

———, Die Gegenwart der Lebenden und der Toten. Gedanken über Memoria, In: Karl Schmid (Hg.), Gedächtnis das Gemeinschaft stiftet, München, Zürich 1985, S. 74–107.

———, Memoria und Memorialbild, In: Karl Schmid, Joachim Wollasch (Hg.), Der geschichtliche Zeugniswert des liturgischen Gedenkens im Mittelalter, München 1984, S. 385–440.

———, Die Gegenwart der Toten, In: Herman Braet, Werner Verbeke (Hg.), Death in the Middle Ages, Löwen 1983, S.19–77.

———, Memoria und Memorialüberlieferung im früheren Mittelalter, In: FMSt 10 (1976), S. 70–95.
Werner OGRIS, Art. „Leibgeding", In: LEX MA 5, Sp. 1848.
———, Art. „Tote Hand", In: HRG V, Sp. 281f.
K. PAECKELMANN, Die Nordhäuser Wachstafeln, In: Braunschweiger Postgeschichtliche Blätter 3/4 (1961), S. 1–3.
Johannes PAPRITZ, Archivwissenschaft, Bd. 2, Marburg2 1983.
Hans PATZE, Neue Typen des Geschäftsschriftgutes im 14. Jahrhundert, In: Ders. (Hg.), Der deutsche Territorialstaat im 14. Jahrhundert Bd. 1 (= Vorträge und Forschungen Bd. 13/14), Sigmaringen 1970, S. 9–64.
———, Die Herrschaftspraxis der deutschen Landesherren während des Späten Mittelalters, In: Paravicini, Histoire comparée, S. 362–391.
Silke PETTINGER, Vermögenserhaltung und Sicherung der Unternehmensfortführung durch Verfügungen von Todes wegen: Eine Studie der Frühen Augsburger Neuzeit (= Augsburger Schriften zur Rechtsgeschichte, Bd. 5), Münster, Hamburg, Berlin, Wien, London 2006.
Jörg Henning PELTZER, Gerald SCHWEDLER, Paul TÖBELMANN, Einleitung, In: Dies. (Hg.), Politische Versammlungen und ihre Rituale: Repräsentationsformen und Entscheidungsprozesse des Reichs und der Kirche im späten Mittelalter (= Mittelalter-Forschungen, Bd. 27) Ostfildern 2009.
Johann PETZ, Der Reichsstadt Nürnberg Archivwesen, in: AZ (1885), S. 158–192.
Andreas PETTER, Mittelalterliche Stadtbücher und ihre Erschließung. Grundlagen und Gestaltung quellenkundlicher Arbeiten zur mitteldeutschen Überlieferung, in: Sachsen und Anhalt. Jahrbuch der Historischen Kommission für Sachsen-Anhalt 24 (2002/03), S. 189–245.
———, Kulturtransfer, Schrift-Organisation und Überformung: Drei Thesen zur Entstehung, Funktion und Struktur städtischer Amtsbuchüberlieferung aus dem Mittelalter, in: Jürgen Sarnowsky (Hg.): Verwaltung und Schriftlichkeit in den Hansestädten (Hansische Studien, Bd. 16), Trier 2006, S. 17–63.
Hans Conrad PEYER, Stadt und Stadtpatron im mittelalterlichen Italien, Zürich 1955.
Karl PFAFF, Geschichte der Reichsstadt Esslingen, Mit Ergänzungsheft, Esslingen 1842–1852.
Gerhard PICCARD, Papiererzeugung und Buchdruck in Basel bis zum Beginn des 16. Jahrhunderts. Ein wirtschaftsgeschichtlicher Beitrag, In: Archiv für die Geschichte des Buchwesens 8 (1966), Sp. 25–322.
———, Die Wasserzeichenforschung als historische Hilfswissenschaft, In: Archivalische Zeitschrift 52 (1956), S. 62–115.
———, Über die Anfänge des Gebrauchs von Papier in deutschen Kanzleien, In: Studi in onore di Amintore Fanfani, Bd. 1, Mailand 1961 S. 5–59.

―――, Über die Anfänge des Gebrauchs von Papier in deutschen Kanzleien, In: Studi in onore di Amintore Fanfani, Bd. 3, Mailand 1962, S. 345–401.

―――, Vom Papier und seinem frühen Gebrauch in südwestdeutschen Kanzleien, In: Mitteilungen für die Archivpflege in Bayern 11 (1965), S. 53–60.

Ernst PITZ, Schrift- und Aktenwesen der städtischen Verwaltung im Spätmittelalter. Köln-Nürnberg-Lübeck (= Mitteilungen aus dem Stadtarchiv Köln, Bd. 45), Köln 1959.

Julius Wilhelm PLANCK, Das deutsche Gerichtsverfahren im Mittelalter, Bd. 2, Braunschweig 1879.

Hans PLANITZ, Die deutsche Stadt im Mittelalter: Von der Römerzeit bis zu den Zunftkämpfen, Wien³ 1973.

―――, Deutsche Rechtsgeschichte, Graz, Köln² 1961.

Dietrich W. POECK, Die Herren der Hanse: Delegierte und Netzwerke (= Kieler Werkstücke E. Beiträge zur Sozial und Wirtschaftsgeschichte Bd. 8), Frankfurt 2010.

Paul POSSEL-DÖLKEN, Stadtrecht und Bürgerrecht, Von Humbach bis Mons Tabor, Eine Dorfsiedlung im Westerwald wird Stadt, In: Markus Wild (Hg.), 700 Jahre Stadt Montabaur, Momentaufnahmen einer wechselvollen Geschichte, Katalog zur Jubiläumsausstellung der Stadt Montabaur im Rittersaal des Schlosses vom 19.9. bis 18.10. 1991, Montabaur 1991, S. 3–6.

Andrea PÜHRINGER, Die Rechnungen der Finanzverwaltung in den österreichischen Städten, In: Josef Pauser, Martin Scheutz und Thomas Winkelbauer (Hg.), Quellenkunde der Habsburgermonarchie (16.–18. Jahrhundert). Ein exemplarisches Handbuch (= Mitteilungen des Instituts für österreichische Geschichtsforschung, Ergänzungsband 44), 2004, S. 611–624.

Horst RABE, Der Rat der niederschwäbischen Reichsstädte. Rechtsgeschichtliche Untersuchungen über die Ratsverfassung der Reichsstädte Niederschwabens bis zum Ausgang der Zunftbewegungen im Rahmen der oberdeutschen Reichs- und Bischofsstädte (= Forschungen zur deutschen Rechtsgeschichte Bd. 4), Köln, Graz 1966.

―――, Frühe Stadien der Reichsverfassung in den Reichslandstädten Oberdeutschlands, In: B. Diestelkamp (Hg.), Beiträge zum spätmittelalterlichen Städtewesen (= Städteforschung. Reihe A: Darstellungen, Bd. 12), Köln, Wien 1982, S. 1–17.

Olaf B. RADER, Pars pro toto. Bemerkungen zur Kanzlei und Diplomatik der Kaiserurkunden Karls IV. aus den Archiven des Bundeslandes Sachsen-Anhalt, In: Friedrich Beck, Wolfgang Hempel, Eckart Henning (Hg.), Archivistica docet, Beiträge zur Archivwissenschaft und ihres interdisziplinären Umfelds (= Potsdamer Studien, Bd. 9), S. 491–525.

Hans RALL, Die Kanzlei der Wittelsbacher im Spätmittelalter, In: Landesherrliche Kanzleien im Spätmittelalter, Referate zum VI. Internationalen Kongreß für Diplomatik (Vol. 1–2) München 1984, S. 109–127.

Andreas RANFT, Lübeck um 1250-eine Stadt im „take off", In: Wienfried Hartmann (Hg.), Europas Städte zwischen Zwang und Freiheit. Die europäische Stadt um die Mitte des 13. Jh., Regensburg 1995, S. 169–188.

Janette RAUSCHERT, Gelöchert und befleckt: Inszenierung und Gebrauch städtischer Rechtstexte und spätmittelalterliche Öffentlichkeit, In: Karl Brunner, Gerhard Jaritz (Hg.), Text als Realie. Internationaler Kongress, Krems an der Donau, 3. bis 6. Oktober 2000 (= Veröffentlichungen des Instituts für Realienkunde des Mittelalters und der Frühen Neuzeit, Bd. 18), Wien 2003, S. 163–181.

———, Herrschaft und Schrift. Strategien der Inszenierung und Funktionalisierung von Texten in Luzern und Bern am Ende des Mittelalters (= Scrinium Friburgense, Bd. 19 ), Berlin, New York 2005.

Jørgen Nybo RASMUSSEN, Die Bedeutung der nordischen Franziskaner für die Städte im Mittelalter, In: Berg (Hg.), Bettelorden und Stadt, S. 3–18.

Frank REXROTH, Deutsche Geschichte im Mittelalter, München³ 2012.

Karl Heinrich Rexroth, Die Entstehung der städtischen Kanzlei in Konstanz. Untersuchungen zum deutschsprachigen Urkundenwesen des dreizehnten Jahrhunderts, In: Archiv für Diplomatik 5/6 (1959/1960), S. 202–307.

Oswald REDLICH, Rudolf von Habsburg, Das Deutsche Reich nach dem Untergange des alten Kaisertums, Innsbruck 1903.

Jürgen REETZ, Hamburgs mittelalterliche Stadtbücher, In: Zeitschrift des Vereins für Hamburgische Geschichte 44 (1958), S. 95–139.

Wolfgang REINHARD, Verfassungsgeschichte als Kulturgeschichte. Historische Grundlagen euorpäischer politischer Kulturen, In: Jahrbuch für Europäische Geschichte Bd. 1 (2000), S. 115–131.

Sven REICHARDT, Bourdieu für Historiker?, Ein kultursoziologisches Angebot an die sozialgeschichte, in: Thomas Mergel, Thomas Welskopp (Hg.), Geschichte zwischen Kultur und Gesellschaft. Beiträge zur Theoriedebatte, München 1997, S. 71–93.

Dorothea REUTER, Der große Schwörbrief: Verfassung und Verfassungswirklichkeit in der Reichsstadt des Spätmittelalters (1397–1530), In: Hans Eugen Specker (Hg.), Die Ulmer Bürgerschaft auf dem Weg zur Demokratie. Zum 600. Jahrestag des Großen Schwörbriefs. Begleitband zur Ausstellung (= Forschungen zur Geschichte der Stadt Ulm. Reihe Dokumentation, Bd. 10), Stuttgart 1997, S. 119–150.

Erich RICHTER, Beiträge zur Geschichte der deutschen Städtekultur im Aufblühen der Geldwirtschaft. Unter besonderer Berücksichtigung der Reichsstädte Augsburg, Nürnberg und Ulm, Nürnberg 1923.

Michael RICHTER, Kommunikationsprobleme im lateinischen Mittelalter, In: Historische Zeitschrift 222 (1976), S. 43–80.

Jaques ROSSIAUD, Der Städter, In: Jaques Le Goff (Hg.), Der Mensch des Mittelalters, Essen² 2004, S. 156–197.

Ekkehard ROTTER, Zwischen bischöflicher Stadtherrschaft und coniuratio communiae, In: Friedrich Battenberg, Filippo Ranieri (Hg.), Geschichte der Zentraljustiz in Mitteleuropa, Festschrift für Bernhard Diestelkamp zum 65. Geburtstag, Köln, Weimar, Wien 1994, S. 39–61.

Bernd ROECK, Kunst und Konfessionalisierung, In: Karl Hofmann (Hg.), Als Frieden möglich war. 450 Jahre Augsburger Religionsfrieden. Begleitband zur Ausstellung im Maximilianmuseum, Regensburg 2005, S. 172–182.

Jörg ROGGE, Ire freye wale zu haben. Möglichkeiten, Probleme und Grenzen der politischen Partizipation in Augsburg zur Zeit der Zunftverfassung (1368–1548), In: Klaus Schreiner, Ulrich Meier (Hg.), Stadtregiment und Bürgerfreiheit (= Beiträge zur europäischen Gesellschaftsgeschichte Bd. 7), S. 244–278.

———, Für den Gemeinen Nutzen, Politisches Handeln und Politikverständnis von Rat und Bürgerschaft in Augsburg im Spätmittelalter (= Studia Augustana, Bd. 6), Augsburg 1996, S. 12–28.

Andrea ROMANO (Hg.),... colendo iustitiam et iura condendo... Frederico II legislatore del Regno di Sicilia nell'Europa del Duecento. Per una storia comparata delle codificazioni europee. Atti del Convegno Internazionale, Messina/Reggio, Calabria 20–24 gennaio, Rom 1997.

Fritz RÖRIG, Die europäische Stadt und die Kultur des Bürgertums im Mittelalter (= kleine Vandenhoeck-Reihe, Bd. 12–13) Göttingen 1955.

Jacques ROSSIAUD, Der Städter, In: Jacques Le Goff, Der Mensch des Mittelalters, Essen2 2004, S. 156–198.

Friedrich ROTH, Clemens Jäger, nacheinander Schuster und Ratsherr, Stadtarchivar und Ratsdiener, Zolleinnehmer und Zolltechniker in Augsburg—der Verfasser des Habsburgisch-Österreichischen Ehrenwerks, In: ZHV Schwaben 46 (1926), S. 1–175.

Gregor ROHMANN, Eines Erbaren Raths gehorsamer Amptman. Clemens Jäger und die Geschichtsschreibung des 16. Jahrhunderts (= Veröffentlichungen der Schwäbischen Forschungsgemeinschaft 1, Bd. 28), Augsburg 2001.

Dieter RÜBSAMEN, Das Briefeingangregister des Nürnberger Rates für die Jahre 1449–1457 (= Historische Forschungen, Bd. 22), Sigmaringen 1997.

Peter RÜCK, Urkunden als Plakate des Mittelalters: Medien der Herrschaftsrepräsentation, In: Forschung. Mitteilungen der DFG, Bd. 4 (1990), S. 26–27.

———, Die Urkunde als Kunstwerk, In: E. Eisenlohr, P. Worm (Hg.), Fachgebiet Historischer Hilfswissenschaften. Ausgewählte Aufsätze zum 65. Geburtstag von Peter Rück (= elementa diplomatica Bd. 9), Marburg 2000, S. 117–139.

Antje SANDERBERKE, Zettelwirtschaft. Vorrechnungen, Quittungen und Lieferscheine in der spätmittelalterlichen Rechnungslegung norddeutscher Städte, In: Ellen Widder, Mark Mersiowsky, Peter Johanek (Hg.), Vestigia Monasteriensia. Westfalen-Rheinlande-Niederlande, Bielefeld 1995.

Leo SANTIFALLER, Beiträge zur Geschichte der Beschreibstoffe im Mittelalter, Teil 1: Untersuchungen (= MIÖG Ergänzungsband 16/1), Wien 1953, S. 116–152.

Jürgen SARNOWSKY, Verwaltung und Schriftlichkeit in den Hansestädten, Trier 2006.

Lieselotte E. SAURMA-JELTSCH, Das Mittelalterliche Reich in der Reichsstadt, in: Bernd Schneidmüller, Stefan Weinfurter (Hg.), Heilig Römisch Deutsch, Das Reich im Mittelalterlichen Europa (Internationale Tagung zur 29. Ausstellung des Europarates und Landesausstellung Sachsen-Anhalt), Dresden 2004, S. 399–440.

Ursula SCHAEFER, Zum Problem der Mündlichkeit, In: Joachim Heinzle (Hg.), Modernes Mittelalter, Neue Bilder einer populären Epoche, Frankfurt a. Main 1994, S. 357–376.

Hans M. SCHALLER, Art. „Ars dictaminis, Ars dicandi", In: LEX MA Bd. 1, Sp. 1034–1039.

Imke SCHARLEMANN, Bettelorden und Stadt-Ansiedlung, Aufgaben, Ansehen, In: Michael Gehler (Hg.), Die Macht der Städte, Von der Antike bis zur Gegenwart (= Historische Europa-Studien, Bd. 4), Hildesheim, Zürich, New York 2011, S. 299–315.

Walter SCHLESINGER, Burg und Stadt, In: Ders. (Hg.), Beiträge zur deutschen Verfassungsgeschichte des Mittelalters, Bd. 2, Göttingen 1963, S. 92–147.

Hans SCHLOSSER, Das Rechtsbuch Kaiser Ludwigs des Bayern von 1346—Strukturen des materiellen und Prozessrechts, In: Hermann Nehlsen, Hans-Georg Hermann (Hg.), Kaiser Ludwig der Bayer. Konflikte, Weichenstellungen und Wahrnehmung seiner Herrschaft (= Quellen und Darstellungen aus dem Gebiet der Geschichte, N.F., Bd. 22), Paderborn 2002, S. 261–285.

Richard SCHMIDBAUER, Die Augsburger Stadtbibliothekare durch vier Jahrhunderte (= Abhandlungen zur Geschichte der Stadt Augsburg, Bd. 10), Augsburg 1963.

Anton SCHNEIDER, Art. „Dompfarrei", In: Augsburger Stadtlexikon, S. 361.

Karin SCHNEIDER, Berufs- und Amateurschreiber. Zum Laien-Schreibbetrieb im spätmittelalterlichen Augsburg, In: Janota, Williams-Krapp, Literarisches Leben in Augsburg während des 15. Jahrhunderts, S. 8–26.

Martin SCHEUZ, Herwig WEIGL, Ratsprotokolle österreichischer Städte, In: Josef Pauser, Martin Scheutz, Thomas Winkelbauer (Hg.), Quellenkunde der Habsburgermonarchie (16.–18. Jahrhundert) (= Mitteilungen des Instituts für österreichische Geschichtsforschung, Egb. 44), Wien, München 2004, S. 591–610.

Walter SCHLESINGER, Burg und Stadt, In: Ders. (Hg.), Beiträge zur deutschen Verfassungsgeschichte des Mittelalters, Bd. 2, Göttingen 1963.

Gerhard SCHMID, Akten, In: Friedrich Beck, Eckart Henning, Die archivalischen Quellen, Mit einer Einführung in die Historischen Hilfswissenschaften, Köln⁴ 2004, S. 74–111.

Alois SCHMID, Notarius civium Ratisponensium. Beobachtungen zu den Stadtschreibern der Reichsstadt Regensburg, in: Winfried Becker, Werner Chroback

(Hg.), Staat, Kultur, Politik, Beiträge zur Geschichte Bayerns und des Katholizismus, Festschrift zum 65. Geburtstag von Dieter Albrecht, Kallmünz 1992, S. 49–61

Rolf SCHMIDT, Das Augsburger Stadtbuch, In: Gottlieb, Geschichte der Stadt Augsburg, S. 140–144.

———, Zum Augsburger Stadtbuch von 1276. Beschreibung der Originalhandschrift und der in Augsburg liegenden Abschriften des Augsburger Stadtbuchs, In: Zeitschrift des Historischen Vereins für Schwaben 70 (1976), S. 80–179.

Oswald SCHMIDT, Das Verfahren vor dem Manngerichte in bürgerlichen Rechtsstreitigkeiten zur Zeit der bischöflichen und Ordensherrschaft in Livland, Dorpat 1865.

Felicitas SCHMIDT-GROTZ, Das Augsburger Achtbuch, Ein Herrschaftsmedium in der spätmittelalterlichen Stadt?, 2 Bde., Phil. Diss, Augsburg 2009 (masch).

Manfred J. SCHMIED, Die Ratsschreiber der Reichsstadt Nürnberg (= Nürnberger Werkstücke zur Stadt und Landesgeschichte, Bd. 28), Nürnberg 1979.

Felicitas SCHMIEDER, Peripherie und Zentrum Europas. Der nordalpine Raum in der Politik Leos IX. (1049–1054), In: Brigitte Flug, Michael Matheus, Andreas Rehberg (Hg.), Kurie und Region. Festschrift für Brigide Schwarz zum 65. Geburtstag (= Geschichtliche Landeskunde, Bd. 59), München 2005, S. 359–369.

———, Stadtstatuten deutscher Städte? Einige Überlegungen im europäischen Vergleich, In: Gisela Drossbach (Hg.), Von der Ordnung zur Norm: Statuten im Mittelalter und Früher Neuzeit. Tagungsakten München 2006, Paderborn 2010, S. 217–223.

———, Pragmatisches Übersetzen. Texttransfer und nutzen von Handel und Mission, In: Klaus Herbers, Nikolas Jaspert, Grenzräume und Grenzüberschreitung im Vergleich. Der Osten und der Westen des mittelalterlichen Lateineuropa, Berlin 2007, S. 261–76.

Mathias SCHMOECKEL, Auf der Suche nach der verlorenen Ordnung, 2000 Jahre Recht in Europa—Ein Rückblick, Köln 2005.

Karl SCHNITH, Das Geistesleben, In: Gottlieb, Geschichte der Stadt Augsburg, S. 213–219.

Friedrich SCHOLZ, Geschichte der deutschen Schriftsprache in Augsburg bis zum Jahre 1374. Berlin 1898.

Klaus SCHREINER, Legitimation, Repräsentation, Schriftlichkeit, Gedankliche Begründungen und symbolische Formen mittelalterlicher Abtsherrschaft, In: Canning, Oexle, Political thought, S. 67–111.

Eckhart SCHREMMER (Hg.), Steuern, Abgaben und Dienste vom Mittelalter bis zur Gegenwart. Referate der 15. Arbeitstagung der Gesellschaft für Sozial- und Wirtschaftsgeschichte vom 14. bis 17. April 1993 in Bamberg (= Vierteljahrschrift für Sozial- und Wirtschaftsgeschichte, Beihefte Bd. 114), Stuttgart 1994.

Christhard SCHRENK, Hubert WECKBACH, Die Vergangenheit für die Zukunft bewahren. Das Stadtarchiv Heilbronn: Geschichte—Aufgaben—Bestände (= Veröffentlichungen des Archivs der Stadt Heilbronn, Bd. 33), Heilbronn 1993.

Ernst SCHUBERT, Die Umformung spätmittelalterlicher Fürstenherrschaft im 16. Jahrhundert, In: Rheinische Vierteljahrsblätter 63 (1999), S. 204–263.

Christiane SCHUCHARD, Lübecker und Hamburger Interessensvertreter an der päpstlichen Kurie im 14. und 15. Jahrhundert, In: Antjekathrin Graßmann (Hg.), Der Kaufmann und der liebe Gott. Zu Kommerz und Kirche in Mittelalter und früher Neuzeit, Trier 2009, S. 89–112.

Ernst SCHUMANN, Verfassung und Verwaltung des Rates in Augsburg von 1276–1368, Rostock 1905.

Aloys SCHULTE, Geschichte des mittelalterlichen Handels und Verkehrs zwischen Westdeutschland und Italien mit Ausschluß Venedigs, Bd. I, Leipzig 1900.

Knut SCHULZ, „Denn sie lieben die Freiheit so sehr…" Kommunale Aufstände und Entstehung des europäischen Bürgertums im Hochmittelalter, Darmstadt 1992.

Alois SCHÜTZ, Der Kampf Ludwigs des Bayern gegen Papst Johannes XXII. und die Rolle der Gelehrten am Münchner Hof, In: Hubert Glaser (Hg.), Die Zeit der frühen Herzöge. Von Otto I. zu Ludwig dem Bayern. Beiträge zur Bayerischen Geschichte und Kunst (= Wittelsbach und Bayern I,1), München, Zürich 1980, S. 388–397.

———, Zu den Anfängen der Akten- und Registerführung am bayerischen Herzogshof, In: Landesherrliche Kanzleien im Spätmittelalter, Referate zum VI. internationalen Kongreß für Diplomatik, München 1983, Bd. 1 (= Münchener Beiträge zur Mediävistik und Renaissance-Forschung, Bd. 35), München 1984, S. 127–139.

Peter-Johannes SCHULER, Geschichte des Südwestdeutschen Notariats, Von seinen Anfängen bis zur Reichsnotariatsordnung von 1512 (= Veröffentlichungen des Alemannischen Instituts Freiburg (Br.), Bd. 39) Bühl, Baden 1976.

Werner SCHULTHEIß, Die Acht-, Verbots-, und Fehdebücher Nürnbergs von 1285–1400, Nürnberg 1960.

Knut SCHULZ, „Denn sie lieben die Freiheit so sehr…", Kommunale Aufstände und Entstehung des europäischen Bürgertums im Hochmittelalter, Darmstadt 1992.

Leo SCHÖNBERG, Die Technik des Finanzhaushalts der deutschen Städte im Mittelalter, Stuttgart 1910.

Ingo SCHWAB, Städtische Kassenführung und revolutionäre Rechnungsprüfung. Überlegungen zu Kammerrechnungen und Steuerbüchern im Mittelalter, In: Archiv für Diplomatik 36 (1990), S. 169–196.

Christian SCHWAB, Das Augsburger Offizialatsregister (1348–1352). Ein Dokument geistlicher Diözesangerichtsbarkeit (= Forschungen zur kirchlichen Rechtsgeschichte und zum Kirchenrecht, Bd. 25), Köln 2001.

Gerald SCHWEDLER, Formen und Inhalte: Entscheidungsfindung und Konsensprinzip auf Hoftagen im späten Mittelalter, In: Jörg Peltzer (Hg.), Politische Versammlungen und ihre Rituale. Repräsentationsformen und Entscheidungsprozesse des Reichs und der Kirche im späten Mittelalter (= Mittelalter-Forschungen, Bd. 27), Ostfildern 2009, S. 151–181.

Markus SCHWEIGART, Das Stadtarchiv—die „seele unsers staats". Studien zur Entwicklung des Archivwesens in zwölf oberdeutschen Reichsstädten vom ausgehenden Mittelalter bis zum Ende des Alten Reichs (ungedruckte Magisterarbeit), Augsburg 2003.

Gerhard SCHWERTL, Die Beziehungen der Herzöge von Bayern und Pfalzgrafen bei Rhein zur Kirche (1180–1294) (= Miscellanea Bavarica Monacensia, Bd. 9), München 1968.

Stephan SELZER, Die mittelalterliche Hanse, Darmstadt 2010.

Klemens STADLER, Der Mönch im Wappen. Bedeutung und Wandlungen eines Symbols, In: Der Mönch im Wappen. Aus Geschichte und Gegenwart des katholischen München, München 1960, S. 85–96.

Christoph Friedrich von STÄLIN, Wirtembergische Geschichte, Bd. 3, Schwaben und Südfranken, Schluss des Mittelalters 1269–1496, Stuttgart 1856.

Volker STECK, Das Siegelwesen der südwestdeutschen Reichsstädte im Mittelalter (= Esslinger Studien, Bd. 12), Esslingen 1994.

Hugo STEHKÄMPER, Pro bono Pacis. Albertus Magnus als Friedensvermittler und Schiedsrichter, In: Archiv für Diplomatik 23 (1977), S. 297–382.

———, Geld bei den deutschen Königswahlen, In: Jürgen Schneider (Hg.), Wirtschaftskräfte und Wirtschaftswege, Festschrift für Hermann Kellenbenz, Bd. 1, Mittelmeer und Kontinent (= Beiträge zur Wirtschaftsgeschichte, Bd. 4), Stuttgart 1978, S. 83–135.

Walther STEIN, Deutsche Stadtschreiber im Mittelalter, In: Festschrift Gustav Mevissen, Köln 1895, S. 27–70.

Dirk STEINHILBER, Geld- und Münzgeschichte Augsburgs im Mittelalter, In: Jahrbuch für Numismatik und Geldgeschichte 5/6 (1954/55), S. 5–142.

Hennig STEINFÜHRER, Stadtverwaltung und Schriftlichkeit. Zur Entwicklung des administrativen Schriftwesens sächsischer Städte im späten Mittelalter, In: Oberste, Kommunikation, S. 11–20.

Edmund E. STENGEL, Land- und lehnrechtliche Grundlagen des Reichsfürstenstande, In: Ders. (Hg.), Abhandlungen und Untersuchungen zur mittelalterlichen Geschichte, Köln, Graz 1960, S. 133–173.

Johann August Roderich von STINZING, Geschichte der populären Literatur des römisch-kanonischen Rechts in Deutschland am Ende des fünfzehnten und im Anfang des sechzehnten Jahrhunderts, Leipzig 1867.

Otto STOBBE, Geschichte der deutschen Rechtsquellen, Braunschweig 1860–1864.

Alfred Otto STOLZE, Zur Geschichte der Lindauer Archive (= Neujahrblatt des Museumsvereins Lindau, Bd. 12), Lindau 1951.

Barbara STOLLBERG-RILLINGER, Verfassungsgeschichte als Kulturgeschichte, In: Zeitschrift der Savigny-Stiftung für Rechtsgeschichte: Germanistische Abteilung 127 (2010) S. 1–32.

——— (Hg.), Was heißt Kulturgeschichte des Politischen? (= Zeitschrift für historische Forschung. Vierteljahrsschrift zur Erforschung des Spätmittelalters und der frühen Neuzeit, Beiheft 35), Berlin 2005.

Afred A. STRNAD, Kaiser Karl IV. und das Erzstift Salzburg. Zur Besetzung des erzbischöflichen Stuhles im Jahre 1365, In: Josef Gelmi, Helmut Gritsch, Caroline Baldemair (Hg.), Dynast und Kirche: Studien zum Verhältnis von Kirche und Staat im späteren Mittelalter und der Neuzeit (= Innsbrucker historische Studien, Bd. 18/19), Innsbruck 1997.

Wolfgang von STROMER, Das Schriftwesen der Nürnberger Wirtschaft vom 14. bis zum 16. Jahrhundert. Zur Geschichte oberdeutscher Handelsbücher, In: Beiträge zur Wirtschaftsgeschichte Nürnbergs, Bd. 2, Nürnberg 1967, S. 751–799.

———, Ulmann Stromer, 1329–1407, das Handelshaus Stromer und die Papiermühle, in: Jürgen Franzke (Hg.), Zauberstoff Papier: 6 Jahrhunderte Papier in Deutschland, München² 1990, S. 14–36.

Ulrich SIMON, Von Trese und Kanzlei zum Zweckbau: Aspekte zum Archivgebäude, In: ZVLGA 78 (1998), S. 401–418.

Markus SPÄTH, Verflechtung von Erinnerung: Bildproduktion und Geschichtsschreibung im Kloster San Clemente a Casauria während des 12. Jahrhunderts (= Orbis mediaevalis, Vorstellungswelten des Mittelalters, Bd. 8), Berlin 2007.

Max SPINDLER, Die Anfänge des bayerischen Landesfürstentums (= Schriftenreihe zur bayerischen Landesgeschichte, Bd. 26) München 1937.

Lore SPORHAN-KREMPEL, Ochsenkopf und Doppelturm. Die Geschichte der Papiermacherei in Ravensburg, Stuttgart 1953. Rolf Sprandel, Das Ratsprotokoll und andere Mittel der Erinnerung im Würzburg des 15. und 16. Jahrhunderts, In: Andreas Sohn (Hg.), Wege der Erinnerung im und an das Mittelalter: Festschrift für Joachim Wollasch zum 80. Geburtstag (= Aufbrüche Bd. 3), Bochum 2011, S. 147–156.

Peter SPUFFORD, Money and it's use in medieval Europe, Cambridge 1988.

———, Handel, Macht und Reichtum. Kaufleute im Mittelalter, Stuttgart 2004.

Heinz STOOB, Formen und Wandel staufischen Verhaltens zum Städtewesen, In: Otto Brunner, Heinrich Kellenbenz, Erisch Maschke, Wilhelm Zorn (Hg.), Festschrift Hermann Aubin zum 80. Geburtstag, Wiesbaden 1965, S. 423–451.

———, Forschungen I, Forschungen zum Städtewesen in Europa, Bd. 1, Räume, Formen und Schichten der mitteleuropäischen Städte, Eine Aufsatzfolge, Köln, Wien 1970.

——, Städteatlas II. Lieferung, Dortmund 1979.

——, Die hochmittelalterliche Städtebildung im Okzident, In: Ders. (Hg.), Die Stadt. Gestalt und Wandel bis zum industriellen Zeitalter, Köln, u. a., 1979, S. 131–156.

——, Die Stadt. Gestalt und Wandel bis zum industriellen Zeitalter, Köln, u. a., 1979.

Dieter STRAUCH, Der Große Schied von 1258, Erzbischof und Bürger im Kampf um die Stadtverfassung, Köln, Weimar, Wien 2008.

Wolfgang STÜRNER, 13. Jahrhundert, 1198–1273 (= Gebhardt Handbuch der deutschen Geschichte, Bd. 6), Stuttgart 2007.

Ulrike SURMANN, Vom städtischen Umgang mit Bildern. Die Bildprogramme des Kölner Rathauses, In: Hiltrud Kier (Hg.), Köln: Der Ratsturm, Seine Geschichte und sein Figurenprogramm (= Stadtspuren-Denkmäler in Köln, Bd. 21), Köln 1996, S. 166–201.

Gustav SYKORA, Systeme, Methoden und Formen der Buchhaltung. Von ihren Anfängen bis zur Gegenwart, Wien 1952.

J. A. SZIRMAI, The Archaelology of Medieval Bookbinding, Aldershot 1999.

Simon TEUSCHER, Lokale Herrschaft, Verschriftlichung und Traditionsbildung im Spätmittelalter, Frankfurt a. M. 2007.

Giullaume de THIEULLOY, Le pape et le roi: Anagni, 7 septembre 1303, Paris 2010.

Folkmar THIELE, Die Freiburger Stadtschreiber im Mittelalter (= Veröffentlichungen aus dem Archiv der Stadt Freiburg im Breisgau, Bd. 13), Freiburg i. Br. 1973.

Paul THOMES, Kommunale Wirtschaft und Verwaltung zwischen Mittelalter und Moderne. Bestandsaufnahme, Strukturen, Konkunkturen. Die Städte Saarbrücken und St. Johann im Rahmen der allgemeinen Entwicklung (1321–1768), (= Vierteljahrschrift für Sozial- und Wirtschaftsgeschichte, Beihefte, Bd. 118), Stuttgart 1995.

Winfried TRUSEN, Anfänge des gelehrten Rechts in Deutschland. Ein Beitrag zur Geschichte der Frührezeption, Wiesbaden 1962.

——, Die gelehrte Gerichtsbarkeit der Kirche, In: Helmut Coing, Handbuch der Quellen und Literatur der neueren europäischen Privatrechtsgeschichte, Bd. 1, München 1973.

Karl UBL, Die Genese der Bulle „Unam sanctam": Anlass, Vorlagen, Intention, In: Martin Kaufhold (Hg.), Politische Reflexionen in der Welt des späten Mittelalters, essays in honour of Jürgen Miethke, Leiden 2004, S. 129–149.

Anton UHL, Peter von Schaumberg, Kardinal und Bischof von Augsburg 1424–1469. Ein Beitrag zur Geschichte des Reiches, Schwabens und Augsburgs im 15. Jahrhundert, München 1940.

Ingo ULPTS, Zur Rolle der Mendikanten in städtischen Konflikten des Mittelalters, Ausgewählte Beispiele aus Bremen, Hamburg und Lübeck, In: Dieter Berg (Hg.), Bettelorden und Stadt. Bettelorden und städtisches Leben im Mittelalter und der Neuzeit (= Saxonia Franciscana, Bd. 1), Werl 1992, S. 131–151.

———, Stadt und Bettelorden im Mittelalter, In: Wissenschaft und Weisheit 58 (1995), S. 223–260.

Max VANSCA, Das erste Auftreten der deutschen Sprache in den Urkunden (= Preisschriften, gekrönt und herausgegeben von der Fürstlich Jabolnowski'schen Gesellschaft zu Leipzig, Bd. 30), Leipzig 1895, Nachdruck Leipzig 1965.

Walther Emil VOCK, Die Urkunden des Hochstifts Augsburg 769–1420 (= Veröffentlichungen der Schwäbischen Forschungsgemeinschaft 2a, Bd. 7), Augsburg 1959.

Georg VOGELER, Spätmittelalterliche Steuerbücher deutscher Territorien. Form und Verwendung, Teil 1: Überlieferung und formale Analyse, In: Archiv für Diplomatik, Schriftgeschichte, Siegel- und Wappenkunde 49 (2003), S. 172–177.

Dietmar Henning VOGES, Die Reichsstadt Nördlingen. Zwölf Kapitel aus ihrer Geschichte, München 1988.

Thomas VOGTHERR, Zeitrechnung, Von den Sumerern bis zur Swatch, München 2001.

———, Die Stadt und ihr Recht—Stadtrecht in Nordwestdeutschland, In: Michael Gehler, Die Macht der Städte, Von der Antike bis zur Gegenwart (= Historische Europa Studien, Bd. 4), Hildesheim, Zürich, New York 2011, S. 125–145.

Dieter VOIGT, „... do belaib die stat schuldig", Erfassung und Analyse der Augsburger Baumeisteramt Rechnungsbücher der Jahre 1320/21, 1330/31, 1368, 1369 und 1400 (Magisterarbeit), Augsburg 2011 (masch.).

Michael VOLPERT, Das Stadtarchiv Fürstenfeld in Vergangenheit und Gegenwart, In: Amperland 42 (2006), S. 261–265.

Ulrich WAGNER, Würzburger Bürgereid im späten Mittelalter, In: Würzburger Diözesangeschichtsblätter 62/63 (2001), S. 505–527.

Helmut G. WALTHER, Die Konstruktion der juristischen Person durch die Kanonistik im 13. Jahrhundert, In: Günther Mensching (Hg.), Selbstbewusstsein und Person im Mittelalter (= Contradictio, Bd. 6), Würzburg 2005, S. 195–212.

———, Die Macht der Gelehrsamkeit, Über die Meßbarkeit des Einflusses politischer Theorien gelehrter Juristen des Spätmittelalters, In: Canning, Oexle, Political Thought, S. 241–269.

Konrad WANNER, Die ältesten Ratsprotokolle der deutschsprachigen Schweiz, die Luzerner Kanzlei und die ältesten Tagsatzungsabschiede, In: Lukas Gschwend, Grenzüberschreitungen und neue Horizonte. Beiträge zur Rechts- und Regionalgeschichte der Schweiz (= Europäische Rechts- und Regionalgeschichte, Bd. 1), Zürich 2007, S. 365–390.

Christiane WANZECK, Zur Etymologie lexikalisierter Farbwortverbindungen, Untersuchungen anhand der Farben Rot, Gelb, Grün und Blau (= Amsterdamer Publikationen zur Sprache und Literatur, Bd. 149) New York 2003.

Johannes WARNCKE, Mittelalterliche Schulgeräte im Museum zu Lübeck, In: Mecklenburgische Schulzeitung 65 (1934/35), S. 237–250.

Wilhelm WATTENBACH, Das Schriftwesen im Mittelalter, Leipzig³ 1986.

Max WEBER, Wirtschaft und Gesellschaft, Grundriß der verstehenden Soziologie, Tübingen 1985.

Wolfgang E. J. WEBER, Herrschafts- und Verwaltungswissen in oberdeutschen Reichsstädten der Frühen Neuzeit, In: Jahrbuch für europäische Verwaltungsgeschichte 15 (2003), S. 1–28.

Peter WEIMAR, Art. „Ars notariae", In: LEX MA 1, Sp. 1045–1047.

Stefan WEIß, Die Versorgung des päpstlichen Hofes in Avignon mit Lebensmitteln (1316–1378), Studien zur Sozial- und Wirtschaftsgeschichte eines mittelalterlichen Hofes, Berlin 2002.

Friedrich WEISS-FREY, Heinrich Iselin von Rosenfeld, Bürger von Basel und sein Geschlecht, Basel 1909.

Thomas WEITIN, Burkhardt Wolf (Hg.), Gewalt der Archive, Studien zur Kulturgeschichte der Wissensspeicherung, Konstanz 2012.

Helmut WEIHNACHT, Art. „Ottokar von Steiermark (O. aus der Geul)", In: VL 7, Berlin, New York 1989, Sp. 238–245.

Alfred WENDEHORST, Wer konnte im Mittelalter lesen und schreiben, In: Johannes Fried (Hg.) Schulen und Studium im sozialen Wandel des späten Mittelalters, Sigmaringen 1986, S. 9–33.

Leopold WENGER, Die Quellen des römischen Rechts (= Österreichische Akademie der Wissenschaften, Denkschriften der Gesamtakademie, Bd. 2), Wien 1953.

Horst WENZEL, Hören und Sehen, Schrift und Bild. Kultur und Gedächtnis im Mittelalter, München 1995.

Paul WENTZCKE, Gerhard Lüdtke (Hg.), Minerva Handbücher, 2. Abt., Die Archive, Berlin 1932 (Nachdruck 1974), S. 474.

Christa WERDE, Leonhard von München, der Meister der Prunkurkunden Kaiser Ludwigs des Bayern (= Münchener historische Studien, Abt. Geschichtliche Hilfswissenschaften, Bd. 17), Kallmünz 1980.

Hermann WIESFLECKER, Meinhard der Zweite, Tirol, Kärnten und ihre Nachbarländer am Ende des 13. Jahrhunderts (= Schlern-Schriften, Bd. 24), Innsbruck 1995 (unv. Nachdruck der Ausgaben von 1955).

Joachim WILD, Schriftlichkeit in der Verwaltung am Beispiel der Lehenbücher in Bayern, In: Keller, Meier, Scharff (Hg.), Schriftlichkeit und Lebenspraxis, S. 69–79.

Klaus WISOTZKY, Das Stadtarchiv Essen, In: Der Archivar 59/3 (2006), 244–248.

Christiane WITTHÖFT, Ritual und Text. Formen symbolischer Kommunikation in der Historiographie und Literatur des Spätmittelalters, Darmstadt 2004.

Hans WOHLGEMUTH, Das Urkundenwesen des Deutschen Reichshofgerichts 1273–1378 (= Quellen und Forschungen zur höchsten Gerichtsbarkeit im Alten Reich, Bd. 1), Köln 1973.

Armin WOLF, Gesetzgebung und Kodifikationen, In: Peter Weimar (Hg.), Renaissance der Wissenschaften im 12. Jahrhundert (= Zürcher Hochschulforum, Bd. 2), Zürich 1981.

Gustav WULZ, Gustav Adolf Oettingen, Nördlingen. Porträt einer Stadt, Oettingen 1965.

Wolfgang WÜST, Reichsstädtische Kommunikation in Franken und Schwaben. Nachrichtennetze für Bürger, Räte und Kaufleute im Spätmittelalter, In: Zeitschrift für bayerische Landesgeschichte 62/3 (1999), S. 681–707.

Klaus WRIEDT, Gelehrte in Gesellschaft, Kirche und Verwaltung norddeutscher Städte, In: Ders. (Hg.) Schule und Universität: Bildungsverhältnisse in norddeutschen Städten des Spätmittelalters; gesammelte Aufsätze (= Education and society in the Middle Ages and Renaissance, Bd. 23), Leiden 2008, S. 149–168.

Andrea WORM, Überlegungen zu Augsburger Psalterhandschriften des 13. Jahrhunderts, In: Martin Kaufhold (Hg.), Städtische Kultur im Mittelalterlichen Augsburg, Augsburg 2012, S. 20–54.

Sebastian ZANKE, Johannes XXII. und die europäische Politik im Spiegel der kurialen Registerüberlieferung, Phil. Diss., Augsburg 2012 (masch.).

Roman ZEHETMAYER, Urkunde und Adel, Ein Beitrag zur Geschichte der Schriftlichkeit im Südosten des Reichs vom 11. bis zum frühen 14. Jahrhundert, (= Veröffentlichungen des Instituts für österreichische Geschichtsforschung, Bd. 53), Wien 2009.

Maria ZELZER, Geschichte der Stadt Donauwörth von den Anfängen bis 1618, Bd. 1, Donauwörth 1958.

Arne ZIEGLER, Hildegard Boková, Sprachliche Ablösungsprozesse im historischen Sprachkontakt. Lateinische und deutsche Schriftlichkeit in städtischer Kommunikation im Spätmittelalter, Zur Erforschung des Frühneuhochdeutschen in Böhmen, Mähren und der Slowakei. Vorträge der internationalen Tagung, veranstaltet vom Institut für Germanistik der Pädagogischen Fakultät der Südböhmischen Universität, Ceské Budejovice 20.–22. September 2001 (= Schriften zur diachronen Sprachwissenschaft, Bd. 12), Wien 2004.

Wolfgang ZORN, Augsburg, Geschichte einer europäischen Stadt, Augsburg ⁴2001.

Friedrich ZÖPFL, Das Augsburger Bistum und seine Bischöfe im Mittelalter, München, Augsburg 1955.

Heinrich Matthias ZÖPFL, Altertümer des deutschen Reichs und Rechts, Bd. 3, Leipzig 1861.

Hinrich ZÜRN, Die Burg Streichenberg, Zur Bau- und Besitzgeschichte, In: Kraichgau 14 (1995), S. 165–189.

# Register

## Orte

Aach 89n234
Aachen 7n26, 12n39, 46n85, 196, 224n294, 232n329, 308n245
Aalen 223n292
Aarau 89n234
Aire-sur-la-Lys 46n85
Altenburg 47n85
Alzey 89n234, 170, 179n118
Amberg 343n399
Amiens 46n85
Andernach 308n245
Annweiler 89n234
Antwerpen 176n142
Apolda 188n178
Aquileia, Patriachat von 339n377
Arras 46n85
Artois 46n85
Augsburg
    Dom 41, 139, 228
    Franziskanerkloster 364
    Fronhof 304f., 305n233
    Gögginger Tor 56n110, 152–154
    Haunstetter Tor 152
    Heilig Geist, Hospital 42n64, 56n110
    Heilig Kreuz, Kloster 325
    Jakobervorstadt 139
    Obere Metzg 330, 331
    Perlachplatz 363
    Perlachturm 72, 139, 141n116, 230f., 231n326
    Rathaus 56n110, 88n232, 139, 173n133, 229–231, 230n323, 242, 246, 298n204, 325, 337–338, 339, 346n414, 362, 362f.,
    Schrannen 128, 139, 348n421
    Stadtgraben 170, 266
    St. Clara, Franziskanerinnenkonvent 325
    Stephinger Tor 152
    St. Georg, Kloster 326n316
    St. Georg, Vorstadt 139
    St. Katharina, Kloster 42n64, 56n110, 62n133
    St. Margareth, Kloster 42n64
    St. Moritz, Kloster 42n64, 128
    St. Nikolaus, Kloster 333n357
    St. Peter, Kirche 348
    St. Peter, Kloster 56n110, 88, 348
    St. Servatius, Siechenhaus 42n64
    St. Stephan, Kloster 315n263
    St. Ulrich und Afra, Kirche 172
    St. Ulrich und Afra, Kloster 40, 172, 228, 308, 336f., 336n366, 337n367, 347
    Wertachbrücke 75–77, 80f., 128, 139, 165
    Wertachbrücker Tor 326n316
Avignon 143, 227, 228, 229, 229n317, 241

Bamberg, Bistum 64
Banska Štiavnica siehe Schemnitz
Basel 45n85, 89n234, 188n178, 189, 220, 233, 233n337, 250n30, 287n155, 307n239, 337
Bayern 18, 46n85, 69, 237, 288, 289n163, 341, 343
Beauvais 46n85
Bergamo 259
Bergen op Zoom 46n85
Berg-Zabern 89n234
Berlin 186n178
Bern 89n234, 187n178, 188, 188n180
Bernkastel 84
Beuthen 188n178
Biberach an der Riß 89n234, 223n292, 225n294, 232
Biel 89n234
Bobingen 320n285
Böhmen 47n85, 113, 252n33
Bologna 20, 31f., 32n13, 68
Bonn 308n245
Bopfingen 175, 175n136, 219n273, 223n292
Bourbourg 46n85
Bozen 78n191, 79n194
Brabant 46n85, 176n142
Brackenheim 82–84, 83n209, 84n212, 89n234
Brakel 46n85

Bratislava  siehe Preßburg
Braubach am Rhein  89n234, 90n234
Braunschweig  46n85, 112n313
Breda  46n85
Breisach  89n234
Breslau  44n76, 47n85, 110, 187n178, 197n214
Brixen  325
Bruck  89n234, 337f.
Brügg a. d. Aare  89n234
Brügge  46n85, 290, 299
Brünn  47n85, 89n234
Bruyères-et-Montbérault  46n85
Budweis  47n85

Calais  46n85
Camberg  89n234
Camprai  46n85
Chelmno  siehe Kulm
Chemnitz  47n85, 188, 188n180
Coesfeld  46n85
Colmar  89n234, 188, 188n178, 188n180
Compiègne  46n85
Cremona  195n209
Crépy-en-Laonnois  46n85

Dannenberg  188n178
Danzig  47n85
Delft  46n85
Diessenhofen  89n234
Dillingen  248n23, 259n56
Dinkelsbühl  175, 219n273, 223n292
Donauwörth  219n273, 223n292, 226n299, 227n302, 235f., 237, 237n356, 341n386
Dordrecht  46n85
Dortmund  46n85, 86n223, 89n234, 187n178, 188n180
Douai  46n85
Dresden  47n85
Duderstadt  188n178, 188n180
Duisburg  46n85, 224n294
Düren  308n245

Egau  89n234
Eggenburg  89n234
Eindhoven  46n85
Einsiedeln  320
Elbing  47n85
Elblag  siehe Elbing

Emmerich  46n85, 308n245
England  20, 227, 241
Enns  46n85, 89n234, 224n294
Eppan  196n209
Eppingen  82, 83n209, 90n234
Erfurt  47n85, 89n234, 187n178, 189
Esch  89n234
Essen  225n294, 234, 234n342, 308n245, 337
Esslingen  82, 83n211, 187n178, 188n180, 189, 189n185, 219n273, 223n292, 225n294, 232, 233, 234n341, 280n128

Feldkirch  46n85
Flandern  46n85
Florenz  176n142
Franken  79n194
Frankfurt a. d. O.  225n294
Frankfurt a. M.  46n85, 84, 89n234, 139, 139n7, 176n142, 191, 192, 219, 285n150, 341n386
Frankreich  11, 46n85, 57, 227, 258
Freiberg  47n85, 188n178, 188n180, 341n385
Freiburg i. Br.  46n85, 83n210
Freising  46n85
Freistadt  46n85, 89n234
Friedberg  89n234, 322n296
Fürstenfeld, Kloster  337f.
Füssen  81, 81n204

Gdańsk  siehe Danzig
Gelnhausen  89n234, 188n178
Gent  46n85
Giengen  223n292
Godraumstein  90n234
Görz  252n33
Goslar  89n234, 337, 338n372
Gostyń  47n85
Göttingen  193
Graz  89n234, 193
Grima  47n85
Groningen  46n85, 188n178

Haarlem  46n85
Halle an der Saale  116n334, 188n178, 233, 191n194, 223n292, 338
Hamburg  81, 81n201, 186n178, 205, 206, 209, 213f., 215, 232n329, 236f.

Hannover       186n178, 192n194, 213
Harburg        90n234
Heilbronn      82, 89n234, 219n273, 223n292, 225n294, 233, 338, 338n373
Heiningen      89n234
Hennegau       46n85
Herford        46n85
Herpen         46n85
Hesdin         46n85
Hessen         46n85
Hildesheim     281n132
Holland        46n85
Humbach        siehe Montabaur

Ingolstadt     226n299
Inningen       47n50
Innsbruck      46n85
Isny           225n294
Italien        10n36, 11, 18f. 20, 30, 31, 36n27, 57, 110, 110n308, 136, 147n35, 176, 219, 258, 259f., 262n66, 263f., 289, 349, 355

Jülich         308n245

Kaiserslautern     89n234
Kaiserwerth        89n234
Kaishaim, Kloster  50
Kärnten        113, 114, 115, 119, 132, 137
Kaschau        47n85
Kaufbeuren     89n234, 223n292
Kempen         308n245
Kempten        111n313, 225n294, 233, 343n399
Kenzingen      83n210, 89n234
Kindberg       89n234
Kirchberg      89n234
Kleve          224n294
Klosterneuburg 89n234
Koblenz        46n85
Köln, Stadt    7n26, 14, 18, 37, 44, 46n85, 92n248, 112n313, 118n339, 139, 139n7, 148, 167, 174, 176n142, 186n178, 188n180, 224n294, 230n318, 232n329, 233, 234, 235, 235n349, 236, 242, 281n132, 290, 303f., 308n245, 338, 338n373, 364f.
Königswiesen   89n234
Konstanz       21, 46n85, 187n178, 188n180, 197n214, 211, 216, 280n128, 323n300
Košice         siehe Kaschau
Krain          113, 114

Krakau         47n85, 118n339
Kraków         siehe Krakau
Kreuznach      90n234
Kulm           47n85

Laa            89n234
Landau a. d. I.    46n85, 89n234, 90n234
Landsberg a. L.    341n385
Landshut       99n277, 344
Laon           46n85
Laufen         89n234
Laun           47n85
Laupen         89n234
Leiden         46n85
Leipheim       288n162
Leipzig        47n85, 176n142
Lembgo         46n85
Lens           46n85
Leoben         46n85
Leobschütz     89n234
Lichtenstern, Kloster  111n312
Lille          46n85
Lindau         338
Linz           46n85, 176n142
Lippstadt      85
Lombardei      11n36, 20, 59, 109, 109n307, 264n73
Löwenberg      188n178
Lübeck         7n26, 14, 18, 46n85, 81, 99n275, 102, 109f., 110n308, 112n313, 148, 174, 225f., 225n295, 232, 235, 247n21, 262, 281, 281n132, 285n151, 290, 299
Lutry          339n377
Lüttich        46n85
Lyon           63f., 69, 205, 208

Maastrich      46n85
Magdeburg      46n85, 192, 193n197
Mähren         47n85, 113
Mainz          46n85, 69, 165n99, 191n194, 220
Mantes-la-Jolie    46n85
Mantua         339n377
Marienburg     252n33
Mark, Grafschaft   43n71, 114
Mautern        89n234
Mayen          84, 308n245
Mecklenburg    43n71
Meißen, Markgrafschaft     339n377
Meißen, Stadt  47n85, 191n194, 192n195

Memmingen 89n234, 116, 175n136, 223n292, 244, 280n127, 280n128, 303n228
Merseburg 188n178
Metz 14, 46n85, 97
Middelburg 46n85
Miltenberg 280n127
Minden 46n85
Mons 46n85
Montabaur 84, 84n213, 188n178
Mühlhausen/Thüringen 46n85
München 46n85, 117, 186n178, 199–205, 200n226, 212, 212n249, 287n160
Münster 46n85
Muri 283

Naumburg, Bistum 191
Neapel 30, 31n112, 262n66, 262n69
Neresheim 188n178
Neumarkt 85
Neustadt an der Hardt 89n234
Neuss 225n294, 252n33, 308n245
Nimwegen 46n85
Nijmegen siehe Nimwegen
Nördlingen 174–180, 175n136, 175n137, 176n142, 176n145, 188n178, 212, 219n273, 223n292, 240f., 244, 219n273, 269, 280n127, 295n188, 300, 300n209, 358
Nürnberg 7n26, 14, 18, 46n85, 49n90, 71, 88n232, 90n234, 92, 92n248, 98, 100n277, 131f., 132n372, 132n373, 139, 139n7, 174, 175, 176n142, 183, 212n251, 213, 220, 220n280, 223n292, 226n299, 234, 235, 242, 248, 250, 250n27, 253n37, 292, 292n177, 295n189, 330, 338, 341, 341n386

Oberschönenfeld, Kloster 50, 62n133
Odernheim 89n234, 90n234
Oldenburg 46n85
Olmütz 47n85, 89n234
Oppenheim 89n234
Orsoy 308n245
Osnabrück 46n85, 212
Österreich 46n85, 113, 259, 263, 286, 356

Paderborn 46n85
Padua 64, 69, 109, 248
Pappenheim 90n234
Paris 37, 265n76

Parma 323
Passau 46n85, 88n232, 118n339
Peisern 47n85
Penig 100n277
Péronne 46n85
Pettendorf 61n125
Pfullendorf 89n234, 223n292
Pinzwang 113, 115, 115n330
Pisa 143
Polen 47n85, 176n142
Pommern 43n71
Pontoise 46n85
Posen 47n85
Poznań siehe Posen
Prag 47n85, 220, 253n37, 276, 279, 344, 344n403
Prerau 89n234
Preßburg 47n85
Prina 47n85
Pyzdry siehe Peisern

Ravensburg 31n112, 89n234, 219n273, 223n292, 225n294, 250
Recklinghausen 46n85
Regensburg 46n85, 88n232, 111n313, 132, 188n178, 189, 189n189, 190, 205, 207, 224n294, 234, 242, 281, 281n132, 287n160, 302, 339
Reichshofen 90n234
Reutlingen 219n273
Rheinberg 308n245
Rheinland 9n29, 308n245
Riga 188n178
Riga, Erzstift 43n71
Rom 20, 259, 345
Rostock 188n178, 188n180, 232n331
Rothenburg ob der Tauber 92, 93n253, 97, 97n267, 223n292, 223n292
Rottenbuch, Kloster 144
Rottweil 188n178, 188n180, 189, 212, 341n384

Saarburg 84
Sachsen 10n36, 43n71, 47n85
Salzburg 46n85, 119, 247n21
Schaffhausen 223n292
Scheer 90n234
Schemnitz 47n85

Schlesien 43n71, 47n85
Schongau 246, 341n385
Schorndorf 234n342
Schwaben 83n209, 219n273
Schwäbisch Gmünd 223n292
Schwäbisch Hall 112n313, 280n128, 286
Schwanstein, Burg 115n330
Schweiz 46n85
Seeland 46n85
's-Hertogenbosch 46n85
Siegburg 308n245
Sizilien, Königreich 30f., 33f., 261
Slowakei 47n85
Soest 46n85
Soissons 46n85
Solothurn 89n234, 280n127, 280n128
Speyer 45n81, 82, 83n209, 180, 220
Steiermark 113, 118
Steingaden, Stift 50
Sterzing 115n330
Stetten, Kloster 111n312
St. Gallen 191
St-Omer 46n85
Stralsund 188n178, 285n151
Straßburg 14, 46n85, 112n313, 139, 139n7, 170, 220, 220n274, 221, 221n283, 236, 248n21
Straubing 206, 214, 217
Streichenberg, Burg 83n209
Stuttgart 46n85
Sulz 89n234
Sursee 90n234

Tabor 47n85
Telgte 46n85
Thorn 47n85
Thüringen 46n85
Tirol 114–116, 115n330, 137, 164, 196n209, 252n33, 261n64, 263, 264n71
Toruń siehe Thorn
Trier 46n85, 59n117, 69, 84, 261n64, 308n245, 339n377
Trnava siehe Tyrnau
Tübingen 287n155
Tuln 89n234
Tyrnau 47n85

Ulm 45, 46n85, 88n232, 89n234, 93n253, 168f., 186n178, 188n180, 189, 189n185, 200, 219n273, 220, 220n275, 221, 223, 223n291, 223n292, 224n294, 275n106, 276f., 277n116, 280, 280n128, 286, 292n174, 300, 323n300, 325f., 326, 327n320, 337, 337n370, 342f., 342n407
Ulten 196n209
Uri 89n234
Utrecht 46n85, 192n194

Valenciennes 46n85
Veldenz 89n234
Venedig 79n194, 81f., 115, 227, 241, 244, 259n58, 263, 264n73, 286
Verona 264n73
Via Claudia Augusta 115, 115n330
Villach 46n85
Villingen 46n85
Volkwin der Alte, Augsburger Bürger 76n186

Wangen 89n234
Weiler (Obersulm) 111n312
Weindorf 89n234
Weißenburg 61n125, 61n127, 175, 248n21
Welschbillig 84
Werl 46n85
Wesel 224n294
Westfalen 46n85
Wetterau 89n234
Wetzlar 46n85, 89n234
Wiedenbrück 46n85
Wiehe 187n178
Wien 14, 46n85, 89n234, 118n339, 192n194, 248
Wiener Neustadt 46n85, 89n234
Willmandingen 111n312
Wimpfen 223n292
Windecken 90n234
Winterthur 280n127
Wippenfürth 308n245
Wisloch 83n209
Wittlich 84
Wolfstein 89n234
Worms 45n81, 46n85, 89n234, 220, 220n274
Wrocław siehe Breslau
Würzburg 46n85, 192, 192n196, 198n218, 339n377

Ypern    46n85, 116

Zeitz    191n191
Zeutern    82, 89n234
Zierikzee    46n85
Zneim    89n234
Zudmer    118n339
Zürich    46n85, 89n234, 99n277, 188n180, 280n128, 324
Zusmarshausen    317n273
Zwickau    47n85

## Personen

Adam von Ratibor, Breslauer Notar    44n76
Adolf von Nassau, röm.-dt. König    91, 224n293
Agnes Welser, Ehefrau Ulrich Hofmaiers    228, 241
Albert III., Graf von Tirol    196n209
Albert, Graf von Dillingen, Ulmer Stadtvogt    224n294
Albert, Schreiber Bischof Hartmanns von Dillingen    111n312
Albert Behaim, Passauer Domdekan, päpstlicher Legat    261
Albertus Bohemus    siehe Albert Behaim
Albertus Magnus, Dominikaner, Prediger    37
Albrecht I. von Habsburg, röm.-dt. König, Herzog von Österreich und Steiermark    91, 117, 119–121, 120n345, 121n346, 224n293
Albrecht II. von Habsburg, röm.-dt. König    283n144
Albrecht Stolzhirsch, Augsburger Patrizier    42n65
Andreas Frickinger, Augsburger Bürgermeister    293n183, 294, 304, 329
Andres Rephun, Augsburger Zechpfleger    337, 337n367
Anselm von Nenningen, Augsburger Bischof    286
Antonio Roselli, Doktor aus Padua    248
Arnold von Solms, Bischof von Bamberg    119
Azo, Legist    16

Barbarossa    siehe Friedrich I.
Bartholomäus (II.), Augsburger Bürger, Welser    228
Bartholomäus Gotzmann, Schwäbisch Haller Stadtschreiber    286
Benedetto Caetani    siehe Bonifaz VIII.
Benedikt XII.    142, 340
Berchtold, Augsburger Stadtpfleger, Riederer    229
*Berchtold*, Knecht Heinrichs des Dieners des Augsburger Stadtschreibers    275n111, 275n112
Bernard II., Fürst von Lippstadt    85
Berthold von Regensburg, Prediger    49n90, 123n352
Bertrand de Got    siehe Clemens V.
Betz Schüttenhelben, Augsburger Weber    304–306, 305n232, 305n233
Bonaventura, Kardinal von Albano, Theologe    127n361
Bonifaz VIII., Papst    141–143
Bruno von Langenbogen, Bischof von Naumburg    191n191
Burkhart von Ellerbach, Augsburger Bischof    275n106, 303, 303n228
Burkhart Zink, Augsburger Kaufmann und Chronist    71, 237, 257, 269f., 306, 315f., 318n279

Cecilia, Frau Andres Rephuns    337n367
Christian Kuchimeister, Chronist    67n152
Clemens V., Papst    141f.
Clemens Jäger, Augsburger Ratsdiener    2, 29f., 30n8, 35, 36n33, 237, 293, 328n325, 364
Conrad Spannagel, Vogt    56n110
Conradus, Stadtschreiber von Schwäbisch Hall    112n313
Conrat Furter, Augsburger Bürger    324f.

David von Augsburg, Theologe, Mystiker    49n90, 123n352
Dieter Schreiner, Marbacher Bürger    338

Eberhard I., der Erlauchte, Herzog von Württemberg    132
Eberhart, Brückner in Augsburg    76f.
Egil von Sassen, Bürgermeister von Friedberg (Hessen)    196

Egno von Eppan, Bischof von
  Trient   196n209
Elias Holl, Augsburger Baumeister   230
Emicho von Wittelsbach, Bischof von
  Freising   119
*Engelhart von Winsberc der elter*, Schreiber
  Gottfrieds III. von Löwenstein
  111n312
Erasmus Grasser, Münchner
  Bildhauer   204
Erking von Magenheim   82, 83
Ernst II. von Sachsen, Erzbischof von
  Magdeburg   191n194
Étienne Aubert   siehe Innozenz VI.
Eugen IV., Papst   303n226
Ezzelino III. da Romano, Herr der Mark
  Treviso   110, 109n307

Felix Fabri, Dominikaner   168f., 181, 276f.
Fra Paolino, Franziskaner   14
*Fredericus*, Stadtschreiber von
  Regensburg   111n313
Friedrich I. Barbarossa, röm.-dt. König/
  Kaiser   32, 39, 39n50, 39f.n52, 65, 124,
  124n356, 133, 248
Friedrich II., röm.-dt. König/Kaiser   16, 20,
  21, 31, 31n12, 32f., 39, 51, 67, 90, 94, 95n260,
  97, 97n267, 102, 110, 175, 235, 261, 262, 322f.,
  356
Friedrich II. der Sanftmütige, Kurfürst von
  Sachsen   191n194
Friedrich III., röm.-dt. König/Kaiser
  188n178, 189n189, 247f., 340, 343n399
Friedrich III. von Beichlingen, Erbischof von
  Magdeburg   193n197
Friedrich, Augsburger
  Pfarrgeistlicher   307n239
Friedrich, Augsburger Vogt   56n110
Friedrich der Schöne, röm.-dt. König
  (Gegenkönig)   138, 139, 197, 197n215,
  259n58
Friedrich, Graf von Ortenburg   119
Friedrich Schiller, Dichter, Historiker,
  Philosoph   90
Friedrich von Baden-Österreich, Graf von
  Baden und Verona   31n12, 34n24
Fritsche Cloßener, Straßburger
  Chronist   143, 221, 236

Gabriele Condulmer   siehe Eugen IV.
Georg, Augsburger Zimmermann   325
Georg Ziegler, Augsburger Bürger   325f.
Gerhard von Schwarzburg, Bischof von
  Würzburg   253n37, 341, 341n386
Giovanni di Fidanza siehe Bonaventura
Gottfried III., Graf von
  Löwenstein   111n312
Gratian, Kirchenrechtler   32
Gregor IX., Papst   33
Gregor von Nallingen, Heilbronner
  Stadtschreiber   338n373
Guillaume de Grimoard   siehe Urban V.

*Hainrich*, Augsburger Burggraf   206n237
*Hainrich Schuler*, Augsburger Bürger   169
*Hanns Capistran*, Prediger   71n168
Hans Froschauer, Augsburger
  Buchdrucker   287f.
Hans Ilsung, Augsburger Bürger   323
Hans Lauffel, Augsburger Bürger   151n62,
  169, 341n385, 343n399
Hans Mielich, Münchner Maler und
  Zeichner   207
Hans Möckenloher, Augsburger
  Bürger   325
Hans Müller, Augsburger
  Goldschmied   325
Hans Weymann, Augsburger
  Metzger   188f., 188n163
Hartmann Langenmantel, Augsburger
  Patrizier   42n66, 115n330
Hartmann von Dillingen, Bischof von
  Augsburg   22, 35f., 38, 41f., 50, 56n110,
  59f., 61n127, 63n134, 61–63, 64, 75n183,
  78n191, 86, 87, 87n226, 87n227, 88, 89n233,
  115n330, 122n350, 128, 135, 148, 178, 334
Heinrich I., Herzog von Polen   85
Heinrich II., röm.-dt. König/Kaiser   39n50
Heinrich II. von Rotteneck, Bischof von
  Regensburg   119f., 120n344
Heinrich III., Markgraf von Burgau   113
Heinrich III., röm.-dt. König/
  Kaiser   39n50
Heinrich IV., röm.-dt. König/
  Kaiser   39n50, 334–336n363, 349
Heinrich VI., röm.-dt. König/Kaiser   59,
  195n209

Heinrich VI., Herzog von Tirol, Kärnten und Krain   116, 116n334
Heinrich VII., röm.-dt. König/Kaiser   224n293, 339
Heinrich (VII.), röm.-dt. König   59
Heinrich XIII. von Wittelsbach, Herzog von Bayern   31n12, 69, 118n339, 119
Heinrich XVI. der Reiche, Herzog von Bayern-Landshut   99n277
Heinrich, Augsburger Unterburggraf   320, 320n286
Heinrich, Diener des Augsburger Stadtschreibers   141m8, 273–276, 273n106, 275n108, 275n110, 275n111, 275n112, 275n113
Heinrich, Kämmerer von Wellenburg   56n110
Heinrich Bach, Augsburger Baumeister   310n253, 310n254
Heinrich Kern, Memminger Stadtschreiber   280n127
Heinrich Meis, Bürgermeister von Zürich   323n304
Heinrich Mindelheim, Augsburger Schneider   324, 324n311
Heinrich Möckenloher, Augsburger Bürger   324
Heinrich Prüschenk, Freiherr zu Stettenberg   230n323
Heinrich Schongauer, Augsburger Bürger, Kaufmann, Schreiber, Burggraf und Vogt   31, 31n12, 33, 35, 42n65, 76n186, 87, 87n226, 98, 112, 112n314, 115n330, 128n365, 173f.
Heinrich Stolzhirsch, Augsburger Patrizier   42n65, 259n56, 264n71
Heinrich Vögelin, Augsburger Bürger   228, 348n421
Heinrich von Staufen (Syrgenstein), Kleinadliger   42n66
*Herman*, Brückner in Augsburg   75n184, 77
Hermann, Bischof von Augsburg   72
Hildebrand Veckinchusen, Brügger Kaufmann   290
Hildebrand von Möhren, Bischof von Eichstätt   61n125
Hogel, Erfurter Chronist   189

Innozenz IV., Papst   33, 226, 323
Innozenz VI., Papst   143
Jacob Brenns, Augsburger Bürger   305
Jacques Arnaud Duèze   siehe Johannes XXII.
Jacques de Novelles   siehe Benedikt XII.
Jakob Cynnendorp, Lübecker Ratssekretär   281n132
Jean de Bricaudy, Großkonstabularius   31n12, 34n24
Johann I., Markgraf von Brandenburg   225, 225n294
Johann I. von Schwanden, Abt des Klosters Einsiedeln   320
Johannes XXII., Papst   141f., 142n22, 229n317, 339
Johannes Apothekarius, Augsburger Fernhändler, Steuermeister und Patrizier   258–260, 258f.n55, 259n56, 259n57, 259n58, 263f., 264n71, 264n73, 310n253
Johannes Schongauer, Augsburger Patrizier   42n65
Johannes von Bologna, Dominikaner   20
Johann Ilsung (I.), Augsburger Bürgermeister   297
Johann Klocker, Augsburger Bürger   228
Johann Rehm, Augsburger Bürgermeister   297
Johann von Luxemburg, König von Böhmen   224n293, 265n76
Johann Wauler, Augsburger Stadtschreiber   273, 273n106
Jörg Breu der Jüngere, Illustrator   2, 181, 182

Karl I. der Kühne, Herzog von Burgund und Luxemburg   230, 230n323
Karl I. von Anjou, König von Sizilien   33f., 33n23, 34n24
Karl IV., röm.-dt. König/Kaiser   97n267, 142, 142n25, 172f., 173n130, 187n178, 189n185, 190, 196, 197, 220, 224, 224n293, 231, 233, 235, 235n347, 235n349, 241, 263, 263n70, 265n76, 321, 321n293, 339, 339n378
Karl V., röm.-dt. König/Kaiser   231, 235n347, 328n325

Konrad I. von Hochstaden, Erzbischof von Köln   37
Konrad II. Mörlin, Abt des Augsburger Klosters St. Ulrich und Afra   336
Konrad II., röm.-dt. König/Kaiser   16, 39n50
Konrad II. von Weinsberg, Erzbischof von Mainz   341n386
Konrad III., röm.-dt. König   39, 39n50
Konrad IV., röm.-dt. König   31n12, 175
Konrad (I.), Augsburger und Nürnberger Stadtschreiber   42n66, 44n77, 112, 112n314, 123, 128–133, 128n365, 131n372, 131n373
Konrad (II.) von Giengen, Augsburger Stadtschreiber   93n254, 93n255, 113, 113n316, 133, 157n75, 159n79
Konrad (II.), Augsburger Bürger, Welser   228
Konrad, Augsburger Burggraf   116, 116n334
Konrad, Lübecker Magister   109, 109n307
Konrad, Schreiber der Bischöfe Wolfhards von Roth und Degenhards von Hellenstein   111n312
Konrad Alwich, Nördlinger Stadtschreiber   280n127
Konrad der Staufer, Pfalzgraf bei Rhein   58n117
Konrad Hirn, Augsburger Kaufmann   324, 324n311
Konrad Horn, Nördlinger Stadtschreiber   177, 280n127
Konradin, röm.-dt. König   30f., 31n12, 33–35, 33n23, 34n24, 86n114, 87, 114, 237
Konrad Lang, Augsburger Ratsherr und Kaufmann   114, 114n325, 114n326, 150n54
Konrad Langenmantel, Augsburger Patrizier   42n66, 115n330
Konrad Notnagel, Augsburger Bürger   76n186
Konrad Peutinger, Augsburger Stadtschreiber, Jurist und Humanist   328n325
Konrad Reinbot, Augsburger Bürger   76n186
Konrad Stolzhirsch, Augsburger Patrizier   42n65

Konrad Vischer, Nördlinger Stadtschreiber   280n127
Konrad Vögelin, Augsburger Bürgermeister   304f., 305n232, 305n233
Konrad von Himberg, Bischof von Chiemsee   119
Konrad von Randegg, Augsburger Domkustos   139
Konrad von Rüdesheim, Viztum des Rheingaus   165n99
Konrad von Giengen, Augsburger Stadtschreiber   93
Konrad von Hall, Augsburger Bürger   46
Konrad von Mure, Chorherr   20
Konrad von Weinsberg, Reichserbkämmerer Kg. Sigismunds   323n300
Kornelius Veckinchusen, Sohn Sivert Veckinchusens   290

Liupold Schröter, Augsburger Patrizier   42n65
Lothar III., röm.-dt. König/Kaiser   39n50, 224n294
Ludwig II. der Römer, Markgraf von Brandenburg   142n25
Ludwig II., der Strenge, Pfalzgraf bei Rhein, Herzog von Bayern   31n12, 34, 50, 61n125, 69, 70, 70n165, 78, 86, 87, 88n233, 91, 114, 119, 175
Ludwig III., Graf von Oettingen   175, 175n136
Ludwig IV. der Bayer, röm.-dt. König/Kaiser   138, 139, 143, 166, 172f., 176, 176n142, 197, 197n215, 199, 200, 200n226, 201, 224, 224n293, 227, 229, 230, 231, 235, 241, 252n33, 259, 259n58, 263, 263n70, 322, 339
Ludwig IX. der Reiche, Herzog von Bayern-Landshut   237, 237n356

Måingoz der Gerber, Bürger von Augsburg   62n133
Maethildis, Frau Måingoz' des Gerbers   62n133
Marquard I. von Randeck, Augsburger Bischof   228, 241
Marquart, Memminger Amman   116

Marquart von Laugingen, Ratsherr und Kaufmann 115n330
Marqwart von Berien, Schulmeister in Augsburg 76
Margarethe Veckinchusen, geb. Witte, Frau Hildebrand Veckinchusens 290
Marsilius von Padua, Gelehrter 143
Martin V., Papst 248, 292
Martin Luther, Reformator 365
Matthias Schleicher, Augsburger Stadtschreiber 294, 302, 304, 329
Maximilian I., röm.-dt. König/Kaiser 194n203, 230, 230n323, 340
Meinhard I., Graf von Tirol 12n39, 196n209
Meinhard II., Graf von Tirol, Herzog von Kärnten 61, 114f., 116, 117
Michel Cronenberg, Kölner Syndicus 364f., 364n3

Nikolaus V., Papst 71n169, 344

Obser von Brackenheim, Retensburger Spitalschreiber 339
Oddo di Colonna siehe Martin V.
Otto I., röm.-dt. König/Kaiser 39n50
Otto II., röm.-dt. König/Kaiser 39n50
Otto III., röm.-dt. König/Kaiser 39n50, 195n209
Otto V. der Faule, Herzog von Bayern 142n25
Otto, Augsburger Burggraf 44
Otto, Propst von St. Wido in Speyer, Kanzler Rudolfs von Habsburg 64
Ottokar II. Přemysl, König von Böhmen 61, 64, 69, 113f.
Ottokar von der Gaal, Reimchronist 67–69, 67n152, 68n160, 118–121

Peter, Diener des Augsburger Stadtschreibers 175n107, 276, 276n114
Peter Neidhard, Ulmer Stadtschreiber 286
Peter Ruf, Augsburger Bürger 332
Peter von Schaumberg, Kardinal und Bischof von Augsburg 24, 71n169, 218, 246f., 248f., 248n23, 283n144, 304, 305, 305n233, 306, 306n237, 345f., 349, 359f.

Petrus, Bischof von Passau 61
Philipp I. von Heinsberg, Erzbischof von Köln 224n294
Philipp IV., König von Frankreich 265n76
Philipp von Spannheim, Herzog von Kärnten 74n179, 113, 114
Prokop, Prager Stadtnotar und Universitätslektor 277, 279f.

Reinboto von Meilenhart, Bischof von Eichstätt 131
Richard von Cornwall, röm.-dt. König 34, 34n26
Rudolf I., Herzog von Sachsen-Wittenberg 142n25
Rudolf I. von Habsburg, röm.-dt. König 29, 37, 39, 59, 60n122, 61–63, 61n125, 61n125, 63n134, 67, 69f., 82, 83n209, 83n210, 84, 85, 89–91, 92, 97n267, 99n277, 107, 107n304, 110, 110n310, 113f., 118n339, 119, 122, 122n350, 124, 135, 138, 224n293, 225n294, 335, 348, 364
Rudolf II. von Üsenberg 83n210
Rudolf (I.), Augsburger Stadtschreiber 112, 112n314
Rudolf (II.), Augsburger Stadtschreiber 73n177, 74, 74n179, 98, 108, 113–117, 113n317, 132f., 137, 160, 161, 164
Rudolf von Hoheneck, Erzbischof von Salzburg 119, 220n345, 221n346
Ruprecht von der Pfalz, röm.-dt. König 245, 339

Schwicker von Gemmingen 83n209
Sebastian Illsung, Augsburger Stadtschreiber 151
Selindis, Witwe des Augsburger Burggrafen Otto 44
Siboto Stolzhirsch, Augsburger Vogt 42n65, 56n110, 93n253, 98, 258n55
Siboto von Seefeld, Bischof von Augsburg 38n45, 87n226
Sigismund von Luxemburg, röm.-dt. König/Kaiser 24, 196, 197n214, 236, 237, 247, 248, 278, 290, 302, 323n300, 332n353, 336
Simon Batz, Lübecker Syndikus 247n21
Sinibaldo de Fieschi siehe Innozenz IV.

REGISTER                                                                          421

Sivert Veckinchusen, Brügger und Lübecker Kaufmann  290
Sophia, Gräfin von Löwenstein  111n312
Stephan, Diener des Augsburger Stadtschreibers  276, 276n114
Symon Eugeni, Kaplan Sigismunds von Luxemburg  303n226

Thoma, Augsburger Buchbinder  268, 268n95, 283n141
Thoma, Augsburger Stadtschreiber  276n115
Thomas von Aquin, Theologe  270
Tommaso Parentucelli  siehe Nikolaus V.

Ugolino dei Conti di Segni  siehe Gregor IX.
Ulrich (I.), Augsburger Bürger, Welser  228
Ulrich, Augsburger Stadtschreiber, Riederer  93n255, 104–106, 105n299, 228, 228n315
Ulrich, Schreiber Bischof Wolfhard von Roths  111n312
Ulrich Dendrich, Augsburger Bürgermeister und Steuer- und Baumeister  362f.
Ulrich Fundan, Augsburger Patrizier  42n65
Ulrich, Graf von Heunburg  119
Ulrich Hagenohr, Kanzler Ludwigs des Bayern  227, 326n316
Ulrich Hofmaier, Protonotar Ludwigs des Bayern, Gerichtsschreiber und Hofrichter  227–229, 228n315, 241
Ulrich Langenmantel, Augsburger Vogt  76n188, 347n415, 347
Ulrich Ravensburger, Augsburger Baumeister und Steuermeister  310n253, 310n254
Ulrich Rembold, Augsburger Bierbrauer  325
Ulrich Tengler, Augsburger Stadtschreiber  269n97
Ulrich Vetter, Augsburger Töpfer  318f.
Ulrich von Staufen (Syrgenstein), Augsburger Chorherr  42n66
Urban V., Papst  143, 143n29
Urban Ziegler, Augsburger Bürger  325f.

Valentin Erber, Augsburger Stadtschreiber  307n239
Vincentius von Prag  195n209

Wenzel II., König von Böhmen  118n339
Wenzel, röm.-dt. König  187n178, 189n185, 224n293, 339
Werner, Augsburger Stadtschreiber  112, 112n314
Werner von Eppstein, Erzbischof von Mainz  69
Werner, Schreiber Friedrichs von Zollern  111n312
Wernhard von Seckau, Bischof von Bamberg  64, 64n140, 69f.
Wilhelm von Holland, röm.-dt. König  225
Wilhelm von Ockham, Theologe  143
Wolf, Schreiber Herzogs von Bayern  342n390
Wolfgang von Erla, Passauer Bischof  151n59
Wolfhard von Roth, Bischof von Augsburg  55, 55n108, 76, 91, 111n312, 316n270

## Sachen

Abschrift  30, 35, 48n89, 49n91, 66n150, 71n169, 73, 73n178, 76n188, 100n282, 104, 105, 106, 109, 124, 124n357, 128n365, 130, 144, 173n 132, 186n178, 189, 199, 204, 231, 237, 244, 246, 260, 269, 270, 281n132, 282, 283, 283n144, 285n151, 290, 295, 298, 299, 307n239, 323n300, 340, 341, 343, 342n392, 343n393, 344n408, 346n415, 347, 347n416, 348, 351, 362
Achtbuch  4, 6n24, 29, 30, 91, 92, 93, 93n253, 93n254, 95–98, 97n267, 103, 103n292, 104, 104n294, 104n296, 104n297, 105–106, 105n299, 131, 145, 146, 152, 156, 162, 164, 172, 172n129, 179, 185, 193, 193n200, 194, 195, 200, 202, 239, 241, 243, 273n105, 320–322, 358
Achtliste  91, 94, 96, 102, 105–106
Akten (Begriff)  100–101
Amtleutebuch  177
Amtsbuch (Begriff)  100–101
Anschlag (Schriftstücke)  71, 143, 298, 298n204, 365
Apotheker  249, 258–260, 259n56, 259n58, 260n60, 263, 264, 264n73, 314
Archiv  23, 27, 30n9, 49, 49n91, 50, 140, 141, 149n52, 172, 181, 183, 213, 224–238, 224n294,

230n323, 232n329, 233n337, 234n341, 234n342, 239n377, 240–242, 246, 248, 287n160, 288, 290, 307, 308, 320, 322, 338, 330–352, 328n325, 328n330, 329n331–333, 330n345, 330n349, 332n353, 333n357–358, 333n360–361, 336n363–364, 336n366, 337n367, 337n369–370, 338n372–373, 339n377–378, 354, 360, 362, 364, 364n3, 364n4, 365
Archivgeschichte  9, 27, 27n91, 101, 339n377, 353
Archivordnung  9, 334, 337n369
Archivwissenschaft *siehe* Archivgeschichte
Ars dictaminis  285
Assimilation  19
Ausrufer *siehe* Weibel
Auszugsliste  92, 98, 102, 106–109
Autoritätstransfer  80, 173, 239

Bannrolle  97
Buch (Mengeneinheit f. Papier)  255, 256, 257
Buchbinder  267
Buchbindung *siehe* Buchherstellung
Buchführung  18, 22, 29, 63, 66n150, 73–75, 91–109, 93n253, 94n256, 95n259, 96n263, 96n264, 97n267, 99n276, 99n277, 100n282, 103n292, 104n297, 105n299, 106n301, 107n 304, 113–116, 133–134, 136, 141, 145–147, 145n35, 146n40, 151n60, 151n65, 151n66, 152, 156n73, 158n78, 159n79, 159n80, 160n81, 160, 161, 164, 164n95, 165, 167n104, 167n107, 168, 169n112, 170n118, 171n122, 173n130, 174, 177, 180, 214, 224, 238, 239, 240, 241, 265–267, 267n82, 267n83–86, 268n87, 268n89–95, 269n96, 269n99, 273n105, 276n115, 279n124, 280–306, 281n132, 282n137–139, 283n140, 283n141, 291n173, 292n177, 293n178, 293n179, 294n184, 296n194, 299n206, 355–358, 360
Buchherstellung  104, 104n294, 104n296, 104n297, 107, 267, 268–270, 282, 297
Buchschloss  214, 215, 217, 243, 268
Buchnagel  183, 268
Baumeisterbuch *siehe* Rechnungsbuch
Baumeister  75, 105, 141n16, 145–150, 152n66, 157, 165, 252n35, 268, 269, 269n96, 310n254, 329, 357

Baumgartenberger Formularbuch  20
Bindungszwang  132
Blutgericht  194, 194n203, 197
Bogen (Papier)  255, 255n41, 256, 257, 267
Bote  82, 109, 118n339, 121, 121n346, 125, 151, 161, 162, 205n232, 220, 220n279, 220n280, 259, 284, 285, 302, 343, 342n392, 344, 359
Botenbuch  4n14, 151
Breve  344
Brief (Sendbrief)  5, 28, 72, 81–82, 101, 136, 142, 143, 158, 159, 159n79, 162n87, 162n92, 163, 198, 220, 238, 263, 280–293, 298, 300, 339, 343, 351, 352
Briefregister  5, 100n282, 185, 249, 261, 266, 268, 273n105, 280–293, 281n132, 282n137–139, 283n140, 283n141, 283n144, 288n160, 291n173, 292n177, 304, 361
Briefverschlusssiegel  287, 311, 352
Bürgerbuch  4, 6n24, 29, 92, 92n244, 92n248, 93, 100–104, 100n282, 104n294, 104n297, 106–108, 107n304, 113n316, 131n370, 133, 145, 152, 164, 171, 171n121, 177, 180, 188, 211n246, 239, 240, 268, 269n96, 273n105, 358
Bürgermeister  66n150, 93n253, 141n18, 180, 204, 206, 206n235, 212n254, 214, 224n294, 229, 230n323, 233, 234, 234n342, 267n86, 278, 285n151, 294, 302, 304, 305n232, 321, 321n293, 323n304, 324, 328, 329, 333, 342n392, 362, 363,
Bürokratie  57, 57n113, 135
Büschel (Urkunden)  231, 328, 329n332, 330, 331

Chirograph  269n97, 318, 319, 330
*Compendium Theologiae*  270

Datierung  287, 296
Dekretum Gratiani  32, 33
Deutschenspiegel  48n89, 123n352, 125–126
Dorsalvermerk  6, 115n327, 333, 333n361, 338, 349, 353, 362

Eid  5, 169, 170, 194n203, 206, 206n235, 210, 211, 212, 213, 221, 278, 279, 324, 355
Eidbuch  5, 177, 191, 213, 278, 303, 304, 358

Einband 27, 104, 104n294, 149, 155, 178, 181, 183, 183n168, 184, 185, 188, 189, 199, 200, 202, 205, 213n261, 243, 268, 269, 271, 283, 222n290, 223, 234, 235, 242, 243, 348, 351, 358
Effektivität 63–77, 82, 103, 146, 164, 169, 174, 180, 240, 245, 299
Elitenzentrierung 13
Emanzipation 3, 41n56, 48, 57, 58–62, 65, 66, 72, 86, 93, 137, 355
Entpersonalisierung 247, 359
Entwicklungsgefälle 12
Erinnerung 4n14, 16, 25, 27, 55, 91, 102, 187n178, 214, 218, 221, 223, 263, 331, 363,
Erwartungen 15, 19, 27, 180, 263, 283, 306, 345, 360
Exklusivität 66, 73, 141, 170, 214, 215, 217, 231, 234, 242, 243, 268, 348
Ewiggeld 149, 325, 326

Faltung 25, 331
Fehdebrief 305
Flexibilität 74
Folio 149, 149n52, 178, 199, 213n261, 260n62, 268, 270, 294, 295, 296, 301, 305, 327, 338n373
Formelsammlung 279, 281, 287, 351
Fortschritt 11, 12, 12n39, 19, 21, 57, 61, 145, 199n221, 252n33, 351, 353, 357
Franziskaner 14, 48n89, 123n352, 124–127

Gedächtnis 1, 15–21, 26, 27, 56, 66, 91, 102, 103n292, 116, 141, 146, 168, 181, 218, 219, 221, 238, 243, 249, 263, 279, 280, 299, 303, 308, 318, 345, 349, 362, 363, 364
Gefangenenliste 92, 97, 102, 106–109
Gegenwartsorientierung 13
Gehilfe (des Stadtschreibers) 105, 111n313, 132, 133, 141, 149, 158, 162, 163, 169, 239, 257, 273, 275, 276, 351
Gemälde 235, 236, 242
Gerichtsakten 94, 95, 133
Gerichtsbuch 171n122, 185, 194
Gerichtsurkunde 52, 73, 110, 128, 289, 310, 325, 349
Gerichtsschreiber 20, 110, 131, 227, 286n155, 318n282
Gerichtsverfahren 73, 247–249
Gestaltung (äußere) 9n29, 42, 48n88, 96, 178, 183, 185, 197, 198, 199, 213, 214, 221,

Gewölbe *siehe* Archiv
Glaubwürdigkeit 101, 165, 306, 307, 358, 364
Glosse 172, 279, 303
Gnadenbrief 142
*Goldene Bulle* 142, 285, 320
Goldbulle 231, 234, 235, 242, 245, 235, 242,
Grußformel 281, 351
Gutachten 248

Herrschaft/Herrschaftsrecht 1, 3, 8, 9, 9n29, 10n34, 10n36, 17, 17n59, 21, 22, 24, 32, 34, 36, 39, 43, 49, 58, 60n122, 82, 83, 87, 91, 97, 101, 103, 114, 121, 133, 134, 139, 140, 143, 144–146, 174, 181, 185, 195, 200, 200n227, 205, 210, 214, 218, 225, 236, 237, 237n356, 241–243, 245–248, 280, 355, 356, 358, 359, 360
Hofgericht 51, 94–95, 192n195, 227, 318, 322, 323n300, 341n384

Identität 17, 214, 242, 243
Illustration 189, 234, 298
Inhaltsverzeichnis 28, 279, 304
Initiale 178, 234, 281, 346n415
Insignien (Schriftlichkeit) 1, 122, 181, 199, 213, 243, 248
Integration 19, 109, 119, 249, 288, 352, 358
Inventar 6, 30n10, 29, 183, 185, 224n294, 231, 234, 246, 267, 293, 320, 327–329, 333, 334, 337, 337n369, 339, 349, 353, 362

Kanzlei 12n39, 18, 19, 21, 23–25, 35, 38, 39, 39n52, 57, 61, 65, 98, 105, 109–111, 113–117, 128, 132–133, 135, 137, 141, 147, 155–164, 167, 171–173, 176, 198n218, 205, 220, 221, 223, 224, 226, 227, 233n337, 234, 238–240, 242, 245, 246, 251n32, 252n33, 254, 255, 257, 260, 262, 263, 265–269, 273, 275, 276, 279, 280n127, 284, 286, 290, 292, 303, 304, 307, 309, 323, 326, 332, 333, 338, 340, 342, 343, 344, 350, 351, 352, 354–360, 363, 364
Kanzleiordnung 39n52, 51, 66, 74, 90, 156, 158–160, 162, 238, 240, 261, 262, 282, 285
Kanzleiraum 275, 275n110
Kammerakte 141
Kasse 230, 233

Kasten (Archiv)  186n178, 231, 232, 234n342, 328, 328n333, 329
Kleidung  79, 122, 163, 163n93/94, 193, 199, 210n239, 239, 242, 257, 258, 275, 302n223
*Koehlhoffsche Chronik*  167
Kollektives Gedächtnis  15–21, 180, 263, 363, 364
Kommunikation  15, 16, 64, 66–73, 77, 78, 109, 120, 183, 205, 206, 220, 223, 244, 284, 289, 290, 292, 297–301, 363
Kommunikatives Gedächtnis  15–21
Konformität  19, 57, 245, 249, 356, 358, 359, 360, 362, 365
Koperteinband  268
Kopialbuch  5, 187n178, 188, 281, 291n173, 292n177, 334
Konradinische Schenkung  33
*Konstitutionen von Melfi*  31, 32, 33, 33n23
Kontrolle  11, 137, 144, 147, 164n 95, 165, 168, 170, 171, 174, 180, 240, 241, 244, 245, 246, 296, 357–359, 361, 362
Konventsiegel  49n90
König-/Kaisersiegel  120, 197, 199, 236, 322
Königswahl  34, 34n26, 39, 61, 69, 142, 142n25, 248
Kosten (für Schriftlichkeit)  5n17, 6n23, 106n301, 141n18, 149, 150n53, 150n54, 150n59, 151, 156, 157n74, 157n75, 159, 159n79, 159n80, 160, 160n81, 160n82, 161, 162, 162n91, 162n91, 162n92, 163n94, 198, 220n274, 220n280, 220n281, 226n298, 226n300, 227, 227n302, 227n303, 227n304, 230n319, 234, 239, 251, 252–258, 253n37, 254n40, 256–258, 256n45, 258n55, 266–276, 266n82, 267n83, 267n84, 267n85, 267n86, 267n87, 268n89, 268n90, 268n91, 268n92, 268n93, 268n95, 269, 269n99, 270, 271, 273n104, 273–276, 273n106, 276n114, 276n115, 280, 282, 282n137, 282n138, 282n139, 283n140, 283n141, 284, 285, 293n178, 296n194, 310–316, 310n253, 311n255, 313n256, 314n259, 314n260, 318n278, 321n290, 321n292, 324, 328n330, 329n331, 329n333, 333n360, 340n382, 341n386, 341n387, 341n388, 341n389, 341n390, 342n391, 342n392, 343n393, 344, 343n397, 343n399, 343n400, 344n403–407, 351, 352, 360

Kulturelles Gedächtnis  15–21
Kulturgefälle  46

Lade (Archiv)  209, 328, 328n333, 329, 231, 232n329, 234n342, 331, 332, 337, 338n373, 339, 353, 364
Landrecht  53n104, 124, 186n178,
Legitimation  12n41, 17, 23, 32, 43, 97, 143, 144, 145, 165, 168, 172, 174, 211, 236, 238, 298, 355, 358, 361, 363
Leibgeding, Leibgedingurkunde  53n104, 54–55, 54n105, 57, 72, 125, 134, 139, 145, 174, 178–180, 241, 269, 315, 315n265, 318, 326
Leibgedingbuch, Leibgedingbücher  5, 177, 178, 267–270, 272, 273n105
Lernprozess  10, 12, 57, 145, 351
Ver-/Lesen  55, 66n150, 69, 71, 109, 118n339, 119–121, 121n346, 136, 141, 166, 167, 181, 189, 194, 194n202, 206, 206n237, 210n239, 211–213, 213n258, 218, 218n267, 221, 234, 238, 242, 243, 248, 279, 279n124, 286, 289, 299, 304, 336n363, 337, 346, 346n415, 349, 357, 362, 363
Liber Extra  33
Listenführung  94, 102, 104–109, 293
Literaliensammlung  5, 22, 282
Lohn (Schreiber) *siehe* Kosten (für Schriftlichkeit)
Losungsstuben  183

Macht  3, 8, 22, 34, 55, 58, 80, 86, 93n253, 97, 98, 126, 140, 173, 181, 185, 238, 239, 242, 244–246, 280, 345, 355, 356, 359, 361–364
*Mainzer Reichslandfrieden*  33, 51, 94–96, 102, 356
Marktordnung  85, 178
Mentalität  14–21
Missivbuch *siehe* Briefregister
Misstrauen  56–57, 168, 173
Modernisierung  11, 12n39, 155
Monetarisierung  34, 77–91
Mündlichkeit  13, 60, 71–73, 77, 155, 165n99, 166, 168, 194, 211, 212, 297–301

Nachtrag  73–75, 74n179, 76, 77, 96, 113, 135, 320, 331, 349
Nachweispflicht  173, 240, 358

Netzwerk   18–19, 126, 164, 224, 229, 239, 241, 243, 265, 286, 291, 351, 360
Normierung   197, 198, 245, 278, 314, 323, 326, 342, 353
Notariatsurkunde   44

Öffentlichkeit   21, 39, 43, 44, 66, 69, 70–73, 119, 120, 121, 122, 135, 141, 143, 144, 174, 183, 189, 194, 194n203, 199, 205, 214, 218, 221, 234–236, 237, 237n356, 242, 243, 280, 296n193, 297–300, 303, 307, 321, 322, 324, 325, 356, 359, 361–365
Ordnung   5, 9, 19, 27, 31, 34, 39n52, 48, 51, 62, 66n150, 75, 76, 82, 85, 86, 90, 92, 94, 95n260, 99n275, 101, 103, 107, 110, 121, 124, 127, 133, 134, 136, 144, 151n60, 156, 158–162, 164n95, 172, 174, 180, 181, 198, 199, 206, 210n239, 210n241, 214, 218, 221, 223, 223n292, 229, 233, 235n346, 238, 240, 241, 242, 245, 246, 261, 262, 267, 269, 269n97, 279, 279n124, 282, 285, 295, 297, 298, 299n206, 300, 302, 304, 309, 320, 325, 326, 327, 328n325, 328, 329, 333, 334, 338n369, 338n373, 345, 349, 352, 353, 355, 358, 360, 361, 362, 363–365
Ordnungsbuch   177
*Österreichische Reimchronik*   67–70, 118, 120, 136
Ostermarkt   156, 156n72, 158, 273n106, 275

Papier   149, 149n52, 151, 158, 163, 198, 198n218, 244, 249–270, 251n30, 252n35, 252n36, 254n40, 309, 313, 350
Papiermühle   250, 251n30, 251n32, 258, 259, 265, 283, 351
Pergament   104n297, 107, 114, 149, 158, 163, 173n133, 178, 198, 198n218, 252n33, 252n35, 253, 253n37, 255–258, 260–263, 266, 267, 269, 270, 334, 353, 355, 360
Pergamentschwanz (Urkunde)   334, 335, 353
Peasant's Revolt   144
Pfandbuch   177
Pfund (Mengeneinheit f. Siegelwachs)   313, 314
Publikation   66–73, 143, 234, 299
Plika   222, 334, 336, 353

Pragmatismus/Pragmatische Schriftlichkeit   8, 10, 57, 90, 134, 172, 180, 199, 237, 282, 351, 356, 363
*praxis cancellariae civitatis*   277
Professionalisierung   12–14, 19, 135, 245, 309, 351, 352, 361, 362
Privileg   4n8, 8, 18, 22, 23, 29, 37–39, 50, 57, 58, 58n116, 59, 61, 62, 76n188, 90, 91, 99n277, 100, 122, 124, 134, 138, 140–142, 176, 181, 183, 188, 189, 191, 194, 197, 200, 205, 218, 224–238, 232n331, 235n 349, 239, 241–243, 245–249, 260, 263, 307, 327, 333, 334–338, 340, 342, 344, 346, 349, 353–355, 358, 359, 362, 364, 365

Quartformat   178, 269, 270, 293
Querverweis   279, 303

Ratsdekret, Ratsdekrete   5, 179, 278, 293–306
Rathaus   30, 30n8, 42, 56n110, 72, 88, 88n232, 91, 111, 117, 139, 149n52, 167, 173n133, 191n194, 196, 204, 229, 230, 230n323, 231, 233, 233n337, 235, 235n349, 237n356, 242, 246, 275, 298, 325, 328n325, 328, 338, 337n370, 338n372, 339, 346n414, 353, 354, 362, 363, 364
Ratslisten   6n23, 100n282, 145, 156, 156n73, 160n81, 266, 296, 301
Ratsprotokoll, Ratsprotokolle   5, 28, 177, 178, 208, 221, 237, 244, 249, 282, 293–306, 327, 332, 352, 358, 361
Ratssaal   1, 203, 235, 240, 278, 302, 338, 345
Ratswahl   166, 208, 211, 239, 278, 296
Rechentisch   167
Rechnungsbuch, Rechnungsbücher   4, 25, 105–106, 114, 138, 142, 145–155, 156, 160, 177, 185, 212, 214, 231, 238, 239, 240, 251, 252, 257, 268, 269, 271, 273, 273n105, 284, 293, 310, 314, 334, 352
Rechnungslegung   13n42, 143, 150–155, 165, 166–168, 259
*Reformatio Sigismundi*   306, 364
Register   5, 29, 30n8, 30n9, 35, 97, 105, 106, 108, 115, 141–142, 180, 185, 186n178, 189, 245, 248, 248n23, 253n37, 262, 262n69, 263, 263n70, 266, 286n95, 269, 279n124, 280, 281, 281n132, 282, 283, 283n141, 287, 284,

291, 292, 293, 294, 300, 301, 323, 328, 334, 338–340, 346, 346n415, 361, 364
Reichsacht 173
Reichsachtregister 97
Reichsfreiheitsprivileg 224, 225, 235
Reichssteuern 86, 90–91, 149, 175, 175n136, 227, 275
Reichsinsignien 248
Repräsentation 16, 17, 43, 189, 198, 218, 242, 262n69, 351
Ritual 17, 21, 67, 146, 199, 205, 210, 210n241, 214, 358
Ries (Mengeneinheit) 250, 255, 267
Rolandsbild 191n194
Roter Baum 191
Rotes Buch 181–218, 186n178, 216, 217, 231, 243
Rote Fahne 195, 196
Roter Hut 298
Roter Turm 191
Rotes Tor 192
Rotwachsfreiheit 197, 205
Rückvermerk 332, 338, 353

Sachsenspiegel 48, 48n89, 69, 123, 126, 209n195
Salzburger Provinzialsynode 119
*Salzburger Sühnebrief* 119
Schiedsvertrag 35, 36, 38, 50, 120–121, 124, 127
Schiedsgericht 37–39, 117, 119
Schlüssel (Archiv) 2, 140, 170, 181, 214, 230n323, 233, 234, 234n342, 236, 237, 242, 320
Schnabelschuh 245
Schnürverschluss (Kopert) 268, 269
Schrank (Archiv) 328, 329, 331
Schranne 128, 139, 349n421
Schriftlichkeitsarenga 56
Schüler (des Stadtschreibers) *siehe* Gehilfe
Schwabenspiegel 48–49, 51, 54–56, 123–126 123n352, 134, 355
Schwarzes Buch 281
Schwur/Schwurverband 36, 161, 205, 206, 206n235, 208, 211, 213, 214, 221, 237n356, 278, 279, 357
Schwörbrief 210, 221
Schwörtag 74n179, 210, 210n240, 211, 221, 243, 279

Selbstverständnis 20
Sexternio 270, 270n103
Siebenfarbiges Alphabet 329
Siegel
 Siegelanschlag 42, 43
 Siegelbitte 316, 317
 Siegelgebühren 52, 220, 227, 315, 316
 Siegelgestaltung 42, 223
 Siegelfarbe 198
 Siegelfälschung 314, 319–321
 Siegelkette 320
 Siegelmissbrauch 319, 320
 Siegelnutzung / Siegelwesen 41 53, 54–57 (oder *siehe* Urkundennutzung)
 Siegelschnur 197
 Siegeltruhe 230, 320
 Siegelverlust 322, 323
 Siegelwachs 198, 258, 260, 263, 266, 267, 269, 287, 309–314, 310n253, 311n255, 352
 Siegelzerstörung 324
Siegler 320
Stadtsiegel 1, 8, 9n29, 18, 22, 29, 38, 41n58, 45–57, 48n88, 49n91, 53n103, 134, 140, 141, 174, 175, 181, 213, 219, 222, 229, 230, 233, 240, 242, 308–318, 326, 352, 354
 Bischofssiegel 38, 38n45, 43n72, 44, 50, 51, 88, 91, 316n270
 Bürgersiegel 13, 42, 42n65, 45, 55, 318, 322–324
 Burggrafensiegel 44, 45, 52, 319
 Domkapitelsiegel 38, 41, 49n90
 Fürstensiegel 49n90
 Gerichtssiegel 41, 51–52
 Nebensiegel 308–310, 352
 Papstsiegel 323
 Prälatensiegel 49n90
 Propsteisiegel 41–42
 Vogtsiegel 42–43, 45, 52
Sitzordnung 199, 222, 240, 358
Söldnerbuch 5, 5n16, 146, 252, 266, 273n105
Soziales Gedächtnis 15–21
Staatlichkeit 12, 12n39
Stadtbuch (Begriff) 98–102, 188
Stadtlade 209, 231, 232n329, 232n342
Stadtpfleger *siehe* Bürgermeister
Stadtrecht / Stadtrechtsbuch 1, 4, 4n9, 8, 18, 22, 29, 37, 39, 42, 52, 53n104, 54, 55,

57–92, 60n122, 62n132, 63n134, 63n137, 66n150, 73n178, 76n 188, 83n210, 96, 97, 102, 103, 109, 113, 117, 119, 122–137, 124n356, 140, 141, 156, 173, 173n132, 177–179, 179n163, 180–182, 184, 185, 186n178, 188, 189, 191, 194, 199, 200, 200n226, 206, 208, 210, 212, 213, 214, 218n267, 230, 238, 239, 241–243, 248, 278, 300, 304, 310, 315, 320, 335, 346–349, 347n416, 355, 358, 364
Stadtschreiber    2, 44n77, 66n150, 74, 93, 93n255, 94, 98, 104–106, 108, 109–137, 111n313, 113n316, 131n370, 132n376, 141, 149, 150, 156–164, 156n71, 160, 161–163, 165, 167, 167n107, 169, 177, 180, 186n178, 193, 211, 212, 220, 228, 237, 238, 239, 241, 246, 257, 262, 265, 268, 269, 269n97, 270, 273, 275, 276–280, 280n127, 280n128, 282, 284–286, 290, 294–296, 302, 304, 307, 315, 326, 326n321, 327n325, 329, 332, 343, 344, 351, 353, 356, 362, 363
*Statutum in favorem principum*    102
Steuer    36, 53n103, 84, 86, 86n223, 87, 90, 90n238, 92, 100n282, 102, 107, 107n304, 139, 140, 145, 149, 149n52, 156, 157, 159, 168–170, 175, 176, 195, 227, 357, 362
Steuerbuch    4, 107, 115, 139, 145, 145n35, 156, 156n73, 168–170, 176, 177, 240, 260n62, 261n64, 266, 273n105, 357
Steuerliste    92, 96, 97, 106–109
Steuermeister    145, 147, 149, 150, 156n73, 157, 165, 169, 170, 240, 252n35, 259, 260, 264, 284, 310n254, 329
Steuermeisterrechnungen    106, 146, 148, 149, 158, 168, 252, 256, 257, 259, 284
Steuerumgang    156, 158, 163, 168–170, 171
Streichung    76, 102, 108, 172, 212, 291, 303
Sturmglocke    71–72, 213, 221
Supplik    249, 304–306
Symbol, Symbolische Kommunikation    16, 17, 67, 121, 143, 144, 146, 181–218, 242, 327, 359

Tabellio *siehe* Gerichtsschreiber
Tiroler Raitbücher    115–116
Titulatur    281, 286, 287, 351
Tinte    212, 252, 252n36, 257, 260n60, 266, 267, 269
Tradition    13, 21, 36, 39n52, 43, 54, 55, 56n109, 58, 62, 68, 70, 73, 76, 77, 80, 84, 86, 91, 101, 121, 133, 134,155, 159, 168, 175, 178, 180, 218, 232, 238–240, 246, 263, 277, 279, 349, 350, 355, 356, 359
Transfer    12, 14, 19, 22, 80, 110, 126, 137, 223, 224, 229
Transport (Urkunden)    344, 345
Trinkstube    302, 303
Truhe    230, 230n319, 230n323, 231, 232, 234, 234n342, 237, 242, 320, 328n333, 329, 334, 334n360, 337, 337n364, 345
Tumultordnung    177
Typar, Typare    21, 41–48, 52, 222n290, 306, 308, 317, 318n278, 319, 322

Unsicherheit    10n36, 56, 181, 226, 242
Urbar    86n223, 115, 144
Urfehde    100n282, 178, 179, 241
Urkunde    3, 4n8, 6, 13, 14, 17, 20, 24, 25, 29, 30, 31, 34, 34n24, 35, 37–40, 40n53, 40n54, 40n55, 41–44, 47, 48n89, 49–59, 56n110, 58n116, 61, 62, 65–68, 72, 73, 75, 76, 78n191, 82, 84, 96, 96n263, 98, 100, 102–104, 109, 110–113, 117–119, 118n339, 120, 121, 123, 124, 128–130, 131, 134–136, 138, 141, 143, 151, 156, 156n73, 158, 159, 163, 166, 173n132, 175, 181, 183, 191, 198, 220, 224, 224n294, 226, 227, 231, 232–235, 233n337, 235n346, 237, 238, 244, 245, 246, 249, 258, 264, 282, 304, 306–350, 352, 354, 362–364
Urkundenbeweis    51–57, 325, 349
Urkundenfälschung    314, 319, 322
Urkundenüberlieferung    39–40, 47–48, 138
Urkundenverlust    324, 325
Überlieferungsabsicht    25–27, 94, 103–109, 136, 141–143, 155, 164, 251, 278, 284, 350, 351, 356

Vereidigung    141, 213
Verfassung    2, 3, 8, 59–60, 62, 63, 73, 85n222, 93, 98, 102, 132, 136, 137, 140, 141, 142, 145, 166, 174, 212, 218, 220, 229, 239, 245, 293, 356, 358
Vernichtung (schriftlicher Dokumente)    144, 233, 237, 238, 242
Versachlichung    247
Vertrauen    168, 173, 229, 236, 288
Verwaltung    8–9, 9n29, 10n34, 11, 12n39, 57n113, 88, 99n275, 100, 101, 102, 115, 136, 147,

148, 149, 155, 164, 168, 172, 174, 241, 255, 259, 261, 277, 278, 345, 353, 357, 362
*Vierdung* (Mengeneinheit f. Siegelwachs)     313, 314
Visualisierung     198, 205, 213, 218, 242
Vogt/Vogtei     17, 29, 31, 34, 45, 38, 42, 50–52, 54, 55, 56n110, 71, 76n186, 76n188, 86n223, 91, 94, 96, 96n263, 97, 97n269, 98, 102, 109, 115n330, 116, 122n350, 125, 128n365, 136, 137, 206, 206n237, 224n294, 278, 283n144, 288n162, 298n201, 317n273, 321n295, 324, 325, 329n332, 332n353, 341n384, 346n414, 346n415, 348, 355, 356
Volkssprache     65–73, 109, 149, 166, 167, 169, 299

Wachstafel     150n59, 285n151
Wachstücher (Urkundentransport)     344, 345
Wasserzeichen     251, 259, 283, 350
Weibel     71, 158, 160n82, 162, 169, 273, 273n104, 297, 298, 300
Weihnachten     156, 156n72, 158, 218n267, 275
Wirtshaus     298

Zechpflegbuch     4, 171, 172
Zettel     151, 151n60, 279, 283, 331, 332, 334, 344
Zeugenbeweis     51–57, 355
Zerstörung (schriftlicher Dokumente) *siehe* Vernichtung
Zinslehen     139, 145, 149, 179, 241, 267
Zinslehenbuch     6n23, 174, 267n83, 268
Zinslehenbrief     325, 328
Zinsbuch     6n23, 266, 331
Zollbuch     177
Zoll     75–77, 80, 86, 86n223, 87, 114, 115n330, 122n350, 128, 130, 139, 149, 152, 153, 159, 165, 235, 266, 321, 329n332, 334, 342, 342n392, 346
Zollschreiber     273
Zukunft     26, 27, 38, 62, 63, 66, 80, 81, 93n253, 120, 141n119, 155, 166, 218, 219, 223, 225, 238, 279, 285, 286, 291, 294, 303, 306, 318, 326, 340
Zunftbrief     208, 218–224, 230, 239, 241
Zunftmeister     219, 279, 298, 328
Zunftsiegel     221, 222
Zunftverfassung     140, 166, 181, 212, 218–224, 240